Benedikt Bietenhard, Stefanie Blaser

Geschichte der theologischen Fakultäten der Universität Be
1834–2001

TVZ

Benedikt Bietenhard, Stefanie Blaser

Geschichte der theologischen Fakultäten der Universität Bern 1834–2001

TVZ
Theologischer Verlag Zürich

Publiziert mit freundlicher Unterstützung des Alumni-Vereins der Theologischen Fakultät Bern, der Burgergemeinde Bern, der Reformierten Kirchen Bern-Jura-Solothurn, des Louis und Eugène Michaud-Fonds des Instituts für Christkatholische Theologie der Universität Bern und der Theologischen Fakultät Bern.

Der Theologische Verlag Zürich wird vom Bundesamt für Kultur mit einem Strukturbeitrag für die Jahre 2019–2020 unterstützt.

Bibliografische Informationen der Deutschen Nationalbibliothek
Die Deutsche Nationalbibliothek verzeichnet diese Publikation in der Deutschen Nationalbibliografie; detaillierte bibliografische Daten sind im Internet über http://dnb.dnb.de abrufbar.

Umschlaggestaltung
Simone Ackermann, Zürich
Umschlagbild: Stadtplan von Bern im Jahr 1900. Quelle: Geodaten Stadt Bern
© OpenStreetMap contributors, opendatacommons.org

Satz und Layout
Claudia Wild, Konstanz

Druck
AZ Druck und Datentechnik, Kempten

ISBN 978-3-290-18352-3 (Print)
ISBN 978-3-290-18353-0 (E-Book: PDF)

www.tvz-verlag.ch

Inhalt

Vorwort

Das Erscheinen dieses Buches hat eine längere Vorgeschichte. Im Jahr 2014 fragte mich Professor Dr. Silvia Schroer an, ob ich mir vorstellen könnte, eine Geschichte der Evangelisch-theologischen Fakultät zu verfassen. Nach einigem Zögern sagte ich zu, kam aber bald zum Schluss, dass es sinnvoll wäre, die Geschichte nicht nur der Evangelisch-theologischen Fakultät darzustellen, sondern auch diejenige der Christkatholisch-theologischen Fakultät einzubeziehen, nicht zuletzt deshalb, weil diese zu Beginn des neuen Jahrtausends ihre Selbstständigkeit verloren hatte.

Bei meinen Recherchen durfte ich von günstigen Umständen profitieren:

Zum einen konnte ich auf die Begleitung einer ad hoc gebildeten Kommission zählen, der neben der Alttestamentlerin Professor Dr. Silvia Schroer auch der Kirchenhistoriker Professor Dr. Martin Sallmann und der Archäologe Professor Dr. Stefan Münger angehörten. Sie unterstützten die Arbeit durch ihr nie nachlassendes Interesse und ihren Zuspruch. Martin Sallmann unterzog das Manuskript nach dem Abschluss einer gründlichen Relecture. Noch verbliebene Fehler gehen selbstredend allein auf das Konto von Autor und Autorin! Die Mitglieder der genannten Kommission scheuten ebenfalls keine Mühe, um dem Projekt die nötige finanzielle Basis zu verschaffen. Ihnen gehört der allerherzlichste Dank von Verfasser und Verfasserin!

Zum anderen erwies es sich als Glücksfall, dass ich meine Tochter Stefanie Blaser, ausgebildete Historikerin, als Mitautorin gewinnen konnte. Wir beide danken hier auch den folgenden Personen und Institutionen für ihre Unterstützung:

Aufseiten der Fakultät ist hier Ulrike Münger zu nennen, die den Anmerkungsapparat einer notwendigen Generalüberholung unterzog. Simone Häberli Mlinar und Markus Isch waren stets bereit, unbürokratisch rasch auch ausgefallenen Wünschen ihr Ohr zu leihen und zu helfen, wo es ohne sie nicht ging. Christian Blaser war uns eine wertvolle Hilfe in allen Belangen der Datenverarbeitung.

Professor Dr. Urs von Arx war vor allem zu Beginn der unverzichtbare Gewährsmann für die dem Autor, der Autorin doch nicht ganz so vertraute Geschichte seiner Christkatholisch-theologischen Fakultät. Uneigennützig stellte er uns seine Unterlagen zur Verfügung. Er und Angela Berlis unterzogen die personenbezogenen Daten im Anhang einer kritischen Prüfung.

Eine universitäre Fakultät ist eine staatliche Institution, unter anderem dazu verpflichtet, ihre Tätigkeit auf den verschiedenen Ebenen zu dokumentieren. Aus dieser Tätigkeit entstehen mit der Zeit Archivalien, die zunächst zur Bearbeitung dem Universitätsarchiv übergeben und danach schliesslich ins Staatsarchiv übergeführt werden. Niklaus Bütikofer vom Universitätsarchiv Bern und die Mitarbeiterinnen und Mitarbeiter des Staatsarchivs Bern waren Autor und Autorin das fachkundige Gegenüber beim Suchen und Finden der archivalischen Quellen.

Dank des Entgegenkommens von David von Rütte, seiner Schwester Helene Elsässer-von Rütte und ihrem Neffen, dem Historiker Hans von Rütte, eröffnete sich die Möglichkeit, ursprünglich nur zur Verwendung im Familienkreis vorgesehene autobiografische Texte ihres Vaters Pfarrer Hans von Rütte und ihres Bruders Pfarrer Andreas von Rütte einer breiteren Öffentlichkeit vorzustellen. Zusammen mit dem publizierten Text seines Studienkollegen, des Pfarrers und Schriftstellers Kurt Marti, erfahren heutige Leserinnen und Leser, was die Herren – aus grosser zeitlicher Distanz natürlich – an ihrer jeweiligen Studienzeit in schwieriger Zeit als erinnerungswürdig angesehen haben. In Pfarrer Hans von Rüttes Lebenserinnerungen findet auch seine ehemalige Vikarin Hanni Lindt-Loosli ihren Platz, die sich ihrerseits in ihrem sehr informativen Buch zur Geschichte der Berner Pfarrerinnen an dieses Vikariat erinnert.

Damit ein Buch es auf den Markt schafft, braucht es nicht nur die Arbeit am Text, es braucht auch einen Verlag, der es herausbringt. Der Theologische Verlag Zürich zeigte sich bereit, das Werk in sein Verlagsprogramm aufzunehmen. Mit grosser Geduld widmete sich Lisa Briner Schönberger den verschiedenen Etappen der Buchentstehung, angefangen bei der Umschlaggestaltung bis hin zur druckfertigen Gestalt des Textes mit all den technischen Klippen, die dabei zu umschiffen sind.

Autor und Autorin wissen es zu schätzen, dass die Theologische Fakultät Bern nicht nur bereit war, ihre Geschichte aufarbeiten zu lassen, ohne dieser Aufarbeitung irgendwelche Rahmenbedingungen zu setzen, sondern auch, die daraus hervorgegangene Publikation finanziell zu unterstützen.

Last but not least: Die Publikation eines Buches kostet Geld, wissenschaftliche Veröffentlichungen tragen sich nicht selbst. Autor und Autorin und die Mitglieder der Kommission sind folgenden Institutionen zu Dank verpflichtet, die im Vertrauen darauf, dass das Werk seine Aufgabe erfülle, die notwendigen Druckkostenzuschüsse gesprochen haben:

Alumni-Verein der Theologischen Fakultät Bern
Burgergemeinde Bern
Reformierte Kirchen Bern-Jura-Solothurn
Louis und Eugène Michaud-Fonds des Instituts für Christkatholische Theologie der Universität Bern
Theologische Fakultät Bern

Benedikt Bietenhard

Einleitung

Es braucht kaum betont zu werden, dass es verschiedene Möglichkeiten gibt, die Geschichte theologischer Fakultäten zu schreiben. Welche dieser Möglichkeiten man aber wählt, hängt zum einen vom Quellenbestand, zum anderen aber von der fachlichen Kompetenz des Verfassers oder der Verfasserin ab.

So kann es durchaus sinn- und reizvoll sein, den Fokus auf die theologische Arbeit der an den Fakultäten lehrenden Professorinnen und Professoren zu richten, ihre Publikationen zu referieren und dabei den Wandel von Theologie zu dokumentieren und zu reflektieren. Der Verfasser und die Verfasserin dieser Studie zogen es aber vor, bei der Darstellung der beiden theologischen Fakultäten der Universität Bern einen anderen Blickwinkel zu wählen.

Bereits bei der Lektüre von Standardwerken zur bernischen Kirchengeschichte, zum Beispiel derjenigen Kurt Guggisbergs, wie noch viel mehr bei der Durchsicht der Protokolle vor allem der Evangelisch-theologischen Fakultät, zeigt sich eindrücklich, in welchem Ausmass die bernische Universitätstheologie über einen langen Zeitraum von staatlicher Beeinflussung geprägt wurde und wie stark sich die dort wirkenden und ausgebildeten Theologen dem neuen Staat von 1831 verpflichtet fühlten. Dieses phasenweise leidenschaftlich anmutende Interesse – es manifestierte sich noch einmal aus Anlass der Gründung der Christkatholisch-theologischen Fakultät – lud geradezu ein, die Geschichte dieser Institutionen von ihren politischen Aspekten her anzugehen, immer im Wissen darum, dass dies nur eine von verschiedenen legitimen Herangehensweisen sein kann.

Wie dies bei allen solchen Unternehmungen der Fall ist, steht auch das hier vorgelegte Werk auf den Schultern wichtiger Vorgänger. Neben den bereits genannten Büchern Kurt Guggisbergs sind besonders zu erwähnen die Publikationen seines Nach-Nachfolgers Rudolf Dellsperger und die dreibändige Geschichte des Kantons Bern von Beat Junker. Nach wie vor wichtig ist die Universitätsgeschichte des Altmeisters der bernischen Geschichtsschreibung, Richard Feller, zum Hundertjahrjubiläum der Universität Bern. Nicht nur ist ihre Lektüre ein Genuss, sondern sie verfolgt die Entwicklung der Hochschule nach Fakultäten geordnet, was die Arbeit an einer aus grösserer zeitlicher Distanz geschriebenen Fakultätsgeschichte wesentlich erleichtert. Grundlegend für das Thema Frauen in Theologiestudium und Pfarramt wurde das Buch «Von der ‹Hülfsarbeiterin› zur Pfarrerin» von Hanni Lindt-Loosli. Als mächtige Stützen im Hintergrund stehen die grossen Überblicksdarstellungen zur Schweizer Geschichte. Besonders hilfreich für Autorin und Autor waren auch die vielen kleineren und grösseren Publikationen zur Geschichte der

Christkatholischen Fakultät von Urs von Arx, die den Weg in eine ihnen weitgehend unbekannte Welt kompetent erschlossen.

Ohne ein ganz besonderes Werk aber wäre diese Arbeit in der vorliegenden Form nicht möglich gewesen: Es handelt sich um die Hochschulgeschichte Berns, die zum 150-Jahr-Jubiläum von einer Arbeitsgruppe um die Historiker Ulrich Im Hof und Beatrix Mesmer im Jahre 1984 herausgegeben wurde. Sie gehört bis heute zu den massgeblichen Werken der Universitätsgeschichtsschreibung. Neben den konzis gehaltenen Überblicksdarstellungen aus der Feder von Ulrich Im Hof und Beatrix Mesmer ist besonders die immense Arbeit einer grossen Zahl junger Historikerinnen und Historikern zu erwähnen, von denen hier stellvertretend für andere Franziska Rogger, Pietro Scandola und Stephan Schmidlin genannt seien. Ihnen ist das grosse statistische und prosopografische Material zu verdanken, das in die vorliegenden Studie dankbar aufgenommen und im ausführlichen Anhang weitergeführt wurde.

I. Die akademische Ausbildung der Theologen bis zum Ersten Weltkrieg

1. Die höhere Bildung im Staat Bern seit dem späten Mittelalter

1.1 Bildungsinstitutionen und Bildungsverständnis im bernischen Staat des ausgehenden Mittelalters

Der bernische Rat bemühte sich gerade in der zweiten Hälfte des 15. Jahrhunderts, «den Bürgern der Stadt, zum Teil auch den Bewohnern der Landschaft und der Munizipalstädte, einzelne Bildungsstätten zugänglich zu machen, die Verbreitung der Bildung zu begünstigen», schreibt Urs Martin Zahnd in seiner Dissertation zu den bernischen Bildungsverhältnissen im ausgehenden Mittelalter.[1] Für die Stadt war aber die Bildung nie Selbstzweck, sondern diente einerseits dem Ruhme der Stadt und andererseits der diplomatischen und verwaltungstechnischen Ausbildung des Politikers. Diese Ausrichtung der Bildungspolitik auf den «Stadtnutzen» hatte aber nach Zahnd den negativen Effekt einer Einschränkung der angewandten Bildungsformen auf das Metier des Politikers, während Ausbildungsmöglichkeiten im kaufmännischen Bereich keine Beachtung fanden.

Im Zentrum der Bildungsbemühungen des Rates stand die *Lateinschule* als eigentliche Stadtschule, weniger bedeutend waren die Schulen des Dominikaner- und des Franziskanerklosters sowie des Chorherrenstiftes zu St. Vinzenz. Als älteste Schule auf Stadtboden stand die Lateinschule «auch nie in Konkurrenz mit einer bereits bestehenden kirchlichen Anstalt, und der Rat musste sich nie mit dem Widerstand der zuständigen kirchlichen Gremien auseinandersetzen».[2] Die Stadt konnte also seit den Anfängen Ausrichtung, Besetzung und Form der Schule massgeblich beeinflussen.

Grosse Bedeutung mass die Stadt der Universitätsbildung ihrer Schulmeister zu. Da Bern keine eigene Universität besass, musste sich der Rat darum bemühen, an bereits bestehenden Universitäten, die bis Ende des 15. Jahrhunderts alle ausserhalb der Eidgenossenschaft lagen, Studienplätze zu erhalten. Seit dem 13. Jahrhundert lassen sich Berner Studenten an europäischen Universitäten nachweisen, so zum Beispiel in Bologna. In den Vordergrund rückten in der zweiten Hälfte des 15. Jahrhunderts Paris und Basel, das mit seinem Beitritt zur Eidgenossenschaft im Jahre 1501 zur ersten Schweizer Universität wurde.

Bildungsmöglichkeiten existierten zwar auch auf dem Land, wenn auch in sehr eingeschränktem Mass, gab es doch dort keine ständigen Schulen. Durchziehende

---

1 Zahnd, Bildungsverhältnisse, S. 27. Die Ausführungen zu diesem Kapitel basieren auf Zahnds Werk.

2 Zahnd, Bildungsverhältnisse, S. 27–28.

Lese- oder Lehrmeister vermittelten gegen Entgelt elementare Kenntnisse. Einzig Munizipalstädte wie Aarberg, Burgdorf oder Thun verfügten über Lateinschulen wie die Hauptstadt Bern. Über Anzahl und Herkunft der Schüler dieser Schulen lassen sich aber aufgrund der vorhandenen Quellen keine Angaben machen.

Zusammenfassend lässt sich sagen:

1. Ziel und Ausrichtung der Bildungsbemühungen wurden im Bern des ausgehenden Mittelalters nie als Selbstzweck, als etwas Autonomes, betrachtet. «Die Bildung blieb immer auf die Erfordernisse des praktischen Lebens bezogen. Gebildet war jener Stadtbürger, dessen Fertigkeiten, Kenntnisse und Geschick den ihm gestellten Aufgaben Genüge zu leisten vermochten.»[3]
2. Das bernische Spätmittelalter kannte weder eine eigentliche Bildungstheorie noch eine eigene Bildungspolitik, trotz des energischen Einsatzes des städtischen Rates für die Schaffung und den Erhalt von Bildungsmöglichkeiten. Zu diesen gehörte nicht nur die Unterbringung an Universitäten verbündeter Mächte, sondern ebenso diejenige als Pagen an verschiedenen Fürstenhöfen. Letzteres beschränkte sich natürlich auf die Sprösslinge stadtbernischer Ratsfamilien.
3. Die grundlegenden Bildungsangebote, kulminierend in den Lateinschulen der bernischen Städte und Stifte, standen grundsätzlich allen offen und wurden von Vertretern aller Stände und jeglicher Herkunft besucht, waren also auch in der Hauptstadt nicht der Aristokratie vorbehalten. Die kaufmännische Ausbildung hingegen beschränkte sich auf den Dienst in einem kaufmännischen Kontor, der an eine schulische Grundausbildung anschloss.
4. Quellenmässig lassen sich etwa 250 bernische Studenten an den Universitäten des Spätmittelalters fassen. Zwei Drittel von ihnen kamen aus der Hauptstadt, nur ein Drittel aus der Landschaft. Der grösste Teil dieser Studenten war geistlichen Standes, da ihre Ausbildung ja durch die Kirche finanziert war, und nur jeder fünfte verliess die Universität mit einer Graduierung. Laien als Studenten sind erst seit den Universitätsgründungen in Oberdeutschland nachweisbar, insbesondere seit der Eröffnung der Universität Basel. Sie stammten mehrheitlich aus den Ratsgeschlechtern und bildeten die Minderheit unter den bernischen Universitätsbesuchern.
5. Charakteristisch für die bernischen Bildungsverhältnisse im ausgehenden 15. Jahrhundert war nach Urs Martin Zahnd die «konsequente Ausrichtung aller mit der Bildung zusammenhängenden Fragen auf die politische Entwicklung und Stellung der Stadt».[4] Die Absolvierung bestimmter Bildungswege mit den durch sie erworbenen Bildungsattributen diente nicht nur der Befähigung zum Dienst am Staat, sondern war auch in besonderem Mass Statussymbol,

---

3 Zahnd, Bildungsverhältnisse, S. 217. Dort S. 218–226 auch die weiteren Angaben.

4 Zahnd, Bildungsverhältnisse, S. 225.

auch wenn die an Höfen und Universitäten erworbene Bildung immer vorrangig auf das Wirken im Staatsdienst bezogen blieb. Für die nahe Zukunft, die in Glaubensfragen eine grundlegende Neuorientierung mit sich brachte, bedeutete dies zwangsläufig, dass der Berner Rat die Bildung gerade auf der dritten Ebene in die Hand nehmen musste.

1.2 Bern als Hochschulstandort: Die Hohe Schule 1528–1805

Mit der Einführung der Reformation in Bern im Jahre 1528 stellte sich die Frage der Bildungsinstitutionen in Stadt und Landschaft Bern insofern neu, als man nun die Ausbildung der Geistlichen nicht mehr an Universitäten im Ausland delegieren und ihre Finanzierung der Kirche anheimstellen konnte.[5] Als die Räte den Reformationsbeschluss gefasst hatten, schritten sie zur Tat und gründeten bereits im Februar eine Schule auf akademischem Niveau, die sogenannte Hohe Schule. Zürich war mit der Schaffung der «Prophezei» vorangegangen, diesem Modell folgte Bern. Den Lehrkörper bildeten zunächst zwei, ab 1548 dann drei Professuren für die Fächer Biblische Sprachen (Hebräisch und Griechisch), für Theologie und für «Artes», «Oratorie» oder «Philosophie», was Ulrich Im Hof umschreibt mit «allgemeinem Grundwissen anhand lateinisch-klassischer Literatur, nicht ohne mathematisch-naturwissenschaftliche Ergänzungen».[6] Als Hochschulgebäude diente das in den Dreissigerjahren umgebaute Barfüsser-(Franziskaner-)Kloster, in dem sich auch das Alumnat befand, welches etwa zwanzig auswärtigen Studenten Unterkunft bot.[7] Bedürftige Studenten wurden alimentiert durch den «Mushafen», der das «Spendbrot» des späten Mittelalters ablöste. Die Hohe Schule war eine «schola publica» oder «frye offne Schuel», also eine Lehranstalt, deren Vorlesungen öffentlich waren.

Die Hohe Schule, das «Parfüssen Collegium», basierte auf der jetzt «Untere Schule» genannten Lateinschule der Hauptstadt und den Lateinschulen der Munizipalstädte von Aarau, Brugg, Burgdorf, Thun und Zofingen. Sie vermittelten die für die Hohe Schule nötigen Grundkenntnisse, waren aber Schulen der gesamten Bürgerschaft und nicht nur auf zukünftige Theologen ausgerichtet. Nicht vergessen darf man dabei, dass Bern, wie die vier anderen reformierten Hochschulstandorte (Basel, Zürich, Lausanne und Genf), nicht nur eine neue reformierte Pfarrerschaft

---

5 Die Darstellung folgt hier Im Hof, Hohe Schule, S. 25–44. Grundlegend auch Braun-Bucher, Die Hohen Schulen, S. 274–280; Baeriswyl, Franziskanerkloster, S. 227–280.

6 Im Hof, Hohe Schule, S. 26.

7 Dieses Gebäude diente der Hohen Schule, später der Akademie und schliesslich der neuen Hochschule bis zum Universitätsneubau von 1902/03 als Standort. Heute steht dort das Casino.

Hohe Schule, Ostflügel: Von 1528 bis 1903 Standort für Hohe Schule, Akademie und Universität

heranzubilden hatte, sondern dass man zunächst die alte, katholische Geistlichkeit umschulen musste.

Nach der Eroberung der Waadt durch Bern im Jahre 1536 errichteten die neuen Herren in Lausanne ebenfalls eine Haute Ecole nach bernischem Vorbild, deren Grundlage dort die waadtländischen Collèges (Lateinschulen) bildeten. Der Hochschulstandort Bern verfügte bis zum Ende des Ancien Régime als einziger in der Eidgenossenschaft über zwei Hohe Schulen. Zwischen 1525 und 1559 entwickelte sich damit von Zürich über Bern und Lausanne bis Genf ein neuer Hochschultypus, der in der ganzen reformierten Welt prägend wirken sollte.[8]

Nach Ulrich Im Hof unterschieden sich diese Schulen vom traditionellen Universitätstypus durch folgende Merkmale:

> «1. Die einheitlich, straff und konsequent aufgebaute Bildung von elementarer Lateinschule an bis zum Abschluss der akademischen, beziehungsweise theologischen Studien.
>
> 2. Die Verbindung akademischer Bildung mit einer bestimmten erzieherischen Disziplin.
>
> 3. Die Ausrichtung der akademischen Bildung auf ein festes Berufsziel, das heisst das Pfarramt.
>
> 4. Die besondere Pflege der evangelischen Wissenschaften, das heisst der griechischen und hebräischen Sprache.

8 Im Hof, Hohe Schule, S. 28.

> 5. Die Möglichkeit für die betreffenden städtischen Bürgerschaften zur intellektuellen Bildung im heimischen Bereich.
> 6. Die Verankerung der Hohen Schule in der christlichen Republik, in welcher der Dualismus Staat/Kirche beziehungsweise Geistlichkeit/Laien aufgehoben ist.»[9]

Gerade dieser letztgenannte Punkt sollte in den Anfängen der Hohen Schule bedeutsam werden. Die aus Zürich nach Bern entsandten Mitstreiter Zwinglis, Kaspar Grossmann/Megander und Johannes Müller aus Rellikon/Rhellicanus, hatten dem Berner Reformator Berchtold Haller tatkräftig geholfen, der Reformation in Bern im Sinne Zwinglis zum Durchbruch zu verhelfen. Als sie nach Zürich zurückkehrten, wurden mit Simon Sulzer und Thomas Grynäus zwei Theologen an die Schule berufen, die dem Luthertum zuneigten. Als im von Grynäus geleiteten Alumnat die zwinglianisch ausgerichtete Minderheit gegen die lutherische Mehrheit aufmuckte, griff der Rat zu ihren Gunsten ein. Schultheiss Hans Franz Nägeli, der Eroberer der Waadt im Jahre 1536, unterzog die Studenten persönlich einer dogmatischen Prüfung, die wohl im Wesentlichen auf die Frage nach dem Abendmahlsverständnis hinauslief, und musste feststellen, dass ein Grossteil von ihnen zum Luthertum neigte, was ihnen eine Gefängnisstrafe eintrug. Als Folge davon verlor Simon Sulzer, nach Richard Feller und Kurt Guggisberg der bedeutendste Berner Theologe jener Zeit, sein Lehramt (Grynäus hatte sich zuvor schon auf die Münsterkanzel zurückgezogen) und wirkte fortan in Basel. Schultheiss und Rat von Bern hatten nach langem, politisch bedingtem Zögern, ein für alle Mal klargemacht, dass sie die Ergebnisse der Disputation von 1528 nicht zu hinterfragen gedachten.[10]

Dieser gewaltsam durchgesetzten Lösung waren zwei äusserst turbulente Jahrzehnte vorausgegangen, in denen die bernische Regierung an verschiedenen Fronten gefordert war. Die Ereignisse dieser Formationsphase der konfessionell gespaltenen Eidgenossenschaft sind im Rahmen der hier vorgelegten Skizze nicht zu schildern.[11] Im Hinblick auf die Hochschulpolitik des Berner Rates ist jedoch auf eine These des Historikers Peter Bierbrauer kurz einzugehen.[12] Sie lässt sich dabei nahtlos an die Feststellungen von Urs Zahnd zum Spätmittelalter anfügen. Bierbrauer thematisiert in seiner Dissertation die Konflikte zwischen den auf ihre Freiheiten bedachten bernischen Untertanen und der bernischen Regierung, die ihre Landesherrschaft auszubauen gedachte und sich dazu der Reformation bediente. Dabei sei die Ursache des Zusammenstosses von Obrigkeit und Untertanengebie-

9 Im Hof, Hohe Schule, S. 28–29.

10 Zur Auseinandersetzung mit der lutherischen Richtung siehe ausführlich Guggisberg, Kirchengeschichte, S. 204–212, dort auch zum Unterricht in der Unteren Schule, S. 167–168; Feller, Geschichte Berns, S. 267.

11 Zum Ganzen siehe Vischer u. a., Ökumenische Kirchengeschichte, S. 103–134 und 135–147.

12 Bierbrauer, Freiheit und Gemeinde, S. 279–285.

Lateinschule Bern

ten nicht die Reformation gewesen, «sondern die Tatsache, dass eine durch den gegebenen Verfassungsrahmen beengte Obrigkeit die Dynamik des reformatorischen Prozesses zu nutzen suchte, um die Schranken auf dem Weg zu territorialstaatlicher Machtintensivierung einzureissen und den Bereich staatlichen Handelns auszuweiten».[13] Den Beweis für diese These sieht Bierbrauer bereits im Verlauf der städtischen Reformationsgeschichte: «Die politisch-administrativen Schritte zur Verstaatlichung der Kirche eilten der förmlichen Anerkennung der theologisch-dogmatischen Grundposition der neuen Lehre in den Jahren 1523 und 1528 stets weit voraus, sie erfolgten also, ohne dass sie bereits immanent zu rechtfertigen gewesen wären.»[14] Damit habe die bernische Obrigkeit die Reformation so offensichtlich zu staatlichen Zwecken ausgebeutet, dass sie damit das Misstrauen der Untertanen geweckt und die Chance einer intellektuellen Auseinandersetzung mit der neuen Lehre und zu ihrer Aneignung in der ländlichen Gesellschaft vertan habe. Im Lichte dieser Erkenntnis wird so deutlich, dass des Berner Schultheissen Dogmatikprüfung nicht primär theologisch, sondern politisch motiviert war. Nach

13 Bierbrauer, Freiheit und Gemeinde, S. 280.
14 Bierbrauer, Freiheit und Gemeinde, S. 280.

dem Tod Luthers (1546) und dem verlorenen Schmalkaldischen Krieg (1546–47) befand sich der deutsche Protestantismus in der Defensive, während sich Bern und Zürich wieder annäherten. Berns Regierung, obwohl von Anfang an zwinglianisch ausgerichtet, konnte und wollte sich ein Lavieren zwischen Luther und Zwingli nicht mehr leisten. Bullinger und Calvin, die zwei Grossen der zweiten Reformatorengeneration, fanden zusammen und begründeten mit Unterstützung des politischen Machtzentrums Bern eine Reformationslandschaft spezifisch schweizerischer Prägung.

Zu einer solchen gehörte nun im Besonderen, dass die Schweizer Reformatoren nicht bereit waren, ihre Vorstellung von höherer Bildung an das überkommene Universitätsmodell anzupassen. Im Unterschied zu diesem hatten die Hohen Schulen keinen Sonderstatus, keine eigene Gerichtsbarkeit, keine Privilegien und auch kein akademisches Zeremoniell. (Der letzte Punkt wurde übrigens erst in den Dreissigerjahren des 20. Jahrhunderts plötzlich als Mangel empfunden.) Die Aufgabe der neuen Hochschulen war nicht, Akademiker auszubilden, die auch international Anstellungen finden mussten, sondern sie sollten als Träger des intellektuellen Lebens der Republik primär Pfarrer heranziehen. Die Pfarrer wurden in den folgenden Jahrzehnten überdies zu Vertretern der Obrigkeit in den Kirchgemeinden herangezogen. Sie verlasen von der Kanzel die obrigkeitlichen Mandate, fungierten als Schreiber der Chorgerichte (Sittengerichte unter der Leitung des Landvogtes), führten die Zivilstandsregister, prüften die (primär ökonomisch definierte) Ehetauglichkeit heiratswilliger Paare und beaufsichtigten den lokalen Schulunterricht.

Ulrich Im Hof bezeichnet die neue Ausbildungsstätte, in Bezug auf das Ausbildungsniveau, als Theologische Fakultät, obwohl korrekt gesprochen dieser Begriff eben eigentlich zur Universität gehörte. Die Hohe Schule in Bern bildete zusammen mit der Haute Ecole von Lausanne die höchste Bildungseinrichtung von Stadt und Landschaft Bern, die sie mit den für die rund 200 Pfarrämter notwendigen Pfarrern zu versorgen hatte. Es lässt sich unschwer erkennen, dass die der neuen Institution anvertraute Aufgabe nahtlos an das für das spätmittelalterliche Bern von Zahnd herausgearbeitete Bildungsverständnis anknüpfen konnte. Die Erfordernisse einer neuen, reformierten Kirche fanden ihre Entsprechung im Pragmatismus einer städtischen Republik.

Die Grundstrukturen waren damit definiert und blieben bis weit ins 18. Jahrhundert weitgehend unverändert. Einzig die Zahl der Professoren wurde durch die Trennung von Hebräisch und Griechisch von drei auf vier erhöht, da die Belastung durch Ausbildung und Führung des Alumnats die drei Professoren überlastete. Weiterhin bildeten die Untere Schule und die Obere Schule eine Einheit, was auch darin zum Ausdruck kam, dass die Untere, also die Lateinschule, in unmittelbarer Nachbarschaft der Hohen Schule einen Neubau beziehen konnte.[15]

15 Abbildungen dazu bei Im Hof, Hohe Schule, S. 36

Wie hat man sich den Unterricht an der neuen Hochschule vorzustellen? Die von Zürich der neuen Hohen Schule zur Verfügung gestellten Lehrer Kaspar Megander, Johannes Rellikan und Sebastian Hofmeister (dieser nur kurze Zeit) begannen im Mai 1528 ihre «lectiones publicas» nach dem Vorbild der Zürcher Prophezei.[16] Jeweils dienstags und donnerstags wurde, zunächst im Chorherrenstift und Chor des Münsters, eine alttestamentliche Bibelstelle zuerst lateinisch, dann aus der griechischen Septuaginta und zuletzt im hebräischen Urtext vorgelesen. Dann folgten ein Textvergleich, eine Übersetzung ins Deutsche und eine praktische Auslegung. So verband man Interpretation und Homiletik miteinander. Mit dem Neuen Testament verfuhr man in ähnlicher Weise. Mit andern Worten: Die Professuren für Hebräisch (Megander) und Griechisch (Rellikan) waren Vorläuferinnen der späteren Lehrstühle für Altes und Neues Testament. Ab Mitte Juni 1535 fanden dann die Lektionen im Westteil des Barfüsserklosters statt, von dem die Hohe Schule Berns ihren Namen «Kollegium zu Barfüssen» erhielt.

Die Schule unterstand dem Kleinen und Grossen Rat der Republik Bern, die ihre Kompetenz in ein gemischtes Kollegium von «Schulherren» auslagerte. Zu diesen gehörten Mitglieder des Rates, Stadtpfarrer und die Professoren. Wichtig war die Verbindung zu den Stadtpfarrern, insbesondere zum Münsterpfarrer, der gleichzeitig Dekan des Bern-Kapitels und damit geistliches Oberhaupt des Kantons war. Kaspar Grossmann/Megander als erster Professor amtierte gleichzeitig auch als Münsterpfarrer. Dies erklärt auch, warum bis ins 18. Jahrhundert der Wechsel von einer Professur an der Hohen Schule in ein Stadtpfarramt als Karriereschritt angestrebt wurde. Dass im 19. und 20. Jahrhundert nur einmal ein Münsterpfarrer ordentlicher Theologieprofessor wurde (Wilhelm Hadorn), lässt sich als Nachklang dieser traditionellen Rangfolge deuten.

Zu den besonderen Merkmalen der neuen Bildungsinstitution Hohe Schule gehörte gemäss Ulrich Im Hof auch die Verbindung von akademischer Bildung mit erzieherischer Disziplin. Die Etablierung des neuen theologischen Paradigmas erforderte eine Begründung für die Distanzierung von den Freiheiten der mittelalterlichen Universitäten. Kaspar Grossmann/Megander lieferte dazu das argumentative Muster, indem er in einem Bibelkommentar Klöster und Universitäten als Hurenhäuser titulierte, die durch Wiederherstellung der ursprünglichen Zustände zu Schulen werden müssen. Die in den folgenden Jahrhunderten immer wieder erneuerten Schulordnungen zeugen vom nicht nachlassenden Bemühen der bernischen Obrigkeit, ihren Pfarrernachwuchs als würdige Vertreter einer übergeordneten reformatorischen Sozialdisziplinierung in ihre Kirchen zu entlassen.

Mit der Schulordnung von 1548 war die Aufbauphase der neuen Hohen Schule abgeschlossen. In den vergangenen zwei Jahrzehnten hatte die bernische Obrigkeit

---

16 Das Folgende nach Guggisberg, Kirchengeschichte S. 166–167. Zum Unterricht an der Zürcher Prophezei siehe Schmid, Theologische Fakultät Zürich, S. 18–19.

Bemerkenswertes zustande gebracht. Sie hatte die theologischen Inputs aus Zürich konsequent umgesetzt und gegen lutheranische Versuchungen verteidigt, war nach den beträchtlichen Irritationen über Zürichs Kappeler Abenteuer wieder mit diesem zusammengekommen und hatte nicht zuletzt der Reformation eidgenössischer Machart durch ihr Ausgreifen nach Westen und den Schutz Genfs ein einheitliches Gesicht und eine globale Perspektive verschafft.

Im nun beginnenden Zeitalter der *theologischen Orthodoxie (1548–1676)*, das diese Aufbauphase ablöste, festigten sich die zuvor entwickelten Formen des Unterrichts. Dieser formalisierte sich in starkem Masse durch eine Häufung von Vorschriften. Aufnahme- und Zwischenprüfungen, Kontrollen, Disputationen, Deklamationen und Probepredigten hielten die zukünftigen Prädikanten auf Trab. Sie waren gehalten, in den Vorlesungen und untereinander lateinisch zu reden, was der humanistischen Tradition des Zwinglianismus durchaus entsprach.

Die Dozenten waren, den Neuerungsphasen von 1805 und 1834 nicht unähnlich, zunächst Auswärtige. Der erste Dozent aus der eigenen Schule war Benedikt Marti/Aretius. Ab 1634 befanden sich keine Ausländer mehr im Kollegium, das ab 1663 nur mehr aus bernischen Eigengewächsen zusammengesetzt war. Während im 16. Jahrhundert noch Vertreter der Landschaft im Dozentenstab vertreten waren, schloss sich dieser seit dem 17. Jahrhundert von ihr ab, die Stadtberner blieben fortan unter sich. Drei Viertel der späteren Professoren besuchten nicht nur die Hohe Schule in Bern, sondern studierten auch auswärts, vor allem natürlich in Basel, dann zuerst in Strassburg, später in Heidelberg und Marburg. Im Hof zufolge scheint die Berufung von Hermann Dürholz/Lignaridus auf die theologische Professur im Jahre 1598 von besonderer Wirkung gewesen zu sein. Er hatte in Genf studiert und war dort auch Professor geworden. Dies sicherte den Durchbruch des Calvinismus und stellte den staatskirchlichen Monopolanspruch auch theologisch sicher: «Es herrschte Ordnung und Ruhe […]. Man bildete solide Pfarrer in diesem Geiste aus, Pfarrer des rechten Glaubens der festgebauten starken Republik; dies sowohl an der Hohen Schule zu Bern wie zu Lausanne, wo man gelegentlich zum Rechten zu sehen hatte.»[17] Die Schattenseite dieser orthodoxen Ordnung zeigte sich in der Behandlung der religiösen Dissidentinnen und Dissidenten (Täufer und Pietisten).

Gegen Ende des 17. Jahrhunderts kam Bewegung in die überschaubare Berner Hochschullandschaft. Zunächst baute man in den Jahren 1678–1684 das Kloster um in einen barocken Hufeisenbau, der hundert Jahre später noch einmal umgebaut und durch einen Bibliotheksneubau ergänzt wurde. Das Zeitalter der Aufklärung hatte begonnen und forderte seinen Tribut zunächst einmal in der Vermehrung der Lehrstühle, die bis um die Mitte des 18. Jahrhunderts auf insgesamt acht Professuren erweitert wurden. Bedeutsamer noch war, dass diese Vermehrung nicht der Theologie zugutekam – sie erhielt nur 1686 eine zusätzliche Professur –, son-

17 Im Hof, Hohe Schule, S. 35.

dern andern Fächern, die nun auch «weltliche» Studien ermöglichten.[18] Die Philosophie wurde durch das Fach Eloquenz ergänzt, nach einem kurzen Gastspiel am Ende des 17. Jahrhunderts wurde 1718 die Jurisprudenz definitiv zum selbstständigen Studienfach, 1736 gefolgt vom Fach Mathematik und Naturwissenschaft, das 1749 eine ordentliche Professur erhielt. Mit diesen Weiterungen hatte Bern nachvollzogen, was an andern Hohen Schulen der Schweiz schon Brauch war.[19] Damit hatte es sich aber mit der Anpassung an die Aufklärung. Dogmatische Abweichungen wurden vom Rat nach wie vor rigoros sanktioniert, wie die Lausanner Haute Ecole anlässlich eines Streits um die Konsensusformel um 1720 erfahren musste.[20]

Die Dozenten durchliefen bis in die zweite Hälfte des 18. Jahrhunderts immer noch einen «cursus honorum» über Philosophie, Griechisch, Hebräisch, erste und zweite Theologie. Zuunterst standen die Professoren der Eloquenz, des Rechts und der Mathematik. Da diese Fächer nicht von Theologen erteilt wurden, konnten ihre Lehrer nicht nachrücken und hatten kein Anrecht auf eine Amtswohnung.

Entlohnt wurden die Professoren immer noch teilweise in Naturalien: Dinkel, Hafer, Wein, Holz, Torf, ferner Senf, Kommunionsbrot und Birnen. Hier setzte sich eine Gleichbehandlung aller Professuren durch und die Gehälter glichen sich denjenigen der Stadtpfarrer an, so dass der Wechsel an ein Stadtpfarramt für den Dozenten der Hohen Schule nicht mehr unbedingt einen Karriereschritt bedeutete wie im 16. und 17. Jahrhundert.

Noch verlief der Studiengang in etwa in den Strukturen des 16. Jahrhunderts. Im Alter von 15 Jahren trat der zukünftige Theologe in einer «Promotio ad Lectiones» in die Hohe Schule ein. Dort besuchte er zuerst zwei Jahre lang Eloquenz, eine vertiefte lateinische Grundausbildung in Geografie, Geschichte, Naturgeschichte, Mathematik und Katechisation. Dann folgten drei Jahre «untere Theologie» mit Philosophieunterricht in Logik, Physik und Metaphysik. Mit bestandenem Examen stieg man in die «obere Theologie» auf, wo man sich drei weitere Jahre mit Exegese, Kirchengeschichte, Ethik, Hebräisch, Griechisch, Katechetik für den zukünftigen kirchlichen Unterricht und mit «Singkunst» zu beschäftigen hatte. Das Studium wurde abgeschlossen mit dem «Examen vitae» (Prüfung des persönlichen Lebenswandels) und dem «Examen doctrinae» (wissenschaftliches Examen). Hatte man

---

18 Zur Struktur der Hohen Schule siehe Braun-Bucher, Die Hohen Schulen, S. 274–280, dort S. 275 die Organisation der Lehrstühle 1528–1676. Eine grafische Übersicht über die Lehrstühle 1528–1805 bei Im Hof, Hohe Schule, S. 37.

19 Zum Stand des bernischen Unterrichtswesens grundlegend: Holenstein, Berns goldene Zeit. Dort das Kapitel «Niedere, Lateinische und Hohe Schulen» mit den Beiträgen von Schmidt, Niedere Schulen, S. 266–269, und Braun-Bucher, Lateinische und Hohe Schulen, S. 272–277. Thematisch übergreifend im gleichen Band Dellsperger, Kirche und Staat, S. 242–247, sowie Stuber, Orthodoxie und Aufklärung, S. 247–251.

20 Zu den Einzelheiten siehe Stuber, Orthodoxie und Aufklärung, S. 248–250.

diese erfolgreich bestanden, wurde man mit etwa 25 Jahren «Candidatus Sancti Ministerii» und damit für ein geistliches Amt wählbar. Nach wie vor blieb die Disziplin straff geregelt. Alumnat, Mushafen und weitere Stipendien standen als soziale Einrichtungen vor allem den städtischen Studenten zur Verfügung, wobei gegen Ende des 18. Jahrhunderts der Mushafen von einer Unterstützung in Naturalien in eine finanzielle umgewandelt wurde. Stipendien kamen auch ungarischen und waldensischen Studenten zugute.

Die Schulordnung von 1676 ordnete das Verhältnis von Hoher Schule und Republik neu. Sie blieb bis zum Ende des Ancien Régime in Kraft. Dem Schulrat als Aufsichtsbehörde gehörten alle Professoren und die zwei Stadtgeistlichen an. Ihm unterstand auch der sogenannte «Coetus», die gleich zusammengesetzte Behörde der Hohen Schule von Lausanne. Für den Bedarf der beiden Schulen in Bern gab es den «unteren Schulrat», in welchem die Professoren, der Gymnasiarch und die beiden Stadtpfarrer sassen. Dort führte einer der Professoren als «Rektor» den Vorsitz.

Die einheimischen Professoren wurden alle in Bern ausgebildet. Die meisten von ihnen ergänzten ihre Ausbildung durch Studien- und Bildungsreisen. Neben den traditionellen Aufenthalten in Basel, Lausanne und Genf sind weitere Studien belegt an den Hugenottenschulen von Saumur, Montauban, Puylaurens und Sedan. In den Niederlanden besuchten die Berner Franeker, Groningen, Utrecht und Leyden, in Deutschland Heidelberg und Marburg. Später kamen Göttingen und Halle dazu und im 18. Jahrhundert Universitäten in England.[21]

Es gab Berner Gelehrte, die an andern europäischen Universitäten reüssierten oder sogar Mitglieder der Royal Society oder der Berliner Akademie wurden. Nicht zum Ruhm gereicht der Berner Hohen Schule, dass Albrecht von Haller sich zweimal vergeblich um eine Professur bewarb. Die Hohe Schule von Bern genoss aber wie diejenige von Zürich einen guten Ruf.[22]

Weitere Neuerungen erfuhr das bernische Unterrichtswesen gegen Ende des 18. Jahrhunderts. Die Untere Schule wurde ab Ende der Siebzigerjahre in eine allgemein zugängliche «Literarschule» mit anschliessendem «Gymnnasium academicum» umgestaltet. Parallel dazu entstand eine «Kunstschule», die nun endlich auch zukünftige Kaufleute, Handwerker, Gewerbetreibende, Künstler und Offiziere in Gestalt einer Realschule ausbildete, um so den nicht akademischen, technischen Anforderungen der Zeit gerecht zu werden.

Die Gründungen eines «Politischen Instituts» im Jahre 1787 zur Ausbildung der zukünftigen Magistraten und eines «Medicinischen Instituts» 1797 kamen zu spät, um in der Hochschullandschaft des Ancien Régime noch Wirkung zu entfal-

---

21 Im Hof, Hohe Schule, S. 42; S. 43–44 auch viel Interessantes zu den theologischen Strömungen innerhalb der Professorenschaft des 18. Jahrhunderts.

22 So das Urteil Isaak Iselins, das Im Hof, Hohe Schule, S. 43, zitiert.

ten. Immerhin liessen sich die damit begründeten Einrichtungen später nutzen, sollte es gelingen, sie in die Zeit nach den Wirren der Revolution hinüberzuretten.

1.3 Die Akademie von 1805

In den chaotischen Jahren der Helvetik (1798–1803) hatte Bern Glück, dass seine Schulen weitgehend erhalten blieben, was nicht zuletzt der guten Zusammenarbeit des ehemaligen Berner Theologieprofessors und helvetischen Erziehungsministers Philipp Albert Stapfer und seines Lehrers Johann Samuel Ith zu verdanken war. Trotz grosser finanzieller Schwierigkeiten konnten die Professoren den Studienbetrieb weiterführen. Dennoch sank die Studentenzahl von 120 im Jahre 1799 auf 50, nachdem sie noch zu Beginn des 18. Jahrhunderts 200 betragen hatte. Nach dem Ende der Helvetik war die weitere Entwicklung völlig offen, nicht nur in Bern. Sollte man wieder zu den alten Strukturen zurück oder etwas Neues wagen?

Bern wagte als erster Kanton der Schweiz einen neuen Schritt. Ihm folgten in den Zwanzigerjahren des 19. Jahrhunderts Genf und Lausanne. Die neue, Akademie genannte Institution umfasste nach dem napoleonischen Vorbild der Ecoles Spéciales vier getrennte Fakultäten, Theologie, Jurisprudenz, Medizin und Philosophische Fakultät, anstelle der vorrevolutionären, von der Theologie dominierten Bildungsanstalt. Die Einheit wurde durch eine gemeinsame Aufsichtsbehörde sichergestellt. Der Bestand an Lehrstühlen wurde von acht auf sechzehn verdoppelt, es gab ordentliche und ausserordentliche Professuren und als Neuerung Dozenten ohne Professorenrang, wie zum Beispiel Auguste Schaffter als Privatdozent für Praktische Theologie in französischer Sprache. Noch hatte die neue Akademie keine Autonomie, sie blieb Staatsschule und verzichtete auf die Verleihung von Doktoraten.[23] Jede Fakultät hatte ihren Dekan, doch waren die Professoren nicht mehr in der Kuratel, einer dreiköpfigen Aufsichtskommission, vertreten, die zwei Kuratoren unter der Leitung eines «Kanzlers» umfasste. Dieser war Rektor und Inspektor der Akademie und dem Kleinen Rat verantwortlich, dem er angehörte.[24]

Die Professorenschaft liess sich nur teilweise aus einheimischem Personal rekrutieren, und so kamen zwischen 1805 und 1830 ein Dutzend Deutsche an die Berner Akademie, die meisten aus Süddeutschland. Damit war Bern «der erste Kanton, der jene Öffnung nach Deutschland vollzog, die fortan die deutschschweizerischen Hochschulen prägen sollte».[25]

---

23 Zum Charakter der Akademie als «Schöpfung im Geist der napoleonischen Hochschulreform» vgl. Im Hof, Hohe Schule, S. 47.

24 Dieses mächtige Amt versah bis 1830 Abraham Friedrich von Mutach. Im Hof, Hohe Schule, S. 48.

25 Im Hof, Hohe Schule, S. 49.

Noch dominierte in der Hierarchie die Theologische Fakultät, ihre Professoren waren am besten bezahlt, «und ihre Studenten bildeten nach wie vor einen mehr oder weniger geschlossenen Korpus mit strenger Disziplin. Stipendien gab es nur für sie. Das Pfarramt war der intellektuell anspruchsvollste Beruf geblieben, und es öffnete die Wege nicht nur in die Kirche, sondern auch ins Erziehungswesen.»[26] Mit der Tradition des Lateins als Vorlesungssprache hatte man allerdings schon in der Helvetik weitgehend gebrochen, die Philosophische Fakultät bildete den soliden Unterbau für Theologie und Medizin. Studierende der Theologie mussten zuerst die Philosophische Fakultät besucht haben, weshalb sie auch «untere Theologie» genannt wurde.[27]

An der Theologischen Fakultät wurde Didaktische Theologie inklusive Kirchengeschichte, Homiletik mit Pastoraltheologie und Kirchenrecht sowie Bibelexegese mit Hebräisch gelesen. Die Studenten unterstanden einer strengen disziplinarischen Aufsicht, ihre Vorlesungsnachschriften wurden regelmässig überprüft, ihre Studienliteratur zensiert. Das Urteil des liberalen Berner Kirchenhistorikers Kurt Guggisberg über den Lehrbetrieb im Fach Theologie an der Akademie fällt wenig schmeichelhaft aus: «Die Theologieprofessoren huldigten dem rationalen Supranaturalismus. Sie waren mehr defensiv als offensiv gerichtet und geneigt zu kapitulieren und zu paktieren. Wo man ein Christentum in Geist und Kraft suchte, konnten sie nicht befriedigen, besonders da sie absichtlich die Studenten über die theologischen Kämpfe im Dunkeln liessen. Es ist begreiflich, dass die Studenten die schal gewordene triviale Aufklärung nicht mehr ernst zu nehmen vermochten.»[28] Die Frage, ob nach dem gewaltigen Umbruch von Aufklärung, Revolution und Fremdherrschaft überhaupt anderes möglich war, lässt sich zwar stellen, aber kaum beantworten. Einem Brief des damaligen Theologiestudenten Albert Bitzius, später bekannt unter dem Schriftstellernamen Jeremias Gotthelf, entnimmt Rudolf Dellsperger immerhin die Erkenntnis, dass an der Akademie mindestens zwei Professoren und eine «stattliche Anzahl» Studenten zu den «Erweckten» zählten, denen Bitzius' Antipathie galt.[29] Etwas differenzierter als Guggisberg lautet das von Rudolf Dellsperger erwähnte Fazit des Berner Philosophen Johann Peter Romang aus dem Jahre 1844. Romang hatte in den Zwanzigerjahren des 19. Jahrhunderts an der Berner Akademie studiert. Er schrieb, es habe damals in Bern als Ehrensache gegolten, ein wenig Rationalist zu sein.

> «Von Maasslosigkeiten, wie den Straussischen, Feuerbach'schen und Bauer'schen Büchern, hätte man sich empört zurückgezogen, aber das Hauptinteresse hatte für die

---

26 Im Hof, Hohe Schule, S. 50.

27 Guggisberg, Kirchengeschichte, S. 581.

28 Guggisberg, Kirchengeschichte, S. 582.

29 Dellsperger, Berns Evangelische Gesellschaft, S. 182.

Johann Peter Romang

den Pietisten Gegenüberstehenden nicht sowohl die lebendige, christliche Gemütsstimmung, als die Bildung, Aufklärung, Wissenschaft. In der Weise der neuern Bibelkritik, der rationalistischen Dogmatik und der ziemlich seichten damaligen Philosophie die Schrift und die Kirchenlehre aufzufassen, sie mit der verständigen Zeitbildung in Einklang zu bringen, sie unter den Gebildetern durch solche Thätigkeit auszuzeichnen, dies war uns Hauptsache, wobei jedoch eine eingezogene, arbeitsame, ernst sittliche, die Bildung nicht von der religiösen Grundlage trennen wollende Richtung auch bei den am meisten Rationalistischen vorherrschte. Allein das Interesse des religiösen Gedankens war stärker als dasjenige des religiösen Lebens. Die Pietisten standen uns wirklich im Ganzen an Bildung und wissenschaftlicher Strebsamkeit nach; dagegen soll man es nur gestehen, um die Frömmigkeit war es ihnen mehr zu thun, als den Anderen. Sie lasen und studierten die Bibel, um das Zeugnis von Christo, die Kraft Gottes, das ewige Leben drin zu finden, nicht um griechische oder hebräische Lesarten gegen einander abzuwägen, verschiedene Stilarten zu entdecken, und nach solchen vermeintlichen Andeutungen die heiligen Bücher kritisch zu zersetzen. Die Gebildetern fanden in Predigten und Büchern ihre hauptsächliche Befriedigung in dem, was als geistreiche Wendung, als wissenschaftliche Auffassung sich auszeichnete, die Pietisten in der Erregung des Gemüths. Sie waren wirklich diejenigen, welche am entschiedensten Zeugnis redeten von dem nicht in die Verstandesbildung aufgehenden Glauben [...] Ihre Frömmigkeit war nicht immer ächt; aber das Prinzip der Bildung auf der andern Seite war häufig kein anderes, als dasjenige der [...] Aufklärung.»[30]

Dellsperger ist zuzustimmen, wenn er sagt, treffender und sachlicher könne man das «Neben- und Gegeneinander von rationalistischer und pietistischer Richtung an der Berner Akademie der zwanziger Jahre kaum beschreiben», als Romang es hier

30 Zit. nach Dellsperger, Berns Evangelische Gesellschaft, S. 183–184.

tue.[31] In Romangs Urteil werden die Frontlinien deutlich sichtbar, die Berns Theologie und Kirchenpolitik in den nächsten Jahrzehnten prägen sollten. Das feierlich begangene Reformationsjubiläum von 1828 vermochte für kurze Zeit die Gegensätze zu überdecken.[32]

Trotz des Vorrangs der Theologie war im Staat Bern aber dank der drei anderen Fakultäten – einer juristischen, einer medizinischen und einer philosophischen – nun erstmals eine akademische Ausbildung ausserhalb des Pfarrerberufs möglich, auch wenn es gerade in der Medizin aus heutiger Sicht Professuren mit doch eher merkwürdig anmutenden Fächerkombinationen gab, wie das Beispiel von Carl Friedrich Emmert zeigt, der als promovierter Tübinger Mediziner 1806 als Ordinarius für Vieharzneiwissenschaft nach Bern geholt worden war und ab 1812 auch als Ordinarius für Geburtshilfe und Chirurgie lehrte.[33]

Die Akademie zählte im Jahr 1817 178 Studenten, davon waren 74 Stadtberner, 70 Kantonsberner und 44 – als Neuheit – übrige Schweizer und Ausländer. Mit 92 Studenten bildeten die Theologen weiterhin die Mehrheit.[34]

Das Selbstverständnis der Akademiker über ihre Akademie oszillierte zwischen denselben zwei Polen wie auch das Selbstverständnis der neu zu gründenden Hochschule nach 1834. Der Student Karl Bitzius hob in einer Rede bei der Gründung des Schweizerischen Zofingervereins 1819 den republikanischen Charakter des «Studentenstaates» und seine Verankerung im bürgerlichen Leben hervor und betonte: «Diese unsere Akademien haben ferner nicht blos den Zweck der Förderung und Verbreitung der Wissenschaft, sie haben besonders eine vorherrschend praktische Tendenz: Wir sollen tüchtige Pfarrer, geschickte Aerzte und einsichtsvolle Beamte unseres Landes werden.»[35] Demgegenüber legte der Theologe Karl Bernhard Wyss in seiner Prorektoratsrede 1829 das Gewicht auf eine Begriffsbestimmung, welche die Akademie in unmittelbarer Nähe zur Universität zu verorten versuchte: Die Akademie Berns ist «ihrem Wesen nach doch immer ganz das, was man sich unter einer Universität denkt, nämlich eine Anstalt, auf der nicht nur, wie auf einer Spezialschule oder einem Lyzeum, ein einzelnes Fach der Erkenntnis gelehrt, sondern der studierenden Jugend die Gesamtheit der Wissenschaften vorgeführt wird». Mit einer kleinen Spitze gegen Zürich fährt er fort: «[…] das war ja der schöne Fortschritt, den wir hier vor 24 Jahren machten, dass wir von da an nicht mehr nur ein allein stehendes Predigerseminar und ein abgesondertes Medizinisches und Politisches Institut hatten, sondern alles, was zum Studium der Wis-

31 Dellsperger, Berns Evangelische Gesellschaft, S. 184.
32 Dellsperger, Berns Evangelische Gesellschaft, S. 183–184.
33 Kommission Hochschulgeschichte, Dozenten, S. 39.
34 Im Hof, Hohe Schule, S. 53.
35 Zit. nach Im Hof, Hohe Schule, S. 54.

senschaften diente, in ein eng verbundenes, jedes einzelne begründendes und alle zusammenfassendes Ganzes vereinigt seyn sollte».[36] Der Berner Historiker Ulrich Im Hof würdigt «die Akademie als besondere Leistung der Restauration».[37]

Mit dem Sieg der liberalen Bewegung im Jahre 1831 hielt auch eine grundsätzlich neue Unterrichtspolitik Einzug in den regenerierten Kantonen. In Bern bedeutete dies die Übernahme des Schulwesens in seiner Gesamtheit durch den Staat, so wie es Paragraf 12 der neuen Verfassung vorsah.[38] Die neue Hochschule musste «entaristokratisiert» und zu einer Stätte ausgebaut werden, «wo die Wissenschaft in fortschrittlichem Sinn gepflegt werden konnte».[39] Nicht zuletzt hatte die neue Institution die Aufgabe zu erfüllen, die Kader des neuen Staates auszubilden.

Liberale Intellektuelle wie Regierungsrat Charles Neuhaus und die vier «Schnellen» (Professor Samuel Schnell und seine Neffen Ludwig, Karl und Hans Schnell) aus Burgdorf standen hinter der Umgestaltung der Akademie zur Universität, mit der man in Bern im Februar 1832 begann.

Die liberalen Bildungspolitiker konnten sich beim Aufbau der neuen Hochschule auf die Strukturen der Akademie der Mediations- und Restaurationszeit stützen, denn im Unterschied zu anderen Hochschulstandorten, wo das höhere Schulsystem weitgehend in den vorrevolutionären Strukturen verharrte, hatte Bern nach den turbulenten Jahren der Helvetik 1804/05 eine Neuordnung seines akademischen Bildungswesens zustande gebracht.

36 Zit. nach Im Hof, Hohe Schule, S. 55. Prorektor war der Professor, der die Akademie präsidierte, als Rektor galt Kanzler von Mutach.

37 Im Hof, Hohe Schule, S. 54.

38 Im Hof, Hohe Schule, S. 45–57 und S. 58–61. Die wohl älteste Darstellung der Geschichte der Akademie lieferte Pfr. Otto von Greyerz, Geschichte der Akademie in Bern.

39 Im Hof, Hohe Schule, S. 58.

2. Die Evangelisch-theologische Fakultät in der neuen Hochschule, 1834–1846

Aus heutiger Sicht erstaunlich ist das forsche Tempo, mit dem die Hochschulgründer vorgingen.[40] Weder die Verfassung von 1831 noch das Übergangsgesetz aus demselben Jahr sahen eine Hochschulgründung vor, doch waren, wie gezeigt, einflussreiche Liberale seit dem Umsturz mit den Vorbereitungsarbeiten beschäftigt. Am 14. März 1834 wurde das neue Hochschulgesetz nach zwei Lesungen innert zehn Tagen im Grossen Rat behandelt und genehmigt. Dies war möglich, weil man ja dank der Akademie, anders als in Zürich, wo eine solche fehlte, funktionierende Strukturen übernehmen konnte. «Das Gesetz deklarierte zuerst den Willen des Staates, für die ‹Ausbildung und Befähigung seiner Bürger zu jedem wissenschaftlichen Berufe hinlänglich zu sorgen› sowie ‹alles dasjenige zu tun, was in seinen Kräften steht, um die Wissenschaft zu fördern.›»[41] Bewusst hatte man vieles in den 69 Artikeln (davon 20 für das obere Gymnasium) nicht im Detail festgelegt, da man davon ausging, dass später Verbesserungen und Neuerungen unvermeidbar sein würden. Im Oktober folgten die Ausführungsbestimmungen zur Regelung der wichtigsten Einzelheiten. Möglicherweise gerade wegen seiner Offenheit hielt dieses Hochschulgesetz volle 120 Jahre und wurde erst 1954 durch ein neues ersetzt![42]

Aus Bescheidenheit gegenüber dem Kanton habe man sich, ähnlich wie Zürich, mit der Selbstbezeichnung «Hochschule» begnügt, anstatt sich «Universität» zu nennen, schreibt Ulrich Im Hof zur Symbolik der Namensgebung.[43] Der Begriff der Hochschule verband die neue Institution mit der Hohen Schule der vorrevolutionären Zeit, die ja streng genommen eine Fachhochschule für Pfarrer gewesen war und keine akademischen Würden verlieh. Der Begriff der Universität hingegen transzendierte sowohl das kantonal oder national Beschränkte wie auch den Berufsbildungsaspekt in einem Mass, an das sich bernisches Denken erst herantasten musste.[44] Unbefangen «Universität» und als solche in ihrem Vorrang gesamteidge-

---

40 Im Hof, Hohe Schule, S. 58–61.

41 Im Hof, Hohe Schule, S. 59.

42 Junker, Universitätsgründung, S. 41–52; dort S. 50 auch die folgenden drei Zitate. Vgl. zur Gründung der Universität Junker, Geschichte II, S. 86–87.

43 Im Hof, Hohe Schule, S. 61.

44 Der deutsche Agronom Wilhelm (von) Hamm, der kurze Zeit auch in der Schweiz gewirkt hat, meinte 1847/48: «Namentlich möchte der grosse Mangel einer gründlichen Gymnasialbildung die Hauptursache sein, dass die Berner Hochschule eben mehr von einer Schule hat, als von einer Universität.» Zit. nach Im Hof, Hohe Schule, S. 60.

nössisch unbestritten war wohl nur Basel, dies akzeptierten gerade die Berner Theologen auch in der liberalen Ära ohne Vorbehalt.[45]

Die Hochschulgründung erregte in Berns Öffentlichkeit wenig Aufsehen, gefeiert wurde – nicht zuletzt aus Gründen der Sparsamkeit – in sehr bescheidenem Rahmen.[46]

Sie wurde auch in der Theologischen Fakultät gar nicht als völliger Neubeginn empfunden, anders als man heute anzunehmen geneigt ist. So zeigt zum Beispiel der dickleibige Band mit den Fakultätsprotokollen jener Jahre keinen Reflex der Umwälzung: Auf der einen Seite findet sich der letzte Protokolleintrag der Fakultät der alten Akademie, auf der Rückseite beginnt ohne weitere Bemerkung die Protokollierung der ersten Sitzung der neuen Fakultät, die sich ja zudem personell nicht völlig erneuert hatte.[47]

Dass Bern ausser für das Theologiestudium keine Maturität voraussetzte, trug ihm gelegentlich durchaus nicht unberechtigten Spott ein, denn es gab noch wenige Sekundarschulen und so mancher mit lediglich Primarschulvorbildung war bei Studienantritt überfordert. Die Zürcher Presse giftete, wenn Bern seinen Professoren höhere Löhne zahle, locke es damit die Schafe der Armen auf seine bessere Weide. Man tröstete sich an der Limmat mit der Überzeugung, «Bern habe seine Hochschule aus blosser Eifersucht gestiftet, obgleich dieser Kanton, wegen Mangel an reiner Achtung für die Wissenschaft, ein ganz unwirthbarer Boden für die Musen ist und die Wissenschaften nur zu Knechtesdiensten für die Politik gebraucht werden», oder: «Der Gegensatz wird sich nach allem, was man hört, so stellen: in Bern Schule des Radikalismus, in Zürich Schule der Wissenschaft.» Zürich werde unbekümmert um Politik auf wissenschaftliche Ausbildung hin arbeiten und es der Berner Hochschule überlassen, «ihre Studenten zu radikalen Idioten zu bilden». Ein halbes Dutzend Jahre später fegte der «Straussenhandel» diesen Trost hinweg.[48] Dabei kam der liberalen Zürcher Regierung immerhin das unbestrittene Verdienst zu, mit der gegen den Widerstand der eigenen Theologischen Fakultät durchgesetzten Berufung von David Friedrich Strauss und den dadurch ausgelösten Ereignissen dem Begriff «Putsch» seinen festen Platz im deutschen Wortschatz zugewiesen zu haben.[49]

---

45 Noch die Autorinnen und Autoren der verdienstvollen Festschrift von 1984 betiteln ihr Werk als «Hochschulgeschichte». Die neu aufkommenden tertiären Bildungsinstitute der sogenannten Fachhochschulen werden von selbst eine Verlagerung zugunsten des Universitätsbegriffs bewirken.

46 Mesmer, Die Berner und ihre Universität, S. 134.

47 Für den Historiker unangenehm ist hingegen der Umstand, dass die Protokollführenden es nach 1834 nicht mehr für nötig erachteten, das Register nachzuführen.

48 Zum Straussenhandel: Schmid, Theologische Fakultät Zürich.

49 Schmid, Theologische Fakultät Zürich, S. 57.

Die liberalen Berner Kollegen brauchten acht Jahre, um im Zeller-Handel mit Zürich gleichzuziehen, allerdings mit deutlich weniger blutigem Ergebnis. Nachdem diese Händel ausgestanden waren, konnte man im Verkehr zwischen den beiden Schwesterhochschulen ans Abrüsten denken, wobei vor allem die Theologische Fakultät Zürich mit der Verleihung von Ehrendoktoraten den wissenschaftlichen Rang der Partnerfakultät symbolisch zur Anerkennung brachte. Bis zum Vorabend des Ersten Weltkrieges kamen so mit Gelpke, Rüetschi und den beiden Langhans-Brüdern vier Berner Theologen in den Genuss dieser Auszeichnung.[50]

Hilfreich war bei diesem Appeasement gewiss auch, dass der liberale Plan der Gründung einer Nationaluniversität, für dessen Verwirklichung sich Berner und Zürcher Anfang der Dreissigerjahre als Konkurrenten in Stellung gebracht hatten, nach der Bundesstaatsgründung von 1848 endgültig gescheitert war und bloss in der reduzierten Form einer Eidgenössischen Technischen Hochschule fortlebte.

Mit der Gründung der neuen Hochschule 1834 wollten die liberalen Bildungspolitiker nun also in radikaler Abkehr vom Lehrbetrieb der alten Akademie den neuen Grundsätzen auch im Bildungswesen zum Durchbruch verhelfen, was in zwei zentrale Grundforderungen mündete: Lern-(und Lehr-)Freiheit sowie Universalbildung.[51]

Die Kollegienfreiheit sprach in echt liberalem Geist den Studenten mündig und für seine Ausbildung selbst verantwortlich. Diesem edlen Ziel stand allerdings fast von Beginn an die praktische Notwendigkeit normierter akademischer Abschlüsse entgegen. Der Staat brauchte rasch loyale Beamte und Pfarrer. Zäh, aber letztlich erfolglos wehrten sich Studierende und Professorenschaft gegen das Bestreben des Staates, unter dem Druck einer misstrauischen Öffentlichkeit die Studien durch Prüfungsreglemente normieren zu lassen. Dieser durch manche Sachzwänge vorangetriebene Prozess war (und ist bis heute) nicht aufzuhalten.

Einem ähnlichen Erosionsprozess war auch der zweite Pfeiler unterworfen, auf den die liberalen Hochschulgründer ihr universitäres Ideal stützten, die «Bildung in einem über das Berufsstudium hinausgreifenden, universellen Sinn».[52] Vergeblich beschwor der Arzt und Philosoph Ignaz Paul Vital Troxler die Zuhörerschaft in seiner Rede zur Eröffnung der neuen Hochschule 1834: «Aber ebenso wenig darf die Hochschule eines auf der Höhe der Zeit stehenden Freistaats zu blossen Spezialschulen und Dressuranstalten für literarische Plebeier oder nur für zum Broderwerb und Lebensdienst verdammte Proletarier herabsinken, denn selbst, wenn durch solche Anstalten praktischere Theologen, routiniertere Advokaten, erfahrnere Aerzte

50 Schmid, Theologische Fakultät Zürich, S. 231.

51 Zu diesem Abschnitt vgl. Kommission Hochschulgeschichte, Hochschulgeschichte, S. 523–524.

52 Kommission Hochschulgeschichte, Hochschulgeschichte, S. 525, dort auch das folgende Troxler-Zitat.

und geschicktere Oeconomen und Technologen erhalten werden könnten, dürfte um diesen Preis die allgemeine Bildung und der wissenschaftliche Geist, das Wesen und Leben der Universität, nicht geopfert werden.» Das akademische Studium, so Troxler weiter, müsse demnach seiner Bestimmung nach ein philosophisches Studium sein oder werden.[53]

Diesem Gründer-Idealismus setzten nicht nur gesellschaftliche und wirtschaftliche Zwänge zur Normierung der akademischen Berufsabschlüsse immer engere Grenzen, sondern auch die Entwicklung der Wissenschaften selber, deren unaufhaltsame Spezialisierung eine zunehmende Strukturierung unabwendbar machte.[54]

Dieser Entwicklung konnte das Studium der Theologie am längsten widerstehen, wie die «erstaunliche Konstanz in formalem Aufbau und im Fächerkanon» belegt.[55] Das Studium der Theologie war seit alters ein ausgesprochenes Berufsstudium, es hatte die längste Tradition in Bern und brauchte kein neues Profil. Die Theologische Fakultät konnte zudem von Anfang an als einzige auf eine mit einer Maturität abgeschlossene Gymnasialbildung aufbauen, was ihr in Bezug auf die so hoch veranschlagte Universalbildung einen erheblichen Vorsprung vor den Absolventen der anderen Fakultäten verschaffte. Dies sollte erst anders werden, als sich gegen Ende des 19. Jahrhunderts für alle zukünftigen Akademiker der Universitätszugang durch die Maturität zum Nadelöhr verengte.

Der liberale Staat nahm die Hochschule ebenso fest in den Griff wie der alte: «Die Wahl der Professoren erfolgte auf Vorschlag des Erziehungsdepartementes durch den Regierungsrat ohne Vorschlagsrecht der Hochschule.»[56] Trotz Schaffung eines Senates, dem alle besoldeten Dozenten angehörten, fungierte der Rektor hauptsächlich als verlängerter Arm des Erziehungsdepartementes, wobei die Fakultäten relativ selbstständig waren und direkt mit dem Erziehungsdepartement verkehren konnten. Der Staat garantierte die Lehrfreiheit. Am Aufbau von 1805 änderte sich vorderhand wenig, denn die bisherigen vier Fakultäten blieben bestehen, wobei die Philosophische Fakultät in den gleichen Rang wie die drei anderen erhoben und damit aufgewertet wurde.

Trotz struktureller Beschränkung wurden die Fakultäten vergrössert, neue Lehrstühle geschaffen und der Fächerkanon erweitert.[57] Zwar wurde die Zahl der ordentlichen Professoren aus finanziellen Gründen von 16 auf 12 reduziert, doch

---

53 Nach Kommission Hochschulgeschichte, Hochschulgeschichte, S. 526. Troxler erarbeitete auch einen Anthroposophie-Begriff, den Friedrich Eymann fast ein Jahrhundert später mit demjenigen Rudolf Steiners zu verbinden suchte.

54 Kommission Hochschulgeschichte, Hochschulgeschichte, S. 527.

55 Kommission Hochschulgeschichte, Hochschulgeschichte, S. 527.

56 Im Hof, Hohe Schule, S. 59.

57 Im Hof, Hohe Schule, S. 59.

der gesamte Lehrkörper erweiterte sich von 29 Lehrenden am Ende der alten Akademie auf 45 im Winter 1834. Das bedeutete aber, dass die Extraordinarien, die jetzt die Mehrheit bildeten, auf ausseruniversitäre Verdienstquellen angewiesen waren. Nach ausländischem Vorbild hierarchisierte man dadurch automatisch den universitären Lehrkörper.[58]

Blieb man bei den Strukturen konservativ, so wurde die politische Neuausrichtung umso manifester. Man richtete sich bewusst auf Männer von neuen politischen Grundsätzen aus und opferte dabei auch einige bisherige, die man mit der Neuausschreibung aller Stellen elegant loswerden konnte, sei es, dass sie sich aus Protest zurückzogen wie die Theologen Hünerwadel und Stapfer oder der Philosoph Romang, sei es, dass sie aus politischen Gründen nicht mehr gewählt wurden wie der Theologe Karl Bernhard Wyss.[59] Der 1818 entgegen dem Wunsch der Studenten nicht gewählte Alttestamentler Samuel Lutz, Professor für das Bibelstudium, kam dagegen neu in den nun liberalisierten Lehrkörper der Theologischen Fakultät. Er galt als hervorragendster Lehrer der neuen Fakultät: «Die Berner Pfarrer waren froh, einen verehren zu können, der die goldene Mitte zwischen Wissenschaft und Frömmigkeit gefunden hatte und dazu geschickt genug war, nach keiner Seite anzustossen.»[60]

Die neue Offenheit widerspiegelt auch die Tatsache, dass nun neben 17 Schweizern 17 Deutsche und ein Franzose die Professorenschaft der neuen Hochschule bildeten.[61] Die Verfolgung liberal gesinnter deutscher Professoren in vielen Staaten des Deutschen Bundes kam den im Aufbau begriffenen Hochschulen von Bern und Zürich zugute. Sie hatten die richtige Gesinnung und den dringend benötigten akademischen Rucksack.

Überaus liberal zeigte sich die neue Hochschule wie bereits erwähnt auch, was die Zulassungsbedingungen betraf. Mit dem Verzicht auf eine Zulassungsprüfung wollten die neuen Politiker «die Hochschule offen halten für Studierende vom Land, aus andern Kantonen und aus dem Ausland».[62] Dafür nahm man auch eine Gefährdung des Niveaus in Kauf.

Die personell neu bestellte Theologische Fakultät gedieh, dank guter Lehrer und einer soliden gymnasialen Vorbereitung.[63] Dort waren von «6 Professoren 3

58 Im Hof, Hohe Schule, S. 60.

59 Im Hof, Hohe Schule, S. 60. Wyss kam aber 1847 wieder ins Ordinariat.

60 So das Urteil von Guggisberg, Kirchengeschichte, S. 639. Dort auch ausführlich zu seiner Persönlichkeit, Theologie und Wirkung.

61 Dies das Urteil von Im Hof, Hohe Schule, S. 60. Zur Herkunft dieser Leute: Im Hof, Hohe Schule, Anm. 94. Zum ganzen Thema jetzt Schwinges, Schlingel, S. 54–57, sowie Rogger, Berner Hochschule, S. 447–455.

62 Im Hof, Hohe Schule, S. 60.

63 Im Hof, Hohe Schule, S. 61.

Deutsche: der Württemberger Matthias Schneckenburger, der schon in der Schlussphase der Akademie nach Bern geholt worden war, der Sachse Ernst Friedrich Gelpke und der Hesse Karl Bernhard Hundeshagen».[64] Gerade die neuen deutschen Professoren hätten das Ansehen der Fakultät «durch ihre wissenschaftlichen und menschlichen Qualitäten» gefördert und «in den kirchlichen und den politischen Kämpfen der Zeit ausgleichend und integrierend» gewirkt, wie der Kirchenhistoriker Andreas Lindt meint.[65] Als bedeutendsten unter ihnen bezeichnet Lindt Hundeshagen, der bereits im Alter von 24 Jahren 1834 als Extraordinarius an die Berner Theologische Fakultät berufen wurde.[66]

In einem von Lindt vollumfänglich zitierten Brief an seinen früheren Lehrer Karl Ullmann beschreibt Hundeshagen anschaulich die Verhältnisse im regenerierten Bern und an der neuen Hochschule.[67] Trotz verhaltener Kritik an den neuen Regenten erteilt er seiner neuen Wirkungsstätte gute Noten. Es rege sich insgesamt und an der Theologischen Fakultät im Besonderen ein «sehr guter frischer Geist». Er lobt ausdrücklich das freundschaftliche Verhältnis unter den sechs Professoren: «Eine grosse Einmüthigkeit gibt allen Maassregeln Kraft und alle wirken und *wollen* ernstlich den ihnen vorgesteckten heiligen Zweck […]. Die regelmässigen Facultätssitzungen, in denen hier auch die Extraordinarii Sitz und Stimme haben, gehören zu meinen angenehmsten Stunden.» Besonders gut verstand er sich mit seinem Landsmann, dem viel zu früh verstorbenen Matthias Schneckenburger; voll Verehrung spricht er vom Doyen der Fakultät, Samuel Lutz. Schon in seinen ersten Semestern las er über Altes Testament, biblische Archäologie und Dogmengeschichte. Mit den Studierenden ist er sehr zufrieden, die Theologen unter ihnen seien meist der beste Teil, da sie die einzigen seien, «die hinreichende Gymnasialstudien gemacht haben».[68] «Wir führen über das kleine Häuflein sowohl in wissenschaftlicher, als sittlicher Hinsicht eine genaue Controle, da wir neben einer gleichen Anzahl von Geistlichen die Prüfungscommission bilden, die nach einem strengen Examen die Vorschläge für die Aufnahme in's Ministerium zu machen haben und also eine bedeutende Verantwortlichkeit auf uns ruht.»[69] Das Verhältnis zu den Studenten bezeichnet er als «warm und herzlich», und: «wir haben bei Vielen eher nöthig, einen übermässigen Studieneifer zu dämpfen, als ihn anzuregen, besonders bei denen die noch auf der ehema-

64 Lindt, Hundeshagen und Bern, S. 171.

65 Lindt, Hundeshagen und Bern, S. 171.

66 Kommission Hochschulgeschichte, Hochschulgeschichte, S. 592.

67 Lindt, Hundeshagen und Bern, S. 172–173, auch für die folgenden Zitate.

68 Lindt, Hundeshagen und Bern, S. 174.

69 Lindt, Hundeshagen und Bern, S. 174. In jedem Semester habe die Fakultät eine Liste der Studierenden erstellt «mit ausführlichen Zensuren über Leistungen, Fleiss, Charakter und Betragen». Ebd. S. 185, Anm. 16.

ligen Akademie einen Theil ihrer Studien machten u. die Mangelhaftigkeit des damaligen Unterrichts sehr fühlen».[70]

Von den 187 bei der Eröffnung im Jahr 1834 immatrikulierten Studenten waren immerhin 35 Theologen, was der Theologischen Fakultät ein besonderes Gewicht gab.[71] Leonhard Usteri und Samuel Studer hatten den Lehrplan für die Theologische Fakultät aufgestellt. «Seit dem Einfluss der Tübinger Schule Ferdinand Christian Baurs waren die Anforderungen an das wissenschaftliche Studium gestiegen, was selbst von Gegnern zugegeben werden musste.»[72] Usteri starb kurz vor Eröffnung der Hochschule, hatte allerdings seine Vorlesungen wegen abweichender theologischer Ansichten schon 1833 einstellen müssen.[73] Prägend neben Lutz waren der Württemberger Matthias Schneckenburger, Professor für Systematische Theologie und Kirchengeschichte, und Karl Bernhard Hundeshagen, Professor für Exegese und Kirchengeschichte. Lutz, Schneckenburger und Hundeshagen «prägten der Berner Fakultät den Stempel der Vermittlungstheologie auf».[74] Schon ab 1827 Professor an der Akademie war auch Bernhard Karl Wyss, der ab Frühling 1832 massgeblich an der Ausarbeitung des neuen Primarschulgesetzes beteiligt war. Er wurde zwar bei der Neugründung der Hochschule übergangen, kam aber 1847 als Ordinarius für Praktische Theologie doch noch zum Zug und bekleidete 1848/49 das Rektorat.[75]

Da sich Bern als zweisprachiger Kanton verstand, musste dies auch im Lehrkörper seinen Niederschlag finden: 1834/35 wurde der bisherige Dozent und Jurassier Auguste Schaffter zum ausserordentlichen Professor der Theologie befördert.

---

70 Lindt, Hundeshagen und Bern, S. 174.

71 Guggisberg, Kirchengeschichte, S. 638.

72 Guggisberg, Kirchengeschichte, S. 638.

73 Guggisberg, Kirchengeschichte, S. 639, dort auch Einzelheiten zu seinen theologischen Ansichten.

74 Guggisberg, Kirchengeschichte, S. 640.

75 Junker, Geschichte II, S. 81; Dellsperger, Bernhard Karl Wyss.

3. Die Evangelisch-theologische Fakultät unter radikalem Regiment, 1846–1874

Die neue, liberale Berner Hochschule war zwar eindeutig dem aufklärerischen Gedankengut verpflichtet, dennoch verhielt sie sich auf ideologischem Feld vorerst eher zurückhaltend, was nicht zuletzt auch für die Professoren der Evangelisch-theologischen Fakultät galt. Sie standen den neuen wissenschaftlichen Methoden durchaus aufgeschlossen gegenüber, ohne aber daraus einen Auftrag zu einem innerprotestantischen Kulturkampf abzuleiten, genauso wenig übrigens wie der Hochschulgründer Charles Neuhaus, der letzte bernische Schultheiss und während anderthalb Jahrzehnten mächtiger Erziehungsdirektor des Kantons Bern.

Dies änderte sich, als eine neue Politikergeneration in der zweiten Hälfte der Vierzigerjahre eine neue, demokratischere Verfassung durchsetzte und die Regierungsgeschäfte übernahm. Sie installierte auf den theologischen Lehrstühlen neben den 1834 noch übergangenen Bernhard Karl Wyss (1847) und Gottlieb Studer (1855) nun auch Männer von weniger irenischem Gemüt wie die Brüder Ernst Friedrich und Eduard Langhans, Eduard Müller oder Friedrich Nippold, den unerschrockenen Kulturkämpfer. Einen Vorgeschmack auf diese offensivere Politik erhielt die Öffentlichkeit bei der Berufung des Junghegelianers Eduard Zeller.

3.1 Der Zeller-Handel 1847

Diese sogenannten Radikalen beabsichtigten, den ihrer Ansicht nach auf halbem Weg stecken gebliebenen Demokratisierungsprozess von 1831 zu vollenden und auch den nationalstaatlichen Einigungsprozess wieder anzustossen. Um diese Ziele zu erreichen, waren sie auch bereit, bestehendes Recht zu verletzen, wie der Aargauer Klosterstreit von 1841 oder die sogenannten Freischarenzüge der Jahre 1844 und 1845 zeigten. Ihnen kam dabei entgegen, dass der Bundesvertrag von 1815 keine Revisionsklausel enthielt, jeder Änderungsversuch also automatisch als Rechtsbruch gelten musste. Massgeblich beeinflusst waren die auch unter dem Namen «Junge Schule» bekannten Berner Radikalen wie Jakob Stämpfli und Niklaus Niggeler von den aus Deutschland emigrierten Rechtsprofessoren Ludwig und Wilhelm Snell aus Nassau.[76] Universitäre Basis dieser radikalen Neuerer wurde die Studentenverbindung Helvetia, die sich von der als zu zaghaft empfundenen Zofin-

76 Stämpfli und Niggeler wohnten als Untermieter bei Wilhelm Snell und heirateten später dessen Töchter, was Snell den Namen «Schwiegervater des Vaterlandes» bescherte. Junker, Geschichte II, S. 121.

gia abgelöst hatte. Die radikale Regierung hatte von Beginn an mit einer nicht geringen Zahl von Problemen zu kämpfen, neben solchen, die sich objektiv stellten, wie die Ablösung der Feudallasten, auch mit solchen, die sie sich ohne Not bereitete, wie der sogenannte Zeller-Handel von 1847.[77]

Nicht nur politisch, sondern auch ideengeschichtlich waren die «roaring forties» des 19. Jahrhunderts ein bewegtes Jahrzehnt. Zur Bibelkritik der Anhänger Ferdinand Christian Baurs und der Tübinger Schule, welche die akademische Theologie auch in Bern seit den Dreissigerjahren beeinflusste, gesellte sich die grundsätzliche Religionskritik der Linkshegelianer Ludwig Feuerbach oder Bruno Bauer. 1844 hatte der Schweizer Theologe und spätere Zürcher Dogmatiker Alois Emanuel Biedermann sein Buch «Die freie Theologie oder Philosophie und Christentum in Streit und Frieden» veröffentlicht, das grosses Aufsehen erregte. Biedermann erwähnte ausdrücklich, von Strauss und Feuerbach Anregungen erhalten zu haben.[78] Entsprechend gross war das Entsetzen der orthodox-pietistischen Christen, als der Plan der Regierung ruchbar wurde, einen diesen Strömungen nahestehenden Theologen als Nachfolger von Samuel Lutz, der 1844 verstorben war, nach Bern zu berufen.

«Mit Lutz hatte die Berner Kirche eine überragende Persönlichkeit verloren, welche die auch innerhalb der Kirche auseinanderstrebenden Tendenzen der Zeit noch zusammenzuhalten vermocht hatte.»[79] Es dauerte einige Zeit, bis ein Nachfolger in Sicht war, weil Lutz erstens nicht leicht zu ersetzen war, und zweitens, weil die Regierung dringendere Geschäfte zu erledigen hatte. 1847 nahm die Regierung den Vorschlag des ihr nahestehenden Philosophieprofessors Friedrich Ries auf, den jungen Tübinger Privatdozenten Eduard Zeller, einen Schüler von Strauss, als Nachfolger Lutz' zu berufen und damit einer «ehrerbietigen Vorstellung» der Studenten zu entsprechen. Sie ernannte ihn am 12. Januar 1847 zum Extraordinarius für neutestamentliche Exegese mit einem Jahresgehalt von 1600 Franken. Als Kompensation erhielt der der positiven Richtung zugerechnete Privatdozent Rudolf Rüetschi einen Lehrauftrag für Altes Testament für 400 Franken.

Die Berufung Zellers, die in der Kompetenz der Regierung lag, war eine wohlkalkulierte Provokation, die von der Gegenseite als solche verstanden und mit grosser Erregung quittiert wurde.[80] Die Theologische Fakultät war zwar um ein Gut-

77 Junker, Geschichte II, S. 117–190, zum Zeller-Handel dort S. 185–190; Guggisberg, Kirchengeschichte, S. 641–645, und vor allem Dellsperger, Berns Evangelische Gesellschaft, S. 190–205, sowie Dellsperger, Staat, Kirche und Politik, S. 154–159. Zum Zeller-Handel siehe auch Feller, Universität Bern, S. 137–142.

78 Dellsperger, Berns Evangelische Gesellschaft, S. 194; Kuhn, Alois Emanuel Biedermann.

79 Dellsperger, Berns Evangelische Gesellschaft, S. 190.

80 Zeller, ein Schwiegersohn Baurs, hatte bereits in Tübingen heftige Proteste pietistisch-konservativer Kreise erleben müssen. Wie eine fundierte zeitgenössische Kritik an Zeller

achten gebeten worden, in dem sie sich bezüglich der wissenschaftlichen Befähigung Zellers durchaus wohlwollend, zur Notwendigkeit seiner Berufung aber eher zurückhaltend geäussert hatte.[81] Eine nicht auf Konflikt ausgehende Regierung hätte aufgrund dieses Gutachtens Zeller wohl nicht berufen. Die Reaktion der Gegner Zellers erfolgte prompt, beginnend mit dem Einspruch des Münsterpfarrers und Synodepräsidenten Albrecht Reinhold Baggesen und der Evangelischen Gesellschaft, die sich zeitgleich mit dem Umsturz von 1831 gebildet hatte. Darauf begann ein wahrer Sturm von Pamphleten und Gegenpamphleten, eine Petition aus dem pietistisch-orthodoxen Lager erreichte mit vielen weitern Bittschriften den Grossen Rat. Zeller wurde vorgeworfen, «er glaube weder an den christlichen Gott, noch an die Unsterblichkeit der Seele und eigne sich deshalb nicht zur Ausbildung von Pfarrern».[82] Die Radikalen schütteten wacker Öl ins Feuer, indem sie Pfarrer, die sich weigerten, eine regierungsrätliche Proklamation auf den Kanzeln zu den Ereignissen zu verlesen, vor Gericht brachten, während die Gegenseite aus vielen ländlichen Gemeinden und Kirchgemeinden etwa 3000 Unterschriften gegen Zellers Berufung ins Feld führte. Schon ein kurzer Blick auf diese Unterschriften zeigt, dass wohl die wenigsten derer, die dort ihren Namen zur Verfügung gestellt hatten, wussten, worum es bei dieser ganzen Angelegenheit eigentlich ging.[83]

Der Zeller-Handel kulminierte schliesslich im Grossen Rat am 24. März 1847 in einem wahren Redemarathon, in dem während 14 Stunden heftig, aber doch angesichts der drohenden Entchristlichung des Kantons Bern in gesittetem Rahmen debattiert wurde. Aus heutiger Sicht erstaunt das recht beachtliche Niveau der teilweise sehr ausführlichen Reden der Protagonisten beider Lager, wobei natürlich zu berücksichtigen ist, dass dieselben für die Protokollierung im Tagblatt des Grossen Rates gewiss stilistisch aufgebessert und ergänzt worden sind. Wohl nur selten in der Geschichte der Schweiz wurde zur Berufung eines Professors an der Universität in einem Parlament so viel rhetorischer Aufwand betrieben wie an diesem 24. März 1847 im Grossratssal des Berner Ratshauses. In der Schlussabstimmung am späten Abend votierten dann überraschenderweise nur 23 Grossräte für eine Wiedererwägung der Berufung Zellers, 118 waren dagegen.[84]

---

hätte aussehen können, beschreibt Rudolf Dellsperger am Beispiel des Zeller-Gegners Johann Peter Romang. Dellsperger, Berns Evangelische Gesellschaft, S. 209.

81 Tagblatt des Grossen Rates 1847, Nr. 25. Das Gutachten vom 13.7.1845 ist unterzeichnet von Dekan Hundeshagen.

82 Zit. nach Junker, Geschichte II, S. 186.

83 Separate Mappe StAB, BB IIIb 527: Akten zu Eduard Zeller mit sämtlichen Petitionen aus den Gemeinden und Kirchgemeinden an den Grossen Rat und das Gutachten der Fakultät. Letzteres ist in gedruckter Form im Tagblatt des Grossen Rates 1847, Nr. 25, zu finden.

84 Junker, Geschichte II, S. 188. Tagblatt des Grossen Rates 1847, Nr. 30, S. 7. Das Publikum auf der Tribüne stand offenbar den Radikalen nahe, denn das Protokoll vermerkt gelegentliche Pfiffe, Buhrufe und Gelächter bei Voten der konservativen Gegner Zellers.

Jeremias Gotthelf

Weshalb dieses trotz der Heftigkeit der Auseinandersetzung so eindeutige Resultat? Zeller selbst nennt in seinen Erinnerungen, sechzig Jahre nach den Ereignissen, zumindest einen zutreffenden Grund: «Bei der Wahl, durch welche die Radikalen im Herbst 1846 zur Regierung gekommen waren, hatte wohl den durchschlagendsten Grund ihres politischen Programms eine Zehntablösung gebildet, deren Bedingungen so einseitig zugunsten der Pflichtigen gestellt waren, dass diesen ihre Leistungen mindestens zur Hälfte erlassen wurden. Bern war aber ein überwiegend ackerbautreibender Staat, und die Berner Bauern hätten anders sein müssen, als alle andern, um sich wegen der Berufung eines Professors einen so enormen wirtschaftlichen Vorteil entgehen zu lassen. Dies wäre jedoch unfehlbar der Fall gewesen, wenn der ‹Zellerlärm› die radikale Regierung zum Rücktritt gezwungen hätte.»[85]

Der Lützelflüher Pfarrer und Schriftsteller Jeremias Gotthelf, erbitterter Gegner Stämpflis und Niggelers, giftete in seiner Schrift «Die Versöhnung des Ankenbenz und des Hunghans» über die Grossratssitzung vom 24. März: «Nach und nach füllte sich der Saal mit Geschnäuzten und Ungeschnäuzten. Wie man die Affen einzuteilen pflegt in geschwänzte und ungeschwänzte, so beginnt man die Ratsherren einzuteilen in geschnäuzte und ungeschnäuzte.» Der Schnurrbart galt als Markenzeichen der Radikalen.[86]

Zeller brauchte dies alles nicht zu kümmern, und so vermerkt denn das Fakultätsprotokoll vom 12. April 1847 lakonisch. Der Dekan habe Herrn Zeller will-

85 Zit. nach Junker, Geschichte II, S. 189. Gleiches Zitat schon bei Feller, Universität Bern, S. 141–142.

86 Zit. nach Bächtiger/Holl, Karikaturen 1850, S. 64. Gotthelfs Sohn Albert Bitzius wurde dann ein Anhänger Stämpflis, was sein Vater aber nicht mehr erleben musste.

kommen geheissen, «der letztere gibt seinerseits der Fakultät die Versicherung, dass er in ein ächt collegialisches Verhältnis zu uns zu treten wünsche».[87]

Zeller wurde aber mit Bern nicht warm und Bern nicht mit ihm: Er war nicht bereit, die radikalen Vorstellungen von Volkstümlichkeit zu erfüllen, trug er doch Zylinder und Glacéhandschuhe und verkehrte fast nur mit deutschen Kollegen, die er nach ihrem wissenschaftlichen Rang statt nach ihrer Parteifarbe auswählte.[88] Bern war ihm zu wenig weltläufig, die Stadtbibliothek erschien ihm ungenügend ausgestattet; dazu kam, dass sich seine Gattin und die Gemahlin seines Förderers Ries zerstritten hatten. Dennoch scheint er durchaus erfolgreich gelehrt zu haben, ein Privatissimum über Hegel in seinem letzten Berner Semester zog 25 Hörer an.[89] Zeller verliess Bern bereits 1849, obwohl er im selben Jahr zum Ordinarius befördert worden war – als erster Linkshegelianer notabene –, in Richtung Marburg, wo er zuerst als Theologe, dann als Philosophieprofessor wirkte. Er wechselte nach Heidelberg und landete schliesslich 1872 als Professor der Philosophie in der neuen Reichshauptstadt Berlin, wo er von Hegel zu Kant konvertierte und wo er unter anderem ein mehrbändiges Standardwerk zur antiken griechischen Philosophie verfasste. Die Berner Fakultät immerhin vergass Zeller nicht. Das Fakultätsprotokoll vom 14. Februar 1907 vermerkt: «An Herrn Geheimrat Eduard Zeller in Stuttgart ist bei Anlass seines 60-jährigen Professorenjubiläums [Berufung nach Bern 12. Januar 1847] ein von Herrn Prof. D. Dr. Lüdemann verfasstes Glückwunschschreiben gerichtet worden», das am 25. Januar verdankt worden sei.[90] Genannter Dekan Lüdemann war übrigens zur Zeit von Zellers Berufung gerade einmal viereinhalb Jahre alt gewesen, die anderen Fakultätsmitglieder noch gar nicht geboren. Zeller starb 1908 im hohen Alter von 94 Jahren in Stuttgart.

In Bern begann die radikale Regierung Stämpfli einen eher kleinlich anmutenden Rachefeldzug gegen die Gegner der Berufung Zellers, was ihr schliesslich nach nur vier Jahren zum Verhängnis wurde.[91] Aber auch das konservative Regime Blösch konnte sich nur vier Jahre halten, worauf sich die Gemüter etwas beruhigten und «die bis dahin im Bernbiet herrschende Bürgerkriegsspannung» sich abbaute.[92] Ein Nebenkriegsschauplatz, nämlich die gleichzeitig mit Zeller vorgesehene Berufung des ebenfalls als im zellerschen Sinne kontaminiert geltenden Hein-

87 StAB, BB IIIb FP 12.4.1847, S. 598

88 Junker, Geschichte II, S. 189.

89 Feller, Universität Bern, S. 163.

90 StAB, BB IIIb 524.

91 «Der Zellerhandel war mit ein Grund für den Umschwung von 1850 und dafür, dass das fromme Bern 1851 mit der Neuen Mädchenschule, 1854 mit dem Seminar Muristalden und 1859 mit dem Freien Gymnasium Bollwerke gegen den Zeitgeist errichtete», urteilt Dellsperger, Religion, Kirche und Staat, S. 456.

92 H. v. Greyerz, Nation und Geschichte, S. 124.

rich Grunholzer als Seminardirektor in Münchenbuchsee, ging im Gefechtslärm beinahe vergessen.[93]

Zellers Nachfolger übrigens wurde Albert Immer, der an der Fakultät die fortschrittliche Richtung vertreten habe: «Mit der freien Forschung verband er eine fromme Glaubensüberzeugung.»[94]

Wo liegt der Stellenwert des Zeller-Handels? Der Berner Kirchengeschichtler Rudolf Dellsperger fasste die Probleme, die sich im Zusammenhang mit der Berufung Zellers stellten, in Form folgender Fragen zusammen: «Was ist das Wesen, das Zentrum, der unabdingbare Grund evangelischen Christentums? Welche Stellung soll die Kirche dem modernen, säkularen Staat gegenüber einnehmen, und wie wird sich dieser Staat der Kirche gegenüber verhalten? Wenn der Grundsatz der Freiheit der Wissenschaft gelten soll: Welche Konsequenzen hat das für das Verhältnis von Universitätstheologie und kirchlicher Frömmigkeit?»[95] Die Bedeutung des Zeller-Handels liegt nach Dellsperger darin, dass er «in der Geschichte des Verhältnisses von Kirche und Staat an einer entscheidenden Nahtstelle ausgetragen wurde, an jener Wende nämlich, seit der man für den schweizerischen Raum nicht mehr problemlos vom Verhältnis zwischen der christlichen Kirche und dem christlichen Staat sprechen kann, an jener Nahtstelle, die durch die mögliche Lösung des modernen säkularen Staates von einem ausdrücklich christlichen Bekenntnis gekennzeichnet ist».[96] Der neue Staat stand im Verdacht der Irreligiosität, hatte aber, obwohl nicht mehr christliche Obrigkeit im reformatorischen Sinn, in entscheidenden Punkten immer noch Befugnisse über die Kirche wie zur Zeit der Reformation. Hier wurde eine Klärung unabdingbar.

Für die Radikalen bildete Zellers Berufung nur ein Kriegsschauplatz neben anderen, denn bald näherte sich die Krise auf Bundesebene mit Sonderbundskrieg und Bundesstaatsgründung ihrem Höhepunkt und absorbierte ihre Aufmerksamkeit. Ihren durchschlagenden Erfolg auf dieser Ebene konnte auch der konservative Sieg bei den Grossratswahlen im Jahre 1850 nicht schmälern, zumal sie ein Jahr später bei den zweiten Wahlen in den Nationalrat wieder triumphierten. Wenig Beruhigung war auch von der Erziehungsdirektion zu erwarten, nicht nur, weil sie Baustellen auf den verschiedenen Ebenen des Bildungswesens zu betreuen hatte, sondern auch, weil es an der Spitze des Amtes wenig Kontinuität und Sachkompetenz gab, was sich hinsichtlich des Rechts der Regierung, die Professoren zu berufen, negativ auswirken musste: Zwischen 1846 und 1854 lösten sich im Zweijahres-

93 Junker, Geschichte II, S. 189.

94 Guggisberg, Kirchengeschichte, S. 673.

95 Dellsperger, Berns Evangelische Gesellschaft, S. 190.

96 Dellsperger, Berns Evangelische Gesellschaft, S. 192–193.

rhythmus vier Erziehungsdirektoren ab, ehe der Arzt Samuel Lehmann das Amt immerhin acht Jahre versehen konnte.

Trotz aller Vorbehalte gegenüber dem unzimperlichen Vorgehen der radikalen Regierung wohnte dem Konflikt, bei dem Zeller nur ein Symptom bildete, eine gewisse Zwangsläufigkeit inne. Die Theologie konnte sich dem Trend zur Wissenschaftlichkeit nicht entziehen, wollte sie ihren Platz an den Universitäten behalten. Die Bollwerke aber, aus denen man sich in den folgenden Jahrzehnten beschoss, waren hochgezogen worden. Die Theologische Fakultät, die in jenen Jahren noch unfreiwillig in den Kampf hineingezogen worden war, beteiligte sich später in neuer personeller Zusammensetzung aktiv an den Auseinandersetzungen.

Es war aber unverkennbar, dass die Hochschule in der Folge der Aufregungen um Zellers Berufung stark an Ansehen eingebüsst hatte. Es gab sogar Stimmen auf dem Land, die offen die Abschaffung der Hochschule forderten, und auch viele Radikale «hätten sie nun gerne gegen eine eidgenössische Universität eingetauscht», bilanziert Beatrix Mesmer für die Zeit nach der «Sturm und Drangperiode» der Berner Universität.[97] Es war gerade dieser Provisoriumscharakter, der Kandidaten zögern lassen konnte, eine Professur in Bern anzunehmen. Zeller hatte dies als Grund für seinen Wegzug genannt, der vielversprechende Privatdozent Rüetschi zog unter anderem deswegen eine Landpfarrei vor, Hundeshagen folgte einem Ruf nach Heidelberg, Immer äusserte Bedenken, eine Wahl anzunehmen, so gefährdet schien ihm eine Stellung als Hochschullehrer. Zwischenzeitlich lehrten nur zwei ordentliche Professoren, Ernst Friedrich Gelpke als Ordinarius für Kirchengeschichte und Karl Bernhard Wyss als ordentlicher Professor für Praktische Theologie, beide seit 1847, trotz einer stolzen Zahl von 49 immatrikulierten Studierenden. So musste die Regierung nun wichtige Professuren neu besetzen: Sie ernannte 1850 Pfarrer Albert Immer aus Büren zum Extraordinarius für Systematik und Privatdozent Gottlieb Studer zum Extraordinarius für Altes Testament, der erste mit 1600 Franken Gehalt, der zweite mit 1200.[98] Der Versuch der Erziehungsdirektion, den reformorientierten Pfarrer Alois Emanuel Biedermann zu berufen, scheiterte am Widerstand der Regierung.[99]

Die Fakultät musste damals auch das Ansinnen der Regierung, die Anforderungen in alttestamentlicher Exegese und Kirchengeschichte herab- sowie für das Theologiestudium die Maturität nicht mehr vorauszusetzen, abwehren.[100]

97 Im Hof, Hohe Schule, S. 134. Der Ausdruck «Sturm und Drangperiode» ist dem Titel des Werkes von Friedrich Haag, Die Sturm und Drangperiode der Bernischen Hochschule 1834–1854, Bern 1914, entnommen.

98 Feller, Universität Bern, S. 163.

99 Biedermann erhielt 1864 den Berner Ehrendoktor.

100 Guggisberg, Kirchengeschichte, S. 645.

Mit Ausnahme der Jahre 1850–1854 herrschten in dieser Phase der bernischen Kantonsgeschichte die Radikalen, die allerdings nicht als geschlossene, im modernen Sinn homogene Partei anzusehen sind.[101] Die politisch Konservativen durften als Minderheit in der Exekutive mitregieren; auch sie waren innerlich nicht geschlossen. Was sie einte, war das Misstrauen gegen die radikale Staatsgläubigkeit.

Zu den Misserfolgen der bernischen Regierungen gehörten die Versuche, die Universitätsgesetzgebung zu revidieren, so blieb es beim Gesetz von 1834.[102] Die Aufsichtsbehörde aber hatte sich geändert: Zuständig für das Schulwesen war nun eine Direktion. Es gab zwar den Gedanken der akademischen Autonomie, doch betrachtete der Staat die Hochschule stets als Teil der Verwaltung, die Professoren als Beamte, die auf Lebenszeit gewählt waren.[103] Längerfristig positiv wirkte sich die Stabilisierung an der Spitze der Erziehungsdirektion aus. Nach den häufigen Wechseln der ersten acht Jahre nach der Verfassungsreform bekleideten gerade mal fünf Männer das Amt eines Erziehungsdirektors in den nächsten über fünfzig Jahren, darunter Albert Gobat als bedeutendster mit insgesamt 24 Jahren.[104] Dies verlieh der kantonalen Bildungspolitik mehr Kontinuität und Durchschlagskraft.

3.2 Der Leitfadenstreit

Es scheint aus der Rückschau nur konsequent, dass die fest auf dem Boden der «Tübinger Kritik» stehenden Theologen sich auch des Religionsunterrichts in den Schulen annehmen würden und dass es demzufolge zu einer Art Neuauflage des Zeller-Handels auf Schulebene kommen würde. Schon in den Fünfzigerjahren des 19. Jahrhunderts war die Problematik eines zeitgerechten Religionsunterrichts aufgebrochen. Dabei ging es konkret um die Frage des Lehrmittels für die Schulen, da der Heidelberger Katechismus ausser Gebrauch gekommen war.

Im Zusammenhang dieser Arbeit muss nicht nur aus inhaltlichen, sondern auch aus personellen Gründen auf die ganze Thematik kurz eingegangen werden, da der neue Konflikt durch zwei Theologen ausgelöst wurde, die später als Professoren an der Evangelisch-theologischen Fakultät wirkten.[105] Den Auftakt machte

---

101 Vgl. dazu Junker, Geschichte II, S. 365 ff.

102 Im Hof, Hohe Schule, S. 69.

103 Im Hof, Hohe Schule, S. 69.

104 Zu seiner Bildungskonzeption und zum Streit mit Georg Finsler vgl. Im Hof, Hohe Schule, S. 69, zu seinem Wirken in Bezug auf die Hochschule insgesamt H. v. Greyerz, Nation und Geschichte, S. 255 ff. ausführlich.

105 Zum Leitfadenstreit Guggisberg, Kirchengeschichte, S. 679–685, und Dellsperger, Berns Evangelische Gesellschaft, S. 157–172. Sehr eindrücklich analysiert Dellsperger dort die theologischen Positionen der Langhans-Brüder und ihrer Gegner!

Ernst Friedrich, der ältere der beiden Langhans-Brüder und Pfarrer an der Heil- und Pflegeanstalt Waldau mit seinem 1864 erschienen Buch «Pietismus und Christenthum im Spiegel der äusseren Mission», in welchem er den Pietismus und die (innere) Mission einer scharfen Kritik unterzog. Die Lunte war also bereits gelegt, als Eduard, damals Religions- und Geografielehrer am Seminar Münchenbuchsee, im Herbst 1865 mit dem Buch «Die heilige Schrift. Ein Leitfaden für den Religionsunterricht an höheren Lehranstalten, wie auch zum Privatgebrauch für denkende Christen» nachdoppelte. Schon der Titel enthielt eine Kampfansage, da sich ja unschwer ableiten liess, wer nach Langhans nicht zu den denkenden Christen zu zählen war. Entsprechend waren die Reaktionen, die Fronten waren seit dem Zeller-Handel geklärt, die Arsenale lagen bereit. Dass die Langhans-Brüder der, wie sie es nannten, dogmatischen Schriftauslegung und der Lehre von der Verbalinspiration den Kampf ansagten, war nur die eine Seite der von den Gegnern monierten «Brunnstubenvergiftung», die andere Seite war die gewagte dogmatische Schlussfolgerung, Christus sei nicht wahrer Mensch und wahrer Gott, sondern «reiner, voller, ganzer Mensch, und das Kreuz ist nicht Ort, sondern Quelle der Versöhnung, so wie die Bibel nicht Autorität, sondern Quelle des Glaubens ist».[106]

Der Streit wurde in die Synode getragen, wo Regierungsrat Johann Jakob Kummer, ehemaliger Pfarrer, Eduard Langhans und die Professoren Albert Immer und Eduard Müller das Recht der freien Forschung verteidigten. Die konservativen Kreise unterlagen nicht nur 1866 vor der Synode, sondern 1868 schliesslich auch vor dem Grossen Rat. Langhans behauptete seine Stelle am Lehrerseminar und wurde später als Nachfolger seines Bruders Ordinarius für Systematik.

Rudolf Dellsperger bezeichnet den Leitfadenstreit als «einen Wendepunkt in der bernischen Kirchengeschichte».[107] Die pietistisch-konservativen Kreise in der und um die Evangelische Gesellschaft hatten ihren mit dem Zeller-Handel und dem Leitfadenstreit verbundenen Kampf verloren, die Theologische Fakultät die Freiheit der wissenschaftlichen Bibelforschung bewahren können. Dellsperger hält fest, dass der Leitfadenstreit «die Entstehung der theologischen Richtungen innerhalb der bernischen Landeskirche entscheidend befördert» habe. Langhans' Anhänger gründeten im August 1866 den «Kirchlichen Reformverein», die Gegner ein Jahr später den «Evangelischen Prediger-Verein», aus dem später der «Evangelisch-theologische Verein» wurde, der theologisch der Evangelischen Gesellschaft nahestand.[108] Freunde und Schüler des Neutestamentlers Albert Immer hatten sich schon 1859 zur «Theologisch-kirchlichen Gesellschaft» der Vermittler gruppiert. Im gesamtschweizerischen Kontext konnten diese Namen sich noch modifizieren, wobei die in den

106 Dellsperger, Berns Evangelische Gesellschaft, S. 164.

107 Dellsperger, Berns Evangelische Gesellschaft, S. 168.

108 Dellsperger, Berns Evangelische Gesellschaft, S. 168.

Kämpfen entfesselten Leidenschaften auch zu einem gewaltig anwachsenden Ausstoss an Presseerzeugnissen, Pamphleten und Flugblättern führten, die nach geschlagener Schlacht zu Vereinsblättern der drei Richtungen gerannen.

3.3 Die Fakultät im Spannungsfeld der kirchenpolitischen Richtungen

Als Folge der geschilderten Auseinandersetzungen ergab sich also gleichsam zwangsläufig die Auffächerung des Protestantismus in theologische Richtungen.[109] Der seit einigen Jahrzehnten sich beschleunigende Prozess der politischen Liberalisierung und Demokratisierung einerseits, die neuen Erkenntnisse der Naturwissenschaften, die fortschreitende Technisierung der Welt und der damit einhergehende Fortschrittsoptimismus andererseits forderten Theologie und Kirche heraus. Eine Antwort auf diese Herausforderung war der theologische Liberalismus, der mit dem politischen ein Zweckbündnis einzugehen bereit war, das eine besondere Spielart des alten bernischen Staatskirchentums in Gang setzte. Wie bereits erwähnt, setzten die liberalen Machthaber in der Theologischen Fakultät der neu gegründeten Hochschule grossmehrheitlich liberale Theologen als Professoren ein.[110] Trotz der nicht zuletzt politisch begründeten Dominanz dieses liberalen Protestantismus, vor allem in den Städten und Industriegebieten, waren nicht alle Protestanten theologisch liberal. Es gab den Strang der aus den Erweckungsbewegungen stammenden Gemeinschaften und Freikirchen inner- und ausserhalb der Landeskirche. Gegen die Berufungen von Strauss in Zürich 1839 und von Zeller in Bern 1847 formierte sich wie gezeigt der Widerstand der theologisch Konservativen. Auch sie verbanden sich mit einer politischen Richtung gleichen Namens.[111]

Die Differenz bündelte sich um den Begriff «fromm»: In der Sichtweise der Kompromisslosen um Theodor von Lerber, den Gründer des Freien Gymnasiums, war jeder Theologe, der nicht der wörtlichen Auslegung der Bibel verpflichtet war, unfromm und deshalb bedauerlicherweise der Apostasie verdächtig.[112] Dies bekamen sogar orthodoxe Theologen wie Öttli und Schlatter zu spüren, die im Verdacht

---

109 Vischer u. a., Ökumenische Kirchengeschichte, S. 236–237, dort S. 237 auch ein Zitat des Theologen Ferdinand Buisson zum «Bekenntnis des liberalen Protestantismus».

110 «Es war weniger die Fakultät als die freisinnige Regierung, die ständig Vertreter der Reformtheologie berief: Friedrich Nippold, Friedrich Ernst Langhans, Eduard Langhans, Rudolf Steck und Hermann Lüdemann.» Kommission Hochschulgeschichte, Hochschulgeschichte, S. 592.

111 Zur politischen Instrumentalisierung des Zeller-Handels durch die Konservativen vgl. Mesmer, Die Berner und ihre Universität, S. 134. Dort auch zum Verhältnis von Hochschule und Öffentlichkeit.

112 Das Dossier Nippold, Friedrich (StAB, BB IIIb 526) enthält eine vierteilige ausführliche Auseinandersetzung mit den Versuchen der positiven Richtung, auf die Professorenberu-

standen, dem Leibhaftigen in Gestalt der Bibelkritik nicht deutlich genug entgegenzutreten. Nachklänge dazu werden gelegentlich hörbar in den beiden Standardwerken zur bernischen Kirchengeschichte von Kurt Guggisberg, der dem einen und anderen Vertreter der liberalen oder vermittelnden Theologie attestiert – wir haben es bei Albert Immer gesehen –, er sei trotz freier Forschung von frommer Glaubensüberzeugung gewesen.[113]

Es verwundert nicht, dass die Theologische Fakultät, sosehr ihre Mitglieder zunächst bemüht waren, sich aus den Streitereien herauszuhalten und sich nur der Wissenschaft zu widmen, nicht vor Angriffen gefeit war. Da sie als liberales Bollwerk galt, kamen die Angriffe gegen sie naturgemäss von konservativer Seite, so in den Jahren 1853, als eine Petition von zehn Simmentaler Pfarrern forderte, es sollten für Neues Testament und Dogmatik auch positiv gesinnte Professoren angestellt werden, und 1855, als der Fakultät vorgeworfen wurde, sie verführe die Studenten zum Unglauben. Die kühlen Antworten der angegriffenen Fakultätsvertreter beruhigten die Gemüter nicht, im Gegenteil.[114] Obwohl sich die Fakultät «zu der wohltemperierten Frömmigkeit der Vermittler» hielt, wurde ihr immer wieder vorgeworfen, sie trage die Schuld daran, dass der Kirche das rechte religiöse Leben fehle.[115] Mit der Ernennung des positiven Nydegg-Pfarrers Eduard Güder 1859 zum Privatdozenten für neutestamentliche Exegese versuchte die Regierung, den Forderungen dieser Seite wenigstens ein bisschen entgegenzukommen. Im gleichen Jahr ernannte sie den freisinnigen Heiliggeist-Pfarrer Eduard Müller zum Privatdozenten für Praktische Theologie.

Die Verleihung der Ehrendoktorwürde an den liberalen Theologen Alois Emanuel Biedermann 1864, anlässlich des Calvin-Gedenkjahres, erbitterte die pietistisch-orthodoxen Kreise erneut.[116] Es half nichts, dass im gleichen Akt auch dem orthodoxen Genfer Theologen Felix Bungener die gleiche Ehre zuteil wurde.

Die Pfarrerschaft der reformierten Landeskirchen formierte sich nun auch schweizweit in drei Richtungen: Die liberal-freisinnigen Reformtheologen organisierten sich ab 1871 im «Schweizerischen Verein für freies Christentum», die positive Richtung fand sich im «Schweizerischen Evangelisch-kirchlichen Verein» und

---

fungen an der Theologischen Fakultät Einfluss zu nehmen, darin ist auch ein langer Artikel Nippolds gegen Theodor von Lerber.

113 So zum Beispiel Hermann Lüdemann oder Rudolf Steck, der Nachfolger Immers: «Schreckgespenst der Konservativen und dogmatisch Gebundenen», der aber im persönlichen Leben «liebenswürdig, fromm und lauter» gewesen sei. Guggisberg, Kirchenkunde, S. 311.

114 Guggisberg, Kirchengeschichte, S. 679.

115 Guggisberg, Kirchengeschichte, S. 673.

116 Zu seiner Person und seinem Streit mit seinem Freund und konservativen Gegner Christoph Johannes Riggenbach: Vischer u. a., Ökumenische Kirchengeschichte, S. 239.

die von Schleiermacher ausgehenden Vermittler vereinigten sich zur Gruppe der «Schweizerisch-kirchlichen Gesellschaft» und scharten sich um das «Volksblatt für die reformierte Schweiz». Vermittler und Reformer traten für eine Volkskirche mit Bekenntnisfreiheit ein, so weit waren die Positiven noch nicht. Diese hatten bereits in den Fünfzigerjahren mit der Gründung von freien Schulen ihren Anhängern eine Alternative zu der vom Liberalismus dominierten Staatsschule geboten, die sie mit grosser Zähigkeit über die nächsten Jahrzehnte am Leben erhielten.

Die zum Teil heftigen Streitigkeiten brachten nicht nur Politiker wie den Erziehungsdirektor Johann Jakob Kummer vorübergehend ins Straucheln – er stürzte in den Grossratswahlen von 1866 über den konservativen Widerstand, schaffte dann aber die Wiederwahl doch noch und rächte sich an seinen religiöskonservativen Gegnern dadurch, dass er sich beharrlich weigerte, den Positiven eine Professur an der Fakultät zu gewähren –, sondern brachten auch Fakultätsangehörige wie Albert Immer an den Rand ihrer Belastbarkeit.[117] Seine Klagen wurden erhört und er wurde durch die Wahl des Mecklenburgers Karl Holsten entlastet, der zu seinem Extraordinariat eine gut dotierte Stelle als Lehrer der klassischen Sprachen an der Kantonsschule erhielt. Seine Laufbahn führte ihn über das Ordinariat bis ins Rektorat, bevor er dann nach Heidelberg wechselte.

Nach dem Tod des Fakultätsdoyens Ernst Gelpke 1871 drohte ein Dissens zwischen der Regierung, die Ernst Friedrich Langhans bevorzugte, und der Fakultät, die den renommierten deutschen Kirchengeschichtler Friedrich Nippold nach Bern holen wollte. Die Regierung handelte salomonisch, wählte Nippold zum Ordinarius für Kirchengeschichte und Langhans zum Extraordinarius für Religions- und Dogmengeschichte. Letzterer rückte später zum ordentlichen Professor für Systematik auf, konnte sich dieses Amtes aber nur drei Jahre lang erfreuen. Nach dem frühen Tod ersetzte ihn der jüngere Bruder, der in seinem Radikalismus noch schärfer war als der ältere.

Die Spannungen bauten sich aber nur langsam ab, der politischen «Fusion» von 1854 folgte zwar etwas verzögert die kirchliche, die schliesslich mit dem Kirchengesetz von 1874 einen vorläufigen Abschluss fand. Da man sich nicht auf ein allen Richtungen genehmes Bekenntnis einigen konnte, blieb es schweizerisch-pragmatisch bei der Bekenntnisfreiheit.[118] Damit hatte sich etabliert, was Karl Barth später «das mit heiliger Gewissenhaftigkeit durchgeführte Dreirichtungssystem» nannte. «Liturgie-, Gesangbuchs-, Bibelausgabe-, Verfassungskommissionen oder vollziehende Behörden im Gegensatz zu der Intoleranz früherer Zeiten nach dem Schema 3 + 3 + 3 gewählt u. funktionierend. Da die Vermittler das Zünglein an der Waage bilden, sind sie es, die faktisch die Kirche regieren. Man kann unsere Zustände

---

117 Feller, Universität Bern, S. 243–244.

118 Gebhard, Apostolikumsstreit.

preisen als ein Ideal d. kirchlichen Friedens. Man kann freilich auch von einem Triumph der Mittelmässigkeit, Verschwommenheit u. faulen Friedlichkeit reden. Das Ding hat tatsächlich diese beiden Seiten.»[119]

Das Kirchengesetz von 1874 reformierte schliesslich die überholten Kirchenstrukturen, indem es den Kirchgemeinden mehr Rechte zugestand und so die Kirche insgesamt demokratisierte, unter Beibehaltung der Idee der «Landeskirche», da das Stimmvolk keine Trennung von Kirche und Staat wollte.[120]

---

119 Barth, Die kirchlichen Zustände, S. 32.

120 Guggisberg, Kirchenkunde, S. 688. Zum Kirchengesetz unten Abschnitt 4.2.

4. Die Gründung der Christkatholisch-theologischen Fakultät[121]

4.1 Die Vorgeschichte

Als am 11. Dezember 1874 die Christkatholische Fakultät der Universität Bern feierlich eröffnet wurde, fand eine längere Vorgeschichte ihren Abschluss.[122] Seit gut hundert Jahren beschäftigten sich schweizerische Intellektuelle mit der Schaffung einer akademischen katholischen Theologenausbildung, einem Projekt, das aber stets im Zusammenhang mit dem weit ambitionierteren einer gesamteidgenössischen Universität gedacht wurde. Erste ernst gemeinte Versuche wurden in der Helvetik zu Papier gebracht, verbunden mit den Namen Philipp Albert Stapfers und Grégoire Girards, waren aber weit von einer Realisierung entfernt.

Nach dem Restaurations-Zwischenspiel kam sowohl das Projekt einer Nationaluniversität wie auch das einer katholischen Fakultät wieder auf die Tagesordnung der liberalen Erneuerer. Einer ihrer engagiertesten Vertreter war der Arzt und Philosoph Ignaz Paul Vital Troxler, der auf das Beispiel der Universität Tübingen verwies, an der auch beide theologischen Fakultäten nebeneinander bestünden, wobei ihm vorschwebte, Basel zur eidgenössischen Hochschule zu erheben.[123]

Nachdem Zürich und Bern Anfang der Dreissigerjahre ihre Hochschulen gegründet und auch Genf und Lausanne ihre Akademien säkularisiert hatten, verlor das Projekt Nationaluniversität seine visionäre Kraft, ohne vorerst ganz aus Abschied und Traktanden zu fallen. In Artikel 22 der Bundesverfassung von 1848 versuchten die Staatsgründer der Idee neues Leben einzuhauchen: «Der Bund ist befugt, eine Universität und eine polytechnische Schule zu errichten.»[124] 1853 wurde im Nationalrat nach heftiger, viertägiger Debatte auf den Gesetzesentwurf eingetreten, der eine eidgenössische Universität mit fünf Fakultäten, darunter eine katholisch-theologische, vorsah. Das Vorhaben scheiterte aber im Ständerat, in welchem weder die Vertreter der Hochschulkantone noch die der konservativ-katholischen ein Inter-

---

121 Zum Kulturkampf grundlegend: Stadler, Kulturkampf. Nützlich die Kurzfassungen: Maissen, Geschichte, S. 219–220; Bischof, Kulturkampf. Unübertroffen in Prägnanz und Faktenreichtum: H. v. Greyerz, Nation und Geschichte, S. 238–243; und H. v. Greyerz, Bundesstaat; sowie Junker, Geschichte II, S. 338–351. Neuste Veröffentlichung zum Thema: Lang/Meier, Kulturkampf.

122 Herzog, Fakultät; ferner Geiser, Bestrebungen.

123 Herzog, Fakultät, S. 301. Ferner Woker, Promemoria. Zum Projekt Nationaluniversität auch Im Hof, Hohe Schule, S. 65–66.

124 Zit. nach Herzog, Fakultät, S. 305.

esse daran haben konnten. Die kleine Kammer konnte sich bloss zur Errichtung einer polytechnischen Schule durchringen.

War der Plan einer gesamteidgenössischen Universität wohl zu ambitioniert, so dachten die liberalen Hochschulgründer in Zürich und Bern sehr wohl an die Errichtung einer katholisch-theologischen Fakultät an ihren Hochschulen, nicht ohne Hintergedanken, wie sie der romkritische liberale Zeitgeist diktierte. Zürich offerierte 1835 den Ostschweizer Kantonen die Errichtung einer solchen Fakultät, jedoch ohne Erfolg. Anfang der Fünfzigerjahre wurde das Projekt fallen gelassen.

In Bern kam der Anstoss aus der Hochschule selbst. Am 27. April 1836 reichte der Theologe Ferdinand Friedrich Zyro, seines Zeichens Ordinarius für Praktische Theologie, dem Senat einen Antrag des Inhaltes ein, «es möchte der Senat in Betracht des dürftigen Bildungsstands der jurassischen Priester und mit Rücksicht auf die auch daraus für den Staat erwachsenden Gefahren die Errichtung einer Katholisch-theologischen Fakultät […] dem Erziehungsdepartement von sich aus ehrerbietig vorschlagen».[125] Der Senat griff zum bewährten Mittel eidgenössischer Problembewältigung, indem er eine dreiköpfige Kommission einsetzte, die einen Monat und eine Sitzung später zum Abwarten riet. Der Senat schloss sich an und Zyro zog seine Motion vorläufig zurück, beharrte aber auf seinem Standpunkt: «Trotz der Fortschritte des protestantisch-theologischen Studiums dürfte doch erst die gleichmässige Aufnahme der katholischen Seite auch wissenschaftlich eine wahrhafte Durchdringung und Einheit der beiden christlichen Bekenntnisse herbeiführen.»[126] 1847 misslang ein Versuch Professor Josef Anton Hennes, der die Errichtung einer katholisch-theologischen Fakultät in Bern im revidierten Hochschulgesetz vorsah; ebenso ergebnislos endete ein hochgemutes Treffen verschiedener Kantonsvertreter in der Erziehungsdirektion in Bern.[127] Artikel 27 der Bundesverfassung von 1874 hielt tapfer die Fahne der eidgenössischen Universitätspläne aufrecht, ohne aber an deren endgültigem Scheitern etwas zu ändern.

4.2 Kulturkampf, neues Kirchengesetz und Fakultätsgründung

«Der Kulturkampf war in sich selbst eine grosse und ernsthafte Auseinandersetzung zwischen den gleichen Kräften, die sich seit der Aufklärungsepoche schon oft gemessen hatten und die nun von beiden Seiten zum scharfen Endkampf ausholten: einerseits die liberal-radikalen Anhänger eines placet-berechtigten säkularisierten Staates, andererseits die Angehörigen der mit Syllabus errorum und Infallibilitätsdogma gegen Aufklärungsgeist, gegen Liberalismus, Radikalismus und Sozialismus

125 Woker, Promemoria, S. 46.
126 Zit. nach Woker, Promemoria, S. 47.
127 Zu Henne vgl. Bischof, Josef Anton Henne, S. 279–280.

ankämpfenden kurialen Kirche.»[128] In unserem Zusammenhang sind die Ereignisse nicht im Einzelnen nachzuzeichnen, wichtig ist hier vor allem, inwiefern das lärmige Geschehen die Theologische Fakultät berührte und wie es in der Folge zur Gründung einer katholisch-theologischen Fakultät kam. Als mit der Verkündigung des Unfehlbarkeitsdogmas der Kulturkampf seinem Höhepunkt zustrebte, reagierten die Kantone Bern und Solothurn durch Amtsenthebung von Bischof Eugène Lachat. Dagegen protestierten 97 römisch-katholische Geistliche im Nordjura, worauf wiederum die bernische Regierung 67 von ihnen absetzte und durch französische und belgische christkatholische Priester, denen aber die umgehende Exkommunikation drohte, zu ersetzen versuchte. Die jurassischen Gemeinden und ihre abgesetzten Priester leisteten Widerstand gegen diesen plumpen Versuch, bernisches Staatskirchentum auch im ungeliebten Nordjura durchzusetzen.

1873 schliesslich legte die Berner Regierung dem Grossen Rat ein neues Kirchengesetz vor.[129] Das «Gesetz über die Organisation des Kirchenwesens» vom Januar 1874, das nach seinem Protagonisten, Regierungsrat Wilhelm Teuscher, auch als «Lex Teuscher» bezeichnet wurde, schrieb zeitgleich mit der neuen Bundesverfassung die religiöse Freiheit fest. Das Gesetz sollte für alle Konfessionen gelten und verlegte das Gewicht in die einzelnen Kirchgemeinden. Es schrieb die Volkswahl der Pfarrer vor und beschränkte ihre Amtsdauer auf sechs Jahre, was den römisch-katholischen Ordnungen widersprach, und wollte, ein weiterer Affront gegen die Katholiken, die Bildung von romunabhängigen katholischen Gemeinden sowie die Errichtung einer katholisch-theologischen Fakultät ermöglichen. Regierungsrat Teuscher als Kirchendirektor «erläuterte den Grundsatz, dass der Staat Geistlichen aller Konfessionen die gleiche Möglichkeit zur Ausbildung geben müsse, sofern sie eine nationale Gesinnung garantierten. Auch die Prüfung der Geistlichen sei Sache des Staates.»[130] Artikel 53 des Kirchengesetzes schrieb deshalb fest: «Es ist im Anschluss an die kantonale Hochschule, und zwar als Fakultät, oder dann im Anschluss an ein anderes kantonales oder eidgenössisches Institut eine höhere katholische Lehranstalt zu errichten.» Das Gesetz wurde mit überwältigendem Mehr in der Volksabstimmung vom 18. Januar 1874 angenommen – der katholische Jura verwarf es logischerweise. Zu beachten ist dabei Beat Junkers Einschränkung, dass der Entscheid «weniger dem Inhalt des vorgelegten Gesetzes» gegolten habe, «son-

---

128 H. v. Greyerz, Bundesstaat, S. 1066. Innerkatholisch noch wichtiger war der ebenfalls dogmatisch festgelegte Jurisdiktionsprimat des Heiligen Stuhles. Dellsperger, Kulturkampf, S. 458–460. Dort auch zum Kirchengesetz von 1874.

129 Im Tagblatt des Grossen Rates vom 27.5.1873 abgedruckt der ausführliche Bericht des Direktors des Kirchenwesens, Regierungsrat Teuscher, aus Anlass der ersten Beratung von «Gesetzesentwurf über die Organisation des Kirchenwesens im Kanton Bern». Der Bericht umfasst dort die Seiten 219–226.

130 Feller, Universität Bern, S. 598.

dern er bekräftigte oder verweigerte als Plebiszit der Kantonsregierung das Vertrauen des Bürgers».[131]

Nach der Gründung romfreier Gemeinden, die Geistliche mit wissenschaftlicher Ausbildung brauchten, konnte man an die Schaffung einer christkatholischen-theologischen Fakultät gehen. Die erste Initiative ging vom Juristen Professor Dr. Walther Munzinger aus.[132] Er hatte bereits 1860 in «Papsttum und Nationalkirche» das Projekt einer Nationalkirche skizziert und als katholisches Mitglied Einsitz in die Kommission des Kantons Bern genommen, die das neue Kirchengesetz zu beraten hatte. Er selbst sollte die Ausführung dieser Gesetzesbestimmung und ihre Sanktionierung durch das Volk nicht mehr erleben.[133]

Eine vom Regierungsrat des Kantons Bern ins Leben gerufene Kommission, bestehend aus den Professoren Eduard Müller und Friedrich Nippold sowie dem Oltener Pfarrer Eduard Herzog, reichte nach etwas mehr als viermonatiger Arbeit am 23. Oktober 1873 ihr «Gutachten über die Errichtung und Organisation einer Fakultät für katholische Theologie an der Hochschule Bern» ein. Die Autoren waren sich der Schwierigkeiten einer solchen Institution durchaus bewusst, da davon ausgegangen werden müsse, dass die Bischöfe ihren Studenten den Besuch verbieten würden. Die wachsende Zahl romfreier Gemeinden würde aber trotz zu erwartender Anlaufschwierigkeiten den Bestand der neuen Fakultät garantieren. Wichtig war der Kommission unter anderem, dass nur eine «wohlausgerüstete Fakultät für katholische Theologie» sichere Gewähr biete für eine «gründliche und allseitige wissenschaftliche Bildung der katholischen Theologen».[134] Unter den schweizerischen Hochschulen sei diejenige von Bern die geeignetste, sie müsse auch die Lehrveranstaltungen in deutscher und französischer Sprache durchführen lassen und zusammen mit den «gesinnungsverwandten» Ständen und dem Bund die Finanzierung sicherstellen. Die Regierung, die sich der Annahme des Kirchengesetzes so sicher war, dass sie bereits vor der Volksabstimmung das Gutachten in Auftrag gegeben hatte, erklärte sich mit den Anträgen der Kommission einverstanden und brachte sie vor das Parlament. Der Grosse Rat erliess am 29. Juli 1874 mit 160 gegen 23 Stimmen das «Dekret betreffend Errichtung und Organisation einer Katholisch-theologischen Fakultät an der Hochschule zu Bern».[135]

Dem Beschluss war eine längere Debatte vorausgegangen, die hier nicht im Detail zu referieren ist. Wir beschränken uns im Wesentlichen auf die Argumente, mit denen Regierungsrat Teuscher, Direktor des Kirchenwesens, dem Parlament

131 Junker, Geschichte II, S. 347.

132 Zu Munzinger vgl. Fasel, Walther Munzinger, S. 869.

133 Munzinger starb am 29. April 1873.

134 Zit. nach Herzog, Fakultät, S. 309.

135 Sammlung der staatlichen Gesetze, Dekrete und Verordnungen betreffend das Kirchenwesen im Kanton Bern, Bern 1877, S. 40 ff.

Walther Munzinger

das Dekret und damit die Gründung einer christkatholisch-theologischen Fakultät schmackhaft zu machen versuchte.[136] Teuscher führte aus, es gehe nun darum, nachdem man im Jurakonflikt bisher immer nur äussere Mittel zur Anwendung gebracht habe, ein geistiges Mittel anzuwenden «und Geistliche der katholischen Kirche in einem vaterländischen Sinne heranzuziehen und sie auch in wissenschaftlicher Hinsicht besser zu bilden». Dadurch, dass sie national gesinnt seien, «bekommt der Staat die Garantie, dass sie ausser ihrem Amte als Priester auch noch Bürger sind, und ihre wissenschaftlich höhere Bildung gibt ihm die Gewähr, dass sie zu selbständigem Denken und Forschen angeleitet werden und diesen Geist auch in ihre Gemeinden hinaustragen. Der Regierungsrath glaubt, es liege in der Errichtung einer solchen Anstalt ein nachhaltiges Mittel zur Unterwerfung des ultramontanen Geistes.»[137] Teuscher taxierte den Bildungsstand der katholischen Geistlichen als völlig ungenügend, dazu seien die Seminare in Freiburg, Sitten und Chur in «neurömischem Sinne» geprägt, also jesuitisch dominiert, und auch die Ausbildungsstätten in Frankreich und Innsbruck, wohin sich Schweizer Priesteranwärter etwa auch wandten, seien nicht besser. In den Seminaren, die er als «Dressuranstalten» bezeichnet, seien die Priesteranwärter zudem von anderen Ausbildungsgängen isoliert. Dies fördere einen engherzigen Kastengeist und benachteilige die katholischen gegenüber den protestantischen Geistlichen, die durch die obligate gymnasiale Vorbildung und das Nebeneinander der verschiedenen Fakultäten bevorteilt seien. Die Errichtung einer christkatholischen Fakultät ermögliche den katholi-

136 Das Folgende nach Tagblatt des Grossen Rates vom 29.7.1874, S. 184–185. Anklänge an die gegenwärtige Diskussion zur Ausbildung muslimischer Imame an Schweizer Hochschulen sind augenfällig.

137 Tagblatt des Grossen Rates 1874, S. 184.

schen Theologen den Kontakt mit Studierenden anderer Fakultäten, namentlich mit den Kommilitonen der protestantischen Fakultät, was wesentlich zur Erziehung eines Klerus beitrage, der bernischen Anforderungen entspreche. Das Beispiel der Universitäten von Tübingen, Breslau und Bonn zeige, dass das Nebeneinander von Fakultäten zweier christlicher Konfessionen möglich sei. Nach seinem recht ehrgeizig anmutenden Plan, den Weltkatholizismus via bernische Hochschulpädagogik zu modernisieren und – bezogen auf die Schweiz – auch dem nationalen Zeitgeist gefügig zu machen, verabreichte der Kirchendirektor der ihm gewogenen Parlamentsmehrheit noch ein Leckerli, indem er ausführte, Bern habe auch darum ein besonderes Interesse an der Errichtung dieser Fakultät, «weil die Hoffnung, es werde durch Bezeichnung Berns zum Sitz des Bundesgerichts unsere Juristische Fakultät gehoben werden, zu Wasser geworden ist».[138] Bern habe deshalb ein Interesse und es sei «gewissermassen eine Ehrensache für uns, in anderer Richtung unsere Hochschule zu heben. Durch die Errichtung einer Christkatholisch-theologischen Fakultät wird sie ein neues Relief bekommen, welches ihr nicht nur in der Schweiz, sondern selbst im Auslande neuen Kredit verschaffen wird.»[139]

Die römisch-katholischen Jurassier standen von Beginn weg auf verlorenem Posten. Sie wehrten sich entweder treuherzig-naiv wie Grossrat Steullet, der seinem Glauben an den Papst tapfer Ausdruck verlieh, oder klug die schwachen Stellen des Projekts aufdeckend wie der Sprecher der Kommissionsminderheit, Xavier Kohler, der mit Recht die parteiische Zusammensetzung der vorbereitenden Kommission aus den protestantischen Professoren Müller und Nippold sowie dem alt-katholischen Eduard Herzog anprangerte.[140] Besonders eloquent wusste sich Casimir Folletête in Szene zu setzen, der Teuschers Behauptungen über die mangelhafte Bildung der katholischen Priester im Jura zurückwies. Er hatte sein Thema gefunden und würde es in den folgenden Jahrzehnten bei jeder sich bietenden Gelegenheit genüsslich zelebrieren. Auch er aber konnte das Problem nicht aus der Welt schaffen, dass die bischöfliche Oberhoheit über die Priesterausbildung mit einer dem Staat unterstehenden universitären Fakultät nicht kompatibel war. Der in der Mitte der Siebzigerjahre vorherrschenden Kulturkampfstimmung waren die Voten der Gegner nicht gewachsen, der ihnen anhaftende Geruch von Syllabus und Infallibilitätsdogma zu penetrant und, nicht zu unterschätzen, arbeitete der im letzten Viertel des 19. Jahrhunderts überhandnehmende Nationalismus gegen alle «vaterlandslosen Gesellen», seien sie nun auf der Linken beheimatet oder *ultra montes* ausgerichtet. Der daraus sich ergebende Zwang übrigens, die grundsätzliche Internationalität

---

138 Der Sitz des Bundesgerichts als ständiger Institution ging 1874 nach Lausanne.

139 Tagblatt des Grossen Rates 1874, S. 186.

140 Zum liberalen jurassischen Grossrat Xavier Kohler, Mitglied des Grossen Rates 1866–1890: Noirjean, Xavier Kohler, S. 325; zum katholisch-konservativen Casimir Folletête: Stettler, Casimir Folletête.

Casimir Folletête

der Universität mit dem Nationalen in Einklang zu bringen, beschäftigte zunehmend auch die Professorenschaft, wie am Beispiel der Rektoratsreden einiger Theologen noch zu zeigen sein wird.

Die Zahl der ordentlichen und ausserordentlichen Professoren sollte je nach Bedarf vom Regierungsrat festgesetzt werden, aber nie mehr als sieben betragen, wobei wenigstens zwei in französischer Sprache zu lehren hatten. Die Professoren der neuen Fakultät waren in jeder Beziehung ihren Kollegen von den anderen Fakultäten gleichgestellt. Mit acht Studenten nahm sie im Dezember 1874 ihren Betrieb auf, nachdem man ihre Eröffnung mit einem Festakt gebührend zelebriert hatte.

Überwölbt wurde übrigens die ganze Geschichte durch die von Volk und Ständen am 19. April 1874 gutgeheissene und durch die «Kulturkampfartikel» geschmückte Totalrevision der Bundesverfassung.

4.3 Die Feier zur Eröffnung der Christkatholisch-theologischen Fakultät Bern

In einem Exemplar von Berner Rektoratsreden der Jahre 1834–1994 ist auch eine Schrift mit eingebunden, die überschrieben ist mit «Reden gehalten bei der Eröffnung der Katholisch-theologischen Fakultät an der Universität Bern am 11. December 1874».[141]

Die Eröffnungsadresse hielt Erziehungsdirektor Johannes Ritschard, der 1873 als 28-jähriger Grossrat in den Regierungsrat gewählt worden war und dort das gewichtige Amt des Erziehungsdirektors übernommen hatte. Er hatte sich als feuriger Kulturkämpfer an der Seite seines Kollegen Teuscher für die Schaffung der neuen

141 Bern 1875, StAB, P.B 301.

Fakultät engagiert, deren Eröffnung ihm eine Sternstunde in seiner noch jungen Politkarriere bescherte. Zusammen mit seinem Kollegen Teuscher musste er aber nach dem Eisenbahnskandal im Jahre 1878 zurücktreten. Sein jugendliches Alter erlaubte ihm nach anderthalb Jahrzehnten exekutiver Karenzzeit, die er als Anwalt und als Legislativpolitiker auf kantonaler und eidgenössischer Ebene verbrachte, eine Rückkehr in die Regierung des Kantons Bern, wo er – friedlicher geworden – die letzten fünfzehn Jahre seines Politikerlebens bis zu seinem Tod im Jahre 1908 als Vorsteher des Armen- und Kirchenwesens wirkte.[142]

Die Vorstellung der Dozenten der neuen Fakultät übernahm der Rektor, der Ophthalmologe Henri Dor. Als Hauptredner sprachen die beiden Dekane, Friedrich Nippold von der Evangelisch-theologischen Fakultät und Johann Friedrich von der neuen Fakultät. Den Abschluss der kleinen Textsammlung bildet ein Gedicht aus der Feder von Josef Viktor Widmann.

Gemäss Berichterstattung in der Tagespresse fand die feierliche Eröffnung der neuen Fakultät vormittags um halb elf Uhr in der Aula des Universitätsgebäudes statt.[143] Die Feier begann mit dem Lied «Wir glauben all' an einen Gott», welches vom Studentengesangsverein vorgetragen wurde, danach folgten die verschiedenen Reden.

Nippold stattet dem Berner Volk, dem Grossen Rat des Kantons Bern und dem im Jahr zuvor verstorbenen Walther Munzinger seinen Dank für die Unterstützung bei der Gründung der neuen Fakultät ab. Diese sei «kein Phantom der Studirstube, sondern ein kräftiges, zukunftsreiches Kind unserer Zeit».[144] Die Evangelisch-theologische Fakultät verliere zwar nun ihre «Alleinherrschaft», aber «in dem friedlichen Nebeneinanderarbeiten in der Erkenntniss und dem Bedürfniss gegenseitiger Ergänzung, worin sich hier von jetzt an zwei verschiedene theologische Fakultäten begegnen, tritt die begeisterndste Eigenschaft der universitas litterarum zu Tage: Der Grundgedanke der Einheit der Wissenschaft, die Verbindung aller einzelnen Disciplinen zu dem gemeinsamen Streben nach Erforschung der Wahrheit.» Bernische Empfindlichkeiten klug im Auge behaltend, wehrt er, der Deutsche, sich gegen die Unterstellung der «klerikalen Partei», die Schweiz ahme hier Deutschland nach. Gerade das Gegenteil sei der Fall, wie er anhand verschiedener historischer Beispiele ausführt; so habe Deutschland den Jesuitenartikel der schweizerischen Bundesverfassung von 1848 im Jahre 1872 kopiert. «Wir haben hier heute eine praktische, wohl überlegte, in sich zusammenhängende Kirchenpolitik, von der man in Deutschland gar Vieles zu lernen hat.» Welche Bedeutung kommt der Gründung dieser neuen Fakultät zu? «Ich lebe der Hoffnung, dass

142 Zu Wilhelm Teuscher: (8.7.2019); zu Johannes Ritschard: https://hls-dhs-dss.ch/de/articles/004664/2010-11-09 (8.7.2019).

143 Intelligenzblatt für die Stadt Bern, Nr. 326, 12.11.1874, S. 10.

144 Intelligenzblatt für die Stadt Bern, Nr. 326, 12.11.1874, S. 10.

auch aus diesem Senfkorn eine Staude erwachse, gross wie ein Baum, unter dem die Vögel des Himmels sich sammeln.»

Um seine Zuhörerschaft bei Laune zu halten, entwirft Nippold dann das Schreckensbild des dogmatischen und hierarchischen Geistes in allen Kirchen und überrascht wohl auch in jahrzehntelanger geistiger Aufrüstung gehärtete Jesuitenfeinde im Publikum mit seinem Angriff auf die «katholischen und protestantischen Jesuiten unseres Jahrhunderts».[145] Nippold erhofft sich ein freundschaftliches Verhältnis der beiden Fakultäten zueinander als Zeichen der Toleranz und Anerkennung über die Konfessionsgrenzen hinweg, fügt aber gleich hinzu, dass der Blick sich über den christlichen Raum hinaus richten müsse, denn «auch die jüdische Theologie nimmt heute einen durchaus ebenbürtigen Platz in der Wissenschaft ein».

Nippold schliesst mit einem Appell: Für die Zukunft genüge es nicht, dass die Theologen zwischen Konfession und Religion zu unterscheiden wüssten. «Es muss auch die Theologie als solche sich in dem Gesammtorganismus der Wissenschaften ihren Platz dadurch sichern, dass sie das, was sich als gesicherte Erkenntniss irgend welcher andern wissenschaftlichen Disciplin ergeben hat, in ihre eigene Grundlage aufnimmt.» Eugène Michaud wird in seiner Rektoratsrede knapp zwei Jahrzehnte später an diese Forderung anknüpfen.

Nippolds Ausdehnung des Jesuiten-Begriffs über die Konfessionsgrenzen hinweg bedeutete nicht nur einen verbalen Höhepunkt in den seit vier Jahrzehnten anhaltenden ideologischen Auseinandersetzungen, die im Kulturkampf jener Jahre gipfelten, sondern er wollte mit der bewussten Herauslösung des Begriffs aus seiner konfessionellen Beschränkung seine Zuhörerschaft auch daran erinnern, dass auch im Bereich der bernischen Staatskirche Ewiggestrige und Fortschrittsfeinde tätig waren, die man im Auge behalten musste.[146]

Der christkatholische Dekan Johann Friedrich strapazierte dann die Aufnahmefähigkeit des Publikums, sofern es sich nicht ohnehin schon Morpheus' Regentschaft anheimgegeben hatte, mit einer gelehrten und faktengesättigten Abrechnung mit dem Jesuitismus in Deutschland, die sich zu einer Kulturgeschichte des Ultramontanismus ausweitete. In der gedruckten Fassung umfasst seine Ansprache knappe 40 Druckseiten. Ganz im Sinne seines nationalliberalen Vorredners fand er

---

145 Poetischen Ausdruck hatte bereits Gottfried Keller dem jesuitischen Phantomschmerz der Radikalen in seinem Flugblatt «Sie kommen, die Jesuiten» im Jahre 1843 verliehen. Keller, Die Leute von Seldwyla, S. 5. Vgl. Vischer u. a., Ökumenische Kirchengeschichte, S. 227 (dort in der Originalschrift und mit der Zeichnung von Martin Disteli). An anderer Stelle hat Nippold dem Pietismus vorgeworfen, in der protestantischen Kirche eine ähnliche Herrschaft aufgebaut zu haben wie die Jesuiten im römischen Katholizismus (Guggisberg, Kirchengeschichte, S. 681).

146 Zu seinen Lieblingsfeinden bei den «Frommen» gehörte hier der Gründer der sogenannten Lerberschule (später Freies Gymnasium Bern), Theodor von Lerber.

die Bestimmung der neuen Fakultät in der Aufgabe, «die Pflege theologischer Wissenschaft mit der des vaterländischen Sinnes zu verbinden».

Das Heft schliesst mit einem «Gedicht von Schuldirektor Widmann», das auf ebenso originelle wie bildhafte Weise einen Topos aus der Indianerliteratur auf Ursache und Aufgabe eines romfreien Katholizismus anwendet. Es geht um die Technik des «Gegenfeuers», wie sie zum Beispiel der damals viel gelesene und populäre Schriftsteller James Fenimore Cooper in seinem Roman «Die Prairie» beschrieb.[147] Das Bild wird von Widmann in der dritten Strophe aufgenommen, die da lautet:

> «Im fernen Westen, wenn des Feuers Noth
> Weithin durch die Präríe sich wälzt verheerend,
> Den Jäger schon mit sicherm Tod bedroht,
> Bei jedem Windeshauch die Wuth noch mehrend. –
> Wie rettet sich der weise Jägersmann?
> Dem Feuer setzt er Feuer kühn entgegen,
> schürt selbst die Lohe, die bekämpfen kann
> Den Feind, der jeden Ausweg will verlegen.
> Stolz rollen die von ihm gefachten Flammen
> Und treffen siegreich mit dem Feind zusammen.»

Damit das gründerzeitliche Pathos nicht allzu sehr ins Martialische abgleitet, schiebt der reformierte Theologe Widmann eine friedlichere Deutung des Gegenfeuers nach.

> «Das Feuer, das uns Rom entgegen sendet,
> Es qualmt von jenem Scheiterhaufendampf,
> In dem so mancher freie Mann verendet,
> Der treu gekämpft des Glaubens guten Kampf.
> Das Feuer, das *wir* Rom entgegen schicken,
> Soll nicht nur brennen, nein! es sei ein Licht,
> Dass trübe Augen klar zum Himmel blicken
> Und sich erhellt manch' düstres Angesicht.
> Es brenne still im Herzensgrunde
> Der Männer, die dem grossen Werk sich weih'n;
> Es ströme wärmend, zündend aus dem Munde,

---

147 Zu Widmann: Luck, Josef Viktor Widmann; Wikipedia, https://de.wikipedia.org/wiki/Joseph_Victor_Widmann (18.2.2017); Strohmann, Josef Victor Widmann. Widmann war damals Direktor der Einwohnermädchenschule der Stadt Bern, nach seiner Entlassung Feuilletonredaktor beim «Bund». Zur Technik des Backburning und ihrer Beschreibung durch Cooper siehe Wikipedia, https://de.wikipedia.org/wiki/Mann-Gulch-Waldbrand (18.2.2017) und https://de.wikipedia.org/wiki/Backburning (18.2.2017). Zum «Gegenfeuer» bei Cooper: «Nun, erklärte Natty, hielt den Finger in die Höhe und lachte, nun sollt ihr sehen, wie Feuer gegen Feuer kämpft.» (Cooper, Lederstrumpf 5, S. 475) Auch Karl May wird zwei Jahrzehnte später von diesem Topos in seinen Indianer-Romanen Gebrauch machen.

Wenn musternd sie durchschreiten ihre Reih'n.
Es wärme sie am frost'gen Wintertage,
Wo ihnen Undank, Spott ihr Thun vergilt.
Es härte sie, dass Jeder edel trage
Die Last, die erst im Tragen mächtig schwillt.»

Zu guter Letzt, da Feuer durstig macht:

«Nach Männerbrauch lasst volle Gläser klingen.
Auf neugeschaffnem Herd sprüht neue Gluth.
Ihr sei's gegönnt, den bösen Feind zu zwingen.
Hoch jedem, der dazu das Seine thut!»

Widmanns Gedicht wird im Bericht der Korrespondenten nicht erwähnt und wurde wohl erst nachträglich der Publikation beigefügt.

Am Abend lud die Erziehungsdirektion zu einem Bankett ins Hotel Bellevue ein zu Ehren der neuen Fakultät. Es erschienen sämtliche Mitglieder des akademischen Senats, alle Regierungsräte sowie zahlreiche Mitglieder des Stände- und Nationalrates sowie des Grossen Rates des Kantons Bern. Studenten bescherten den Professoren der neuen Fakultät einen Fackelzug, einer von ihnen hielt eine feierliche Ansprache, die von Professor Eduard Herzog in «ergreifenden Worten» verdankt wurde.[148]

4.4 Die Anfänge der neuen Fakultät

Nachdem der Grosse Rat die Errichtung einer eigenen christkatholisch-theologischen Fakultät genehmigt hatte, konnte diese am 3. November 1874 ihren Vorlesungsbetrieb aufnehmen.[149] Entgegen den Erwartungen der Regierung fand aber keine allgemeine Absetzbewegung von der römisch-katholischen Kirche statt, da Papst Leo XIII. die vom Kirchengesetz verlangte Wahl der Priester erlaubt und damit einen Konfliktherd entschärft hatte.[150] Die neu gegründete Fakultät war angesichts dieser nun obsolet gewordenen Erwartungen üppig mit sieben Ordinariaten ausgestattet worden, davon zwei französischsprachigen. «Johann Friedrich für Kirchengeschichte, Karl Gareis für Kirchenrecht, Ernst Goergens für Altes Testament, Eduard Herzog für Neues Testament, Franz Hirschwälder für Praktische Theologie sowie Anatole Hurtault für französische Pastoraltheologie.[151] 1875 ver-

148 Die Ereignisse des Abends nach Müller, Hochschule, S. 112.

149 Die von der Regierung veranstalteten Eröffnungsfeierlichkeiten fanden am 11. Dezember statt.

150 Kommission Hochschulgeschichte, Hochschulgeschichte, S. 598.

151 Goergens wird in einem Schreiben der Erziehungsdirektion an das Rektorat als «Lycealoberlehrer in Metz» bezeichnet, StAB, BB IIIb 530, dito Herzog, Fakultät, S. 312.

liessen Friedrich und Gareis die Fakultät wieder, dafür wurden Philipp Woker für Kirchengeschichte und Kirchenrecht sowie ein Jahr darauf als zweiter französischsprachiger Dozent Eugène Michaud für Kirchen- und Dogmengeschichte gewählt. Eduard Herzog amtierte überdies seit 1876 als erster Bischof der in den Jahren 1871 bis 1876 sich entwickelnden Christkatholischen Kirche der Schweiz.»[152]

Was sich in der notwendigerweise sehr gerafften Darstellung der Hochschulgeschichte liest wie ein ganz normaler, glatt verlaufender administrativer Vorgang, entpuppt sich bei näherer Betrachtung als durchaus schwieriger Weg.[153]

In den Akten erhalten ist ein aufschlussreiches Schreiben der Erziehungsdirektion an den Regierungsrat, in dem mitgeteilt wird, dass es endlich gelungen sei, die nötige Zahl von Lehrkräften zu finden. Man habe sich auch bemüht, «für die zu errichtende Fakultät einen Namen ersten Ranges zu gewinnen. Es wurden deshalb sofort mit Herrn Dr. Friedrich in München Unterhandlungen angeknüpft. Dieselben haben nicht völlig den gewünschten Erfolg gehabt, jedoch ist das erzielt worden: Herr Friedrich hat in München Urlaub genommen und kommt 1–2 Semester nach Bern, um bei der Organisation der Fakultät thätig zu sein. Ueberdies wird er Vorlesungen über Kirchengeschichte halten.» In Sachen Honorar habe man noch keine Vereinbarung mit ihm getroffen, man werde zu gegebener Zeit dann Antrag stellen. Bereits am 18. Dezember sieht sich die Erziehungsdirektion in der Lage, dem hohen Regierungsrat den Antrag zu stellen, «es sei Herrn Friedrich mit Rücksicht auf seine hervorragende Stellung in der Gelehrtenwelt und mit Rücksicht auf den grossen Werth den seine Mitwirkung an der neuerrichteten Fakultät hat, eine jährliche Besoldung von Fr. 6000.– auszusetzen, vom 1. Oktober 1874 hinweg». Wir erinnern uns: Hirschwälder erhielt 4500 Franken, den damals üblichen Lohn für Ordinarien, Herzog und Gareis deutlich weniger, wenn auch aus anderen Gründen.

In einem Schreiben an den Regierungsrat vom 14. August 1874 erklärt Friedrich, warum er nicht nach Bern wechseln wolle: Erstens kenne er die Kollegen dort nicht einmal dem Namen nach und wisse deshalb nicht, wie sich das Verhältnis zu ihnen gestalten werde, es sei doch wichtig, dass dieses gut sei. Zweitens erwähnt er, er sei von Döllinger und den anderen Freunden in München zum Verbleib in Bayern gebeten worden.

Der Bericht der Erziehungsdirektion fährt dann fort: Man habe sich bemüht, auch eine hervorragende Schweizer Persönlichkeit zu gewinnen, «um dadurch der Fakultät ein gewisses nationales Gepräge zu geben und dieselbe bei unseren liberalen katholischen Mittständen zu accreditieren». Auch hierbei sei man nur bedingt erfolgreich gewesen, da der in Aussicht genommene Pfarrer Herzog sich nur für ein bis zwei Semester verpflichten lassen wollte, weil er seine Gemeinde in Olten nicht im Stich lassen könne und wolle. Die darauf mit Olten geführten Verhandlungen

152 Kommission Hochschulgeschichte, Hochschulgeschichte, S. 598.

153 Das Folgende nach den Archivalien im Sammelbehälter StAB, BB IIIb 530.

seien bisher ergebnislos geblieben. Da es aber sein könnte, dass Herr Herzog gezwungen sei, länger in Bern zu wirken, müsste Olten einen Vikar anstellen. An den dadurch für Olten entstehenden Mehrkosten müsse und würde sich der Kanton Bern beteiligen.

Interessantes ergibt sich auch im Zusammenhang mit der Anstellung von Franz Hirschwälder, der von Friedrich und Herzog empfohlen wurde. Er wird als ordentlicher Professor auf Lebenszeit mit einem Lohn von 4500 Franken angestellt. «Sollte aber innerhalb 15 Jahren die Fakultät wegen Mangels an Schülern geschlossen werden müssen, so steht der Erziehungsdirektion das Recht zu, Herrn Hirschwälder zu entlassen gegen Ausrichtung einer Entschädigung von Fr. 13500 (= drei Jahresbesoldungen).» Hirschwälder wird nach allen Seiten finanziell abgesichert, kann sich sogar nach der eventuellen Schliessung der Fakultät pensionieren lassen. Er muss nicht mehr als sechs Stunden Vorlesung halten, muss allerdings, falls Friedrich nach München zurückgeht, dessen Vorlesungen übernehmen.

Empfohlen wird auch die Anstellung von Professor Dr. Gareis. Er habe sich bei seiner Ankunft in Bern sofort der christkatholischen Bewegung angeschlossen und – wichtig – «steht in Staats- und Kirchenstaatsrechtlicher Beziehung vollständig auf dem Boden der bernischen Staatsbehörden, hat sich bereits zuverlässige Kenntnisse unserer schweizerischen und bernischen Verhältnisse erworben, so dass seine Mitwirkung in der Fakultät von unzweifelhaftem Werthe sein wird». Da die neue Fakultät nicht nur aus Lehrenden bestehen konnte, musste man auch nach potenziellen Studierenden Ausschau halten. Hoffnungsvoll vermerkt der Berichterstatter, es hätten sich bereits zehn annehmbare Hörer für die Vorlesungen angemeldet.

Insgesamt gewinnt man den Eindruck, dass sich der sonst nicht gerade freigebige Kanton Bern enorm ins Zeug legte, um der neuen Fakultät einen guten Start zu ermöglichen. Die Siegeseuphorie nach dem gewonnen Kulturkampf durfte nicht im Katzenjammer eines Scheiterns bei der Fakultätsgründung enden!

Im ersten Protokoll der Katholisch-theologischen Fakultät Bern vom 14. November 1874 wird die Konstituierung der Ämter festgehalten und der Vorlesungsbetrieb in Gang gesetzt: Erster Dekan wird Friedrich, der erste Protokollführer Gareis. Im Wintersemester werden folgende Vorlesungen 1874/75 gehalten:

> Friedrich liest a) Kirchengeschichte wöchentlich viermal, b) Patrologie wöchentlich zweimal,
> Goergens liest a) Dogmatik wöchentlich fünfmal, b) Einleitung Altes Testament wöchentlich zweimal,
> Herzog liest Einleitung Neues Testament wöchentlich zweimal, b) Neues Testament Exegese wöchentlich zweimal,
> Gareis liest Kirchenrecht wöchentlich dreimal,
> Hirschwälder liest Moral wöchentlich fünfmal,
> «Der Beginn der Vorlesungen wird auf Montag den 23. November lauf. Jahres festgesetzt. [...] Die Fakultät beantragt die Anschaffung eines Protokollbuches und eines

> schwarzen Brettes im Hochschulgebäude, und ersucht die hohe Erziehungsdirektion um Publication des Lectionscatalogs [worüber noch eine Stundentabelle beiliegt] und um rechtzeitige Einberufung der angemeldeten Candidaten der kath. Theologie.»

Es wird noch keine Preisfrage gestellt, in Anbetracht der besonderen Umstände. Die Erziehungsdirektion wird ersucht, das Konstitutionsprotokoll zur Kenntnis zu nehmen.

In den Beilagen findet sich auch der erste Vorlesungsplan. An fünf Vormittagen finden je drei Vorlesungen statt von 8 bis 11 Uhr. Dann gibt es zwei Stunden Mittag, am Montagnachmittag nur von 4 bis 5 Uhr Kirchenrecht bei Gareis, dienstags bis donnerstags auch am Nachmittag drei Stunden, am Freitag keine Vorlesungen, dito den ganzen Samstag. Nach dem ebenfalls handschriftlich vorliegenden Vorlesungsverzeichnis werden dann am Samstagvormittag auch zwei Stunden gelesen, von Dienstag bis Freitag auch ab 7 Uhr, was dann vier Morgenvorlesungen ergibt. Goergens übernimmt dann auch die Ausbildung in den alten Sprachen.

Nach dem Sturz der Kulturkampfregierung in der Staatskrise von 1878 erlahmte die Begeisterung für die neue Fakultät sichtlich.[154] Was sie in den schwierigen Jahren nach der Gründungseuphorie am Leben erhielt, war zum einen das grosse Ansehen, das Bischof Herzog genoss, zum anderen die Treue der Regierung zu ihrer Schöpfung von 1874. Herzog selbst verzichtete auch auf eine Besoldung, um den immer wieder zu hörenden Vorwürfen, sie koste zu viel, nicht noch zusätzliche Nahrung zu geben. Diese Vorwürfe kamen mit schöner Regelmässigkeit immer wieder aus der katholisch-jurassischen Ecke, gegen Ende des Jahrhunderts assistiert vom Führer der konservativen Volkspartei, Ulrich Dürrenmatt, dem geschworenen Feind des Berner Freisinns.[155] Insgesamt sieben Mal mussten Regierung und Parlament sich in den Jahren bis zum Ende des Ersten Weltkrieges mit der Christkatholisch-theologischen Fakultät beschäftigen. Die Fakultät selbst fand, bei der geringen Zahl von Studierenden würden sechs Professoren Kritik hervorrufen. Aus diesem Grund trat Ernst Goergens 1880 zurück, wobei er auf die vertraglich vereinbarte Abgangsentschädigung verzichtete, behielt aber das Recht, den Professorentitel weiter zu führen. Hurtault trat 1882 zurück, so dass Erziehungsdirektor Albert Gobat dem Grossen Rat befriedigt mitteilen konnte, die Fakultät koste nur mehr 14 000 Franken im Jahr. Auf Antrag Otto von Bürens wurde beschlossen, die

154 Das Folgende nach Feller, Universität Bern, S. 338 ff.

155 Sein Enkel Friedrich Dürrenmatt charakterisiert den Grossvater wie folgt: «Ein seltsamer, einsamer und eigensinniger Rebell: klein, gebückt, bärtig, bebrillt, mit scharfen Augen, ein Berner, der eine eigene Zeitung herausgab; der den Freisinn, den Sozialismus und die Juden hasste; auf den kein politisches Klischee passte und der für eine christliche, föderalistische, bäuerliche Schweiz kämpfte, zu einer Zeit, als sie sich anschickte, ein moderner Industriestaat zu werden, ein politisches Unikum, dessen Titelgedichte berühmt waren und von einer Schärfe, die man heute selten wagt.» Dürrenmatt, Stoffe I–III, S. 196–197.

beteiligten Kantone zu Beiträgen heranzuziehen, was sie bezüglich des Stipendienfonds, des sogenannten Linder-Fonds, bereits taten. Zu weiteren Beiträgen aber waren sie nicht zu bewegen, so dass Private einspringen mussten: «Es begannen jene Schenkungen, die zum grossen Stiftungsgut der Fakultät anwachsen sollten», wie Richard Feller schreibt. Dieses betrug, vom Kanton anerkannt, im Jahre 1885 30 000 Franken. Bischof Herzog gab 1884 sein Pfarramt in Bern auf und wechselte ganz an die Fakultät, mit einem Gehalt von 4000 Franken, worauf der christkatholische Synodalrat beschloss, für das Jahr 1886 4000 Franken an den Fakultätsunterhalt zu leisten. Die Summe wurde nach dem Tod des geschätzten Franz Hirschwälder im selben Jahr zum dauerhaften Beitrag, um die Professur zu sichern. Als Luise Lenz-Heymann[156] bei ihrem Tod 1899 der Fakultät ein Legat von 33 000 Franken vermachte, errichtete die Regierung die Lenz-Stiftung der Christkatholisch-theologischen Fakultät, deren Zinsen so lange zum Kapital geschlagen werden sollten, bis dieses auf einen Zinsertrag von 5000 Franken kommt. Schliesslich erreichte der Fonds 50 000 Franken und warf 2000 Franken Zins ab. Jetzt konnte sich der Synodalrat entlasten und seinen Beitrag auf 2000 Franken herunterfahren. Nachfolger Hirschwälders wurde Adolf Thürlings, der sich nicht zuletzt als Kirchenmusiker und Schöpfer des Gesangbuchs der Christkatholischen Kirche (1893) und der zugehörigen Orgelbücher einen Namen machte. Die Liturgie schuf Bischof Herzog.

Die Kritik vonseiten der römisch-katholischen Nordjurassier zielte vorzugsweise auf den grundsätzlichen Sparreflex vieler Grossräte. Unter ihnen stach vor allem der unermüdliche Casimir Folletête mit seinen wiederholten Angriffen auf die Christkatholische Fakultät hervor. Erziehungsdirektor Gobat langweilte dieser zähe Streit, und so suchte er den gordischen Knoten dadurch zu zerhauen, dass er vorschlug, so wie es an der Evangelisch-theologischen Fakultät Reformer und Orthodoxe gebe, könne man auch an der Nachbarfakultät römisch-katholische und christkatholische Dozenten nebeneinander wirken lassen. Unter dem beissenden Spott der bernischen Presse musste Gobat zurückkrebsen, obwohl sein Vorschlag durchaus dazu angetan war, der römisch-katholischen Polemik den Wind aus den Segeln zu nehmen. Sein Angebot an Bischof Fiala, eine römisch-katholische Fakultät einzurichten, wäre für die Ultramontanen ein Danaergeschenk geworden, denn deren Professoren wären von der Regierung und nicht von kirchlichen Instanzen eingesetzt worden. Trotz seiner Herkunft aus reformiertem Pfarrhause war aber Gobat an theologischen Fragen und damit an konfessionspolitischem Streit kaum interessiert, was ihm ermöglichte, auch in Bern Undenkbares zu denken.[157]

---

156 Berlis, Wir wollen das Gute.

157 Zu Gobat siehe Stettler, Albert Gobat. Gobat erhielt, kontrastierend zu seinem sonst eher eristischen Temperament, 1902 den Friedensnobelpreis. Zu Gobat und den anderen beiden Berner Nobelpreisträgern Albert Einstein und Theodor Kocher vgl. Rogger, Feminis-

Gobat aber wurde das Thema nicht so schnell los, Folletête und Genossen liessen nicht locker und stellten im Rahmen der Debatte zum Bericht der Erziehungsdirektion im November 1896 die Frage, «qui du reste n'est pas nouvelle, celle de la légalité de la Faculté vieille-catholique dite catholique de l'Université de Berne».[158] Folletête meinte, da die beiden katholischen Konfessionen nichts mehr gemeinsam hätten, sei es nicht möglich, eine Institution am Leben zu erhalten, die durch die Verfassung nicht gerechtfertigt sei. Nach Artikel 84, der die Gleichheit der Konfessionen festschreibe, dränge sich die Aufhebung der Christkatholischen Fakultät auf. Er wollte vom Regierungsrat wissen, wie viel er an die neue Fakultät bezahle, und schlug vor, im Rat über die Aufhebung der Fakultät zu beraten und, da einige Professoren an anderen Fakultäten erfolgreich lehrten – er denkt da an Michaud und Woker, aber auch an Thürlings –, diese ganz dorthin abzugeben und eine Subventionierung der römisch-katholischen Priesterausbildung, zum Beispiel in Form von Subventionen an das Diözesan-Seminar in Luzern, ins Auge zu fassen.

Erziehungsdirektor Gobat wies den Vorwurf der Gesetzeswidrigkeit zurück, indem er Paragraf 53 des Kirchengesetzes von 1874 zitierte: «Es ist im Anschluss an die kantonale Hochschule, und zwar als Fakultät, oder dann im Anschluss an ein anderes kantonales oder eidgenössisches Institut, eine höhere Katholisch-theologische Lehranstalt zu errichten.»[159] Nach dem Grundsatz «Ich definiere, was katholisch ist» stellte der Erziehungsdirektor lapidar fest: «Allein die Katholische Fakultät ist weder römisch-, noch ist sie christkatholisch, sondern sie ist eine Katholische Fakultät schlechthin, und thatsächlich wird an derselben kein anderer Unterricht erteilt als in den besseren Seminarien in den uns umgebenden Ländern.»[160] Dann kam er aber zum Kernanliegen aus der Sicht der Regierung. Es sei selbstverständlich, dass man aus den Studierenden nicht Heisssporne mache, «welche die Ruhe des Staates angreifen und die Kirche über den Staat stellen wollen […], denn es ist nicht denkbar, dass man in einem Staate, wie der Kanton Bern und überhaupt in der Schweiz, die Priester im Sinne des Kampfes der Kirche gegen den Staate erzieht.»[161] Die Fakultät, so Gobat weiter, suche «verträgliche Priester» auszubilden, die von den Anforderungen der Wissenschaft auch etwas wüssten und deren Wirksamkeit in den Gemeinden eine gesegnete sei. Die Errichtung einer römisch-katho-

---

tische Euphorie. Rogger bringt S. 18 auch ein für Gobats Regierungsverständnis bezeichnendes Zitat aus seiner Eröffnungsrede: «Ich war sehr verwundert, als ich wahrnehmen musste, dass [beim Universitätsneubau] nicht alles nach meinem Willen gehen werde.» Zu Gobat siehe auch: Bieler Tagblatt, 21.2.2019, www.bielertagblatt.ch/nachrichten/seeland/bern-unterstuetzt-die-stiftung-fondation-gobat-pour-la-paix (29.3.2020).

158 Tagblatt des Grossen Rates 1896, S. 351.

159 Tagblatt des Grossen Rates 1896, S. 355.

160 Tagblatt des Grossen Rates 1896, S. 355.

161 Tagblatt des Grossen Rates 1896, S. 355.

lischen Fakultät habe er mit Bischof Fiala in mehreren Sitzungen besprochen, doch sei nichts geschehen; er sei aber immer noch dazu bereit. Die Unterstützung eines Priesterseminars hingegen komme nicht infrage, denn man müsse es sich gut überlegen, «bevor wir eine Schule unterstützen, deren Unterricht nicht auf der Höhe einer Hochschule steht».[162] Gemeint war natürlich eine Institution, die nicht unter der Kontrolle der bernischen Erziehungsdirektion steht.

Leichter abzuwehren war der Vorwurf der hohen Kosten von 40 000 Franken, die die Fakultät angeblich verursache. Diese Zahl sei falsch, führte Gobat aus und teilte dem Grossen Rat mit, die Kosten beliefen sich auf höchstens 5000 Franken, nicht zuletzt dank der Eigenleistungen der christkatholischen Synode. Zudem würden zwei Professoren, die bereits erwähnten Michaud und Woker, an anderen Fakultäten verwendet, was aber nur Mehrkosten von 1000 respektive 1500 Franken verursache, obwohl die beiden Herren die volle Aufgabe eines ordentlichen Professors übernehmen müssten. Infolge dieser doppelten Verwendung hätten sie bis zwanzig Stunden in der Woche zu bewältigen. Auch dem gelegentlich vorgebrachten Argument, die Fakultät bilde vor allem Ausländer aus, konnte Gobat, der sich stets für die ausländischen Studierenden starkmachte, gar nichts abgewinnen. Andere Fakultäten bildeten auch Ausländer aus und Bern sei die einzige Schweizer Universität, an der mehr Schweizer als Ausländer studierten. Den Grossen Rat beruhigte es, aus regierungsrätlichem Munde zu vernehmen, dass das Kantonsbudget durch den Beitrag der christkatholischen Synode massgeblich entlastet werde und dazu zwei der an dieser Fakultät wirkenden Professoren auch an der Philosophischen Fakultät beschäftigt seien. Gehaltsfragen spielten wohl auch eine Rolle, als es galt, Eduard Herzog mittlerweile über sechzig geworden, zu entlasten. So berief die Regierung Jakob Kunz 1903 zum Extraordinarius für alttestamentliche Exegese und Pastoraltheologie, allerdings ohne Gehalt, das er weiterhin als Pfarrer in Bern bezog. Ein solches bezog er erst nach seiner Ernennung zum ordentlichen Professor.

Damit war die Sache – zumindest für anderthalb Jahrzehnte – vom Tisch.

Am 23. März 1911 folgte der nächste Vorstoss in Form einer Motion des Pruntruter Anwalts Dr. Xavier Jobin und fünf Mitunterzeichnern.[163] Sie hatte folgenden Wortlaut: «Les soussignés proposent au Grand Conseil d'inviter le Conseil Exécutif à examiner la question de savoir s'il n'y a pas lieu de supprimer la faculté catholique à l'université, et d'utiliser les crédits y affectés au développement de la faculté de philosophie dans le but d'accorder à l'enseignement de la langue et de la littérature française l'importance à laquelle il a droit.» Die Behandlung der Motion wurde mehrmals verschoben, so dass der Motionär erst am 20. November 1911 endlich Gelegenheit erhielt, seine Motion zu begründen. Seine Argumentation folgte zum

162 Tagblatt des Grossen Rates 1896, S. 355.

163 Motion und Begründung: Tagblatt des Grossen Rates 1911, S. 247.

grössten Teil den bekannten Spuren: Warum solle der kantonale Steuerzahler eine Fakultät unterstützen, an der zurzeit zwar sechs Schweizer aus anderen Kantonen und acht Ausländer (deren Namen er genussvoll zitierte, wohl um die latent vorhandenen fremdenfeindlichen Reflexe zu bedienen), aber keine Berner studierten und dafür vier ordentliche und ein ausserordentlicher Professor lehrten. Er sei gar nicht gegen die christkatholische Kirche, doch «le vieux-catholicisme est bien mort chez nous et ce n'est pas la Faculté de Berne qui le fera renaître de ces cendres».[164] Er warf auch den Studierenden an der Fakultät Stipendienmissbrauch vor, indem er behauptete, viele würden sich wegen der grosszügigen Stipendien dort einschreiben, dann aber an anderen Fakultäten studieren. Als trojanisches Pferd schliesslich platzierte er zu guter Letzt noch die von ihm als urradikal bezeichnete Forderung nach Trennung von Kirche und Staat, mit der er und seine Mitstreiter völlig einig gingen. Dies untermauerte er mit ausgiebiger Zitierung jurassischer Blätter radikaler Ausrichtung wie «Le Peuple» oder «Le Démocrate». Nach dem Grundsatz «Cessante causa, cessat effectus» sei die Fakultät, da kein Bedarf vorhanden, zu schliessen.

Gegen die Motion bezog der zuständige Regierungsrat, Erziehungsdirektor Emil Lohner, mit folgenden Argumenten ausführlich Stellung:[165]

- Die Aufhebung der Fakultät erforderte eine Verfassungsänderung.
- Die kleine Berner Fakultät sei die einzige ihrer Art in Europa und versorge in 13 Kantonen 40 christkatholische Gemeinden mit Pfarrern.
- Es gebe keinen Stipendienmissbrauch, wie Jobin behaupte.
- Die Besoldungen seien kein Problem. Drei Professoren seien unkündbar, müssten also lebenslang bezahlt werden. Effektive Auslagen seien die 4000 Franken Lohn für Herzog und die 4500 für Thürlings, die Herren Woker und Michaud bekämen 1500 respektive 1000 Franken Zulage für ihre Tätigkeit an anderen Fakultäten. Diese Gesamtkosten von insgesamt 11 000 Franken reduzierten sich um den aus dem Stammfonds finanzierten Beitrag der christkatholischen Synode in der Höhe von 4000 Franken jährlich, so dass die Fakultät den Steuerzahler unter dem Strich nur 7000 Franken koste. Dieser Stammfonds betrage 130 000 Franken und habe den Zweck, die Existenz der Fakultät sicherzustellen.
- Stipendien habe der Kanton keine zu entrichten, die würden aus dem kircheneigenen Stipendienfonds in der Höhe von 53 000 Franken gespiesen, wobei jährlich fünf Stipendien in der Höhe von je 400 Franken ausgeschüttet würden.
- Die Motion Jobin habe zudem den überraschenden Effekt gehabt, dass sich die Christkatholiken ihrer bedrohten Fakultät angenommen und zum 70. Geburts-

164 Tagblatt des Grossen Rates 1911, S. 590.

165 Tagblatt des Grossen Rates 1911, S. 592–593. Die mehrfache Verschiebung der Behandlung der Motion Jobin hatte ihren Gegnern ausreichend Zeit gelassen, eine Gegenstrategie aufzugleisen.

tag ihres hochverehrten Bischofs 57 000 Franken gesammelt hätten, was den Staatshaushalt weiter entlaste.
- Die Förderung des französischen Unterrichts sei ein wichtiges Anliegen, dem aber die knappen fianziellen Ressourcen des Kantons entgegenstünden, man behalte das Thema aber im Auge.

Der Rat quittierte die Ausführungen Lohners mit Beifall, wie das Protokoll vermerkt. Im Anschluss daran meldete sich auch der christkatholische Grossrat Alfred Rudolf, in der Zwischenkriegszeit dann ebenfalls Regierungsrat, mit einem engagierten Votum zu Wort. Er warf Jobin vor, die Förderung des Französischunterrichts nur als Deckmäntelchen einer konfessionell motivierten Attacke gegen den Christkatholizismus zu missbrauchen. Der frühere Erziehungsdirektor Gobat, jetzt Vorsteher des Innendepartementes, verwahrte sich dagegen, dass die Argumente Jobins irgendetwas zu tun haben könnten mit dem jurassischen Freisinn.Die Motion wurde, wie zu erwarten war, abgewiesen.

Nach der Debatte konnten sich alle in gewisser Weise als Sieger fühlen.

Der Regierung war es gelungen, die grosse Mehrheit des Rates von der Richtigkeit ihrer Universitäts- und Kirchenpolitik zu überzeugen.

Die beiden theologischen Fakultäten mochten mit Befriedigung zur Kenntnis nehmen, dass die Regierung ohne Rücksicht auf quantitativ motivierte fiskalische Einflüsterungen zu ihnen und ihrem wissenschaftlichen Auftrag stand. Dies war auch ein deutliches Signal an die Kreise in der Reformierten Landeskirche, die gelegentlich die Auslagerung der Pfarrerausbildung an eine theologische Fachhochschule in Erwägung zogen, wie es dann nach dem Ersten Weltkrieg wieder zum Thema wurde. Eine solche hätte eine gravierende Degradierung in Richtung eines Abschieds von der Theologie als Wissenschaft bedeutet, andererseits aber die Regierung ihrer Einflussmöglichkeiten auf den Lehrkörper beraubt, die ihr als Aufsichtsbehörde einer staatlichen Hochschule lieb und teuer waren. Das konnten weder liberale noch positive Theologen wirklich wollen. Die Christkatholiken setzten in einem beispiellosen Kraftakt ihre Treue zur Fakultät und ihre Opferbereitschaft öffentlich in Szene.

Nicht auszuschliessen ist, dass wohl auch die römisch-katholischen frankofonen Nordjurassier zufrieden waren. Jobin und seine Mitstreiter konnten nicht im Ernst angenommen haben, mit ihren Forderungen auf Zustimmung zu stossen. Ihnen, den ungeliebten Stiefkindern des Kantons, dem sie 1815 durch das Machtwort der Wiener Kongressmächte zugeteilt worden waren, ging es darum, auf den Stachel, den der Kulturkampf in ihnen zurück gelassen hatte, hinzuweisen. Die Häme und die Triumphgefühle über den mangelnden Erfolg des Christkatholizismus, die Jobins Brandrede durchdrangen, mussten einfach einer breiteren Öffentlichkeit im alten Kantonsteil vorgeführt werden. Man konnte den Gegner zwar nicht überzeugen, aber immerhin wieder einmal so richtig ärgern und profitierte dabei von eben den demokratischen Grundlagen, die ihr geistliches Oberhaupt im Syllabus von 1864 und im Infallibilitäts- und Jurisdiktionsdogma von 1870 als nicht kirchenkonform gebrandmarkt hatte.

Auch der Grosse Rat als Gremium konnte befriedigt sein: Er konnte sich eine in brillantem Französisch vorgetragene und begründete Motion anhören sowie die kongeniale deutschsprachige Replik des Regierungsrates Lohner aus Thun und befriedigt zur Kenntnis nehmen, dass die Universität über eine international beachtete Fakultät verfügte, die den Staat praktisch nichts kostete, und – last but not least – dass man eigentlich alles so belassen konnte, wie es war.

Der von den Christkatholiken zu Ehren ihres Bischofs gesammelte Betrag von 57 000 Franken wurde von ihm unter dem Namen Walther-Munzinger-Stiftung als zweiter Stammfonds bestimmt, dessen Ertrag nach Erreichen einer Höhe von 100 000 Franken zur Besoldung der Professoren zu verwenden sei, was nach einem weiteren Legat bereits ab 1918 möglich wurde.[166] So konnte man schliesslich dem 1915 zum Ordinarius beförderten Jakob Kunz ab 1919 ein Gehalt ausrichten. Anders als von ihren Gegnern erhofft, hatten die Angriffe die kleine Fakultät eher gestärkt als zum Verschwinden gebracht. Auf den ebenfalls 1915 verstorbenen Adolf Thürlings folgte Arnold Gilg als Extraordinarius, im selben Jahr trat Eugène Michaud zurück, der ein Jahr später starb, «ein unermüdlicher Arbeiter und scharfer Streiter», so charakterisiert ihn Feller.[167]

166 Feller, Universität Bern, S. 526.
167 Kommission Hochschulgeschichte, Hochschulgeschichte, S. 526.

5. Die theologischen Fakultäten im ausgehenden 19. und beginnenden 20. Jahrhundert

5.1 Das Abflauen des Kulturkampfes

Der Weg zur Normalisierung war lang, wie Junker zu Recht feststellt.[168] Zwar brachte die Annahme der total revidierten Bundesverfassung zumindest auf eidgenössischer Ebene eine leichte Entspannung, doch der rabiate, aber gescheiterte Versuch der bernischen Regierung, mit einem Truppenaufgebot die Jurassier mürbe zu machen, und weitere Schikanen hinterliessen «tiefe Wunden zwischen Altbern und dem Nordjura, [...] die Jahrzehnte später noch nicht vernarbt waren».[169] Die Hoffnung der kulturkämpferischen Regierung auf eine grossräumige Absetzbewegung von der römisch-katholischen Kirche zur christkatholischen erfüllte sich nicht. Immerhin entspannte sich die Lage insofern, als durch den Rücktritt der gesamten Berner Exekutive wegen ihrer verunglückten Eisenbahnpolitik im Jahre 1877 und durch den Tod von Papst Pius IX. 1878 und von Bischof Lachat 1886 neue Männer ans Ruder ihrer jeweiligen Institutionen gelangten, die diplomatischer agierten und versuchten, die Gegensätze soweit möglich abzubauen. Auf dem Stuhl Petri war dies Leo XIII., im Bistum Basel Friedrich Fiala und in der neu formierten Berner Regierung die ehemaligen Pfarrer Albert Bitzius von den Freisinnigen und Edmund von Steiger von den Konservativen sowie der jugendliche Joseph Stockmar. «Sie alle arbeiteten nun auf Ausgleich und Befriedung hin.»[170]

Guggisberg und Feller konstatieren beide eine Krise der bernischen Kirche gegen Ende des 19. Jahrhunderts.[171] Sie war auch eine Krise des Verhältnisses von Kirche, Bevölkerung und Theologischer Fakultät. Allerdings sind sich Feller und Guggisberg nicht einig in der Frage nach den Ursachen dieser Krise, die aus Anlass der Behandlung des neuen Kirchengesetzes, nicht zuletzt auch von Kirchendirektor Teuscher, in den schwärzesten Farben geschildert wurde. Die Zahl der Theologiestudenten ging drastisch zurück, viele Pfarrer wandten sich anderen Beschäftigungen zu: «Das Theologiestudium, früher das Tor zur wissenschaftlichen Bildung, sturzt in eine abschätzige Beurteilung hinab.»[172] Die Folge war ein grosser Pfarrer-

168 Junker, Geschichte II, S. 347–348.

169 Junker, Geschichte II, S. 350.

170 Junker, Geschichte II, S. 350. Zu Bitzius: Stettler, Albert Bitzius; zu Bitzius (Sohn): https://hls-dhs-dss.ch/de/articles/004421/2004-08-11 (8.7.2019).

171 Guggisberg, Kirchengeschichte, S. 701. Feller, Universität Bern, S. 295.

172 Guggisberg, Kirchengeschichte, S. 701. Dort auch Beispiele von Karrieren ehemaliger Pfarrer ausserhalb der Kirche.

mangel in den Siebziger- und Achtzigerjahren des 19. Jahrhunderts. Die Zahl der Theologiestudenten schwankte weiterhin stark und hinkte generell der Bevölkerungsentwicklung nach. Guggisberg nennt Zahlen: 1871 habe es 322 Immatrikulierte, davon 25 Theologen, 1878 noch 13, 1905 unter 1529 Immatrikulierten nur 24 Theologen gegeben.[173] Die ständig wachsende Aufgabenlast habe manche Gymnasiasten vom Theologiestudium abgehalten. Andere zukünftige Pfarrer studierten ausserhalb Berns, so gingen zum Beispiel 1873 alle vier Maturanden der Lerberschule zum Theologiestudium an auswärtige Universitäten. Bereits 1891 sei aber der Mangel weitgehend behoben gewesen, da sich herumgesprochen habe, «dass auch freigesinnte und für das moderne Denken aufgeschlossene junge Leute Theologie studieren konnten, ohne befürchten zu müssen, verketzert zu werden», meint Guggisberg.[174] Probeweise wurde deshalb 1891 ein dreimonatiges Lernvikariat eingeführt, um den Überfluss zu kanalisieren. 1901–1910 absolvierten 25 Theologiestudenten das Staatsexamen, davon 23 Pfarrerssöhne. Seit 1910 konnten auch Theologinnen ein Abschlussexamen als Pfarrhelferinnen machen.[175]

In den Details und im Urteil wesentlich schärfer fällt die Diagnose Fellers aus.[176] Folgt man seiner Darstellung, so liegt die Erklärung für die Behebung des Mangels an Studierenden der Theologie eher darin, dass erst die nun endlich geübte Berufung von Professoren aus dem positiven Lager die Lage beruhigte. Der Weg dazu aber war reich an Hindernissen. Die Fakultät benutzte 1877 den Wunsch ihres Mitgliedes Eduard Müller, die Ethik abzugeben, dazu, der kirchlichen Rechten entgegenzukommen, weil die prekäre Situation der bernischen Kirche ein Friedensangebot nahelegte. Sie schlug vor, als ausserordentliche Professoren den positiven Nydeggpfarrer Güder für Ethik und den Münsterpfarrer Rüetschi, der den Vermittlern zugerechnet wurde, für exegetische Fächer zu berufen. Beide waren bereits Privatdozenten gewesen. Die Fakultät beschwor den Erziehungsdirektor Johannes Ritschard, damit den Frieden herzustellen und die auswärts studierenden Berner Theologen zurückzuholen. Eine Petition von über 100 Pfarrern, Grossräten, Ärzten und Lehrern unterstützte das Begehren, endlich einen Positiven zu berücksichtigen. Es fruchtete nichts, der radikale Erziehungsdirektor Ritschard, gewillt, die intransigente Berufungspolitik seines von ihm verehrten Vorgängers Kummer fortzusetzen, schlug den Rat der Fakultät in den Wind, denn er hatte bereits seinen Favoriten Eduard Langhans im Köcher, den er rasch zur Habilitation für Ethik bewog. Die Fakultät wurde mit dem Argument abgeputzt, die Regierung habe sie nur bei der Besetzung von Ordinariaten zur Begutachtung einzuladen. Sein Kollege Teuscher, der Kirchendirektor, assistierte mit dem Argument, es sei kein Geld für neue Pro-

173 Guggisberg, Kirchengeschichte, S. 701–702.

174 Guggisberg, Kirchengeschichte, S. 702.

175 Guggisberg, Kirchengeschichte, S. 702.

176 Zum Folgenden Feller, Universität Bern, S. 296–297.

fessuren da und fügte bei, «dass nicht die kirchliche Partei, sondern die wissenschaftliche Tüchtigkeit für Professuren in Betracht falle, die übliche Auffassung, dass die positive Richtung sich nicht mit der Wissenschaft vertrage», wie Richard Feller bissig kommentiert.[177]

Als ein Jahr später der allseits geachtete, mehr als Historiker denn als Theologe hervorragende Gottlieb Studer im hohen Alter von 77 Jahren in den Ruhestand trat, unternahmen die Theologisch-kirchliche Gesellschaft der Vermittler und die Evangelisch-theologische Fakultät einen neuen Anlauf, Rüetschi als Ordinarius für Altes Testament und Güder als Extraordinarius für Dogmatik und neutestamentliche Exegese zu berufen. Die Fakultät begründete dies mit dem hervorragenden wissenschaftlichen Ruf, den der vielfach geehrte Rüetschi im In- und Ausland geniesse, und mit der Tatsache, dass er an die Universitäten von Zürich und Basel gerufen worden sei. Alle Theologiestudenten schlossen sich dem an, vergeblich. Ritschard meinte, Rüetschi sei mit 59 Jahren zu alt (er war in Wirklichkeit 57) und müsse bald pensioniert werden, was nachweislich nicht stimmte. Stattdessen schlug er vor, den Reformer Rudolf Steck, Pfarrer in Dresden, zum Ordinarius für Altes Testament, Eduard Güder als Extraordinarius für Dogmatik und Neues Testament sowie den Privatdozenten Eduard Langhans für einen bezahlten Lehrauftrag für Ethik zu berufen. Die Regierung, die im Jahr davor noch angesichts des Eisenbahnskandals durchaus zu Recht mitgeteilt hatte, es gebe kein Geld für zusätzliche Professuren, stimmte zu und erhöhte gleichzeitig die Gehälter der Reformer Nippold und Friedrich Langhans. Dies war das «Abschiedsgeschenk» Ritschards an die Fakultät, denn als Folge verheerender Niederlagen in einer Volksabstimmung zu zwei Finanzvorlagen, die zu einer Staatskrise im Kanton Bern führten, mussten Ritschard und seine Regierungsratskollegen unter Schimpf und Schande zurücktreten. Die Staatskrise war eigentlich eine Vertrauenskrise im Verhältnis zwischen Volk und radikaler Regierung. «Damals desavouierte das Berner Volk in erster Linie die Regierungsweise und die Ausschliesslichkeit der herrschenden Radikalen, wie sie sich etwa im Eisenbahnwesen oder beim Kulturkampf kundgetan hatte. Nun mussten die Freisinnigen einsehen, dass es künftig nicht ohne Zusammenarbeit mit der Minderheit abging, und dass sie nicht weiterhin begangene Fehler vertuschen und Sachfragen mit persönlichen Machtansprüchen verquicken konnten.»[178] Güder und Steck übrigens, angewidert vom Ganzen, schlugen ihre Wahl aus.

Die Staatskrise hatte zur Folge, dass es nicht gelang, bei der Neuwahl den Regierungsrat auf die erforderliche Zahl von neun Mitgliedern zu bringen, erst ab 1882 war er wieder vollständig. In der Politik gegenüber der Evangelisch-theologi-

177 Feller, Universität Bern, S. 296.

178 Junker, Geschichte II, S. 365. Der ganze Zusammenhang ist dort prägnant zusammengefasst im VII. Kapitel S. 352–368. Ritschard zumindest scheint daraus gelernt zu haben und agierte in seiner zweiten Amtszeit zurückhaltender.

schen Fakultät empfahl sich eine strategische Neuausrichtung der Regierung bei Berufungen in den Lehrkörper.[179] Erziehungsdirektor Albert Bitzius (1878–1882) durchbrach den Grundsatz, nur liberale Theologen zu berufen, indem er auch positive Theologen an die Fakultät holte, so Samuel Oettli 1878 als Nachfolger von Gottlieb Studer, den die Fakultät wärmstens empfohlen hatte. Versöhnlich gedacht war auch Bitzius' Anfrage an die Fakultät, wie man den Herren Güder und Rüetschi Gerechtigkeit widerfahren lassen könnte. Die Fakultät beantragte, die beiden zu Honorarprofessoren mit beratender Stimme in Fakultät und Senat zu ernennen, was die Regierung am 14. Dezember 1878 vollzog. Dass man aber in Fakultät und Regierung erst auf der Stufe Waffenstillstand angelangt war, zeigen die Nachfolgeregelung für den 1880 verstorbenen Friedrich Langhans und die Habilitation Adolf Schlatters. Die Fakultätsminderheit portierte Eduard Langhans als Nachfolger seines Bruders, wogegen die Mehrheit Bedenken hegte, da er als noch intransigenter galt als jener. Langhans wurde aber im selben Jahr von der Regierung zum Professor für Systematik gewählt. Auf Wunsch Oettlis, der sich einen positiven Kollegen erhoffte, meldete sich der Thurgauer Pfarrer Adolf Schlatter zur Habilitierung an der Evangelisch-theologischen Fakultät. Den Umständen, die den Beginn einer aussergewöhnlichen Theologenlaufbahn markierten, soll hier in Form eines Exkurses nachgegangen werden.

Intermezzo I: Der Fall Adolf Schlatter

Nicht nur die Prominenz der hier zu betrachtenden Persönlichkeit, sondern auch die gute Quellenlage und nicht zuletzt die darauf aufbauende sorgfältige Studie des Berner Neutestamentlers Wilhelm Michaelis ergeben eine vorzügliche Grundlage für eine Darstellung der Kräfte und Interessen, die das kleine Biotop der Evangelisch-theologischen Fakultät gegen Ende des 19. Jahrhunderts prägten. Michaelis publizierte die Ergebnisse seiner Recherchen in einer Erinnerungsschrift zu Schlatters 100. Geburtstag.[180]

Von Beginn an sei das Verhältnis Schlatters zur Fakultät unter nicht ganz geklärten Belastungen gestanden, schreibt Michaelis. Die Fakultät begegnete dem 28-jährigen Schlatter, der sein Pfarramt in Kesswil (TG) aufgegeben hatte, mit

179 Im Hof, Hohe Schule, S. 70, stellt fest, dass nach 1858, als der Freisinn wieder (bis Ende des Ersten Weltkriegs) fest im Sattel sass, dieser darauf verzichtet habe, «aus der Hochschule ein politisches Instrument zu machen, wenn man von der freisinnigen Berufungspolitik an der Evangelisch-theologischen Fakultät absieht, die erst unter Erziehungsdirektor Bitzius etwas gedämpft wurde, sowie von der Errichtung der Christkatholischen Fakultät».

180 Michaelis, Schlatter. Daraus sind alle in diesem Abschnitt verwendeten Zitate.

Misstrauen. Er unterrichtete ab Anfang Mai 1880 an der Lerberschule (später Freies Gymnasium Bern) und auch am Seminar Muristalden, bemühte sich um die Zulassung zum Lizenziatsexamen und zur nachfolgenden Habilitation. Die Fakultät widersetzte sich dem Anspruch der kirchlichen Rechten auf eine Dozentur nicht grundsätzlich und war bereits seit geraumer Zeit von sich aus darauf bedacht, Vertreter der Rechten in ihren Kreis zu ziehen. Als Beleg erwähnt Michaelis den zweifachen Versuch in den Jahren 1876 und 1878, den sehr begabten, zur Rechten zählenden Pfarrer Otto Lauterburg an der Lenk zu einer akademischen Karriere zu bewegen als Nachfolger des Alttestamentlers Gottlieb Studer. Lauterburg aber gab der Fakultät einen Korb. Zuvor schon hatte sich die Fakultät 1877 starkgemacht «für eine Heranziehung des positiven Münsterpfarrers Eduard Güder und des zur Mitte neigenden Nydeckpfarrers Rudolf Rüetschi als Extraordinarien für Ethik bezw. die exegetischen Fächer», doch hier stellte sich, wie bereits erwähnt, Erziehungsdirektor Ritschard dagegen.[181] Unter Ritschards Nachfolger Bitzius wurde dann der Positive Samuel Oettli Extraordinarius für Altes Testament (1878) und 1880 Ordinarius. Es war Oettli, der einen positiven Mitstreiter wünschte, und er wurde tatkräftig unterstützt von den pietistischen Kreisen um Theodor von Lerber, der Schlatter schliesslich an seiner Schule anstellte, wobei ihm der Evangelisch-kirchliche Verein der Stadt Bern ein kleines Gehalt zusicherte.

In diese Zeit fällt Schlatters Antrittsbesuch bei Nippold (obwohl nicht er, sondern Immer damals Dekan war), dem damals einflussreichsten Mann der Fakultät, der zudem nach Holstens Abgang neben der Kirchen- auch die Dogmengeschichte vertrat. Trotz des von Schlatter zitierten unfreundlichen Empfangs widersetzte sich Nippold dem Gesuch Schlatters nicht, das dieser auf den 5. Juni 1880 an die Fakultät richtete. Es beginnt mit den Worten: «Von dem Wunsche geleitet, mich der wissenschaftlichen Lehrthätigkeit auf dem Gebiete der evang. Theologie zu widmen, und darum bemüht, mir den Grad eines Licentiaten der Theologie zu verschaffen, wäre es mir werthvoll, wenn ich die diessbezüglichen Examina vor Ihrer verehrl. Fakultät ablegen und von Ihnen die genannte akademische Würde empfangen könnte.»[182]

Er bittet dann um Mitteilung der Modalitäten und fügt bei, dass er beabsichtige, «nach erworbener Licentiatur um die Bewilligung zur Habilitation als Privatdozent an Ihrer titul. Fakultät nachzusuchen. Das Gebiet, das ich als Privatdozent zu erarbeiten gedächte, wäre in erster Linie die Dogmengeschichte, in zweiter Linie die neutestamentliche Exegese.»[183] Er legte dem Gesuch die Zeugnisse seiner Studien in Basel und Tübingen bei, die er in acht Semestern 1871–1875 absolviert hatte, und erwähnte seine berufliche Tätigkeit in Zürich am Neumünster und in

181 Michaelis, Schlatter, S. 15.
182 Michaelis, Schlatter, S. 17.
183 Michaelis, Schlatter, S. 17.

Kesswil-Uttwil. «Im März h. a. von der Direktion des Lerber'schen Privatgymnasiums zum Lehrer für Religion und Hebräisch an der Prima und Sekunda genannter Anstalt ernannt und zugleich von Freunden ermuntert, sich wissenschaftlich zu bethätigen, vertauschte ich diesen Frühling das Pfarramt mit dem Lehramte.»[184] Unklar ist, wie es sich genau mit seiner Dissertation verhielt. Das Fakultätsprotokoll vom 15. Juni 1880 vermerkt unter Traktandum 5: «Herr Adolf Schlatter wünscht unter Vorlegung vortrefflicher Zeugnisse vom Konkordatsexamen vor hiesiger Fakultät das Licentiatsexamen behufs nachheriger Habilitation an hiesiger Hochschule abzulegen. Da für dasselbe eine bestimmte Ordnung nicht vorliegt, wird eine Fakultätssitzung binnen 14 Tagen anberaumt, auf welche hin die Mitglieder sich mit anderenortes geltenden Bestimmung [sic] bekannt zu machen u. einen Reglementsentwurf vorzubereiten haben. Herr Schlatter soll hievon inzwischen verständigt werden.»[185]

Schlatter verfasste also binnen einem Monat seine Dissertation (Mai/Juni 1880), die er dann am 1. Juli einreichte. Erwähnt wird diese nur im Fakultätsprotokoll vom 18. Dezember 1880. Sie sei ohne Bestimmung einer Note angenommen worden. Diese Dissertation über das Thema Johannes der Täufer ist nicht erhalten.[186]

Nun musste aber ein Lizenziatsreglement erst geschaffen werden. Nach monatelangen Bemühungen wurde dann endlich das «Reglement über die Ertheilung der akademischen Würden an der Evangelisch-theologischen Fakultät der Hochschule Bern» vom 4. beziehungsweise 11. November 1880 in Kraft gesetzt. Man orientierte sich an entsprechenden Reglementen aus Zürich und Basel und befolgte dabei die strengstmögliche Auslegung. Nach Paragraf 4 verlieh eine Bewertung mit summa oder magna cum laude das Recht der Habilitation. «Schwer war das Reglement insofern, als es neben der mündlichen Prüfung in fünf Hauptfächern auch noch acht Klausurarbeiten vorsah.»[187] Später wurde dann nur noch eine Klausurarbeit verlangt. Schlatter wurde nun also nach diesem strengen Reglement, aber durchaus korrekt geprüft. In anderen Fällen wurde ungleich milder verfahren: Als man seinerzeit Otto Lauterburg zur Habilitation zu bewegen versuchte, wurde der Dekan in der Sitzung vom 1. November 1876 beauftragt, die Erziehungsdirektion um die Zusicherung eines Dozentenhonorars anzugehen, also noch bevor dieser habilitiert war. Auch als später Rudolf Rüetschi (Sohn), Pfarrer in Münchenbuchsee, sich habilitieren wollte, wurde ihm in der Sitzung vom 20. November 1882 der

184 Michaelis, Schlatter, S. 18.

185 Michaelis, Schlatter, S. 20.

186 Die Gleichsetzung der Begriffe Dissertation und Doktorarbeit ist erst nach der Einführung des Doktoratsreglements 1929 üblich geworden, das heisst, kein Theologe, der an der Evangelisch-theologischen Fakultät Bern vor diesem Datum «dissertierte», durfte danach den Titel Dr. theol. führen. Davon wird noch die Rede sein.

187 Michaelis, Schlatter, S. 23.

Lizenziatengrad «unentgeltlich und ohne Examen» geschenkt.[188] Von Pfarrer Güder verlangte man nur eine «Dissertation», als er sich 1894 um eine Venia «ohne vorherige Erwerbung des Licentiatengrades» bewarb.

Die Sache Schlatters wurde erschwert durch seinen Brief an Erziehungsdirektor Bitzius vom 8. November 1880, worin er ihn bat, ihm bereits für das laufende Wintersemester 1880/81 die Ankündigung von Vorlesungen zu erlauben – er betont – nur für das laufende Semester – ohne Präjudiz für die noch zu absolvierenden Lizenziatsexamina! Es ging dabei unter anderem um eine Vertretung für den erkrankten Oettli. Schlatter gestand später, er sei hier aus Unerfahrenheit unüberlegt vorgegangen, denn keine Fakultät hätte ein solches Gesuch vor Abschluss der Promotion bewilligen können. Sie hatte demnach nur die Möglichkeit, dem Erziehungsdirektor eine abweisende Empfehlung zukommen zu lassen.[189] Dieser teilte Schlatter am 1. Dezember mit, seinem Gesuch könne «angesichts des soeben erlassenen Reglements über die Ertheilung der akadem. Würden an genannter Fakultät nicht entsprochen werden».[190] Vor allem Friedrich Nippold äusserte sich ausführlich und in scharfen Worten gegen Schlatters Ersuchen. Er lässt diesem Votum einen Tag nach der Fakultätssitzung noch eine 40-seitige «Denkschrift» an den Erziehungsdirektor folgen, die er – durchaus medienwirksam – im Januar in sechs aufeinanderfolgenden Nummern der «Berner Post» veröffentlichte unter dem Titel «Wer beruft denn eigentlich die Professoren an der Berner evang.-theologischen Fakultät?». Verärgert hatte Nippold einmal, dass nach dem Tod von Friedrich Langhans in der in Berlin erscheinenden «Neuen Evangelischen Kirchenzeitung» ein Artikel erschienen war, der der Hoffnung Ausdruck gab, es möge dem positiven Oettli nun auch ein positiver Systematiker anstelle des Reformtheologen zur Seite gestellt werden. Das Fass zum Überlaufen brachte die Bemerkung im zehnten Jahresbericht der Lerberschule, in dem die ungeschickte Formulierung stand: «Für die Religions- und Hebräischstunden am Gymnasium ist an die Stelle von Herrn Körber Herr Pfarrer Schlatter in Kessweil (Kt. Thurgau) ernannt, der zugleich vom evang.-kirchlichen Verein als Dozent an die Hochschule berufen wird.»[191] Davon hatte Schlatter wohl kaum eine Ahnung, dafür aber Nippold sehr wohl, darum seine harte und leidenschaftliche Reaktion. Michaelis ist durchaus zuzustimmen, dass Adolf Schlatters Bewerbung von Anfang an unter einem schlechten Stern gestanden habe. Nippold glaubte sich aufgrund dieses und anderer Vorkommnisse einem wahren Komplott der positiven Kreise gegenüber und fürchtete aufgrund anderer Artikel in der positiven Presse, die Rechte strebe nicht nur Gleichberechti-

---

188 Zit. bei Michaelis, Schlatter, S. 23.

189 Fakultätssitzung vom 27.11.1880, Brief an Erziehungsdirektion vom 29.11.1880

190 Michaelis, Schlatter, S. 26.

191 Michaelis, Schlatter, S. 28.

gung, sondern Alleinherrschaft an.[192] Ohne seine Schuld geriet Schlatter also in eine höchst unerfreuliche Lage.

Michaelis attestiert der Fakultät aber, sie habe das Examen normal und rasch durchgeführt. Bemerkenswert ist die Fussnote, die Nippold seiner Artikelserie beigab: «Absichtlich ist mit dieser Beleuchtung gewartet, bis die Habilitation von Herrn Pfr. Schl. zu Stande gekommen. So gut es als eine Ehrensache erschien, ein Colloquium mit einem andersdenkenden gerade entgegengesetzt zu behandeln, wie die herrschenden Hierarchen in Berlin und Hannover, so wenig möchte der Einsender der akademischen Thätigkeit eines gegnerischerseits aufgestellten Kandidaten irgend welche Hemmnisse bereiten. Den Studierenden kann es nur zu gut kommen, wenn sie verschiedene Standpunkte selbständig vergleichen können. Unsere Glaubensüberzeugung ist das Gegentheil jenes Unglaubens, der die von ihm abhängigen Leute von andern Einflüssen abzusperren sucht.»[193]

An anderer Stelle äussert sich Nippold zu Schlatter wie folgt: «[…] dass die Auffassungsweise des Herrn Lic. Schlatter in allen brennenden kritischen Fragen geradezu das Gegenteil meiner historischen Ergebnisse bot, sei nur ein Grund mehr gewesen, sein Wissen und seine Begabung anzuerkennen.» In Klammer fügte er bei: «Gerade in den historischen Fächern ist ihm die erste, sonst nur die zweite Note zu Theil geworden.» Tatsächlich, so Michaelis, habe Schlatter bei den Klausurarbeiten für die kirchengeschichtliche Arbeit über Justin den Märtyrer sowie für die dogmengeschichtliche Arbeit über die helvetische Consensusformel auf Vorschlag von Nippold die Note summa cum laude, für die anderen sechs Klausurarbeiten magna cum laude erhalten. In dieser Sitzung vom 18. Dezember 1880 wurde auch die Dissertation angenommen. Das mündliche Examen fand am 22. Dezember statt, in den hier geprüften fünf Fächern bestand Schlatter überall mit Note magna cum laude.

Schlatter war rückblickend mit seiner Leistung nicht zufrieden und schob dies auf seine dürftige Vorbereitung. Michaelis stellt aber fest, «dass die Note magna cum laude auch in den nächsten Jahrzehnten nie überboten worden ist» und dass die Fakultät bei späterer Gelegenheit, in einem Brief vom 19. Dezember 1887 erklärt habe, Schlatter habe seinerzeit «in rühmlicher Weise» das Lizenziatsexamen bestanden. Die Fakultät teilte der Erziehungsdirektion bereits am 22. Dezember 1880 mit, Schlatter habe die Bedingungen zur Habilitation erfüllt, worauf am 4. Januar umgehend die Erteilung der Venia durch die Erziehungsdirektion erfolgte. Schlatter dürfte wohl erst, nachdem das Ganze vorüber war, gewahr geworden sein, welchen Staub seine Bewerbung aufgewirbelt hatte und was alles hätte schieflaufen können …

---

192 Genannt und erörtert bei Michaelis, Schlatter, S. 29–30.
193 Michaelis, Schlatter, S. 33.

Michaelis attestiert der Fakultät, ihre Beziehung zu Schlatter sei auch nach seinem Examen korrekt gewesen, trotz Nippolds Pressefehde. Als Immer 1881 zurücktrat, wurde Rudolf Steck sein Nachfolger, nicht Schlatter, der zuerst seine Sporen abverdienen musste.

Nach Ablauf des Wintersemesters 1882/83 stellte Schlatter an die Erziehungsdirektion das Gesuch um Gewährung eines Dozentenhonorars nach Paragraf 38 des Hochschulgesetzes. Er begründete dies mit den Vorlesungen und Übungen, die er seit seiner Habilitation gehalten habe, nennt deren Titel, Stunden- und Hörerzahl.[194] Die Fakultät behandelte das Gesuch und empfahl es einstimmig zur Genehmigung. Trotz dieser Einstimmigkeit scheint Nippold ein Separatvotum an die Erziehungsdirektion gerichtet zu haben mit der Idee, da Schlatter von der Lerberschule als Repräsentant der Orthodoxie an die Hochschule gebracht worden sei, diesen auch von jener besolden zu lassen (ähnliche Gedankengänge finden sich auch in der Denkschrift Nippolds vom Dezember 1880). Oettli stellte dann in einem Brief an den Erziehungsdirektor (Gobat war auf den eben verstorbenen Bitzius gefolgt) klar, Schlatter sei nicht, wie behauptet, von der Evangelischen Gesellschaft, sondern vom Evangelisch-kirchlichen Verein durch eine jährlich erhobene Kollekte bei seinen Freunden unterstützt worden, den Rest verdiene dieser «sehr strebsame u. ausserordentlich fleissige junge Mann durch Ertheilung von Unterricht im Hebräischen usw».[195] Ohne jenen Beitrag des Evangelisch-kirchlichen Vereins könne Schlatter gar nicht in Bern leben. Diesen Brief brauchte es aber nicht mehr, denn der Regierungsrat erteilte am 23. Mai 1883 seine Genehmigung. Schlatter wurden jährlich 580 Franken auf drei Jahre bewilligt, das damals übliche Dozentenhonorar. Er hatte nun Sitz und Stimme in der Fakultät.

Um 1885 herum versuchte die Theologische Fakultät Halle Schlatter als Extraordinarius zu gewinnen. 1887 setzte sich die Evangelisch-theologische Fakultät Bern energisch ein für eine Beförderung Schlatters zum Extraordinarius.[196]

Für sehr bedeutsam erachtet Michaelis zu Recht einen von Dekan Lüdemann und Sekretär Oettli unterzeichneten Brief der Fakultät an die Erziehungsdirektion, in dem die Beförderung Schlatters empfohlen wird. Dort heisst es unter anderem: «Die theol. Fakultät gibt demselben einstimmig das Zeugniss, dass er in seiner anfänglich nicht eben leichten Stellung, – insofern sie anderweitig beeinflusst werden konnte – grossen Tact und anerkennenswerthe Besonnenheit an den Tag gelegt hat, so dass seine sämtlichen, auch die theologisch andersgerichteten, Collegen nur angenehme Beziehungen mit ihm unterhalten konnten. In wissenschaftlicher Beziehung jedoch nicht weniger, als mit Rücksicht auf seine Charaktereigenschaf-

---

194 Michaelis, Schlatter, S. 35.

195 Michaelis, Schlatter, S. 36.

196 FP 10.12.1887.

ten, glaubt die Facultät Herrn Schlatter zur Beförderung empfehlen zu dürfen.»[197] Er habe sowohl durch seine Vorlesungen wie auch durch seine Publikationen – erwähnt wird eine von der Haager Gesellschaft zur Verteidigung des Christentums gekrönte Preisschrift über den «Glauben im Neuen Testament» – einen geachteten wissenschaftlichen Namen erworben, so dass Halle ihn primo loco für eine Professur vorgeschlagen habe. «Nun scheint es der Facultät wünschbar, dass seine immerhin unsichere Stellung zu einer regelmässigen umgewandelt werde, indem die h. Regierung ihn durch Verleihung einer ausserordentlichen Professur dauernd der Facultät einverleibt.»[198] Die Fakultät stelle den Antrag «in der Überzeugung, dass die Beförderung des Genannten seiner nun siebenjährigen Lehrtätigkeit gebührt und im Interesse der wissenschaftlichen Vertretung der verschiedenen theologischen Richtungen an unserer Facultät gelegen ist».

Michaelis hält es für ein schönes Zeugnis der Fakultät für die geachtete Stellung Schlatters, und es sei besonders bemerkenswert, dass der Antrag von Steck ausgegangen und von allen Fakultätsmitgliedern unterstützt worden sei (Lüdemann, Müller, Steck, Oettli und Eduard Langhans; Nippold hatte Bern 1884 verlassen). Gobat unterstützte die Eingabe, da aber das Gesuch erst eingegangen sei, als das Budget für 1888 schon abgeschlossen war, könne es erst im nächsten Herbst behandelt werden.

Nun hatte Schlatter aber auf das Sommersemester 1888 auch einen Ruf nach Kiel erhalten, so dass er nun nach seiner Beförderung zum Extraordinarius in der Lage war, Bedingungen zu stellen. Er teilte der Fakultät in einem Brief mit, unter welchen Voraussetzungen er in Bern bleiben würde. «Der Sitz meiner Studien ist die neutestamentliche Theologie. Dazu gehört auf der einen Seite die Exegese der einzelnen Schriften, auf der andern Seite die systematische Entwicklung des Lehrbaus. Eben diess sind auch die Gegenstände, deren Behandlung mir mit Rücksicht auf die religiösen und wissenschaftlichen Differenzen, die zwischen uns bestehen, zweckgemäss erscheint.»[199] Er wünschte, einen zweijährigen Turnus von Vorlesungen über Dogmatik und neutestamentliche Theologie und einen grösseren, etwa dreijährigen Turnus von exegetischen Vorlesungen durchführen zu können. Interessant ist eine Zusatzbemerkung: Er habe in keiner Weise eine Benachteiligung der Ordinariate im Auge. «Falls ich mich entschliesse, in den hiesigen Verhältnissen zu verbleiben, so hat meine Thätigkeit ihre Prämisse in einer loyalen, gegenseitig Freiheit gewährenden Koordination, welche allein unserer Situation würdig ist.»[200] Dann folgt der Dank an die Fakultät für ihre Bemühungen zu seiner Beförderung. Die Fakultät stimmte den Wünschen Schlatters zu, da weder Steck noch Langhans opponierten.

197 Michaelis, Schlatter, S. 38–39.
198 Michaelis, Schlatter, S. 39, auch für das folgende Zitat.
199 Michaelis, Schlatter, S. 40.
200 Michaelis, Schlatter, S. 40.

In zwei Briefen an Gobat machten Fakultät und Schlatter Druck, so dass ihn die Regierung in ihrer Sitzung vom 14. März 1888 zum ausserordentlichen Professor für neutestamentliche und Systematische Theologie wählte. Kaum war dies getan, erhielt Schlatter aber den Ruf nach Greifswald als Ordinarius für neutestamentliche Exegese. «Diesen Ruf, der den Umfang meiner Lehrtätigkeit in einer Weise erweitert, wie ich es in Bern niemals erreichen kann, glaubte ich nicht ablehnen zu sollen, und bitte darum die h. Regierung, mich aus meiner gegenwärtigen Stellung an der hiesigen Hochschule zu Beginn des kommenden Wintersemesters gütigst zu entlassen.»[201] Schlatter dankt der Regierung und empfiehlt ihr, «dass Sie auch fernerhin auf die Erhaltung und Pflege positiver Evangelischer Theologie an der hiesigen Fakultät nach Kräften bedacht sein mögen. Es kann dem Interesse unserer Studirenden und der Fakultät nicht besser gedient werden, als wenn die h. Regierung der wissenschaftlichen und religiösen Kontroverse, die zwischen uns statt hat, freien Raum und ungehemmte Entwicklung gewährt.»[202] Der Regierungsrat entliess Schlatter mit Dank für die geleisteten Dienste.

Michaelis berichtet nun noch von einem betrüblichen Nachspiel: Nach dem Statut der Fakultät in Greifswald brauchte Schlatter einen Doktortitel. Er bat durch Oettli, da er die Fakultät in Bern nicht direkt darum bitten konnte, seine bisherigen Kollegen, ihm diesen zu verleihen. Auch der Greifswalder Kollege Lüdemanns, Hermann Cremer, trat an Lüdemann heran, der gerade auch Dekan war, mit der Bitte, Schlatter zu doktorieren. Lüdemann antwortete am 1. September 1888 und erklärte, die Promovierung wäre unzweifelhaft erfolgt, wenn man auf die notwendige Einstimmigkeit hätte hoffen können. Er zählt dann auf, was man für Schlatter vonseiten der Fakultät alles getan habe trotz des unterschiedlichen theologischen Standpunktes. «Handelt es sich dagegen um die Verleihung der theol. Doctorwürde, so ist allerdings zu fürchten, dass die Majorität unserer Facultät in diesem Act die Constatirung prinzipieller wissensch. theol. Übereinstimmung mit dem zu Promovirenden sehen würde. Und dies würde der bestehenden Lage allerdings nicht entsprechen.»[203] Er werde zu gegebener Zeit Cremers Anregung der Fakultät unterbreiten, aber: «Bei der Zweifelhaftigkeit des Erfolges aber würde es mich aus sachl. Gründen wie aus persönlichem Interesse an Hrn. Schl. um so mehr freuen, wenn Sie Ihrerseits demselben die gewiss verdiente Ehre zu Theil werden liessen.»[204]

Lüdemann hatte die Lage in der Fakultät richtig eingeschätzt, meint Michaelis. Er informierte diese über seinen Briefwechsel mit Cremer. Oettli beantragte daraufhin, Schlatter sei der Dr. h. c. zu verleihen; er schloss seine Begründung mit dem

201 Michaelis, Schlatter, S. 41.
202 Michaelis, Schlatter, S. 42.
203 Michaelis, Schlatter, S. 43.
204 Briefkonzept zitiert nach Michaelis, Schlatter, S. 43.

Satz: «Sollte die theol. Richtung die Abweisung des Antrages veranlassen, so würden wir als gemischte Fak. uns in die Unmöglichkeit versetzen, überhaupt je wieder Doktoren zu kreieren.»[205] Müller plädierte für, Langhans entschieden gegen den Antrag Oettli mit der Begründung, er habe persönlich nichts gegen Schlatter, aber sein Ehrgefühl gestatte es ihm nicht, eine solche Gefälligkeit Männern zu erweisen, die für die kritische Theologie nur Spott und bittere Ablehnung hätten. Steck wiederum fand, die Promovierung Schlatters sei Sache der Greifswalder; er beanstandete ferner den Wert der wissenschaftlichen Leistungen Schlatters, sein Buch über den «Glauben im Neuen Testament» sei unkritisch und ohne Benutzung der Quellen gearbeitet und seine übrigen Publikationen halb populärer Natur. Gleichwohl sei er bereit zuzustimmen, wenn man gleichzeitig einem kritischen Theologen die Doktorwürde erteile, den er gegebenenfalls nennen werde. Ausführlich begründet nun gerade Lüdemann seine prinzipielle Ablehnung des Antrages Oettli. Er zitiert einen Passus aus den Verhandlungen der Schweizerischen Predigergesellschaft 1887, in der seine – also Lüdemanns – Lehrtätigkeit von Schlatter nach Studentenberichten diskreditierend dargestellt worden sei. Auch anderswo habe Schlatter aus seiner Ablehnung der kritischen Theologie keinen Hehl gemacht und werde es künftig wohl auch nicht tun; «er war in Bern fortwährend ein lebendiges Misstrauensvotum gegen unsre Fakultät».[206] Schlatters theologische Richtung verwehre ihm, in die Doktorierung einzuwilligen, «denn die Doktoren einer Fakultät müssen doch bis zu einem gewissen Grade theologisch homogen sein, u. wir haben nur die Verpflichtung, gegnerische theol. Richtungen gewähren zu lassen, keineswegs sie besonders zu unterstützen».

Michaelis äussert sich enttäuscht über den Widerspruch zwischen der enthusiastischen Bewertung Schlatters durch die Fakultät in ihrem Brief vom 19. Dezember 1887 und die ablehnenden Stimmen in der Sitzung vom 3. November 1888. Man wisse nicht, worüber man sich mehr wundern solle: über das Lob jenes Briefes unter Zurückdrängung des tief sitzenden Misstrauens oder darüber, dass dieses Lob nun nicht mehr gelten sollte.

Michaelis widerlegt dann minutiös die offensichtlich falschen Unterstellungen Lüdemanns gegen Schlatter und kritisiert Stecks Urteil über Schlatters Werk «Der Glaube im Neuen Testament» als unsachlich.[207]

Später versuchte die Fakultät ihren Fehler wiedergutzu machen, indem Professor Max Haller im «Berner Tagblatt» zu Schlatters 80. Geburtstag schrieb: «Durch Adolf Schlatter ist der Name der Berner Theologischen Fakultät weit hinaus gedrungen in das Gesamtgebiet des Protestantismus. Ihm verdankt eine sehr an-

---

205 Michaelis, Schlatter, S. 44.

206 Michaelis, Schlatter S. 44, auch das folgende Zitat.

207 Michaelis, Schlatter, S. 46.

sehnliche Schar bernischer Kirchendiener Unverlierbares, ja vielleicht das Beste.»[208] Schon 1930 zum fünfzigsten Jahrestag des Eintrittes Schlatters in die Fakultät sandten ihm die Professoren «die herzlichsten und ehrerbietigsten Glückwünsche», wo es unter anderem hiess: «In ihren Anfängen hat Ihnen die Berner Fakultät manche Schwierigkeiten bereitet; heute gedenken alle ihre Glieder, welcher Richtung sie auch angehören, mit herzlicher Hochachtung Ihres Lebenswerkes, und viele bernische Pfarrer sind sich mit tiefer Dankbarkeit dessen bewusst, für ihren Glauben und für ihre Theologie Ihnen Entscheidendes zu verdanken.»[209]

Schlatter antwortete mit einem gediegenen ausführlichen Brief, in dem er unter anderem schrieb: «Ich meine, beide Teile, der gebende, Ihre Fakultät, und ich, der empfangende, dürfen im Rückblick auf jenen Tag mit freudiger Dankbarkeit sagen, dass die nachsichtige Güte, die mir die Fakultät damals bewies, wirksam und fruchtbar geworden ist über das hinaus, was die Verleihung akademischer Titel in der Regel bedeuten kann [...] Ich bin aber durch die fünfzig Jahre hindurch ohne Schwankung bei dem Satz geblieben, dass die Zuteilung von Pflicht und Dienst Gnade sei, und die Trägerin dieser Gnade war für mich Ihre Fakultät. Als ich nach den grossen deutschen Fakultäten griff und deshalb die Arbeit in Bern abbrach, geschah es nicht, weil ich Bern nicht lieb gehabt hätte. Ich hatte und habe es lieb, nicht nur, weil ich nie mehr eine so prächtige Studierstube hatte wie im Rabbental, wo sich mir die ganze Reihe vom Finsterarhorn bis zur Blümlisalp zeigte, sondern auch weil der Verkehr mit den Männern, die damals in der Berner Kirche arbeiteten, ein fruchtbarer und unvergänglicher Teil meines Lebens ist.» Der Brief war unterschrieben mit Dr. Adolf Schlatter; den Doktortitel honoris causa hatte ihm 1932 die Universität Berlin verliehen. Schlatters Nachfolger in Bern wurde übrigens der Basler Fritz Barth, der Vater Karl Barths.

Nicht verschwiegen werden soll, dass der Schweizer Adolf Schlatter im September 1914 den schändlichen «Aufruf an die Kulturwelt» mitunterzeichnete, in welchem 93 deutsche Intellektuelle unter anderem den brutalen Überfall auf das neutrale Belgien rechtfertigten. Auch theologische Grössen wie Adolf von Harnack und Wilhelm Herrmann gaben ihre Unterschrift und brachten damit die deutschsprachige liberale Theologie des ausgehenden 19. Jahrhunderts in Misskredit.[210] Als alter Mann wurde Schlatter 1933 nochmals durch den Nationalsozialismus gefordert. Er nahm von Anfang an in Vorträgen und Schriften scharf Stellung gegen diesen, nicht bloss aus politischen, sondern gerade auch aus theologischen Gründen.

---

208 Michaelis, Schlatter, S. 47.

209 Michaelis, Schlatter, S. 47.

210 Zum «Aufruf an die Kulturwelt» (auch «Manifest der 93» genannt) siehe Wikipedia, https://de.wikipedia.org/wiki/Manifest_der_93 (9.1.2019).

5.2 Die Evangelisch-theologische Fakultät in ruhigeren Gewässern

Nach dreissigjähriger Lehrtätigkeit zog sich 1881 Albert Immer zurück, dem Richard Feller attestiert: «Sein untadeliger Ruf hatte die Fakultät in schlimmen Tagen gehalten.»[211] Sein Nachfolger wurde der schon erwähnte Reformer Johann Rudolf Steck, vorher während 14 Jahren Pfarrer in Dresden. Er lehrte ab 1881 neutestamentliche Exegese, allgemeine und vergleichende Religionsgeschichte. Als Nippold sich nach Jena berufen liess, hatte die Fakultät kein deutsches Mitglied mehr. So schlug sie zwei deutsche Theologen zur Nachfolge vor. Die Regierung wählte 1884 den liberalen Theologen Hermann Lüdemann aus Kiel zum Ordinarius für Kirchengeschichte. Er las ab 1887 auch Philosophiegeschichte, gab später die Kirchengeschichte an Fritz Barth weiter und etablierte sich als Systematiker.

1891 wurde Fritz Barth, ebenfalls ein Vertreter der positiven Richtung, als Nachfolger Schlatters zum Extraordinarius gewählt, nachdem er schon zwei Jahre zuvor die Venia für Dogmatik erhalten hatte, sowie Karl Marti 1895 als Nachfolger Samuel Oettlis. An Martis Wahl lässt sich das Appeasement im Verhältnis zwischen Fakultät und Regierung sowie innerhalb der Fakultät selbst um die Jahrhundertwende beobachten. Um Oettlis Nachfolge bewarben sich die beiden Schweizer Pfarrer Karl Marti und Friedrich Trechsel sowie aus Leipzig Gustav Dalman, der von Frants Buhl und Albert Socin empfohlen wurde.[212] Die Fakultät schrieb der Erziehungsdirektion am 9. März 1895, Dalman komme nicht infrage, da sein Studiengang ihn eher für seine gegenwärtige Tätigkeit – er war Vorsteher eines Kandidatenseminars für Judenmission – empfehle und dass man in seinem Fall umständliche Abklärungen treffen müsse, was angesichts zweier qualifizierter einheimischer Bewerber überflüssig sei. Eine Rolle bei der Ablehnung mochte, obwohl wohlweislich nicht erwähnt, Dalmans Nähe zur pietistisch geprägten Herrnhuter Gemeine gespielt haben. Bezüglich der beiden Schweizer Bewerber kam die Fakultät zu keinem Entscheid. An Marti rühmte sie «die mannhafte Vertretung seines theologischen Standpunktes». Theologisch gehöre er zur «kirchlichen Mittelpartei», dogmatisch sei er ein Schüler Ritschls, in kritischen Fragen ein Anhänger Wellhausens. Zugunsten Trechsels wird ebenfalls seine Verortung in der kirchlichen Mittelpartei erwähnt und hervorgehoben, er habe «durch sein ganzes Auftreten den Frieden und das gute Einvernehmen unter allen Parteien zu fördern gewusst». Drei Fakultätsmitglieder, Lüdemann, Steck und Barth sprachen sich für Marti, die drei anderen, Müller, Oettli und Bloesch, für Trechsel aus. Man überliess also den Entscheid der

---

211 Feller, Universität Bern, S. 299.

212 Materialien in StAB, BB IIIb Hochschule Evangelisch-theologische Fakultät. Professoren und Dozenten M–Z. Bewerbungen und Rückweiser. Zu Gustav Dalman: www.deutsche-biografie.de/sfz42105.html (3.4.2020).

Regierung. Diese wählte ohne weitere Begründung Karl Marti, wohl weil er doch über einen eindrücklicheren wissenschaftlichen Leistungsausweis verfügte und weil er mit Jahrgang 1855 vierzehn Jahre jünger war als sein Konkurrent mit Jahrgang 1841. Dass die Fakultät sich um des lieben Friedens willen nicht auf eine Kandidatur verständigen konnte, stärkte ihre Stellung gegenüber der Regierung nicht unbedingt. Den sachlich gewiss richtigen Entscheid zugunsten Martis nicht aus eigener Kraft zustande gebracht zu haben, war kein Ruhmesblatt.

Mit einer versöhnlichen Berufungspolitik gelang es also Bitzius und seinen Nachfolgern, das Fakultätsschiff in ruhigere Gewässer zu lenken und das Vertrauen der bernischen Landeskirche in die Fakultät wiederherzustellen.[213] Zu dieser Beruhigung trug nicht unwesentlich bei, dass sich die weltanschaulichen Gegensätze zwischen Radikalen und Konservativen um die Jahrhundertwende abgeschwächt hatten und wirtschaftliche Interessen stärker in den Vordergrund traten.[214] Neue Kräfte wie die Arbeiterbewegung betraten die Bühne und beschäftigten nicht nur die etablierten politischen Kräfte, sondern auch die kleinere Welt der Theologie.

5.3 Die Christkatholisch-theologische Fakultät im internationalen Kontext

Nachdem Bischof Eduard Herzog die Christkatholische Kirche durch die schwierigen Jahrzehnte nach ihrer Entstehung hindurchgeführt hatte, schlossen sich 1889 die alt-katholischen Kirchen in den Niederlanden, Deutschland und der Schweiz zur Utrechter Union zusammen.[215] Der Name ist dem Umstand geschuldet, dass der Erzbischof von Utrecht, das sich seit dem Jahre 1724 mit Rom im Schisma befindet, das Präsidium der Bischofskonferenz innehatte. Dabei blieb man nicht stehen, denn die Ziele der christkatholischen Programmatik – Protest gegen die Verfassung der römisch-katholischen Kirche von 1870, die Reform aus dem Geist der alten, ungeteilten Kirche und der Einsatz für die Wiederherstellung der Einheit der Kirche – fanden auch Sympathien im Bereich der anglikanischen und orthodoxen Kirchen. «So entwickelte sich der Altkatholizismus lange Zeit in einem Geflecht trilateraler kirchlicher Beziehungen, in dem Professoren der Fakultät einen

213 Kommission Hochschulgeschichte, Hochschulgeschichte, S. 592 (dort umgekehrt formuliert!).

214 Junker, Geschichte III, S. 38.

215 Während man in den anderen Ländern der Utrechter Union das Epitheton «altkatholisch» verwendete, zog man in der Schweiz seit 1874 den Begriff «christkatholisch» vor. Die Berner Fakultät nannte sich ab 1945 offiziell Christkatholisch-theologisch (davor: Katholisch-theologisch). Dieser Abschnitt nach von Arx, Berns kleinste Fakultät.

Nikolaj Velimirović

bedeutenden Platz einnahmen», wie Urs von Arx schreibt.[216] So gehören insbesondere orthodoxe Studierende, vorwiegend aus Griechenland, Serbien, Rumänien, Bulgarien seit 100 Jahren zum Fakultätsalltag. Um die Jahrtausendwende hatten circa 400 Studierende die Fakultät absolviert, davon etwa die Hälfte Ausländer, und von diesen wiederum je die Hälfte aus den anderen christkatholischen Kirchen (Deutschland, Holland, Österreich und Polen) und aus den osteuropäischen-orthodoxen Kirchen.

Unter diesen ragt ohne Zweifel der serbische Bischof Nikolaj Velimirović heraus, der nach seiner Ausbildung zum Priester in den Jahren 1906–1908 an der Christkatholisch-theologischen Fakultät der Universität Bern immatrikuliert war.[217] Velimirović promovierte 1908 bei Eduard Herzog zum Doktor der Theologie und ein Jahr später bei Philipp Woker mit einer historischen Arbeit zum Dr. phil. Seine theologische Doktorarbeit widmete er «meinem lieben Freund und Studiengenossen Arnold Gilg».[218] Gilg hatte als einziger Neuimmatrikulierter 1906 mit den beiden Serben Velimirović und Radovanović sein Studium in Bern begonnen. Gilg und Herzog blieb er ein Leben lang freundschaftlich verbunden und Bischof Herzog schätzte ihn so sehr, dass er ihn als Priester und Professor an seine Fakultät locken wollte, was aber nicht zustande kam. Im Jahre 2003 wurde Velimirović fast ein halbes Jahrhundert nach seinem Tod, «in einem formellen Akt kanonisiert, d. h. in das Verzeichnis (Kanon) der von der Kirche anerkannten Heiligen eingetragen (Gedenktag 3. Mai)».[219] Dank der Christkatholischen Fakultät kam somit zum ersten und bislang einzigen Mal ein Absolvent der Berner Universität in den Status

216 von Arx, Berns kleinste Fakultät, S. 28.
217 von Arx, Bischof Velimirović.
218 von Arx, Bischof Velimirović, S. 7.
219 von Arx, Bischof Velimirović, S. 1.

eines Heiligen. Bis zum Jahr 2005 waren insgesamt 43 Studierende aus der serbisch-orthodoxen Kirche an der Christkatholisch-theologischen Fakultät (2001–2017 Departement für Christkatholische Theologie[220]) immatrikuliert.[221]

5.4 Die innere Differenzierung der beiden Fakultäten

Um die Wende zum 20. Jahrhundert entwickelte sich die Berner Hochschule unter der tatkräftigen Führung von Regierungsrat Albert Gobat zur grössten Universität der Schweiz. Der Stolz auf diese Leistung materialisierte sich in der Errichtung des neuen Hauptgebäudes auf der Grossen Schanze. Der barocken Schlossbauten nachempfundene Prachtbau wurde am 4. Juni 1903 feierlich eingeweiht. Die Universität Bern entwickelte sich aber nicht nur in quantitativer Hinsicht, sondern begann, sich auch im Innern zu diversifizieren. Es entstanden neue Fakultäten, teils durch Hinzunahme neuer Fachbereiche wie bei der Veterinärmedizin oder der Christkatholisch-theologischen Fakultät, teils durch Aufteilung einer bestehenden wie der Philosophischen in eine Philosophisch-historische und Philosophisch-naturwissenschaftliche Fakultät – eine Entwicklung, die dort aber erst Anfang der Zwanzigerjahre abgeschlossen war.[222] Die grossen Fortschritte in allen Forschungsbereichen erzwangen von selbst die Aufgliederung der Fakultäten in Institute und Seminare. Auch in den beiden theologischen Fakultäten als den kleinsten hielt diese Entwicklung Einzug.[223]

In einer ersten Phase entstanden an der Evangelisch-theologischen Fakultät 1876 ein Seminar für neutestamentliche Exegese und 1886 eines für Kirchengeschichte. Diese frühen Gründungen bildeten zusammen mit alttestamentlicher Exegese, Dogmatik und Praktischer Theologie seit 1894 Abteilungen, aus denen dann 1910 wieder fünf Seminare der Evangelisch-theologischen Fakultät hervorgingen. «Kann man bis 1910 von einer Herausbildung der Seminare sprechen, scheint für die weitere Entwicklung die Bezeichnung Fortbildung angemessen», beschreiben die Autoren der Hochschulgeschichte die weitere Entwicklung.[224] Bis zum Jubiläumsjahr 1984 entstanden so aus den fünf Seminaren des Jahres 1910 insgesamt zehn.

220 Seit 2017 Institut für Christkatholische Theologie.

221 von Arx, Bischof Velimirović, S. 27–32, mit Namen, Studienzeit und Angaben zur späteren Karriere.

222 Im Hof, Hohe Schule, S. 74–75. Öffentlichkeitsarbeit der Universität Bern, 100 Jahre Hauptgebäude. Hurni, Der lange Weg zur Einweihung, S. 9 – 12.

223 Zum Folgenden: Kommission Hochschulgeschichte, Hochschulgeschichte, S. 593. StAB, BB IIIb 528 enthält eine Zusammenstellung von gedruckten Reglementen der einzelnen Seminare der Evangelisch-theologischen Fakultät, die vom Erziehungsdirektor unterzeichnet sind. Sie stammen aus den Jahrzehnten vor und kurz nach 1900.

224 Kommission Hochschulgeschichte, Hochschulgeschichte, S. 593.

Das neue Hauptgebäude der Universität Bern

Als erstes wurde 1876 das Seminar für neutestamentliche Exegese geschaffen, mit dem Zweck, «die Studierenden der Theologie in selbständiger Erklärung der neutestamentlichen Schriften zu üben und dadurch zu selbständiger wissenschaftlicher Arbeit heranzubilden».

Das Reglement vom 3. März 1876 sah vor, dass pro Woche in zwei aufeinanderfolgenden Stunden Übungen stattzufinden hatten und dass jeder Teilnehmer sich zu regelmässigem Besuch zu verpflichten hatte, «insbesondere aber dazu, jährlich wenigstens eine schriftliche Arbeit einzureichen». Leiter des Seminars war der jeweilige ordentliche Professor für neutestamentliche Exegese. 1910 entstand daraus das Seminar für Neues Testament.[225]

Zehn Jahre später, 1886, gründete Hermann Lüdemann, seit 1884 Ordinarius für Kirchengeschichte, Systematische Theologie und Geschichte der Philosophie, das Seminar für christliche Kirchen- und Dogmengeschichte. Es sollte den Studenten bei der «Aneignung des historischen Stoffes behülflich […] sein, Quellenschriften und laufende Literatur bekannt […] machen, zu selbständiger Behandlung der Quellen und eigener Untersuchung» anleiten. Dem Seminar wurde dazu eine Bibliothek zur Verfügung gestellt, die mit einem jährlichen Kredit zu alimentieren war. Die Leitung wurde dem jeweiligen Ordinarius für Kirchengeschichte anvertraut. Wie das neutestamentliche wurde auch dieses Seminar 1894 als Abteilung Teil des Evangelisch-theologischen Seminars, um dann ab 1910 wieder als Seminar zu fungieren.[226]

Seit 1894 existierte im Evangelisch-theologischen Seminar eine Abteilung für Systematik, die 1910 zum Seminar für Systematik (Dogmatik) wurde. Zu ihrer Zeit

225 Kommission Hochschulgeschichte, Hochschulgeschichte, S. 594. Dort auch die Liste mit den Neutestamentlern von 1834 bis 1984.

226 Kommission Hochschulgeschichte, Hochschulgeschichte, S. 595.

nicht unumstrittene Figuren wie die liberalen Kämpen Friedrich Ernst und Eduard Langhans im ausgehenden 19. und Martin Werner in den Dreissiger-, Vierziger- und Fünfzigerjahren des 20. Jahrhunderts waren dort tätig.[227]

Im gleichen Jahr 1894 entstand am Evangelisch-theologischen Seminar die Abteilung für Altes Testament, die 1910 zum selbstständigen Seminar wurde. Prägend waren dort in den Gründungsjahren der allseits verehrte Samuel Lutz, dann Gottlieb Studer, der Bruder des bekannten Naturwissenschaftlers und Mathematikers Bernhard Studer, der als Privatdozent, ausserordentlicher Professor und Ordinarius insgesamt 28 Jahre an der Fakultät wirkte, nachdem er schon an der Akademie 1829–1843 als ordentlicher Professor gelehrt hatte. Auf dreissig Jahre Wirksamkeit als ordentlicher Professor brachte es auch Studers Nachfolger Karl Marti, der 1925 mit siebzig Jahren im Amt starb.[228]

Die Abteilung für Praktische Theologie des Evangelisch-theologischen Seminars wurde 1910 zum Seminar für Praktische Theologie. In diesem fallen die Karrieren zweier Professoren besonders ins Auge: Albert Schaffter, der Nachfolger seines Vaters Auguste Schaffter, der im Rahmen der Theologischen Fakultät den Anspruch der Berner Universität, eine zweisprachige Hochschule zu sein, erfüllen musste.[229] 1863 ernannte ihn die Regierung zum Extraordinarius sowohl für Evangelische Theologie in französischer Sprache wie auch für französische Sprache und Literatur. 1865 wurde er von den französischsprachigen Theologievorlesungen entbunden und 1873 zum Ordinarius für romanische Sprachen und Literatur befördert.[230] Im gleichen Jahr gründete er die Geographische Gesellschaft Bern, wanderte aber mitsamt seiner Familie bereits 1875 nach Tennessee aus und starb 1897 in Nashville im Alter von 74 Jahren.[231] Fernweh scheint ein bestimmendes Moment in seinem Leben gewesen zu sein, war er doch vor seiner kurzen Universitätskarriere Pfarrer in Livorno, dann in Bern, Neapel, Florenz und Moutier und bereiste Palästina und Kanada, bis er dann an die Universität wechselte. Seine an der Philosophischen Fakultät eingereichte Dissertation von 1849 trug den Titel «Die ächte Lage des Heiligen Grabes».[232] Schaffters Leben war geprägt von Unstetigkeit, er zog in seinem Leben den Aufbruch, den neuen Horizont dem Ankommen, dem Sesshaften vor. Was das für seine Frau und seine Kinder bedeutet haben mag, lässt sich nur erahnen.

---

227 Liste der Professoren für Systematische Theologie (Dogmatik) und Philosophiegeschichte siehe Anhang.

228 Alle Angaben aus: Kommission Hochschulgeschichte, Dozenten, S. 45–47.

229 Zu Auguste Schaffter siehe Guggisberg, Kirchengeschichte, S. 603, 606.

230 Kommission Hochschulgeschichte, Hochschulgeschichte, S. 714.

231 HBLS 4,S. 142.

232 Ausführlicher zu seiner Biografie: Ducommun, Albert Schaffter; Wikipedia, https://wikipedia.org/wiki/Albert_Schaffter (1.3.2019), jedoch kein Artikel im HLS (Stand 1.3.2019).

Eine zweite ungewöhnliche Gestalt war Ferdinand Friedrich Zyro. Der Schleiermacher-Schüler folgte auf den aus politischen Gründen an der neu gegründeten Universität in Ungnade gefallenen Carl Wyss. Guggisberg charakterisiert ihn als «etwas aufgeregt und voll wunderlicher Einfälle».[233] Er sei der Erste gewesen, der Schleiermachers Neugestaltung der Gesamttheologie durchzuführen versucht habe, indem er 1837 den «Versuch einer Revision der christlich-theologischen Enzyklopädik» herausgab.[234] Da er dafür keine Anerkennung fand, verliess er 1844 sein Ordinariat und wechselte auf die Kanzel. Der Fakultät blieb er immerhin mit einem provisorischen Lehrauftrag von 1844 bis 1847 erhalten. Ab 1867 lehrte er bis 1872 wieder als Privatdozent. Probleme in der praktischen Ausbildung der Pfarrer, vor allem im Bereich der Katechetik, veranlassten Zyro zum Vorschlag der Gründung einer Anstalt, in der die Theologen praktisch besser ausgebildet werden könnten, was von der Fakultät mit der Begründung abgelehnt wurde, eine Verlängerung des Studiums sei ebenso wenig opportun wie die Gründung eines Predigerseminars.[235] Er war es auch, der in der Synode den Begriff der «inneren Mission» in die Diskussion einbrachte.[236]

Auch die Christkatholische Fakultät entzog sich dem Trend zur inneren Differenzierung nicht. In einem Brief vom 21. April 1904 schrieb der Dekan an den Erziehungsdirektor, es sei ein Bedürfnis, «die Übungen in den verschiedenen Disziplinen unserer Fakultät seminaristisch zu organisieren».[237] Die Erziehungsdirektion genehmigte das Begehren am 3. Juni 1904 und wies dem Seminar einen Raum im neuen Hochschulgebäude auf der Grossen Schanze zu. Die Fakultät erhielt für die Jahre 1904 und 1905 je einen Kredit in der Höhe von 70 respektive 100 Franken, musste aber 1905 noch einen einmaligen Gründungskredit von 400 Franken beantragen, um für das Seminar die wichtigsten enzyklopädischen Grundlagenwerke anschaffen zu können. Das Seminar wurde in vier Abteilungen gegliedert: eine Abteilung für Exegese, eine für Kirchengeschichte, eine für Systematische und eine für Praktische Theologie. Vom Wintersemester 1909/10 an verselbstständigten sich die vier Abteilungen – analog zur Schwesterfakultät – zu Seminarien der Christkatholisch-theologischen Fakultät. Das exegetische Seminar wurde 1933 in ein Semi-

233 Guggisberg, Kirchengeschichte, S. 640.

234 Guggisberg, Kirchengeschichte, S. 640. Bereits 1831 verfasste er eine «Christenlehre für die zartere Volksjugend» und 1848 ein «Handbuch zum Heidelberger Katechismus», gedacht als Hilfsmittel für Lehrer, um damit dem Notstand im Bereich der Katechese zu wehren. Guggisberg, Kirchengeschichte, S. 663.

235 Guggisberg, Kirchengeschichte, S. 662–663.

236 Guggisberg, Kirchengeschichte, S. 668.

237 Kommission Hochschulgeschichte, Hochschulgeschichte, S. 599. Dort auch zum Folgenden.

nar für Altes und ein Seminar für Neues Testament aufgeteilt, so dass es von da an fünf Seminare gab.

Zu den prägenden Gestalten gehörten hier sicher unter anderen Eduard Herzog, der zugleich ja als Bischof amtierte, und Eugène Michaud. Professoren waren damals öfters auch Multitasker; neben dem Professor-Bischof Herzog versah Michaud seit 1876 nicht nur ein christkatholisches Ordinariat als Dogmatiker, sondern seit 1889 auch eines an der Philosophisch-historischen Fakultät als Lehrer für französische Sprache und Literatur.[238] Sechsmal amtete er als Dekan der Christkatholischen Fakultät, einmal als solcher der Philosophischen Fakultät.[239] 1892/93 bekleidete er das Amt eines Rektors der Universität. Ähnlich polyvalent war der gebürtige Westfale Philipp Woker, seit 1875 Ordinarius für Kirchengeschichte, ab 1888 auch für allgemeine Geschichte an der Philosophischen Fakultät. Auch er war sechsmal christkatholischer und einmal philosophischer Dekan und 1904/05 Rektor. Die nicht allzu grosse Belastung durch die geringe Anzahl Studierender mochte hier eine Rolle gespielt haben, dazu bedeutete wohl die Professur an der Philosophischen Fakultät einen Prestigegewinn. Im Falle Michauds spielte vielleicht auch mit, dass die Regierung sich nicht immer leichttat, französischsprachige Professoren zu gewinnen, die ihr den Anspruch, eine zweisprachige Universität zu betreiben, erfüllen halfen. Bei den theologischen Fakultäten tat die Regierung einiges, um Lehrangebote in französischer Sprache zu sichern. Sie schuf 1834/35 drei Stellen für französische Belange, davon eine an der Evangelisch-theologischen Fakultät für den schon erwähnten theologischpositiven Jurassier Schaffter als ausserordentlichen Professor.[240]

Eine besondere Anstrengung hatte wie erwähnt der Kanton bei der Gründung der Christkatholischen Fakultät mit zwei französischen auf insgesamt sechs Professuren unternommen.[241] Da die Christkatholiken sich im Jura jedoch nicht wie erwartet durchsetzen konnten, verlangte der jurassische Grossrat Jobin im Jahre 1911, den Kredit der Christkatholischen Fakultät auf die philosophische zu übertragen, um dort das französische Angebot erweitern zu können. Spätere Vorstösse, die in die gleiche Richtung zielten und im Zusammenhang mit der Problematik des «Grabens» zwischen der Deutschschweiz und der Romandie standen, der sich in den Jahren vor und während des Ersten Weltkrieges aufgetan hatte, blieben in den Finanznoten des Kantons stecken.[242]

238 Zu den Querelen um Michauds Professur, die die Regierung gegen den Willen der Philosophischen Fakultät auf Wunsch Michauds schon 1885 eingerichtet hatte: Kommission Hochschulgeschichte, Hochschulgeschichte, S. 714.

239 Kommission Hochschulgeschichte, Dozenten, S. 55.

240 Kommission Hochschulgeschichte, Hochschulgeschichte, S. 73.

241 Kommission Hochschulgeschichte, Hochschulgeschichte, S. 74.

242 Kommission Hochschulgeschichte, Hochschulgeschichte, S. 74.

6. Professoren und Studierende

6.1 Die Professoren[243]

Bei den bisher besprochenen Professorengestalten wurden einige näher beleuchtet, deren Biografie zwar teilweise spektakuläre Wendungen aufweist, die aber wohl gerade deshalb kaum nachhaltig wirkende Ausbilder gewesen sind. Prägend waren demgegenüber natürlich vor allem solche, denen eine längere Wirksamkeit an der Evangelisch-theologischen Fakultät beschieden war.

Die durchschnittliche Lehrtätigkeit der Professoren, die ihr Amt vor dem Ersten Weltkrieg angetreten hatten, betrug 19,3 Jahre, bei zum Teil beträchtlichen Unterschieden: So wirkte Eduard Zeller, wie gezeigt, nur gerade zwei Jahre, eine Amtsdauer, die in umgekehrtproportionalem Verhältnis zum Staub steht, die seine Berufung aufgewirbelt hatte. Eindrücklich dagegen die Ausdauer einiger anderer. Die Rangliste führt hier Hermann Lüdemann mit 43 Jahren Lehrtätigkeit als ausserordentlicher Professor und ordentlicher Professor an, gefolgt von Rudolf Steck mit 40 Jahren, Ernst Friedrich Gelpke und Eduard Müller mit 37, Albert Immer mit 31 und Karl Marti mit 30 Jahren Lehrtätigkeit. Bezogen auf die fünf Seminare betrug die durchschnittliche Amtszeit im Fach Altes Testament 21,5 Jahre, im Fach Neues Testament 19,6, in der Kirchengeschichte 20,5, in der Dogmatik 24,1 und bei den Praktologen 14 Jahre. Hier gilt es allerdings zu berücksichtigen, dass etliche Professoren an mehreren Seminaren wirkten. So drückt natürlich Gelpke mit seinen 37 Dienstjahren den Durchschnitt sowohl im Fach Neues Testament wie auch in den Fächern Neuere Kirchengeschichte, Theologiegeschichte, Systematische Theologie und Philosophiegeschichte nach oben.[244] Zum Thema Prägung durch herausragende Professorengestalten am Ende des 19. Jahrhunderts bemerkt Ulrich Im Hof: «Die Fakultäten waren durch ihre traditionellen Lehrstühle gekennzeichnet. Meist verkörperte immer noch eine einzige Persönlichkeit das Fach oder dominierte es zumindest: allgemeine Geschichte – das war Näf; Romanistik – das war Jaberg; Systematische Theologie seit Jahrzehnten Lüdemann; Zoologie – das war Baltzer; und Pharmazie – das war Tschirch.»[245]

---

243 Was nicht gesondert nachgewiesen ist, stammt aus dem Historischen Lexikon der Schweiz, www.hls.ch. Vgl. auch die schönen Professorenporträts bei Guggisberg, Kirchengeschichte, S. 638–646, für das 19. Jahrhundert und Guggisberg, Kirchenkunde.

244 Zahlen nach: Kommission Hochschulgeschichte, Hochschulgeschichte, S. 594 ff. Berechnet wurde die Amtsdauer ab Ernennung zum ausserordentlichen Professor.

245 Kommission Hochschulgeschichte, Hochschulgeschichte, S. 83.

Die christkatholischen Professoren brachten es sogar auf eine durchschnittliche Lehrtätigkeit von 24,5 Jahren. Die Rangliste wird angeführt von Eduard Herzog mit 50 Jahren, dicht gefolgt vom Historiker Philipp Woker mit 49 und Eugène Michaud mit 39 Jahren. Das kürzeste Gastspiel gab der Deutsche Johann Friedrich, der 1874 als Ordinarius an die neu gegründete Fakultät berufen und gleich auch zu ihrem ersten Dekan ernannt worden war. Bereits 1875 entschwand er Richtung München, wo er fortan wieder als Ordinarius wirkte.[246]

Es versteht sich von selbst, dass Prägungen durch Professoren nicht bloss am quantitativen Kriterium der Anzahl Jahre auf einem Lehrstuhl festgemacht werden können. Es wäre hier von grossem Vorteil, wenn man über ausgiebiges biografisches Material von Pfarrern verfügte, die sich zu ihrer Studienzeit äussern. Immerhin gibt es glücklicherweise, dank der fleissigen Recherchen der Autorinnen und Autoren der Universitätsgeschichte, fünf Beispiele von Studiengängen an der Evangelisch-theologischen Fakultät.[247]

Der Theologiestudent Karl Jäggi von Bern absolvierte in den Jahren 1840–1843 sein Studium, das er 1843 mit dem Pfarrerexamen erfolgreich abschloss. Er besuchte unter anderem bei Ernst Friedrich Gelpke während des ersten Semesters fünf Wochenlektionen Einleitung ins Neue Testament und im vierten Semester sechs Lektionen Kirchliche Dogmatik, also insgesamt 11 Wochenlektionen übers ganze Studium. Bei Matthias Schneckenburger belegte er im Gesamten 14 Lektionen, zuerst Neues Testament, später eher Dogmatik und Philosophie. Seine Koryphäen waren aber zweifellos die Professoren Samuel Lutz, bei dem er in insgesamt 48 Vorlesungslektionen hörte, und Karl Bernhard Hundeshagen, zu dessen Füssen er 32 Lektionen zubrachte. Bei Ferdinand Friedrich Zyro kam er auf total 30 Wochenlektionen. Interessant ist auch die Reihenfolge der Inhalte. Jäggi belegte schon im zweiten Semester eine Vorlesung bei Lutz zur «Erklärung der wichtigern und schwierigern Psalmen» und beim selben Dozenten einen chaldäischen (aramäischen) Grammatikkurs zur Erklärung des Buches Daniel im dritten Semester. Nachdem er also schon schwierige Themen im Bereich Altes Testament gemeistert hatte, besuchte er bei Lutz im letzten Semester vor der Prüfung noch eine Einleitung ins Alte Testament!

Wiederum etwas exotisch war Zyro. Er hatte neben praktischen Übungen im Predigen und Katechisieren, Homiletik und Geschichte der Predigtkunst auch eine Vorlesung über Theorie und Geschichte des Volksschulwesens in seinem Angebot, das auch Übungen im freien Reden und zu Studienbeginn eine in Encyclopädie und Methodologie umfasste.[248] An der Philosophischen Fakultät belegte Karl Jäggi

246 Kommission Hochschulgeschichte, Hochschulgeschichte, S. 600 ff. Auf die Durchschnitte nach Seminaren wird wegen der geringen Anzahl Professoren verzichtet.

247 Kommission Hochschulgeschichte, Hochschulgeschichte, S. 533–538.

248 Kommission Hochschulgeschichte, Hochschulgeschichte, S. 534.

im ersten Semester noch je eine Vorlesung zu den Oden Pindars, zur Wärmelehre und Optik und zur Meteorologie!

Eine Generation später studierte der Berner Friedrich Hunziker 1864–1868 Theologie und schloss nach vier Jahren seine Studien ab. Neu war hier, dass nach drei Jahren eine wissenschaftliche Prüfung zu absolvieren war, gefolgt von der praktischen Prüfung zu Studienende. Das Studium hatte an Struktur gewonnen, denn neben den genannten zwei Prüfungen hatte Hunziker im wissenschaftlichen Teil noch vier Examinatorien im Bereich der Kirchengeschichte zu absolvieren. Die Professoren Ernst Friedrich Gelpke mit 31, Gottlieb Studer mit 25 und Albert Immer mit 35 Wochenlektionen waren im wissenschaftlichen Teil die dominierenden Figuren, während Professor Eduard Müller mit 27 Lektionen hauptsächlich in den der praktischen Ausbildung gewidmeten zwei Schlusssemestern die wichtigste Rolle spielte. Auch Hunziker belegte Vorlesungen ausserhalb der Theologischen Fakultät. Dabei scheint es ihm vor allem der Philosoph Samuel Friedrich Ries angetan zu haben, den wir als Förderer des umstrittenen Eduard Zeller kennengelernt haben, der aber auch ausgebildeter Theologe war.[249] Bei ihm belegte er insgesamt 15 Lektionen. Die in seinem Studiengang aufgelisteten Vorlesungen und Kurse enthalten nun keine Exotismen mehr und wirken zumindest in der Etikettierung merkbar moderner. Das Studium hatte sich um zwei Semester von sieben auf neun verlängert.[250]

Wiederum zwanzig Jahre später trat Albert Huerner von Thun zum Theologiestudium an, das er in acht Semestern 1882–1886 absolvierte. Er studierte straffer, besuchte aber auch keine Vorlesungen mehr an anderen Fakultäten. Nach vier Semestern bestand er eine propädeutisches Examen genannte Zwischenprüfung, nach acht Semestern die zweite, das Pfarrerexamen. Zwischenexaminatorien fehlen in seinem Studiengang. Seine wichtigsten Lehrer waren Friedrich Nippold mit 22 Wochenlektionen, Rudolf Steck mit 16, Samuel Oettli mit 13 und Eduard Langhans mit 19 Lektionen; in der letzten viersemestrigen Phase des Studiums stand dann Eduard Müller mit insgesamt 27 Lektionen zu Buche.[251]

Als vierten in unserer Reihe stellen uns die Universitätshistorikerinnen und -historiker Hans Küenzi von Bern vor.[252] Er studierte Theologie vom Wintersemester 1905/06 bis zum Wintersemester 1909/10. Es waren insgesamt fünf Professoren und ein Privatdozent, die seine Studienlaufbahn prägten: der Alttestamentler Karl Marti mit 18 Wochenlektionen, der Neutestamentler Rudolf Steck mit 19, Fritz Barth mit 32, Hermann Lüdemann mit 28, Moritz Lauterburg mit 27 und der Privatdozent Wilhelm Hadorn mit 9 Lektionen. Noch mehr als sein Vorgänger Huerner hatte Küenzi die Möglichkeit, im Bereich der theologischen Richtungen

249 Kommission Hochschulgeschichte, Dozenten, S. 137.
250 Kommission Hochschulgeschichte, Hochschulgeschichte, S. 535.
251 Kommission Hochschulgeschichte, Hochschulgeschichte, S. 536.
252 Kommission Hochschulgeschichte, Hochschulgeschichte, S. 537.

ein ausgewogeneres Angebot zu nutzen, dessen Eckpunkte die Herren Lüdemann auf der liberalen und Barth auf der orthodox-positiven Seite darstellten.

Bezüglich der Anzahl der besuchten Vorlesungen zeigte sich eine leicht rückläufige Tendenz: Während der fleissige Jäggi noch 163 Wochenlektionen besucht hatte, waren es bei Hunziker nur mehr 149 und bei Küenzi 132, Huerner begnügte sich mit 115 besuchten Vorlesungsstunden.[253]

Der fünfte und letzte, dessen Daten von den Verfasserinnen und Verfassern der Hochschulgeschichte zu einem Studiengang verdichtet werden konnten, Richard Kocher aus Thun, studierte vom Wintersemester 1924/25 bis zum Sommersemester 1929.[254] Er hatte sich insgesamt für 159 Wochenstunden während neun Semestern eingeschrieben, im Sommersemester war er nicht immatrikuliert. Seine Koryphäen waren die Professoren Max Haller mit 43 und Wilhelm Hadorn mit 36 Lektionen, gefolgt von Heinrich Hoffmann mit 28, Albert Schädelin mit 16 und Hermann Lüdemann, der aber nach der Hälfte von Kochers Studium emeritiert wurde, mit 12 Lektionen. Interessant ist hier, wie breit das Stoffspektrum im Angebot der einzelnen Dozenten immer noch war. Haller, anfänglich noch als ausserordentlicher Professor, lehrte nicht nur Altes Testament, sondern auch allgemeine Religionsgeschichte. Zusammen mit seinem Kollegen, dem Neutestamentler Hadorn, versah er auch einen vierstündigen Ethikkurs und ebenfalls vierstündig homiletische und katechetische Übungen, beide in Kochers sechstem Studiensemester. Auch Hadorn beschränkte sich nicht nur auf die verschiedenen Disziplinen der neutestamentlichen Wissenschaft, sondern bot seinen Hörerinnen und Hörern auch Sektenkunde, schweizerische Kirchenkunde und bernische Reformationsgeschichte an. Die dritte prägende Figur in Kochers Studienzeit war Heinrich Hoffmann, dessen Vorlesungen in allgemeiner Kirchengeschichte er sich in geballter Ladung naturgemäss vor allem in den ersten Semestern zu Gemüte führte. Später besuchte er bei ihm noch Dogmengeschichte und einen einstündigen Kurs über die Religion der deutschen Klassiker Lessing, Herder, Schiller und Goethe. Beim Dogmatiker Lüdemann besuchte Kocher vor allem Vorlesungen in alter und neuer Philosophie, in dessen letztem Semester dann immerhin noch eine vierstündige Dogmatik-Vorlesung.

Die Dekane hatten offenbar die Pflicht, der Erziehungsdirektion über die durchgeführten Vorlesungen, Seminare und Lektüren sowie über die Anzahl der daran teilnehmenden Studierenden Bericht zu erstatten. Einige davon sind erhalten und archiviert.[255] Von Dekan Karl Marti zum Beispiel stammt der «Bericht über das Theologische Seminar an der Evangelisch-theologischen Fakultät pro 1895/6.

---

253 Hier vermerken die Autoren, Huerner habe vor der Schlussprüfung «wahrscheinlich noch ein Praktikum im Kirchendienst absolviert». Kommission Hochschulgeschichte, Hochschulgeschichte, S. 536.

254 Kommission Hochschulgeschichte, Hochschulgeschichte, S. 538.

255 StAB, BB IIIb 528.

A. Abteilung für das alte Testament (geleitet von Hrn. Prof. Karl Marti):
Im Sommersemester 1895 wurde 1 Sam. 1–12 gelesen und interpretiert. Teilgenommen haben 13 Studierende.
Im Wintersemester wurden zwei Klassen gemacht: in der einen wurden die Prophetenschriften Haggaj, Sacharja, Maleachi und Joel gelesen und erklärt (zweistündig), in der anderen wurden die sogenannten messianischen Stellen des A.T.s besprochen und im Anschluss daran biblisch-theologische Fragen behandelt (einstündig). In der ersten Klasse waren 7 Teilnehmer (darunter ein Stud.phil.), in der zweiten waren 5 Teilnehmer. 1 Studierender beteiligte sich an beiden Uebungen, so dass die Gesamtzahl der Teilnehmer im W. S. sich auf 11 Studierende belief.
B. Abteilung für das Neue Testament (zweistündig): (geleitet von den Herren Proff. R. Steck und Fritz Barth)
1. Unter der Leitung von Hrn. Prof. R. Steck wurden im Sommersemester 1895 einige paulinische Briefe cursorisch gelesen u. interpretiert bei einer Teilnehmerzahl von 9, im Wintersemester 1895/6 wurden in gleicher Weise behandelt die katholischen Briefe bei einer Teilnehmerzahl von 8 Studierenden.
2. Unter der Leitung von Hrn. Prof. Fr. Barth wurden im Wintersemester 1895/6 (für Sommersemester 1895 siehe Abteilung für Kirchengeschichte) unter Beteiligung von 4 Studierenden die auf die sociale Frage sich beziehenden Stellen des neuen Testaments gelesen, mündliche Referate über dieselben angehört und das Resultat jeder Besprechung in Thesen zusammengefasst.
C. Abteilung für Kirchengeschichte, und zwar
1.) für Ältere und Mittlere Kirchengeschichte, geleitet von Hrn. Prof. Fr. Barth (zwei Stunden):
Im Sommersemester 1895 wurden gelesen Quellenstellen zur Geschichte der alten Kirche in Preuschens Analecta; ferner wurde Repetition über die Kirchengeschichte des Mittelalters abgehalten u. endlich wurden sechs Arbeiten über patristische Themata ausgearbeitet, gelesen und besprochen. Es beteiligten sich 7 Studierende.
2.) für Neuere Kirchengeschichte, geleitet von Herrn Prof. E. Bloesch (zwei Stunden):
Im Sommersemester 1895 wurde der erste Teil der Neueren Kirchengeschichte (1517–1648) und im Wintersemester der zweite Teil (1648–1870) behandelt. Die Uebungen waren im Sommer von 7, im Winter von 4 Studierenden besucht. Jeweilen wurde eine kleine aufgegebene Spezialarbeit vorgelegt und besprochen, daran ein Repetitorium über die betreffende Periode angeknüpft und schliesslich, womöglich, eine Quellenschrift aus der Epochen gelesen. Zur Kenntnissnahme der bezüglichen Litteratur wurde in jedem Semester an einem Nachmittag die Stadtbibliothek besucht.
D. Abteilung für Systematische Theologie, geleitet von Herrn Prof. H. Lüdemann (zweistündig):
Im Sommersemester 1895 war das Seminar besucht von 10 Studierenden. Durchgenommen wurde in Referaten u. Besprechungen die Einleitung von Schleiermachers Glaubenslehre.
Im Wintersemester 1895/6 nahmen 8 Studierende an den Uebungen teil. Den Gegenstand derselben bildeten die Lehren von der Versöhnung u. Rechtfertigung in ihrer geschichtlichen Entwicklung. Als Quellen wurden dabei gelesen und behandelt Schriften von Clemens Romanus, Tertullian, Cyprian und Anselm von Canterbury.

> E. Abteilung für Praktische Theologie, geleitet von Herrn Prof. Ed. Müller (fünfstündig):
> Im Sommersemester 1895 beteiligten sich 12 Praktikanten an den homiletischen (15 Predigten, Besprechung derselben), katechetischen (14, nebst Entwürfen u. deren Kritik) und exegetisch-praktischen Uebungen (11 mit schriftl. Arbeiten).
> Im Wintersemester 1895/6 beteiligten sich 14 Praktikanten an den Uebungen (die in 15 Predigten, 19 Katechesen und 9 exegetisch-praktischen Uebungen bestanden).»

Zu den unangenehmen Begleiterscheinungen der unabdingbaren Öffnung der Universität gehörte eine latente Fremdenfeindlichkeit, die man je nach Bedarf politisch in Gang setzen konnte.[256] Sie richtete sich in erster Linie gegen die deutschen Professoren, ohne die man eine bernische Universität in den Dreissigerjahren des 19. Jahrhunderts niemals hätte in Betrieb nehmen können, und blieb wirksam bis zum Vorabend des Ersten Weltkrieges. «Wenn auch der Rückstand der heimischen Wissenschaft gegenüber Deutschland sich kontinuierlich verringerte, so blieb er doch ein Ärgernis, um so mehr, als man sich in andern Bereichen überlegen fühlte», konstatiert Beatrix Mesmer.[257] Die Regierung wusste um diesen xenophob verbrämten Futterneid, der sich gelegentlich auch im Kantonsparlament äusserte. Sie kannte aber auch die gesellschaftlichen Ursachen dafür, dass «zur Besetzung freiwerdender Lehrstühle stets qualifizierte Deutsche und nur selten qualifizierte Berner zur Verfügung standen. Regierungsrat Dr. Schneider klärte 1865 die Grossräte darüber auf, dass die politischen Verhältnisse in Deutschland ehrgeizige junge Leute auf den Weg der akademischen Karriere drängten, während in der Schweiz eine andere Laufbahn locke: ‹Mancher tritt in das öffentliche Leben, welcher, wenn er wüsste, dass er nie in den Grossen Rath gewählt und nie in der Öffentlichkeit wirken würde, sich der Wissenschaft widmen und auf dem Katheder leuchten würde›. Mit dieser Option der Berner hing es auch zusammen, dass man den ausländischen Professoren Übergriffe in den weit definierten Bereich der öffentlichen Tätigkeit stets übelnahm.»[258]

Wie stand es damit an den theologischen Fakultäten? Es wurde bereits darauf hingewiesen, dass von den ersten Professoren des Gründungsjahres 1834 17 Schweizer und 17 Deutsche waren, dazu kam ein Franzose. Bei den evangelischen Theologen waren Schneckenburger, Hundeshagen und Gelpke Deutsche, Lutz, Zyro und Schaffter Schweizer. Bis zu Beginn des Ersten Weltkrieges lehrten an der Evangelisch-theologischen Fakultät insgesamt 19 ordentliche und ausserordentliche Professoren schweizerischer und acht deutscher Herkunft. Von Überfremdung konnte also keine Rede sein.

---

256 Kommission Hochschulgeschichte, Hochschulgeschichte, S. 143–144.

257 Kommission Hochschulgeschichte, Hochschulgeschichte, S. 143.

258 Kommission Hochschulgeschichte, Hochschulgeschichte, S. 143–144.

An der Christkatholisch-theologischen Fakultät lehrten in der Gründungsphase die Deutschen Johann Friedrich, Ernst Goergens, Karl Gareis, Franz Hirschwälder und Philipp Woker, dazu die Schweizer Eduard Herzog und Anatole Martin Hurtault. Zu ihnen gesellten sich bis zum Beginn des 20. Jahrhunderts noch der Deutsche Adolf Thürlings und der Schweizer Jakob Kunz, ursprünglich reformierter Herkunft, der vor seinem theologischen Staatsexamen bereits ein pharmazeutisches bestanden und zum Dr. phil. nat. promoviert hatte.[259]

Dass die Lehrtätigkeit an einer fremden Provinzuniversität für die deutschen Professoren nicht unbedingt mit grossem Leidensdruck verbunden war, lässt sich nicht zuletzt an der Dauer ihrer Lehrtätigkeit festmachen. Gewiss gab es Hochschullehrer, die ihren Lehrauftrag nach kürzerer oder längerer Dauer wieder zugunsten eines Lehrstuhls in Deutschland aufgaben: Karl Bernard Hundeshagen folgte zwei Jahre nach seiner Beförderung zum Ordinarius einem Ruf nach Heidelberg, von Eduard Zeller war bereits die Rede, Friedrich Nippold, der wackere Jesuitengegner und engagierte Förderer einer Christkatholischen-theologischen Fakultät, verliess Bern nach 12 Jahren Lehrtätigkeit, die ihn bis ins Rektorat geführt hatte, 1884 Richtung Jena, einer ehrwürdigen Universitätsstadt mit vergleichbarer Jesuitendichte wie Bern. Karl Holsten, auch er Rektor in Bern, beschloss Laufbahn und Leben in Heidelberg. Matthias Schneckenburger verstarb im jugendlichen Alter von 44 Jahren mitten aus seiner Lehrtätigkeit heraus in Bern, der schon erwähnte Lüdemann kehrte nach 43 Jahren auf dem Berner Katheder erst nach seiner Emeritierung nach Deutschland zurück, wo er 1933 verstarb. Gelpke wiederum liess sich 1837 noch als Extraordinarius in Därstetten einbürgern und starb 1871 in Bern.

Es gab aber auch Schweizer, die ihre Karriere in Deutschland fortsetzten. Zu ihnen gehörte der 1880 zum Ordinarius beförderte Alttestamentler Samuel Oettli, der 1895 einen Ruf nach Greifswald erhielt und dort 1911 starb, oder Adolf Schlatter, der 1888 zum ausserordentlichen Professor ernannt wurde, im gleichen Jahr aber auf einen Lehrstuhl in Greifswald wechselte, von dort nach Berlin berufen wurde und schliesslich nach Tübingen ging, wo er bis zur Emeritierung blieb und auch starb.

Die reformierten Professoren schweizerischer Herkunft waren in den ersten acht Jahrzehnten fast ausschliesslich Berner, die auch in Bern studiert und meistens an deutschen Universitäten Gastsemester absolviert hatten. Ausnahmen waren der Alttestamentler und Semitist Karl Marti, der, obwohl Berner, in Basel und Göttin-

259 Angaben wie immer nach: Kommission Hochschulgeschichte, Dozenten, S. 55–57. Zu Jakob Kunz' Biografie auch Feller, Universität Bern, S. 586: «Durch verwandtschaftliche Beziehungen mit England verbunden, hatte er englisches Wesen angenommen, gelegentlich den Geistlichen in der englischen Kapelle vertreten und mit den Engländern die Liebe zum Alpensport geteilt. Der rüstige Mann übte die Zurückhaltung, für die Bischof Herzog vorbildlich war.»

gen studiert und in Basel die ersten Karriereschritte getan hatte, und Fritz Barth, der aus Basel stammte, dort studiert hatte und 1891 zum ausserordentlichen, 1895 zum ordentlichen Professor für Kirchengeschichte ernannt wurde.

Bei den Christkatholiken zeigt sich insofern ein ähnliches Bild, als auch hier prägende Figuren wie Eduard Herzog, Franz Hirschwälder, Philipp Woker, Eugène Michaud oder Adolf Thürlings lange Jahre in Bern lehrten und hier auch starben. Andere kehrten Bern nach kurzer Tätigkeit den Rücken wie der schon erwähnte Johann Friedrich, enger Freund und Mitstreiter Döllingers, der in seiner Funktion als erster Dekan als eine Art Geburtshelfer der neuen Fakultät wirkte und nach Erledigung dieses Auftrages zurück nach München ging, oder Ernst Goergens, der 1880 aus unbekanntem Grund demissionierte. Naturgemäss waren die meisten weiteren Lehrer an dieser Fakultät ehemalige Studenten derselben.

6.2 Das Besoldungswesen[260]

Während im alten Bern die hohen, politisch einflussreichen Ämter ehren- und nebenamtlich versehen wurden, bezogen eher die untergeordneten Beamten existenzsichernde Besoldungen. Diese bestanden nicht nur aus Geld, sondern umfassten auch Naturalien, ferner Gratifikationen für besondere Leistungen, Neujahrsgeschenke und sogenannte Emolumente (Gebühren) für bestimmte Verrichtungen. Dies galt auch für die Professoren der alten Hochschule: «Das Gehalt des ersten Theologieprofessors beispielsweise setzte sich 1780 aus Geld, Getreide, Wein und Heizmaterial, ferner etwas Brot, Senf und Trauben zusammen. Zudem hatte er Anrecht auf freie Wohnung mit Garten an der Herrengasse.»[261] Dazu kamen damals schon Kolleggelder, die die Professoren direkt bei den Studierenden einzogen, wobei hier das Vermögen der Väter mit zu berücksichtigen war. Altersfürsorge war nicht vorgesehen. Erst das Hochschulgesetz von 1834 statuierte, dass ordentliche Professoren, die nach 15 Dienstjahren aus Altersgründen oder anderen unverschuldeten Ursachen nicht mehr lehren konnten, mit wenigstens einem Drittel ihres fixen Gehaltes in Pension gehen durften.[262]

---

260 Vgl. dazu Kommission Hochschulgeschichte, Hochschulgeschichte, S. 368–375: Zur Finanzierung von Hochschule und Universität im 19. und 20. Jahrhundert, Kapitel 3: Zur Entwicklung des Besoldungswesens an der Universität im Rahmen der staatlichen Besoldungspolitik, 3.1. Das akademische Besoldungswesen und die staatliche Besoldungspolitik 1750 bis 1980.

261 Kommission Hochschulgeschichte, Hochschulgeschichte, S. 368.

262 Kommission Hochschulgeschichte, Hochschulgeschichte, S. 369. Die Autoren vermuten allerdings, dass die Pensionierung von Professoren in der Folge wohl eher selten gewesen sei, nicht zuletzt aus demografischen Gründen.

Nach Auffassung der neuen liberalen Obrigkeit von 1831 hatte jeder unabhängig von Herkunft und Vermögen das Recht auf ein Amt, sofern er dafür qualifiziert war. Dies setzte voraus, dass man auch hohe Beamtenstellen existenzsichernd entlöhnen musste, womit der Grundsatz der Ehrenamtlichkeit von selbst verschwand.[263] Dies wirkte sich auch auf das universitäre Besoldungswesen aus. Die ordentlichen Professoren bezogen gemäss Artikel 41 des Hochschulgesetzes von 1834 ein Gehalt von 2000 bis 3000 Franken, die ausserordentlichen maximal 1600 Franken im Jahr. Der Regierungsrat legte im Rahmen dieser Beträge dann individuell die Besoldungen der einzelnen Professoren fest. Eine Besoldungskürzung durch die konservative Regierung von 1850 verschonte die Pfarrer und Professoren, hingegen mussten sie im Rahmen des von der radikalen Regierung 1860 verabschiedeten Besoldungsgesetzes Federn lassen: Der Grosse Rat trat gegen den Willen der Regierung 1861 nicht auf den Einbezug der Dozentengehälter in das Besoldungsgesetz ein![264] Durch einen klugen politischen Schachzug nach dem Motto «Gibst du mir die Wurst, lösch ich dir den Durst» gelang es dem Regierungsrat ein Jahr später doch noch, die Gehaltserhöhung durchzudrücken: Er verband sie mit der Forderung nach drei französischsprachigen Professuren, die den Wünschen des Juras entgegen kam, und hatte Erfolg. Die Durchschnittsbesoldung eines Professors betrug nun 3620 Franken. Damit war aber nur vorübergehend Ruhe eingekehrt und die Besoldungsfrage blieb auf der Agenda, denn die Universität Bern stand in wachsender Konkurrenz zu anderen Universitäten, was sich nicht zuletzt darin äusserte, dass man sich die Hochschullehrer mittels besserer Gehälter abzuwerben versuchte. Nach zähem Ringen mit der in diesen Fragen naturgemäss eher bremsenden Legislative – die Grossräte vertraten schliesslich verschiedenste Anspruchsgruppen – gelang es der Regierung Ende der Sechzigerjahre des 19. Jahrhunderts, etwas mehr Freiheit in der Bemessung der Professorengehälter zu erringen: So durfte sie in ausserordentlichen Fällen über das alte Maximum hinausgehen, aber nur bis zu einer Limite von 10 000 Franken im Jahr, was sich schon bald als ungenügend erwies. Eine weitere, mit der Teuerung begründete Lohnrunde, die Regierung und Parlament 1873 beschlossen, wurde in der Referendumsabstimmung wuchtig bachab geschickt.[265] Sie hätte dem Staatspersonal eine Besoldungserhöhung von 29 %, den Professoren eine solche von 19 % gebracht. Die Regierung musste daher ihr notwendig erscheinende Gehaltsaufbesserungen per Dekret durchsetzen, was aber nur in Einzelfällen möglich war. 1881 wurde für die Professoren die beschränkte Amtsdauer eingeführt, wie sie schon zuvor den Lehrern und Pfarrern zugemutet worden war. Weitere, durchaus als Verbesserungen anzusehende Massnahmen wurden um die Jahrhundertwende umge-

263 Kommission Hochschulgeschichte, Hochschulgeschichte, S. 369, so auch die folgenden Angaben.

264 Kommission Hochschulgeschichte, Hochschulgeschichte, S. 370.

265 Kommission Hochschulgeschichte, Hochschulgeschichte, S. 371.

setzt: Analog zur Lehrerversicherungskasse von 1903 gründeten die Hochschuldozenten 1904 eine akademische Witwen- und Waisenkasse, «deren Gründungsfonds über einen Teil der Kollegiengelder (2 %) und einen Teil der neu eingeführten Exmatrikelgebühr (3 von 5 Franken) gespeist wurde. Die Kasse war erst 1909 funktionsfähig.»[266] Noch gab es keine Altersversicherung für das Staatspersonal, aber angesichts der steigenden Lebenserwartung brauchte es hier in naher Zukunft eine befriedigende Lösung.[267] So gelang nach dem Ersten Weltkrieg und dem Generalstreik der Durchbruch mit der Schaffung einer Versicherungskasse für das Staatspersonal, in die auch die Dozenten aufgenommen wurden. Damit wurde es auch möglich, für die Hochschullehrer eine auf 70 Jahre festgesetzte Altersgrenze einzuführen, die den Klagen über die Stagnation der Hochschule und die Überalterung des Lehrkörpers etwas den Wind aus den Segeln nehmen sollte.[268]

Schlechterdings nicht mehr tragbar war aber vor dem Ersten Weltkrieg die Besoldungssituation geworden, insbesondere die Ungleichheit der Professorengehälter.

Dokumentiert sind auch Bitten von Theologen um Besoldungsaufbesserungen, zum Beispiel, wenn das Gehalt eines Privatdozenten (Max Haller) nicht einmal die Fahrkosten von Herzogenbuchsee nach Bern deckte.

Während des Krieges war an Besoldungserhöhungen angesichts der wachsenden Nöte breiter Bevölkerungsschichten nicht zu denken, nach dem Krieg musste man allerdings handeln. Mit der Besoldungsrevision von 1919 erhöhte sich die Lohnsumme des Staatspersonals um 71 %. Den Dozenten der Universität kam zugute, dass die Löhne der bernischen Gymnasiallehrer und der Professoren in Zürich kräftig aufgebessert worden waren. «Der Grosse Rat fixierte 1919 das Verdienstmaximum für Ordinarien schliesslich auf 10 500 Franken, dasjenige für Extraordinarien auf 3500 bzw. 7500 Franken bei vollamtlicher Tätigkeit und die Besoldung der Privatdozenten auf 600 bis 1000 Franken.»[269] Die aus heutiger Sicht unbefriedigende Einziehung von Kolleggeldern, deren Abschaffung die Sozialde-

---

266 Kommission Hochschulgeschichte, Hochschulgeschichte, S. 371–372.

267 Sitzung des Regierungsrates vom 16.4.1912: «Die Unterrichtsdirektion wird ermächtigt, der Witwe des verstorbenen Professor [sic] Dr. theol. Fritz Barth, Frau Anna Barth-Sartorius in Bern, die Besoldung ihres Gatten bis drei Monate nach seinem Todestage, d. h. bis zum 25. Mai 1912, anzuweisen, unter analoger Anwendung des § 14 des Dekretes vom 5. April 1906». StAB, BB IIIb 525. Frau Barth hatte, vertreten durch den Notar Paul von Greyerz (Bruder des Germanisten Otto von Greyerz und des religiös-sozialen Pfarrers Karl von Greyerz), nach dem zu frühen Tod ihres Mannes um dieses Entgegenkommen gebeten. StAB, BB IIIb 525 Personaldossier Fritz Barth.

268 Kommission Hochschulgeschichte, Hochschulgeschichte, S. 372. Allerdings bleibt zu erwähnen, dass Hermann Lüdemann sich erst im hohen Alter von 85 Jahren in den Ruhestand verabschiedete.

269 Kommission Hochschulgeschichte, Hochschulgeschichte, S. 372.

mokraten vergeblich forderten, wurde beibehalten, trotz der damit verbundenen sozialen Ungerechtigkeiten. Bereits 1922 zeigte sich, dass weitere Erhöhungen unvermeidbar waren, da man feststellen musste, dass die Besoldungsmaxima an den Universitäten von Zürich, Genf und Basel höher lagen als in Bern. Um nur einigermassen konkurrenzfähig zu bleiben, musste man in Bern das Maximum auf 12 000 Franken wie in Lausanne aufstocken, blieb aber hinter Zürich mit 16 000 oder Genf mit 15 000 Franken zurück.[270] Ende der Zwanzigerjahre läutete der Staatspersonalverband eine nächste Lohnrunde ein, wobei der Druck hier nun sowohl aus der guten Konjunktur als auch aus dem revidierten Beamtenrecht der Bundesverwaltung resultierte.

Eine Richtungsänderung der Besoldungsspirale bewirkte die Wirtschaftskrise der Dreissigerjahre.[271] Personalverbände und Regierung rangen heftig um den Lohnabbau beim Staatspersonal. Tapfer bemühte sich der Grosse Rat im ersten Kriegsjahr 1940 um eine Stabilisierung zumindest der Grundbesoldung, die für Ordinarien von 8820 bis 12 800 Franken reichte, während das Maximum für Extraordinarien auf das Minimum der Ordinarien festgelegt wurde. Nur ordentliche Professoren kamen zudem in den Genuss von Orts- und Familienzulagen. Die von vielen bemängelten Systemfehler der Dekrete von 1922 und 1929 konnten erst 1946 bei der grundlegenden Revision des bernischen Besoldungswesens angegangen werden.[272]

6.3 Herkunft und Karrieren

Was die familiäre und damit in gewissem Sinne auch die soziale Herkunft der Professoren betrifft, lassen sich einige wenige Feststellungen machen.[273] Bei sechs Professoren (Müller, Joss, Hoffmann, Lienhard, Holsten und Auguste Schaffter) konnte der familiäre Hintergrund nicht eruiert werden. Die Herren Barth, Gelpke, Guggisberg, Haller, Lauterburg, Lüdemann, Albert Schaffter, Studer und Werner (Stadtmissionar) entstammten einem Pfarrer- respektive Theologenhaushalt (Lüdemann). Lehrer waren die Väter der Herren Eymann, Hadorn und Marti, während diejeni-

270 Kommission Hochschulgeschichte, Hochschulgeschichte, S. 379, Anm. 38. Die Extraordinarii erhielten neu ein Maximum von 4000 Franken.

271 Kommission Hochschulgeschichte, Hochschulgeschichte, S. 373–374.

272 Kommission Hochschulgeschichte, Hochschulgeschichte, S. 374.

273 Quellen: HLS, HBLS, Wikipedia. Die Mehrzahl der Artikel im HLS dazu stammt aus der Feder des Berner Kirchenhistorikers Rudolf Dellsperger. Die HLS-Artikel bilden die Grundlage, HBLS und Wikipedia wurden zur Ergänzung herangezogen. Die Aussagen beziehen sich nur auf Ordinarien und Extraordinarien. Zu beachten ist auch der Abschnitt 2.3.3.4 Soziales Milieu in: Kommission Hochschulgeschichte, Dozenten, S. 231 ff.

gen von Michaelis (Kanzleirat), Nippold (Rentmeister), Oettli (Anstaltsdirektor), Steck (Spitalverwalter) und Wyss (Stadtarzt) in einer gehobenen Verwaltungsstellung tätig waren. Irgendwo dazwischen der alte Herr Hundeshagen, der als Professor der Forstwirtschaft lehrte. Eine überraschend grosse Anzahl entstammte einem freiberuflichen Haushalt. So wirkten die Väter der Herren Bähler und Bloesch als Ärzte, diejenigen der Herren Schlatter, Schneckenburger (Hofbesitzer und Kaufmann) und Zeller waren Kaufleute, während der alte Lutz als Maler und der Vater des Paradiesvogels Zyro als Bäcker ihr Brot verdienten. Letzterer hält auch unangefochten den Rekord an Eheschliessungen, indem er nacheinander zuerst mit zwei Schweizerinnen und danach mit zwei deutschen Frauen verheiratet war! Grob verallgemeinernd lässt sich also sagen, dass die Theologieprofessoren des ersten Hochschuljahrhunderts dem bildungsbürgerlichen Justemilieu angehörten, also den Schichten, die die soziale Basis der liberalen Bewegung darstellten; dies gilt sogar für ihre Gegner aus dem positiven Lager. Dieser Befund ist wenig überraschend, denn dass das Pfarrhaus eine bestimmende Rolle spielen würde, konnte man ja annehmen. Die Verfasser der Hochschulgeschichte weisen aber darauf hin, dass in den ersten Jahrzehnten 18 % aller Studierenden an der Universitas Bernensis aus einem Pfarrhaushalt stammten![274]

Wie wurde man Professor? Die Frage lässt sich zumindest für die erste Hälfte des hier behandelten Zeitraumes nicht so einfach beantworten.

Das Hochschulgesetz des Jahres 1834 unterteilt in Paragraf 35 den Lehrkörper nach deutschem Vorbild in die drei Klassen der «Docenten, der ausserordentlichen Professoren und der ordentlichen Professoren».[275] Paragraf 36 legt fest, dass Dozent werden kann, wer einen Doktorgrad erworben hat. Hat der Dozent während zwei Semestern mit Auszeichnung unterrichtet, kann ihm die Regierung ein Honorar zusprechen. Die Paragrafen 40 und 41 regeln die Anstellung und Besoldung der ausserordentlichen Professoren, die auf Vorschlag des Erziehungsdepartements vom Regierungsrat aus den hiesigen oder auswärtigen Dozenten gewählt werden. Ihr jährliches Gehalt beträgt 1600 Franken. Die ordentlichen Professoren schliesslich werden auf gleiche Weise vom Regierungsrat in der Regel aus dem Kreis der ausserordentlichen Professoren gewählt; es können aber auch andere ausgezeichnete Gelehrte an diese Stellen berufen werden (§ 42). Jeder ordentliche Professor hat eine Lehrverpflichtung von mindestens zwei Kollegien respektive 12 Lektionen wöchentlich. Vor dem Wahlvorschlag des Erziehungsdepartements hat dieses bei der Fakultät bei der Neubesetzung einer Stelle ein Gutachten einzuholen (§ 46), das aber, wie der Fall Eduard Zeller zeigte, nicht unbedingt bindend sein musste.[276]

274 Kommission Hochschulgeschichte, Dozenten, S. 232.
275 Kommission Hochschulgeschichte, Dozenten, S. 215.
276 Auch Fritz Barth war gegen den Willen der Fakultätsmehrheit gewählt worden.

> «Zur Rekrutierung eines akademischen Nachwuchses schuf man die Privatdozentur als Qualifikations- und Bewährungsstufe, dafür war auch die Möglichkeit eines ‹Aufmunterungshonorars› vorgesehen.»[277]

Anhand des biografischen Materials der Hochschulgeschichte von 1984 lassen sich einige Beobachtungen zur Karriere der ersten Professorengenerationen machen. Es wurde bereits festgestellt, dass der Anfang der neuen Hochschule im liberalen Geist nur mit dem Einsatz deutscher Professoren zu bewältigen war. Von den insgesamt neun deutschen Ordinarien, die im ersten Jahrhundert an die Evangelisch-theologische Fakultät Bern berufen wurden, beendeten vier Karriere und Leben in Bern, während fünf ihre Laufbahn an einer deutschen Universität fortsetzten. 17 ordentliche Professoren der Fakultät waren Schweizer.

Die deutschen Professoren hatten ihre akademische Ausbildung allesamt, wie nicht anders zu erwarten, an deutschen Universitäten absolviert, während die Berner in der Regel in Bern studierten und mit dem Pfarrerexamen abschlossen, aber immer auch Auslandsemester an einer deutschen Uni verbrachten. Zwischen 1834 und 1884 standen dabei Göttingen und Berlin mit je vier Nennungen an der Spitze, vor Heidelberg mit drei Erwähnungen, zwischen 1884 und 1940 dann Tübingen mit vier vor Berlin, Marburg, Genf, Montauban und Basel mit je drei Nennungen. Ausnahmen bilden hier einerseits die beiden Langhans-Brüder (Friedrich Ernst und Eduard), beinharte Berner Freisinnige, bei denen kein deutsches Gastspiel nachweisbar scheint, andererseits Max Haller, der neben Berlin und Tübingen auch Genf und Paris in seinem Ausbildungsportfolio hatte. Einen kleinen Sonderfall bildet Karl Marti, der als Berner in Basel, Göttingen und Leipzig studiert hatte und in Basel bis zur ausserordentlichen Professur gekommen war, bevor er dann als Ordinarius nach Bern berufen wurde. Das Gastsemester an einer anderen Schweizer Fakultät wurde erst recht spät überhaupt in Betracht gezogen und wenn, dann waren es Basel und Genf, die gewählt wurden, aber nie Zürich.[278] Dieses kommt als Studienort nur beim St. Galler Samuel Oettli vor. Bei den deutschen Professoren steht als Studienort Berlin mit insgesamt sechs Erwähnungen an erster Stelle, gefolgt von Tübingen, Leipzig und Halle mit je drei, Rostock, Kiel, Bonn und Heidelberg mit je einer. Auslandsemester sind bei ihnen nicht festzustellen.

Interessant, wenn auch wegen ihrer geringen Zahl nicht statistisch kategorisierbar, sind die Ausbildungsgänge der christkatholischen Dozenten, Immerhin war München für fast alle ein wichtiger Studienort, denn dort wirkte Ignaz Döllinger, der wichtigste Theologe der christkatholischen Bewegung.[279] Der Luzerner Eduard Herzog hatte das Priesterseminar in Solothurn absolviert und dann in Tübingen,

277 Kommission Hochschulgeschichte, Dozenten, S. 216.

278 Die Gründe dafür sind nicht erkennbar; eventuell waren sich die beiden Fakultäten zu ähnlich oder zu nahe. Gegensätze sind nicht zu erkennen.

279 Zu seiner Biografie: www.deutsche-biografie.de/sfz11503.html (15.4.2020).

Freiburg i. Br., Bonn und München studiert und 1867 die Priesterweihe erhalten. Der Historiker Philipp Woker hatte in Bonn studiert und zum Dr. phil. promoviert. Noch internationaleres Gepräge hatte der Ausbildungsweg von Eugène Michaud, Herzogs Konkurrenten. Der gebürtige Franzose hatte in Dijon das Priesterseminar besucht, war 1860–1864 Mitglied des Dominikanerordens, studierte dann in München und promovierte bei Döllinger zum Dr. theol. Dann war er Ehrendomherr und Vikar in Paris, bevor die Ablehnung des Ersten Vatikanums ihn nach Bern an die neu gegründete Christkatholische Fakultät brachte.[280] Adolf Thürlings, der Nachfolger Hirschwälders, hatte in Bonn und München studiert und dort zum Dr. phil. promoviert, bevor er im Alter von 43 Jahren das Ordinariat für Systematik antrat. Eher exotisch war der Werdegang des Alttestamentlers Jakob Kunz, der die Schulen in England besuchte, dann in London, Strassburg und Bern Naturwissenschaften studierte und darin promovierte. Im Anschluss daran studierte er in Bern noch christkatholische Theologie. «Normal» dann wieder der Bildungsweg der anderen Professoren der dritten Generation: Arnold Gilg studierte in Bern und Tübingen und erwarb 1914 den theologischen Doktorgrad, etwas, das an der Christkatholischen Fakultät im Unterschied zur Evangelisch-theologischen möglich war. Adolf Küry, der zweite christkatholische Bischof der Schweiz nach Eduard Herzog, hatte in Bern und Bonn studiert, 1915 zum Dr. theol. promoviert. Er wurde im gleichen Jahr 1924 sowohl zum Ordinarius wie zum Bischof gewählt. Ernst Albert Gaugler hatte neben Bern auch Marburg und Berlin als Studienorte, promovierte 1924 in Bern und wurde im gleichen Jahr ausserordentlicher, 1933 dann ordentlicher Professor für Neues Testament, Homiletik und Katechetik. Der Ostpreusse Werner Küppers hatte nach Studien in Bern und Berlin an der hiesigen Universität das Pfarrerexamen bestanden und 1932 promoviert. Bereits ein Jahr später avancierte er zum ausserordentlichen Professor für alttestamentliche Wissenschaft, ging aber 1938 zurück nach Deutschland und bekleidete in Bonn ein Ordinariat am bischöflichen Seminar. Der Alttestamentler Albert Emil Rüthy, der letzte in unserer Reihe der bis 1940 zu Professoren aufgestiegenen christkatholischen Theologen, absolvierte sein Studium in Bern, Leipzig und Basel. Nach der Priesterweihe in Bern erwarb er recht spät noch einen Doktortitel in Basel, worauf er in Bern 1940 ein alttestamentliches Extraordinariat antrat.

Bemerkenswert ist, dass die evangelischen Professoren schweizerischer Herkunft praktisch ausnahmslos vor ihrer Lehrtätigkeit an der Hochschule, häufig auch während derselben, für kürzere oder längere Zeit ein Pfarramt bekleideten, und zwar – aus heutiger Sicht einigermassen erstaunlich – auch in Deutschland.[281] So war der bereits erwähnte Eduard Müller 1845–1849 Pfarrer in Dresden (er war auch verheiratet mit einer Dresdnerin), bevor er dann in ein Pfarramt nach Bern

280 Zu Michaud: von Arx, Eugène Michaud.

281 Kommission Hochschulgeschichte, Dozenten, S. 237–238.

wechselte. Auch Rudolf Steck wirkte zwischen 1867 und 1881 als Vikar und Pfarrer in Dresden, von wo ihn dann der Ruf nach Bern wegholte. Da nicht immer klar ersichtlich wird, wer als haupt- und wer als nebenamtlicher Extraordinarius wirkte, lässt sich die pfarramtliche Tätigkeit nicht bei allen korrekt quantifizieren, da man wohl, wie gezeigt, von einem vollamtlichen Extraordinariat, nicht aber von einem nebenamtlichen oder einer Privatdozentur leben konnte. Eine lange Amtsdauer ist gesichert für Gottlieb Joss, der sich als Pfarrer in Herzogenbuchsee während 30 Jahren verausgabte, bevor er als Ordinarius für Praktische Theologie an die Fakultät berufen wurde, wo ihm aber nur noch fünf Jahre beschieden waren, weil ihn der Tod im Alter von 60 Jahren vom Katheder holte. Auf 20 Pfarrerjahre scheint es auch Moritz Lauterburg gebracht zu haben, als er 1905 die Nachfolge von Joss antreten konnte. Drei der vier erwähnten Langzeit-Pfarrer (Müller, Joss, Lauterburg) wurden wohl in erster Linie als in langer Amtstätigkeit geeichte Praktiker an die Fakultät geholt, und auch ihre Vorgänger Zyro und Wyss mit ihren für die turbulenten Anfänge der Alma Mater Bernensis nicht untypischen verschlungenen Lebensläufen hatten lange Jahre in verschiedenen Pfarrämtern gewirkt.

Die Professoren für Praktische Theologie waren Schweizer, da sie mit den hiesigen kirchlichen Gegebenheiten vertraut sein mussten. So schreibt bei der Neubesetzung des Lehrstuhls für Praktische Theologie nach Joss' Ableben Dekan Karl Marti im Namen der Fakultät wie folgt an die Unterrichtsdirektion: Von den vier infrage kommenden Bewerbern Oskar Kohlschmidt, Ernst Müller, Carl Clemen und Moritz Lauterburg seien zwei, Kohlschmidt und Clemen, Deutsche. Die Fakultät halte diese zwar für unbestritten tüchtige Männer. «Jedoch glauben wir den genannten deutschen Gelehrten nicht Unrecht zu tun, wenn wir betonen, dass speciell für die Professur für Praktische Theologie wenn immer möglich ein schweizerischer Theologe gewonnen werden sollte. Es hängt dies mit den eigenartigen Verhältnissen unsrer schweizerischen und besonders der bernischen Kirche zusammen, welche sich seit der Reformationszeit in Bezug auf Kirchenverfassung, Gottesdienstformen und Volkssitte so selbständig entwickelt haben, dass ein deutscher Theologe auf diesem Gebiet besonders Mühe hätte, sich an unsre Anschauungen zu gewoehnen und mit unseren Studierenden die noetige Fühlung zu gewinnen. Aus diesem Grunde erlauben wir uns den Vorschlag, es möchte von der Ernennung eines Ausländers in diesem Fall Umgang genommen werden.»[282]Die Fakultät empfiehlt darum in ihrem Schreiben einstimmig die Herren Moritz Lauterburg, Pfarrer in Stettlen, Privatdozent Dr. Ernst Müller, Pfarrer in Langnau, und Leonhard Ragaz, Pfarrer in Basel, zur Wahl.[283]

Der Regierungsrat ernannte am 12. Oktober 1905 Leonhard Ragaz zum ordentlichen Professor für Praktische Theologie an der Evangelisch-theologischen Fakultät.

282 StAB, BB IIIb 526.

283 Siehe dazu auch Guggisberg, Kirchengeschichte, S. 698.

Er war von den Reformern empfohlen worden, während sich der positive Evangelisch-kirchliche Verein für Lauterburg starkgemacht hatte.[284] Ragaz teilte der Fakultät mit, er könne wegen Arbeitsüberlastung seine Vorlesungen erst 1906 beginnen, worauf die Fakultät dem Regierungsrat beantragte, Lauterburg eine ausserordentliche Professur zu geben, damit die praktische Ausbildung der Studenten nicht unterbrochen werden müsse; die anderen Professoren seien zu sehr ausgelastet, um einzuspringen. Der Regierungsrat entsprach diesem Wunsch, musste aber bereits kurz darauf ein vierseitiges Schreiben von Ragaz zur Kenntnis nehmen, in welchem dieser seltsam wortreich und weitschweifig um seine Demission bat. Diese wurde ihm am 4. November 1905 gewährt und am selben Tag Moritz Lauterburg zum Ordinarius ernannt.

Ähnlich wie drei Jahrzehnte zuvor bei der Besetzung der Professorenstellen an der Christkatholischen Fakultät zeigt sich, wie weit man zu gehen bereit war, um den genehmen Kandidaten nach Bern zu bekommen. Ob sich allerdings Ragaz in der gewünschten Weise in die bernische Kirchenpolitik hätte einfügen lassen, ist zumindest fraglich, denn der damals noch als Vertrauensmann der Liberalen geltende Theologe entwickelte sich zu einem der markantesten Vertreter der religiös-sozialen Bewegung.

Bei den reformierten deutschen Professoren ist der Nachweis pfarramtlicher Tätigkeit zumindest auf der Basis der universitätsgeschichtlichen Kurzbiografien schwieriger zu führen, da für die Zeit vor ihrer jeweiligen Berufung nach Bern nicht immer klar wird, wie sie in ihrer Zeit zum Beispiel als Privatdozent ihren Lebensunterhalt sicherten.[285] Diese Feststellung gilt auch für die sieben im Dozentenverzeichnis der Hochschulgeschichte erfassten Extraordinarien unseres Zeitraums: Auch sie waren Pfarrer, manchmal auch (Religions-)Lehrer an höheren Mittelschulen wie beispielsweise Adolf Schlatter, der neben seinem Extraordinariat an der Lerberschule (später Freies Gymnasium) unterrichtete, bis er nach Greifswald berufen wurde.[286] Der Kirchenhistoriker Emil Blösch bestand 1861 das theologische Staatsexamen, wurde dann Pfarrer in Laupen bis 1875. Dann vertauschte er die Kanzel mit einer Stelle am Staatsarchiv, bevor er 1878 Oberbibliothekar der Stadtbibliothek wurde, und habilitierte sich 1885 als 47-Jähriger für Schweizerische Kirchengeschichte und Reformationsgeschichte. 1891 avancierte er zum ausserordentlichen Professor für Kirchengeschichte und starb neun Jahre später, wohlversehen mit den weltlichen Sakramenten zweier Ehrendoktorate der Universitäten von Zürich und Lausanne und der Ehrenbürgerwürde der Stadt Bern.[287] Eher einen Sonderfall stellt der Ethiker Fritz Eymann dar, der nach dem Pfarrerexamen als Pfarrer in Eggiwil

284 Das entsprechende Schriftstück findet sich ebenfalls in der Mappe StAB, BB IIIb 526.

285 Kommission Hochschulgeschichte, Dozenten, S. 237, erwähnt immerhin für alle 16 bis 1900 erfassten Privatdozenten eine berufliche Tätigkeit vor der Privatdozentur.

286 Zu Schlatter siehe oben Intermezzo I.

287 Zu Blösch: Dellsperger, Emil Blösch.

und Religionslehrer am staatlichen Oberseminar amtierte, dann Lektor am Sekundarlehramt und 1928 zum nebenamtlichen Extraordinarius befördert wurde. Eymann verschrieb sich aber zunehmend der Anthroposophie, so dass er als Religionslehrer nicht mehr tragbar schien. Auch innerhalb der Fakultät war er deshalb umstritten, so dass er sich 1944 pensionieren liess.[288]

Die Universitätsgeschichte stellt fest, dass im Unterschied zu den anderen Fakultäten die Habilitation an der Evangelisch-theologischen Fakultät im Normalfall aus der Praxis, das heisst aus einem Pfarramt heraus erfolgt sei. Dies gelte bis in die neuste Zeit und erkläre das relativ hohe Habilitationsalter dort. Dieses betrug im uns hier interessierenden Zeitraum 1834 bis 1940 etwa 35 Jahre, wobei die Habilitation etwa zehn bis elf Jahre nach dem Staatsexamen erfolgte.[289] Da an der hiesigen Fakultät erst 1929 ein Doktoratsreglement eingeführt wurde, wovon noch zu sprechen sein wird, sind hier Vergleichsaussagen zu anderen Fakultäten nicht möglich.

Eher selten erfährt man von nebenberuflichen Tätigkeiten der Professoren. Eduard Müller zum Beispiel übernahm 1877 ein Pfarramt an der Klinik Waldau und wünschte deshalb, von der Ethik entlastet zu werden.

Auch bei den christkatholischen Universitätslehrern gehörte nach der obligaten Priesterweihe – die Professoren der ersten Generation wie Herzog, Michaud, Thürlings usw. waren noch vor der Trennung zu römisch-katholischen Priestern geweiht worden – das Pfarramt während kürzerer oder längerer Zeit zur Berufslaufbahn, ebenso wie dann die Erfahrung der Exkommunikation als Quittung für ihre Ablehnung der Beschlüsse des Ersten Vatikanums. Adolf Thürlings amtierte vor seiner Berufung nach Bern sogar während vier Jahren (1868–1872) als römisch-katholischer Priester im Erzbistum Köln und anschliessend als alt-katholischer Pfarrer in Kempten im Allgäu.

Eine Karriere erstreckt sich natürlich nicht nur auf die Laufbahn vor der definitiven Anstellung an der Fakultät, sondern findet ihre Fortsetzung auch danach. So ist das Amt eines Dekans in einer kleinen Fakultät fast unausweichlich und wurde von allen evangelischen Ordinarien ausser Eduard Zeller mindestens einmal bekleidet. Hermann Lüdemann brachte es auf insgesamt vier Dekanate zu zwei Jahren, die durch ein Rektoratsjahr zweigeteilt wurden. In den ersten 50 Jahren waren auch Dekanatsphasen von bis zu fünf Jahren möglich, so bei Albert Immer und Gottlieb Studer. Lange und wiederholte Dekanatszeiten waren hingegen bei den christkatho-

---

288 Zu Eymann: Bärtschi, Friedrich Fritz Eymann. Vgl. ferner das Kapitel «Der Fall Eymann» im dritten Teil dieser Arbeit und die dort erwähnte Literatur.

289 Kommission Hochschulgeschichte, Dozenten, S. 236, Tab. 18. Von den anderen Fakultäten hatten nur die Phil.-Hist.-Angehörigen ähnlich lange Wartezeiten zwischen Staatsexamen und Habilitation, bei den anderen bewegte sich die Differenz im mittleren einstelligen Bereich.

lischen Professoren die Regel: Eduard Herzog amtierte insgesamt fünf Mal während insgesamt zehn Jahren als Dekan, Eugène Michaud sogar sechs Mal während elf Jahren und Adolf Thürlings fünf Mal während neun Jahren.

Die nächste, höchste Stufe, das Rektorat, erreichte man als Ordinarius normalerweise auch, sofern man lange genug lebte, nicht vorher emeritiert wurde oder nicht vor Erreichen dieses Karriereschrittes an eine deutsche Universität wechselte. Die Professoren Lutz, Friedrich Ernst Langhans, Barth, Joss und Hadorn starben vor diesem letzten Höhepunkt ihrer Laufbahn oder wurden emeritiert, Zeller und Oettli setzten ihre Karriere in Deutschland fort. Dasselbe gilt auch für die christkatholischen Ordinarien. Es gab auch Professoren, die den ehrenvollen Posten eines Rektors zweimal besetzen durften wie Ernst Friedrich Gelpke, Gottlieb Studer und Eduard Müller. Während in späteren Jahren die Rektorwürde vor einem Abstieg ins Dekanat schützte, war die Rückkehr ins Dekanat im 19. Jahrhundert durchaus an der Tagesordnung. Wer das Rektorat lange genug überlebte, kehrte nicht nur wieder auf das Katheder zurück, sondern übernahm klaglos auch wieder Dekanatspflichten.

In den stürmischen Anfangsjahren waren auch Statusfragen noch nicht immer endgültig geregelt. Der nach dem ersten halben Jahrhundert zur Norm gewordene Cursus honorum, wonach erst die Ernennung zum Ordinarius den Weg ins Dekanat und dann ins Rektorat öffnete, war zunächst nicht sakrosankt: So war Bernhard Hundeshagen bereits als ausserordentlicher Professor im zarten Alter von 31 Jahren Rektor der Alma Mater Bernensis und erst anschliessend für vier Jahre Dekan, während derer er dann zum Ordinarius ernannt wurde, bevor er als 37-Jähriger einem Ruf nach Heidelberg folgte. Auch der anfangs politisch umstrittene Karl Bernhard Wyss bekleidete 1848/49 zunächst das Amt des Rektors, bevor er dann die nächsten vier Jahre als Dekan fungierte. Er war im Unterschied zu Hundeshagen bereits ein älterer Herr von Mitte fünfzig und beendete sein Professorat im damals hohen Alter von siebzig Jahren.

Auch Albert Immer, Zellers Nachfolger auf dem Lehrstuhl für Systematik und neutestamentliche Exegese, wurde bereits vor seiner Beförderung zum Ordinarius zum Rektor gewählt – allerdings war er schon 48 Jahre alt – und amtierte schliesslich noch zweimal während insgesamt sieben Jahren als Dekan. Als er mit 77 Jahren in den wohlverdienten Ruhestand trat, konnte der gelernte Buchbinder auf eine schöne, mit zwei Ehrendoktoraten der Universitäten Bern und Basel geschmückte Laufbahn zurückblicken.

Einen besonderen Fall stellt Gottlieb Studer dar. Zwar bekleidete auch er sein erstes von zwei Rektoraten als Extraordinarius, doch war er bei Amtsbeginn schon über fünfzig. Der Alttestamentler und Gesenius-Schüler war nämlich schon als noch nicht Dreissigjähriger Ordinarius an der Akademie gewesen, wurde dann aber 1834 nicht mehr zum Professor gewählt, sondern zum Privatdozenten zurückgestuft. Erst nach 15 Jahren gelang ihm der Aufstieg zum Extraordinarius und weitere fünf Jahre später die Rückkehr ins Ordinariat, das er noch fast zwei Jahrzehnte lang versehen konnte, bevor auch er wie der Kollege Albert Immer sich mit 77 Jahren emeritieren liess.[290] Studer gehört wie Woker und Blösch zu den Theologen, die sich in der Geschichtsforschung fast mehr noch als in der Theologie einen Namen zu schaffen wussten.[291]

Zu den Möglichkeiten im ersten Saeculum unserer Universität gehörte auch, dass man nicht nur Ordinariate, sondern, gleichsam als Folge davon, auch Dekanate an zwei verschiedenen Fakultäten bekleiden konnte. Vom christkatholischen Historiker Philipp Woker war bereits die Rede, sein philosophisches Dekanat ging 1896 fugenlos in sein drittes christkatholisches über. Auch sein Kollege Michaud schob zwischen seine sechs christkatholischen Dekanate ein philosophisches ein. Bei den Evangelischen schaffte dies nur der unermüdliche Alttestamentler Karl Marti, der zwischen seinen vier theologischen Dekanaten auch ein philosophisches besorgte, im selben Jahr übrigens wie das Rektorat (1911/12)!

6.4 Die Studierenden

> «In den Universitäten des 19. Jahrhunderts sollten zwei gegenläufige Tendenzen verwirklicht werden: zum einen das neuhumanistische Bildungsprinzip, nach dem der Mensch sich durch Bildung selbst entfaltet und so zur Selbstverwirklichung und -versittlichung gelange, zum anderen die instrumentelle und normative Vorbereitung auf gehobene Berufspositionen. Dieser Widerstreit zwischen humanistischer Allgemeinbildung und berufsvorbereitender Fachbildung wurde im Verlaufe des 19. Jahrhunderts immer zugunsten berufsrelevanter Kenntnisse entschieden. Für die Mehrzahl der Studenten bedeutete das Studium ein ‹Brotstudium›, das mit einem berufsbezogenen Examen abgeschlossen wurde.»[292]

Kurz und trocken bringt es die Hochschulgeschichte auf den Punkt:

> «Im Vergleich zu den anderen Fakultäten zeigt der Studiengang eines Theologen im hier untersuchten Zeitraum [1834–1984] eine erstaunliche Konstanz im formalen Aufbau und im Fächerkanon. Das Studienziel war seit jeher vorgegeben: das Studium der Theologie ist ein ausgeprägtes Berufsstudium.»[293]

---

290 Er starb im hohen Alter von über 88 Jahren. Sein älterer Bruder Bernhard Studer, der Ordinarius unter anderem für Geologie war, erreichte sogar ein Alter von 94 Jahren. Ihr beider Vater, Samuel Emanuel Studer, war bereits hochdekorierter akademischer Lehrer an der Hohen Schule und an der Akademie gewesen.

291 Zum Leben Studers vgl. besonders den Artikel seines Historikerkollegen Blösch, Studer, http://de.wikisource.org/w/index.php?title=ADB:Studer,_Gottlieb_Ludwig&oldid=1876363 (3.4.2020).

292 Prahl, Sozialgeschichte des Hochschulwesens, S. 272–273, zit. nach Kommission Hochschulgeschichte, Hochschulgeschichte, S. 527. Dort auch weitere Überlegungen zum Gegensatz Allgemeinbildung - Brotstudium.

293 Kommission Hochschulgeschichte, Hochschulgeschichte, S. 527. Dort auch zum Folgenden.

Das Theologiestudium hatte in Bern die längste Tradition und musste sich kein neues Profil suchen, schreiben die Autorinnen und Autoren weiter. Als einzige Fakultät konnte die theologische von Beginn an auf eine mit Maturität abgeschlossene Gymnasialbildung aufbauen. Dem ausgeprägt berufsorientierten Ausbildungsgedanken entsprach es, dass ein Reglement für die Erteilung akademischer Würden erst 1880, ein Doktoratsreglement sogar erst 1929 geschaffen wurde. Im Vergleich dazu hatte sich die Christkatholisch–theologische Fakultät rascher akademisiert.

Inhaltlich veränderte sich in den ganzen ersten anderthalb Jahrhunderten recht wenig: Am Anfang des Studiums dominierten die kirchengeschichtlichen und biblischen Einleitungswissenschaften, während in der zweiten Hälfte des Studiums die Fächer der Systematischen Theologie gehört wurden. Am Schluss folgten Vorlesungen und Übungen in Praktischer Theologie. Konkreter lässt sich dies fassen am Studienplan der Evangelisch-theologischen Fakultät des Jahres 1865:[294]

I. Alle zwei Jahre sollten folgende Hauptkollegien mindestens einmal gelesen werden:
   A. Exegetische Theologie mit Einleitungen in das Alte und das Neue Testament, biblische Theologie, Genesis, Jesaja, Psalmen, ein synoptisches Evangelium, eventuell das Johannesevangelium und der Römerbrief.
   B. Historische Theologie: ältere Kirchengeschichte, Reformationsgeschichte, neuere Kirchengeschichte, Dogmengeschichte, Symbolik.
   C. Systematische Theologie: Dogmatik, Ethik.
   D. Praktische Theologie: Liturgik, Homiletik, Katechetik, Pastoraltheologie, Theorie der Kirchenleitung, Pädagogik, homiletische und katechetische Übungen.
II. Dringend empfohlen werden «Collegia» wie theologische Enzyklopädie und Methodologie, alt- und neutestamentliche Schriften in Auswahl in jedem Semester, Hermeneutik, hebräische Archäologie, Geografie Palästinas, Geschichte des Alten Bundes, neutestamentliche Zeitgeschichte, Leben Jesu, Patristik, Geschichte der neueren Theologie, kirchliche Statistik, Kirchenrecht und Apologetik.
III. Die Fakultät erteilt Ratschläge betreffend Reihenfolge der zu besuchenden Themenbereiche, wie oben bereits dargestellt. Dabei wird festgehalten, dass die Vorlesungen über Dogmatik und Ethik sowie über einzelne Disziplinen der Praktischen Theologie vom fünften Semester an besucht werden können. Die praktischen Übungen sind auf die letzten drei Semester zu verlegen.

Während der ganzen Studienzeit sollte jedes Semester ein alt- und ein neutestamentliches Kolleg gehört werden, «und es ist dabei, soweit thunlich, von den histo-

294 StAB, BB IIIb 524. Unterzeichnet von Dekan Gelpke und Sekretär Müller.

rischen zu den didaktischen Schriften, und bei den letzteren von den leichteren zu den schwierigeren fortzuschreiten».[295]

Das Privatstudium ist mit dem Vorlesungsbesuch zu koordinieren. Empfohlen wird die kursorische Lektüre ausgewählter alttestamentlicher und sämtlicher neutestamentlicher Schriften und die Lektüre «anerkannt klassischer und bahnbrechender Werke» über die einzelnen theologischen Disziplinen.Und: «Die Fakultät empfiehlt dringend den Besuch philologischer, historischer, naturwissenschaftlicher und philosophischer Vorlesungen, und unter den letzteren insbesondere Logik, Psychologie, Religionsphilosophie, philosophische Ethik, Geschichte der Philosophie, Literatur- und Kunstgeschichte.»[296]

Dieses Programm war anspruchsvoll und hatte wohl nicht zuletzt legitimatorischen Charakter. Vergleicht man es mit den in der Hochschulgeschichte aufgeführten theologischen Studiengängen, dann stellt man fest, dass die Studierenden das normative theologische Angebot ziemlich vollständig anzunehmen bemüht waren. Im Bereich des bloss Empfohlenen dagegen, ob dringend oder nicht, konstatiert man unschwer, dass Ausflüge in andere Fakultäten wohl die Ausnahme blieben. Wenn überhaupt, dann leistete man sich eine Vorlesung an einer anderen Fakultät eher in den Anfangssemestern. Dies ist den jungen angehenden Theologen nicht anzukreiden, denn der umfassende Bildungsanspruch der älteren Generation wird von der jüngeren nicht zuletzt aus Selbstschutz selektiver wahrgenommen als von jener gewünscht. Man hatte schliesslich auch noch ein Privatleben, war vielleicht zum ersten Mal längere Zeit von zu Hause fort, hatte Kommilitonen, war möglicherweise in einer Studentenverbindung.

Die bereits oben festgestellten hohen Semesterstundenzahlen lassen sich wohl am besten damit erklären, dass im Studienverlauf, anders als später, kaum längere schriftliche Arbeiten zu verfassen waren. Die Autorinnen und Autoren der Hochschulgeschichte erwähnen die Gründung verschiedener Seminare seit 1876 als Neuerung. Sie habe zwar keine Erweiterung des Lehrstoffs gebracht, sondern «eine Vertiefung in didaktisch-methodischer Hinsicht, ebenfalls auch in Bezug auf die Möglichkeit der privaten Studien (Fachbibliotheken)».[297] Das individuelle Studium habe dadurch an Gewicht gewonnen, der Student sei vom Hörer zum aktiv wissenschaftlich Arbeitenden geworden. In welchem Ausmass dies der Fall gewesen ist, lässt sich aus heutiger Sicht kaum mehr quantitativ nachweisen. Man stellt zumindest fest, dass die wöchentlich gehörte Semesterstundenzahl nach 1870 deutlich fällt und erst nach 1920 wieder auf das ursprüngliche Mass steigt.[298]

---

295 StAB, BB IIIb 524, 1. Heft.

296 StAB, BB IIIb 524, 1. Heft.

297 Kommission Hochschulgeschichte, Hochschulgeschichte, S. 529.

298 Kommission Hochschulgeschichte, Hochschulgeschichte, S. 529.

Theologischer Hörsaal im alten Hochschulgebäude

In der Frage der Zwischenprüfungen war am Anfang noch nicht alles geklärt. Das Reglement von 1835 sah keine Vorschriften über den Studienaufbau vor, sondern forderte ein Curriculum Vitae, worin die gehörten Vorlesungen, das Selbststudium und eine «Auseinandersetzung des gesamten Bildungsganges» aufzulisten waren.[299] Erst 1876 wurde ein propädeutisches Examen als eigentliche Zwischenprüfung eingeführt, es umfasste die philosophische, kirchengeschichtliche und exegetische Vorbildung. Die Schlussprüfung, das Pfarrerexamen, prüfte systematische und Praktische Theologie, religionswissenschaftliche und pädagogische Ausbildung. Es bürgerte sich ein, die propädeutische Prüfung nach zwei Jahren, das Schlussexamen nach vier Jahren zu absolvieren, so wie es dann auch im Reglement von 1894 verbindlich vorgegeben wurde.

In den Berichten an das Rektorat wurde auch gelegentlich das Verhältnis zwischen Professoren und Studierenden angesprochen. In einem frühen solchen Bericht rühmt Professor Schneckenburger: «Auf das verflossene Wintersemester können wir nur mit Zufriedenheit zurücksehen, und dürfen darin einen vielversprechenden Anfang erblicken. Der Fleiss und die Lernbegierde der Studierenden erwies sich in dem unausgesetzten Besuch der zahlreichen Vorlesungen. Man sah es allen so recht an, dass sie die eröffnete Gelegenheit zu lernen nach Kräften benutzen wollten. Wenn eine Ermahnung nöthig wurde, so war es nur die an Einzelne, sich nicht mit zu vielen Collegien zu beladen.»[300] Auch in puncto Betragen kann Schneckenburger

299 Kommission Hochschulgeschichte, Hochschulgeschichte, S. 528.
300 StAB, BB IIIb 524.

seinen Studenten nur das beste Zeugnis ausstellen: Die Fakultät habe in den Ferien eine namentliche Zensur über jeden Einzelnen gehalten (gemäss § 64 Abs. 3 Universitätsgesetz) und nichts zu beanstanden gefunden. Soviel man wisse, stünden die Theologiestudenten in den Studentenvereinen in Ansehen und Einfluss, «was nur ein Zeichen der Achtung und Anerkennung des sie beselenden [sic] guten und kräftigen Geistes zu seyn scheint».[301]

Der hier zum Ausdruck kommende Enthusiasmus gehörte natürlich auch zur Aufbruchseuphorie des geglückten Anfangs. Spätere Berichte sind nüchterner, betonen aber ebenfalls die gute Zusammenarbeit zwischen Professoren und Studenten. So erwähnt etwa derjenige von 1872 den guten Kollegienbesuch, was zur Folge gehabt habe, dass man bei der Preisfrage der Fakultät einen ersten und einen zweiten Preis habe ausloben können. Das Staatsexamen hätten alle Kandidaten bestanden, wobei es weder glänzende Begabungen noch glänzende Leistungen gegeben habe, beides habe sich «im mittleren Durchschnitt» bewegt.

Die im Zitat von Schneckenburger erwähnte Beurteilung der Studierenden wird bis Ende der Sechzigerjahre des 19. Jahrhunderts jährlich vorgenommen. Sie enthält Angaben zu Fleiss, Anlagen, Kenntnissen, Betragen und Charakter. So wird 1835 einem Studenten bescheinigt, er verfüge über mittelmässige Anlagen, sein Fleiss sei in «einzelnen Theilen» zweifelhaft, das Betragen gesetzt, die Kenntnisse unbekannt, der Charakter «bieder, etwas roh», er scheine sich etwas mehr abzuschliessen und habe mit den übrigen Studierenden wenig Umgang. Es wird aus den Fakultätsprotokollen nicht ersichtlich, ob diese Zensuren den Studierenden in irgendeiner Form zur Kenntnis gebracht wurden. Es wird auch nicht klar, weshalb die Fakultät damit aufhörte. Man kann nur vermuten, dass man in einer Zeit, in welcher die Zahl der Theologiestudierenden dramatisch zurückging, andere Sorgen hatte und des Alibicharakters der Zensuren überdrüssig wurde.

Wie Karl Barth in seinem Überblick über die kirchlichen Zustände in der Schweiz erwähnt, gehören «fast für jeden schweizerischen Theologen ein paar Deutschlandsemester», die man meist in Marburg, Berlin und Tübingen, früher in Halle und Greifswald verbrachte.[302]

Zu den Besonderheiten des bernischen evangelischen Theologiestudiums gehörte es, dass man keine akademischen Würden erwerben konnte. Es dauerte fast hundert Jahre, bis auch die Evangelisch-theologische Fakultät geruhte, ein Doktoratsreglement auf die Beine zu stellen. Das «Reglement über die Ertheilung der akademischen Würden an der Evangelisch- theologischen Fakultät der Hochschule Bern»

301 StAB, BB IIIb 524.

302 Barth, Die kirchlichen Zustände, S. 26. Sein Befund deckt sich nicht ganz mit demjenigen der Professorenkarrieren, was aber nur heisst, dass man zusätzlich die Studentenkarrieren auswerten müsste.

von 1880 hält im ersten Paragrafen fest: «Die Fakultät ertheilt die beiden Grade eines Doktors und eines Licentiaten der Theologie.» Paragraf 2 fügt bei: «Der Doktorgrad wird nur honoris causa an ausgezeichnet Gelehrte und wissenschaftlich hochgebildete, um die Kirche besonders verdiente Theologen ertheilt.» Vier weitere Paragrafen nennen die Bedingungen zur Erreichung des Lizenziaten-Grades. Nach Paragraf 4 gibt es drei Noten: Summa cum laude, magna cum laude und cum laude. Promoviert ist, wer in jedem der acht Prüfungsfächer mindestens cum laude erhält und in seinem Hauptfach magna oder summa. «Bei der Gesammtnote [sic] summa cum laude oder magna cum laude ist in dem ertheilten Grade zugleich das Recht der Habilitation eingeschlossen, während der dritte Grad dasselbe nicht einschliesst.» Nach Paragraf 5 ist die Promotion nicht öffentlich, sondern findet an einer Fakultätssitzung statt. «Der Dekan ist promotor legitime constitutus, wenn er den zu ertheilenden oder den höheren theologischen Grad besitzt; ist dies nicht der Fall, so wählt die Fakultät aus ihrer Mitte einen promotor, der entsprechend graduiert ist.»[303] Die Licentia legendi erteilt die Erziehungsdirektion auf Vorschlag der Fakultät. Auf Vorstoss der christkatholischen Schwesterfakultät muss sich die Fakultät 1891 erneut dafür rechtfertigen, dass sie, anders als die Philosophisch-historische Fakultät, keine normalen Doktortitel vergibt. Sie beantragt aber bei der Erziehungsdirektion bloss, für die Habilitation das Lizenziatsreglement von 1890 verwenden zu dürfen. Dies bleibt so bis 1929. Die lange Weigerung, sich der allgemeinen Gepflogenheit der normalen Doktorpromotion anzuschliessen, wird noch zu thematisieren sein.

Intermezzo II: Studentenleben in der Zeit des Ersten Weltkrieges – nach den Erinnerungen von Professor Werner Kasser und Pfarrer Hans von Rütte

Werner Kasser wurde 1892 in Orpund geboren, studierte nach der Matura Theologie in Bern, Genf und Heidelberg und wirkte nach dem Staatsexamen 1916 als Pfarrer in Bern. 1928 wurde er Lektor für Pädagogik und – nach zwei Jahrzehnten entsagungsvollen Wartens – 1948 zum Extraordinarius für Praktische Theologie befördert. Ein Jahr nach seiner Emeritierung 1962 erhielt er die Ehrendoktorwürde seiner Fakultät. Er verstarb 1975. Werner Kasser verdanken wir eine knappe Beschreibung der Studiensituation an der Evangelisch-theologischen Fakultät Bern, die er in den Sechzigerjahren des letzten Jahrhunderts als Einleitung zu einem kurzen Text der Erinnerung an seinen Kollegen Martin Werner verfasste:

> «Obwohl die alte Berner Evangelisch-theologische Fakultät vor dem ersten Weltkrieg selten mehr als 40 Studierende zählte, was knapp genügte, um die Vakanzen in den

303 StAB, BB IIIb 524.

Kirchgemeinden wieder aufzufüllen und eine kleine Reserve von V. D. M. aufzustellen, konnte es doch vorkommen, dass sich ältere und jüngere wenig kannten oder sogar fremd blieben. Das propädeutische Examen bedeutete für die Kommilitonen eine trennende Schwelle. Der Plan für die Vorlesungen und Seminarien hielt die Vor- und Nachpropaedeutiker streng auseinander. Diese pflegten, von Stipendien ausdrücklich ermuntert und gefördert, ein oder mehrere Auslandsemester anzuschliessen. So kam es, dass die ältesten und jüngsten Kommilitonen wenig Kontakt hatten. In den Pausen begegneten sie sich in ambulando mit mehr oder weniger scheuem Respekt.
Zu kameradschaftlichen Begegnungen aber kam es im ‹akademisch-theologischen Verein›, der allen Studierenden offen stand, aber nicht von allen besucht wurde. Die einen mochten die rabies theologorum fürchten, die in diesem Kreise oft sehr freimütig geübt wurde; den anderen missfiel das weltlich-studentische Wesen, das von den Farben tragenden Studenten auch hier gepflegt wurde. Es kamen übrigens nicht nur theologische, exegetische und dogmatische Probleme zur Sprache. Die soziale Frage erregte an manchem Abend die Gemüter, z. B. wenn wir einen der damals prominenten und führenden Verfechter der Freigeldlehre, Dr. med. Christen zum Worte kommen liessen und uns darüber erhitzten.»[304]

Hans von Rütte wurde 1892 als zweites Kind des Pfarrer-Ehepaares Gotthelf und Pauline von Rütte-von Greyerz geboren. Sein Vater, Gotthelf von Rütte, war der Enkel des Pfarrers und Schriftstellers Jeremias Gotthelf (Albert Bitzius); dessen Mutter, Cécile von Rütte-Bitzius, die jüngere der beiden Gotthelf-Töchter, war die Schwester des Regierungsrates und Erziehungsdirektors Albert Bitzius (gest. 1882).[305] Auch Hans' Mutter, Pauline von Greyerz, war Pfarrerstochter. Sie war die Schwester des bekannten Germanisten Otto von Greyerz, des religiös-sozialen Pfarrers Karl von Greyerz und der Kindergarten-Pionierin Marie von Greyerz. Da Hans' Vater Gotthelf von Rütte von jung an kränkelte, musste die Familie auf den Beatenberg ziehen, wo der Vater hoffte, im gesünderen Bergklima genesen zu können, vergeblich: Gotthelf von Rütte starb bereits 1898 im Alter von nur 38 Jahren an Lungentuberkulose. Er hinterliess seine Frau mit drei kleinen Kindern, deren ältestes, Elisabeth, gerade mal achtjährig war, ein viertes Geschwisterchen überlebte den Vater nur um wenige Tage und wurde im selben Grab auf dem Beatenberg begraben wie sein Vater.

Die tapfere Mutter musste nun schauen, wie sie im Zeitalter vor der AHV mit drei kleinen Kindern über die Runden kam.[306] Sie zog vom Pfarrhaus in ein Chalet um, das sie als Ferienpension für Kinder aus Berner und Basler Familien, später als Pension für Gäste aus dem Ausland betrieb. Für den kleinen Hans bedeutete dies, dass er im zweiten Schuljahr ins Burgerliche Waisenhaus kam. Die Schilderung

304 Kasser, Martin Werner, S. 87.

305 Auch von ihm und seiner Frau gibt es Erinnerungen, die aber seine Studienzeit kaum berühren.

306 Pauline von Rütte-von Greyerz starb 1965 im Alter von 100 Jahren und drei Monaten.

dieser ihn prägenden Waisenhauszeit nimmt einen wesentlichen Raum in seinen Erinnerungen ein. Sie ist hier nicht zu referieren, ebenso wenig wie die daran anschliessenden Jahre im Freien Gymnasium, die er 1910 mit der Matura abschloss. Schon sein Vater hatte an der evangelischen Privatschule 1882 das Gymnasium absolviert, in derselben Klasse notabene wie sein späterer Schwager Otto von Greyerz und der als einer der Begründer des religiösen Sozialismus bekannt gewordene Hermann Kutter.

Das Folgende stammt aus seiner nicht publizierten Erinnerungsschrift «Es Hämpfeli Erinnerungen aus meinem Leben. Für meine Nachkommen»:[307]

> «Ich war nun vom Herbst 1910 hinweg Student der Theologischen Fakultät an der Hochschule Bern und lebte mich mit Interesse in dieses Studium ein. Allerdings muss ich bekennen, dass mir die Vorlesungen der erzliberalen und langweiligen Professoren Steck (NT), Marti (AT) und Lüdemann (Geschichte der Philosophie) wenig anziehend erschienen. Letzterer war zudem eine unnahbare Greisengestalt,[308] die so ganz nur auf ihre philosophische Materie eingestellt war, dass jegliche menschliche Regung kaum in Erscheinung trat. Die einzige Disziplin, die mich zu Beginn meines Studiums wirklich anzog, war die Kirchengeschichte von Prof. Fritz Barth (Vater des berühmten Theologen Karl Barth), der aber auch sein kirchenhistorisches Wissen mit Wärme und Geschick vortrug.[309] Leider aber starb er schon in meinem dritten Semester. Zu allem muss ich auch noch sagen, dass ich für das akademische Studium noch nicht die nötige geistige Reife besass. Dazu kam noch, dass ich mich gleich nach der Immatrikulation mit Begeisterung der Studentenverbindung ‹Zähringia› anschloss, wo ich schon seit Jahren einige Mitglieder kannte, die mich für den Verbindungsbetrieb zu begeistern verstanden.[310] Item, jedenfalls war ich als Fux mit Leib und Leben dabei, was dann für das Studium nicht sehr förderlich war. Zwar die Collegien besuchte ich mehr oder weniger fleissig, doch die ‹akademische Freiheit› opferte ich mehr dem Verbindungsleben als dem Studium neben den Vorlesungen und Seminarübungen. Ein Mangel, den ich später im Pfarramt empfand und oft bitter bereute, namentlich als durch Barth die Theologie eine gewaltige Wendung erfuhr. Andrerseits darf ich auch sagen, dass das Verbindungsleben in der ‹Zähringia› auch allerlei positive Werte bot, die meiner geistigen Entwicklung zugute kamen. Der Kameradschaft und dem Kontakt mit den Studenten anderer Fakultäten, den verschiedenen wissenschaftlichen Diskussionen und Gesprächen mit den älteren Semestern und Philistern habe ich doch vieles zu verdanken, sodass ich vor dem leeren Bummelstudententum bewahrt blieb.»

---

307 Maschinenschriftliche Fassung von seinem Sohn Andreas von Rütte, 2009. Zitiert mit Erlaubnis von Andreas von Rütte.

308 Zur Erinnerung: Lüdemann war damals 68 Jahre alt, von Rütte etwas mehr als 18-jährig.

309 Ihn, seine Söhne Karl, Heinrich und Peter und die Tochter Gertrud kannte er von einem Ferienaufenthalt der Familie Barth in der Pension seiner Mutter auf dem Beatenberg.

310 Sein Vater war noch «Zofinger» gewesen (wie übrigens Fritz und Karl Barth auch, beide engagierte Burschenschafter), weil die von den «positiven» Theologiestudenten frequentierte Zähringia erst 1888 gegründet wurde.

Hans von Rütte

Es folgte dann die unvermeidliche Militärdienstzeit bis zum Korporal, bevor er wieder ans Studieren denken konnte.

> «Im Herbst 1912 bestand ich dann auch das theologisch-propädeutische Examen, nicht grad mit Bravour, aber ich schlüpfte wenigstens durch und war nun cand. theol. Im Sommer 1913 hielt ich mit grosser Emotion meine erste Predigt ausserhalb der Hochschule (homiletisches Seminar). Das war in Biberist-Gerlafingen. Unvergesslich bleibt mir, wie ich mit grossem Herzklopfen die Kanzel bestieg. Kaum konnte ich sprechen. Doch nach dem Eingangslied und Gebet fühlte ich mich beruhigt und deklamierte meine Predigt über Lukas 12 (Der Reiche Kornbauer), ohne stecken zu bleiben. Nur beim ‹Unser Vater› passierte mir, dass ich beim Schlussvers ganz laut statt ‹denn dein ist das Reich und die Kraft und die Herrlichkeit› ‹Herzlichkeit› betete, wahrscheinlich weil ich letztlich froh war, dass ich ohne ‹Unfall› durch die verschiedenen Predigtklippen hindurch gesteuert war. Für das Studium hatte ich nun auch bedeutend mehr Interesse, obwohl die grossen dogmatischen und exegetischen

Probleme noch nicht in mein geistiges Leben eindrangen. Ich ‹schluckte› einfach, was uns doziert wurde und versenkte mich daneben auch in der theologischen Literatur der liberal-kritischen Richtung (Gunkel, Hermann, Wernle u. a.).»

Es folgte der damals übliche Auslandaufenthalt, zu dem Hans von Rütte Folgendes berichtet:

«Nach damaligem Usus pflegte der Theologe nach dem Prope ein bis zwei Semester an einer deutschen Universität zu verbringen.[311] Die ‹Positiven› zogen nach Tübingen, Marburg oder Göttingen, die ‹Liberalen› nach Heidelberg oder Berlin. Da ich mich zu der ersteren Sorte zählte, wählte ich Tübingen, reiste mit meinem Freund C. Hemmann im Spätherbst 1913 mit einem mehrtägigen zum Teil abenteuerlichen Abstecher durch das Tirol (Meran und Bozen), Brenner, Insbruck und München nach dem heimeligen Universitätsstädtchen Tübingen.[312] In einem Haus am Neckar bezog ich meine ‹Bude› auch gleich zu der altehrwürdigen alma mater das ‹Stift›, die übrigens noch der Theologie reserviert war, während den anderen Fakultäten die neue Universität zur Verfügung stand, wo übrigens die berühmte theologische Grösse A. Schlatter in der mächtigen Aula dozierte. Schlatter las damals die Korintherbriefe. Leider aber profitierte ich wenig davon. Denn als wir Zwei die Aula betraten, waren sämtliche Tischreihen schon voll besetzt (und zwar, wie mir später gesagt wurde, zu einem Grossteil norddeutscher Nichttheologen, die die vordersten Plätze schon Tage zuvor mit ihren Karten belegt hatten). Mit Mühe ergatterten wir ein Plätzchen auf einem Trittbrett in einer Fensternische zuhinterst in der Aula, wo wir den Dozenten in seinem St. Galler Hochdeutsch nur brockenweise verstanden. Doch umso mehr profitierte ich von Haerings Ethik und Wensters praktischer Theologie und dessen katechetischen Übungen. Als dritter in unserem Schweizerbund gesellte sich ein Basler Th. Hasler zu uns, und da wir alle drei als Zähringer und Schwyzerhüsler mit dem ‹Wingolf› (christliche Studentenverbindung an fast allen Universitäten) verbündet waren, schlossen wir uns an diese Verbindung als Hospitanten an.

Das Wintersemester verlief recht abwechslungsreich mit allerlei Anlässen, Konzerten, Vorträgen, Theater (sogar in Stuttgart ‹Carmen›), auch mit herrlichen Ausflügen in die nähere und weitere Umgebung. Sicher wäre hierfür ein Sommersemester günstiger gewesen. Aber ich wollte studieren, und weil ich wusste, dass Tübingen für das ‹Bummeln› berühmt war, wählte ich ein Wintersemester. So kam ich denn auch in Sachen Studium auf meine Rechnung, aber auch in Sachen studentischer Freiheit. Auch der Winter eignete sich sehr wohl für Ausflüge, umso mehr als ich schliesslich noch meine Ski kommen liess und meine Exkursionen in die schwäbische Alb unternahm. Übrigens setzte bald Tauwetter ein und machte diesen Bummeleien bald ein Ende zu Gunsten der wissenschaftlichen Arbeit. Übrigens machte ich meine Ausflüge hauptsächlich in den Winterferien, welche ich in Tübingen zubrachte. Da

311 Prope: erstes theologisches Examen (das sogenannte Propädeutikum), das nach heutigem Sprachgebrauch etwa dem Bachelor entspricht.

312 Im Sommersemester 1913 hatte der spätere Systematik-Professor Martin Werner ein Semester in Tübingen studiert (Marti, Leben Martin Werners). In Guggisberg, Martin Werners Werk, Werners kritische Würdigung von Adolf Schlatter.

geschah es einmal unmittelbar vor Weihnachten, dass eines Vormittags jemand an meine Türe pochte und herein trat der alte heimelige Professor Häring, der mich mit einem Büchlein und Güetzi ‹von meiner Frau›, wie er sagte, beschenkte. Das war wirklich rührend, etwas in Bern Unmögliches. Den Weihnachtsabend verbrachte ich als eingeladener Gast bei meinen ‹Philisterleuten› (Zimmervermieter). Dieser Weihnachtsabend bestand in einem familiären Zusammensein mit der Familie (Eltern zwei Töchter und Sohn) in der Küche. Auf dem Tisch drehte sich ein mit Firlefanz überladenes Tannenbäumchen auf einer Spieldose, die die bekannten Weihnachtstöne von sich gab. Als ‹consumation› gab's Wacholderschnaps mit Güetzi. Ab und zu bearbeitete eine der Töchter eine Zither und die andere sang dazu mit schrillster Stimme und beide entsetzlich falsch, dass sogar der Sohn einmal bemerkte: ‹Mir kommt vor, du singst falsch›, wonach die Tochter beleidigt ihre Sirenengesänge einstellte. Ich meinerseits leistete meinen Beitrag zur Unterhaltung, indem ich auf Wunsch hin aus meiner Heimat erzählte. Für das Weihnachtsevangelium war bei diesem Anlass, wie ich damals glaubte, wirklich ‹kein Raum in der Herberge›. Heute denke ich anders. […] Im März 1914 schloss die alma mater tubinginiensis ihre Pforten, womit auch mein Auslandsemester zu Ende ging.»

Ähnlich wie bei seinem Sohn Andreas von Rütte der Zweite Weltkrieg spielte nun bei Vater Hans von Rütte der Ausbruch des Ersten Weltkrieges seine Rolle als Störung des geordneten Studienbetriebes.

«Doch kaum war das Sommersemester zu Ende, brach unvermutet der 1. Weltkrieg aus und am 1. August rief ein militärisches Aufgebot die gesamte schweizerische Armee unter die Fahnen. War das eine Aufregung! Was wird aus unserer Heimat werden? Was aus meinem Studium? meinem künftigen Pfarrerberuf? Doch was nützte es, sich mit schweren sorgenvollen Vermutungen abzugeben? Fern und ledig solcher Gedanken nahm ich von meinen Lieben Abschied und stellte mich in Thun bei meinem Regiment, das am anderen Tag feierlich vereidigt wurde und nachher durch den kaum eröffneten Lötschbergtunnel ins Wallis transportiert wurde.»

Es folgen Schilderungen des Militärlebens, die im vorliegenden Zusammenhang nicht von Bedeutung sind. Hans stellt ein Gesuch um Dispensation zwecks Absolvierung seines letzten theologischen Examens, nachdem er ein ganzes Semester hatte opfern müssen. Er war sich aber sehr wohl bewusst, dass andere, bereits berufstätige Dienstkameraden viel härter betroffen waren als er, der Student. Ab März 1915 finden wir ihn wieder an der Universität.

«Die neue Weichenstellung vom Militär zum zivilen Leben war aber gar nicht so einfach. Seit dem 1. August 1914 lebte man ja ganz in militärischen Interessensphären, nicht wissend, ob und wann der Kriegsschauplatz nicht auch in die Schweiz verlegt würde. So sah es wenigstens in den ersten Tagen und Wochen aus. Nun hiess es, wieder umschalten auf die zivile Bahn als studiosus theologicus und zwar mit Volldampf. Denn in drei Monaten musste ich die obligate Accessarbeit als Vorbedingung zur Zulassung zum Examen abliefern. Noch wusste ich nicht einmal das (frei zu wählende) Thema! Onkel Karl kam mir zu Hilfe und schlug mir vor ‹Luthers Stellung zum Krieg›.[313] Ein recht aktuelles Thema, das mich interessierte. So galt es zunächst, die einschlägige Literatur, vor allem Luthers Schriften zu studieren. Mit grossem Eifer machte ich mich dahinter, las und schrieb fast Tag und Nacht. Aber so brachte ich die Arbeit termingerecht fertig (allerdings mit Onkel Karls Hilfe!) Und sie wurde acceptiert. Jetzt folgte die Examensbüffelei, Dogmengeschichte, alttestamentliche und neutestamentliche Theologie, Ethik, Pastoraltheologie usw. Mein Hirnmotor raste auf Hochtouren. Und Ende Juli sass ich in meinen schriftlichen Prüfungen. An die Themata mag ich mich nicht mehr zu erinnern. Ich weiss nur, dass ich die ‹Scylla› wenigstens ohne Schiffbruch passierte. Bis zur ‹Charybdis› d. h. den mündlichen Prüfungen waren mir drei Monate Pause vergönnt. Ich hatte sie nötig, zuerst zum Verschnaufen, dann aber zum neuen Anlauf. Auch um diese Klippe kam ich leidlich herum. Schliesslich folgten noch die gefürchteten praktischen Fächer, vor allem die Predigt und Katechese. Als Text für die Predigt wurde mir Jesaja 54,10 zugewiesen. Mit neuem Eifer machte ich mich hinter die Predigtarbeit. Kaum hatte ich sie fertig und machte ich mich an das Memorieren, als mir wie ein Blitz aus heiterem Himmel ein militärisches Aufgebot eintraf, ich hätte zur Entlassung meiner Truppe (die wieder drei Monate im Dienst gestanden war) einzufinden und zwar ausgerechnet auf den Tag und die Stunde, da ich meine Examenspredigt halten sollte. Hilf Himmel! gab das eine Aufregung. Ich lief zum Präsidenten der Prüfungskommission. Auf dessen Rat stellte ich ein telegrafisches Gesuch um Dispensation. Umsonst, ich hätte einzurücken, punktum! Wieder eilte ich zum Präsidenten der Prüfungskommission. Kopfschütteln und ‹wir werden selber die Angelegenheit an die Hand nehmen›. Am Abend vor dem Examenstag kam die Nachricht, ich sei vom militärischen Einrücken dispensiert. Aufatmen und neues Memorieren die halbe Nacht hindurch. Schweren Herzens zog ich zur Uni hinauf. Wie wird es gehen? Neue Aufregung: kaum hatte ich mit der Predigt begonnen, trat der welsche Examensexperte verspätet in den Saal – und aus war es mit meinem Gedächtnis! Noch einmal: Hilf Himmel! Und siehe da, kaum hatte sich der Herr an seinen Platz gesetzt, fand ich wieder den Faden und nun gings gut bis zum Amen. Gott sei Dank! Und niemand hat gemerkt, dass ich stecken geblieben war, denn die Examinatoren waren der Meinung, ich hätte aus Höflichkeit gegenüber dem welschen Herrn meinen Vortrag unterbrochen! Umso besser. Aber diese Examenpredigt hatte noch lange böse Nachwirkung bis in meine Träume hinein. Die Katechese über Lukas 9,51–56 fiel mir weniger schwer und verlief auch befriedigend. Mit der Gesamtnote 2 war ich also glücklich durch Nöte und Wirbel hindurchgeschlüpft. Am Abend des 8. November 1915 wurde ich von meinem Götti Pfr. E. Güder, Aarwangen, im Münster mit zwei Comilitonen vor den versammelten Synodalen (am anderen Tag fand die Synode statt) consecriert.[314] Der Text der Predigt: Titus 2,7.8. Ein bewegender Abschluss meines Studiums. Nun war ich also VDM, damit aber doch mehr äusserlich als innerlich auf den Pfarrdienst vorbereitet. Am folgenden Tag mussten wir Consecrierten vor den Regierungsrat, Kirchendirektor Burren, antreten, um feierlichst mit

313 Pfarrer Karl von Greyerz, der jüngere Bruder seiner Mutter Pauline von Rütte-von Greyerz.

314 Friedrich Emil Güder (1859–1930), Sohn des bedeutenden Theologen Friedrich Gustav Eduard Güder (1817–1882).

Handschlag unser Gelübde abzulegen (also ohne Eidschwur) als Diener der Landeskirche auch dem Staate gegenüber unsere Pflicht und Verantwortung als seine Angestellten in Treue zu versehen. Und dann drückte uns der Kirchendirektor eine grosse schöne Bibel mit Goldschnitt in die Hand. Wahrhaftig kein übles Sinnbild für das Verhältnis von Kirche und Staat im Bernervolk. Der Staat schenkt den Pfarrern eine Bibel zu pflichtgetreuem Gebrauch. Während vielen Jahren brauchte ich diese Bibel jeden Sonntag auf der Kanzel zum Verlesen von Text und Bibellektüre. Erst in den späteren Amtsjahren wurde mir ihr äusseres Gewicht ein wenig unbequem und ich ersetzte sie durch ein leichteres Bibelexemplar. Aber getreulich wurde bis zuletzt und übrigens noch jetzt bei jeder Vertretung das Datum bei der Textstelle vermerkt in der regierungsrätlichen Bibel, was stets dem Überblick dient, wann welcher Text für eine Predigt Anwendung gefunden hat. Vom Synodalrat erhielt ich zur Consecration als Geschenk der Berner Kirche die Liturgie, das Gebetbuch schön in Leder gebunden, das ich aber wegen seines so ganz unpersönlichen, zum Teil pompösen, leerläufigen Inhalts seit Jahren nicht mehr gebraucht habe, jedenfalls seit dem 2. Weltkrieg nicht.»

Die ersten Schritte Hans von Rüttes in seine pfarramtliche Tätigkeit und seine Wendung zur Dialektischen Theologie sind hier nicht mehr zu referieren.

7. Studienreform

Die Geschichte jeder Institution – dies gilt auch für Fakultäten einer Universität – ist immer auch die Geschichte von Bemühungen, diese zu reformieren.[315] Nun waren die Fakultäten nie nur der reinen Wissenschaft verpflichtet, sondern auch Ausbildungsstätten für Berufspraktiker wie Ärzte, Anwälte oder Pfarrer, das heisst, sie mussten immer damit rechnen, dass Forderungen nach Reformen gerade auch von aussen, aus der Berufspraxis und den entsprechenden Standesorganisationen, an sie herangetragen wurden und nicht nur im überblickbaren Kreis der wissenschaftlichen Gemeinschaft behandelt werden konnten.

Zum Verhältnis von theologischen Fakultäten und Kirche gilt Kurt Guggisbergs Diktum, dass die Fakultäten wüssten, dass hinter ihrer Forschung und Unterrichtstätigkeit die Kirche stehe, wenn sie ihr auch nicht unterstellt sei. Die Versuche von kirchlicher Seite, Einfluss auf den Studienbetrieb zu erlangen, seien von der Fakultät «aber immer wieder auf das Tragbare zurückgeschraubt worden».[316] So geschehen unter anderem beim Vorstoss des Synodalrates 1965, ein Mitspracherecht bei der Neubesetzung der Lehrstühle zu erhalten. Die Regierung lehnte ein Antragsrecht ab in der Einsicht, dass dies eine Beeinträchtigung der universitären Lehr- und Lernfreiheit darstellen würde. «Kein kirchliches Lehramt bindet den Theologen, niemand wird wegen seiner theologischen Meinung zur Rechenschaft gezogen.»[317] Da die Fakultäten aber in erster Linie auch Praktiker, also Priester und Pfarrer ausbilden, ist die Zusammenarbeit mit den Kirchen zwingend.

In der Phase der liberalen Euphorie des 19. Jahrhunderts schienen Reformen unnötig, man war ja per se progressiv und modern, die Zugeständnisse an die konservativeren theologischen Richtungen dienten dem kirchenpolitischen Frieden und konnten kaum als Reformmassnahmen gelten. Diese Gewissheiten zerbrachen, wie noch zu zeigen sein wird, mit dem Ersten Weltkrieg und seinen schrecklichen Auswirkungen. Es kam im kirchlichen Raum zu einer umfassenden «Neubesinnung auf die Anforderungen an die theologische Ausbildung».[318]

Reformbemühungen zielen häufig auf mehrere Bereiche gleichzeitig. Da Institutionen durch Regelwerke geordnet sind, gelten erste Angriffe diesen, daneben drängen Wünsche und neue Ideen zu Änderungen in den Inhalten. Bei den Reglementen geriet bald der Studienplan von 1892 ins Visier der Unzufriedenen. «Das

315 Guggisberg, Kirchenkunde, S. 293–294.

316 Guggisberg, Kirchenkunde, S. 293.

317 Guggisberg, Kirchenkunde, S. 293.

318 Guggisberg, Kirchenkunde, S. 294.

Generalthema lautete: Abbau der philologisch-historischen Studien zugunsten der praktischen Ausbildung. Bei manchen verbarg sich dahinter eine Abwertung der wissenschaftlichen Theologie. Ein Pfarrer klagte naiv-treuherzig, er sei gerade zur Adventszeit ins Amt getreten, habe aber nicht gewusst, was er predigen solle. Daran sei das unzureichende Studium schuld, gerade als ob es darin bestehen könnte, dem Pfarrer für sein ganzes Leben die nötigen Predigten vorzubereiten.» Guggisbergs milder, väterlicher Tadel mündet allerdings in die selbstkritische Bemerkung: «Die Universität, in der Regel ein konservatives Gebilde, konnte sich den neuen Strömungen nicht einfach verschliessen.»[319]

Eine Motion von Pfarrer Walter Joss an der kantonalen Synode von 1917 verlangte einen Abbau des rein philologisch-literarischen Betriebs, von Exegese und Einleitungsfragen, dagegen stärkere Betonung des religiösen Gehalts der biblischen Schriften (was auch immer damit gemeint war) und die Ergänzung des Studienprogramms durch Missions- und Kirchenkunde, religiöse Zeitgeschichte, Nationalökonomie, Psychologie und Psychiatrie und durch vermehrte praktische Betätigung. Auch wenn diese Forderungen weit überzogen waren, liess sich die weitere Diskussion nicht unterdrücken. Im Fokus stand vor allem der vermehrte und frühere Praxisbezug, den sich auch Studierende 1919 wünschten, zum Beispiel mit Vorlesungen über Praktische Theologie bereits ab dem dritten Semester. Statt acht sollten nur sieben theoretische Semester zu absolvieren sein, gefolgt von drei praktischen, die mit einem Vikariat abzuschliessen seien. Noch radikaler die Forderungen, die 1919 Pfarrer Karl Huber von Rüeggisberg erhob und der Fakultät ein radikal umgestaltetes Studium empfahl: Psychologie und Psychiatrie, religiöse Zeitgeschichte, Nationalökonomie und englische Sprache, Einschränkung der Philologie und der alten Kirchengeschichte, Wegfall der Pädagogik und Aufteilung der Studien in eine philosophische und eine praktische Richtung. Es waren dies Forderungen, die auch in späteren Reformanläufen gelegentlich in irgendeiner Form aufs Tapet gebracht wurden. Die Fakultät musste sich zur Wehr setzen und versuchen, die Kritik auf ein umsetzbares Mass zurechtzustutzen. Der Tenor dieser defensiv-ablehnenden Haltung lautete pauschal zusammengefasst: Eine theologische Fakultät hat Theologen auszubilden und nicht Dilettanten in verschiedenen Wissenschaften, die gerade en vogue sind. Die Professoren Marti und Hadorn verfassten die Antwort der Fakultät an den Synodalrat. Darin lehnten sie eine Differenzierung des Studiums in zwei Zweige als nicht zielführend ab. «Die Gemeinden hätten allseitig ausgebildete Pfarrer nötig.»[320] Sie verwarfen auch Wünsche nach gesondertem Unterricht in Psychologie und Psychiatrie, da in den meisten Vorlesungen solche Themen genügend zur Sprache kämen. «Erfahrungen in Lehrerkreisen seien eine

319 Guggisberg, Kirchenkunde, S. 294.
320 Guggisberg, Kirchenkunde, S. 295.

Warnung, psychoanalytische Verwüstungen nicht in die Gemeinden zu tragen.»[321] Aus diesem Grund lehnte die Fakultät 1919 auch das Angebot eines Arztes ab, Vorlesungen über Psychoanalyse für Theologen zu halten. Angesichts der theologischen Spezialgebiete der beiden Referenten erstaunt ihre Forderung nicht weiter, das streng philologische Bibelstudium und die Pädagogik beizubehalten, ebenso die alte Kirchengeschichte, «weil diese für die gegenwärtigen religiösen und kirchlichen Zustände manche Erhellung bringe».[322] Dass diese recht konservative Stellungnahme den Synodalrat nicht befriedigen konnte, liegt auf der Hand, er spürte den Druck der Pfarrerschaft ungleich stärker als die Fakultät, deren führende Mitglieder wie Marti (* 1855) und Lüdemann (* 1842) über sechzig, Hadorn (* 1869), Lauterburg (* 1862) und Hoffmann als Jüngster (* 1874) um die fünfzig Jahre alt waren oder knapp darunter.

Der Synodalrat beauftragte daraufhin den kantonalen Pfarrverein mit der Einsetzung einer Kommission zum Studium der hängenden Fragen. Diese Kommission präsentierte am 11. November 1919 ein anspruchsvolles Programm, das schon auf der Gymnasiumsstufe ansetzte mit der Forderung, den zukünftigen Theologiestudenten fakultatives Englisch anzubieten, ferner Religion, Logik und Psychologie, dafür weniger Mathematik. Einiges davon wurde dann gegen Ende des 20. Jahrhunderts mit der Auffächerung der Maturitätstypen umgesetzt. Im Studium forderte die Kommission mehr Bibelstudium, rhetorische und musikalische Ausbildung, dazu Konfessions-, Religions- und Missionskunde, Vorlesungen über die innere Mission, über Nationalökonomie, Soziologie und theologische Enzyklopädie. An der Akzessarbeit solle festgehalten werden.[323] Vieles von dem wurde in ähnlicher oder geänderter Form erst später umgesetzt.

Was der Fakultät damals möglich schien, gerann zum Prüfungsreglement vom 27. September 1921, das jenes aus dem Jahre 1892 ersetzte.

Die Prüfungskommission besteht aus den Ordinarien und hauptamtlichen Extraordinarien der Evangelisch-theologischen Fakultät sowie aus fünf von der Synode gewählten Pfarrern. Der bisherige Studiengang wird im Wesentlichen beibehalten. Die Prüfung der biblischen Fächer findet im Propädeutikum sowie im theoretischen Staatsexamen statt, auf eine schriftliche Klausur in Geschichte der Philosophie wird verzichtet. In der Kirchengeschichte wird der Schwerpunkt auf die Ereignisse seit der Reformation und in der Schweiz verlagert. In der Religionsgeschichte sollen vor allem Kenntnisse der gegenwärtigen nicht christlichen Religionen vermittelt sowie ihre Stellung zum Christentum behandelt werden. Die Ethik wird selbstständiges Prüfungsfach, aus der Symbolik wird Konfessionskunde, verbunden mit Kirchen- und Sektenkunde. «Als einschneidenste praktische Neue-

321 Guggisberg, Kirchenkunde, S. 295.
322 Guggisberg, Kirchenkunde, S. 296.
323 Guggisberg, Kirchenkunde, S. 296.

rung präsentierte sich die Trennung des Staatsexamens in einen theoretischen und praktischen Teil, die in der Regel durch ein Semester voneinander getrennt sein müssen. In der Zwischenzeit sollte sich der Kandidat mindestens zwei Monate praktisch-kirchlich betätigen. Vorgesehen wurden rhetorische Übungen, praktische Exegese, Psychologie und Erziehungslehre, und empfohlen wurde der Besuch einer psychiatrischen Klinik.»[324]

Daran änderte auch das Prüfungsreglement von 1938 nichts Grundsätzliches. Einzig die Handelsmaturität wurde als Zugang zum Theologiestudium anerkannt, ebenso wie die an einer freien theologischen Akademie verbrachten Semester. 1937 fasste die Synode den Beschluss, nach Studienabschluss sei ein obligatorisches Lernvikariat zu absolvieren, es dauerte aber bis 1946, bis eine entsprechendes Lernvikariatsordnung in Kraft treten konnte, die das Provisorium von 1939 ersetzte.[325]

Nach dem Zweiten Weltkrieg sah sich die Fakultät erneut herausgefordert durch den Wunsch der Fachschaft nach einer Studienreform.[326] 1950 wurde gefordert, Pädagogik, Soziologie, praktische Psychologie und Seelsorge bereits vor dem Propädeutikum anzubieten. Vier Jahre später verlangten die Studierenden ein «lebensnahes und weltweites Studium, eine rationellere Stoffverteilung, weniger Kirchengeschichte und mehr Philosophie, besonders der Gegenwart, einen Griechischkurs».[327] Als Ergänzung zum Lernvikariat sollte zwischen erstem und zweitem Teil des Staatsexamens ein Kurs geschaffen, in die Seelsorge intensiver eingeführt und die rednerische Schulung vertieft werden. Die Fakultät habe diesen Wünschen weitgehend Rechnung getragen, urteilt Kurt Guggisberg, der diesen Reformprozess miterlebte.[328]

---

324 Guggisberg, Kirchenkunde, S. 297, auch der vorangehende Abschnitt daselbst fast wörtlich.

325 Regulativ vom 9.1.1939, vgl. Guggisberg, Kirchenkunde, S. 298.

326 Guggisberg, Kirchenkunde, S. 298.

327 Guggisberg, Kirchenkunde, S. 298.

328 Guggisberg, Kirchenkunde, S. 298.

8. Theologiestudium – auch für Frauen?

So fortschrittlich sich die liberalen beziehungsweise radikalen Sieger von 1831 und 1846 sonst gaben, bezüglich höherer Frauenbildung waren sie zunächst kaum neuerungsbeflissener als ihre konservativen Vorgänger und Gegner. «Die Athena auf dem Siegel der Universität blieb lange Zeit die einzige Frau der alma mater bernensis», schreiben die Autorinnen und Autoren des Kapitels zum Frauenstudium in der Hochschulgeschichte von 1984.[329]

Dennoch liessen sich die Frauen auf Dauer nicht von der Hochschule fernhalten. Beatrix Mesmer deutet die Zulassung der Frauen zu den Hochschulen als «Spätfolge des liberalen Bildungskonzeptes der Regeneration, das auf allen Stufen auf Breitenwirkung hin angelegt war».[330] Anders als die Universität Basel verstanden sich die in den 1830er-Jahren gegründeten Universitäten von Zürich und Bern demzufolge als Volksbildungsanstalten. Neben den Berufsstudiengängen boten sie immer auch öffentliche Vorlesungen an, die jedermann offenstanden, es entstand der Typus des Auskultanten und der Auskultantin. Da die bürgerlichen jungen Frauen sich zwar damit ein beachtliches Wissen aneignen konnten, aber vorderhand keine Prüfungen ablegen wollten, galt ihre Anwesenheit als wenig problematisch. Die large Zulassungspraxis der schweizerischen Universitäten zog nun eine wachsende Zahl ausländischer Studentinnen an, die daheim aus formalen oder politischen Gründen nicht studieren konnten. Diese Ausländerinnen wollten aber ein vollwertiges Berufsstudium absolvieren und mit einem international anerkannten Abgangszeugnis abschliessen. Die Bresche wurde von den russischen Medizinstudentinnen geschlagen, denen der Zar den Zugang zu den russischen Universitäten verboten hatte.

Im europäischen Vergleich recht früh eröffnete der Berner Regierungsrat auf Antrag des Senates mit dem Reglement vom 11. Februar 1874 den Frauen den Weg zum Universitätsstudium. Frankreich 1863, Zürich 1867 und Genf 1872 waren vorangegangen. Nicht von ungefähr fand diese Öffnung in den Sechziger- und Siebzigerjahren des 19. Jahrhunderts statt, als besonders der Kanton Zürich von einer demokratischen Grundwelle erfasst wurde, die zumindest im Bildungswesen auch den Frauen zugutegekommen sei, wie die Berner Historikerin Beatrix Mesmer meint. An den deutschen Universitäten hingegen mussten die Frauen den Beginn des 20. Jahrhunderts abwarten, um das Universitätsstudium in Angriff nehmen zu

329 Kommission Hochschulgeschichte, Hochschulgeschichte, S. 497. Grundlegend dazu: Mesmer, Ausgeklammert. Zum Frauenstudium: Rogger, Doktorhut.

330 Mesmer, Ausgeklammert, S. 129, auch zum Folgenden.

können. Allerdings mussten die studierwilligen jungen Frauen hierzulande zwei zusätzliche Hürden überwinden: Sie brauchten neben der auch von den Männern verlangten Altersbescheinigung und dem Leumundszeugnis noch entweder «eine beglaubigte Bewilligung ihrer Rechtsvertreter, dass ihnen das Studium an einer Hochschule gestattet sei», oder, wenn sie eigenen Rechts waren, eine «beglaubigte Bescheinigung, dass sie sich im Zustand des eigenen Rechts befinden».[331] Die zweite Hürde bestand in den kargen Vorbildungsmöglichkeiten. Junge Frauen konnten nur via Lehrerinnenausbildung eine höhere Mittelschulausbildung geniessen; wer als Frau an die Universität wollte, musste Privatunterricht nehmen oder sich zur Lehrerin ausbilden lassen. Erst 1894 wurde ihnen der Eintritt ins städtische Gymnasium gestattet, am Freien Gymnasium Bern sogar erst nach der Jahrhundertwende.

Die recht gedeihliche Entwicklung des Frauenstudiums an der Universität Bern ist hier nicht weiter zu verfolgen, für die hier zu besprechende Thematik genügt der Hinweis, dass vor dem Ersten Weltkrieg nur mehr an den theologischen Fakultäten sowie an der veterinärmedizinischen keine Frauen studierten. Dass ihnen der Weg zum Arztberuf geöffnet wurde, war damals offenbar trotz des anfänglich erheblichen Widerstandes der männlichen Ärzteschaft plausibler als der Weg auf die Kanzel. Im Kanton Zürich scheint für die Frauen der Weg zum Lehrerinberuf, vor allem in der höheren Schulbildung, umstrittener gewesen zu sein als derjenige in die Arztpraxis. Die Pflege von Kranken und Hilflosen gehörte nach damaliger Auffassung schliesslich zu den anerkannten Pflichten der Frauen, das Predigen und Unterrichten erwachsener Männer nicht. Hier ging es wohl um eine symbolische Umkehr der dualen Geschlechterordnung, wie sie sich seit dem 18. Jahrhundert in bürgerlichen Kreisen durchgesetzt hatte.

In Bern klopften die ersten Frauen gegen Ende des Ersten Weltkrieges an die Türen der Evangelisch-theologischen Fakultät.[332] Es brach eine Zeit an, in der auch in der Schweiz neben politischen auch theologische Burgen geschleift wurden, noch konnten aber die Frauen hierzulande davon wenig profitieren. Nicht von ungefähr kam der «Angriff» der Frauen auf die Theologenbastion aus einer Nachbarfakultät: Die Pionierin Anna Bachmann hatte sich 1916 an der Philosophischen Fakultät I, wie sie offiziell genannt wurde, immatrikuliert und stellte nun an den Dekan der Evangelisch-theologischen Fakultät, Moritz Lauterburg, den Antrag, an seiner Fakultät Kollegien besuchen zu dürfen, «die mich für den Beruf einer Pfarrhelferin

331 Zit. nach Kommission Hochschulgeschichte, Hochschulgeschichte, S. 499. Dieser «Vormundschaftsparagraf» wurde erst 1901 fallen gelassen.

332 Das Folgende nach Lindt-Loosli, Hülfsarbeiterin. Dort ab S. 153 auch die Biografien der zwischen 1917 und 1965 an der Evangelisch-theologischen Fakultät der Universität Bern immatrikulierten Theologinnen. In der Beurteilung gleich gerichtet wie Lindt-Loosli: Guggisberg, Kirchenkunde, S. 302–305. Dort auch ein kurzer Abschnitt über die Frage der Kultfähigkeit der Frauen im Lauf der Kirchengeschichte.

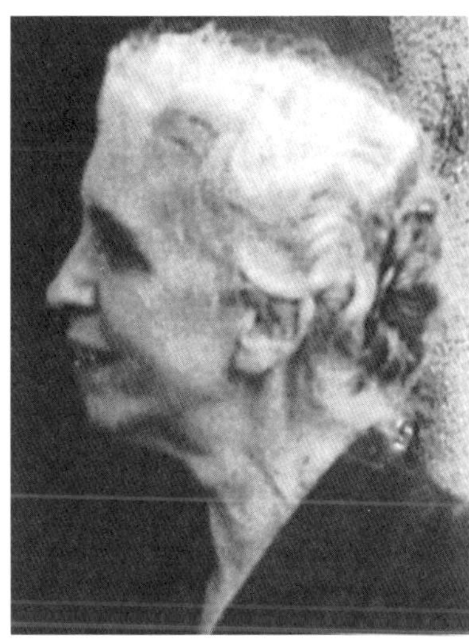

Anna Bachmann

vorbereiten. Mein Wunsch ist, mich später in sozialer Frauen- und Kinder-Fürsorge und in Armenpflege zu betätigen, Religionsstunden an Schulen und Kinderlehre zu erteilen. Dazu möchte ich nach Abschluss der nötigen Studien durch ein Examen ein eidgenössisches oder kantonales DIPLOM erlangen.»[333] Die Fakultät entsprach dem Gesuch um Immatrikulation, liess aber die Frage der Examinierung offen, da sie dafür das Placet der kirchlichen Oberbehörde benötigte. Es zeigt sich hier nun die grundsätzliche Problematik der Tatsache, dass die Universitätsgründer von 1834 beim Theologiestudium die wissenschaftliche Theologenausbildung nicht von der pfarramtlichen getrennt hatten; Theologie studieren hiess Pfarrer werden, Punkt. Das war beim Medizinstudium natürlich nicht wesentlich anders, man studierte Medizin, um Arzt zu werden.

Was bei Anna Bachmanns Gesuch aus heutiger Sicht überrascht, ist nicht das Ansinnen an sich, sondern die überaus bescheidene Zielsetzung. Hanni Lindt-Loosli geht natürlich auf diesen Aspekt ein. Sie fragt, ob das im Gesuch angesprochene Berufsbild ihr eigenes gewesen oder ob es im Gespräch mit Professor Hadorn formuliert worden sei, so dass es nicht unter die Bestimmungen des Kirchengesetzes von 1874 fiel, das damals bestimmend und mit dem ein weibliches Pfarramt nicht zu vereinbaren war: «Das Berufsbild entsprach jedenfalls dem damaligen Frauenbild, auch demjenigen der zuständigen kirchlichen Behörden, die ohne Einwände

333 Zit. nach Lindt-Loosli, Hülfsarbeiterin, S. 17. Anna Bachmann wuchs am Klaraweg 10 auf, in unmittelbarer Nachbarschaft der Familie Barth. Fritz Barth war dem Theologiestudium von Frauen gegenüber positiv eingestellt, war aber bereits 1912 gestorben, als Anna Bachmann erst knapp 16 Jahre alt war. Wieweit hier sein Einfluss auf Annas Berufswahl wirksam war, bleibt offen.

darauf eingingen. Es wirkte sich noch über Jahrzehnte auf den Ausbildungsgang, das Prüfungsreglement und die gesetzlichen Bestimmungen für Theologinnen aus.»[334] Anna Bachmann bereute diese Bescheidenheit später und räumte ein, sie habe in Unkenntnis der Folgen wohl den Frauen, die sich nach ihr um ein Pfarramt im vollsten Sinn des Wortes bewerben wollten, den Weg dazu versperrt. Bis zum Wintersemester 1924/25 immatrikulierten sich weitere sechs Studentinnen, darunter Dora Scheuner, die nach dem Zweiten Weltkrieg für Generationen von Theologinnen und Theologen den Massstab für ihre Hebräischkenntnisse setzen sollte. Eine von ihnen, Mathilde Merz, cand. theol., erarbeitete sich 1923 einen ersten Fakultätspreis für die Arbeit «Die apokalyptischen Gedanken in den Gleichnissen Jesu».[335]

Fakultät und Kirche waren nun gefordert, da es ja nicht nur um die Immatrikulation ging, deren Anforderungen Anna Bachmann erfüllte, sondern um die viel wichtigere Frage der Examina und damit letztlich des Berufsbildes. Die Fakultät beauftragte ihre Mitglieder Lauterburg, Marti und Hadorn mit der weiteren Prüfung des Studiums und der Examina für Pfarrhelferinnen (den Ausdruck hatte Anna Bachmann in ihrem Gesuch verwendet). Sie informierten sich vorab an den Universitäten Zürich und Heidelberg über deren Vorgehensweise und kamen zum Schluss, die Heidelberger Lösung vorzuschlagen: Man verlangte im Wesentlichen die gleiche Prüfung wie von den Studenten, jedoch ohne Predigt, was nicht zum Pfarramt berechtigte, sondern nur zum kirchlichen Hilfsdienst. So hoffte man den Ängsten entgegenzuwirken, Examen vor der gleichen Prüfungsbehörde könnten die «Konsequenz haben, dass man den Damen bald auch die gleichen Rechte, d. h. das Pfarramt, gewähren müsse. Dem wurde entgegen gehalten, das Examen mit dem Zweck des Diploms zum Dienst als Pfarrhelferin und damit einem Berufsziel schliesse die befürchtete Konsequenz besser aus als ein Fakultätsexamen wie in Zürich ohne bestimmte praktische Zielsetzung.»[336] Mit einer Motion reichten die Professoren Marti und Hadorn die Angelegenheit an die Kirche weiter, die ja in erster Linie betroffen war. Die Verhandlungen in der Synode und im Synodalrat sind hier nicht zu referieren, bemerkenswert ist dennoch, wie defensiv vom Hauptberichterstatter Hadorn, der sowohl Mitglied der Fakultät wie auch Vizepräsident des Synodalrates war, taktiert wurde.[337] Immerhin versuchte er das Feld zu bearbeiten, indem er auf die Tätigkeit der Frauen in der alten Kirche und die guten Erfah-

334 Lindt-Loosli, Hülfsarbeiterin, S. 18.

335 Der zuständige Professor Hadorn musste die Ausrichtung des Preises bei der Erziehungsdirektion beantragen, die ihn bewilligte, mit Kopie an das Rektorat. Zweite Preise erhielten in jenem Jahr cand. theol. Ernst Marti und stud. theol. Ernst Imobersteg. Spezialmappe «Preise», StAB, BB IIIb 528.

336 Lindt-Loosli, Hülfsarbeiterin, S. 20.

337 Zur Synodalratsdebatte 1934 zum Thema und dem dort vorherrschenden Frauenbild: Nägeli, Kirche und Anthroposophen, S. 186, Anm. 472.

rungen mit den kirchlich tätigen Frauen in den USA, in England, bei den Quäkern und in der Heilsarmee hinwies. Das Versäumnis eines vom Pfarramt losgelösten Theologiestudiums fiel nun auf die Fakultät zurück, die sich vom Synodalrat für ihr Vorgehen anlässlich der Immatrikulation von Anna Bachmann rüffeln lassen musste. Im Ratsprotokoll steht der entlarvende Satz: «[…] jetzt sei der Synodalrat verpflichtet, dieser auch eine Lebensstellung zu verschaffen.» Der Rat betonte, es sei darauf zu achten, dass die Studentinnen keine vollständige theologische Ausbildung erhielten: «Sonst wittert man, dass sie sich zum Pfarramt hinzudrängen.»[338] Damit lagen die Ängste auf dem Tisch, mit denen man auch Frauen mit anderen Berufszielen wie dem Höheren Lehramt an Gymnasien usw. begegnete. Die Wirtschaftskrise der Dreissigerjahre des 20. Jahrhunderts machte die Sache für die Frauen nicht leichter, im Gegenteil.

Nun galt es, die Berufstätigkeit der Theologinnen gesetzlich zu regeln. In die «Kirchenordnung für die Evangelisch-reformierte Kirche des Kantons Bern vom 17. Dezember 1918» wurde ein Paragraf 57 folgenden Inhalts aufgenommen: «Wo die religiösen, kirchlichen und sozialen Bedürfnisse in grössern städtischen und ländlichen Kirchgemeinden neben dem Dienst des geordneten Pfarramts für die Gebiete der Seelsorge an dem weiblichen Teil der Gemeinde, insonderheit an der weiblichen, admittierten Jugend, der Seelsorge an den Gefängnissen, Spitälern und Anstalten, der Leitung von Sonntagsschullehrkursen und Jugendvereinen und des Religionsunterrichts eine Ergänzung notwendig machen, wird den Kirchgemeinden gestattet, auf ihre Kosten theologisch gebildete Gemeindehelferinnen mit dieser Aufgabe zu betrauen.»[339] Der ursprünglich verwendete Begriff der Pfarrhelferin wurde ersetzt durch denjenigen einer Gemeindehelferin; damit glaubte man jede Gefahr, die Frauen könnten unversehens in pfarramtliche Aufgaben hineingeraten, gebannt. Immerhin sollten sie wirklich theologisch gebildet sein, Maturität und alte Sprachen gehörten zwingend dazu. Dem konnte der Synodalrat zustimmen und der Prüfungskommission der Fakultät einen Entwurf zur Ergänzung des «Reglement vom 16. Mai 1894 über die Prüfung der Kandidaten für den Dienst der Evangelisch-reformierten Kirche des Kantons Bern» durch einen Abschnitt «Prüfungen für weibliche Theologiestudierende» zustellen.[340] In diesem Entwurf allerdings waren Einschränkungen im Umfang der Prüfungen respektive der zu prüfenden Fächer enthalten. Interessanterweise wurde in das nur handschriftlich überlieferte Prüfungsreglement ein Paragraf 28 eingefügt, der besagte: «Es steht den Kandidatinnen frei, die erste Prüfung und die theoretische Prüfung nach den Bestimmungen für

338 Beide Zitate nach Lindt-Loosli, Hülfsarbeiterin, S. 23.

339 Zit. nach Lindt-Loosli, Hülfsarbeiterin, S. 25.

340 Zit. nach Lindt-Loosli, Hülfsarbeiterin, S. 27. Dort auch ausführlich die Unterschiede zu den Anforderungen für die Männer.

die Kandidaten des Predigtamtes zu absolvieren.»[341] Diese «Inkonsequenz» ging eindeutig auf die Drohung Anna Bachmanns und ihrer Mitstreiterin Irene von Harten zurück, das Studium an einer anderen Fakultät fortzuführen, wo die weiblichen Studierenden wissenschaftlich auf derselben Linie wie ihre Kommilitonen stünden.[342] Die Frauen erreichten ihr Ziel, wohl nicht zuletzt, weil sie taktisch klug nicht am Berufsbild und -ziel der Gemeindehelferin rüttelten. Sie wussten sehr gut, dass die Fakultät ihnen die wissenschaftliche Befähigung kaum absprechen konnte, weil diese an den anderen Fakultäten längst anerkannt war. Marti, selbst kein Gegner des Frauenstudiums, hatte ja unter seinen Studierenden an der Philosophischen Fakultät begabte Studentinnen unterrichtet wie zum Beispiel Hedwig Anneler, die 1912 bei ihm und Philipp Woker «Zur Geschichte der Juden von Elephantine» promoviert hatte.[343] Damit war eine erste grosse Bresche in die kirchliche Abwehrlinie geschlagen: «Denn mit Ausnahme von zwei Studentinnen legten alle Theologinnen bis 1957, als der Abschnitt ‹Prüfungen für weibliche Theologiestudierende› ausser Kraft gesetzt wurde, aufgrund von § 28 die gleichen wissenschaftlichen Examen wie die Studenten ab.»[344]

Die entsprechenden Anträge des Synodalrates gingen nun an die Regierung und traten 1919 in Kraft. Die Theologinnen waren jetzt in wissenschaftlicher Hinsicht den männlichen Kommilitonen gleichgestellt. In einer Antwort auf die Anfrage der International Federation of Universitary Women bestätigte der Dekan, dass die Theologinnen mit dem absolvierten wissenschaftlichen Teil des Staatsexamens zum Lizenziatsexamen zugelassen werden können.[345]

Der Synodalrat legte gleichzeitig die neue Verteidigungslinie fest, hierbei von Fakultät und Prüfungskommission unterstützt, die er im Schreiben an den Regierungsrat so umriss, dass er einen Ladenhüter bemühte, der in solchen Fällen immer griffbereit war: «Prinzipiell verwerfen wir nach dem Grundsatz ‹mulier taceat in ecclesia› das weibliche Pfarramt, die Pfarrerin. Wir wollen keine Frauen auf der Kanzel. Deswegen denken wir auch nicht an die Ausbildung von weiblichen Pfarrern, Vikaren und Pfarrhelferinnen, sondern ausschliesslich an Gemeindehelferinnen, deren Dienst durch die Bestimmungen des § 57 der Kirchenordnung genau umschrieben wird.»[346] Das war zwar nur pseudoreformatorisch argumentiert, genügte aber vorerst, um die Frauen vom Pfarramt fernzuhalten. Fakultät und Prüfungskommission zementierten das Ganze dadurch, dass die Frauen im praktischen

341 Lindt-Loosli, Hülfsarbeiterin, S. 29.

342 Guggisberg, Kirchenkunde, S. 304.

343 Stadler, Marie Anneler-Beck und Hedwig Anneler, S. 195.

344 Lindt-Loosli, Hülfsarbeiterin, S. 30. Als einziger Unterschied blieb, dass die Theologinnen keinen schriftlichen Katechese-Entwurf abfassen durften. Ebd., S. 32–33.

345 Lindt-Loosli, Hülfsarbeiterin, S. 33.

346 Lindt-Loosli, Hülfsarbeiterin, S. 31.

Teil nicht das volle Staatsexamen ablegen und damit auch nicht für das Predigtamt empfohlen werden konnten.

Dass die Theologinnen damit auf die Dauer nicht zufrieden sein würden, durfte eigentlich niemanden überraschen. Sie setzten dabei beim gut gemeinten Begriff der Gemeindehelferin an. Er galt den Gegnern des weiblichen Pfarramts als Patentlösung, da er die Anstellung und Besoldung den Kirchgemeinden übertrug und so dem Staat keine zusätzlichen Kosten entstanden. Die Theologinnen aber mussten feststellen, dass der Begriff zu wenig spezifisch theologisch gefüllt war. Sie wurden unterstützt durch ein Gutachten des Synodalrates Oberrichter Dr. Paul Wäber, der beantragte, die Bezeichnung «Gemeindehelferin» durch «Pfarrhelferin» zu ersetzen, da «man sich unter einer Gemeindehelferin ebenso gut eine Gemeinde-Krankenpflegerin vorstellen könne wie eine theologisch ausgebildete Hilfskraft».[347] 1927 wurde die entsprechende Änderung des Paragrafen 57 von der Synode angenommen, doch – unbegreiflicherweise – erst zwanzig Jahre später in die Diplome aufgenommen.

Angesichts des drohenden Weltkriegs, der nationalsozialistischen Machtübernahme und der Wirtschaftskrise war in den Dreissigerjahren für die Frauen vorderhand wohl nicht mehr zu erreichen. Dass ihr Kampf weitergehen würde, war abzusehen, wie die Immatrikulation von weiteren zehn Frauen bis 1939 unschwer erkennen liess, von denen vier bis Kriegsbeginn abschlossen. In den Vierzigerjahren kamen wiederum zehn neue Theologiestudentinnen dazu, von denen fünf bis 1950 ihr Studium erfolgreich absolvieren konnten.[348]

Rückschauend lässt sich Folgendes feststellen:

1. Die Forderungen der Theologinnen waren mehr als bescheiden. Immerhin betrug der Frauenanteil an der Gesamtzahl der Studierenden zwischen 1920 und 1960 stets ein Zehntel. Am Vorabend des Ersten Weltkrieges studierten 189 Studentinnen und mit 98 Schweizerinnen erstmals mehr Einheimische als Ausländerinnen. Die Zahl ging zwar in den Zwanzigerjahren zurück, vor allem, weil die Ausländerinnen wegblieben, sie nahm aber wieder zu und stieg auf über 200 im Jahrzehnt vor dem Zweiten Weltkrieg.
2. Die Männer, innerhalb und ausserhalb der Universität, taten sich nach wie vor schwer mit der Akademikerin, gerade in Studentenkreisen wurde heftig über die Eignung der Frauen zum akademischen Beruf debattiert.[349] Ohne Zweifel spielte hier natürlich auch die Angst vor beruflicher Konkurrenzierung eine wichtige Rolle.

---

347 Lindt-Loosli, Hülfsarbeiterin, S. 38.

348 Angaben und Namen bei Lindt-Loosli, Hülfsarbeiterin, S. 49–50 resp. S. 65–66.

349 Vgl. dazu Kommission Hochschulgeschichte, Hochschulgeschichte, S. 505 ff.

3. An der Evangelisch-theologischen Fakultät war ein Generationenwechsel in Gang: Mit Karl Marti 1925, Moritz Lauterburg 1927 und Wilhelm Hadorn 1929 waren theologische Schwergewichte durch Tod aus ihrem Lehramt abberufen oder, wie Hermann Lüdemann 1927, emeritiert worden. Ihre Nachfolger wie Martin Werner und Max Haller hatten noch nicht den Status ihrer Vorgänger erlangen können, Heinrich Hoffmann und der 1929 zum Nachfolger Hadorns berufene Wilhelm Michaelis waren als Deutsche zur Zurückhaltung in kirchenpolitischen Belangen verpflichtet. Manchmal gewinnt man auch den Eindruck, dass die Professoren, denen die intellektuellen Qualitäten der weiblichen Studierenden hinlänglich bekannt sein mussten, ganz froh waren, konnten sie die Frage des weiblichen Pfarramts als kirchenpolitische Frage aus dem universitären Bereich auslagern. Es war nicht von ungefähr Albert Schädelin, als Münsterpfarrer und ausserordentlicher Professor gleichsam an der Schnittstelle zwischen Kirche und Universität wirkend, der sich den damit verbundenen Verpflichtungen nicht entzog. Auch Martin Werner, ehemaliger Pfarrer von Krauchthal, den wir als entschiedenen Gegner Karl Barths noch kennenlernen werden, setzte sich während des Krieges energisch für die pfarramtliche Tätigkeit der Frauen ein: In der Synode vom 10. Dezember 1940 mahnte er, «dass man nicht mit Bibelworten, die in der damaligen zeitbedingten Auffassung geschrieben seien, heutige, im tiefsten Sinne christliche Anliegen bekämpfen könne.» Sein Kollege Max Haller hielt in derselben Synode dagegen: «Pfarrhelferinnen haben ein schönes Tätigkeitsfeld zum Beispiel in den Diakonissenhäusern; jedoch in den Kirchgemeinden wollen wir Pfarrer, nicht Pfarrhelferinnen.»[350]
4. Wie alle Theologen in und ausserhalb der Universitäten hatten sich nun auch die Berner mit einer neuen Herausforderung auseinanderzusetzen, der sogenannten Dialektischen Theologie Karl Barths, die seit dem Erscheinen seines Römerbriefkommentars 1919 und 1922 zunehmend den theologischen Diskurs dominierte. Durch sie geriet die bislang dominante liberal-theologische Richtung gewaltig unter Druck. Die damit verbundenen Auseinandersetzungen absorbierten viele Energien, was zumindest für konservativ Gesinnte den angenehmen Nebeneffekt hatte, dass man sich mit den Forderungen der Frauen nicht allzu sehr abmühen musste. Dazu kam, dass die Dialektische Theologie in der Frauenfrage nicht von vornherein progressiver war als ihre Konkurrenz, im Gegenteil.[351]

---

350 Beide Zitate Lindt-Loosli, Hülfsarbeiterin, S. 60. Fast überflüssig zu erwähnen, dass Haller als Protokollführer der Fakultät die Protokolle noch in alter deutscher Schrift niederschrieb, nachdem seine Vorgänger schon zur modernen Schreibweise übergegangen waren.

351 Zu Karl Barths Patriarchalismus und der feministischen Kritik daran: Selinger, Kirschbaum und Barth.

5. Was am Ende der Zwanzigerjahre bei Männern, die dem Amt und Dienst der Frauen in der Berner Kirche gewogen waren, möglich war, zeigt die Predigt, die Münsterpfarrer Albert Schädelin als Mitglied der Prüfungskommission zur Feier des Stellenantritts von Dora Scheuner hielt. Sie hatte die Prüfungen mit Gesamtnote 1 glänzend bestanden.[352] Schädelin führte aus, dass es zwar eine Schwäche des Gemeindehelferinnenamtes sei, dass der Anstoss dazu aus einer Bewegung komme, die ihren Ursprung nicht in der christlichen Gemeinde habe, nämlich in der Frauenbewegung. «Aber es ist in den Dingen der Kirche und des Glaubens wohl noch immer so gewesen, dass tausendfältige natürliche Umstände dazu mithelfen mussten, dass der christliche Geist sich auf sich selber zu besinnen begann, so auch in diesem Fall. Wenn die Frauenbewegung der Anlass wurde, dass die Kirche auf ihrem Boden etwas Richtiges tut, dann können wir jener Bewegung nur dankbar sein.»[353] Das tönte doch recht verheissungsvoll, und Albert Schädelin verschloss sich der weiteren Entwicklung nicht, wie Hanni Lindt-Loosli darlegt: 1942 befürwortete er in der Festpredigt zur Einweihung der neuen Kirche in Zuchwil grundsätzlich das weibliche Pfarramt, die Frau «als Verkünderin des Wortes im allsonntäglichen Gottesdienst der Gemeinde».[354]
6. Einen vergleichbaren Lernprozess scheint auch Kurt Guggisberg, der liberale Altmeister der bernischen Kirchengeschichtsschreibung, in den Fünfzigerjahren durchgemacht zu haben. In seinem grossen Werk zur bernischen Kirchengeschichte steht im Zusammenhang mit den wachsenden sozialen Problemen am Ende des 19. Jahrhunderts noch der Satz: «Der Industrialismus griff immer weiter um sich. Auch die Frau wurde mehr und mehr in den grossindustriellen Arbeitsprozess eingegliedert und damit weithin ihrer naturgemässen Lebenserfüllung beraubt.»[355] In der Bernischen Kirchenkunde, die das 20. Jahrhundert behandelt, steht dann aber ein doch moderner anmutendes Kapitel über die Theologinnen und darin Sätze wie: «Dabei ist die Frau auch im religiösen Gebiet längst die mündige Partnerin des Mannes geworden. Man hat in der Kirche öfters zu wenig beachtet, wie viel Edelmut, Tapferkeit und christlicher Sinn in der Frau sich nach selbständiger Betätigung und nicht nur nach heroischem Leiden und Unterordnung sehnt […]. Die Verhältnisse waren stärker als irgendein traditionsgebundener Doktrinarismus.»[356]

   Weiter war da schon während des Zweiten Weltkrieges Karl von Greyerz, der in seinem Jahrzehntbericht über die bernische Landeskirche 1930–1940 in einem

352 Nach Lindt-Loosli, Hülfsarbeiterin, S. 44–45.
353 Zit. nach Lindt-Loosli, Hülfsarbeiterin, S. 45–46.
354 Lindt-Loosli, Hülfsarbeiterin, S. 63.
355 Guggisberg, Kirchengeschichte, S. 714.
356 Guggisberg, Kirchenkunde, S. 303.

längeren Abschnitt «Die Frau im Kirchenamt» schrieb: «Möchten die vielen Kirchenglieder, Männer und Frauen, die nur mit Unwillen vom Amt der Frau in der Kirche hören und es restlos ablehnen, bedenken, dass es sich, im Lichte des Evangeliums gesehen, dabei nicht um eine Anmassung und Gleichmacherei handelt, sondern darum, dass bei aller Wahrung der Verschiedenheit, der Frau auch im kirchlichen Amt und Dienst die Ebenbürtigkeit neben dem Manne geschenkt und gesichert werde.»[357] Er konnte sich dabei auf ein Diktum seines Vorgängers als Berichterstatter, Professor Fritz Barth, stützen, der vierzig Jahre zuvor in einem Vortrag «Die Frauenfrage und das Christentum» festgestellt hatte: «Ein Recht auf persönliches Leben im Dienste Jesu.»[358]

7. Trotz der unklaren Haltung der Fakultät und des hinhaltenden Widerstandes der kirchlichen Behörden musste allen Beteiligten im Grundsatz klar sein, dass man sich im Stadium von Rückzugsgefechten befand. In Basel und Zürich waren die Frauen in den Konkordatsexamen den Männern gleichgestellt, und in Zürich und in der Romandie durften die Pfarrhelferinnen mit der Zustimmung des Kirchgemeinderates sämtliche pfarramtlichen Funktionen ausüben.[359]

357 K. v. Greyerz, Jahrzehntbericht 1941, S. 128.

358 K. v. Greyerz, Jahrzehntbericht 1941, S. 128.

359 Lindt-Loosli, Hülfsarbeiterin, S. 41. Zur Bedeutung Marie Speisers für die Durchsetzung des weiblichen Predigtdienstes S. 51 ff.

II. Die theologischen Fakultäten in der ersten Hälfte des 20. Jahrhunderts

1. Die Lage nach dem Ersten Weltkrieg

Aus Gründen der Übersichtlichkeit wird das historische Geschehen in Epochen geordnet, die nach Bedarf mit möglichst allgemein akzeptierten Namen versehen werden. So ist das Ende des Ersten Weltkriegs zumindest in politischer Hinsicht als Epochengrenze akzeptiert, die als das Ende des langen 19. Jahrhunderts gilt, als dessen Beginn der Ausbruch der Französischen Revolution von 1789 angesetzt wird. In anderen wichtigen Bereichen wie Wirtschaft, Kultur, Wissenschaft und Mentalität erfolgten die für das 20. Jahrhundert bestimmenden Wandlungen und Brüche längst vor dem Desaster 1914–1918.

Auch die vom Kriegsgeschehen nicht direkt betroffene Schweiz stand nach dem Kriegsende vor Herausforderungen, welche die Entwicklung der nächsten Jahrzehnte prägen sollten.[360] Auf politischer Ebene wirkten sich besonders der Landesstreik vom November 1918 und die Einführung des Proporzwahlrechtes auf Bundesebene und in verschiedenen Kantonen nachhaltig auf die innenpolitische Lage aus; in den Dreissigerjahren gesellten sich die Weltwirtschaftskrise und die nationalsozialistische Bedrohung dazu. Der Landesstreik erweiterte den Graben zwischen Arbeiterschaft und Bürgertum, der sich in der Not der Kriegsjahre zu öffnen begonnen hatte, er sollte sich erst angesichts der Bedrohung des nächsten Krieges und der Wahl des ersten Sozialdemokraten in den Bundesrat im Jahre 1943 nach und nach schliessen. Nachwirkungen dieses Klassenkampfes beeinflussten auch den theologischen Diskurs der Zwischenkriegszeit, wofür Namen wie Hermann Kutter, Leonhard Ragaz und der Karl Barth der Safenwiler Zeit stehen, deren Wirken weit über die Kanzel hinausreichte.

Im Oktober 1918 hatten die Schweizer Stimmbürger den Wechsel vom Majorz- zum Proporzwahlrecht im dritten Anlauf angenommen, und bereits in den vorgezogenen Neuwahlen zum Nationalrat ein Jahr später erlitten die bislang dominierenden freisinnigen Bundesstaatsgründer eine krachende Niederlage: Ihr Sitzanteil im eidgenössischen Parlament betrug noch 60 statt bisher 105 Sitze, die bisher vom Majorz benachteiligten Sozialdemokraten konnten ihren Sitzanteil trotz geringfügiger Stimmenverluste von 22 auf 41 Sitze erhöhen, gleich viel wie die Katholisch-Konservativen.[361] Als neue Kraft etablierte sich die Bauern- und Bürgerpartei mit 29 Vertretern. Diese konnte im Kanton Bern 16 von den 32 dem Kanton zustehen-

360 Zala, Krisen.

361 Vgl. dazu H. v. Greyerz, Bundesstaat, S. 1140 ff.

den Sitzen erringen, was für die anstehenden Grossratswahlen des nächsten Jahres einiges verhiess.[362] Durch den Einbezug gewerblicher Kreise erweiterte sie sich zur «Bernischen Bauern-, Gewerbe- und Bürgerpartei» (BGB, Parteistatuten 1921), in der auch Anhänger der alten konservativen Volkspartei Unterschlupf fanden und mit ihr konservativ-bürgerliche Akademiker sowie christliche Gruppen aus dem Umfeld der Evangelischen Gesellschaft und der drei freien Schulen. Was die verschiedenen hier fusionierten Gruppen vereinte, war «die Frontstellung gegen Sozialdemokraten und Linksfreisinn».[363] Dies wird auch in unserem Zusammenhang zu beachten sein. Wichtig war, dass der im Kanton Bern bisher so dominante Freisinn seine übermächtige Stellung dauerhaft verloren hatte und fortan Minderheitspartei blieb. Die Frage war nun, was dies für seine theologischen Begleittruppen, die mit ihm Richtung Fortschritt marschiert waren, bedeuten würde.

Diese Frage sollte für die Evangelisch-theologische Fakultät bald akut werden, als es darum ging, durch Tod oder Rücktritt der Lehrstuhlinhaber frei gewordene Stellen neu zu besetzen. In den Zwanzigerjahren betraf dies die zurückgetretenen Rudolf Steck (1921) und Hermann Lüdemann (1927), die im Amt verstorbenen Karl Marti (1925), Moritz Lauterburg (1927) und Wilhelm Hadorn (1929) sowie den ausserordentlichen Professor Eduard Bähler (1925).

Nach Ulrich Im Hof prägten Gleichgewicht, Beharren und Konservatismus die Jahrzehnte nach dem Ersten Weltkrieg.[364] Pointierter noch formuliert es Hans Ulrich Jost in dem von ihm bearbeiteten Kapitel 8 der «Geschichte der Schweiz und der Schweizer», indem er der von ihm dargestellten Epoche den Titel «Bedrohung und Enge» gibt.[365] Anteilsmässig ausführlicher noch als die neueren Darstellungen der Schweizer Geschichte[366] spürt Jost den kulturellen Veränderungen in der ersten Hälfte des 20. Jahrhunderts nach und konstatiert eine «Kulturkrise nach dem Ersten Weltkrieg», die er in eine «Kulturelle Verarmung in der Enge von Abwehr und Geistiger Landesverteidigung» münden sieht.[367] In seiner Darstellung bekommt auch das Thema Kirche seinen ihm gebührenden Platz.[368] Der Topos der «Enge»

---

362 Nach Junker, Geschichte III, S. 178 ff., zu den Anfängen der BGB dort S. 176–177; Fenner, Politische Entwicklungslinien.

363 Junker, Geschichte III, S. 180. Dort S. 171 ff. auch ausführlich zur Neuformierung der Politlandschaft seit dem ausgehenden 19. Jahrhundert. Zu den politischen Entwicklungen im Kanton Bern seit dem Ersten Weltkrieg der Überblick von Fenner, Politische Entwicklungslinien.

364 Im Hof, Hohe Schule, S. 82–83.

365 Comité Histoire de la Suisse, Geschichte der Schweiz, S. 101 ff.

366 Als Beispiele seien zwei Werke unterschiedlichen Umfanges erwähnt: Maissen, Schweiz; Kreis, Geschichte der Schweiz.

367 So zwei Kapitelüberschriften in Abschnitt C des von ihm behandelten Epochenüberblicks.

368 Comité Histoire de la Suisse, Geschichte der Schweiz, S. 129–130.

wird in dieser Arbeit im Zusammenhang mit der missglückten Berufung Karl Barths nach Bern noch einmal auftauchen.

Zumindest ein um die Jahrhundertwende immer wieder aktiviertes Thema hatte sich durch die Kriegsereignisse in unvorhersehbarer Weise erledigt: die Ausländerfrage.[369] Vor dem Krieg hatte der Anteil der Ausländer an der schweizerischen Wohnbevölkerung einen Höchststand erreicht, was sich auch in der studentischen Population niederschlug. An der Alma Mater Bernensis studierten in den Jahren vor dem Krieg zeitweise mehr Ausländer als Schweizer. Dort fielen naturgemäss eher die Deutschen und der wachsende Anteil osteuropäischer Studierender ins Gewicht und erzeugten xenophobe Reflexe, die durch antisemitische Perfidien angereichert werden konnten.[370] Zum Antisemitismus gesellten sich nach Bedarf Antislawismus und Antifeminismus, was auf den zeitweise starken Zustrom russischer Medizinstudentinnen gemünzt war.[371] Erziehungsdirektor Gobat bildete aber ein starkes Bollwerk gegen diese unseligen Tendenzen, indem er sich zum Beispiel schützend vor die russischen Studentinnen stellte. In den Sog der Verunglimpfungen wurden aber auch Hochschullehrer gezogen, die sich, wie die Erziehungsdirektion, für die rechtliche Gleichbehandlung aller Studierenden einsetzten.[372]

Nach dem Krieg war man plötzlich unter sich, die Ausländer weg. Nun zeigten sich aber auch die Nachteile. Es wurde als Zeichen der Krise empfunden, dass die Zahl der Immatrikulierten, die im Studienjahr 1920/21 noch 1773 Studierende betragen hatte, 1930 auf 1297 gesunken war, pflegte man doch den Erfolg einer Universität nach der Zahl ihrer Studierenden zu werten. Bern, das vor dem Weltkrieg die Rangliste noch angeführt hatte, musste sich nun von Zürich und Basel überholen lassen. Panik war aber fehl am Platz, bereits Mitte der Dreissigerjahre studierten wieder über 2000 in Bern.[373] Für die beiden theologischen Fakultäten geben die Autorinnen und Autoren des entsprechenden Kapitels der Universitätsgeschichte folgende Hinweise: Die Studentenzahl der Evangelisch-theologischen Fakultät bewegte sich im 19. Jahrhundert im Rahmen von 20 bis30 Studierenden, stieg im letzten Viertel des vorletzten Jahrhunderts bis gegen 50, sank dann wieder leicht ab. In den Dreissiger- und Vierzigerjahren ist ein kontinuierlicher Anstieg bis

369 Im Hof, Hohe Schule, S. 82; ausführlicher dazu Mesmer, Die Berner und ihre Universität, S. 144–145.

370 Am Unappetitlichsten in dieser Hinsicht war die von Ulrich Dürrenmatt, dem Grossvater des grossen Schriftstellers, redigierte «Buchsizeitung», die sich zu Pogrom-verherrlichenden Äusserungen verstieg. Mesmer, Die Berner und ihre Universität, S. 146.

371 Im Hof, Hohe Schule, S. 81.

372 Mesmer, Die Berner und ihre Universität, S. 146.

373 Kommission Hochschulgeschichte, Hochschulgeschichte, S. 426 ff. Dort auch weitere interessante Feststellungen zur zahlenmässigen Entwicklung der Studentenschaft.

auf einen Höchststand im Wintersemester 1943/44 zu verzeichnen; danach sinkt die Zahl bis 1959/60 auf einen Tiefststand von 43 Studierenden.[374]

An der Christkatholisch-theologischen Fakultät, der kleinsten an der Berner Universität, studierten nach einem kurzzeitigen Hoch zu Beginn sechs bis zehn Studenten. Zu Beginn der Dreissigerjahre gab es ein kurzfristiges Zwischenhoch mit 16 Studenten. Hier machten traditionsgemäss Ausländer etwa die Hälfte der Studierenden aus.[375]

Die wirtschaftlich angespannte Situation mahnte Regierung und Parlamentsmehrheit, wie bereits erwähnt, zur Zurückhaltung. Dies wirkte sich nicht nur auf die Besoldungen, sondern auch auf die Renten aus, die bestenfalls statt der angestrebten 70 % nur etwa 55 % des Lohns erreichten.[376] In den Krisenjahren vor dem Zweiten Weltkrieg akzentuierten sich die Auseinandersetzungen zwischen dem Kanton und den Vertretern des Staatspersonals um den geplanten Lohnabbau, der wegen der zunehmenden Ausgaben für Arbeitsbeschaffungen behördlicherseits für unabdingbar gehalten wurde. Das Dekret von 1933 sah eine Reduktion um 7 % vor und blieb bis 1939 in Kraft. Nur die Abwertung des Frankens im Jahre 1936 verhinderte einen nochmaligen Abbau um weitere 5 %.[377] Gespart werden konnte aber auch auf weniger offensichtliche Weise.[378] So fällt auf, dass man nach der Erholung der Studentenzahlen die Anzahl Ordinariate nur sehr zurückhaltend erhöhte. «Man behalf sich für Spezialfächer mit Lehrbeauftragten, Privatdozenten, Titularprofessoren und ausserordentlichen Professoren im Nebenamt», schreibt Im Hof dazu.[379] Die Professorenschaft wurde zudem schweizerischer, Berufungen aus dem Ausland seltener. Unter den 97 Berufungen und Beförderungen der Jahre 1918 bis 1933 waren nur noch 17 ausländischer Herkunft. So blieb nach dem Rücktritt Lüdemanns an der Evangelisch-theologischen Fakultät als einziger deutscher Professor noch Heinrich Hoffmann übrig, der 1930 in Wilhelm Michaelis einen Landsmann als Kollegen erhielt. Als Hoffmann nach 32 Jahren Lehrtätigkeit 1944 in den Ruhestand trat, blieb Michaelis für über zwei Dezennien der einzige Deutsche. Nach 1930, dem Ernennungsjahr Michaelis', dauerte es fast vier Jahrzehnte, bis 1968 mit Reinhard Friedrich Slenczka der nächste Deutsche an der Evangelisch-theologischen Fakultät Bern einen Lehrstuhl bestieg, allerdings nur für gut ein Jahr, bis dann in den Siebzigerjahren mit Hermann Ringeling (1971), Klaus Wegenast

---

374 Genaue Zahlen nach Fakultäten in Ritzmann-Blickenstorfer, Historische Statistik, S. 1180–1181. Allerdings werden dort die beiden theologischen Fakultäten nicht gesondert erfasst. Zur Problematik der offiziellen Zahlen vgl. Tabellen im Anhang, S. 509.

375 Kommission Hochschulgeschichte, Hochschulgeschichte, S. 433.

376 Kommission Hochschulgeschichte, Hochschulgeschichte, S. 373.

377 Kommission Hochschulgeschichte, Hochschulgeschichte, S. 374.

378 Nach Im Hof, Hohe Schule, S. 83–84.

379 Im Hof, Hohe Schule, S. 83.

(1972) und Christian Link (1979) drei Deutsche Ordinarien das Kollegium erneuern halfen.[380] Auch die Christkatholische Fakultät «verschweizerte» in jenen Jahren. Nach dem Tod Adolf Thürlings 1915 und Eugène Michauds 1917 sowie Eduard Herzogs und Philipp Wokers im Jahre 1924 war in der kleiner gewordenen Fakultät mit dem ausserordentlichen Professor Werner Küppers nur mehr ein Ausländer im Lehrkörper vertreten; nach dessen Wegzug nach Bonn 1938 blieben die Schweizer unter sich, bis 1971 mit dem Österreicher Herwig Aldenhoven wieder ein Ausländer das Katheder bestieg.

Hausbeförderungen nahmen zu. Dies hatte durchaus ambivalente Folgen: Einerseits erhöhte die Nationalisierung des universitären Lehrkörpers die Akzeptanz der Hochschule bei Volk und Behörden, andererseits zeichnete sich durch den Rückgang der ausländischen Studierenden im Vergleich zu Basel und Zürich eine drohende Provinzialisierung ab, was Presse und Parlament Mitte der Zwanzigerjahre sehr beschäftigte.[381] Nicht zuletzt befürchtete man eine Abwanderung international bekannter Professoren oder ihr Wegbleiben, wie im Fall Barth noch zu zeigen sein wird.

Diese Universität feierte dennoch durchaus stolz und im Bewusstsein, mehr als auch schon von Behörden und Bevölkerung getragen zu sein, ihren 100. Geburtstag. In der Öffentlichkeit am meisten zu reden gab anlässlich der offiziellen Feierlichkeiten allerdings vor allem, dass die aus dem Ausland angereisten Gäste in ihrem farbenprächtigsten Ornat auftraten, während sich die einheimischen Professoren mangels akademischer Uniform mit Zylinder und schwarzem Sonntagsgewand begnügen mussten. Da sich nicht alle Universitäten auf eine einheitliche Lösung einigen konnten, beschloss 1937 der Senat der Universität Bern, der drei Jahre zuvor bereits festgestellt hatte, Formlosigkeit sei kulturzerstörend, die Einführung eines Talars als Amtstracht.[382] Beatrix Mesmer bemerkt dazu: «Besonders die Mediziner erwiesen sich als ausgesprochen talarfreudig, während die Theologen, die in dieser Beziehung weniger Mangel litten, zurückhaltend blieben.»[383]

Und noch etwas änderte sich nach dem Ersten Weltkrieg – unbemerkt von der öffentlichen Wahrnehmung: das enge Zusammengehen von liberal-radikaler Politik und liberalen Theologen. In den knapp sieben Jahrzehnten zwischen der bernischen

---

380 Angaben nach Kommission Hochschulgeschichte, Dozenten, S. 50.

381 Mesmer, Die Berner und ihre Universität, S 148–149. Dort auch ihr Hinweis auf die nach dem allgemeinen Zusammenbruch der bürgerlichen Weltordnung am Ende des Ersten Weltkriegs geschätzte gesellschaftsstabilisierende Funktion der Hochschule, sichtbar verkörpert in der Bildungshierarchie, die sie repräsentierte.

382 Mesmer, Die Berner und ihre Universität, S. 153.

383 Mesmer, Die Berner und ihre Universität, S. 153. Zu den Themenbereichen «Trachten» und «Bräuche» die entsprechenden Artikel von Christine Burckhardt-Seebass und Ueli Gyr im Historischen Lexikon der Schweiz.

Verfassung von 1846 und dem Ausbruch des Ersten Weltkrieges wurden insgesamt 75 Männer zu Regierungsräten gewählt, darunter hatten je fünf vorher ein Pfarramt bekleidet oder waren Söhne von Pfarrern. Beide Kriterien erfüllte Albert Bitzius, der Sohn Jeremias Gotthelfs, der nach nur vierjähriger Regierungstätigkeit im Alter von 47 Jahren verstarb. Die zweifellos brillanteste Karriere eines Pfarrers in der Politik war Carl Schenk vergönnt, dem ehemaligen Pfarrer von Schüpfen. Er wurde Regierungsrat und schuf das erste moderne bernische Armengesetz. Bereits als Regierungsrat vertrat er seinen Kanton im Ständerat, worauf ihn die Bundesversammlung 1863 im ersten Wahlgang als Nachfolger Jakob Stämpflis zum Bundesrat wählte.[384] Er bekleidete dieses Amt fast 32 Jahre, so lange wie keiner vor oder nach ihm, und stand dabei verschiedenen Departementen vor. Das 1874 eingeführte fakultative Referendum bescherte ihm und der freisinnigen Parlamentsmehrheit zwei saftige Niederlagen, indem das Stimmvolk die Einführung eines eidgenössischen Schulsekretärs («Schulvogt») und das Epidemiegesetz mit Impfzwang 1882 bachab schickte. Besonders bei der Schulvogt-Vorlage sorgten die konservativen Gegner aus beiden Konfessionen noch einmal für Kulturkampfatmosphäre und zielten dabei auch auf den ehemaligen liberalen Pfarrer Schenk. Diese Niederlagen schadeten ihm jedoch nicht und das Parlament belohnte seine überlegene politische Kompetenz damit, dass es ihn sechsmal zum Bundespräsidenten wählte. Durchaus gut sichtbare Spuren im bernischen Erziehungswesen hinterliessen auch Johann Jakob Kummer, der kurzzeitig als Pfarrer in Huttwil wirkte und sich als rabiater Kulturkämpfer hervortat, sowie Albert Bitzius als Erziehungsdirektoren (1862–1873 bzw. 1878–1882). Auch die Konservativen konnten zwei pfarrherrliche Regierungsräte stellen, von denen der Jurassier Alphonse Bandelier mit einer kurzen Regierungszeit von knapp zwei Jahren (1853–1854) weniger ins Gewicht fällt als Edmund von Steiger, der stolze drei Jahrzehnte (1878–1908) in der Regierung verbrachte, allerdings – von seiner politischen Haltung her verständlich – nicht in der Erziehungsdirektion, sondern im Innen- und später im Landwirtschaftsdepartement.

Was waren die Gründe für dieses Zusammengehen von Politik und Theologen? Der bernische Liberalismus war in besonderem Mass auf die Modernisierung des Staates und in diesem auf diejenige des Bildungsbereiches ausgerichtet. So erstaunt es wenig, dass sich die an der Modernisierung der Theologie im Sinne aufklärerischer Grundsätze und moderner Wissenschaftlichkeit arbeitenden Theologen auch am politischen Projekt der Modernisierung von Staat, Gesellschaft und Bildung engagierten. Viele Pfarrer interessierten sich auch für Wissensbereiche ausserhalb ihres eigenen, sei es in geistes- oder in naturwissenschaftlichen Domänen. Sie verfügten bis gegen Ende des 19. Jahrhunderts auch zweifellos über die gediegendste akade-

384 Zu Schenk: Zürcher, Carl Schenk, und Altermatt, Bundesräte, S. 168–173.

mische Ausbildung und waren gewohnt, vor Publikum zu sprechen. Mit dem Ende des Ersten Weltkrieges geriet das liberale Paradigma in der Theologie ins Hintertreffen. Wie in der Politik hatte der Liberalismus des 19. Jahrhunderts seine Mission gewissermassen erfüllt, die Durchsetzung wissenschaftlicher Methoden in der Pfarrerausbildung war nicht mehr umstritten. Durch die oben beschriebene Ausdifferenzierung der politischen Landschaft verlor der bernische Freisinn seine vormals beherrschende Stellung und damit die liberalen Pfarrer ihr politisches Habitat. Dass der junge Karl Barth den Staat in einem Artikel als «Tier aus dem Abgrund» bezeichnete, erregte Aufsehen und Wut, stellte aber kritisch die Frage nach der Verantwortung von Staatlichkeit am Desaster der Jahre 1914–1918. Eine neue Theologengeneration hatte die Frage des Verhältnisses von Staat, Kirche und Theologie neu zu stellen und zu beantworten.

Als Beispiel hierfür sei – neben den bereits genannten Religiös-Sozialen – eine Gruppe von jungen Theologen erwähnt, die sich zu Beginn des Ersten Weltkrieges daranmachten, ihre als zu schmal empfundene theologische Basis zu hinterfragen.[385] Sie schlossen sich im Herbst 1915 um den Münsterpfarrer Albert Schädelin zu einem eigenständigen Kreis zusammen, der später sogenannten Theologischen Arbeitsgemeinschaft des Kantons Bern. Schädelin wurde als ihr Vertreter 1926 in die Prüfungskommission gewählt und zwei Jahre später zum Extraordinarius für Praktische Theologie ernannt. Durch die neue Dialektische Theologie Karl Barths fühlten sie sich bestätigt und ermutigt. 1930 schlossen sich ihre Vertreter in der Synode zur Fraktion der «Unabhängigen» zusammen, der vierten nach den drei im 19. Jahrhundert formierten Liberalen, Positiven und Vermittlern.[386]

Intermezzo III: Unsere kleine Stadt – das Freie Gymnasium Bern in der bernischen Theologenlandschaft vor 1950[387]

Der in dieser Arbeit gelegentlich beschworene Begriff der Enge lässt sich auch in eigentümlicher Weise auf eine Gemeinsamkeit beziehen, nämlich auf die schulische Herkunft vieler Protagonisten des Geschehens in und um die Evangelisch-theologische Fakultät: Sie besuchten das Freie Gymnasium Bern. Die Schule – bis 1892 noch Lerberschule genannt – war eine Gründung in pietistisch-konservativ-christlichem Geist. Theoderich von Lerber hatte sie in der Blütezeit des ersten bernischen

385 Nach Dellsperger, Staat, Kirche und Politik, S. 169–170; Ludwig, Theologische Arbeitsgemeinschaft; ferner Guggisberg, Kirchenkunde, S. 329.

386 Zu den kirchlichen Richtungen im 20. Jahrhundert siehe Guggisberg, Kirchenkunde, S. 327–332.

387 Vgl. Bietenhard/Grädel, 150 Jahre; Graf, 100 Jahre.

Kulturkampfes 1859 gegründet; dieser Gründung waren nach 1850 zuerst die Neue Mädchenschule (heute Neue Mittelschule) und das Seminar Muristalden (heute Campus Muristalden) vorausgegangen, zusammen bildeten sie die sogenannten freien Schulen. Die freien Schulen wurden in erster Linie getragen von den religiös konservativen Kreisen der bernischen Burgerschaft und des Patriziates, dem Schulgründer von Lerber selbst angehörte, obwohl er wie schon sein Vater Beat (ein früher Vertreter der Gleichberechtigung der Frauen) diesem politisch durchaus distanziert gegenüberstand. Nachdem die Lerberschule zunächst nur die Volkschulstufe umfasst hatte, entschloss sich von Lerber gut zehn Jahre nach der Gründung, auch eine Gymnasialausbildung anzubieten, die 1872 die ersten vier Maturanden erfolgreich abschlossen. Während über drei Jahrzehnten durfte die Lerberschule keine Maturitätsprüfungen durchführen, sondern musste ihre Prüflinge ans Gymnasium Burgdorf zur Abschlussprüfung schicken. Eine durch eine Art Palastrevolution ausgelöste Modernisierungskrise führte zum Rücktritt des Schulgründers, der darauf der Schule, die nun nicht mehr die seine war, verbot, seinen Namen zu tragen, worauf sie sich 1892 umbenannte in den seither gebräuchlichen Namen Freies Gymnasium. Erst 1909, sozusagen zum 50-Jahr-Jubiläum, erhielt die Schule die Hausmatur, konnte also ihre Absolventen, eidgenössisch anerkannt, selbst prüfen. Dem konservativen Geist der Schule entsprach es ausserdem, dass erst 1906 die erste junge Frau die Maturitätsprüfung ablegen konnte.

Die Frage, wie fromm die Schule und ihr Unterricht zu sein hatten, führte immer wieder zu Verwerfungen zwischen Schulleitung, Lehrerschaft und privatem Trägerverein. So reichte von Lerbers Nachfolger, Münsterpfarrer Friedrich Strahm, zehn Jahre nach seinem Rücktritt als Rektor der Schule seine Demission als Vizepräsident der Direktion ein, weil er mit dem seiner Meinung nach laschen Umgang mit der religiösen Erziehung unter seinem Nachfolger Heinrich Preiswerk unzufrieden war. Er verdächtigte insbesondere den Religionslehrer und Universitätsprofessor Fritz Barth, der durchaus den Positiven zuzurechnen war und dessen Söhne allesamt das Freie Gymnasium besuchten, und den Vermittlungstheologen Wilhelm König, den Keim der Bibelkritik in die Schülerherzen einzupflanzen. Mitte der Zwanzigerjahre stand die Schule vor dem Aus und konnte nur durch die grosse Opferbereitschaft von Trägerschaft und Lehrkräften und mit rigoroser Sparsamkeit gerettet werden.

Es ist nun durchaus bemerkenswert, wenn auch nicht ganz überraschend, dass viele der in dieser Arbeit genannten Persönlichkeiten das Freie Gymnasium zwar besuchten, aber nicht in jedem Fall gesagt werden kann, ob eine Prägung daraus resultierte und wie sich diese allenfalls geäussert haben könnte. Bei Markus Feldmann zum Beispiel, dem späteren Bundesrat, führte «das allzu demonstrativ christlich-pietistische Gehabe» seiner Lehrer zur Auflehnung gegen «die pietistischen Auffassungen seiner Eltern» insgesamt. In der Studentenverbindung der Positiven, der Zähringia, legte er sich vorzüglich mit Theologen an und stählte sich damit für den Kampf mit ihnen im «Berner Kirchenstreit» von 1949–1951.[388] Schon sein gleichnamiger Vater, promovierter Altphilologe und Historiker, Oberst und militärwissenschaftlicher Privatdozent, hatte die Lerberschule besucht und dort 1889 die Matura bestanden, in derselben Klasse wie der spätere Münsterpfarrer Robert Aeschbacher, dem Karl Barth entscheidende religiöse Impulse verdankte und der ihn auch konfirmierte.[389] Markus Feldmann senior erteilte einem höchst begabten Sekundarschüler aus einfachen Verhältnissen, Friedrich Eymann, Privatlektionen in Latein und Griechisch. Fritz Eymann lehrte in den Jahren 1928–1944 als ausserordentlicher Professor der Evangelisch-theologischen Fakultät und war der Anthroposophie in wachsendem Mass zugetan.[390] Bereits der Grossvater des späteren Bundesrates, Rudolf Feldmann, unterrichtete als Lehrer an der Lerberschule. Barth, schon als Schüler ein Raufbold, führte sich einmal in der Schule so ungehörig auf, dass sein Lehrer Rudolf Feldmann «auf dem Höhepunkt einer der vielen in seinen Stunden üblichen Randalszenen […] die schlimmen Buben förmlich verfluchte: wir wurden dereinst in unserm Alter die Strafe für das, was wir ihm antäten, zu erfahren bekommen.»[391] Über ein halbes Jahrhundert später schrieb Barth am Anfang des erwähnten Berner Kirchenstreites an Feldmann, auf die eben geschilderte Szene anspielend, er frage sich, «ob das nun sein Anteil an dem angekündigten Zahltag des grossväterlichen Fluches sei, da er unter all den Angreifern immer wieder auf den Namen Feldmann gestossen sei».[392]

Feldmann war nicht der einzige, der die Ironie dieser barthschen Anspielung nicht goutierte, auch die in Sachen Antikommunismus meist humorfreie «Neue Zürcher Zeitung» sekundierte dem Berner Kirchendirektor tapfer.[393] Feldmanns Einsatz wurde mit dem Einzug in den Bundesrat belohnt, als Nachfolger des zurückgetretenen Parteikollegen Eduard von Steiger, dem er bei der Ersatzwahl

---

388 Ficker Stähelin, Karl Barth, S. 27.

389 Busch, Lebenslauf, S. 42–43.

390 Widmer, Friedrich Eymann, S. 24–25.

391 Zit. nach Busch, Lebenslauf, S. 32. Auch der schon zu Wort gekommene Pfarrer Hans von Rütte behielt eine Erinnerung an Karl Barths Rauflust: «Und dann kamen die Gäste, junge und alte, gesunde und Gesundheit suchende Menschen. Das Aufzählen erspare ich mir. Ich nenne nur unter den Jungen und Kräftigen, die 3 Söhne von Prof. Fritz Barth, meinem späteren verehrten Kirchengeschichtsprofessor, Karl, Peter und Heinrich. Von Karls berühmter Theologie merkte man dazumal noch nichts, ihm und Peter lag das Indianerlen noch näher (Heinrich ging lahm und musste von diesen wilden Jagden absehen). Aber Karl zeigte sich wenig christlich brüderlich, als er einmal seinen Bruder für eine ganze Stunde oder länger an einer Telegraphenstange festband!» von Rütte, Ich schaue zurück, S. 10–11.

392 Zit. nach Ficker Stähelin, Karl Barth, S. 89.

393 Nach Ficker Stähelin, Karl Barth, S. 89, Anm. 5.

1940 noch unterlegen war. Mit dieser Wahl endete der Kirchenstreit abrupt, Barth wurde als Feind ersetzt durch Feldmanns Bundesratskollegen Max Petitpierre.

Wenn Feldmann übrigens im 12er-Bus von der Schosshalde Richtung Innenstadt fuhr, traf er gelegentlich auf eine etwa gleichaltrige Mitfahrerin, die ihn zum Erstaunen der anderen Fahrgäste freundlich mit dem Vornamen begrüsste. Was die meisten Mitpassagiere nicht wissen konnten: Es handelte sich um Anna Bachmann, die erste Theologiestudentin Berns, die Nachbarin der Familie Barth, die in derselben Klasse wie Feldmann 1916 die Matura bestanden hatte.[394] In dieser Klasse befand sich unter anderen der spätere Theologieprofessor Alfred de Quervain, der Nachfolger Eymanns. De Quervain hielt 1963 in der Kirchgemeinde Zollikofen einen Vortrag «Die Frau als Dienerin des göttlichen Wortes», in dem er sich mit theologischen Argumenten für die Gleichstellung von Frau und Mann im Pfarramt aussprach.[395] Die unbewiesene Annahme, die Erinnerung an seine begabte Mitschülerin sei in sein Argumentarium eingeflossen, ist zumindest reizvoll.

Auch Feldmanns Bundesratsvorgänger Eduard von Steiger – für immer verbunden mit der Bildrede von der Schweiz als vollem Rettungsboot – hatte die Maturität 1900 am Freien Gymnasium bestanden, vier Jahre vor Karl Barth. Barth und von Steiger kannten sich und waren per Du, was Barth nicht daran hinderte, sich während des Zweiten Weltkrieges mit von Steiger anzulegen.[396] Unter den Maturanden des Jahrgangs 1897 befand sich auch Albert Schädelin, der gute Berner Freund und Mitstreiter Barths, später Professor für Praktische Theologie und von 1911 bis 1952 Münsterpfarrer in Bern.[397] Als Beitrag zur Festschrift «Das Wort sie sollen lassen stahn» zu Schädelins 70. Geburtstag erschien Barths offener Brief mit dem Titel «Rückblick» an erster Stelle.[398] Dort erwähnt Barth eine Erinnerung an den sieben Jahre älteren Schädelin, der jeweils bei den jährlichen Promotionsfeiern in der Nägeligass-Kapelle des Freien Gymnasiums an der Spitze der Rangliste genannt worden sei, was Schädelin allerdings bestritt und bemerkte, an erster Stelle sei vielmehr Alfred de Quervain, der Onkel des gleichnamigen Theologen gestanden.[399]

---

394 Mitteilung von Dr. Martin Fenner, der beide kannte und in der Nähe aufwuchs, in einer kurzen Ansprache aus Anlass der Publikation des Buches von Daniel Ficker zum Berner Kirchenstreit (Manuskript der Ansprache im Besitz des Autors, zur Verfügung gestellt von Martin Fenner).

395 Lindt-Loosli, Hülfsarbeiterin, S. 130.

396 Details dazu: Busch, Lebenslauf, 323–324.

397 Eine Würdigung Schädelins aus dem Munde Karl Barths findet sich in Koch, Offene Briefe 1945–1968, S. 184–194; ferner Busch, Lebenslauf, S. 89: «Er gehörte mit seinem feurigen, nie rastenden, kritischen und doch, solange ich ihn kannte, immer aufs Aufbauen bedachten Geiste zu den Konstanten meines eigenen Lebensweges.»

398 Wieder abgedruckt in Koch, Offene Briefe 1945–1968, S. 184–194.

399 Koch, Offene Briefe 1945–1968, S. 186, Anm. 12.

Nähe und Ferne mag es auch unter anderen Klassenkameraden gegeben haben. So bestand der eher dem Konservativen zugetane Germanist und Dialektspezialist Otto von Greyerz 1882 die Maturität in derselben Klasse wie sein späterer Schwager Gotthelf von Rütte, der Vater von Hans und Grossvater von Andreas, und Hermann Kutter, der Mitbegründer der religiös-sozialen Bewegung.[400] Zu den massgeblichen Figuren dieser theologischen Richtung gehörte auch der Pazifist und Freund von Leonhard Ragaz, Karl von Greyerz, der jüngere Bruder Ottos, der 1888 zusammen mit dem Neutestamentler Wilhelm Hadorn die Maturaprüfung an der Lerberschule bestand. Guggisberg attestiert Karl von Greyerz, ein Theologe zu sein, «der in selten klarer Weise Talent und Charakter vereinte».[401] 1919, also schon früh, hatte Karl von Greyerz sich gegen Barths dialektische Wende ausgesprochen.[402] Im Hause Hadorn erhielt der Gymnasiast Fritz Eymann Kost und Logis und Wilhelm Hadorn setzte sich später auch für die Wahl Eymanns zum Professor ein.

Im Freien Gymnasium konnten Freundschaften fürs Leben entstehen, wie diejenige der beiden Klassenkameraden Fritz (Friedrich) Eymann und Otto Eduard Strasser, des späteren Privatdozenten für Kirchengeschichte in Bern und Extraordinarius an der Universität Neuenburg, oder diejenige zwischen dem Pfarrer und Schriftsteller Kurt Marti und dem späteren Theologieprofessor Rudolf Bohren.[403] Bei anderen fragt man sich, wie ihre Beziehungen gewesen sein könnten, zum Beispiel diejenige zwischen Georges Thormann, dem späteren Burgerratspräsidenten, der in den Dreissigerjahren eine unrühmliche Karriere in der Frontistenbewegung machte, wo er es bis zum «Gauführer» brachte und 1937 auch in eine Anklage im Zusammenhang mit antisemitischen Schmierereien an der Synagoge in Bern involviert war, und dem späteren Rabbiner und promovierten Juristen Eugen Messinger.[404] Beide bestanden 1930 die Matura am Freien Gymnasium in derselben Klasse. Eugen Messinger, der Sohn des engagierten Antisemitismus-Bekämpfers Josef Messinger, liess sich in Paris zum Rabbiner ausbilden und leitete die Berner Gemeinde ab 1940.[405]

---

400 Auf eine Zitierung der Erinnerungen an seine Gymnasialzeit bei Hans von Rütte wird hier verzichtet, weil sein Bericht nicht sehr spezifisch und, im Unterschied zu seiner sehr ausführlichen und farbigen Schilderung der Zeit im Waisenhaus, wenig ergiebig ist.

401 Guggisberg, Kirchenkunde, S. 323.

402 Zitat bei Guggisberg, Kirchenkunde, S. 315.

403 Marti, Topf, S. 35.

404 Siehe dazu umfassend Rieder, Berner Burgergemeinde, S. 345–350. Es gehört zu den Schattenseiten der Geschichte des Freien Gymnasiums, dass nicht nur kirchlich, sondern auch politisch äusserst konservative Kreise der bernischen Burgerschaft und des Patriziates ihre Kinder in dieser Schule platzierten. Karl Barth spricht in seinem Rückblick auf diese Zeit von einer Zweiklassengesellschaft im Gymnasium. Dazu auch Busch, Lebenslauf, S. 26.

405 Gerson, Nach 1848.

Im Freien Gymnasium zeitigten Begegnungen manchmal weiter reichende Folgen: Kurt Marti beschreibt einen Anlass der alkoholfreien Gymnasialverbindung «Patria», bei dem der aus Deutschland vertriebene Theologe Karl Barth – während seiner Zeit an der Schule ebenfalls Patrianer – über die Situation der Kirchen dort berichtete. Barths Kommen war nicht selbstverständlich und erfolgte nach Martis Vermutung wohl deshalb, weil Barths Neffe Andreas Lindt, der spätere Berner Ordinarius für Kirchengeschichte (Maturjahrgang 1939, also ein Jahr vor Marti), ihn an seine alte Schule eingeladen hatte. «Der umstrittene, auch in der Schweiz und in Bern heftig befehdete Theologe überraschte durch das Fehlen jedweder professoralen Attitüde. Geduldig, manchmal mit belustigt aufblitzenden Augen, ging er auf alle Fragen ein, selbst auf die dümmsten, so dass der Frager nachher das Gefühl haben durfte, gar nicht so dumm gefragt zu haben.»[406] Auch fruchtbare Begegnungen zwischen Lehrern und Schülern waren möglich, wenn auch leider nur selten dokumentiert, eine Ausnahme bilden «Die Briefe des jungen Kutter an Adolf Schlatter (1883–1893)», die in den «Zwingliana» von Hermann Kocher bearbeitet worden sind.[407] Ein nicht im Freien Gymnasium entstandenes, aber doch zwei seiner Absolventen verbindendes Lehrer-Schüler-Verhältnis entstand in der Studienzeit des späteren Schangnauer Pfarrers Karl Bäschlin (Maturjahrgang 1929) mit seinem Professor Fritz Eymann, wovon noch die Rede sein wird. Auch Bäschlin sprach als Gastreferent an seiner ehemaligen Schule, wodurch der Gymnasiast Kurt Marti zum ersten Mal mit Rudolf Steiners Lehre bekannt wurde. Marti äussert sich sehr respektvoll gegenüber den Leistungen der Anthroposophie in verschiedenen Lebensbereichen und attestiert ihr, obwohl er sie theologisch ablehnt, im Vergleich zu ihr mute die «Oxfordgruppen-Bewegung moralisch und der Panidealismus idealistisch einfältig» an.[408]

Nun soll hier nicht der Eindruck erweckt werden, es habe eine symbiotische Beziehung zwischen Evangelisch-theologischer Fakultät und Freiem Gymnasium gegeben.[409] Letzteres war aus dem innerprotestantischen Kulturkampf nach der Mitte des 19. Jahrhunderts entstanden und die hier erwähnten Personen waren Schülerinnen und Schüler der freien Schulen (auch der Liberale Martin Werner hatte bis zur

406 Marti, Topf, S. 39. Erinnerungen an Barths Zeit am Freien Gymnasium Bern sind auch im Werk von Barths Eckermann Busch, Zeit mit Karl Barth, S. 734.

407 Kocher, Briefe Kutter.

408 Marti, Topf, S. 39–40.

409 Das Fakultätsprotokoll vom 19.5.1939, S. 223 erwähnt einen Streit zwischen Prof. M. Haller und zwei Lehrern des Freien Gymnasiums, der dazu führte, dass Haller nur dann bereit war, als Experte an der Hebräisch-Abschlussprüfung teilzunehmen, «wenn sie ausserhalb des Gebäudes des Fr. G. stattfindet, weil er zwei Lehrern daselbst nicht zu begegnen vermag ohne Grimm». Sein Neutestamentler-Kollege Michaelis sekundierte: «In keinem Fall würde Prof. Michaelis die Assistenz übernehmen.»

Quarta das Freie Gymnasium besucht und dann an dessen Schwesterschule, dem Seminar Muristalden, das Primarlehrerpatent erworben), weil ihre Eltern es so wollten. Diese waren aus eigenen religiösen (und manchmal auch politischen) Überzeugungen geneigt, das finanzielle Opfer, das der Besuch einer Privatschule auf religiöser Basis erforderte, zu bringen. Das theologische und politische Spektrum, in welchem ihre Sprösslinge dereinst tätig sein würden, konnte dieser elterliche Entscheid kaum ausmessen. So überrascht es denn nur auf den ersten Blick, dass die Anteile der Absolventen der Schule, die ein theologisches Studium ergriffen, bloss in den ersten Jahrzehnten nach der Einführung des Gymnasialzuges, überdurchschnittlich hoch waren: Waren es bis 1882 im Zehnjahresdurchschnitt noch 42% eines Maturjahrganges, sank der Anteil auf 34% im nächsten Jahrzehnt, auf 20% bis 1902 und 14% am Vorabend des Ersten Weltkrieges. Danach erreichte der Anteil nie mehr eine zweistellige Prozentzahl, sondern sank bis gegen 3% in der zweiten Hälfte des 20. Jahrhunderts.[410] Der bernische Pfarrernachwuchs alimentierte sich also aus anderen Quellen. Davon wird noch die Rede sein.[411] Aus diesem kontinuierlichen Rückgang lässt sich unschwer schliessen, dass der heftige Streit zwischen Positiven und Liberalen, der bis über die Zeit der Weltkriege hinaus Kirche und Fakultät beschäftigte, an Schärfe einbüsste, bis er spätestens Anfang der Siebzigerjahre des letzten Jahrhunderts vollends einschlief. In der Geschichte der theologischen Fakultäten der Universität Bern war diese recht enge Verbindung mit den freien Schulen, vor allem dem Freien Gymnasium, eine Episode, die nach dem Zweiten Weltkrieg zu Ende ging. Keiner der seither berufenen Professoren, mit Ausnahme von Andreas Lindt und Christoph Morgenthaler, besuchte das Freie Gymnasium.

410 Zahlen nach Graf, 100 Jahre, und Bietenhard/Grädel, 150 Jahre.

411 Das Freie Gymnasium war im Übrigen bis über die Mitte des 20. Jahrhunderts im Kanton Bern die einzige Alternative zu den staatlichen Gymnasien (es gab solche in Burgdorf, Bern und Biel) mit eidgenössisch anerkannter Hausmatur.

2. Die Christkatholisch-theologische Fakultät nach dem Ersten Weltkrieg

Ähnlich wie die Evangelisch-theologische Fakultät in den Zwanzigerjahren erlebte auch die junge Christkatholische Fakultät in den Jahren vor, während und nach dem Ersten Weltkrieg einen Generationenwechsel im Lehrkörper.[412] Eugène Michaud war 1915 aus gesundheitlichen Gründen in den Ruhestand getreten und starb zwei Jahre später. Im gleichen Jahr verschied überraschend Adolf Thürlings, an dessen Stelle der junge Arnold Gilg zum ausserordentlichen Professor ernannt wurde. 1924 schliesslich starben mit Bischof Eduard Herzog und Philipp Woker die letzten Professoren aus der Gründergeneration der jungen Fakultät, wobei der Hinschied Herzogs zweifellos die grosse Zäsur darstellte, während Woker mit seiner Doppelbelastung an zwei Fakultäten theologisch wohl weniger prägend war. Mit Herzog, Michaud und Thürlings starben auch die letzten, die noch zu römisch-katholischen Priestern geweiht und deshalb nach ihrem Protest gegen die vatikanischen Dogmen exkommuniziert worden waren.[413] Eduard Herzog wurde als Bischof ersetzt durch Adolf Küry, der gleichzeitig als Nachfolger Wokers zum Ordinarius für Kirchengeschichte und Kirchenrecht und Liturgik ernannt wurde, während Ernst Gaugler Herzogs neutestamentliche Lehrtätigkeit übernahm, zunächst als ausserordentlicher (1924), ab 1933 dann als ordentlicher Professor. Werner Küppers schliesslich folgte 1933 auf Jakob Kunz für Altes Testament, wechselte aber bereits vor dem Zweiten Weltkrieg nach Deutschland und wurde seinerseits ersetzt durch Albert Rüthy. Die Nachfolger dieser ersten Generation hatten alle in Bern studiert, hatten, so ist zu vermuten, auch gelegentlich die eine oder andere Vorlesung bei der «Konkurrenz» besucht und waren damit Schüler und Kommilitonen der damaligen evangelischen Theologen. Es ist deshalb nicht auszuschliessen, dass das, was die reformierten Kollegen umtrieb, bei ihnen Spuren hinterliess.[414]

Bischof Herzog, dessen vielseitiges Wirken hier nicht auch nur annähernd gewürdigt werden kann, hatte bei seinem Tod 48 Jahre als Bischof der Christkatholischen Kirche der Schweiz amtiert und 50 Jahre als Professor für neutestamentliche

412 Dazu von Arx, Porträt. Dort S. 209, Anm. 1, weiterführende Literatur.

413 Zur Periodisierung vgl. auch Stalder, Fakultät, S. 192. Stalder unterscheidet drei Phasen: 1. Von der Gründung 1874 bis zum Ersten Weltkrieg, 2. Vom Ersten Weltkrieg bis Ende der Sechzigerjahre, 3. Von da an die Jetztzeit.

414 Diese Vermutung steht in einem gewissen Widerspruch zu Kurt Stalders sehr schön herausgearbeiteter Begründung, warum vor dem Ersten Weltkrieg zwischen den beiden theologischen Fakultäten so wenig Zusammenarbeit vorkam (Kommission Hochschulgeschichte, Hochschulgeschichte,S. 192–194).

Exegese gewirkt. Er hatte nicht nur eine enorme kirchenpolitische Führungskraft bewiesen, sondern auch als Theologe seine Kirche und ihre Diener massgeblich geprägt. Eine seiner bedeutsamsten Leistungen war gewiss, dass es ihm zusammen mit seinen Mitstreitern gelang, sich der allzu liebevollen Umklammerung durch den politischen und theologischen Liberalismus behutsam zu entziehen und «die Christkatholische Bewegung vom politischen Geleise zunehmend auf religiöse Bahnen» zu lenken.[415] Zum Selbstverständnis der Christkatholisch-theologischen Fakultät vor dem Ersten Weltkrieg schreibt Kurt Stalder:

> «Zusammenfassend kann man sagen, dass die damaligen Mitglieder [...] sich als eine Gruppe oder einzelne verstanden haben, die sich durch ihre Erkenntnis verpflichtet sahen, die Glaubenstradition der ungeteilten Kirche des ersten Jahrtausends, vor allem aber die allgemeinen Kriterien für die Unterscheidung der wahren Tradition von den Abwegen (Erstes Jahrtausend und Kriterien des Vinzenz von Lerins) hervorzuheben und dafür einzustehen, sie bei jeder in Vergangenheit oder Gegenwart auftretenden Frage anzuwenden und dabei nach Ansätzen für eine Wiederherstellung der Einheit der Kirche auf dieser Basis Ausschau zu halten und daraufhin die Übereinstimmung mit den orthodoxen und mit den anglikanischen Kirchen herauszuarbeiten und bewusst zu machen.»[416]

Neben Herzog die wohl wichtigste Gestalt der ersten Generation war Eugène Michaud.[417] Er gehörte in die liberale Tradition des französischen Katholizismus, war einige Jahre lang Mitglied des Dominikanerordens und hatte bei Döllinger in München 1867 promoviert. In Bern unterrichtete er als Ordinarius nicht nur an der Christkatholischen Fakultät Dogmatik und Kirchengeschichte in französischer Sprache, sondern auch an der Philosophischen Fakultät französische Sprache und Literatur. Sein nachhaltigstes Vermächtnis war die Redaktion der «Revue Internationale de Théologie», die ab 1893 zu erscheinen begann.[418] Michaud betreute diese vierteljährlich erscheinende Zeitschrift bis 1910, dann drohte die Zeitschrift nach dem Tod ihres Initianten, des russischen Laientheologen General Aleksandr A. Kireev, der einen namhaften Beitrag an die Kosten geleistet hatte, einzugehen. Das nach wie vor starke Interesse an einem gemeinsamen Organ der alt-katholischen, anglikanischen und orthodoxen Theologie führte jedoch zu einer Neugründung. Man beschloss, sie hinfort in deutscher Sprache erscheinen zu lassen, da die meisten Autoren und Leser deutschsprachig waren. Diese Zeitschrift erscheint seither unter

415 Gilg, Geschichte.

416 Kriterien des Vinzenz von Lerins: «Id teneamus, quod ubique, quod semper, quod ab omnibus creditum est» (abgedruckt jeweils auf dem Titelblatt der «Internationalen Kirchlichen Zeitschrift», IKZ). Stalder, Fakultät, S. 195.

417 Zu seiner Biografie: von Arx, Eugène Michaud.

418 Zur Geschichte der IKZ, www.ikz.unibe.ch/geschichte.html (29.3.2020); von Arx, Bischof Velimirović.

dem Namen «Internationale Kirchliche Zeitschrift. Neue Folge der Revue Internationale de Théologie» (IKZ). Redigiert wurde sie zunächst kurzzeitig von Franciscus Kenninck, dem späteren Erzbischof von Utrecht, von Rudolf Keussen, Professor in Bonn, und Adolf Thürlings in Bern, schliesslich ab 1915 von Adolf Küry, dem späteren Zweiten Bischof der Christkatholischen Kirche der Schweiz. Seither wird die Redaktion stets von einem Professor oder einer Professorin der Christkatholisch-theologischen Fakultät Bern respektive seit 2001 des Departements für Christkatholische Theologie der theologischen Fakultät der Universität Bern besorgt (Ausnahme: Pfarrer Hans Frei).

Kurt Stalder weist nun aber auf die zwei Nachteile des oben zitierten Selbstverständnisses im Unterricht hin: So drohe die Tradition zu einem Gefäss zu werden, in dem nur die Lösungen einstiger Probleme aufbewahrt würden, so lasse «die theologische Lehre die Abgründigkeit vermissen […], die sie spannend macht».[419]Zweitens sei das Wichtigste der nach dem Ersten Vatikanischen Konzil erhobenen Forderungen an die Wiederherstellung des Ursprünglichen erfüllt und es sei darum «keine Vision von theologischer Zukunftsarbeit in Sicht».

Dass es beim theologischen Nachwuchs gärte, musste gegen Ende seiner Amtszeit auch Bischof Herzog schmerzvoll erfahren. Es ging um die Promotion des Luzerner Pfarrers Otto Gilg, des jüngeren Bruders des Systematikers Arnold Gilg. Unter Traktandum 4 des Fakultätsprotokolls vom 19. November 1917 wird festgehalten, die Annahme der Dissertation von Otto Gilg sei zu verweigern und ihm Folgendes schriftlich mitzuteilen (Ottos Bruder Arnold hatte sich für die Sitzung verständlicherweise schriftlich abgemeldet):

> «Der Fall ist in aller Universitätsgeschichte gewiss noch nicht vorgekommen, dass ein Doktorand seinen Lehrer im Hauptfach in seiner Dissertation als beliebige Person behandelte, dass er seine These der Anschauung seines Lehrers entgegenstellte (der übrigens den Gegenstand niemals ex professo behandelt hat), dass er den Erweis dieses Gegensatzes von vorneherein als Hauptziel seiner Arbeit bezeichnete, dann die Arbeit zum Zweck der Promotion seinem Lehrer einreichte und damit an diesen das Ansinnen stellte, die Arbeit anzunehmen und vor der wissenschaftlichen Oeffentlichkeit zu vertreten, folglich sich selbst zu desavouieren, seinen Irrtum zu bekennen und das Gegenteil seiner Meinung förmlich und feierlich zu besiegeln. Der Fall wird noch unerhörter, wenn der Doktorand Geistlicher einer bischöflichen Kirche und der als beliebige Person behandelte Gegenpart gerade sein Bischof ist.»[420]

Damit hatte Gilg sich des Crimen laesae majestatis schuldig gemacht und fiel als möglicher Kollege seines Bruders aus Abschied und Traktanden.[421] Fortan wirkte er

419 Stalder, Fakultät, S. 195, auch für das folgende Zitat.

420 FP c-kath 19.11.1917.

421 Vier Jahre zuvor hatte Sigmund Freud in «Totem und Tabu» seine berühmte und umstrittene These vom «Vatermord» in die Welt gesetzt, dessen sich kurze Zeit später Karl Barth

Otto Gilg

während 45 Jahren als geschätzter christkatholischer Pfarrer in Luzern und entfaltete eine rege Publikationstätigkeit, die «seine» Berner Fakultät 1951 mit der Verleihung des Ehrendoktorats belohnte.[422] Klüger machte es sein ehemaliger Kommilitone, der gleichaltrige Ernst Gaugler, der 1924 mit der Note summa cum laude promovierte und durch den bereits vom Tod gezeichneten Bischof Herzog als Wunschnachfolger inthronisiert wurde, bevor das formale Promotionsprozedere abgeschlossen war. Zusammen mit Arnold Gilg nahm er die notwendige theologische Neuausrichtung an die Hand, die natürlich auch, aber nicht nur, darin bestand, die Impulse der Dialektischen Theologie aufzunehmen und eigenständig zu verarbeiten. Urs von Arx schreibt zum Einfluss Barths auf Arnold Gilg: «Der durch seine freien Vorträge und seine erstaunl. Gedächtnis faszinierende Hochschullehrer G. war theologisch dem Grundsatz Karl Barths verpflichtet. Dies führte ihn zu einem krit. Durchdenken der altkirchl. und abendländ. Tradition (auch des Christkatholizismus).»[423]

---

schuldig zu machen anschickte. Im Falle von Gilg und Barth handelte es sich aber generationenmässig eher um einen «Grossvatermord».

422 Zu Gilg: von Arx, Otto Gilg.

423 Zit. aus: von Arx, Arnold Gilg. Vgl. dazu wiederum Stalder, Fakultät, S. 195–196: 3.1. Der Einfluss Karl Barths. Zur Wertschätzung Barths für Gaugler und Gilg vgl. Busch, Lebenslauf, S. 383.

3. Berufungsgeschichten

3.1 Karl Barth ante portas: Karl Barth und die Evangelisch-theologische Fakultät Bern

«Ein Gespenst geht um in Europa – das Gespenst des Kommunismus.» Mit diesem Satz beginnt einer der bekanntesten politischen Texte überhaupt, das Manifest der Kommunistischen Partei, erschienen im Februar 1848 und verfasst von Karl Marx und Friedrich Engels. Solches oder Ähnliches mochten gestandene liberale Theologen angesichts des Gespenstes empfunden haben, das die zeitgenössische deutschsprachige Theologie nach dem Ersten Weltkrieg heimsuchte und bald «Dialektische Theologie» genannt werden sollte.[424] Das eifrige Mitwirken namhafter deutscher Theologen der liberalen Richtung, darunter theologische Lehrer Karl Barths, in der Kriegseuphorie beim Ausbruch des Krieges führte bei Karl Barth, seinem Kollegen und Freund Eduard Thurneysen und Emil Brunner zu einer radikalen Abwendung von der theologischen Tradition.[425] Für Barth, der bald zur geistigen Führungsgestalt der neuen Theologie werden sollte, war es ein «doppeltes Irrewerden», zum einen an seinen liberalen theologischen Lehrern in Deutschland, zum anderen auch am Sozialismus, an dem er zwar politisch festhielt, ihn aber nicht mehr in Form des religiösen Sozialismus ernst nehmen konnte. «Wo Krieg und Nationalismus christlich überhöht wurden und vom religiösen Menschen statt von der Einzigartigkeit der Existenz Gottes im Verhältnis zum Menschen gesprochen wurde, wo Gottes Erfahrung aus ihrer kritischen Distanz zur Welt herausgelöst und an menschliche Überzeugungen und Programme geknüpft wurde, war für Barth das theologische Fundament fragwürdig geworden.»[426]

Paradox an der neuen Situation ist für den rückblickenden Historiker sicher die Tatsache, dass die in der Dialektischen Theologie sich manifestierende radikale theologische Neuausrichtung zwar durch schweizerische Theologen in Gang gesetzt

---

424 Zum Folgenden die prägnante Darstellung in Vischer u. a., Ökumenische Kirchengeschichte, S. 262–263, das Kapitel «Theologische Entwicklungen nach dem Ersten Weltkrieg». Interessant auch die Darstellung bei Guggisberg, Kirchenkunde, S. 325–332, wenn auch mit der seiner theologischen Haltung geschuldeten relativierenden Distanz.

425 Zur Gruppe um die genannten drei Theologen gehörten auch Friedrich Gogarten, Rudolf Bultmann und Georg Merz.

426 Vischer u. a., Ökumenische Kirchengeschichte, S. 262. Ferner die Darstellungen von Ghibellini, Handbuch der Theologie, S. 11–29; Fischer, Protestantische Theologie, S. 15–37; Beintker, Karl Barth.

wurde, sich aber in der Schweiz erst auf dem Umweg über Deutschland so richtig Gehör verschaffen konnte. Dies mochte auch damit zusammenhängen, dass das Verschontwerden der Schweiz von den Gräueln des Krieges anders als in Deutschland eine grundlegende Neuausrichtung beim theologischen Establishment nicht erforderlich zu machen schien. So wie man politisch beidseits des Grabens zwischen bürgerlich-liberal und bürgerlich-konservativ auf der einen und sozialistisch-gewerkschaftlich auf der anderen Seite festsass, so festgefügt schienen die überkommenen und ihnen entsprechenden theologischen Positionen.

Die Zwanzigerjahre hatten an der Evangelisch-theologischen Fakultät – es wurde bereits darauf hingewiesen – einige personelle Wechsel gebracht. Sukzessive waren, mit Ausnahme des Kirchenhistorikers Heinrich Hoffmann, des Nachfolgers von Fritz Barth, sämtliche noch vor dem Ersten Weltkrieg zu Ordinarien aufgestiegenen Professoren entweder verstorben oder emeritiert worden, darunter die wissenschaftlich und universitätspolitisch herausragenden Figuren Karl Marti und Hermann Lüdemann.[427] Ersteren, seit 25 Jahren Präsident der theologischen Prüfungskommission, würdigt Richard Feller als «unermüdlichen, festgefügten Arbeiter, der nicht der Ferien bedurfte», der andere, Ordinarius seit 1884, habe «geistesstark die freisinnige Richtung an der Fakultät» vertreten.[428] Lüdemann war als Nachfolger des keiner Polemik abgeneigten Kulturkämpfers Nippold aus Kiel berufen worden und hatte sich, obwohl friedlicher in seinem Gehabe als jener, zur dominanten Figur der Fakultät im ersten Viertel des neuen Jahrhunderts entwickelt.[429] Im Jahr des Rücktritts Lüdemanns verstarb eher überraschend der Professor für Praktische Theologie, Moritz Lauterburg, Ordinarius seit 1905, zwei Jahre später folgte ihm, noch überraschender, der Neutestamentler Wilhelm Hadorn. Rasch sollte sich zeigen, dass die Vakanz auf dem bisher von Lüdemann besetzten Lehrstuhl die brisanteste sein würde, was einerseits in der Natur des von ihm vertretenen Faches lag, andererseits aber mit dem zur Nachfolge im Vordergrund stehenden Prätendenten zusammenhing.[430]

In einer offenbar recht turbulenten Fakultätssitzung am 6. September 1927 erging folgender Beschluss: «Es ergeht somit an die U.direktion der Antrag der Fakultät, sie wolle auf die Liste der angemeldeten Kandidaten nicht eintreten, son-

---

427 Vgl. dazu die Professorenporträts von Guggisberg, Kirchenkunde, S. 311–312.

428 Feller, Universität Bern, S. 584.

429 Zu Lüdemanns Theologie Guggisberg, Kirchengeschichte, S. 694.

430 Wie bedeutungsvoll diese theologische Zeitenwende war, konnte das akademische Publikum anlässlich der 94. Stiftungsfeier der Universität Bern aus dem Munde ihres Rektors, des christkatholischen Theologen Arnold Gilg, vernehmen. Gilg setzte sich deutlich von Schleiermacher, dem Stern der modernen liberalen Theologie, ab.

dern zunächst den Versuch machen, Prof. Karl Barth in Münster auf den zu besetzenden Lehrstuhl für Systematische Theologie zu berufen.»[431]

Der Beschluss war knapp durch Stichentscheid des Dekans mit drei zu zwei Stimmen gefällt worden, wobei die Schweizer Hadorn und Haller für, die Deutschen Lüdemann und Hoffmann gegen Barth votierten. Hoffmann hatte zuvor seine Ablehnung Barths ausführlich begründet, ohne dass diese Begründung Eingang ins Protokoll fand. Lüdemann liess protokollarisch festhalten, dass er Karl Barth und seine Theologie scharf ablehne, und drohte damit, für den Fall, dass die Regierung auf seine Argumente nicht eintrete, dass er seine Eingabe veröffentlichen würde. Bemerkenswert ist aus heutiger Sicht, dass Lüdemann Gelegenheit gegeben wurde, auf seine Nachfolge Einfluss zu nehmen. Lüdemann und Hoffmann votierten für Kollegen aus Deutschland: Wilhelm Bruhn aus Kiel und Theodor Siegfried aus Marburg; Lüdemann hatte zunächst immerhin Martin Werner an dritter Stelle auf seiner Liste, Hoffmann Rudolf Paulus. Der Fakultätsminderheit der beiden Deutschen wurde gestattet, dem Mehrheitsantrag einen Minderheitsantrag beizufügen, der schliesslich die durchaus klangvollen Namen in der Reihenfolge Bruhn vor Siegfried und Paulus umfasste.[432]

Die Lektüre des Protokolls jener entscheidenden Sitzung macht deutlich, dass Barths Chancen für eine Berufung nach Bern schon von Anfang an kompromittiert waren, nicht zuletzt durch die Tatsache, dass der Entscheid mit einer Mehrheit von drei zu zwei Stimmen zustande kam, wobei zwei Stimmen allein von Hadorn kamen, der als Dekan den Stichentscheid hatte.

Nun folgte ein zähes Ringen, das zunächst aus Barths Optik nacherzählt werden soll. Die Darstellung stützt sich hier auf die Briefwechsel Barths mit verschiedenen Weggefährten, allen voran natürlich mit seinem engsten theologischen Wegbegleiter Eduard Thurneysen, der für ihn die Lage in Bern von Basel aus im Auge behielt. In einem Brief von Mitte August versichert Thurneysen seinem Freund, seine Berner Anhänger, namentlich Barths Brüder und Albert Schädelin, würden sich sehr für sein Kommen nach Bern einsetzen.[433] Thurneysen sucht Barth den Ruf nach Bern schmackhaft zu machen, indem er ihn fragt: «Ist die in Bern sich eröffnende Tätigkeit in einem kleineren, aber übersehbaren und beeinflussbaren Kreise nicht doch etwas wirklich Wertvolles? Du gewännest sicher nachhaltigen Einfluss auf die ganze kommende Pfarrergeneration dieses Kreises der Schweiz, darüber hinaus überhaupt auf die so führungslose deutsche Schweiz und ihre Kirchen.» Ob er

431 FP 6.9.1927, S. 55. Es hatten sich 15 Kandidaten angemeldet, darunter Fritz Lieb, später Kollege Barths in Basel, und Martin Werner. Der Privatdozent für Systematik, Fritz Lienhard, wurde übergangen, 1928 aber mit einem Extraordinariat entschädigt. Vgl. auch Guggisberg, Kirchenkunde, S. 315.

432 Vgl. Christophersen, Siegfried; Wolfes, Paulus.

433 Thurneysen, Barth–Thurneysen, S. 512–513.

Karl Barth

denn glaube, in Deutschland als Schweizer mehr ausrichten zu können, sogar bei einem Ruf nach Berlin, von dem damals bei Eingeweihten die Rede war? (Barth besass immerhin seit 1926 die deutsche Staatsbürgerschaft.) Dann ahnungsvoll: «Weiter: Könnte nicht auch ein vielleicht einmal eintretender Rechtskurs in der preussischen Politik deine Situation beim Ministerium verschlechtern, sodass Chancen, die heute bestehen, morgen schwinden?»

In seinem Antwortbrief vom 21. August spricht Barth vom «Sturm der Zuschriften», der ihn in den letzten Tagen aus Bern erreicht und ihm gezeigt habe, «dass es den Bernern alles in allem genommen diesmal tatsächlich ernst und dass damit der Anspruch des Nächsten in aller Form an mich ergangen ist».[434] Schon in dieser frühen Stellungnahme wird aber deutlich, dass Barth grosse Vorbehalte gegen eine Rückkehr nach Bern hatte: «Und nun stehen wir also in der Entscheidung. Gefallen ist sie ja noch weder hier noch dort; ich kann von mir nur sagen, dass ich für die Möglichkeit, diesen Weg zu gehen, wenn es denn sein soll, so offen bin wie vor sechs Jahren, als die Göttinger Türe aufging. Es ist klar, dass die Heimatkirche, wenn sie mich denn haben will, einen ersten Anspruch zu erheben hat und dass ich in diesem Fall, immer vorausgesetzt, dass er gegeben ist, die Rückfahrt vom hohen Meer in den engen Kanal eben anzutreten habe, so gut wie damals die Ausfahrt. Eine bindende Erklärung, einen Ruf aus Bern unter allen Umständen anzunehmen, habe ich nicht abgegeben.» Enthusiasmus tönt anders. Er spricht dann auch die Strategie an, mit welcher allenfalls Bern vermieden werden könne. Man müsse den

434 Thurneysen, Barth–Thurneysen, S. 516–517, von dort auch die folgenden Zitate.

Deutschen, die ihn so anständig und vertrauensvoll behandelt hätten, «mindestens das Wort gönnen» und mit den Bernern über die Bedingungen verhandeln können. Sollten die Berner «über das Einzelne mit sich reden lassen», dann sehe er voraus, «dass ich, auch wenn Berlin wirklich infrage käme, auf der andern Seite die grössere Nötigung erkennen müsste». Neben der manifesten Unlust, einem Ruf nach Bern zu folgen, wird natürlich auch deutlich, dass Barth um die Stärke seiner Position in diesem Verhandlungspoker wusste.

Einen Monat später – inzwischen ist der Ruf der Fakultät an Barth ergangen – ist die Begeisterung bei ihm keinesfalls gewachsen, deutsch und deutlich teilt er Thurneysen mit: «Ich würde gerne hier [sc. Münster, Westfalen] bleiben und erwarte in Bern keine grossen Dinge, wohl aber viel kleine Bedrängnis und Verdriesslichkeit. Ich kann mich aber auch hier nicht für unentbehrlich halten und hielte es für eine Art von trivialer Pflicht, nach Bern zu gehen, wenn sie mich eben wirklich dorthin rufen sollten.»[435] Der Monat September verstrich mit Warten auf den Berufungsentscheid der Berner Regierung, die sich angesichts der nicht einstimmigen Haltung der Fakultät und der linken Vergangenheit Barths offensichtlich Zeit liess, besonders auch, da nun nach den Befürwortern einer Berufung Barths auch die Kritiker einer solchen in der Presse mobil gemacht hatten. Ihnen ging es in erster Linie um die Staatstreue des Theologen, die man ihm aufgrund von kritischen Artikeln absprechen wollte.[436] Thurneysen berichtet Barth von einer «Schlacht, die um dich herum dort oben geschlagen wird», und erwähnt die Münsterpfarrer Schädelin und Oettli, die sich mit grossem Engagement für Barths Kommen einsetzten.[437] Schliesslich erfolgt am 24. Oktober nach langem Zögern endlich die Berufung durch den Regierungsrat. Barth nimmt das lange Warten zum Anlass, sich nun seinerseits für seinen Entscheid Zeit zu lassen.[438] Wieder zeigt sich deutlich seine Abneigung gegen den Wechsel nach Bern, wieder beschwört er das Bild vom Gang aus der (deutschen) Weite in die (bernische und schweizerische) Enge, der ihm so schwerfalle. Zugleich plagt ihn das schlechte Gewissen gegenüber seinen Berner Freunden, allen voran Albert Schädelin, die sich so sehr für seinen Ruf nach Bern eingesetzt hätten. Inzwischen hatte man nämlich auch in Deutschland bemerkt, dass Bern sich um Barth bemühte: «Die Deutschen beginnen nun auch aufzumar-

435 Thurneysen, Barth–Thurneysen, S. 522, Brief vom 17.9.1927.

436 Es ging dabei um den Artikel: Barth, Gegenrede betreffend Militärflugzeuge, und den Vortrag: Barth, Christ in Gesellschaft, in dem Barth den Staat als Tier aus dem Abgrund bezeichnete, was E. Sch. (höchstwahrscheinlich «Bund»-Chefredaktor Ernst Schürch) in seinem Artikel vom 26.9.1927, betitelt «Um eine Professur», an Barths Staatstreue zweifeln liess. Vgl. die entsprechenden Fussnoten in Thurneysen, Barth–Thurneysen, S. 525 resp. S. 531, dort auch die Replik Barths. Dazu Karl Barth: An das Schweizerische Protestantenblatt, 1928, in: Koch, Offene Briefe 1909–1935.

437 Thurneysen, Barth–Thurneysen, S. 532–533.

438 Thurneysen, Barth–Thurneysen, S. 534–535, Brief Barths vom 24.10.1927.

schieren mit kräftigen Zureden, ich solle und dürfe das doch ja nicht tun. Sogar 2. Kön. 2, 12 wird in einem eben empfangenen Brief wuchtig ins Feld geführt! Und der Minister in Berlin hat mir von sich aus eine glänzende Besoldungsofferte gemacht, die sich sofort steil über die letzten Berner Möglichkeiten hinaus erhebt.»[439] Es folgt dann ein ausführlicher Bericht über einige Veranstaltungen in Deutschland, die im Bekenntnis gipfeln: «Es wurde mir schmerzlich bewusst, wie sehr ich mich in Deutschland einfach zu Hause fühle, zu den Deutschen gehöre – und dass nun Alles wieder Schluss sein soll – weil K. H. den Anbruch eines messianischen Zeitalters von meinem Kommen erwartet.»[440] Im selben, sehr ausführlichen Brief an seinen Freund schildert er auch eine Szene, in der Barths Verachtung des Schweizerischen beredt Ausdruck findet: «Folgenden Tags fuhr ich gen Frankfurt, wo mich [...] mitten im Wartsaal angewurzelt mit Stumpen im Gesicht die biederen Gestalten von Regierungsrat Merz und Hadorn empfingen, mit denen es dann – es war alles wie ein Traum – im Vestibule eines Hotels ein langes Gespräch über Kirche und Staat, über Besoldung und Lehrauftrag absetzte.[441] Der Hauptzweck der Übung war wohl der, dass sie mich noch einmal aus der Nähe besichtigen wollten, denn allzu tiefsinnige Fragen hatten sie mir wirklich nicht zu stellen.»[442]

Im Brief vom 25. Oktober erörtert Thurneysen, der wohl spürte, dass sein Freund eigentlich nicht nach Bern wollte, das Für und Wider einer Professur in Bern. Neben dem Bemühen einer wachsenden Anzahl deutscher Stimmen, die ihn zum Bleiben aufforderten, erwähnt Thurneysen auch die Gehaltsfrage: Die Berner Regierung hatte Barth ein Jahresgehalt von 12 000 Franken geboten. Er empfahl Barth, 15 000 zu verlangen, was Barth einleuchtete, hatte er doch vor kurzem erfahren, dass sein Schwager als Pfarrer mit der Wohnungsentschädigung auch so viel bezog. Er schreibt Thurneysen: «Das hat mir vorher [vor Frankfurt und vor der Wahl] eben auch niemand gesagt, sondern in Frankfurt stellte Merz die Sache so dar, als sei ein Hinausgehen über das Maximum von 12 000 eine Sache, die nur bei ganz besonders gefrässigen deutschen Medizinern ausnahmsweise in Frage komme, in deren Reihe ich mich dann anstandshalber nicht stellen wollte.»[443] Er war bereits mit einer Bitte um Einkauf in die staatliche Hilfskasse in der Höhe von 1000 Franken bei der Regierung aufgelaufen.

Barth wurde noch Jahre später seine Lohnforderung vorgeworfen, um ihn als geldgierig verunglimpfen zu können. Dies ist ungerecht, denn erstens war der Hin-

---

439 Thurneysen, Barth–Thurneysen, S. 534.

440 Thurneysen, Barth–Thurneysen, S. 536.

441 Leo Merz (1869–1952), bernischer Regierungsrat (1915–1934) und Wilhelm Hadorn (1869–1929), Ordinarius für Neues Testament, damals Dekan der Evangelisch-theologischen Fakultät.

442 Thurneysen, Barth–Thurneysen, S. 537.

443 Thurneysen, Barth–Thurneysen, S. 545.

weis auf die Gehälter der Stadtpfarrer zutreffend, zweitens zahlten die Universitäten von Zürich und Genf schon vorher 16 000 beziehungsweise 15 000 Franken, drittens lagen die Angebote, die Barth in Deutschland erhielt, ebenfalls weit über dem von Bern Offerierten. Barth selbst wollte die Gehaltsfrage nicht zur Hauptschwierigkeit erheben, hielt aber später in den Verhandlungen auf Anraten seiner Berner Freunde daran fest, die hofften, die bernischen Professorenbesoldungen dadurch endlich nach oben korrigieren zu können.[444]

Die Ereignisse folgen sich nun Schlag auf Schlag: Am 27. Oktober schildert Barth seinem Freund erneut, wie schwer ihm ein Wechsel nach Bern falle.[445] Er spricht von «fataler Freudlosigkeit», davon, dass «ich einfach nicht möchte und nach Gründen für dieses Nicht-Mögen suche», und schliesslich, «ob die Lage in Deutschland es nicht wahrscheinlich macht, dass das Gebot doch auf Dableiben lautet».

Die Berner Regierung erleichterte Barth den Entscheid durch einen Beschluss, der salopp gesagt nur als Steilvorlage für seinen Verbleib in Deutschland zu werten ist: «Dazu kommt nun eine mir ganz fatale Seite des Berner Rufes. Gleichzeitig mit dem betreffenden Beschluss hat der Regierungsrat einen zweiten Beschluss gefasst, der nicht mehr und nicht weniger sagt, als dass den Reformern nicht nur der praktische Lehrstuhl, sondern gleich im Pluralis die nächsten frei werdenden Lehrstühle förmlich versprochen werden … Soll und muss ich in einen solchen für alle Zukunft mit Reformdübeln zu besetzenden Käfig, in eine solche offiziell zum Vorneherein kompromittierte Situation wirklich hineingehen, um dann über eine Gesellschaft, die man doch nicht einmal als Gegner ernst nehmen kann, zu ärgern oder eben machtlos fortwährend Dinge geschehen zu lassen, wie sie von der durch diesen Beschluss bereits geschaffenen künstlichen Mehrheit der Fakultät […] zu erwarten sind?» Thurneysen wird nun nach Bern beordert, um dort die Lage nochmals zu sondieren und gleichzeitig die Berner Freunde darauf vorzubereiten, dass Barth unter den gegebenen Umständen wohl nicht nach Bern kommen werde. In dem von ihm erbetenen «Berner Frontbericht» vom 10. November 1927 stellt der Basler Freund schon zu Beginn klar, dass in Bern Barths Zusage als unwahrscheinlich gilt.[446] Thurneysen versichert Barth noch einmal, «dass ein wirklich echtes und erstes Anliegen hinter dem Verlangen unserer Berner Freunde nach dir steht». Er schil-

444 «Das mit den 15 000 widerstrebt mir. Es hat etwas so Primadonnenhaftes an sich, sich über das Maximum der anderen Kollegen hinaus honorieren zu lassen. Unbedingt fordern werde ich nur sämtliche Umzugskosten und freien Eintritt in die Hilfskasse, beides in Bern nicht einmal selbstverständlich!!», schreib Barth seinem Freund. Thurneysen, Barth–Thurneysen, S. 543. Im Übrigen sei darauf hingewiesen, dass die Berner Regierung in Lohnfragen nicht zimperlich war, wenn es galt, einen Star wie zum Beispiel den Juristen Eugen Huber zu bekommen, dem man das Doppelte des üblichen Ordinariengehaltes bot, um ihn nach Bern zu holen. Rogger, Feministische Euphorie, S. 22.

445 Thurneysen, Barth–Thurneysen, S. 540–543, dort auch die folgenden Zitate.

446 Thurneysen, Barth–Thurneysen, S. 546–547, dort auch die folgenden Zitate.

dert die hohen Erwartungen, die man mit seinem Berner Amt verbindet. Er und die Berner Barth-Anhänger, er erwähnt namentlich Schädelin und Hadorn, beschwören Barth, in der Frage der absolut ungenügenden Besoldung unnachgiebig zu bleiben. Was die Frage der freisinnig zu besetzenden Lehrstühle betrifft, befürchten sie zwar nicht, dass deren Inhaber Barth zu erdrücken vermöchten, sähen aber hierin ebenfalls ein berechtigtes Motiv, den Berner Ruf abzulehnen.

Barth ist nun jedenfalls genügend unterrichtet, um der Berner Regierung mitzuteilen, unter welchen Bedingungen er allenfalls bereit wäre, nach Bern zu kommen.[447] Barth erklärt Merz, dass die Situation, wie sie sich im Moment darstelle, es ihm unmöglich mache, dem Ruf nach Bern zu folgen, und fragt, ob es nicht doch einen Weg gebe, die Lage zu verbessern. Er sei sich allerdings bewusst, dass das, was er vorzubringen habe, für die Regierung starke Zumutungen seien. Als ersten Punkt erwähnt er die Absicht der Regierung, bei der bevorstehenden Besetzung weiterer Lehrstühle dem Anspruch der liberalen Richtung Rechnung zu tragen. Hier greift Barth nun zum verbalen Zweihänder: «Die sogenannte liberale Theologie im Allgemeinen und die schweizerische Reformtheologie im ganz Besondern hat nach meiner wohlüberlegten Ansicht nicht den Anspruch, von einer das Interesse der Theologischen Fakultät und der Landeskirche ernstlich wahrenden Staatsregierung in der Weise jenes Beschlusses in Schutz genommen zu werden. Sie ist nicht eine ‹Richtung› in der protestantischen Theologie, deren Gleichberechtigung neben andern selbstverständlich vorauszusetzen wäre, sondern sie ist nach ihrer Entstehung und nach ihrem Bestande ein Fremdkörper in der Kirche der Reformation, von dem sich wieder zu befreien die theologische Wissenschaft heute fast auf der ganzen Linie im Begriffe steht, nachdem er übrigens seit der Überwindung des alten Rationalismus in Kirchen und Fakultäten sich ungefähr nirgends zu solcher Breite hat entwickeln dürfen, wie dies eben in der Schweiz unter dem hier sehr unangebrachten Schutz des Proporzgedankens der Fall gewesen ist.» Die liberale Richtung habe dank einer für sie günstigen politischen Konstellation eine jahrzehntelange Vormachtstellung an der Fakultät geniessen dürfen, sei aber jetzt fraglos als antiquiert zu bezeichnen, und ihre Lebensdauer brauche nicht künstlich verlängert zu werden indem man ihr Lehrstühle sichere im Sinne jenes Beschlusses vom 24. Oktober. «Es kann die Belastung der Theologischen Fakultät mit diesem Servitut aber auch nicht im Interesse des ‹kirchlichen Friedens› liegen, weil gerade dadurch die durch die sogenannte liberale Theologie herbeigeführte Störung des kirchlichen Friedens in Permanenz und als rechtmässig erklärt wird.» Im gleichen harschen Stil setzt er sich dann dafür ein, Albert Schädelin als Professor für Praktische Theologie zu berufen, weil er der geeignetste und die angeblich so wichtige Reformtheologie ja nicht in der Lage sei, einen valablen Kandidaten für diese Pro-

447 Brief Barths an Regierungsrat Merz vom 13.11.1927, in: Staatskanzlei, Kirche und Staat im Kanton Bern. Die folgenden Zitate aus der Version Feldmann 1951.

fessur zu benennen. Als zweiten Punkt spricht er die Besoldungsfrage an und fragt die Regierung, «ob sie in der Lage ist, die mir angebotene Besoldung auf Fr. 15 000.– zu erhöhen. Die scheinbare Anmasslichkeit auch dieser Frage dürfte dadurch gemildert sein, dass, wenn die Dinge so liegen, wie sie mir geschildert worden sind, eine allgemeine Erhöhung der bernischen Professorengehälter doch sicher nur eine Frage der Zeit sein kann.» Würde die Regierung diese beiden Punkte akzeptieren, würde er den Ruf annehmen, sonst sei er als abgelehnt zu betrachten. Er ersuche «die Regierung höflichst, mir mit Ja oder Nein zu antworten». So trocken wie verlangt kommt die Regierung dem Antwortbegehren nach und teilt Barth am 16. November 1927 mit: «Der Regierungsrat lehnt es ab, auf seine Ihnen bekannte Stellungnahme betreffend Berücksichtigung der liberalen Theologie in der Evangelisch-theologischen Fakultät zurückzukommen. Die Antwort auf Ihre erste Frage kann daher nur verneinend sein, womit sich eine Erwägung Ihrer zweiten Frage betreffend die Höhe der Besoldung erübrigt. Im Hinblick auf Ihre bestimmten Erklärungen am Schlusse Ihres Schreibens betrachtet deshalb der Regierungsrat die Berufung als endgültig abgelehnt und hinfällig.»

Welche Bedeutung die Regierung dem Geschäft beimisst, zeigt die ungewöhnlich ausführliche Darstellung des Geschehens in den Regierungsratsprotokollen. Erstmals traktandiert wird das Thema Berufung Barth Ende September 1927. Es werden verschiedene Eingaben pro und contra Barth erwähnt, was Regierungsrat Leo Merz dazu bewegt, die Sache etwas hinauszuschieben, um den Streit abflauen zu lassen «und mit Prof. Barth im Laufe des Monats Oktober unverbindliche Fühlung herzustellen und diesen Kandidaten persönlich über seine Stellung zu verschiedenen Problemen zu interpellieren».[448] Das Treffen mit Barth wird vorbereitet und kommt, wie bereits erwähnt, zustande, ohne dass dem Protokoll zu entnehmen ist, was es den nach Frankfurt gereisten Herren Merz und Hadorn gebracht hat.[449] In den Sitzungen des Regierungsrates von Ende Oktober klärt der Regierungsrat seine Haltung: Barth soll auf den Lehrstuhl für Systematik berufen werden und es sei, sofern er den Ruf annimmt, «im Interesse einer angemessenen Vertretung der verschiedenen theologischen Richtungen in der Fakultät, die Professur für Praktische Theologie sowie ein neu zu errichtendes Extraordinariat mit Vertretern der lib. Theol. zu besetzen».[450]

Barth reagiert mit dem ominösen Brief mit den darin genannten Bedingungen, worauf die Regierung erklärt, diese Bedingungen seien unannehmbar und würden

448 RR-Protokoll Nr. 4137a, 28.9.1927, S. 619.

449 RR-Protokoll Nr. 4277b, 7.10.1927, S. 643, und RR-Protokoll Nr. 4312, 11.10.1927, S. 648.

450 RR-Protokoll Nr. 4421, 24.10.1927, S. 666.

von der Regierung einhellig abgelehnt, so dass damit auch die Berufung «als abgelehnt und hinfällig zu betrachten sei».[451] Das hiess nun zurück auf Feld eins.

Anstelle Barths schlug die Fakultät Wilhelm Bruhn für Systematik, Schädelin für Praktische Theologie und Lienhard für Ethik vor. Nach Meinung einiger Regierungsvertreter war aber damit die kirchliche Linke zu wenig berücksichtigt, was zum ersten Mal in diesem Gremium den Namen Martin Werner ins Spiel bringt. In der langen Sitzung vom 14. Dezember 1927 wird gerungen um die Verteilung der Professuren. Interessanterweise stemmt sich Regierungsrat Merz gegen die Besetzung der Systematik mit Martin Werner, da dieser sich bisher nur mit neutestamentlicher Exegese befasst habe.[452] Merz kann sich auch mit einem Extraordinariat für Friedrich Eymann nicht anfreunden. Er beharrt auf seinem Antrag, Bruhn das Ordinariat für Systematik zu übertragen und Extraordinariate für Schädelin (Praktische Theologie), Lienhard (Ethik) und Werner (Neues Testament und Frühpatristik) zu schaffen. Sein Vorschlag berücksichtige sowohl das wissenschaftliche Niveau der Fakultät, als auch die hauptsächlichsten kirchlichen Richtungen, gibt er zu Protokoll. Seine Ratskollegen aber sehen dies anders und votieren unter der Führung des Kirchendirektors Hugo Dürrenmatt, von Amtes wegen in Fragen, die die theologischen Fakultäten betreffen, gleichsam der institutionelle Gegenspieler des Unterrichtsdirektors, für eine andere Liste. Nach dieser wird Martin Werner nun als Ordinarius für Systematik inthronisiert, mit fünf zu einer Stimme und zwei Enthaltungen. Schädelin als ausserordentlicher Professor ist unbestritten und erhält acht Stimmen.[453] Drei Tage später werden die Wahlen vollzogen.[454]

Barth, der mit seiner Nichtwahl mehr als nur leben konnte, kommentiert die Wahl Schädelins mit den Worten, «man [darf] für Bern immerhin hoffen, dass keine geradezu ägyptische Finsternis dort eintreten wird».[455]

Das «Berner Taschenbuch» auf das Jahr 1929 verzeichnet in der «Berner Chronik» vom 1. November 1927 bis 31. Oktober 1928 zum Datum des 17. November 1927 drei Ereignisse: 1. «Prof. Dr. Karl Barth in Münster (Westfalen) lehnt die Berufung an die evang.–theol. Fakultät der Hochschule Bern ab.»[456] 2. «Das

---

451 RR-Protokoll Nr. 4838, 16.11.1927, S. 726.

452 Auch sein Vorgänger Hermann Lüdemann war von Haus aus Neutestamentler, als er 1884 als Nachfolger Nippolds auf den Lehrstuhl für Kirchen- und Dogmengeschichte berufen wurde. 1890 schliesslich wechselte er auf den Lehrstuhl für Systematische Theologie. Guggisberg, Kirchenkunde, S. 311.

453 RR-Protokoll Nr. 5406, 24.12.1927, S. 808.

454 Werner wird auf den 1.4.1928 zum Nachfolger Lüdemanns gewählt, mit einer Anfangsbesoldung von 11 000 Franken, Schädelin mit einer solchen von 3000 Franken und einem Lehrdeputat von 6 bis 7 Wochenstunden. RR-Protokoll Nr. 5467, 27.12.1927, S. 817. Würdigung der Bedeutung Werners als Theologe bei Guggisberg, Kirchenkunde, S. 317.

455 Thurneysen, Barth–Thurneysen, S. 555.

456 Türler, Berner Taschenbuch 1929, S. 213–214.

Schwurgericht in Delsberg spricht Robert Dähler schuldig des Mordes an Frau Eschmann in Courtetelle und verurteilt ihn zu 20 Jahren Zuchthaus.» 3. «Fliegerleutnant Hans Wirth landet mit seinem für Bern ersten privaten Flugzeug von Stuttgart herkommend auf dem Beundenfeld.»

Bemerkungen zur Causa Barth

1. Die ganze Berufungsgeschichte 1927 enthält Erstaunliches in Fülle. Da ist einmal die hohe Emotionalität der Auseinandersetzungen auf den verschiedenen Ebenen zu bemerken. Als Beispiel dafür möge Emil Brunners Brief an Barth vom 1. November 1927 stehen. Dort schreibt Brunner unter anderem: «Aber das will ich dir nicht verhehlen, dass ich mich vor deinem Kommen ein wenig fürchte, und mit mir das ganze Jerusalem (vgl. Mt. 2, 3), d. h. die Zürcher Fakultät. Denn selbstverständlich wirst du uns ein wenig an die Wand drücken, als der Stern mit der grösseren Masse und folglich der grösseren Anziehungskraft.»[457] Aufs Ganze gesehen hält Brunner aber Barths Kommen für die Schweiz und besonders für Bern für gut: «Dein Nichtkommen würde für die Berner Fakultät einer Katastrophe ähnliche Wirkung haben. Der Prozess der Abbröckelung, der schon in den letzten Semestern eingesetzt hat, würde durch einen Werner auf keinen Fall, durch einen Bruhn kaum aufgehalten werden. Der Schaden, der durch die Berufung eines Bruhn angerichtet würde, wäre unsagbar, für die Berner Kirche, trotz dem starken guten Einfluss Schädelins usw.» Bedenken hat Brunner lediglich, dass durch den Wegzug Barths aus Deutschland dort die gemeinsame Sache, sprich die Dialektische Theologie, als «schweizerische Angelegenheit» abgetan und damit ignoriert werden könnte.[458]

Da hatte Brunner allerdings noch nicht auf das brennende Sodom und Gomorra der natürlichen Theologie zurückgeschaut, sich noch nicht mit der Gruppenbewegung eingelassen und war darum bei Barth noch nicht in Ungnade gefallen.

Zur Emotionalität gehörte also die geradezu messianische Hoffnung, die sich auf beiden Seiten des Rheins mit dem Verbleib respektive dem Wegzug Barths nach Bern für Kirche und Universität verband.

2. Aus heutiger Sicht erstaunt der Lärm in der Presse und damit in der Öffentlichkeit um die Berufung Barths in höchstem Mass, wobei Barth insgesamt eher schlecht wegkommt und fortan als arrogant und geldgierig gilt, ein Ruf, den er bei seinen Gegnern bis heute nicht losgeworden ist. Es darf nicht vergessen werden,

457 Busch, Barth–Brunner, S. 161–163, alle Zitate dieses Abschnittes. Auch Barth selbst sagte gegenüber Thurneysen, die Berner Hadorn, Schädelin, Gilg, Hubacher usw. hätten ihn eher ein wenig gefürchtet als geliebt «und dass ich unter vielen nähern und fernern Zuschauern letztlich sehr allein dagestanden hätte, wenn ich hingezogen wäre». Thurneysen, Barth–Thurneysen, S. 61.

458 Zu Brunners Laufbahn in Zürich und seiner theologischen Bedeutung: Schmid, Theologische Fakultät Zürich, S. 120–124.

dass Barth wohl in einer interessierten Öffentlichkeit seit seiner Safenwiler Zeit als religiös-sozialer Pfarrer und Theologe gilt und seine neue theologische Ausrichtung dort noch keine Wurzeln geschlagen hat.[459] Die Vorträge respektive Publikationen Barths zu den Flugzeugen im Ersten Weltkrieg und die Rede vom Staat als «Tier aus dem Abgrund» passen gut ins Schema der staatsfeindlichen und pazifistischen Linken und werden genüsslich gegen ihn in Stellung gebracht. Eine vergleichbare öffentliche Erregung bei der Berufung eines Theologieprofessors lösen in der neueren bernischen Hochschulgeschichte nur die Berufungen von Eduard Zeller 1847 und von Kurt Marti 1972 aus.

3. Die bernische Regierung, die bisher bei den Berufungen von Theologen meist unangefochten handeln und bestimmen konnte, wird wohl zum ersten Mal konfrontiert mit einem Theologen, der ihr gegenüber aus einer Position der Stärke zu verhandeln in der Lage ist. Bern will Barth, aber zu seinen – Berns – Bedingungen, Barth aber nicht Bern oder nur zu seinen – Barths – Bedingungen. Beide Seiten können sich zunächst als Sieger fühlen, à la longue aber wäre Barth für Bern und Bern für Barth wohl kein so grosses Unglück gewesen, wie beide Seiten dachten. Der Richtungsstreit aber wäre Bern auch in diesem Fall nicht erspart geblieben. Anders als der brillante Leo Merz waren seine Ratskollegen offenbar nicht in der Lage zu erkennen, dass die liberale Theologie des 19. Jahrhunderts an Anziehungskraft verloren hatte und dass die kommenden Jahrzehnte der Dialektischen Theologie gehörten. Sie merkten es auch 1934 nicht, als Barth zum zweiten Mal zur Diskussion stand, diesmal mit dem Nimbus des Begründers der Bekennenden Kirche und des Eidverweigerers gegen Hitler. Barth wurde dadurch das, was man damals schon einen Star nannte, vielleicht der einzige Theologe, dem dieser Status im 20. Jahrhundert zustand. Es ist durchaus vorstellbar, dass Merz als Folge seiner herben Niederlage nicht unglücklich war, sein Departement an den neu gewählten Kollegen Alfred Rudolf weitergeben zu können.

4. Politisch war es wohl entscheidend, dass die Dialektische Theologie nicht in den vorgegebenen Raster politischer Weltanschauungen passte: Die liberalen Theologen vertraten in den Augen der führenden freisinnigen Politiker den wissenschaftlichen Fortschritt und dankten es dem bernischen Staat mit entsprechender Loyalität. Der Freisinn und die ihn im Kanton Bern als dominante politische Partei ablösende BGB bauten auf sie. Nach dem Abebben der liberalen Gründungsära und des Kulturkampfes fanden auch die sogenannten Positiven zunehmend ihren Platz in diesem Grundkonsens, der sich, wie wir gesehen haben, auch in der Besetzung der theologischen Lehrstühle widerspiegelte. Das Aufkommen der Religiös-Sozialen stellte dies alles nicht grundsätzlich infrage: So wie man die Arbeiterbewegung nach ihren klassenkämpferischen Anfängen in der Zwischenkriegszeit in das

459 Barth war seit 1915 Mitglied der Sozialdemokratischen Partei der Schweiz und seit 1931 der SPD, überdies seit 1925 deutscher Staatsbürger.

politische System zu integrieren versuchte (was allerdings erst während des Zweiten Weltkriegs und nach erheblichen Vorleistungen der Linken gelang), konnte man auch diese theologische Strömung in den allgemeinen politischen und theologischen Proporz einfügen. Für die theologischen Fakultäten blieben die Religiös-Sozialen eine Randerscheinung. Sie strebten nicht unbedingt nach Lehrstühlen, da dies nicht ihrem Kernanliegen entsprach (Leonhard Ragaz hat wohl auch aus diesem Grund auf den ihm angebotenen Lehrstuhl in Bern verzichtet), und wenn, wie im Fall Rudolf Liechtenhans, der sich 1930 in Bern um die Nachfolge Hadorns bewarb, doch einer anklopfte, genügte ein aus heutiger Sicht kleiner Makel wie seine pazifistische Gesinnung, um ihn in Bern aus dem Rennen zu nehmen. Mit Im Hof lässt sich dieses Bild für die ganze Universität generalisieren: «Die Universität der zwanziger und dreissiger Jahre stand gesinnungsmässig auf dem Boden eines liberalen Bürgertums. Die meisten Professoren waren ja geprägt durch die Vorkriegszeit, die sie als ‹flotte Burschen› durchlebt hatten oder zumindest als Kinder eines mehr oder weniger bürgerlichen Milieus.» Und etwas weiter unten: «Der freisinnige Typus hielt sich in seiner religiösen Ausprägung besonders stark in der Theologischen Fakultät.» Barth und seine Mitstreiter aber verweigerten sich konsequent jeder Zuordnung zu politischen Parteien und Strömungen und nahmen dabei in Kauf, als Staatsfeinde zu gelten, ein Vorwurf, den man sich in der aufgeheizten Atmosphäre der Nachkriegszeit ohnehin schnell einhandeln konnte. Erst als Barth 1934 den Eid auf Hitler verweigerte, mutierte er vom Staatsfeind zum tapferen Widerstandskämpfer, in einer Zeit also, da immer mehr Menschen zu realisieren begannen, dass der Feind rechts und nicht links stand. Barth blieb aber während und nach dem Zweiten Weltkrieg ein politisch unbequemer Zeitgenosse.[460]

5. Die Situation in der bernischen Landeskirche wird in den Zeugnissen des Umfeldes von Karl Barth sehr düster dargestellt, zum Beispiel in den Briefen Thurneysens oder auch im Brief Brunners. In den auf diese Zeit sich beziehenden Kapiteln der Kirchenkunde des liberalen Theologen Kurt Guggisberg erscheint die Lage etwas weniger dramatisch, ebenso im Jahrzehntbericht von Pfarrer Karl von Greyerz.[461]

Vernichtend ist Barths Urteil auch über den Zustand der Evangelisch-theologischen Fakultät: «Oder muss ich mich nun auch noch an einen solchen Leichnam fesseln lassen, wie es eine Fakultät, die unter solcher Prädestination steht, doch unzweifelhaft ist? Ich kann bei einer so kleinen Fakultät die Frage der Zusammenarbeit nicht einfach ausschalten, umso weniger, je mehr sie sich ohnehin im Winkel befindet.»[462]

---

460 Busch/Schenk, Akte Karl Barth.

461 Guggisberg, Kirchenkunde, S. 293–302 und 305–309. K. v. Greyerz, Jahrzehntbericht 1941, S. 9–12.

462 Thurneysen, Barth–Thurneysen, S. 542.

Die Haltung der Fakultät scheint hingegen recht unklar, es wird in den Fakultätsprotokollen wenig sichtbar vom Streit um Barths Berufung in der Öffentlichkeit.

6. Der Topos der Enge, den Hans Ulrich Jost evoziert, ist hier nochmals aufzunehmen. Inwieweit spielte bei dieser «Enge» eine gewisse Furcht Barths vor seiner Mutter Anna Sartorius mit? Diese missbilligte seine Liaison mit Charlotte von Kirschbaum. Als Barths Frau Nelly vom Mai bis September 1928 in der Schweiz weilte, führte Barths Mutter seinen Haushalt in Münster bis August, bevor sie dann nach Bern übersiedelte. Von Kirschbaum hatte er 1925 näher kennengelernt.[463] Sein Thurneysen gegenüber geäusserter Verdacht, seine Freunde und Anhänger hätten sein Kommen eher gefürchtet als gewünscht, bekommt in diesem Zusammenhang eine ganz eigene Färbung.

7. Merz galt als engagierter Förderer der Universität und der Lehrerbildung und erhielt – wohl als einziger Regierungsrat im Kanton Bern – Ehrendoktorate von zwei verschiedenen Fakultäten, nämlich 1930 von der juristischen und 1934 von der philosophisch-historischen. Als Freisinniger und Christkatholik war Unterrichtsdirektor Merz zwar dem politischen Liberalismus durchaus verpflichtet, aber nicht in so dogmatischer Einseitigkeit, als dass er nicht in der Lage gewesen wäre, Barths Bedeutung zu erkennen. Sein Treffen mit dem berühmten Theologen war durchaus Zeichen des Respekts und des intellektuellen Interesses, was der hochfahrende theologische Jungstar nicht zu erkennen in der Lage war. Merz war es, der seinen Ratskollegen die Berufung Barths beliebt gemacht hatte. Als Politiker, der auch den kirchlichen Frieden im Auge behalten musste, konnte er aber unmöglich auf Barths Forderung nach Elimination der liberalen Theologie eintreten. In diesem Sinn ist auch sein Vorschlag, Barths Berufung durch Schaffung liberaler Extraordinariate zu neutralisieren, zu verstehen. Barth war nur zu gerne bereit, dies unbesehen als Provokation zu verstehen, als wären seine Kollegen in Bonn ausnahmslos Anhänger der Dialektischen Theologie gewesen.

Das Lächerlichmachen der beiden Besucher Merz und Hadorn aus der Schweiz beim Treffen mit Barth im Brief an Thurneysen evoziert natürlich gezielt das Überlegenheitsgefühl des im grösseren kulturellen Kosmos des Weimarer Deutschen Reiches Angekommenen gegenüber den Vertretern einer kleinbürgerlichen, biederen Schweiz.

8. Aus heutiger Sicht durchaus bemerkenswert ist die Selbstherrlichkeit, mit der Unterrichtsdirektor Leo Merz in dieser Berufungsgeschichte agierte. Merz scheute bei theologischen Berufungen auch vor einem wissenschaftlichen Urteil nicht zurück, wohl wissend, welche Bedeutung einem Richtungswechsel auf dem Lehrstuhl für Systematik zukommen musste. Das Fakultätsprotokoll vom 18. November 1927 berichtet, Merz habe der Fakultät angeboten, «auf einer Reise nach Deutschland» die nach Barths Absage favorisierten Kandidaten Bruhn und Siegfried zu besuchen

---

463 Busch, Lebenslauf, S. 177–178. Ferner Selinger, Kirschbaum und Barth.

und über sie Erkundigungen einzuziehen. Leider lässt sich nicht belegen, ob der «Barthianer» Arnold Gilg, Christkatholik wie Leo Merz, bei diesem für eine Berufung Barths nach Bern geworben hat.

In der darauf folgenden Fakultätssitzung orientierte der Dekan seine Kollegen über die Unterredung mit Merz, der in der Zwischenzeit Bruhn in Kiel und Siegfried in Marburg inspiziert und sich auch im Kultusministerium in Berlin bei seinen preussischen Kollegen umgehört hatte. Erst aufgrund seiner Auskünfte beantragte die Fakultät die Berufung Bruhns zum Nachfolger Lüdemanns.

Die Fakultät musste aber kurz nach Jahresbeginn 1928 zur Kenntnis nehmen, dass die Regierung Martin Werner zum Ordinarius für Systematik und Albert Schädelin zum Extraordinarius für Praktische Theologie ernannt hatte.[464] Damit war aus der Sicht der Regierung die starke Stellung der liberalen Theologie konserviert und gleichzeitig die hierarchisch dahinter rangierende positive Richtung in bewährter Proporzmanier im Boot. Allerdings sollte die Zukunft zeigen, dass man damit die von der Dialektischen Theologie ausgehende Störung des kirchlichen Friedens nicht in den Griff bekam, im Gegenteil. Die Evangelisch-theologische Fakultät und Unterrichtsdirektor Merz gingen nicht unbeschädigt aus dem Berufungsgetümmel hervor. Merz übergab seinen Posten seinem christkatholischen Parteikollegen Alfred Rudolf und wechselte in die Justiz- und Polizeidirektion, der er schon zu Beginn seiner Regierungstätigkeit 1915–1918 vorgestanden hatte.

Intermezzo IV: Karl Barth und Martin Werner

Herkunft: Die Wende in der Theologie nach dem Ersten Weltkrieg verkörperte sich im Kanton Bern in zwei Persönlichkeiten, die den theologischen und kirchenpolitischen Diskurs für gut vier Jahrzehnte prägten: Martin Werner und Karl Barth. Beide waren etwa gleich alt, Barth mit Jahrgang 1886 anderthalb Jahre älter, und kannten sich seit ihrer Kindheit, die sie eine Zeit lang in unmittelbarer Nachbarschaft verbrachten.[465] Gemeinsamkeiten, aber auch Unterschiede gab es in der religiösen Prägung: Beide kamen aus eher konservativ geprägtem Elternhaus, waren auch Söhne von Theologen, Martin Werner war der Sohn des streng pietistischen Stadtmissionars gleichen Namens, Karl Barth der Sohn des Berner Theologieprofessor Fritz Barth, dessen Wahl zum Ordinarius, wie bereits dargelegt, die Berner Regierung eher dem kirchlichen Frieden zuliebe als aus Begeisterung vorgenommen hatte. Bei den Berufen wird auch der Hauptunterschied deutlich: Barth gehörte

464 FP 11.1.1928, S. 62.

465 Die biografischen Details für Barth nach Busch, Lebenslauf, für Werner nach Marti, Martin Werner. Ferner zu Werner: Balsiger, Martin Werner, und zu Barth: Blaser, Karl Barth. Von Barths eigener Hand: Barth, Autobiographische Skizzen.

milieumässig ins gehobene Bildungsbürgertum, seine Vorfahren gehörten zur Basler Bourgeoisie, über seine Mutter Anna Sartorius war er sogar mit Jacob Burckhardt verwandt. Seine nähere und fernere Verwandtschaft war mit Theologen durchsetzt wie weiland diejenige Johann Sebastian Bachs mit Musikern. Anders Martin Werner: Seine Familie väterlicherseits stammte aus dem Kanton Schaffhausen, die Mutter war Bauerntochter aus dem Emmental. Dies schuf unterschiedliche Voraussetzungen für die Berufslaufbahn der beiden, auch wenn schliesslich beide auf einem Lehrstuhl für Systematische Theologie landeten.

Ausbildung: Sowohl Martin Werner wie auch Karl Barth besuchten, wie es ihrer religiös eher konservativen Herkunft entsprach, die vom pietistischen Geist geprägten freien Schulen. Karl Barth absolvierte das Freie Gymnasium bis zur Maturität, Martin Werner verliess dieses nach der Quarta, also der obligatorischen Schulzeit, und wechselte in das Lehrerseminar Muristalden, das zur Trias der freien Schulen gehörte, wo er das Primarlehrerpatent erwarb. Er wirkte dann in Heimenschwand als Primarlehrer, wobei er, begeisterter Musiker, auch als Organist amtierte (er hatte als Erster das neu geschaffene bernische Organistenpatent erworben). In Heimenschwand reifte dann sein Entschluss zum Theologiestudium, bestärkt durch den Ortspfarrer Walter von Rütte-Frey, den jüngsten Sohn von Albert und Cécile von Rütte-Bitzius, der jüngsten Tochter Gotthelfs. Er holte die Matura nach und studierte dann in Bern, als Werkstudent, Theologie. Ein Jahr vor Kriegsbeginn hatte er die Möglichkeit, wie so viele Schweizer, in Tübingen ein Auslandsemester zu verbringen, wo er Adolf Schlatter schätzen lernte und, wichtiger für seine zukünftige berufliche Tätigkeit, erste Bekanntschaft mit dem Werk Albert Schweitzers machte. 1914 bestand er das Staatsexamen, worauf er verschiedene Vikariate versah, unter anderem auch für Karl Barth in Safenwil, bevor er 1916 als Pfarrer nach Krauchthal gewählt wurde.

Barth, dessen Bildungsgang bruchloser verlief, absolvierte seine ersten Studienjahre in Bern, wo er 1906 das Propädeutikum bestand. Darauf folgten diverse Semester an deutschen Universitäten, von denen es ihm vor allem Marburg angetan hatte, wo er drei Semester zubrachte. Berlin und Tübingen hatte er auch besucht, Tübingen auf besonderen Wunsch seines Vaters, wo er «mit heftigster Renitenz Schlatter» hörte.[466] Anders als sein späterer Gegner Werner frönte er aber auch ausgiebig dem Verbindungsleben in der Studentenverbindung Zofingia, in der schon sein Vater mitwirkte. Seine berufliche Tätigkeit begann Barth 1909 als pasteur suffragant an der deutschen Reformierten Gemeinde Genf, von wo aus er 1911 nach Safenwil im Kanton Aargau gewählt wurde. In dieser Arbeiter- und Bauerngemeinde wurde er «zum ersten Male von der wirklichen Problematik des wirklichen Lebens berührt», wie er später schrieb. Wichtig war ihm dabei sein Pfarrkollege Eduard Thurneysen, der während sieben Jahren neben ihm aargauischer Pfarrer

466 Barth, Autobiographische Skizzen, S. 304.

und wohl sein engster theologischer Begleiter und lebenslanger Freund war. Im fortwährenden Gespräch mit ihm erarbeitete er die Grundlagen der Dialektischen Theologie. Diese Entwicklungen sind so oft beschrieben worden, auch von Barth selbst, dass sie hier nicht weiter zu thematisieren sind. Barth schreibt in seinen autobiografischen Skizzen, er «habe das Buch [sc. die erste Fassung des Römerbriefkommentars] zunächst wirklich nur für mich selbst und etwa zur privaten Erbauung von Eduard Thurneysen und anderen Mitbekümmerten geschrieben».[467] Erst 1919, anlässlich seines Vortrages an der religiös-sozialen Tagung im thüringischen Tambach, sei ihm klar geworden, «dass ich Dinge gedacht und ausgesprochen hatte, die ich vor einer grösseren Öffentlichkeit zu verantworten haben werde».[468] Dem rückschauenden Betrachter erscheint es aber kaum als Zufall, dass Barths theologischer Stoss von Anfang an gegen die zeitgenössische deutsche Theologie gerichtet war. Er hatte fast die Hälfte seines Studiums an deutschen theologischen Fakultäten verbracht und dort die meisten der führenden deutschen Theologen kennengelernt.[469] Deren Versagen angesichts der Gräuel des Weltkrieges mussten ihn schon aus diesem Grund besonders hart treffen und zu einer theologischen Neuorientierung drängen. Es folgten bekanntlich die Berufungen nach Göttingen 1922, nach Münster 1925 und nach Bonn 1930. Wie stark Barth sich mit seiner neuen Heimat identifizierte, zeigt nicht nur der Erwerb der deutschen Staatsbürgerschaft, sondern auch der Beitritt zur Sozialdemokratischen Partei Deutschlands (Barth war seit seiner Safenwiler Zeit auch Mitglied der Schweizer Schwesterpartei).

Barth, aus theologisch eher konservativem, «positivem» Milieu stammend, hatte einen weiten theologischen Weg hinter sich, der ihn über eine theologisch «liberale» Phase in seiner Genfer Zeit und eine religiös-soziale Phase in Safenwil schliesslich zur Dialektischen Theologie führte.

Auch sein späterer Gegenspieler Martin Werner hatte auf seine Weise einen weiten theologischen Weg hinter sich, der ihn aus einem streng pietistischen Milieu, dem gewiss die baslerische Weite des barthschen Professorenhaushaltes abging, zur liberalen Theologie führte, die in der Schweiz nicht durch kriegstreiberische Verlautbarungen kontaminiert worden war wie die deutsche. Die Umwege, die er in seiner Ausbildungszeit gehen musste, verhinderten, dass er im Ausland länger als ein Semester studieren konnte. Entscheidend war aber, dass er in Tübingen das Werk seines späteren theologischen Leuchtturms und Freundes Albert Schweitzer kennenlernte.

467 Barth, Autobiographische Skizzen, S. 307.

468 Barth, Autobiographische Skizzen, S. 308.

469 Nach Barths eigener Bekundung prägten ihn neben seinem Vater Fritz Barth und seinem Religionslehrer Pfarrer Robert Aeschbacher die akademischen Lehrer H. Gunkel, Adolf von Harnack, Wilhelm Herrmann, Wilhelm Heitmüller und Fritz Fleiner. Barth, Autobiographische Skizzen, S. 311.

Neben seiner pfarramtlichen Tätigkeit in Krauchthal hatte der junge Pfarrer Martin Werner ein gerütteltes Mass an sozialen Pflichten zu übernehmen, so unter anderem die Mitarbeit in der Strafanstalt Thorberg, Amtsvormundschaft für rund 40 Mündel, Mitwirkung in Armenbehörde und Schulkommission, alles Aufgaben, denen er sich willig unterzog. Dieses soziale Engagement pflegte er auch später in seiner Zeit als Professor an der Evangelisch-theologischen Fakultät. Es ist erstaunlich, dass Werner trotz dieser Belastung es schaffte, sich 1920 mit einer Arbeit über den «Einfluss der Paulinischen Theologie im Markusevangelium» den Titel eines Lic. theol. zu erwerben, mit dem er eine Venia Docendi beantragen konnte. Diese «Dissertation» genannte Arbeit widmete er Albert Schweitzer.[470]

Mit Schreiben vom 22. Oktober 1921 erteilte die Direktion des Unterrichtswesens Martin Werner die Venia Docendi für das Fach der neutestamentlichen Wissenschaft. 1928 wurde er als Nachfolger Hermann Lüdemanns auf den Lehrstuhl für Systematik berufen.

Das grosse Aufsehen, das Barths und seiner Mitstreiter theologischer Neuansatz erregte, musste natürlich die Vertreter anderer theologischer Konzeptionen herausfordern, insbesondere die sogenannte liberale Theologie, die bis anhin den Diskurs bestimmt hatte und sich nun plötzlich als überholt oder gar als theologischer Irrweg dargestellt fand.

Martin Werner nahm den Kampf gegen Barth auf, einen Kampf, der zu seinem Lebensthema werden sollte.[471]

Er kündigte Barth in einem Brief vom 6. August 1924 das Erscheinen seines Buches «Das Weltanschauungsproblem bei Karl Barth und Albert Schweitzer. Eine Auseinandersetzung» an, «die nichts anderes ist als eine gesalzene Streitschrift gegen die zweite Auflage Ihres Römerbriefs». Werner teilte Barth mit, dass er da nicht mehr mitkomme. Er bedauere, dass Barths Buch in einer Situation erschienen sei, «da die Theologie allgemach nach langen Irrgängen endlich durch Albert Schweitzer in die Lage versetzt wurde, den wirklichen Paulinismus so zu verstehen, wie er von Pls. selbst gemeint war, nämlich eschatologisch». Mit der Art und Weise, wie Barth in seiner Neufassung des Römerbriefkommentars «die entscheidenden Anregungen von Schweitzer» verarbeite, sabotiere er «ihre einzig richtige Fruchtbarmachung für die Erkenntnis des Wesens des geschichtlichen Paulinismus». Er, Werner, entscheide sich «mit vollem Bewusstsein für den von Ihnen exkommunizierten ‹Kulturprotestantismus› […], und zwar für den konsequent zu Ende gedachten ‹Kulturprotestantismus› von der Währung, wie er in ‹Kultur und Ethik› von Albert

470 Wie noch zu zeigen sein wird, bedeutete «Dissertation» damals nicht den Erwerb eines Doktortitels.

471 Darstellung nach der Entgegnung von Barth: Sunt certi denique fines. Daraus sämtliche Zitate.

Schweitzer als Weltanschauung geprägt worden ist [...]. Empfangen Sie einen herzlichen Gruss von Ihrem Sie redlich bekämpfenden Lic. Pfr. Werner».

Barth kündigte Werner seine Replik an, die er im Spätherbst desselben Jahres eher widerstrebend im Kleindruck der Zeitschrift «Zwischen den Zeiten» erscheinen liess.[472]

Barth verzichtete aber auf eine ausführliche Auseinandersetzung mit Werners Schrift mit dem Hinweis, er habe doch «in den letzten Jahren recht oft öffentlich Rede und Antwort gegeben» unter anderem an Adolf Harnack, Friedrich Wilhelm Foerster und Paul Tillich. Barth anerkennt zwar, dass einige der von Werner angebrachten kritischen Einwände durchaus zu diskutieren wären, er wehrt sich aber dagegen, dass Werner aus seinem Römerbriefkommentar eine Weltanschauung Karl Barths konstruiere und sie der schweitzerschen «Philosophie der Ehrfurcht vor dem Leben» gegenüberstelle. Er fühle sich nicht verpflichtet, über Werner, der über die Gedanken Schweitzers hinaus nichts Selbstständiges und Wesentliches zu sagen habe, Albert Schweitzer zu kritisieren, dem er seinen Respekt zollt. Sollte Schweitzer dereinst seine noch ausstehenden Bände seiner Kulturphilosophie vollendet haben und Barth angreifen, dann würde er sich mit ihm persönlich auseinandersetzen. Er lasse sich «durch einen blossen Sekundanten, dessen Legitimierung mir und anderen erst noch zweifelhaft ist, nicht zu einem Streit herausfordern, zu dem ich mich von mir aus nicht getrieben fühle». Er, Barth, habe sich in den bisherigen Auseinandersetzungen mit seinen Kritikern – auch den polemischen – «an eine humane, nicht nur höfliche, sondern Verständnis und Verständigung suchende Gegnerschaft gewöhnt». Werners Streitschrift hingegen lasse «die zur Führung eines Gesprächs unerlässliche Urbanität sowohl, wie den Willen, nicht nur zu reden, sondern auch zu hören, in einer so beklagenswerten Weise vermissen, dass mir ein materielles Eingehen auf sie gänzlich verleidet ist». Er lasse in einer so patzigen Manier, die Werner im Namen «der Philosophie der Ehrfurcht vor dem Leben» gegen ihn anwende, nicht über Gott und göttliche Dinge mit sich reden. Werner stelle sich in keiner Weise mehr fragend neben ihn, sondern nur noch belehrend, bestrafend und bekämpfend gegen ihn, wolle nur noch über ihn zum Publikum reden, nicht mit ihm. Er könne dies tun, doch solange er ihn nicht einmal korrekt zitieren könne, sei er für ihn uninteressant. Die Probleme und Schwierigkeiten seiner theologischer Stellung, die Werners Schrift berühre, seien ihm durchaus bewusst und gäben ihm zu denken, aber diese werde er zu gegebener Zeit in der Auseinandersetzung mit seinen Kritikern Althaus, Schaeder und Girgensohn zu diskutieren haben.

Mit dieser an Schärfe kaum zu überbietenden Kritik hatte Barth Martin Werner deutlich zu verstehen gegeben, dass er ihn als theologischen Gesprächspartner nicht ernst nehmen konnte. Von dieser Haltung rückte er zeitlebens nicht mehr ab,

---

472 Der lateinische Titel ist ein Zitat aus Horaz' Satiren: «Est modus in rebus, sunt certi denique fines.»

die liberale Theologie hatte seiner Meinung nach ihre Existenz verwirkt und war auf dem berühmten Kehrichthaufen der Geschichte zu entsorgen. Werner blieb danach nichts anderes übrig, als Barth mitzuteilen, er habe von seiner «Bannbulle, die, wie es sich für eine solche schickt, auch richtig lateinisch beginnt, [...] Notiz genommen. Sie ist ungefähr so ausgefallen, wie ich mir gedacht habe.»

Martin Werner erhielt schliesslich, wie beschrieben, den Lehrstuhl für Systematik an der Evangelisch-theologischen Fakultät Bern unter für ihn eher demütigenden Umständen. Weder war er der Wunschkandidat der Fakultät – nicht einmal sein Vorgänger Hermann Lüdemann hatte sich besonders für ihn eingesetzt – noch war er derjenige des Erziehungsdirektors Merz, gegen dessen Willen die Mehrheit des Regierungsrates ihn berufen hatte. Werner kämpfte fortan einen jahrzehntelangen Kampf gegen die Flut der Dialektischen Theologie und den Sog der barthschen und brunnerschen Lehrveranstaltungen in Basel und Zürich. Gelegentliche Begegnungen der beiden sind da und dort in Berichten des schreibfreudigen Barth an Thurneysen oder Charlotte von Kirschbaum erwähnt, tun hier aber nichts zur Sache.[473] Barth hatte längst mit Werner abgeschlossen, dieser aber kam zeitlebens nicht von jenem los. Dies belegt auch eine Notiz in den Tagebüchern Bundesrat Markus Feldmanns, der ja, wie erwähnt, Anfang der Fünfzigerjahre im «Berner Kirchenstreit» mit grosser Verve auf den Basler Theologen losgegangen war. Feldmann berichtet 1957 von einem Besuch Professor Werners, des abtretenden Ordinarius für Systematische Theologie: «Werner gab mir Einsicht in die gegenwärtigen Auseinandersetzungen um die Ernennung eines neuen Professors für Systematische Theologie an der Universität Bern u. die Bemühungen der dialektischen Richtung, der liberalen Richtung möglichst das Wasser abzugraben.» Dabei, so berichtet Feldmann, habe Werner ihm mitgeteilt, Pfarrer Heinrich Ott in Basel, der zu Barths 70. Geburtstag vor zwei Jahren ein grosses Loblied anstimmte, habe in einer Diskussion festgestellt, es gebe überhaupt keine dogmatisch fundierte Auslegung der Bibel.[474]

3.2 Die Nachfolge Wilhelm Hadorns auf dem Lehrstuhl für Neues Testament

1929 starb überraschend im Alter von knapp sechzig Jahren der Neutestamentler und Kirchengeschichtler Wilhelm Hadorn. Er war als Nachfolger Rudolf Stecks nach dessen Emeritierung 1922 Ordinarius geworden.[475] Kaum hatte man also die Erneuerung des Fakultätskollegiums nach turbulenten Monaten glücklich über die

---

473 Gilt gerade auch für das gelegentlich zitierte, von Barth ausführlich geschilderte Gespräch im Restaurant Dählhölzli an der Aare. Algner, Barth–Thurneysen, S. 269–272

474 Feldmann, Tagebuch XIII/5, S. 418.

475 Eine Würdigung Hadorns findet sich bei Guggisberg, Kirchenkunde, S. 314.

Bühne gebracht, stand der Beziehung von Regierung und Fakultät eine neue Belastungsprobe bevor. Der Umstand, dass Leo Merz als Unterrichtsdirektor durch seinen Partei- und Konfessionskollegen Alfred Rudolf abgelöst worden war, änderte nichts an der Lage.

In der Fakultätssitzung vom 28. Januar 1930 informierte Dekan Haller etwas indigniert seine Kollegen, der Unterrichtsdirektor habe Professor Gottlob Schrenk, seit 1923 Ordinarius für Neues Testament in Zürich, gefragt, ob er eventuell einen Ruf nach Bern annehmen würde. Kollege Hoffmann gab seiner Verwunderung über diese Umgehung der Fakultät Ausdruck und bat, man möge doch den offiziellen Weg beibehalten, was angesichts der damals notorischen universitären Unterwürfigkeit gegenüber den gnädigen Herren von der Regierung schon fast als Aufmüpfigkeit zu werten ist.[476]

Für die Nachfolge Hadorns hatte sich, neben zwölf weiteren Bewerbern, darunter Wilhelm Michaelis aus Berlin, auch der Privatdozent Pfarrer Dr. theol. Rudolf Liechtenhan aus Basel gemeldet.[477] Hoffmann attestierte ihm, ein «wissenschaftlich trefflich qualifizierter schweizerischer Bewerber» zu sein, «auf den sich wohl alle Stimmen vereinigen würden, wenn nicht seine antimilitaristische Einstellung bei der gegenwärtigen Lage in Bern gewisse Schwierigkeiten machte».[478] Aus diesem Grund wagte die Fakultät nicht, wie sie es eigentlich gewollt hätte, der Regierung Liechtenhan primo et unico loco vorzuschlagen, und beschloss in der Sitzung vom 5. Februar 1930, Liechtenhan an erster, Wilhelm Michaelis und Herbert Preisker aus Breslau ex aequo an zweiter Stelle zu nominieren.[479] Falls die Regierung Liechtenhan ablehne, sollte sie ersucht werden, die beiden Deutschen nach Bern zur Begutachtung antraben zu lassen, was die Regierung auch tat, auf Staatskosten notabene.[480]

Diese heute eher befremdende Vorgehensweise der Fakultät klärt sich nach einen Blick auf das kirchenpolitische Umfeld jener Jahre.[481] Nach dem Ersten Weltkrieg wuchs das Bewusstsein um die Verantwortung der Kirchen und der Theologie, sich für den Frieden einzusetzen. An der ersten Konferenz der Bewegung für «Praktisches Christentum» in Stockholm im Jahre 1925 hatte der Berner Neutestamentler Wilhelm Hadorn im Namen der Schweizer Delegierten eine schärfere Ver-

476 Zu Schrenk siehe Schmid, Theologische Fakultät Zürich, S. 118–119.

477 Zu Liechtenhan: Kuhn, Rudolf Liechtenhan.

478 FP 28.1.1930, S. 95–96.

479 FP 1930, S. 96–97, eine Woche später wurde dieser Vorschlag geringfügig modifiziert, Liechtenhan blieb allerdings unangefochten an erster Stelle.

480 RR-Protokoll Nr. 532, 7.2.1930, S. 73. Am 25.2.1930 wird Michaelis gewählt, ohne Erwähnung des Umstandes, dass man die Fakultät übergangen hatte. RR-Protokoll Nr. 817, 25.2.1930, S. 119.

481 Vgl. dazu das Kapitel «Friedensbewegung und Landesverteidigung» in Dellsperger, Staat, Kirche und Politik, S. 171–173; Guggisberg, Kirchenkunde, S. 413–414.

urteilung des Krieges und eine «Weltabrüstung» gefordert. Im selben Jahr bezeichnete der überzeugte Pazifist Karl von Greyerz den Krieg nicht nur als Unglück, sondern als Sünde: «Hinter mörderischem Patriotismus und Militarismus sah er handfeste Interessen, sah er als eigentlichen Drahtzieher den Gott Mammon am Werk.»[482] Er gehörte zu den Initianten der «Vereinigung antimilitaristischer Pfarrer der Schweiz» (gegründet ebenfalls im Jahre 1925), die auf verfassungsmässigem Weg für die einseitige Abrüstung der Schweiz und die Schaffung eines Zivildienstes für Dienstverweigerer aus Gewissensgründen kämpfen wollte. Es konnte nur eine Frage der Zeit sein, bis die Obrigkeiten von Staat und Kirche dazu Stellung beziehen mussten. Den Anlass dazu bot eine Anfrage des Kirchgemeinderates von Langnau an die Kirchendirektion von 1929, ob ein Pfarrer sich nicht der Amtspflichtverletzung schuldig mache, «wenn er aus religiösen Gründen zur Militärdienstverweigerung aufrufe».[483] Die Frage beantwortete Kirchendirektor Hugo Dürrenmatt unmissverständlich mit Ja und warnte vor einer Gefährdung der öffentlichen Ordnung. Pfarrer, die die Meinung verbreiteten, «der Militärdienst verstosse gegen die göttliche Ordnung, setzen sich damit ausserhalb der Volksgemeinschaft».[484] Sehr dezidiert äusserte sich dazu auch der Synodalrat am 29. Oktober 1929, der im Langnauer Fall ebenfalls von einer Amtspflichtverletzung ausging. Die Diener der Landeskirche müssten auf dem Boden der Verfassung und der darauf fussenden Gesetze bleiben.[485] Gegen die Verlautbarung des Synodalrates gab es Widerspruch von verschiedener Seite.[486] Die Theologische Arbeitsgemeinschaft, hinter der 65 Pfarrer standen, mahnte zur Differenzierung. Es sei zu unterscheiden zwischen der Verkündigung eines Bibelwortes, «unter dessen Einwirkung Gewissenskonflikte notwendigerweise entstehen, deren Lösung allein der freien Entscheidung des Einzelnen anheimgestellt bleiben muss», und dem Aufruf zur Dienstverweigerung. Nicht jedes ernsthafte Streben nach Frieden sei gleich ein verfassungswidriger Antimilitarismus.[487] Von der Münsterkanzel herab kritisierte Albert Schädelin den Synodalrat, was wiederum Kirchendirektor Dürrenmatt zu einer harschen Reaktion in Form eines Kreisschreibens an die Kirchgemeinderäte und Pfarrer veranlasste. Er erinnerte diese an ihre Verpflichtung gegenüber der Ver-

---

482 Dellsperger, Staat, Kirche und Politik, S. 172.
483 Dellsperger, Staat, Kirche und Politik, S. 172.
484 Dellsperger, Staat, Kirche und Politik, S. 172.
485 Die Antwort des Synodalrates in ausführlicherer Form bei Guggisberg, Kirchenkunde, S. 413, der hier mit seiner Meinung nicht hinter dem Berg hält.
486 Es wehrten sich: Die Vereinigung antimilitaristischer Pfarrer, die sozialistischen Kirchengenossen, die Arbeitsgemeinschaft bernischer Lehrer für Friedensarbeit, die Internationale Frauenliga für Frieden und Freiheit und die Theologische Arbeitsgemeinschaft. Dellsperger, Staat, Kirche und Politik, S. 172.
487 Dellsperger, Staat, Kirche und Politik, S. 172–173. Guggisberg, Kirchenkunde, S. 414.

fassung und warnte vor «pazifistischen Illusionen». Unvermeidlich sein Hinweis, «einige Sozialdemokraten behaupteten die Armee diene nur dem Schutze des Bürgertums».[488] Nach lebhaft geführter öffentlicher Debatte verabschiedete die Synode am 3. Dezember 1929 mit 166 zu 8 Stimmen eine Resolution, in der die Landesverteidigung bejaht, aber auch die Friedensverantwortung der Kirche betont wurde: «Sie betrachtet daher den Militärdienst zum Schutze des Vaterlandes nicht nur als gesetzliche, sondern auch als sittliche Pflicht.»[489]

Dies war der Rahmen, in dem die Fakultät also ihren Entscheid zu fällen hatte. Es war der deutsche Kirchenhistoriker Heinrich Hoffmann, der als Dekan und amtsältester Professor die Fakultät durch die Untiefen des Berufungsvorganges lotste. Es galt nicht zuletzt, eine öffentliche Aufregung wie zwei Jahre zuvor bei der verunglückten Berufung Karl Barths zu vermeiden.[490] Eine Entscheidung zugunsten von Liechtenhan primo et unico loco erschien der Fakultät daher als zu offensichtliche Provokation von Regierung und Synodalrat, deshalb offerierte man der Regierung Alternativen zur beiderseitigen Wahrung des Gesichts, indem man zwar Liechtenhan auf dem ersten Platz beliess, ihm aber auf den folgenden Plätzen zwei weitere valable Bewerber folgen liess. Die Regierung verstand und wählte mit Michaelis einen Kandidaten, der bis dato nicht des Pazifismus verdächtig war. Das Fakultätsprotokoll vom 21. Mai vermeldet mit in solchen Fällen üblicher Lakonik, der Dekan habe Professor Michaelis als neuen Ordinarius für Neues Testament begrüsst.[491] Diese Berufungsgeschichte war kein Ruhmesblatt, weder für die Fakultät noch für die Regierung. Nach den Turbulenzen um die Besetzung des Lehrstuhls für Systematik offenbarte die Evangelisch-theologische Fakultät erneut ihre Schwäche gegenüber einer Regierung, die nur zu gerne bereit war, sie in ihrem Sinn auszunützen. Als ein halbes Jahrzehnt später Michaelis' Naziverstrickung öffentlich wurde, war es Regierung und Fakultät wohl ganz recht, dass die Umstände, die zur Berufung von Michaelis geführt hatten, dem Parlament nicht bekannt waren.

---

488 Beide Zitate nach Guggisberg, Kirchenkunde, S. 414.

489 Zit. nach Dellsperger, Staat, Kirche und Politik, S. 173. Drei Jahre später schossen überforderte Rekruten in Genf auf streikende Arbeiter.

490 Liechtenhan war verheiratet mit Johanna Barth, einer Cousine Karl Barths.

491 Liechtenhan erhielt immerhin 1929 von der Universität Zürich einen Dr. theol. h. c. und 1935 eine ausserordentliche Professur für Neues Testament in Basel. Er gehörte zu den Gründern der religiös-sozialen Zeitschrift «Neue Wege». Basel scheint in den Dreissigerjahren offener gegenüber den verschiedenen theologischen Strömungen gewesen zu sein als Bern; davon zeugen auch die Berufungen Karl Barths und Fritz Liebs, der, obwohl Anhänger der Dialektischen Theologie Barths, den Religiös-Sozialen nahestand und auch politisch zum linken Lager gehörte.

3.3 Karl Barth und die Evangelisch-theologische Fakultät Bern zum Zweiten[492]

Nach der Machtübernahme der Nazis mussten die Professoren in Deutschland wie alle Beamten einen Treueid auf den Führer ablegen. Barth war nur bereit, den Beamteneid zu leisten mit dem Zusatz «soweit ich es als evangelischer Christ verantworten kann».[493] Barth musste darauf, wie bekannt, seinen Lehrstuhl in Bonn räumen und war hinfort als Professor im Deutschen Reich nicht mehr wählbar.

In der Schweiz bemühten sich die Universitäten von Basel, Bern, Zürich und Genf um die stellenlos gewordene Berühmtheit.[494] Die Evangelisch-theologische Fakultät der Universität Bern trat erstmals in dieser Sache am 15. Dezember 1934 abends um 20 Uhr cum tempore zu einer ausserordentlichen Sitzung zusammen, die von Prof. Max Haller verlangt worden war. Die Verhandlungen der Fakultät sollen hier etwas ausführlicher und anhand von Zitaten dargestellt werden, damit die Argumentationslinien deutlicher hervortreten.

Anwesend waren Dekan Michaelis, Prodekan Werner, Rektor Haller und die Professoren Hoffmann, Schädelin, Eymann und Lienhard. Im Protokoll zu dieser Sitzung ist das Sitzungsthema *«Verhandlungen: Bemühung um Karl Barth»* im Original unterstrichen, was seine Bedeutung hervorhebt. Haller betont die Dringlichkeit der Beratung, da Barth im November suspendiert worden sei. Das Sozial-ökumenische Institut Genf und die Theologische Fakultät Basel hätten Vorverhandlungen in Gang gesetzt, um Barth zurückzuholen. Sollte Barth an einer Nachbarfakultät dozieren, «so würde ein Abzug unserer Nachpropädeutiker von den jetzt schon sich auf 10–15 erhobenen Procenten auf das Doppelte steigen – unsre Fakultät also empfindlich schädigen. Dem sollte Bern zuvorkommen und den hervorragenden Dozenten zu gewinnen suchen. Prof. Haller möchte seinerseits das Übergehen mit Stillschweigen nicht verantworten und den Vorwurf verhüten, Bern habe wieder einmal eine gute Gelegenheit verschlafen oder verschleppt.»[495] Angesichts der Gefahr sollten die Schwierigkeiten überwunden werden können.

Hoffmann: Betont das Dringliche, aber für ihn überwiegen die Probleme. «So sympathisch ihm Barths tapferer Kampf für die Selbständigkeit der Kirche dem Staat gegenüber sei, so unsympathisch ist ihm die Überheblichkeit seiner Theologie, die mit einem Zurück zur Reformation die ganze geistesgeschichtliche Entwicklung

492 Dazu auch knapp Guggisberg, Kirchenkunde, S. 316.

493 Dazu Busch, Lebenslauf, S. 268.

494 Zum rührend anmutenden Vorhaben der Theologischen Fakultät Zürich, Barth als Stellvertreter Brunners auf seine eigene Kosten nach Zürich zu holen, vgl. Schmid, Theologische Fakultät Zürich, S. 122.

495 FP 1934, S. 161–162, StAB, BB 8.2.137.

der letzten 2 Jahrhunderte rückgängig machen will und keinen Unterschied zwischen dem hochethischen relig. Idealismus und einem religionslosen Humanismus anerkennt, wie er sich kürzlich hier in der Diskussion eines Vortrags von Prof. Hoffmann vor der Arbeitsgemeinschaft deutlich genug geäussert hat, wo er Kant und die deutsche Glaubensbewegung in 1 Topf warf.»[496] Er fürchtet eine Verpflanzung des Kirchenstreites in die bernische Kirche «zugleich mit Barths unglücklicher Verschiebung der Front vom Unchristlichen auf das Neuprotestantische & die Gleichsetzung des christlich-kirchlichen mit dem Bekenntnis des 16. Jahrhunderts; die Verpflichtung darauf würde kurzerhand eine grosse Zahl von Theologen und Kirchenleuten aus der Kirche verweisen. Die schöne Gleichberechtigung der Richtungen in der bernischen Kirche wäre dahin.» Er frage, ob der Erfolg Barths ohne weiteres als ein Beweis für die Wahrheit gelten könne, dies sei eine Gewissensfrage. Wenn dem aber so sei (dass man Barth berufe), «dann auf alle Fälle nur so, dass keiner der Professoren (in seinem Fache) an der wesentlichen Substanz seines Faches geschädigt werde; etwa vielmehr so, dass einige je ein Stück abtreten.»

Werner: «Der Erfolg Karl Barths ist Chaos in der Kirchenpolitik und in Theologie, verursacht durch seine Wandlungen in den 15 Jahren vom anregenden aufrufenden Exegeten zum Kirchenmann, der gewaltsame Absetzung der Geistlichen fordert, die dem Bekenntnis gegenüber versagt haben.» Er sei mit allen neukonfessionellen Mitarbeitern zerfallen, unter anderem mit Brunner. «Dabei schwört jeder auf die H. Schrift, beruft sich aber für seine Auslegung auf den H. Geist.» Werner befürchtet nichts weniger als Massenaustritte aus der Kirche. Er beantragt der Fakultät, Barth nicht zu berufen, «auf die Gefahr hin, dass seine sachliche Ablehnung als persönliche missdeutet werde».

Schädelin: Ob Barth komme, könne erst nach offizieller Anfrage der Regierung erkannt werden, diese brauche aber einen Anstoss von der Fakultät. Zur Sache selbst meinte er: «Die Anregung Prof. Hallers ist Folge zu geben; denn der Erfolg K. B. [sic] beruht auf inneren Gründen. Die Uneinigkeit im dialektischen Lager ist nicht so gross, wie die im Gegenlager. Dass jede starke Bewegung Gefahr läuft, in der Phase des Erfolges Gewalt anzuwenden, hat sich auch gerade in der liberalistischen Ära deutlich genug erwiesen. Zeitig gesichtet, kann sie beschworen werden.»[497] Dies zielte auf den deutschen Kirchenhistoriker Hoffmann, der seinem Gesinnungsgenossen Werner beisprang, der sich durch Barths Erscheinen am ehesten bedroht fühlen musste.

Lienhard hörte schon «die Verschärfung des hohen Tones bei den jungen Schülern K. B.' in der bernischen Theologenschaft […], aber er schätzt die positive Wirkung Barths demgegenüber höher, besonders das, dass die philosophischen Hilfsmittel, die B., allerdings mehr im Anfang, in den Dienst der Glaubensbegründung

496 FP 1934, S. 162, dort auch die nächsten fünf Zitate.

497 FP 1934, S. 163, dort auch die folgenden Zitate.

zog, der Kirche fernerstehende Akademiker auf das Tiefste aufmerksam zu machen im Stande sind». Kirchenpolitisch hege er keine grossen Befürchtungen, «da das Bernervolk sich nicht leicht erregen lässt. Richtungskämpfe sind allerdings schon da, immer noch da, dass sie durch die Gegenwart K. Barths sich noch mehr politisch färben, ist nicht wahrscheinlich.»

Michaelis will Opportunismus und Grundsätzlichkeit gegeneinander abwägen. Wenn er nach Deutschland blicke, müsse er feststellen, dass das Ganze ohne Karl Barth «glimpflich gegangen» wäre, «und seine Suspension hat er provoziert durch den Zusatz zum Eid auf Hitler: ‹soweit ich es als evgl. Christ verantworten kann›». Er müsse seinen Bedenken Rechnung tragen durch Stimmenthaltung. Er spürte wohl die probarthsche Stimmung bei den Schweizer Kollegen (ausser bei Werner, aber Michaelis' Verhältnis zu diesem war nicht unproblematisch) und stand selbst in einer höchst problematischen Beziehung zum Nationalsozialismus.[498] Damit waren erste Positionen bezogen.

Für die Weiterberatung votierten Haller, Schädelin und Lienhard, dagegen Werner. Hoffmann, Michaelis und Eymann enthielten sich der Stimme. Zu Eymann ist zu bemerken, dass sowohl Werner wie auch Barth aus je unterschiedlicher Richtung gegen seine befürwortende Haltung zur Anthroposophie Stellung bezogen hatten. Hätte er gegen Barth gestimmt, hätte er seinem liberalen Gegner Werner geholfen, hätte er für Barth votiert, hätte er mitgeholfen, einen erklärten Gegner der Vereinbarkeit von Anthroposophie und Christentum in die Berner Fakultät zu befördern.[499]

Es stellte sich nun die Frage, was man denn Barth anbieten könne. Haller denkt an ein persönliches Extraordinariat mit sechs Stunden Vorlesung, zwei auf neutestamentlichem, zwei auf systematischem und zwei auf praktischem Gebiet. «Für die finanzielle Ergänzung des von der Regierung zu erwartenden Gehalts müssten anderweitige Kreise aufkommen.»[500] «Die organisatorische Phantasie verebbt an den spezifisch bernischen Schutzschranken, mit denen die Ordinariate (und Lehraufträge?) gegen Konkurrenzierung durch die andern Dozenten gesichert sind. Danach ergäbe sich nur die Möglichkeit, K. B. ein sehr beschränktes Katheder zu öffnen. Ob er auf ein solches einsteige, bezweifelt Schädelin ernstlich; nur ein Ordinariat könne einigermassen anziehen.» Hier irrte Schädelin, denn als Karl Barth schliesslich in Basel unterkam, besetzte er während der ersten drei Jahre dort auch nur ein Extraordinariat; mit anderen Worten, wäre Bern für Barth noch in irgend-

498 Michaelis' Söhne trugen immerhin die Vornamen Martin und Werner.

499 So zum Beispiel anlässlich eines Vortrages Eymanns vor dem Evangelisch-theologischen Pfarrverein Bern am 21.9.1932. Algner, Barth–Thurneysen, S. 272, Anm. 11.

500 FP 1934, S. 164.

einer Weise eine Option gewesen, hätte er sich nach seinem erzwungenen Abgang aus Deutschland auch hier mit einem Extraordinariat abgefunden.[501]

Eine weitere Sondersitzung musste vereinbart werden. Michaelis hält jetzt, da Barths Absetzung wohl endgültig sei, rasches Handeln für angezeigt. Allerdings relativiert er gleichzeitig Barths Bedeutung für die Theologische Fakultät Bonn, indem er darauf hinweist, dass diese im Ranking bereits wieder zurückgefallen sei. Worauf sich diese Einschätzung stützte, bleibt unklar.

Haller weist darauf hin, die Presse habe inzwischen von Barths Entlassung auch Wind bekommen und mache Druck im Sinne, dass Bern nicht wieder eine Gelegenheit verpassen dürfe.[502]

Schädelin und Hoffmann imponiert das Eintreten Barths für die Selbstständigkeit der Kirche und seine Kampfansage gegen den Totalitätsanspruch des Staates.[503]

Das Protokoll vermerkt dann lakonisch: «Inbezug auf das konkrete Angebot der Fak an Prof. Barth wünscht Prof. Werner vorgängig Sicherung seiner Ordinariatsrechte durch die Fakultät.»[504] Interessant, dass nur in dieser Bemerkung das eigentliche Dilemma in der Fakultät aufscheint: Wie würden zwei Dogmatiker von so diametral entgegengesetzter theologischer Ausrichtung miteinander klarkommen? In der nun beschlossenen Resolution wurde das Thema zwar angesprochen, aber ohne eine praktikable Lösung vorzuschlagen, das heisst mit anderen Worten, die Regierung sollte sich darüber den Kopf zerbrechen.

Schliesslich wurde die Resolution verabschiedet, die von Haller, Hoffmann, Schädelin und Lienhard befürwortet, von Werner abgelehnt wurde. Michaelis und Eymann enthielten sich der Stimme. Sie trägt folgenden Wortlaut:

> «Die Fakultät nimmt mit innerer Anteilnahme von der Tatsache Kenntnis, dass Prof. Karl Barth in Bonn laut Meldung des Deutschen Nachrichtendienstes seines Amtes ohne Pension entsetzt worden ist. Sie erachtet es als eine Ehrensache für die Schweiz, dass sie diesem ihrem Mitbürger eine Stellung biete, die ihm ein weiteres akademisches Wirken ermöglicht. Sie würde es trotz schwerer Bedenken, die gegen Karl Barths kirchenpolitische Haltung und namentlich seine Stellung zur kirchlichen Reform bestehen, begrüssen, wenn die Universität Bern, an der Karl Barth seine Studien und Examina gemacht hat, sich seine Mitarbeit an der ev.-theol. Fakultät irgendwie sichern könnte. Sie glaubt auch, eine unabweisbare Pflicht zu erfüllen, wenn sie die Regierung darauf aufmerksam macht, dass von einer Berufung Karl Barths an eine andere schweizerische Fakultät mit Bestimmtheit eine Abwanderung der Studenten dorthin zu erwarten ist, die für die ev.-theol. Fakultät unter Umständen unerfreuliche Folgen haben müsste. Sie stellt daher dem hohen Regierungsrat anheim, die nötigen Schritte zu tun, um unbeschadet der bestehenden Lehraufträge

501 Busch, Lebenslauf, S. 281.
502 FP 1934, S. 164–65.
503 FP 1934, S. 165.
504 FP 1934, S. 165.

> an der Fakultät insbesondere desjenigen des Vertreters der Systematischen Theologie, für Prof. Barth eine Stellung zu schaffen, und hält sich der Regierung für eventuelle Verhandlungen in diesem Sinne zur Verfügung.»[505]

Schädelin wiederholte «stantibus pedibus» sein Angebot, von seiner ausserordentlichen Professur zurückzutreten, falls Karl Barth auf eine ausserordentliche Professur nicht einträte, damit man ihm die ordentliche praktische Professur anbieten könne, sozusagen als letztes Argument bei den Verhandlungen mit dem Regierungsrat.

In der Regierung war von Enthusiasmus zugunsten einer Berufung Barths nach Bern wenig zu spüren. Unterrichtsdirektor Rudolf handelte – anders als sein Vorgänger Merz – eher verdeckt. Er erinnerte seine Kollegen an die Berufungsverhandlungen von 1927, «die aber durch Barth im letzten Augenblick durch unannehmbare Forderungen zu einem negativen Abschluss gebracht worden seien».[506] Er legte dem Rat auch eine Eingabe des liberalen kirchlichen Reformvereins vom 27. Dezember 1934 vor, worin dieser seine Bedenken gegen eine Berufung Barths zum Ausdruck gebracht habe. Die Sitzung vom 28. Dezember wurde wegen vorgerückter Stunde abgebrochen mit dem Auftrag an den Unterrichtsdirektor, den ominösen Brief von 1927 der Fakultät zur Kenntnis zu bringen, auf dessen apotropäische Wirkung sich die Regierung verlassen konnte.[507]

Man musste also wieder von vorne beginnen. Eine neue Fakultätssitzung war einzuberufen; sie fand am 22. Januar 1935 statt.

Hoffmann möchte auf die Eingabe der Fakultät an die Regierung zurückkommen, da «das von der Regierung zum Umlauf in der Fakultät überlieferte Schreiben Karl Barths vom Herbst (13. Novbr.) 1927 bedeutend schärfere Ausschliesslichkeit habe erkennen lassen als er gehört habe».[508] Er möchte deshalb, dass die in der Resolution vom 22. Dezember 1934 enthaltenen Bedenken «weitergebildet würden zur bestimmten Bedingung, dass K. B. auf seinem Ausschliessungswillen nicht verharre».

Auch Lienhard zeigt sich über den Ton Barths in genanntem Schreiben erschrocken.

---

505 FP 1934, S. 165, als maschinenschriftliche Fassung ins sonst noch handschriftlich geführte Protokoll geklebt.

506 RR-Protokoll Nr. 5767, 28.12.1934, S. 976–977.

507 Der freisinnige Unterrichtsdirektor Merz, der Ende Mai 1934 aus dem Regierungsrat zurückgetreten war, hatte es wohl seinem ebenfalls freisinnigen Nachfolger Alfred Rudolf, mit dem er ja auch durch die Zugehörigkeit zur gleichen christkatholischen Konfession verbunden war, genau zu diesem Zweck vermacht. Auch der spätere Regierungsrat und Bundesrat Markus Feldmann wird es anlässlich des Berner Kirchenstreits von 1951 nochmals in genussvoller Entrüstung Barth um die Ohren hauen. Habent sua fata libelli. Zum Berner Kirchenstreit: Ficker Stähelin, Barth. Ferner Guggisberg, Kirchenkunde, S. 29 ff., und Dellsperger, in Berns moderne Zeit, S. 461.

508 FP 1934, S. 165, dort auch die folgenden Zitate.

Werner wiederum sieht seine Felle zurückschwimmen und die günstige Gelegenheit, die Resolution zurückzunehmen, was aber abgelehnt wird. Die von Hoffmann angeregte Ergänzung wird mit vier Stimmen (Hoffmann, Haller, Werner, Lienhard) angenommen, drei, Michaelis, Schädelin, Eymann, enthalten sich, Eymann aus bekannten Gründen, Michaelis im Widerstreit zwischen theologischer Nähe und politischer Distanz und Schädelin, der zweifellos engagierteste Befürworter und Freund Barths, weil er den Frontverlauf als unverrückbar einschätzte und wusste, dass die Sache gelaufen war. Als Münsterpfarrer, Praktologe und Kirchenpolitiker war er auf dem Weg, in der Nachfolge Hadorns zur prägenden Figur der Berner Landeskirche zu werden, dazu brauchte er kein Ordinariat, im Gegenteil: Das Münsterpfarramt verlieh ihm ein mindestens so grosses Prestige – ausser Wilhelm Hadorn, seinem Vorgänger als Doyen der Berner Kirche, ist nie ist ein Münsterpfarrer Ordinarius der Theologie in Bern geworden – und in dieser Brückenfunktion konnte er der Sache Barths bei seinen Studierenden mehr nützen denn als Vollmitglied der Fakultät.

Die Fakultät beschloss, ihre Bedenken gegen das Verhalten Karl Barths gegenüber der Reformrichtung nach Kenntnisnahme seines Briefes vom 13. November 1927 folgendermassen zu ergänzen:

> «[…] erklären wir, dass wir, den Antrag auf seine Berufung aus den früher angegebenen Gründen festhaltend, doch eine bindende Erklärung Barths, den Kampf nur mit geistigen Mitteln zu führen und nicht mit kirchenpolitischen Mitteln die Ausschaltung einer theologischen Richtung zu erstreben, für die conditio sine qua non einer eventuellen Berufung ansehen, da ein Verhalten, wie es in Barths Brief zum Ausdruck kommt, für den Frieden der Fakultät und der bernischen Kirche untragbar wäre.»

Bezeichnenderweise spielte Barths Diktum vom Staat als dem «Tier aus dem Abgrund», das 1927 die Gemüter noch zur Weissglut gebracht hatte, angesichts des sich in Europa ausbreitenden Totalitarismus plötzlich keine Rolle mehr.

Damit war man gleich weit wie sieben Jahre zuvor. Inwiefern Barth von diesen Ereignissen wusste, bleibt hier offen, sein Biograf Eberhard Busch jedenfalls erwähnt die Episode nicht.

Barth nahm den Ruf nach Basel an, wo er auf ein gediegenes und hochkarätiges Kollegium traf mit alten Bekannten wie dem Neutestamentler Karl Ludwig Schmidt und seinem engsten Freund und Kampfgefährten Eduard Thurneysen sowie den Alttestamentlerkoryphäen Walther Eichrodt und Walter Baumgartner. Ab 1936 kam als Extraordinarius für Systematik noch Fritz Lieb dazu und 1938 Oscar Cullmann, dem wir im Zusammenhang mit den Alumneumsaufenthalten von Kurt Marti und Andreas von Rütte noch begegnen werden.[509]

509 Busch, Lebenslauf, S. 281.

Für die Evangelisch-theologische Fakultät Bern war die Gefahr Barth damit zunächst gebannt. Die Anliegen der Dialektischen Theologie jedoch fanden andere Wege auf die bernischen Kanzeln. So blieb bis zum Ende des Zweiten Weltkrieges der einzige Barth-Anhänger auf einem theologischen Lehrstuhl an der Universität Bern der Christkatholik Arnold Gilg.

3.4 Nachfolge Lienhards, Hoffmanns, Eymanns: Die Fakultät im Richtungsstress

1941 trat Fritz (Friedrich) Lienhard, ausserordentlicher Professor für Systematische Theologie und Religionsphilosophie, ab 1930 auch für Kirchen- und Sektenkunde, im Alter von siebzig Jahren zurück.[510]

Das Gratulationsschreiben der Fakultät zu seinem 70. Geburtstag verdankte er mit einem kleinen Gedicht, mit dem er humorvoll auf sein Wirken und seine Stellung in der Fakultät zurückblickt:

> «Das sieb'te Rad am Professorenwagen
> Im halben Leerlauf hat sich's ausgerenkt.
> Dem Ruhestand wird's mit Blumenzeugs behängt.
> Auf sechsen soll er seine Lasten tragen.
> Als Hinayana ferne Fahrten wagen. –
> Vom Streit befreit nun träumt es mit Ergötzen
> Mit keiner Gunst und Kunst sei's zu ersetzen,
> Und weiter wälzt es Glaubensrätselfragen
> Bis Antwort ihnen wird' an jüngsten Tagen.»[511]

Danach war aber fertig mit lustig. Offener als noch anlässlich der Debatte um die Berufung von Karl Barth acht Jahre zuvor brach der in der Fakultät schwelende Richtungsstreit aus. Die Fragen, um die es zunächst ging, waren: Zu welcher theologischen Richtung gehörte Fritz Lienhard und wie würde er demzufolge zu ersetzen sein? Brisant waren diese Fragen nicht zuletzt deshalb, weil Lienhard unter anderem auch im Gebiet der Systematik gelehrt hatte und sein Nachfolger sich mit dem Ordinarius dieser Sparte, Martin Werner, ins Einvernehmen setzen musste. Der Richtungsstreit verzögerte einen raschen Entscheid in der Fakultät, und die Regierung hatte angesichts der kriegsbedingt schwindenden finanziellen Ressourcen keine Eile, auf die Fakultät Druck auszuüben, ging es ja ohnehin nicht um einen Lehrstuhl. Die Lage verkomplizierte sich noch, als drei Jahre später mit Heinrich Hoffmann der Ordinarius für Kirchengeschichte und der Ethiker Fritz Eymann

---

510 Zu seiner Person Guggisberg, Kirchenkunde, S. 316.

511 Zit. nach FP 1.11.1941, S. 270–271, protokolliert von Fritz Eymann. Hinayana bedeutet im Sanskrit «minderes Fahrzeug», im Unterschied zu Mahayana.

als Extraordinarius zu ersetzen waren. Allerdings eröffneten die drei Vakanzen ab 1944 auch die Möglichkeit, in der Richtungsfrage Lösungen zu finden.

Zunächst aber ging es um die Nachfolge Lienhards und dort auch um das Fach Sektenkunde, das nach Meinung der Fakultät keinesfalls vakant bleiben durfte.[512] Einig war man sich darin, dass rasch gehandelt werden müsse, damit der Lehrauftrag nicht gestrichen würde; Werner und Haller betonten, man dürfe die Regierung in ihren «Abbautendenzen» nicht noch unterstützen. Über die mit dem Lehrauftrag zu betrauende Person aber kam keine Einigkeit zustande. Während Haller eine Aufteilung in zwei Lehraufträge zur Diskussion stellte, wovon einer in Verbindung mit dem Hebräisch-Lektorat an Dora Scheuner zu übertragen sei, versuchten Hoffmann und Werner, den neu habilitierten Kurt Guggisberg in Stellung zu bringen, während Schädelin fand, man dürfe die Systematik im Hinblick auf die theologische Richtung nicht einseitig besetzen, sondern es sei «Mannigfaltigkeit» anzustreben. Die Liberalen favorisierten Fritz Buri, Schädelin und Haller Alfred de Quervain.

In der Sitzung vom 21. Mai 1941 gelang Haller ein Lösungsvorschlag, dem alle fünf Anwesenden zustimmen konnten:

1. Die Fakultät beantragt der Regierung, das Extraordinariat neu zu besetzen und dem Inhaber den Lehrauftrag für Kirchen- und Sektenkunde zu übertragen.
2. Sie übergibt der Regierung zwei Minderheitsvorschläge des Inhalts, entweder Privatdozent Buri oder Privatdozent de Quervain zu ernennen.
3. Der Regierung soll die Schaffung eines Hebräisch-Lektorats beliebt gemacht werden.[513]

Eine salomonische Lösung sähe anders aus. Die Fakultät zeigte sich unfähig zu einem einheitlichen Vorschlag und lieferte sich dadurch der Regierung aus. Diese verschob die Behandlung des Geschäfts auf Ende August und geruhte dann, der Fakultät mitzuteilen, das vakante Extraordinariat werde vorläufig nicht besetzt. Für das Hebräische gelte es, zunächst mit den Gymnasien Kontakt aufzunehmen. Kirchendirektor Hugo Dürrenmatt, im Unterschied zu seinem kämpferischen Vater Ulrich von vermittelndem Charakter, riet, bei einer allfälligen Neubesetzung beide Hauptrichtungen zu berücksichtigen, womit nach dem Verständnis der Regierung die Dialektische Theologie wohl der positiven zugerechnet wurde, dachte sie theologisch doch noch in den Kategorien des 19. Jahrhunderts. Sie verwies dabei auf das Beispiel der theologischen Fakultäten von Basel und Zürich, wo die Systematik auch doppelt besetzt sei.

Nachdem das Fakultätskollegium ergebnislos auseinandergegangen war, kam es zwei Wochen später, in der Sitzung vom 15. November 1941, zum Eklat: Martin

512 FP 7.5.1941, S. 257. Das Protokoll führte Eymann, wie immer in geniesserischer Ausführlichkeit, was der rückschauende Historiker dankbar zur Kenntnis nimmt.

513 FP 21.5.1941, S. 262.

Werner hielt es für seltsam, dass die Regierung festlege, welche Fächer als Hauptfächer und welche Richtungen als Hauptrichtungen zu gelten hätten. Die Idee von der Doppelbesetzung der Systematik stamme nicht von der Kirchendirektion, sondern habe ihren Ursprung bei einer Richtung, der es nicht um die Doppelbesetzung gehe, sonst müsste sie ja für alle Lehrstühle solche wünschen: «Das ganze Unternehmen ist gegen mich gerichtet, wie seinerzeit anlässlich der Diskussion über die Berufung von K. Barth. Meine Rechte als Ordinarius sollen beschnitten werden.»[514] An den Bedingungen, unter denen er gewählt worden sei, habe sich nichts geändert; die Regierung wolle Ruhe und Frieden in der Kirche, werde so aber das Gegenteil erreichen. Dies richtete sich unüberhörbar an Schädelin, der in seiner Antwort abwiegelte. Es gehe nicht um eine Doppelbesetzung des Ordinariates in Systematik, sondern um die Nachfolge von Professor Lienhard. «Warum muss der Dekan dies als Herausforderung auffassen? Auch für die Praktische Theologie ist eine Doppelbesetzung in Aussicht genommen. So könnte ich dieselbe Haltung einnehmen wie der Dekan.»[515] Max Haller suchte zu beschwichtigen: Es bestehe kein Begehren nach Krieg in der Kirche, «die Kriegsfanfare sei nicht in den Tatsachen begründet».[516] Nachdem Werner darauf beharrt hatte, seine Interpretation des Regierungsratsbeschlusses und seines Zustandekommens beruhe nicht auf Vermutungen, fragte ihn Schädelin geradeheraus: «Das erste Votum des Dekans war eine Fanfare. Es geht folgende Frage an ihn: Kann der Dekan aufgrund der gewalteten Diskussion auf sein Votum so zurückkommen, dass alle Drohung getilgt ist, oder beharrt er auf seiner Kriegserklärung?» Werner verweigerte dieses Zurückkommen, da er nicht sehe, was geplant sei. Man kam schliesslich zu einem Minimalkonsens, der dahin ging, Kurt Guggisberg mit der Kirchen- und Sektenkunde zu betrauen, gegen die Stimme Schädelins. Guggisberg war der Favorit Hoffmanns für seine Nachfolge.

Die nächste Runde folgte in der Sitzung vom 20. Dezember. Es ging um die Habilitation von Johann Friedrich Schär, einem Schüler Martin Werners, der bei ihm im Jahr zuvor promoviert hatte. Werner befürwortete die Habilitation Schärs wegen dessen Schwerpunktsetzung auf Religionspsychologie, die «aus dem ganzen Aufbau der modernen Theologie» erfordert werde.[517] Als Einziger sah hier Schädelin einen Zusammenhang mit der Nachfolge Lienhards, und wieder gerieten sich Werner und er in die Haare. Schädelin sah das von der Regierung intendierte Gleichgewicht durch die Habilitation Schärs gestört, während Werner der Meinung war, gerade die Verwirklichung des Postulats der Regierung nach Ausgewogenheit werde nicht ohne Krach abgehen. Die Materialien für diesen Krach lägen schon bereit, worauf Schädelin replizierte, diese Theologie [sc. die liberale] werde auch

---

514 FP 15.11.1941, S. 277.

515 FP 15.11.1941, S. 278. Schädelin war der Professor für Praktische Theologie.

516 FP 15.11.1941, S. 278.

517 FP 20.12.1941, S. 282.

weiterhin nicht ohne Krach vertreten werden. Werner nahm dies wieder persönlich: «Für mich ist die Frage, ob man mir einen andern vor die Nase setzen will.»[518] Schädelin beharrte darauf, dass es um die Nachfolge Lienhards gehe und auf seinem Vorschlag dazu [sc. de Quervain]. Sollte dieser auf die Seite geschoben werden, würde dies «Krieg bedeuten». Die Dialektische Theologie solle disqualifiziert werden. Hoffmann goss mit seinem Besänftigungsversuch wohl eher noch Öl ins Feuer, als er meinte, es gehe nicht um die Disqualifikation der Dialektischen Theologie, er wehre sich nur gegen eine Verschiebung nach rechts. Schädelin beantragte schliesslich Nichteintreten, womit er sich mit drei zu zwei Stimmen durchsetzte.[519] Damit war eine Pattsituation erreicht, aus der man erst im übernächsten Jahr hinausfand.

1944 kamen das Kriegsende und die Niederlage Nazideutschlands in Sicht, und mit der Emeritierung Hoffmanns sowie dem Rücktritt Eymanns waren nun – das Einverständnis der Regierung vorausgesetzt – drei Professuren zu besetzen, was den Weg zu einer Entschärfung des Konfliktes ebnen musste.

In der Fakultätssitzung vom 14. Juni 1944 wurden die notwendigen Pflöcke eingeschlagen, auch wenn die Debatte immer noch sehr engagiert geführt wurde.[520] Die Regierung hatte sich vorgängig damit einverstanden erklärt, die zu besetzenden Stellen nicht auszuschreiben, und erwartete die Vorschläge der Fakultät. Interessant aus heutiger Sicht: Nach wie vor durften die abtretenden Professoren ihre Vorschläge auch einbringen. Noch gab es Störfeuer aus verschiedenen Richtungen, indem neue Kandidatennamen ins Spiel gebracht wurden wie zum Beispiel derjenige von Otto Eduard Strasser für Kirchengeschichte durch Michaelis, was aber angesichts der Favorisierung Guggisbergs durch Hoffmann und Werner und der immer noch politisch labilen Position des Neutestamentlers Michaelis kaum durchsetzbar war.[521] Der Kompromiss, auf den alles hinauslaufen musste, bestand darin, endlich Kurt Guggisberg für Kirchengeschichte zu inthronisieren und ihm die Kirchen- und Sektenkunde respektive Konfessionskunde zu übertragen und auf der anderen Seite, trotz des von Werner geäusserten Zweifels an dessen wissenschaftlicher Qualifikation, dem Wunschkandidaten von Werners Kontrahenten Schädelin, Alfred de Quervain, für Ethik mindestens ein Extraordinariat zu geben. Daran änderten auch letzte, in der folgenden Fakultätssitzung geäusserte Bedenken nichts mehr. Werner wurde kein zweiter Systematiker, Schädelin kein weiterer Praktologe vor die Nase gesetzt, womit die Regierung sich brüsten konnte, durch Einsparung

518 FP 20.12.1941, S. 283.

519 FP 20.12.1941, S. 284. Karl Barth charakterisiert Schädelins Wesen mit dem Lutherwort über Bucer wohl treffend: «Nihil in eo non vehemens.» Koch, Offene Briefe 1945–1968, S. 187.

520 FP 14.6.1944, S. 320 ff. Dort auch zum Folgenden.

521 Guggisberg war auch bei Schädelin nicht bestritten.

einer Professur den innerfakultären Frieden befördert zu haben.[522] In der Sitzung vom 11. Oktober konnte die Fakultät bereits Guggisberg und de Quervain als neue Mitglieder begrüssen, beide noch als Extraordinarien.[523]

Der Streit köchelte aber auch im Jahr 1946 munter weiter, da de Quervain einen Ruf nach Mainz erhalten hatte und sich jetzt die Frage einer Beförderung zum Ordinarius stellte, um ihn halten zu können. Hierbei rückte nun Martin Werner immer mehr ins Zentrum des Geschehens. Obwohl die Fakultät ihn Anfang Juni 1946 beauftragt hatte, bei der Regierung die Beförderung de Quervains zum Ordinarius zu beantragen, orientiert er seine Kollegen einen guten Monat später über die Gründe, die ihn bewogen hätten, den Antrag noch zurückzuhalten: «Die Verzögerung erkläre sich daraus, dass er zuerst mit den Vertretern der liberalen Richtung habe Fühlung nehmen müssen. Die ganze Angelegenheit sei ja nicht innerhalb der Fakultät, sondern selber durch Richtungsgruppen der bernischen Landeskirche aufgegriffen worden. Er sei seinen Gesinnungsbrüdern Aufklärung schuldig gewesen, da doch die Frage der Doppelbesetzung des Systematischen Lehrstuhls tangiert worden sei. Er bedauert die Verzögerung.»[524] Werner muss sich nun den Vorwurf gefallen lassen, einen Fakultätsauftrag dem Placet einer theologischen Richtungsgruppe unterstellt und damit eine Art «Nebenregierung» (Haller) installiert zu haben. Werner, in die Defensive gedrängt, versichert, er habe den Fakultätsbeschluss keinesfalls blockieren, sondern diesen weiterleiten wollen. «Zugleich legt er Gewicht darauf, festzustellen, dass die anderen Richtungen ebenfalls in die Fakultät hineinregierten. Zur Verschärfung der Gegensätze sei von der anderen Seite in letzter Zeit viel geleistet worden.» Diese Behauptung rief nun natürlich den

522 Unzufrieden war wohl Eymann, der zwar die Ethik als selbstständiges Fach retten konnte, aber auf Werners dezidierte Frage nach seiner Meinung zur Nachfolgefrage antwortete, er halte es für «katastrophal für die Ethik, wenn diese der Problematik der Gegenwart gegenüber vertreten wird vom Boden des Alt-Protestantismus aus» (FP 14.6.1944, S. 322–23). Dieser Hieb galt, vermittelt durch Schädelin, Karl Barth. Das Protokoll führte übrigens Eymann selbst.

523 FP 11.10.1944, S. 324–325. Guggisberg wurde 1945, de Quervain 1948 zum Ordinarius befördert. Die Fakultät legte sich für eine baldige Beförderung Guggisbergs zum Ordinarius besonders ins Zeug, da die allgemeine Kirchengeschichte nur von einem Ordinarius besorgt werden könne. Es ging dabei um die berufliche Doppelbelastung, weil Extraordinarien nicht von ihrem Gehalt leben konnten. De Quervains Lehrauftrag wurde übrigens als Kombination von Ethik, Symbolik und praktischer Exegese eingerichtet, trotz des Einwandes Werners, dies sei ein zusammenhangsloses Konglomerat, worauf Schädelin replizierte, man könne Symbolik auch anders unterrichten als bisher.

524 FP 3.7.1946, S. 347. Es war eine auf Verlangen der Professoren Schädelin, Haller und Michaelis einberufene Sondersitzung. Die Fakultät und Alfred de Quervain hatten in der Sitzung vom 5.6.1946 hoch und heilig versprochen, dass de Quervain Werner nicht in die Quere kommen werde, worauf Werner wünschte, de Quervain würde sich noch klarer in dieser Richtung aussprechen, «und behält sich weitere Schritte vor» (ebd., S. 346).

energischen Protest Hallers und Schädelins hervor, die meinten, dafür gebe es keine Belege.[525]

Nach gewalteter Diskussion beschloss man stillschweigend, die Angelegenheit auf sich beruhen zu lassen, um der Regierung nicht noch mehr Angriffsflächen zu bieten. Diese hatte nämlich kurz zuvor Fritz Buri einen Lehrauftrag für Systematik erteilt, ohne die Fakultät zuvor darüber formell zu unterrichten, mit der dem Dekan bloss telefonisch mitgeteilten Begründung, es sei nicht üblich, einem Dozenten ein Honorar auszurichten, ohne einen Lehrauftrag, worauf Haller replizierte, genau dies sei bei ihm 1919 so gehandhabt worden.[526] Trost wurde dem Fakultätskollegium immerhin zuteil durch die vom Dekan verkündete frohe Botschaft, der Synodalrat habe der Erziehungsdirektion geschrieben, er befürworte eine angemessene Besoldung der Professoren.[527]

Die Sache de Quervain blieb aber dringlich, da dieser einen weiteren Ruf aus Deutschland, dieses Mal nach Erlangen, erhalten hatte, dem er ohne Beförderung zum Ordinarius in Bern Folge zu leisten gedachte. Kompliziert wurde die Angelegenheit durch den Wunsch von Lektor Werner Kasser, endlich zum Extraordinarius oder doch wenigstens zum Honorarprofessor ernannt zu werden. Für ihn, den Liberalen, setzten sich vor allem Werner und Guggisberg ein, für den positiven de Quervain, Haller, Schädelin und Michaelis. Es war auch hier wiederum die Erziehungsdirektion, die dem Feilschen ein Ende bereitete und die Beförderungen de Quervains und Kassers in die Wege leitete.[528]

525 FP 3.7.1946, S. 348.
526 FP 1.6.1946, S. 344–345.
527 FP 3.7.1946, S. 349.
528 FP 30.6.1947, S. 371.

4. Herausforderungen

4.1 Der Nationalsozialismus

Die Causa Michaelis

Phase I: Ein Vortrag löst eine Debatte im Grossen Rat aus

Die Verfasser der Universitätsgeschichte attestieren der Universität Bern zwar, gegenüber nationalsozialistischen Versuchungen weitgehend immun gewesen zu sein.[529] Dennoch gab es einzelne Fälle, in denen Mitglieder des universitären Lehrkörpers in nationalsozialistische Aktivitäten verstrickt waren. Besondere Brisanz erhielt die ganze Geschichte durch den seit November 1933 laufenden Berner Prozess um die sogenannten Protokolle der Weisen von Zion, der sich bis ins Jahr 1937 hinzog. Davon war auch die Evangelisch-theologische Fakultät in der Person ihres Neutestamentlers Wilhelm Michaelis betroffen.[530]

Verwegen widmete Michaelis seine Antrittsvorlesung der Auseinandersetzung mit der neutestamentlichen Konzeption Albert Schweitzers und weckte so das Misstrauen Martin Werners, Albert Schweitzers Statthalter in Bern.[531] Hier bahnte sich eine Dauerfehde an, die bald durch Michaelis' Verstrickung in die nationalsozialistischen Umtriebe in Bern solider fundiert wurde. Martin Werner hatte übrigens schon 1932 eindeutig und scharf Stellung bezogen gegen den Antisemitismus.[532]

Ausgelöst wurde die Causa Michaelis, wie die Episode in den Fakultätsprotokollen genannt wurde, durch einen vom positiven Gemeindeverein in der Pauluskirche

529 Im Hof, Hohe Schule, S. 85, und Mesmer, Die Berner und ihre Universität, S. 151.

530 Zu diesem Thema grundlegend die unveröffentlichte, aber u. a. im Staatsarchiv Bern greifbare Lizenziatsarbeit von Armida Luciana Totti (Totti, Universität), dort bes. S. 83 ff., Kapitel 4.6.1 Fall Michaelis; sowie Arber, Frontismus, bes. S. 40. Beide Arbeiten verfolgen aber das Thema Michaelis nicht bis zu ihrem Ende nach dem Krieg, ebenso wenig wie die neuste Studie zum Thema: Schwarz, Nationalsozialistische Dozenten. Zum ganzen Komplex des Rechtsextremismus im Kanton Bern die Artikel: Graf, Rechtskonservatismus; Martig, Nationalsozialistische Umtriebe. Zum Berner Prozess: Lüthi, Mythos. Michaelis war unter der Mitgliedsnummer 1,782 742 in der NSDAP-Gaukartei (BA, ehem. BDC) und unter der Nummer 324429 im NSLB (BA, ehem. BDC) geführt. Gemäss schriftlicher Antwort von Anna Kirchner vom Bundesarchiv Berlin vom 9.2.2016.

531 Guggisberg, Kirchenkunde, S. 314. Vgl. dazu auch Karl Barths scharfe Stellungnahme gegen die Deutschnationalen und den Nationalsozialismus Ende der Zwanzigerjahre in Busch, Lebenslauf, S. 202.

532 Guggisberg, Kirchenkunde, S. 405.

am 12. November 1933 veranstalteten Vortrag von Wilhelm Michaelis über «Die gegenwärtige Lage der evangelischen Kirchen in Deutschland». Er führte dort unter anderem aus, die Evangelische Kirche habe die politische Macht zu Hilfe gerufen, was aber durchaus auch in Bern passieren könne. Die Kirche sei nicht gleichgeschaltet, sondern «freigemacht worden».[533] Michaelis versuchte auch, den Arierparagrafen zu rechtfertigen. Der Vortrag wurde innerhalb der Studentenschaft aufgegriffen. Im Namen der bernischen jungliberalen Bewegung wurde im «Bund» vom 19. November 1933 ein «Offener Brief» an Herrn Professor Michaelis publiziert, in dem er unter anderem gefragt wurde, ob er «als Inhaber des Lehrstuhls für das Neue Testament auch den jungen Theologen weismachen wolle, dass der Arierparagraph mit der von Jesus Christus begründeten Lehre» sich mit seiner Kirche vertrage.[534] Kirchliche und weltliche Presse reagierten vorerst zurückhaltend, doch Ohrenzeugen des Vortrags von Michaelis informierten den Regierungsrat. Dort hätte Regierungsrat Merz Michaelis am liebsten gegen einen anderen Professor ausgetauscht.[535]

Offiziell Gegenstand der Politik wurde die Angelegenheit am 20. November durch eine Interpellation des sozialdemokratischen Seeländer Grossrates Paul Geissler, Sekundarlehrer in Ins, und 32 Mitunterzeichnern vom 20. November 1933:[536]

> «Der Geist des deutschen Nationalsozialismus, dessen Endziel die Auflösung und Vernichtung des schweizerischen Staatswesens in Form und Inhalt in sich schliesst, macht sich auch an der Berner Hochschule bemerkbar. Welche Massnahmen trifft der Berner Regierungsrat, um der Agitation ausländischer, vom Staate Bern besoldeter Professoren vorzubeugen?»

Geissler erhielt aber erst drei Monate später, in der Session vom 19. Februar 1934, Gelegenheit zur Begründung seiner Interpellation. Nachdem er den Wortlaut seiner Interpellation seinen Grossratskollegen nochmals ins Gedächtnis gerufen hat, holt er weit aus und begründet ausführlich, warum man sich mit dem Wesen des Nationalsozialismus auseinanderzusetzen habe. Er verweist auf Hitlers «Mein Kampf» und das Programm des Nationalsozialismus von 1920, das von Hitler 1926 für unabänderlich erklärt worden sei. Ausführlich begründet er mit Zitaten die für die Schweiz bedrohlichen Aspekte der NS-Ideologie und leitet über zur «Programmrede Hitlers vom 20. Januar 1934». Er mutet seinen Ratskollegen einiges zu: Seine Ausführungen zur Bedrohung der Schweiz, ihrer Unabhängigkeit und Institutionen durch den Nationalsozialismus ziehen sich insgesamt über acht Spalten hin, ein Text, dessen Inhalt an Klarheit und prophetischer Weitsicht auch heute noch zu beeindrucken vermag. Im Verlauf seiner für viele seiner Kollegen allzu ausführli-

---

533 Alle Zitate nach Totti, Universität, hier S. 83.

534 Zit. nach Totti, Universität, S. 84.

535 So Totti, Universität, S. 85.

536 Die Darstellung folgt hier dem Protokoll im Tagblatt des Grossen Rates 1934, S. 143–144.

chen Rede, die gelegentlich durch Rufe, er möge zum Ende kommen, unterbrochen wird, warnt er eindringlich auch vor dem wieder um sich greifenden Antisemitismus: «Der Antisemitismus ist eine Erscheinung, die wir zu bekämpfen verpflichtet sind, weil er die Grundlagen des Staates angreift.»[537] Zur Illustration zitiert er die entsprechenden Passagen aus «Mein Kampf» und warnt, angesichts des auch in der Schweiz zunehmenden Antisemitismus, vor dessen Folgen und ruft die antisemitische Vergangenheit des Kantons Bern in Erinnerung.

Zum Schluss – die meisten Grossräte haben schon genug, denn das Sitzungsende ist in Sicht – kommt Geissler nun «auf die Propaganda zu sprechen, die sich Herr Prof. Michaelis erlaubt hat».[538] Es lohnt sich hier durchaus, dem Wortlaut des Protokolls etwas Raum zu geben, handelt es sich doch bei Geisslers Rede um einen für die Geschichte der bernischen Hochschule wie auch der Evangelisch-theologischen Fakultät höchst bedeutsamen Text.

> «Ich behaupte, Herr Prof. Michaelis hat Kanzelmissbrauch betrieben. Ich habe bei der Einreichung dieser Motion noch nicht gewusst, was ich jetzt weiss, sonst hätte ich erwartet, dass der Kirchendirektor sich auch mit dieser Sache befasse. Herr Prof. Michaelis hielt nicht bloss einen Vortrag im landläufigen Sinne, sondern er hat am 12. November 1933 auf Einladung eines positiven Kirchgemeindevereins in Bern eine Predigt gehalten. Er hat deshalb keinen Vortrag gehabt, weil er für sich in Anspruch genommen hat: 1. Das Kanzelrecht des Geistlichen; 2. Seine Autorität als Geistlicher und 3. Seine autoritative Stellung als geistlicher Professor. An diesem Vortrag konnte ihn ja niemand stellen, denn er liess ihn ja durch Gesang und Gebet einrahmen, und nachher hiess es: So, geht jetzt nach Hause, denkt nach über das, was ich euch gesagt habe und tut darnach.
> Herr Prof. Michaelis hat an diesem sogenannten Vortrag Grundsätze vorgetragen, die weder mit den Grundsätzen der christlichen Kirche, noch mit denjenigen unseres Staatswesens vereinbar sind (Zunehmende Schlussrufe). Ich möchte gerne noch eine Stunde sprechen, aber ich mag nicht mehr (Heiterkeit). Prof. Michaelis behauptet, das Führerprinzip sei dem Deutschen schon vorher eigen gewesen. Es bestehe darin, dass zwar nicht das Recht des Volkes ausgeschaltet sei, sondern dass einer die Verantwortung zu tragen habe, ein Führer, der vom Vertrauen der Gesamtheit getragen ist. Das ist doch logischer Blödsinn; das ist Unsinn! Ist denn der Reichsbischof von der Gesamtheit der Gläubigen an seine Stelle gesetzt worden? Warum sind denn 6000 Pfarrer zurückgetreten? Nein, der Reichsbischof ist durch Hitler, durch seinen Machtspruch eingesetzt worden. Herr Prof. Michaelis stellt ferner einander gegenüber die Verpflichtung der hitlerischen Geistlichen gegen den hitlerischen Staat, der Verpflichtung unserer Geistlichen gegen unserem Staat. Meine Herren, das ist für uns Staatsbeleidigung. Es ist eine Staatsbeleidigung, das Treuegelöbnis eines deutschen Geistlichen unserem Amtseid gegenüber zu stellen. Das ist eine schwere Beleidigung. Unser Amtseid lautet: ‹Ich gelobe und schwöre, die Rechte und Freiheiten des Bür-

537 Tagblatt des Grossen Rates 1934, S. 146.
538 Tagblatt des Grossen Rates 1934, S. 147, dort auch die weiteren Zitate.

gers zu achten, die Verfassung und die verfassungsmässigen Gesetze zu befolgen›. Man stelle sich vor: dieses Gelöbnis auf der einen Seite und die Rechtlosigkeit der Deutschen gegenüber dem nationalsozialistischen Staat auf der anderen Seite. Armes Deutschland, sollte es das andere Deutschland, das Deutschland der Herder, Goethe, Schiller, Lessing, Kant usw. nicht mehr gegeben?! Armes Deutschland! Wir glauben es nicht, jenes Deutschland ist vielleicht jetzt der Stimme beraubt, aber es wird wieder in Erscheinung treten, wenn seine Zeit gekommen ist. Prof. Michaelis behauptet weiter, der Arierparagraf sei etwas Selbstverständliches. Es sei richtig, dass Leute vom geistlichen Amte ausgeschlossen werden können, weil der Grossvater oder die Grossmutter jüdisch waren. Das ist keine Objektivität der Wissenschaft mehr. Wozu dient dann noch die Wissenschaft? Wenn das noch Wissenschaft sein soll, dann wollen wir lieber die Hochschule schliessen. Prof. Michaelis behauptet auch: ‹Recht ist, was dem deutschen Volke nützt.› Wenn solche Grundsätze Geltung haben sollen, dann wollen wir zu studieren aufhören.

Wenn nun ein deutscher Professor an unserer Hochschule behauptet: Der Nationalsozialismus ist der Staat, der Nationalsozialismus ist die Wissenschaft, so hat er kein Recht mehr, an unserer Schule zu dozieren. Ich nehme an, die Antwort des Herrn Erziehungsdirektors werde dahingehend lauten, der Herr Professor Michaelis finde selbst, trotz aller Freiheit, auf die er in der Schweiz Anrecht habe, könne unter diesen Umständen seines Bleibens in der Schweiz nicht mehr sein.»

Der Unterrichtsdirektor, seit 1928 Alfred Rudolf, Merz' freisinniger, ebenfalls christkatholischer Kollege, war nun gefordert, denn die Vorwürfe Geisslers waren schwerwiegend und solide fundiert.

Rudolf konnte immerhin darauf bauen, dass die bürgerliche Ratsmehrheit den Sozialdemokraten nicht überaus wohlgesonnen war, er konnte also, faute de mieux, immer auch auf den Mann spielen. In der Grossratssitzung vom 21. Februar 1934 nahm er als Unterrichtsdirektor und Berichterstatter des Regierungsrates Stellung, und zwar sehr ausführlich, was zeigt, dass er, trotz des etwas herablassenden Tonfalls, den er bei seiner Entgegnung anschlug, die Interpellation sehr ernst nahm.[539]

Wohlwollend attestiert er Geissler, ein überzeugter Anhänger der schweizerischen Demokratie zu sein, dem das Wohl unseres Landes am Herzen liege. Allerdings müsse er darauf hinweisen, dass das Rathaus von Bern nicht der Ort sei, wo internationale Politik zu diskutieren und die Kritik «auswärtiger Staatssysteme» anzubringen sei; dies müsse wenn nötig im Bundeshaus geschehen.[540]

So gut er kann, versucht Rudolf nun, die Person Michaelis aus der Schusslinie zu nehmen. Dieser sei im Jahre 1930 als relativ junger Mann zum Professor für neutestamentliche Wissenschaft berufen worden. Zuvor sei er Privatdozent in Berlin gewesen. Er habe bis jetzt zu keinerlei Klagen Anlass gegeben; es sei ihm im Gegenteil nachgerühmt worden, dass er sich grosse Mühe gebe, sich in die schweizerischen

---

539 Tagblatt des Grossen Rates 1934, S. 187–191, insgesamt sieben Spalten.

540 Tagblatt des Grossen Rates 1934, S. 187–188.

Verhältnisse einzuleben. Er habe sich auch in den bernischen reformierten Kirchendienst aufnehmen lassen, wozu er nicht verpflichtet gewesen sei, und habe darin verschiedentlich Aushilfe geleistet, die nicht unwillkommen gewesen sei. Er habe zum Beispiel Predigten übernommen und sich namentlich auch um die Schwerhörigenpflege Verdienste erworben. Michaelis stehe nach seiner kirchlichen Richtung auf dem Boden des positiven Christentums oder er stehe ihm nahe. Das sei wohl auch der Grund gewesen, warum der positive Gemeindeverein der Länggasse sich an ihn wendete, als sich unter den Angehörigen des Vereins das Bedürfnis geltend machte, über die derzeitigen kirchlichen Verhältnisse Deutschlands Bericht zu erhalten, da ja bekanntlich das Kirchenwesen in Deutschland durch die grosse Staatsumwälzung wesentlich in Mitleidenschaft gezogen worden sei.[541]

Professor Michaelis habe seinen Vortrag am 12. November gehalten. Dieser 12. November sei bekanntlich der Tag, da in Deutschland die grosse Volksbefragung und Reichstagswahl stattgefunden habe. Michaelis sei an jenem Tage nach Lörrach gereist, um seiner Pflicht als deutscher Wähler zu genügen, und es sei möglich, «dass er von dem Eindruck des politischen Lebens und Treibens, das zweifelsohne auch in dieser Grenzstadt damals geherrscht hat, vielleicht politisch etwas angeregter und lebhafter heimgekommen ist, als das in gewöhnlichen Tagen der Fall gewesen wäre, und dass diese Belebung auf seinen Vortrag abgefärbt haben mag».

In Bezug auf den Vortrag, den man im «Berner Tagblatt» nachlesen könne, konstatiert Unterrichtsdirektor Rudolf, von einem agitatorischen oder aufreizenden Inhalt könne nicht die Rede sein. Wenn man ihn gelesen habe, «könne man sagen, man begreife die Haltung des Redners nicht, die Sache sei einem nicht verständlich, man sei nicht einverstanden, aber irgend etwas Staatsgefährliches kann man auch mit der allerschärfsten Lupe aus diesem Vortrag nicht herauslesen. Namentlich stehe darin kein feindliches und kein polemisches Wort gegen unser eigenes Staatswesen. Herr Professor Michaelis habe das neue Regierungssystem in Deutschland in Schutz genommen und es als heilbringend für seinen Staat und für das deutsche Volk dargestellt. Was die Reformierte Kirche anbetreffe, so hat Herr Michaelis in seinem Vortrag die Auffassung vertreten, dass die verschiedenen reformierten Kirchen Deutschlands bei dieser umfassenden politischen Umstellung, die sich in seinem Heimatstaat vollzogen habe, nicht hätten beiseite stehen dürfen, da sie sonst ihren ganzen Einfluss auf das Volk verloren hätten».[542] «Der Redner hat insbesondere die scharfe Einordnung der Kirche in das Staatswesen und die Anwendung des Arierparagraphen auf die Geistlichkeit gerechtfertigt oder zu rechtfertigen gesucht. Das sind Auffassungen, mit denen viele unter uns Schweizern nicht einverstanden sein werden. Aber so wie wir unsere eigene Meinung haben, so wird es einem anderen erlaubt sein, seine eigene Meinung vorzutragen, wenn deren Verfechtung in

541 Tagblatt des Grossen Rates 1934, S. 188.
542 Tagblatt des Grossen Rates 1934, S. 188, auch das folgende Zitat.

würdiger und anständiger Form geschieht.» Er habe nach dem Durchlesen der Rede Michaelis' überhaupt das Gefühl gehabt, «der Redner habe mehr in der Verteidigung als im Angriff gesprochen, er habe versucht, die Vorgänge in Deutschland seinen Zuhörern mundgerecht zu machen. Er hat durchaus nicht etwa den Ton eines siegessicheren Deklamators angeschlagen, der nur etwas zu behaupten braucht, das dann geglaubt werden muss, sondern die ganze Darstellung macht den Eindruck einer Rede, deren Urheber spürt, dass er sich anstrengen muss, damit er an seine Hörer herankommt und sie von seiner Auffassung überzeugen kann.» Es sei auch zu anerkennen, dass Michaelis zum einen oder anderen Begleitumstand der deutschen kirchlichen Ereignisse kritische Bemerkungen angebracht habe, Vorbehalte, die zeigten, dass er nicht blind und plump alles nur rühmte, was in seinem Heimatstaat auf kirchlichem Gebiet gemacht worden sei, dass er bis zu einem gewissen Grad sich einen kritischen Blick gegenüber den Ereignissen zu wahren wisse. An die Adresse der Linken kann er sich einen Seitenhieb nicht verkneifen: «Als ich den Vortrag las, fragte ich mich, ob bei allen Vorbehalten über die neuen Staatssysteme und Staatsumwälzungen, z. B. bei allen Vorträgen, die über den Bolschewismus in der Schweiz schon gehalten worden sind, mit der gleichen Unparteilichkeit und mit der gleichen Fähigkeit zu kritischer Betrachtung gesprochen worden sei.»[543]

Danach konnte er sich aber einer Warnung an Michaelis doch nicht enthalten:

> «Der grösste Vorwurf, den man nach meiner Überzeugung Herrn Professor Michaelis machen könnte, wäre der, dass er am 12. November des letzten Jahres die Lage der Reformierten Kirche in Deutschland in einem viel zu rosigen Lichte erblickte. Damals äusserte er die Meinung, der Sturm sei jetzt vorbei und alles sei auf dem besten Wege zu einer guten Konsolidierung, eine Auffassung, die durch die Ereignisse der folgenden Wochen in schärfster Weise korrigiert worden ist. Ich will auch erklären, dass einzelne Auslassungen des Herrn Professors Michaelis mich etwas gestört haben. Er hat z. B. um den Geist der Diktatur zu rechtfertigen, den Vergleich gebraucht: Auch die urchristlichen Gemeinden seien eigentlich nicht demokratisch-synodal organisiert gewesen, sondern sie seien unter der Diktatur des heiligen Geistes gestanden. Als ich das las, dünkte mich, es sei für einen Kirchenmann eine etwas banale Wendung, wenn man den heiligen Geist mit der Diktatur vergleicht. Aber in diesen Sachen entscheidet offenbar das persönliche Gefühl. Ich möchte meine persönliche Auffassung niemandem aufdrängen. Es ist ferner zu sagen, dass Herrn Professor Michaelis beim Hinweis auf schweizerische Verhältnisse – er hat solche Vergleiche gezogen – verschiedene Unrichtigkeiten unterlaufen sind, die seine Hörer selber ärgerten, zum Teil enttäuschten, Unrichtigkeiten, die man nicht begreift, die sich aber erklären lassen, wenn man sich vergegenwärtigt, dass sich Herr Michaelis an Vertrauensmänner gehalten hat, von denen er glauben durfte, sie seien über die schweizerischen Verhältnisse genau unterrichtet. Man kann ihm wegen dieser kleinen Entgleisungen und Unrichtigkeiten nicht einen allzu schweren Vorwurf machen.

543 Tagblatt des Grossen Rates 1934, S. 189.

Alles in allem möchte ich sagen, dass der angefochtene Vortrag die Grenze der Rede- und Meinungsfreiheit, wie wir sie in der Schweiz gewohnt sind, nicht überschritten hat. Da wir vorderhand noch in einem geordneten Staatswesen leben, das seine verfassungsmässigen Gesetze respektiert, so wollen wir den schuldigen Respekt auch gegenüber solchen Rednern hochhalten, die uns Verfassungszustände schildern und rechtfertigen, in denen von unsern eigenen demokratischen Rechten und Freiheiten nicht mehr viel zu spüren ist. So wollen wir unsere schweizerische Rede- und Meinungsfreiheit aufrechterhalten, und stolz darauf sein, dass wir das können, aus unserer demokratischen und politischen Uebung heraus. Wir wollen diese Grundsätze und Auffassungen nicht ohne Not preisgeben. Es hat sich übrigens in den drei Monaten, die seit diesem Vortrag verflossen sind, gezeigt, dass durch die Rede des Herrn Professors Michaelis weder der bernische Staat noch die schweizerische Eidgenossenschaft erschüttert worden ist.»[544]

Unterrichtsdirektor Rudolf weist dann den Vorwurf zurück, Michaelis habe Kanzelmissbrauch betrieben. Man brauche nur einen flüchtigen Blick auf die betreffenden Artikel des Kanzelmissbrauchsgesetzes von 1875 zu werfen, um zu sehen, dass die Tatbestände, die dort normiert seien, sich keineswegs mit den Tatbeständen deckten, die man in diesem Sonntagsvortrag von Professor Michaelis als erfüllt ansehen könne. Entgegen der Auffassung Geisslers sei zu konstatieren, dass es sich nicht um eine gottesdienstliche Handlung gehandelt habe. Es sei ein Vortrag am Abend gewesen, zwar in der Kirche, aber nicht einberufen durch die Kirchgemeinde, sondern durch einen privaten Verein. «Der Vortrag ging in der Form vor sich, in der derartige Vorträge abgehalten werden, und zwar auch von andern kirchlichen Vereinen als vom positiven Gemeindeverein der Länggasse. Es wurde vorher und nachher gesungen und ein Gebet gesprochen, alles zusammen Formen, die auch bei andern derartigen Vorträgen beobachtet werden. Aber eine eigentliche gottesdienstliche Handlung war das nicht. Herr Michaelis hat diesen Vortrag natürlich auch als privater Bürger gehalten, nicht etwa als Professor an der Hochschule. Es war nicht ein Hochschulvortrag, obschon natürlich seine Stellung und sein Name als Professor eine gewisse Einwirkung auf die Grösse des Zuhörerkreises gehabt haben mag.»[545]

Das sei, was man vom juristischen und politischen Standpunkt aus sagen könne. Nun sei auch gefragt worden, ob man nicht aus Gründen des Taktes Michaelis die Abhaltung seines Vortrages hätte untersagen können. Man könne ferner sagen, dass durch die positive Darstellung der Zustände in seinem Lande Herr Michaelis indirekt Kritik an den Institutionen in unserem Lande geübt habe, und diese Art von indirekter oder verhüllter Kritik dürfe nicht geduldet werden. Demgegenüber sei zu sagen, dass man zwar von Ausländern diesbezüglich Zurückhaltung erwarte, aber auch nicht zu streng sein dürfe. «Wie weit die Rücksicht zu

544 Tagblatt des Grossen Rates 1934, S. 189.

545 Tagblatt des Grossen Rates 1934, S. 189–190.

gehen hat, das kann man nicht mit juristischen Werkzeugen abzirkeln, das muss man dem Taktgefühl des Einzelnen überlassen. Auch möchte ich sagen, dass man nicht allzu streng und empfindlich sein darf. Wir Schweizer legen bekanntlich unsere Worte auch nicht immer auf die Goldwaage, auch dann nicht immer, wenn wir über fremde Zustände und Staaten reden, von denen wir nicht allzuviel verstehen. Ich glaube, wir dürfen an die Leute, die wir beurteilen, nicht strengere Massstäbe anlegen, als wir sie selbst bei uns gern angelegt sähen. Das verlangt die Billigkeit und die Gerechtigkeit, und von diesem Standpunkt aus muss ich nach meiner Ueberzeugung sagen, dass Herr Professor Michaelis die Grenzen nicht oder nur ganz unwesentlich überschritten hat.»[546]

Michaelis habe nicht nur als Bürger, sondern auch als Professor die Grenzen, die ihm gesetzt seien, nicht überschritten. Zwar habe der Interpellant diesbezüglich keine Beschwerde erhoben, darum könne man eigentlich die Sache auf sich beruhen lassen. «Da die Sache aber nun untersucht worden ist, ist es vielleicht nicht unnütz, wenn ich auch darüber noch Auskunft gebe. Klagen darüber, dass Professor Michaelis etwa im Kolleg vor seinen Studenten Politik treibe und Stimmung mache, sind uns keine zugekommen; durch den Dekan der Fakultät habe ich mir bestätigen lassen, dass auch ihm und seinen Kollegen keine derartigen Beschwerden zu Ohren gekommen sind. Die ältern Studenten von Professor Michaelis haben sogar öffentlich erklärt, dass sie von ihrem Professor in keiner Weise in Anspruch genommen worden seien. Mit diesen Erklärungen dürfen wir, wie ich glaube, diesen Fall Michaelis als erledigt betrachten. Wir haben ihn insofern nicht als erledigt zu betrachten, als wir es doch für nützlich gehalten haben, bestimmte Richtlinien für die Zukunft aufzustellen. Wir werden nach wie vor allen unerlaubten Angriffen auf unsere staatlichen Einrichtungen und unsere demokratischen Prinzipien alle Aufmerksamkeit schenken und ihnen entgegentreten, kommen sie auf der Hochschule oder an anderen Orten vor, und kommen sie von dieser oder von jener Seite. Es lässt sich denken, dass derartige Angriffe nicht nur von Norden, sondern auch von Süden und vielleicht nun auch von Osten kommen. Wir wollen ihnen in gleicher Weise entgegentreten. Was insbesondere die Pflichten von Leuten angeht, die im Dienste des Staates stehen, also auch von Professoren, so lassen wir uns von folgenden Richtlinien leiten: wir verlangen von unsern Beamten, überhaupt von allen Staatsdienern, dass sie in keiner Weise gegen unsere staatlichen Einrichtungen und namentlich gegen das System der Demokratie, auf dem unser Staat aufgebaut ist, Propaganda treiben. Wer den Staat angreifen will, der darf das machen innerhalb der Rede-, Versammlungs- und Gedankenfreiheit, aber der Mann, der das machen will, der soll nicht gleichzeitig den Dienst im Staat zu seiner Lebensaufgabe machen und soll nicht gleichzeitig das Brot des Staates essen wol-

546 Tagblatt des Grossen Rates 1934, S. 190.

len, den er angreift. (Beifall). Derartige Angriffe werden wir weder in direkter noch in irgendwelcher verschleierter Form dulden. Herr Geissler hat erklärt, er erwarte von der Regierung eine Missbilligung des Auftretens des Herrn Professors Michaelis. Die Regierung ist nicht in der Lage, dem Wunsch des Herrn Interpellanten nachzuleben. Ich persönlich kann erklären, dass ich von diesem Vortrag des Herrn Professors Michaelis, als ich ihn las, nicht entzückt und nicht begeistert war; ich wäre nicht unglücklich gewesen, wenn er überhaupt nicht gehalten worden wäre. (Heiterkeit). Aber ein Verdammungsurteil kann ich wegen dieses Vortrages gegen den Redner nicht aussprechen.»

Zum Schluss konnte sich Regierungsrat Rudolf eine gönnerhaft verpackte Spitze gegen Geissler nicht verkneifen. Dieser habe ja ein kräftiges Bekenntnis zur Demokratie abgelegt und er zweifle nicht an der Ehrlichkeit dieses Bekenntnisses, aber es gelte nun die Demokratie auch zu verteidigen. «Aber wir müssen auch klar sein, dass, wenn wir die Demokratie respektieren und als die uns angemessene Staatsform betrachten, wir nicht nur die Annehmlichkeiten und Vorteile der Demokratie für uns in Anspruch nehmen können, sondern sie nötigenfalls auch in Schutz nehmen müssen, sie verteidigen müssen gegen Putschgelüste, die etwa auftauchen können und schon aufgetaucht sind. Wir müssen sie gegen Leute verteidigen, die sich widerrechtlich staatliche Kompetenzen anmassen wollen, sich als Regierung aufspielen wollen, obschon sie diesen Auftrag vom Volke nicht bekommen haben. Wir wollen die Demokratie auch verteidigen gegen Spionengesindel und derartiges Gelichter, das sich gelegentlich in der allzu gutmütigen Demokratie einnistet; und weil wir das machen wollen, wollen wir am 11. März Ja stimmen. (Beifall) Es muss doch Herrn Geissler und seine Freunde, die ich als ernsthafte Politiker betrachte, alle zusammen nachdenklich stimmen, wenn sie sehen, in welcher Front sie sich für den 11. März befinden, dass sie Hand in Hand und Schulter an Schulter mit Leuten das Gesetz zum Schutze der Demokratie bodigen wollen, gegen die Herr Geissler vorgestern seine schärfsten Verdammungsurteile ausgesprochen hat. Das kann ich nicht begreifen.»[547] Er fordert Geissler auf, seine Haltung nochmals zu überdenken und mit seinen Sozialdemokraten zusammen mit den bürgerlichen Demokraten ein Ja zum Staatsschutzgesetz vom 11. März in die Urne zu legen. «Wenn das der Fall wäre, Herr Geissler, dann bin ich gerne bereit, zu erklären, dass diese Interpellation, die uns ziemlich lang in Anspruch genommen hat und über deren Nützlichkeit man geteilter Meinung sein kann, doch noch einem guten Zweck gedient hat. (Beifall)»

Grossrat Geissler zeigte sich von der Antwort des Unterrichtsdirektors befriedigt, weniger überzeugt dagegen von Michaelis Einsicht.

547 Tagblatt des Grossen Rates 1934, S. 190–191.

Einige Beobachtungen zur Debatte im Parlament:

1. Es war wohl kaum je ein Theologieprofessor wegen seiner politischen Haltung so prominent im Fokus der politischen Öffentlichkeit wie damals Wilhelm Michaelis.
2. Es spricht für die bernische Sozialdemokratie, früh und umfassend auf die politische Gefahr von rechts insgesamt und auf diejenige des Antisemitismus im Besonderen hingewiesen zu haben.
3. Es fällt auf, wie defensiv Regierungsrat Rudolf argumentiert. Er versucht so gut als möglich Michaelis aus der Schusslinie zu nehmen, indem er ihn entlastet, wo er kann. Dennoch ist das Unbehagen, das ihm, dem Liberalen, viele der Äusserungen Michaelis' bereiten, mit Händen zu greifen. Die Absichtserklärung zum künftigen Vorgehen der Regierung gegen staatsfeindliche Umtriebe von Staatsbeamten beinhaltete eine deutliche Warnung auch an Professoren, die mit totalitären politischen Systemen liebäugelten.[548]
4. Es wussten wohl nur die wenigsten Mitglieder des Grossen Rates, dass Michaelis vom Regierungsrat am Willen der Fakultät vorbei auf den Lehrstuhl für Neues Testament berufen worden war.
5. Noch stand für die bürgerliche Mehrheit in Regierung und Parlament der Feind links, wie Zwischenrufe während Geisslers Ausführungen nahelegen. Dies ermöglichte es dem Unterrichtsdirektor, geschmeidig vom Kulturkampfin den Klassenkampfmodus umzuschalten. Die Aufforderung des Unterrichtsdirektors, am 11. März einem verschärften Staatsschutzgesetz, das vor allem gegen links gerichtet war, zuzustimmen, spricht eine deutliche Sprache. Es ging dabei um eine Neuauflage der sogenannte Lex Häberlin aus dem Jahre 1922. Dieses von Rudolf angesprochene neue Staatsschutzgesetz vom 8. Mai 1933 wurde zwar in den eidgenössischen Räten angenommen, in der Referendumsabstimmung vom 11. März 1934 indessen knapp verworfen. Bundesrat Häberlin trat daraufhin von seinem Amt zurück, was ungewöhnlich war. Die Stimmbürger hatten gemerkt, dass die Gefährdung des Staates von rechts kam, und lehnten eine Verschärfung eines vor allem gegen links gerichteten Staatsschutzes ab. Zwei der Abwehr nationalsozialistischer und faschistischer Aktivitäten gewidmete Gesetzesvorlagen von 1935 und 1936 blieben dagegen unangefochten. «Die ‹geistige Landesverteidigung› und die Sozialpolitik fanden in der Folge wirksamere, weil positiv und nicht repressiv gerichtete Staatsschutzmittel», meint Hans von Greyerz dazu.[549]

548 In einer handschriftlichen Notiz von Regierungsrat Rudolf steht, Dekan Werner habe ihm telefonisch mitgeteilt, seine Kollegen in der Fakultät verzichteten darauf, «über die Angelegenheit Michaelis eine amtliche Vernehmlassung anzugeben». Totti, Universität, S. 132, Anm. 11.

549 H. v. Greyerz, Bundesstaat, S. 1173.

Nun hätte man tatsächlich die ganze Angelegenheit zu den Akten legen können, wie das «Berner Tagblatt» schrieb, doch tat es dies ganz und gar nicht uneigennützig, stand es doch zwischen 1931 und 1936 unter der «Schriftleitung» von Heinrich Eugen Wechlin, einem führenden Mitglied der «Eidgenössischen Front».[550]

Phase II: Die Causa Michaelis schwelt weiter

Der nächste Auftritt Wilhelm Michaelis' erfolgte am 7. August 1934 aus Anlass einer von der deutschen Gesandtschaft organisierten Trauerfeier für den verstorbenen Reichspräsidenten Paul von Hindenburg im Berner Münster.[551] Der deutsche Gesandte empfing vor der Kirche die vier in Bern anwesenden Bundesräte Marcel Pilet-Golaz, Edmund Schulthess, Giuseppe Motta und Johannes Baumann, ferner sechs Mitglieder der Berner Regierung und Vertreter der Stadt. Es war, wie Peter Martig schreibt, ein «Musterbeispiel nationalsozialistischer Propagandapolitik». Die Trauerrede hielt Wilhelm Michaelis, damals stellvertretender Leiter der NSDAP, Ortsgruppe Bern, unter den vor dem Chor des Münsters aufgehängten deutschen Hoheitszeichen, dem Hakenkreuz und der alten schwarz-weiss-roten Fahne. Lakonisch urteilt Martig: «So hörte sich denn das hochkarätige Publikum andächtig die Propagandarede des Nationalsozialisten Michaelis an. Die Berner Politprominenz erwies mit ihrem Erscheinen nicht nur dem verstorbenen Reichspräsidenten die Ehre, sondern auch der nationalsozialistischen Ortsgruppe Bern.»[552]

Schon einen Monat zuvor hatte der ehemalige Landesstreikführer Robert Grimm eine einfache Anfrage an den Regierungsrat gerichtet, deren erster Punkt lautete: «Ist dem Regierungsrat insbesondere bekannt, dass im Lehrkörper der Universität Bern neben Prof. Porzig, dem auf Adolf Hitler vereidigten Leiter der Ortsgruppe Bern der nationalsozialistischen Partei Deutschlands, noch andere Professoren vorhanden sind, die sich im Sine der nationalsozialistischen Propaganda betätigen?»[553] Er machte Regierung und Parlament darauf aufmerksam, dass sich seit der Machtübernahme Hitlers in Bern neben den bestehenden sieben nicht weniger als zehn neue Vereine nationalsozialistischer Ausrichtung etabliert hätten, darunter die erwähnte NSDAP Ortsgruppe Bern unter Professor Walter Porzig, eine Ortsgruppe der Hitlerjugend unter einem Sohn des deutschen Gesandten Ernst von Weizsäcker und eine Ortsgruppe des Bundes deutscher Mädel unter Gertrud Zetsche, ebenfalls Tochter eines Professors der Universität.[554] Schon am 19. Mai 1933 war ein ebenfalls nationalsozialistisch ausgerichteter «Verein deutscher Studenten» unter dem Vorsitz des deutschen Jurastudenten Friedrich Fahren-

550 Graf, Rechtskonservatismus, S. 38; ferner Wolf, Heinrich Eugen Wechlin.

551 Vgl. die anschauliche Schilderung von Martig, Nationalsozialistische Umtriebe, S. 37.

552 Arber, Frontismus, S. 41–42.

553 Tagblatt des Grossen Rates 8.07 1935, S. 395–396.

554 Vollständige Aufzählung mit Gründungsjahr bei Totti, Universität, S. 87–88.

bruch (Jahrgang 1894, also zwei Jahre älter als Michaelis) gegründet worden, mit dem Porzig und Michaelis alsbald in Beziehung traten.

Die deutschen Vereine in Bern waren unter dem Dach der «Deutschen Kolonie» zusammengefasst, die auch ein offizielles Publikationsorgan herausgab, die «Nachrichten der Deutschen Kolonie in Bern». Die nationalsozialistischen Vereine versuchten nun in einem Putsch die Gleichschaltung zu erreichen, was erst gelang, als sich die alten sieben Vereine aus der Kolonie gelöst hatten. Porzig als Präsident und Michaelis als Vizepräsident fungierten nun neu an der Spitze der Deutschen Kolonie. Am 11. Mai 1935 hatte zudem die Bundesanwaltschaft die kantonale Polizeidirektion darauf aufmerksam gemacht, dass Professor Porzig im Frühjahr in Deutschland einen nationalsozialistischen Führungskurs absolviert hatte, dazu kam zunehmender Druck auch in der Presse, namentlich beim liberalen «Bund» und bei der sozialdemokratischen «Tagwacht». Als nun noch der Vorstoss Grimm eingereicht wurde, musste die Regierung handeln. Sie lud Porzig, den philosophisch-historischen Dekan Karl Edouard Tièche und den Rektor, den Theologen Max Haller, zu einem Gespräch ein, das aber keine neuen Gesichtspunkte ergab, sondern schon bekannte Tatsachen erhärtete. Nach sorgfältigen juristischen Abklärungen wurde am 16. Juli das Kreisschreiben betreffend die Zugehörigkeit von Staatsbeamten zu ausländischen politischen Organisationen verschickt.[555] An der Universität waren 23 Dozenten davon betroffen, darunter von den Theologen auch Professor Hoffmann.[556] Porzig sah keinen Anlass, sich von seinen Verpflichtungen, insbesondere seinem Treueid auf Hitler, entbinden zu lassen. Die Regierung stellte ihm Mitte August ein Ultimatum von drei Tagen, das Porzig in einem hochnäsigen Schreiben vom 15. August 1935 zurückwies, was seine fristlose Entlassung zur Folge hatte.[557]

---

555 «Kreisschreiben an die verschiedenen Direktionen vom 16.7.1935 betr. Zugehörigkeit von Staatsbeamten zu ausländischen politischen Organisationen oder zu Organisationen von Ausländern und die Uebernahme besonderer politischer Verpflichtungen gegenüber fremden Staaten». Nach Tagblatt des Grossen Rates 1936, S. 145.

556 Weitere Details bei Totti, Universität, S. 88–89, zum Kreisschreiben S. 93–94.

557 Porzig konnte sich diese Arroganz leisten, weil er wohl schon den Lehrstuhl in Jena im Visier hatte, den der Basler klassische Philologe und Indogermanist Albert Debrunner zu verlassen wünschte, weil er als erklärter Gegner des Nationalsozialismus in die Schweiz zurückkehren wollte. Er war bereits in den Jahren 1920–1925 Ordinarius für klassische Philologie in Bern gewesen und wurde nun hier ordentlicher Professor für Indogermanistik und klassische Philologie bis zu seiner Emeritierung 1954. Porzig blieb bis 1941 in Jena, wechselte dann nach Strassburg. Nach dem Krieg überstand er die Entnazifizierungskarenzzeit schadlos und beschloss seine Karriere als Ordinarius in Mainz. Dieser eigentümliche Lehrstuhltausch bedeutete für die Universität Bern eindeutig einen Gewinn, in wissenschaftlicher wie auch in menschlicher Hinsicht. Zu Michaelis vermerkt das Protokoll des Grossen Rates die Hoffnung: «Es ist anzunehmen, dass er [sc. Michaelis]) ebenfalls die Konsequenzen ziehen wird, denn aus dem Schreiben, mit dem ihm die Wieder-

Wilhelm Michaelis zog die Konsequenzen und trat von seinem Amt als Leiter der Deutschen Kolonie zurück, das er nach Porzigs Weggang übernommen hatte, worauf der Regierungsrat beschlossen habe, das Verfahren gegen Professor Michaelis einzustellen.[558] Nach Catherine Arber blieb Michaelis «– geschützt durch kirchlich-konservative Kreise – unangefochten».[559]

Diese beiden Aussagen sind in dieser apodiktischen Form zumindest zu hinterfragen. Welches Verfahren Totti auch immer meint, der Regierungsrat hatte ihn, wie noch zu zeigen sein wird, immer noch am Schlafittchen. Auch zu Arbers letzter Behauptung in ihrer sonst höchst informativen Darstellung ist ein Fragezeichen zu setzen, obwohl oder gerade weil es in späteren Darstellungen zum Thema wie zum Beispiel in dem von Ulrich Im Hof verfassten Teil der Universitätsgeschichte oder im letzten Band der «Berner Zeiten» wörtlich übernommen wurde. Die These von der Unterstützung durch «konservative Kreise» stützt sich wohl auf eine Aussage von Wilhelm Michaelis selbst. Er hatte in einem Brief an den deutschen Gesandtschaftsrat Karl Werner Dankwort vom 26. Oktober 1935 geschrieben: «Konservative Kreise haben meine Berufung nach Bern durchgesetzt, die gleichen Kreise sind an meinem Bleiben interessiert. Der politische Freisinn dagegen, die freisinnig-demokratische Partei, ist mit dem theologischen Freisinn, der sog. Reform, aufs engste verschwistert […]»[560]

Hierzu ist zu bemerken:

Erstens: Wilhelm Michaelis gibt, ob bewusst oder unbewusst, die Umstände seiner Berufung nicht korrekt wieder, die er aus der Lektüre der entsprechenden Einträge im Fakultätsprotokolle kennen musste. Ob und inwiefern die «konservativen Kreise» bei den Regierungsräten der Bauern-, Gewerbe- und Bürgerpartei (BGB) interveniert haben, lässt sich wohl nicht mehr klären, ebenso wenig wie das, was sie über Michaelis' theologische Haltung vor dessen Wahl gewusst haben.

Zweitens: Die Erwähnung der engen Verschwisterung des politischen und des theologischen Freisinns wirkt aus seinem Munde seltsam angesichts der Tatsache, dass die Gegenseite auch eine Nähe dieser Art kannte, nämlich diejenige des politischen, also der BGB, zum theologischen Konservatismus der Positiven, was bei der abgelehnten Berufung Karl Barths zum Ausdruck kam. Konkret hiess das nun, dass vor allem deshalb, weil in der damaligen bernischen Regierung vier Freisinnige fünf BGB-Männern gegenüberstanden, eine Art Pattsituation herrschte.

wahl bloss auf 6 Monate mitgeteilt wurde, wird er gemerkt haben, dass er nicht mehr gerade genehm ist.» Tagblatt des Grossen Rates 1936, S. 146.

558 Totti, Universität, S. 95.

559 Arber, Frontismus, S. 49.

560 Zit. nach Schwarz, Nationalsozialistische Dozenten, S. 515. Dort auch die Demarche Weizsäckers bei Unterrichtsdirektor Rudolf.

Drittens: Der Einfluss dieser etwas nebulös als konservative Kreise bezeichneten Leute darf nicht allzu hoch eingeschätzt werden. Dies zeigt sich zum Beispiel auch daran, dass die im Grossen Rat unternommenen Versuche, den freien Schulen staatliche Unterstützung zukommen zu lassen, allesamt scheiterten und erst Anfang der Sechzigerjahre des 20. Jahrhunderts zum Erfolg führten.

Michaelis, 1934–1936 Dekan der Evangelisch-theologischen Fakultät, und Max Haller, 1934/35 Rektor der Universität, hatten bei Kirchendirektor Hugo Dürrenmatt vorgesprochen, der Michaelis empfahl, als Zeichen der Loyalität gegenüber der bernischen Regierung doch auf die Leitung der Deutschen Kolonie zu verzichten, was Michaelis dann auch tat, ohne ihm – Michaelis – aber weitere Zusagen zu machen. Sogar der deutsche Gesandte Ernst von Weizsäcker schaltete sich ein, weil er um Michaelis' Professur in Bern fürchtete, und sprach bei Unterrichtsdirektor Alfred Rudolf vor. Rudolf beschied Weizsäcker kühl, so wie Deutschland mit allen Mitteln den Nationalsozialismus unterbaue, so tue dies auch die Schweiz mit ihrer Demokratie. Rudolf habe ihm gegenüber ferner durchblicken lassen, dass er es als notwendiges Übel erachte, wenn deswegen keine deutschen Professoren mehr an schweizerische Universitäten und keine Schweizer mehr an deutsche berufen würden.

Phase III: Michaelis im Dauerprovisorium 1936–1953

Nach all dem war wohl ausschlaggebend für Michaelis' Verbleib in Bern, dass er streng unterschied zwischen seinem Wirken als theologischer Lehrer und seinen ausseruniversitären Beschäftigungen. Auch seine Gegner attestierten ihm, niemals seine Vorlesungen propagandistisch missbraucht zu haben, und er hatte auch keinen Treueid auf den Führer abgelegt. Mit seinem Entscheid, sofort seine Ämter in den bernischen NS-Organisationen niederzulegen, wendete Michaelis zwar das Schlimmste, seine sofortige Entlassung, ab, hatte damit aber die Sache noch lange nicht ausgestanden, im Gegenteil. Die Fakultät hielt konsequent zu ihm, auch die Studierenden. Politische Kritik an Michaelis beispielsweise von Martin Werner oder Albert Schädelin wurde nicht nach aussen getragen.

Die Fakultät war zunächst um Schadensbegrenzung bemüht. Als sie von der Unterrichtsdirektion um eine Stellungnahme zur Interpellation im Grossen Rat gebeten wurde, antwortete Dekan Werner, nach Meinung der Fakultät sei der Fall über Gebühr aufgebauscht worden.[561]

Die Regierung liess aber nicht locker. Zwei Jahre später – Michaelis' Amtszeit war am 1. März 1936 abgelaufen – beschloss der Regierungsrat am 20. März 1936, «mit Rücksicht auf die allgemeinen persönlichen Umstände von einer Wiederwahl

561 FP 13.2.1934, S. 138. Protokollführer war Michaelis selbst.

auf eine ordentliche Amtsdauer Umgang zu nehmen».[562] Sie wählte ihn bloss auf sechs Monate, kündbar auf weitere sechs Monate. Michaelis beklagte sich in der Fakultätssitzung vom 20. Mai bitter über diese Behandlung, obwohl er doch auf Wunsch der Regierung das Präsidium der Deutschen Kolonie niedergelegt habe und nach Aussage des Unterrichtsdirektors nichts Belastendes gegen ihn vorliege. Es sei unter diesem Damoklesschwert schwer, freudig und ruhig zu arbeiten, und er bitte die Fakultät «um möglichst stilles Eintreten dafür, dass der Rechtszustand wieder hergestellt werde».[563]

Nach langer Beratung – Michaelis war in den Ausstand getreten – liess die Fakultät folgenden Passus im Protokoll festschreiben:

Sie nimmt an, dass die Verfügung der Regierung nicht gegen die Person des Betroffenen gerichtet sei, dass sie vielmehr getroffen worden sei im Blick auf die Unsicherheit der politischen Lage und die Ungewissheit, was in politischen Dingen vor sich gehen werde, insbesondere in den Beziehungen zum Nationalsozialismus. Sie hält eine Intervention bei der Regierung, die deren Beschluss als untragbar kritisiere, deshalb für kontraproduktiv. Einstimmig beschliesst sie

> «1) ihren Dank an Prof. Michaelis für seinen Willen zur Weiterarbeit, mit der Hoffnung auf Verwandlung des Provisoriums, und ihr Vertrauen in ihn,
> 2) ihren Willen, über die Sache Bericht an den Senat zu leiten mit dem Ersuchen, nicht darüber zu diskutieren,
> 3) ihren Verzicht auf Vorstellung vor der Regierung, aus Rücksicht auf Prof. Michaelis selber.»[564]

Die Regierung liess sich weiterhin Zeit. Das Fakultätsprotokoll vom 9. Mai 1938 stellt fest, dass die Angelegenheit Michaelis nach wie vor «in hängenden Rechten sei». Der Prodekan habe die Woche nach der Einverleibung Österreichs in Grossdeutschland für eine Intervention bei der Regierung für nicht opportun gehalten, doch jetzt, nach dem bürgerlichen Wahlsieg bei den Grossratswahlen, sei die Stimmung wohl günstiger. Die Fakultät beschloss auf Anregung des Dekans Hoffmann einstimmig, Prodekan Haller sei als Schweizer besser geeignet als er, bei der Regierung zwecks regulärer Wiederwahl von Michaelis vorzusprechen.[565] Ob das Gespräch stattfand, bleibt offen, erreicht wurde nichts.

---

562 Zit. nach dem Nachtrag im FP 8.6.1936, S. 185. Vgl. RR-Protokoll Nr. 1296, 20.3.1936, S. 118. Dort steht weiter: «Dagegen soll Prof. Michaelis auf Zusehen hin in seinen Funktionen belassen werden. Bei Aufhebung dieses Verhältnisses wird von Seite des Staates eine sechsmonatige Kündigungsfrist innegehalten werden.»

563 FP 20.5.1936, S. 184.

564 FP 1936, S. 184.

565 FP 9.5.1938, S. 213.

1942 sollte Michaelis zum Dekan gewählt werden, was er aber ablehnte mit dem Hinweis auf seine nach wie vor provisorische Anstellung. «Das Kränkende ist der Vergleich mit Prof. de Boor, der anstandslos wiedergewählt worden ist.»[566] Auf die schriftliche Demarche der Fakultät antwortete Erziehungsdirektor Rudolf, die Versetzung von Professor Michaelis ins Provisorium habe politische Gründe, da ihr politische Verhandlungen im Grossen Rat vorangegangen seien, ergo sei «die Frage der Aufhebung des Provisoriums eine politische Frage, die in die Kompetenz der Regierung fällt».[567] Daher gebe es auch keine Analogie zur Wiederwahl von Professor de Boor, «der keinen Anlass zu Diskussionen im Grossen Rat gegeben hat».[568] Diese Begründung zeigt deutlich, vor wem Regierungsrat Rudolf Angst hatte, die Professoren der Evangelisch-theologischen Fakultät gehörten sicher nicht dazu. Immerhin versicherte der Erziehungsdirektor, die finanzielle Seite des Anstellungsverhältnisses bleibe davon unberührt und er sei zu einem Gespräch mit Herrn Michaelis stets bereit.[569] Der hier noch verschonte Kollege de Boor musste dann 1945 ziemlich rasch seine Koffer packen, als der bernischen Regierung ein Dossier der Bundespolizei mit Unterlagen zu de Boors ausserwissenschaftlichen Aktivitäten zugestellt worden war.[570] Dekan Martin Werner blieb nichts anderes übrig als die Segel zu streichen, indem er die Kenntnisnahme der obrigkeitlichen Stellungnahme

566 FP 25.2.1942, S. 288.

567 Wohl irrtümlich so im Text, gemeint war wohl: «in die Kompetenz des Grossen Rates». Vgl. FP 25.2.1953, S. 95. Demzufolge äusserte sich Regierungsrat Virgile Moine dahingehend, es sei Sache der Wahlbehörde, also des Regierungsrates, das Provisorium aufzuheben.

568 Beide Zitate nach FP 28.3.1942 S. 290–291. De Boor war wie Michaelis vom Regierungsrat auf Vorschlag von Erziehungsdirektor Rudolf 1930 zum Professor ernannt worden.

569 Dies widerlegt nebenbei die gelegentlich kolportierte Auffassung, Michaelis sei der Lohn gekürzt worden.

570 Zu de Boor erhellend: Wikipedia, https://de.wikipedia.org/wiki/Helmut_de_Boor (16.1.2016), und https://en.wikipedia.org/wiki/Helmut_de_Boor (16.1.2016). Interessant sind nicht nur die kleinen Widersprüche der beiden Fassungen – so soll de Boor nach der deutschen Wikipediaseite bereits 1935, nach der englischen erst 1937 Mitglied der NSDAP geworden sein –, sondern auch die in Bezug auf de Boors Naziaktivitäten ausführlichere Darstellung der englischen Version. Bezeichnend ist überhaupt, wie in den diversen deutschsprachigen Sekundärquellen die Nazivergangenheit de Boors stillschweigend übergangen wird. In gutem Kontrast zu diesem Befund das brillante Porträt de Boors aus der Feder des Schweizer Germanisten Ulrich Wyss, Helmut de Boor. Zur Tätigkeit de Boors in Bern schreibt Wyss u. a.: «Er stellte im Auftrag der Kulturabteilung der deutschen Botschaft sozusagen nachrichtendienstliche Erhebungen über die politische Einstellung seiner Kollegen an der Fakultät an.» (S. 181) Anders als sein 1935 entlassener Kollege Porzig fand de Boor nach seiner Entlassung in Bern sofort wieder eine Professur in Deutschland. Zu Porzig, de Boor und Konsorten siehe auch Rogger, Jüdische Lernende und Lehrende, S. 317–320.

und die Wahl Michaelis' zum Dekan beantragte. Eher rührend mutet Hallers Rat an, der seinem Kollegen empfahl, das Gespräch mit der Regierung erst nach den demnächst stattfindenden Gross- und Regierungsratswahlen zu führen, da diese möglicherweise zu Überraschungen führen könnten.[571]

Die Fakultät immerhin hielt zu ihrem Neutestamentler. Als im gleichen Jahr 1942 die Berner Fachschaft angefragt wurde, ob sie an der Studententagung in Gwatt bei Thun mitwirken wolle, sagten die Berner, die bisher nicht mitgemacht hatten, ihre Teilnahme zu. Vorgesehen waren drei Referate, je eines von den Herren Michaelis aus Bern, Lüthi aus Basel und Masson aus Lausanne. Nun habe sich aber Pfarrer Lüthi aus Basel geweigert, mit Michaelis zusammenzuarbeiten wegen dessen nationalsozialistischer Einstellung. Der Ausschuss der Basler Fachschaft habe sich hinter Lüthi gestellt. Die Berner Fachschaft ihrerseits missbilligte das Vorgehen der Basler und sagte ihre offizielle Beteiligung an der Tagung ab. Trotzdem nahmen etwa zehn bis zwölf Studierende aus Bern an der Gwatter Tagung teil, Bern aber blieb den Tagungen vorläufig weiterhin fern. Die Fakultät stellte sich hinter Michaelis und die Fachschaft verlangte eine Entschuldigung von Basel.[572]

1953 schliesslich fand das Leiden von Wilhelm Michaelis ein Ende. Dekan Johann Jakob Stamm, der Nachfolger Hallers auf dem alttestamentlichen Lehrstuhl, setzte sich nachdrücklich beim jurassischen Erziehungsdirektor Virgile Moine für eine Bereinigung der leidigen Angelegenheit ein. Moine, obwohl rechtsbürgerlich wie seine Vorgänger Rudolf und Feldmann, aber katholisch und damit reformierten Richtungsquerelen ferner als jene, setzte bei seinen Kollegen den Regierungsratsbeschluss vom 10. April 1953 durch, der den Berner Neutestamentler nach 17 Jahren wieder ins ordentliche Anstellungsverhältnis zurück versetzte.[573]

---

571 FP 28.3.1942, S. 291.

572 FP 25.2.1942, Traktandum 2, S. 287–288. Michaelis übrigens fungierte gemäss Protokoll als Berichterstatter in eigener Sache. Schädelin bemerkte dazu, er setze voraus, «dass wenn Michaelis gefragt würde, wie er Nationalsozialismus und Neues Testament vereinigen könne, würde er sicher Auskunft geben können. Die jahrelange Zusammenarbeit ist auf Vertrauen gegründet.» Am 7.7.1943 vermerkt das Fakultätsprotokoll, S. 313, von einem Studentenausschuss zur Zusammenarbeit der theologischen Fakultäten von Bern, Basel und Zürich liege ein Schreiben vor, «worin um Entschuldigung gebeten wird wegen einseitigen, incorrekten Verhaltens der Vertreter von Basel. Es soll nachträglich dem Befremden hierüber Ausdruck verliehen werden.»

573 FP 20.5.1953, S. 98. RR-Protokoll Nr. 1926, 10.4.1953, S. 155. Welche Rolle bei Regierungsrat Rudolfs Verhalten es spielte, dass er Michaelis seinerzeit am Willen der Fakultät vorbei auf den Lehrstuhl für Neues Testament gehievt hatte, so dass er vielleicht über Michaelis Verhalten gekränkt war, ihn aber aus Angst vor einem Gesichtsverlust deswegen nicht fallen lassen konnte, mag dahingestellt bleiben. Von Feldmann, dem strammen Kämpfer gegen den Nationalsozialismus, hatte Michaelis ohnehin keine Gnade zu erwarten.

Werner Küppers

Auch die Christkatholische Fakultät hatte in der Person des Alttestamentlers Werner Küppers einen Angehörigen, der Mitglied der NSDAP war. Küppers stammte aus Königsberg, übersiedelte dann in die Schweiz und studierte Theologie an der Christkatholischen Fakultät der Universität Bern, wo er 1927 das Staatsexamen bestand. Zwei Jahre später wurde er von Bischof Adolf Küry zum Priester geweiht. Im Jahr darauf wurde er in Biel zum Pfarrer gewählt, setzte aber gleichzeitig seine wissenschaftliche Karriere fort und promovierte 1932 zum Dr. theol. Von 1933 bis 1938 versah er in Bern ein Extraordinariat für Altes Testament.[574] Wendepunkte in seinem Leben brachten die Jahre 1934 und 1935: Küppers heiratete die Tochter seines christkatholischen Kollegen von Rheinfelden und trat der NSDAP bei, zunächst als Mitglied des Gaus «Ausland»; nach seiner Übersiedelung nach Bonn im Jahre 1938 wurde er in die Ortsgruppe Bonn des Gaus Köln-Aachen aufgenommen. Ebenfalls geführt wurde Küppers in der Kartei des Nationalsozialistischen Lehrerbundes (NSLB) und in jener des Reichsministeriums für Wissenschaft, Erziehung und Volksbildung.[575] Ab 1938 amtierte Küppers als christkatholischer Pfarrer in Bonn und versah an der dortigen Universität einen Lehrauftrag für Systematik. Ab 1941 fungierte er als Dolmetscher in der Wehrmacht, geriet dann im Laufe des Krieges in Gefangenschaft, aus der er im Juli 1945 entlassen wurde.

Im Unterschied zum evangelischen Kollegen Michaelis wurde aus der Nazimitgliedschaft Küppers' kein «Fall» und damit auch keine Belastung für die Fakultät, an der er lehrte. Obwohl die Behörden von Bund und Kantonen recht früh schon die deutschen Mitglieder des universitären Lehrkörpers im Blick hatten, war es Küppers gelungen, bei ihnen keinen Argwohn zu wecken. Das politische Aufsehen, das der Fall Michaelis erregte, mochte ihm das Stillhalten erleichtert haben. Er war zudem gute zehn Jahre jünger als sein protestantischer Kollege, dazu «nur» Extraordinarius und hauptamtlich Pfarrer in Biel, so dass ihm zur Ausübung leitender Funktionen in den deutschen Verbänden schlicht die Zeit gefehlt haben mag. Bevor er für seine Fakultät zur Belastung werden konnte, zog es ihn 1938 nach Deutschland zurück.

Die Frage, ob Werner Küppers für die Jahre seiner Berner Lehrtätigkeit als Nazi zu bezeichnen ist, muss eindeutig mit Ja beantwortet werden. Er trat bereits

574 Zu Küppers' Biografie: Ring, Eine neue Periode; Hensmann-Esser, Abenteuer in Rom; ferner Kessler, Werner Küppers. Seltsamerweise fehlt im HLS-Artikel jeder Hinweis auf Küppers' NSDAP-Parteimitgliedschaft.

575 Angaben gemäss Auskunft des Bundesarchivs Berlin-Lichterfelde (Ines Müller) vom 4.7.2017 (Gesch.-Z.: R 3 2016/A-283). Küppers hatte die Mitgliedsnummer 2666702 der NSDAP und die Nummer 331 354 des NSLB.

1934 dem Opferring der NSDAP bei und wurde wie Michaelis bereits im Oktober 1935 ohne äussern Zwang Mitglied der Auslandsgruppe der Partei. Seine Frau Elsa Küppers-Bailly wurde 1937 Mitglied der NS-Frauenschaft, Ortsgruppe Bern. Im Frühjahr 1937 nahm er Kontakt mit dem christkatholischen Bischof Erwin Kreuzer auf, um seinen Umzug nach Deutschland vorzubereiten. Er schrieb ihm: «Darum schreibe ich Ihnen ganz offen, dass ich es als erstrebenswertes Ziel vor mir sehe, noch einmal als Christ und Nationalsozialist meiner Heimat in der deutschen altkatholischen Kirche zu dienen [...]. Es sind innere, geistige Gründe, die mich meine Blicke nach Deutschland richten lassen.»[576] Küppers' Entschluss zur Rückkehr nach Deutschland entsprang also seiner innersten Überzeugung, denn materiell wäre ein Verbleib in Bern vorteilhafter gewesen: Er war bereits ausserordentlicher Professor und eine Beförderung zum Ordinarius war nur eine Frage der Zeit. Neben den von ihm ins Feld geführten «geistigen Gründen» spielte aber sehr wahrscheinlich auch eine entscheidende Rolle, dass die beiden Kürys, Bischof Adolf und sein Sohn Urs, ihrer ablehnenden Haltung zum Nationalsozialismus dezidiert Ausdruck gegeben und damit bei ihren deutschen Kollegen Irritationen ausgelöst hatten. Von den «barthianischen» Fakultätskollegen Arnold Gilg und Ernst Gaugler hatte Küppers diesbezüglich wohl ebenfalls keine Unterstützung zu erwarten.

Nach dem Krieg wurde Küppers wie alle Pfarrer, die Mitglied der NSDAP waren, auf Befehl der britischen Militärbehörde 1946 aus dem Kirchendienst entlassen und als Universitätsdozent suspendiert. Der kirchliche «Sonderausschuss für die Entnazifizierung der Geistlichen» kam 1947 zum überraschenden Urteil, Küppers sei kein Nationalsozialist gewesen. Für dieses Urteil war offenbar unter anderem entscheidend, dass Küppers sich in der innerkirchlichen Diskussion darüber, ob man als Christ am Alten Testament festhalten könne, zugunsten des Alten Testaments ausgesprochen hatte.[577] Die britische Militärbehörde bestätigte dieses Urteil, da sie im Unterschied zu ihrem amerikanischen Verbündeten nicht an einem Entnazifizierungsfeldzug interessiert war. Damit hatten ehemalige Nazis dort und in der französischen Zone wenig zu befürchten. Es gab eben nicht nur eine «Gnade der späten Geburt» (Helmut Kohl), sondern auch eine der richtigen Besatzungszone.[578]

---

576 Zit. nach Hensmann-Esser, Abenteuer in Rom, S. 14. Dort weitere Zitate, die Küppers eindeutig als Überzeugungstäter ausweisen.

577 So Ring, Eine neue Periode, S. 167.

578 Zur Entnazifizierung vgl. Graf Kielmansegg, Das geteilte Land, S. 110–116. Zur Thematik der wichtige Beitrag von Ring, Katholisch und deutsch.

4.2 Friedrich Eymann und die Anthroposophie[579]

In seinem lesenswerten Jahrzehntbericht «Die bernische Landeskirche im Lichte des Evangeliums» aus dem Jahr 1941 befasste sich der Berichterstatter Karl von Greyerz auch mit einigen neueren Bewegungen und dem Verhältnis der Landeskirche zu ihnen.[580] Auf zwei davon soll in dieser Darstellung eingegangen werden, da sie die Fakultät unmittelbar, das heisst personell, oder mittelbar berührten.

Die erste, um die es hier geht, ist die Anthroposophie, die in der Person des Extraordinarius für Ethik, Friedrich Eymann, einen Stützpunkt in der Evangelisch-theologischen Fakultät Bern besass. Die Dominanz der Theologie liberaler Prägung bis zum Ersten Weltkrieg konnte nicht verhindern, dass sich neben ihr weitere geistige Strömungen entwickelten, die sich mit dem etablierten Wissenschafts- und Kirchenbetrieb nicht begnügen wollten. Diese Aufbrüche reichten, wie in den meisten kulturellen Bereichen, in die Zeit des Fin de Siècle zurück, erhielten aber mächtigen Auftrieb durch die Katastrophe des Ersten Weltkrieges, an der so manche Gewissheit zerbrach. Einige von ihnen verwelkten nach kurzer Blütezeit, andere entfalteten eine nachhaltigere Wirkung, nicht zuletzt, weil sie in zentralen Bereichen des menschlichen Lebens, wie zum Beispiel in dem der Erziehung und des Unterrichts, nicht nur theoretisierten, sondern zur Tat schritten, mit Wirkungen, die da und dort in kirchlichen Kreisen Missbehagen hervorriefen, wie die zahlreichen Zitate beweisen, die von Greyerz in seinem Bericht aus den Antworten auf die Fragebogen beibringt. In einem Bericht wird direkt auf Eymann Bezug genommen: «Vor allem auf die Lehrerschaft übt die Anthroposophie eine grosse Anziehungskraft aus. Die Leute treten aus der Kirche nicht ausdrücklich aus, sind aber für sie verloren. Es ist eigenartig, dass ein Theologieprofessor unsere Gemeinde mit einer fremden Lehre stören darf. Wenn auch die Anthroposophie nie populär werden wird, so holt sie uns doch Leute aus der Kirche, die der Gemeinde in der gegenwärtigen Zeit wertvoll werden könnten.»[581] Da die Anthroposophie gerade in Lehrerkreisen engagierte Anhänger fand, waren nicht nur die Landeskirche und – im Falle von Eymann – die Evangelisch-theologische Fakultät gefordert, sondern auch der Staat als Verantwortlicher für das Schulwesen. In Bern kannte man die Anthroposophie seit der Zeit des Ersten Weltkrieges. Rudolf Steiner hatte seit 1916 hier verschiedene Vorträge gehalten über The-

579 Ausführlich dazu Guggisberg, Kirchenkunde, S. 551–556. Massgeblich zum Themenbereich dieses Kapitels: Nägeli, Kirche und Anthroposophen, sowie Bärtschi/Müller, Menschenbild und Menschenbildung. Zu den biografischen Details: Widmer, Friedrich Eymann. Sehr ausführliche und stark apologetisch geprägte Biografie.

580 K. v. Greyerz, Jahrzehntbericht 1941, S. 200 ff.

581 Zit. nach K. v. Greyerz, Jahrzehntbericht 1941, S. 209. Leider lässt sich dieses Zitat weder einer bestimmten Gemeinde noch einem Jahr zuordnen. Zur Anthroposophie die Zitatensammlung S. 209–211.

men wie «Wege zur Erkenntnis der ewigen Kräfte der Menschenseele» (1916) oder über die «Wirklichen Grundlagen eines Völkerbunds in den wirtschaftlichen, rechtlichen und geistigen Kräften der Völker» (1919).[582]

Eymann, aus religiös geprägtem Elternhaus stammend – der Vater war Primar-, die Mutter Handarbeitslehrerin – und auf der Schwarzenegg aufgewachsen, besuchte, auf Veranlassung seines Privatstundenlehrers, des pietistisch geprägten Obersten Markus Feldmann, des Vaters des gleichnamigen Bundesrates, das Freie Gymnasium, wo er 1907 die Matura bestand. Er zeichnete sich aus durch eine hohe Begabung für Literatur und alte Sprachen sowie durch ein grosses musikalisches Talent, das ihn in der Gymnasial- und Studentenzeit in den Mittelpunkt vieler geselliger Anlässe rückte. Er begann 1907 das Studium der Theologie in Bern, das er nach dem überraschenden Tod seines Vaters unterbrach, um dessen verwaiste Lehrerstelle auf der Schwarzenegg zu übernehmen. Erst 1909 konnte er seine Studien weiterführen und sogar, wie so viele andere Berner Theologen (Fritz und Karl Barth, Martin Werner und Hans von Rütte), ein Studienjahr an der Universität Tübingen verbringen. In Tübingen zogen ihn vor allem Schlatter und Häring an, wie einem handschriftlichen Verzeichnis der Vorlesungen, die Eymann besuchte, zu entnehmen ist.[583] Als «Positiver» wurde er natürlich Mitglied der Studentenverbindung Zähringia, zusammen mit seinen Freunden, dem Mediziner Walter Baumgartner und dem Theologen Otto Erich Strasser.[584] Das Tübinger Jahr scheint für ihn allerdings eher enttäuschend verlaufen zu sein, so dass grosse Zweifel an der Art, wie damals Theologie betrieben wurde, zurückblieben. Nach Studienabschluss wurde er Pfarrer in Eggiwil, ein Amt, das er bis zu seiner ihn überraschenden Wahl an die Universität 1928 versah. Daneben wirkte er seit 1924 auch als Religionslehrer am Lehrerseminar Hofwil. Schon anlässlich des Wahlkrimis um Karl Barth war Eymann als Professor von keinem geringeren als Regierungsrat Hugo Dürrenmatt ins Gespräch gebracht worden. Nach seiner Wahl in den Regierungsrat Ende Februar 1928 übernahm Alfred Rudolf die Unterrichtsdirektion. Er vollzog Ende März die Wahl Eymanns zum ausserordentlichen Professor für Ethik und zehn Jahre später seine Absetzung als Religionslehrer in Hofwil.

Vor Eymanns Wahl besuchte ihn Münsterpfarrer Albert Schädelin, seit kurzem ebenfalls Extraordinarius an der Evangelisch-theologischen Fakultät, an seinem Wirkungsort Eggiwil. Er war, obwohl theologisch nicht auf der gleichen Wellenlänge, von Eymann sehr beeindruckt und setzte sich für seine Wahl ein. Ausserfakultäre

---

582 Guggisberg, Kirchenkunde, S. 552. Ausführlich Nägeli, Kirche und Anthroposophen, S. 31–45.

583 Widmer, Friedrich Eymann, S. 38–39.

584 Vater und Sohn Barth hingegen waren begeisterte Mitglieder der liberalen Zofingia, von der sich 1888 die Zähringia abgespalten hatte. Die folgenden Informationen aus Widmer, Friedrich Eymann, S. 125 ff.

Unterstützung gewährte der renommierte konservative Historiker Richard Feller, der vor allem das Lehrtalent Eymanns schätzte.[585] Mit einer Mehrheit von drei zu zwei Stimmen schlug die Fakultät schliesslich der Regierung die Wahl Eymanns zum ausserordentlichen Professor für Ethik vor, während die Minderheit den 13 Jahre älteren Fritz Lienhard portierte. Eymann hatte allerdings zwei Makel, die ihm hätten schaden können: Es war bekannt, dass er sich seit einigen Jahren intensiv mit Anthroposophie auseinandersetzte. Hier versuchte ein Brief seines Freundes, Otto Erich Strasser an Regierungsrat Rudolf, Druck wegzunehmen, indem er Eymanns geistige Selbstständigkeit betonte. Ernster zu nehmen war das Argument, Eymann habe sich weder durch den Erwerb akademischer Grade noch durch Publikationen für eine Universitätskarriere qualifiziert. Der Neutestamentler Wilhelm Hadorn wischte diesen unter anderem von Professor Hoffmann vertretenen Einwand weg mit seinem Votum: «Er ist sehr tüchtig, hochbegabt und hat ein grosses Lehrtalent. Was seine wissenschaftlichen Leistungen betrifft, kann ich sagen: Er hat sehr viel studiert und kennt beispielsweise die Kirchenväter besser als wir alle. Er wäre eine Primagarnitur für die Fakultät. Dass er nichts geschrieben und veröffentlicht hat, ist nicht massgebend. Zur Frage der Anthroposophie: Er hat nur Anregungen von ihr.»[586] Lienhard immerhin bekam gleichzeitig ein Extraordinariat für Systematische Theologie und Sektenkunde, Pfarrer Werner Kasser ein Lektorat für Religionspädagogik und Münsterorganist Ernst Graf eine Honorarprofessur für Kirchenmusik.

Eymann bot sein Fach Ethik in einem dreisemestrigen Zyklus an, der christliche Ethik, Geschichte der Ethik und Sozialethik umfasste und welchen er insgesamt sieben Jahre lang durchführte. Daneben umfasste sein Vorlesungsspektrum aber eine Fülle von Themen, die teilweise weitab von der Theologie angesiedelt waren und auch Hörern anderer Fakultäten und Auskultanten offenstanden.[587] Ein Handicap bedeutete es für Eymann allerdings, dass der Besuch seiner Vorlesungen für das Staatsexamen nicht obligatorisch war, dennoch waren sie offenbar gut besucht, bis zum fatalen Jahr 1932.

In einem Vortragszyklus «Das Christentum und die vorchristlichen Religionen» hatte er erstmals öffentlich «die Anthroposophie Rudolf Steiners als Anregungsquelle für seine religiösen Anschauungen genannt».[588]

Die Anthroposophie hatte also recht früh den Weg in den Kanton Bern gefunden und früh setzten sich Pfarrer und Pädagogen mit den Ideen Rudolf Steiners auseinander.[589] Auch das Goetheanum in Dornach war seit seiner Gründung im

585 Nägeli, Kirche und Anthroposophen, S. 129–30. Dort auch zur Berufung Eymanns zum ausserordentlichen Professor an der Evangelisch-theologischen Fakultät.

586 Zit. nach Widmer, Friedrich Eymann, S. 130, leider ohne Quellenangabe.

587 Ausführlich Widmer, Friedrich Eymann, S. 131–132.

588 Widmer, Friedrich Eymann, S. 163.

589 Guggisberg, Kirchenkunde, S. 552–556.

Jahre 1913 vielen ein Begriff. Im Jahrzehnt nach dem Ende des Ersten Weltkrieges dominierten die sozialpolitischen Auseinandersetzungen das Innenleben der Eidgenossenschaft, so dass die Anthroposophie relativ ungestört einen Platz in einer nach neuer geistiger Orientierung verlangenden Bevölkerung fand. Ungünstig für die Anhänger dieser Bewegung war aber, dass ihr Begründer und intellektuelles Haupt, Rudolf Steiner, bereits 1925 im Alter von nur 64 Jahren gestorben war, er fehlte in den bald darauf anhebenden Kämpfen mit der institutionellen Macht von Kirche, Staat und Universität.

Was Eymann entgangen war, er aber hätte wissen müssen, war, dass sein Kollege Martin Werner bereits 1930 das Werk eines Gesinnungsgenossen, Friedrich Rittelmeyer, mit dem Titel «Theologie und Anthroposophie. Eine Einführung», in der «Schweizerischen Theologischen Umschau» sehr kritisch besprochen hatte. Man kannte in Theologenkreisen also Eymanns «Outing», als er in einem Vortrag vor dem bernischen Pfarrverein am 21. September 1932 zum Haupttraktandum des Tages, der Anthroposophie, sein Referat hielt. Die Zuhörerschaft erhielt auf der Rückseite der Einladung sechs Thesen vorgesetzt, zu deren Erläuterung Eymann 50 Minuten Redezeit zugestanden erhielt.[590] Im Publikum sassen auch der extra angereiste Karl Barth und Martin Werner. Otto Eduard Strasser berichtete darüber im «Kirchenfreund»: Eymann habe «nicht nur aus grosser, objektiver Sachkenntnis, sondern als ein mit dem Weg der Anthroposophie Vertrauter» gesprochen.[591] Zu den kurzen Voten Werners und Barths schreibt Strasser weiter: «Werner gab seiner Freude über den Angriff gegen die neue Glaubenstheologie Ausdruck. Barth forderte die Theologen zum Respekt vor einer Gedankenarbeit, die besonders als im Schatten Goethes stehend, allen Interesses wert sei. Dann aber lehnte er die Gleichsetzung von Anthroposophie mit Christentum radikal ab. Hier gibt es nur ein Entweder-Oder. Warum, führte Barth nicht aus, sondern schloss mit dem Aufruf: ‹Israel hebe dich zu deinen Hütten!› (1. Kön. 12,16).»[592] Barth selbst erwähnt seinen Vortragsbesuch in einem Brief an Charlotte von Kirschbaum: «Es ging also um die Anthroposophie. Eymanns Vortrag war schlecht, auch formal, dagegen gab es

590 Zum Inhalt von Eymanns Ausführungen ausführlich Widmer, Friedrich Eymann, S. 164ff.

591 Der Kirchenfreund, Jg. 66 (1932), 314–315. Zit. nach Thurneysen, Barth–Thurneysen, S. 272, Anm. 11.

592 Thurneysen, Barth–Thurneysen, S. 272, Anm. 11. In einem Brief an Thurneysen vom 18.9.1932 hatte Barth seinem Freund seinen Besuch der Pfarrvereinsveranstaltung angekündigt: «Am Mittwoch werde ich nun noch den anderen bernischen Hauptketzer [neben Martin Werner, Anm. d. A.] Eymann, den Anthroposophen, zu hören Gelegenheit haben. Er hält einen Vortrag vor dem kantonalen Pfarrverein, und da werde ich mich als blinder Passagier in einen Winkel setzen, vielleicht auch als steinerner Gast mich plötzlich hören lassen – oder auch nicht hören lassen, aber jedenfalls irgendwo eine Rauchsäule verursachen.» Thurneysen, Barth–Thurneysen, S. 272. Zu Barths Stellungnahme zur Anthroposophie vgl. Nägeli, Kirche und Anthroposophen, S. 74–82.

ein gutes Korreferat von Hans Burri, wirklich eine zugleich saubere und vornehme Leistung […]. Als letzter Votant meldete auch ich mich zu Wort und konnte glaub (auf dem eindrucksvollen Hintergrund einer tiefen Verbeugung vor – Goethe) doch zur Klarheit bringen, dass man als Theologe hier nur schroff Nein sagen dürfe.»[593]

Dies hatte nun zur Folge, dass die Barthianer unter den Theologiestudierenden Eymanns Lehrveranstaltungen fernblieben. 1938 wurde er als Religionslehrer im Lehrerseminar Hofwil, der pädagogischen Zentrale des etatistischen Liberalismus bernischer Prägung, nicht mehr gewählt. Man fürchtete den Einfluss eines anthroposophisch geprägten Religionsunterrichts auf die kommenden Lehrergenerationen.

Auch die kirchlichen Behörden mussten auf die anthroposophischen Vorlieben einzelner Pfarrer wie des jung verstorbenen Theodor Lienhard oder Karl Bäschlin in Schangnau, der deswegen schliesslich abgewählt wurde, eine Antwort finden. Schon am 13. Dezember 1938 nahm die Synode eine Erklärung einstimmig an, deren zweiter Teil folgenden Passus enthielt: «Die Synode sieht in der Anthroposophie – wie in jeder Sektenbildung – eine Mahnung an die Kirche, ihre eigene Lehre zu handhaben und ihr Leben auszugestalten. Sie hält aber die anthroposophische Theorie nicht für vereinbar mit der biblischen Botschaft von der Erlösung und spricht darum den bestimmten Wunsch aus, dass Predigt und Unterricht nicht im Sinne der Anthroposophie beeinflusst und ausgerichtet werden sollen.»[594] Der Synodalrat hatte zuvor schon den Berner Dogmatiker Martin Werner mit einer Aufklärungsschrift zum Thema beauftragt, die 1939 unter dem Titel «Anthroposophisches Christentum?» erschien. Fritz Eymann antwortete ein Jahr später mit der Gegenschrift «Anthroposophie und Theologie».[595]

Für Eymann war die Stellung nun unhaltbar geworden, und so war es nur folgerichtig, dass er sein Amt als Extraordinarius aufgab und demissionierte, um sich ganz der Lehre Rudolf Steiners, seiner Vortrags- und Publikationstätigkeit zu widmen. Markus Nägeli, Kurt Guggisberg und Karl von Greyerz haben dem Verhältnis von Anthroposophie und Theologie respektive Christentum sorgfältig abwägende Darstellungen gewidmet, auf die an dieser Stelle, gerade was das hier ausgesparte Inhaltliche betrifft, ausdrücklich verwiesen sei.[596]

Eymanns Nachfolger wurde Alfred de Quervain, der seine akademische Laufbahn nach einem Jahrzehnt im Pfarramt als Privatdozent in Basel und Dozent in

---

593 Erler, Barth–Kirschbaum.

594 Zit. nach K. v. Greyerz, Jahrzehntbericht 1941, S. 212. Von Greyerz anerkannte ausdrücklich das ernsthafte Bemühen der Anthroposophen und riet der Kirche, das Gespräch mit ihnen nicht abzubrechen.

595 Guggisberg, Kirchenkunde, S. 555 und S. 586, Anm. 12 mit Literatur zum Thema.

596 Guggisberg, Kirchenkunde, S. 551 ff.; K. v. Greyerz, Jahrzehntbericht 1941, S. 208 ff.; Nägeli, Kirche und Anthroposophen.

Elberfeld begonnen hatte, bis ihn die Evangelisch-theologische Fakultät nach Bern berief, zuerst als Extraordinarius für Ethik, ab 1948 dann als Ordinarius für Ethik, Soziologie, französische Theologie und praktische Exegese.

Einige Beobachtungen zur Causa Eymann: 1. Es fällt auf, wie emotional die Causa Eymann von Beginn an gehandhabt wurde. Wissenschaftliche Bedenken wurden bei den Diskussionen um die Berufung souverän weggewischt angesichts der für seine Zeitgenossen wohl sehr eindrücklichen Ausstrahlung des 40-jährigen Pfarrers.

2. Inwiefern spielte es eine Rolle, dass seine Berufung gerade in eine Zeit fiel, da durch Emeritierung beziehungsweise Tod die letzte Generation der liberalen theologischen «Granden» ausgeschieden war und die Fakultät sich wieder finden musste? Neu war auch Unterrichtsdirektor Rudolf, der durchaus zu Eigenmächtigkeit bei den Berufungen neigte, wie die Causa Michaelis zeigt.

3. Massgeblich zu Eymanns Berufung hatte sein väterlicher Förderer Hadorn beigetragen, der aber 1929 überraschend starb. Hätte er Eymann im nun beginnenden Kampf gestützt?

4.3 Die Gruppen- oder Oxfordbewegung[597]

Im Rahmen dieser Fakultätsgeschichte bildet diese moderne Erweckungsbewegung eher eine Randerscheinung, da kein Mitglied des fakultären Lehrkörpers mit ihr in Verbindung stand und wohl nur einige Studierende sich eingehender mit ihr befassten.

Armida Totti erwähnt in ihrer Arbeit, es habe damals, also 1934, an der Uni offenbar das Bedürfnis nach Besinnung gegeben, so dass zweimal wöchentlich in einem Hörsaal eine Morgenandacht abgehalten worden sei, wobei sich dafür auch Nichttheologen zur Verfügung gestellt hätten.[598] Die beiden theologischen Fachschaften hätten dazu einen Aufruf erlassen und im Dezember 1934 hätten sich folgende Dozenten zur Verfügung gestellt: Die Professoren Schädelin, Müller, Gilg, Fischer, Haller (Rektor), Kohler, Dr. med. E. H. Müller und Kommilitonen; ferner

---

597 Zur Oxfordgruppe massgeblich: Sallmann, Umstrittene Erweckung; Sallmann, Oxfordgruppe; ferner Guggisberg, Kirchenkunde, S. 508–511; K. v. Greyerz, Jahrzehntbericht 1941, S. 200–205, mit ausführlichen Zitaten aus den Antworten der Kirchgemeinden, die auch von der Basis her bestätigen, dass die Oxfordbewegung als Oberschichtsphänomen wahrgenommen wurde und – weil dem unaufgeregten Berner Naturell eher fremd – bald wieder abebbte. Von Greyerz weiss auch zu berichten, dass 1932 die «erste Mannschaft» nach Bern und Zürich gekommen sei und 1935 der «Generalangriff» auf die Schweiz durchgeführt worden sei. Er weist darauf hin, dass Buchman «von ursprünglich st.gallischer Abkunft» sei (S. 200).

598 Totti, Universität, S. 20–22.

stellten ihre Mitarbeit in Aussicht die Pofessoren Amonn, Dettling, Homberger, Jaberg, Küppers und von Waldkirch.

Das Fakultätsprotokoll vom 15. Februar 1935 erwähnt unter dem Traktandum «Varia» ein Gesuch der beiden theologischen Fachschaften an die Fakultäten, sie möchten die Eingabe an die Unterrichtsdirektion «um definitive Überlassung des Auditorium V für Morgenandachten» befürworten.[599] Professor Haller orientiert seine Kollegen, diese «Neueinrichtung» sei eine «Nachwirkung verwandter Einrichtungen an den Universitäten Berlin und Zürich». Die Andachten fänden zweimal in der Woche statt und seien sehr gut besucht, da sie offenbar einem Bedürfnis entsprächen. Da die Raumzuteilung in seiner Kompetenz als Rektor liege, habe er die Bewilligung erteilt, was gleichzeitig dann auch die Zustimmung der Fakultät bedeute. Auf die kritische Frage des Kollegen Hoffmann, was man denn tue, wenn die römisch-katholischen Studierenden Ähnliches forderten, antwortet Haller lakonisch: Wenn sie mehr als eine Messe wollten, würde er ihnen auch ein Zimmer öffnen. Die Bedenken von Unterrichtsdirektor Rudolf, der offenbar durch kritische Berichte in der Tagespresse von der ganzen Sache erfahren hatte, werden zwar erwähnt, aber nicht weiter kommentiert.[600] Ob diese Anregungen allerdings dem Einfluss dieser Bewegung zuzuschreiben sind, ist fraglich.

Der Pfarrer und Schriftsteller Kurt Marti widmet der Oxfordbewegung in seinen Erinnerungen ein kleines Kapitel.[601]Er erwähnt Frank D. Buchman, der Europa durch eine «Diktatur des Geistes Gottes» erneuern und moralisch gegen den Bolschewismus aufrüsten wollte. «Die Forderungen Gottes hatte Buchman in vier Imperativen, ‹Absolute› genannt, zusammengefasst: absolute Ehrlichkeit, absolute Reinheit, absolute Selbstlosigkeit, absolute Liebe.»[602]Der Zulauf sei enorm gewesen. «In Meetings beichteten selbst bekannte Wirtschaftsführer, Politiker, Professoren, hohe Offiziere öffentlich ihre Sünden, offenbar fast durchwegs Männer. Frauen schienen weniger begierig zu sein, coram publico ihre heimlichen Verstösse gegen die gängige Moral zu bekennen.»[603] Mit einem Augenzwinkern fährt Marti fort: «Von alledem wusste der Knabe, seitdem ein Progymnasiallehrer mit leuchtenden Augen erzählt hatte, wie er durch die Gruppe und durch das rückhaltlose Bekenntnis seiner Seitensprünge wieder zum treuliebenden Ehemann geworden sei. Welcher Art die Seitensprünge gewesen wären, hätte die pubertierenden Schü-

599 FP 1935, S. 168.

600 Nach Totti, Universität, S. 22 (leider ohne Belege), seien Leute von der Oxfordbewegung dabei gewesen. Der Regierungsrat habe sich beunruhigt gezeigt, man wolle «via Andachten Prof. Barth an die Universität bringen, was nach der Stellungnahme der Regierung von der Behörde als Provokation hätte empfunden werden müssen».

601 Marti, Topf, S. 27–29.

602 Marti, Topf, S. 27.

603 Marti, Topf, S. 27.

ler brennend interessiert, verriet der Geheilte jedoch nicht.»[604] In den folgenden Klassen habe dann ein anderer Lehrer die Schüler aufgefordert, ihre Verstösse gegen die vier Absoluten aufzuschreiben und in eine Kartonschachtel zu werfen, eine Übung, der sich der Autor verweigerte, die Lektüre von Hermann Hesses «Demian» und «Steppenwolf» hätten «ihn für Oxford'schen Puritanismus ein für allemal unempfänglich gemacht».[605]

Theophil Spoerri, ein Protagonist der Gruppenbewegung, wirkte vor seinem Aufstieg an die Universität Zürich von 1912 bis1922 als Gymnasiallehrer am Freien Gymnasium.[606]Wie Schüler im aufmüpfigen Gymnasiastenalter diesen Besinnungsterror unterliefen, mag folgende Anekdote von Klaus Schädelin, dem spätere Pfarrer und Berner Gemeinderat, illustrieren, der in der vom unterrichtenden Lehrer befohlenen Besinnungsphase (die Schüler sollen zu hören versuchen, was Gott ihnen mitzuteilen habe) am Anfang der Lektion plötzlich zu lachen anfing und auf die Frage des irritierten Lehrers, was los sei, antwortete: «Gott hat mir eben einen Witz erzählt.»[607]

An den beiden theologischen Fakultäten scheint die Oxfordbewegung keine Spuren hinterlassen zu haben, was nicht weiter verwunderlich ist. Zu stark waren die Professoren in ihren jeweiligen ideellen Böden verwurzelt, befanden diese sich nun inner- oder ausserhalb der Kirchen und der Theologie; dazu kam, dass für die bernische Regierung bei ihrer Berufungspolitik die Charaktereigenschaft des Enthusiasmus nicht weit oben rangierte.

Intermezzo V: Studentenleben in der Zeit des Zweiten Weltkrieges – zwei Beispiele

Dank zweier Erinnerungstexte – einer in Buchform publiziert, der andere unveröffentlicht – lässt sich, wenn auch aus der zeitlichen Distanz von gut sechs Jahrzehnten, ein Blick auf die Theologenausbildung von zwei Männern werfen, die ihr Theologiestudium zur Hauptsache während des Zweiten Weltkrieges absolvieren mussten, deren Studium demzufolge immer wieder von Aktivdiensteinsätzen unterbrochen wurde. Die beiden Autoren kannten einander, teilten wohl auch ihre theologische Ausrichtung und waren sich auch eine gewisse Zeit lang nicht sicher über die Richtigkeit ihrer Berufswahl – für beide wäre am Anfang durchaus auch z. B. ein

---

604 Marti, Topf, S. 27–28.

605 Marti, Topf, S. 29.

606 Zu Theophil Spoerri (1890–1974) vgl. HLS.

607 Mitteilung der Mutter des Autors, Ruth Bietenhard-Lehmann, einer Mitschülerin Schädelins (Freies Gymnasium Bern, Maturjahrgang 1938, Sohn von Professor Albert Schädelin), des Autors des bekannten «Mein Name ist Eugen».

Studium der Jurisprudenz infrage gekommen –, für beide war dann ein auswärtiges Semester im barthschen Basel von entscheidender Bedeutung.[608] Bei beiden spielt auch Albert Schädelin eine ganz wichtige Rolle für die Beibehaltung des einst gewählten Berufszieles. Unterschiedlich ist ihre Herkunft und Prägung: Kurt Marti entschliesst sich zum Studium der Theologie ohne pfarrherrliche Vorfahrenschaft, Andreas von Rütte dagegen stammt aus einer Generationen von Pfarrern umfassenden Familie. Er ist der Sohn des weiter oben bereits zu Wort gekommenen Hans von Rütte. Verschieden werden dann auch ihre nebenberuflichen Betätigungen sein: Marti avanciert zu einem der grossen Autoren der Schweiz der zweiten Hälfte des 20. Jahrhunderts, von Rütte widmet sich mit grosser Leidenschaft und grossem Können dem Alpinismus.

Der publizierte Text entstammt dem autobiografischen kleinen Buch des Dichters und ehemaligen Pfarrers an der Nydeggkirche in Bern, Kurt Marti, Jahrgang 1921, mit dem Titel: «Ein Topf voll Zeit 1928–1948». Den nicht veröffentlichten Text verfasste Pfarrer Andreas von Rütte, ehemals Pfarrer in Grindelwald, Hilterfingen und Interlaken, Jahrgang 1922, unter dem Titel: «Ich schaue zurück. Erinnerungen aus meinem Leben. Geschrieben für meine Kinder».[609] Beide Texte werden im Wortlaut zitiert.

Studienwahl

Marti: «Er[610] absolvierte zunächst die Matura am Freien Gymnasium in Bern, in derselben Klasse wie sein Freund, der Theologe Rudolf Bohren, dann immatrikulierte er sich an der Juristischen Fakultät und tritt in die Studentenverbindung Concordia ein, während die Theologen entweder in die Zofingia wie z. B. Karl Barth, oder in die Zähringia wie meistens die Positiven eintraten.»[611] Im Landdienst machte er die erste Bekanntschaft mit einer Broschüre Karl Barths «Unsere Kirche und die Schweiz in der heutigen Zeit».[612]

Marti fährt fort: «Er kam zur Theologie wie die Jungfrau zum Kind. Erwachte eines Morgens und spürte, dass sich etwas in ihm regte: Eine heftige Neugier auf Theologie, fast so heftig wie die seinem Alter eigene Neugier auf das Leben. […] Lachte sich alsbald aus: Du, ein Pfarrer? Keinem seiner Vorfahren war es jemals eingefallen, Pfarrer zu werden.»[613]

608 Bei Marti, Topf, erwähnt, z. B. S. 154.

609 Typoskript, o. J., wahrscheinlich etwa auf 2006 zu datieren. Das Kapitel Studienzeit dort ab S. 27, die Angaben zu Basel S. 30–31.

610 Marti spricht in seiner Schrift von sich immer in der dritten Person.

611 Marti, Topf, S. 128, zu den Studentenverbindungen. Vgl. Im Hof, Hohe Schule, S. 83 und allgemein S. 79–80.

612 Marti, Topf, S. 88.

613 Marti, Topf, S. 90.

Kurt Marti

Marti informiert sich bei Theologiestudenten über das Studium der Theologie: «Was er von Theologiestudenten über den theologischen Lehrbetrieb zu hören bekam, war allerdings nicht gerade hinreissend: trockene Wissensvermittlung, intellektuelle Mittelmässigkeit, etwelche professorale Macken und Wunderlichkeiten. [...] Nein, attraktiv war diese Fakultät offenkundig nicht. Dennoch konnte das die plötzlich erwachte Neugier des jungen Mannes nicht dämpfen. Auch die Theologie, sagte er sich, braucht wahrscheinlich eben kleine, oft ein bisschen spinnige Handwerker. Zum Glück vermittelten ihm weitere Schriften von Karl Barth allmählich eine Ahnung von der Weiträumigkeit und Schönheit der Theologie.»[614]

Es folgen dann Rekruten- und Unteroffiziersschule, Fakultätswechsel. Auch von Rütte absolviert die Rekrutenschule und anschliessend die Unteroffiziersschule, bevor er sich an der Evangelisch-theologischen Fakultät immatrikuliert.

Von Rütte: «Zunächst Gymnasium und Matura am Gymnasium Bern-Kirchenfeld, von wo aus er, der sonst Wochenaufenthalt im Haus der Schwester seines Vaters und ihrer Familie hatte, am Wochenende mit dem Fahrrad ins heimatliche Brienz fuhr. «Es kam viel Neues auf mich zu. Zuerst das Studentsein. Ein gewisser Stolz, in die Hochschule gehen zu dürfen, war auch dabei. Dazu die berühmte akademische Freiheit, die Freiheit also, in die Vorlesung zu gehen oder, wenn es nicht geht, eben nicht zu gehen. Das ‹Schüelerle› war jetzt vorbei. Die Vorlesungen selber [...]. Ja, was ist mir geblieben? Eigentlich wenig, wenn ich zurückdenke. Wir hörten von unseren Professoren nicht Umwerfendes, nicht Unerhörtes, nicht Welt- oder wenigstens Theologiebewegendes. Was den ganzen Betrieb an der Fakultät mühsam machte, war die Diskussion, um nicht zu sagen: das Gezänk zwischen den

614 Marti, Topf, S. 90–91.

liberalen und den positiven Professoren. Da war der eine, der frei und offen sagte, Jesus hätte Halluzinationen gehabt und die Jünger seien gar nicht das gewesen, was im Neuen Testament über sie geschrieben ist. Und Jesus habe sich masslos getäuscht, er hätte gemeint, dass er der Messias sei. Darum habe er am Kreuz geschrien: ‹Mein Gott, mein Gott, warum hast du mich verlassen?› (Matth. 27,46) Und so fort. Und in der nächsten Vorlesung verkündete der andere Professor das Gegenteil: er redete von der Authentizität der neutestamentlichen Überlieferung, von der Gewissheit der Geschichte Gottes in seinem Sohne Jesus Christus. Und die Studenten teilten sich ebenfalls in diese zwei Gruppen, in die liberalen, fortschrittlichen und in die positiven, traditionellen, die das Geschriebene als geschrieben und das Geschehene als geschehen gelten liessen. Dieser Streit dehnte sich damals bis in die bernische Politik aus und wurde dort diskutiert, kommentiert und, wie konnte es anders sein, vereinfacht und verdummt. Aber sonst geschah auf der Fakultät wenig, was mich betroffen gemacht oder gar getroffen hätte. Ich möchte den Berner Professoren von damals nicht Unrecht tun, aber in Zürich und in Basel geschah zu dieser Zeit in Sachen Theologie ungleich viel mehr.»[615] Der Familientradition folgend, trat er der Studentenverbindung Zähringia bei.

«Dafür konnte ich mich nun voll dem Studium widmen. Der Theologie. Warum gerade Theologie? Ich weiss es nicht genau. Sicher ist, dass ich in der Gymerzeit die Geologie im Kopfe hatte aus dem zweifachen Grund: In der Naturkunde führte uns der Naturkundelehrer in die Erdwissenschaft ein. Da wurden die Berge vor meinen Augen noch grösser wegen ihrer Entstehung, ihren Formationen, ihren Bewegungen im Verlauf der Jahrmillionen. Und zweitens: in der Geologie war ich meiner Schwierigkeiten mit dem Deutsch los. Aber dann hörte ich, was die Mehrheit der Geologen zu tun hatte: Öl suchen für Shell oder BP in Sumatra oder sonst in einem Sumpfgebiet. Nein, das nicht, ich mag nicht in einem Urwald versinken. Und später einmal sagte mir mein Onkel, er biete mir sein Notariatsbüro an, wenn ich Notar würde, und könne mich so mit seinem Sohn, also meinem Cousin, der die Advokatur im Sinne habe, zusammentun.[616] Weisst du, sagte er wörtlich, als Notar weisst du am Ende des Jahres, was du gemacht hast. Als Pfarrer hast du ja nichts zum Verbuchen. Das tönte verlockend. Warum denn nicht? Und so gab ich auf einer Liste, die kurz vor der Matur in Umlauf gegeben wurde, an ‹Jusstudium›. Aber dann kam es eben ganz anders. Ich begleitete Papa auf einem seiner Besuche auf den ‹Spissen› bei Frutigen und während er im Haus einer Bauernfamilie war, lag ich nicht weit vom Haus entfernt im Gras und wartete. Und da kam

615 von Rütte, Ich schaue zurück, S. 27.

616 Hans Lehmann-von Rütte, der Schwager seines Vaters, zuerst an der Mottastrasse, dann am Liebeggweg 12a in Bern wohnend, unweit des Klaraweges, wo Karl Barth zwei Generationen zuvor einen Teil seiner Jugend verbracht hatte.

Andreas von Rütte

es ganz plötzlich: du wirst auch Pfarrer. Punkt! Und so kam es, dass ich mich an der Theologischen Fakultät in Bern immatrikulierte.»[617]

Studienbeginn

Da Marti keine altsprachliche Matura bestanden hatte, musste er Griechisch und Hebräisch nachbüffeln. Dafür zuständig war Dora Scheuner, die wir bereits kennengelernt haben und der Marti ein sehr schönes Kapitel mit dem Titel «Debora» widmet.[618]

Er unterrichtet seine Leserschaft zunächst kurz über die biblische Debora. «Eine Debora gab es aber auch in Bern. Mit diesem Namen, Übernamen nämlich zeichneten die Theologiestudenten respektvoll Dora Scheuner aus. Wie sie zu diesem Übernamen gekommen war, wusste niemand zu sagen. Vermutlich hatte sie es ihrer intelligenten Beherztheit zu verdanken, dass ihr Vorname Dora sich eines Tages in Debora verwandelte, gehörte sie doch zu jenen Pionierfrauen, die den Mut gehabt hatten, ein Studium in der Männerdomäne Theologie zu absolvieren.»[619] Marti verweist dann auf die damalige Kirchenordnung, die Frauen das Pfarramt verwehrte, und schildert, dass Dora Scheuner nur die Abendpredigten erlaubt waren «sowie der bei den Pfarrherren wenig beliebte kirchliche Unterricht für die

617 von Rütte, Ich schaue zurück, S. 27.

618 Marti, Topf, S. 110 ff.

619 Marti, Topf, S. 110. Autor der (respektvollen) Umbenennung war Prof. Max Haller.

sogenannt ‹Schwachbegabten›. Besser, für sie wohl auch befriedigender, konnte das ‹Fräulein› seine Lehrbegabung hernach als Religionslehrerin an Mädchensekundarschulen zur Geltung bringen. Schliesslich kam dazu auch die Aufgabe, Theologiestudenten ohne Maturausweis in Griechisch und Hebräisch diese Sprachen so weit beizubringen, dass sie die biblischen Originaltexte einigermassen zu übersetzen vermochten. Mehr oder weniger regelmässig besuchte der theologische Neuling die Vorlesungen für Studienanfänger. Zur Hauptsache aber büffelte er unter Deboras effizienter Anleitung Griechisch und Hebräisch. Ebenso häufig wie in den universitären Hörsälen war er deshalb jetzt Gast in der kleinen, stilvollen Gelehrtenwohnung Dora Scheuners an der Junkerngasse. Dabei durfte er stets wieder von den Studien- und Bücherempfehlungen der Theologin profitieren, die ohne weiteres das Zeug zur Professorin gehabt hätte.»[620]

Marti besteht zuerst das Graecum, dann das Hebraicum: «Nach Entrichtung der Prüfungsgebühr von zwanzig Franken konnte am 11. Juni 1943 das Hebraicum stattfinden. Es endete nicht wie im Traum mit einer Flasche Rotwein, vielmehr nüchtern, aber studienfördernd mit der Aushändigung eines Papierwisches, auf dem der Student erleichtert las, er habe die Prüfung bestanden. Das Attest schien der bocksbärtige Professor oder möglicherweise der ebenfalls anwesende Fakultätsdekan eigenfingrig in die Schreibmaschine getippt zu haben.[621] Eine Sekretärin war nicht zugegen, vermutlich gab's eine solche gar nicht. Die Fakultät bestand schlicht aus Professoren und Studenten, weiteres Personal war nicht vorhanden. […] eine Betriebsstruktur, wie sie sich schlanker nicht denken lässt, vorsintflutlich vielleicht, dafür beinahe familiär.»[622]

Studium und Prüfungen

Marti: Herbst 1944 Propädeutikum, Angst vor den biblischen Fächern wegen wackliger Sprachkenntnisse. «Den Prüfungen in den historischen Disziplinen hingegen sah er zuversichtlich entgegen, da er glaubte, für Philosophie-, Kirchen- und Religionsgeschichte hinreichend vorbereitet zu sein.»[623] Das gescheiterte Attentat Stauffenbergs auf Hitler animiert Marti zur Frage, wie die Kirche denn im Laufe der Jahrhunderte den Tyrannenmord beurteilt habe. «Der Dozent für Kirchengeschichte, ein liberal gesinnter Deutscher,[624] mutmasste, als Notlösung hätten Calvin und vielleicht auch Zwingli einen Tyrannenmord wahrscheinlich billigen können.»[625]

---

620 Marti, Topf, S. 111. Auf S. 112–113 erwähnt er Dora Scheuners Zorn über die von-steigersche Flüchtlingspolitik und ihre Mitarbeit in der lokalen Flüchtlingshilfe.

621 Der Alttestamentler Max Haller.

622 Marti, Topf, S. 119.

623 Marti, Topf, S. 146.

624 Heinrich Hoffmann, emeritiert 1944.

625 Marti, Topf, S. 147.

Entlassung aus dem Aktivdienst. «Zehn Tage vor Beginn der schriftlichen Prüfungen wurde er Knall auf Fall entlassen, nicht ohne die Ankündigung freilich, er werde die versäumten Diensttage nachholen müssen. Und so stellte er sich denn, seiner Sache nicht allzu sicher, dafür bergsonnengebräunt, der freundlich ernsten Prüfungskommission und den Fragen der examinierenden Professoren.»[626] «Nach dem Propädeutikum durften, sollten, ja mussten die Theologiestudenten Predigtvertretungen übernehmen.»[627] «Wie aber predigen lernen? Durch gute Prediger vor allem. Da war etwa Albert Schädelin, Pfarrer am Berner Münster, daneben zugleich Professor für Homiletik (Predigtlehre) an der Uni. Oder Ernst Gaugler und Arnold Gilg, zwei exzellente Theologieprofessoren an der kleinen Christkatholischen Fakultät, die stets wieder in der Christkatholischen Kirche predigten, tiefschürfend bibel- und lebensnah.»[628] Dann Lektüre von Karl Barths Band I/1 der Kirchlichen Dogmatik, die «seinem Bibel- und Predigtverständnis neue Horizonte öffnete, ihn erleuchtete und in die eben angefangene zweite Studienphase frischen Schwung brachte».[629] Die Frage des Akzesses taucht auf. «Im Gespräch mit dem Professor für Neues Testament[630] kristallisierte sich als Arbeitsziel ein Vergleich heraus zwischen dem Lohngedanken bei Jesus und demjenigen von Paulus.»[631] Es folgen Studiensemester in Basel bei Barth und anderen. Zurück in Bern: «In den Pflichtvorlesungen, Pflichtseminaren rückte jetzt die pastorale Praxis in den Vordergrund: Homiletik, Katechetik, Seelsorge. Ein und derselbe Dozent, seit Jahrzehnten Pfarrer am Münster, Professor bloss nebenamtlich […], sollte den angehenden Pfarrern gutes Predigen, gutes Unterrichten und eine gute sogenannte ‹Seelsorge› beibringen. Ein gewaltiges Drei-Sparten-Pensum! Wie überhaupt konnte es Albert Schädelin, der einzige Barth-nahe Theologe der Fakultät, bewältigen? Was er bot, war jedenfalls nicht in der Mühle des akademischen Wissenschaftsbetriebs zu Fein- und Flugstaub zerrieben worden. Vielmehr waren es körnige Weisheiten und Ratschläge eines erfahrenen, dabei aber selbstkritisch gebliebenen Praktikers. Langfädige Predigteinleitungen, etwa mit vermeintlichen Anknüpfungen an jeweilige Aktualitäten oder vermutete Lebensprobleme der Hörerschaft, missfielen ihm in der Regel.»[632] Die Glaubenszweifel des jungen Theologen nahm Schädelin in der Homiletik mit folgenden Worten ernst: «Ein Glaube, der Zweifel nicht zulässt, macht rechthaberisch und realitätsblind – aufgepasst also! Vergesst bei der Predigtvorbereitung nie,

---

626 Marti, Topf, S. 151.
627 Marti, Topf, S. 154.
628 In Martis Text fälschlicherweise so geschrieben statt korrekt Gilg.
629 Marti, Topf, S. 156.
630 Wilhelm Michaelis.
631 Marti, Topf, S. 156.
632 Marti, Topf, S. 187.

dass ihr selber arme Zweifler seid, die möglichst liebevoll überzeugt werden müssen.»[633] Das Studium schliesst Marti 1947 mit dem Staatsexamen ab.

Von Rütte: «Irgendwie bestand ich nach vier Semestern das ‹Prope›, das erste theologische Examen. Und dann machte ich das, was schon mein Vater und mein Grossvater und Ururgrossvater [Albert Bitzius alias Jeremias Gotthelf] und viele andere Pfarrer aus meinem Verwandten- und Bekanntenkreis gemacht hatten: Ich zog aus zu einem ‹Auslandsemester›. Aber da ja der Krieg kaum zu Ende und die Universitäten in Deutschland sich noch in einem desolaten Zustand befanden (Herbst 1945), war für mich das ‹Ausland› dann eben Basel.

Dort wirkten die Professoren Barth, Cullmann, Schmidt, Eichrodt, Thurneysen, Baumgartner und Lieb. Eine theologisch hochkarätige ‹Mischung›. Besonders und grundsätzlich wichtig für mich waren Karl Barth und Oscar Cullmann. Wegen ihnen wollte ich in Basel und nicht in Zürich studieren. Und es geschah denn auch, dass mir in Basel (endlich!) die Augen und das Herz aufgingen für das, was Theologie als Grundlage für meinen Beruf zu sein hat. In Bern bekam ich das nicht. Da fiel kein ‹Funken› in mein Suchen nach Glauben und Bibel, geschweige denn etwas Licht auf meinen vor mir liegenden Berufsweg. In Basel erlebte ich das ‹Aha!› und die Freude und den Mut, Pfarrer zu werden.In Basel trat ich aber auch in eine neue Welt ein: im Alumneum. Das ist der Name eines Studentenheimes aus dem 17. Jahrhundert. Alumneum hat seine sprachliche Wurzeln im Lateinischen ‹alere›, das ‹ernähren› heisst und das wir etwa auch vom Wort ‹Aliment› her kennen. Das Alumneum ist ein altes gotisches Haus mit einem schönen, ein wenig ungepflegten Garten, in dem mitten drin eine mächtige Blutbuche steht. Es liegt in unmittelbarer Nähe der Universität. In diesem alten Reihenhaus sind die Einzelzimmer für die Studenten untergebracht, jedes mit einem Holzofen ausgerüstet, den wir selber heizen mussten. In einem Holzschopf konnten wir Holzscheiter beziehen. Ich brachte jeweils von zu Hause noch ein paar Scheiter mit. Im unteren Stock war der Speiseraum auf der einen und auf der anderen Seite der Eingangshalle mit der Wendeltreppe war der Leseraum mit der Bibliothek. Dort herrschte Ruhe und man konnte dort arbeiten, wenn es im Zimmer oben zu kalt war. Im Seitentrakt war die Küche, wo die gemütliche, breithüftige Köchin aus dem Elsass waltete. Im oberen Stock waren die Räumlichkeiten des Leiterpaares Prof. Oscar Cullmann und seiner Schwester Frl. Colette Cullmann, beide in Strassburg aufgewachsen und immer noch sehr mit Strassburg verbunden. Im Hause lebten etwa zwanzig bis fünfundzwanzig Theologiestudenten. Was für mich völlig neu, ja, faszinierend war: zu unserem Dutzend Bernern und Ostschweizern stiessen etwa gleich viel Studenten aus dem am Boden zerschlagenen und langsam sich aufrappelnden Europa. Es war ja der Herbst 1945, also vier Monate nach Kriegsende. Da trafen sich unter dem einen

633 Marti, Topf, S. 189.

Dach des Alumneums ein Holländer, der angeblich zeitweise im Konzentrationslager eingesperrt gewesen war, und ein Deutscher, der als Kavallerieoffizier in Russland gekämpft hatte und mit einem zerschossenen Knie davon gekommen war und sich jetzt in die Gemeinschaft der Alumnen einzuordnen hatte. Keine leichte Sache für ihn, der von Herkunft ein adeliges ‹von› im Nachnamen hatte, Gottfried von Dietze hiess er, und sich auch als Adeliger fühlte und zu erkennen gab. Ab und zu verschwand er für vier, fünf Tage. Kein Mensch wusste wohin, einzig am leeren Zimmer und leeren Platz am Esstisch stellte man es fest. Und eines Morgens sitzt er wieder am Frühstückstisch bei Nacht und Nebel zurückgekommen, müde, übernächtig, unrasiert und schweigsam. Natürlich, er war in Deutschland und wird einen Rucksack voll Dinge, die es dort noch nicht gab, über die Grenze geschmuggelt haben. Da waren auch zwei Franzosen, von denen der eine in der ‹résistance› gegen die deutsche Besatzung gekämpft haben soll, also indirekt auch gegen den Gottfried von Dietze. Da war auch der stille und zarte Ungar, Laszlo hiess er, und der ‹wilde› Tscheche Stepan Milan Pavlinec, ein Rebell, der dann Ende 1968 aus der Tschechei vor den Russen mit Frau und Kindern in die Schweiz flüchtete und bis zu seiner Pensionierung Pfarrer in Bern war. Und nebst diesen also auch noch wir ‹wohl behüteten› Schweizer, die das, was diese jungen Männer erlebt haben, nur vom Hörensagen kannten. Und wir alle unter diesem einen breiten Dach des Alumneums und unter dem gemeinsamen ‹Dach› der Theologie! Und ein ‹breites Dach›, ein feines Gespür und gutes Herz des Leiterpaares brauchte es, um all diesen so grundverschiedenen Studenten Schutz und Geborgenheit, Raum und Ruhe zum Studium der Theologie zu gewähren, diesen angehenden Pfarrern, die das Evangelium von Jesus Christus zu verkündigen hatten oder wenigstens dereinst verkündigen wollten!

Muss ich es noch betonen, dass solches Zusammensein sehr spannend war, und dass es für die Leitung nicht immer einfach war, damit diese ‹Mischung› von jungen Männern von so unterschiedlicher Herkunft unter diesem gemeinsamen Dach nicht zu gären und zu brodeln anfing? Denn wie konnte es anders sein, dass es in den ersten Wochen Spannungen gab zwischen dem Deutschen, dem Holländer und dem Tschechen. Einmal kam es sogar zur ‹Explosion› zwischen dem Deutschen und dem Holländer und sie prügelten sich in der Bibliothek wie Schulbuben auf dem Pausenplatz. Durch das Gebrüll und den Lärm der umgeworfenen Möbel alarmiert, kam Herr Cullmann und trennte die beiden Streithähne. Ich schämte mich ein wenig, dass ich nur zugeschaut und nicht selber eingegriffen und mich zwischen die beiden gestellt habe. Warum blieb ich nur Zuschauer? Feigheit? Oder Verblüffung? Ich weiss es nicht. Ähnliches passierte zum Glück nie mehr und es war friedlich in diesem Hause. Vieles, das in diesem Hause geschah, geredet und gearbeitet wurde – gerade auch die morgendlichen Andachten vor dem Frühstück, abwechselnd von Herrn Cullmann und einem Studenten gehalten – wurde für mich und meine Arbeit wichtig fürs ganze Leben.

Ich durfte auch noch während des Sommersemesters 1946 in Basel bleiben. Zu dieser Zeit wohnte auch der Kurt Marti im Alumneum. Ein stiller und unauffälliger Kollege, bei dem man spürte, dass in ihm drinnen viel mehr ist, als er nach aussen zu zeigen pflegte. Und niemand hätte das erwartet, was es dann in den Jahren darauf von ihm zu hören und zu lesen und auch zu reden gab. Der Alumneumsleiter Herr Cullmann bestimmte mich für dieses Sommersemester zum Senior der Studentenschar im Alumneum. Das war wieder so ein Amt, das ich nicht gesucht, ja, das ich lieber überhaupt nicht gehabt hätte. Aber er bestimmte mich und ich machte es, so gut ich das konnte. Neben den Pflichten bekam ich auch ein besseres Zimmer. Das war auch etwas, denn im Wintersemester musste ich das Zimmer mit Rudolf Roth teilen. Nein, wir hatten keine Probleme, aber das Einerzimmer nahm ich trotzdem gerne an. Das Semester brachte mir neben den Vorlesungen wieder unerhört viel Neues. Ich gehörte in dieser Zeit zur Christlichen Studentengemeinschaft der Universität Basel, einer Abteilung des YMCA. Diese Gruppe organisierte in Basel die erste internationale Studentenkonferenz nach dem Krieg. Das war sehr spannend und ich half bei der Organisation mit. Hier wurde mir unter anderem aufgetragen, die Delegation aus der Tschechoslowakei am Bahnhof Basel abzuholen und in ihre Quartiere zu bringen. Zugleich war ich ihr Verbindungsmann zur Konferenz. Mit diesen Tschechen entstanden Freundschaften, die bis heute lebendig sind. Die Vorträge, die Diskussionen, auch gerade die politischen Diskussionen über Christentum und Kommunismus, die Ausflüge, die Spiele, all das brachte uns näher und liess die Grenzen und Sprache vergessen und wir fühlten uns wirklich ein wenig wie Brüder und Schwestern.»[634]

Marti: «Basel also, Karl Barth. Dessen Dogmatik-Vorlesung, dessen Seminar mit Calvin-Texten und wöchentlich je einmal in kleiner Runde bei ihm daheim Adolf von Harnacks Schrift Das Wesen des Christentums (1900) lesend und besprechend. […] Würde er, Barth, mehr als zwanzig Jahre später mit Harnack jetzt wieder und ebenso vehement ins Gericht gehen? Nein, überhaupt nicht, im Gegenteil, er machte sich zum Sprecher und Anwalt Harnacks, wodurch er die Studenten veranlasste, dessen Text erst einmal unbefangen und genau zu lesen, ohne Vorurteile. Eine Art sokratischer Methode, deren Absicht es war, die Studierenden selbständig herausfinden zu lassen, wo allenfalls sich in Harnacks Gedankenführung Schwachpunkte zeigten. Ähnlich gestaltete Barth die Arbeit an den Calvin-Texten, die erst einmal ins Deutsche übersetzt werden mussten, was den jeweils dazu aufgeforderten Seminarteilnehmer ordentlich ins Schwitzen und Stottern bringen konnte, bis ‹Carolus magnus› grammatisch und wortklärend nachhalf. Ihm, dem Reformierten, schien das Latein so geläufig zu sein wie einem Gelehrten im Vatikan. […] In der

634 von Rütte, Ich schaue zurück, S. 36–37.

Dogmatik-Vorlesung trug Barth vor stets vollem Auditorium vor, was später in einem Band seiner Kirchlichen Dogmatik nachgelesen werden konnte. Seine häufig weit ausholenden, weit dahinschwingenden, einen Sachverhalt einkreisenden Sätze, nicht immer leicht lesbar, offenbarten im mündlichen Vortrag erst recht ihre Musikalität und gleichsam barocke Sinnlichkeit. Dass seine hellblauen Augen oft kurz vom Typoskript aufsahen und über die vorgerutschte Brille hinweg Blickkontakt mit der Hörerschaft herstellten, verriet zudem, wie dialogisch sein magistraler Diskurs angelegt war.»[635] Es folgt dann ein Abschnitt über Karl Barths Darstellung der Trinitätslehre: «Jedenfalls hatte kein protestantischer Theologe der Moderne die alte, die scheinbar unzeitgemässe und überholte Lehre von der göttlichen Trinität so lebendig zu aktualisieren verstanden wie Karl Barth. Kein Wunder, dass gerade er die Schönheit, aber auch Gefährlichkeit der Theologie insgesamt so beredt zu schildern wusste.»[636]«Neben dem Zentralgestirn Barth verblassten die anderen, in ihrem jeweiligen Fachbereich ebenfalls kompetenten, tüchtigen Theologen der Basler Fakultät.»[637] Marti schildert dann die Begegnung mit Albert Béguin, dessen Vorlesung in französischer Sprache er besucht. «Im Alumneum, an Basels Hebelstrasse, wo der Student mit Kost und Logis anregende, oft auch lustige, ja lausbübische Geselligkeit hatte finden dürfen mit Theologiestudenten aus der deutsch- und der französischsprachigen Schweiz, ebenfalls aber aus Frankreich und sogar mit einem Deutschen, der ohne Pass illegal über die grüne Grenze gekommen war, interessiert sich niemand sonst, auch kein Romand, für Béguins Vorlesung.»[638]

Von Rütte: «Aber zurück nach Bern und an die Theologische Fakultät. Unvergessen bleibt auch die ‹Katastrophe› im homiletischen Seminar, in dem das Predigen ‹geübt› wurde. Am Anfang des Semesters hatte der Herr Professor Schädelin die Texte an die Wandtafel geschrieben, die man wählen und dann darüber predigen musste. Aber ich war einfach wie gelähmt und konnte mich nicht entscheiden. Alle andern hatten gewählt, nur ich nicht. Zuletzt blieb halt noch der Text, den niemand wählen wollte. Römer 1,16 war es: ‹Ich schäme mich des Evangeliums nicht; denn es ist eine Kraft Gottes […]› Dann kam die Vorbereitung zu Hause, dann musste man das Manuskript dem Professor bringen und am andern Tag vor den Kommilitonen die Predigt auswendig sagen. Der Professor hielt das Manuskript vor sich, um einzuspringen und zu helfen. Schon nach den ersten vier Sätzen musste er das. Und dann später noch einmal und schliesslich half alles ‹Einspringen› nicht mehr und ich meldete mich ab und schlich an meinen Platz – total ‹fertig›. […] Zu Hause telefonierte ich dem Professor, ich müsse sofort mit ihm reden. ‹Ja, bitte übermor-

635 Marti, Topf, S. 182–183.
636 Marti, Topf, S. 184.
637 Marti, Topf, S. 184.
638 Marti, Topf, S. 186.

gen›, sagte er. ‹Nein, sofort!› entgegnete ich. Sein feines Gespür machte ihm sofort klar, dass meine Not gross war. Und wirklich, ich konnte gleich kommen. Und bei ihm erklärte ich, ich wolle aufgeben, fertig Theologie, fertig Pfarrer, fertig überhaupt. Er schaute mich lange an und dann gab es ein langes Gespräch, ein gutes Gespräch. Als Letztes sagte er mir: ‹Chömet doch mit däm, wo dr heit. Das isch gnue!› Und ich meinte zu wenig oder nichts zu haben für den Pfarrerberuf. Wenn er also meint […] Damit tat er mir die Türe zur Theologie und zum Pfarrer und zu meinem Leben überhaupt wieder ein wenig auf. Dem guten Vater Schädelin, so nenne ich ihn im Stillen, verdanke ich, dass ich in der Theologie geblieben und nicht ‹ausgestiegen› bin. Denn wo hätte ich denn neu ‹einsteigen› können? Das allerdings muss ich gestehen: über diesen Text habe ich nie eine Predigt gehalten und auch nie nur eine Auslegung verfasst, obschon es ja doch ein ‹schönes›, ein wichtiges Wort in der Bibel ist.»[639]

639 von Rütte, Ich schaue zurück, S. 32.

III. Die Nachkriegszeit: Bedächtiger Aufbruch zu neuen Ufern

1. Einleitung: Die Lage nach dem Zweiten Weltkrieg

Das Kriegsende, obwohl heiss ersehnt, stellt nach Auffassung der meisten Historikerinnen und Historiker keine Epochengrenze dar wie zum Beispiel das Ende des Ersten Weltkrieges, welches das «lange 19. Jahrhundert» beendete.[640] Verallgemeinernd lässt sich in der Mentalität ein eher konservativer Grundzug feststellen; die Tatsache, dass man vom Krieg verschont worden war, liess die Notwendigkeit zu Veränderungen als nicht allzu dringlich erscheinen. Leitbild blieb vorerst der «Landigeist» von 1939, dem Bedürfnis nach Solidarität gegen innen entsprach keineswegs ein solches gegen aussen, trotz der spontanen Bereitschaft zur Hilfe und zu Spenden für die Kriegsopfer.[641] So dauerte es geschlagene vier Jahre, bis eine knappe Mehrheit der männlichen Stimmbürgerschaft geruhte, endlich den Rückbau des Vollmachtenregimes von Bundesrat und Parlament zu veranlassen, im fünften Anlauf notabene.[642] Dies löste zwar «einen Sturzbach von Volksabstimmungen» aus, allein deren neun «im gesegneten Jahr 1952», doch der Souverän zeigte sich ungnädig und verwarf die meisten.[643] Zwar zeigt diese Zahl das immer noch lebendige Interesse an der bundesstaatlichen Demokratie, doch gerade der Mehrheit der Schweizer Bevölkerung, den Frauen, kam dieses nicht zugute. Der überwiegend konservativen Grundstimmung lässt sich zudem ein institutionell-autoritärer Grundzug im Denken der Bevölkerungsmehrheit zuordnen, den zum Beispiel ledige Mütter und Kinder aus sozial benachteiligten Milieus schmerzhaft zu spüren bekamen.[644] Dies war zwar nicht neu – es hatte sich einfach in dieser und anderer Hinsicht gar nichts seit der Zwischenkriegszeit geändert – und dass die AHV nun im Jahre 1947 endlich eine gesetzliche Grundlage erhielt, war kein besonderes Verdienst jener Generationen, war doch der Verfassungsgrundsatz seit 1925 in Kraft.

---

640 Dazu Kreis, Geschichte der Schweiz, S. 549–605; Greyerz, Der Bundesstaat, S. 1213 (Die Nachkriegszeit seit 1945); Gilg/Hablützel, Beschleunigter Wandel, dort Abschnitte E. Vorstellungswelt und Verhaltensweisen (S. 249), G. Die politische Struktur (S. 269), und F. 3. Die Kirchen (S. 267).

641 Zu diesen Unterstützungsaktionen aus der Sicht der Universität Bern: Im Hof, Hohe Schule, S. 87.

642 H. v. Greyerz, Bundesstaat, S. 1233–1234. Die «Rückkehr zur Demokratie»-Initiative vom 11.9.1949, eingereicht schon 1946, beschränkte die Vollmachten auf spätestens Ende 1953.

643 H. v. Greyerz, Bundesstaat, S. 1234, Anm. 482 zur Statistik.

644 Zum Beispiel: Galle/Meier, Kinder der Landstrasse; EJPD, Zwangsmassnahmen und Fremdplatzierungen.

Was die Universitäten betrifft, nicht nur diejenige in Bern, stellt die Historikerin Beatrix Mesmer fest, diese hätten in den Jahren während und nach dem Krieg eine Phase der Stagnation durchlaufen. «Dem Ausbau des akademischen Dekors entsprach keine Eroberung wissenschaftlichen Neulandes, keine Erweiterung des Horizontes. Die Studentenzahlen gingen teilweise zurück, und die Einrichtungen veralteten.»[645]

Dieser Befund gilt cum grano salis auch für die Geschichte der Ideen und damit auch der Theologie. Während das Ende des Ersten Weltkrieges eine vielfältige Blütenpracht von geistigen Neuheiten – im hier interessierenden Zusammenhang seien erwähnt der religiöse Sozialismus, die Dialektische Theologie und die Anthroposophie – hervor- oder zumindest zum Durchbruch brachte, geschah nach dem Zweiten Weltkrieg wenig Vergleichbares. Immerhin setzte sich angesichts der neuen Gefahr einer atomaren Weltkatastrophe langsam der Gedanke durch, endlich griffigere Friedenskonzepte auszuarbeiten. Seine Frucht waren global die Gründung der UNO und in Europa der Weg zur zuerst wirtschaftlichen, später politischen Einigung. Wie weit der Weg war, sollte sich aber bei der Entkolonialisierung zeigen, auf dem Briten und Franzosen sich noch anderthalb Jahrzehnte dagegen sträubten, dass ihre imperialen Träume endgültig zu entsorgen waren.

Im Innenleben der beiden theologischen Fakultäten und der Landeskirchen bedeutete das Kriegsende ebenfalls keine Zäsur, im Gegenteil. Der Richtungsstreit bei den Reformierten blieb virulent, nicht zuletzt in den Kirchgemeinden, wo nun die Schüler und bald auch Schülerinnen der Protagonisten ihre Tätigkeit in den Pfarrämtern aufnahmen und als deren Vertreter und Vertreterinnen in Fraktionen wieder an der Synode auftauchten. Für die Zukunft wesentlich bedeutsamer aber war die immer noch pendente Frage der Gleichberechtigung der Frau, natürlich nicht nur in Bezug auf das Pfarramt, sondern auch in Sachen politischer, juristischer und wirtschaftlicher Emanzipation.

Aus den Fakultätsprotokollen lässt sich aber feststellen, dass die gegen Ende des Krieges und in den Jahren danach sich ergebenden personellen Veränderungen wohl auch die Binnenbeziehungen unter den Fakultätsmitgliedern sachte veränderten. Mit dem Tod Max Hallers und der Emeritierung Albert Schädelins waren zwei harte Kämpen aus der Fakultät ausgeschieden, ihre Nachfolger waren, bei aller

645 Kommission Hochschulgeschichte, Hochschulgeschichte, S. 157. Ähnlich Hans von Greyerz: «Zwischen Selbstgenügsamkeit und Geltungsbedürfnis und in mannigfacher Abstufung von Wollen und Können mühten sich Universitäten und Forschungsinstitute, ihren Aufgaben in Lehre und Forschung gerecht zu werden, mancherorts noch behindert durch die in den Kriegsjahren auf eine zu schmale Basis zurückgezwungene Auslese im akademischen Nachwuchs.» H. v. Greyerz, Bundesstaat, S. 1245.

Linientreue, nicht mehr so kampfeslustig. Latente Spannungen, die wohl auf persönlicher Unverträglichkeit beruhten, konnten aber jederzeit aufbrechen.[646] Dies gilt auch für Hoffmanns Nachfolger Guggisberg, einen treuen Gefährten Werners, wie in den Berufungsdiskussionen zu sehen ist, aber durchaus eigenständig und friedfertiger als jener. Dem Abbau der Richtungsquerelen kam dieses Appeasement unzweifelhaft zugute, den Frauen weniger. Zwar wehrten sich die Professoren nicht gegen das volle Frauenpfarramt, wie dies noch Max Haller getan hatte, aber sie setzten sich eher bei einzelnen Gelegenheiten und nicht als Sprecher der Fakultät dafür ein; lieber überliessen sie die Thematik den kirchenpolitischen Schauplätzen. Die Fakultäten überhaupt betrachteten sich nicht als Foren, auf denen die grossen politischen Themen der Zeit auszutragen waren, dies hatte an der Evangelisch-theologischen Fakultät schon die Causa Michaelis gezeigt, und das sollte so bleiben. Politisches Engagement war eher Sache der Studierenden, sei es in den Dreissigerjahren gegen den Nationalsozialismus, sei es 1956 anlässlich der Ungarnkrise oder im Gefolge der 68er-Bewegung. In der Frauenfrage blieben aber auch die überwiegend männlichen Theologiestudenten eher schweigsam, so dass ihre Kommilitoninnen sich selber helfen mussten.

Das Professorenkollegium, dessen Durchschnittsalter 1920 noch über 58 Jahre betragen hatte, hatte sich am Ende der Zwanzigerjahre auf 48 Jahre verjüngt, wobei der erst 34-jährige Michaelis als Adolescens professoralis den Durchschnitt kräftig drückte. 20 Jahre später, nach der Emeritierung der Professoren Lienhard, Hoffmann, Eymann und Schädelin und dem Tod Hallers, betrug es wieder 52 Jahre, mit Guggisberg und Stamm als einzigen unter 50 Jahren. Zwei der Ordinarien, Werner und de Quervain, waren noch vor der Wende zum 20. Jahrhundert zur Welt gekommen, erst als de Quervain 1966 emeritiert wurde, hatte das 19. Jahrhundert an der Evangelisch-theologischen Fakultät auch biologisch sein Ende gefunden.

Nach dem Rücktritt Hoffmanns befand sich mit Wilhelm Michaelis nur noch ein Deutscher auf einem Berner Theologie-Lehrstuhl; erst 40 Jahre nach dessen Amtsantritt in Bern wurde mit Reinhard Slenczka wieder ein Deutscher nach Bern an die Evangelisch-theologische Fakultät geholt. Die Fakultät erneuerte sich also aus dem Berner Nachwuchs, Johann Jakob Stamms Berufung im Jahre 1949 blieb vorerst die Ausnahme, bis 1966 mit Christian Maurer ein zweiter Nichtberner auf den neutestamentlichen Lehrstuhl berufen wurde. An der kleineren Schwesterfakultät war die Situation nicht anders: Nachdem der 1933 zum ausserordentlichen Professor ernannte Deutsche Werner Küppers 1938 nach Bonn gegangen war, dauerte es ebenfalls bis 1971, bis mit dem Österreicher Herwig Aldenhoven wieder ein Ausländer christkatholischer Professor wurde.

646 Zu denken ist hier an die Animosität zwischen Werner und Michaelis.

2. Der Fakultätsalltag am Beispiel der Evangelisch-theologischen Fakultät

2.1 Die Prüfungskommission

Die bereits erwähnten Jahrzehntberichte über die Evangelisch-reformierte Kirche des Kantons Bern, die ein Pfarrer als Berichterstatter im Auftrag des Synodalrates zu verfassen hatte, enthalten im Anhang jeweils einen «Bericht der Evangelisch-theologischen Prüfungskommission des Kantons Bern über ihre Tätigkeit» während des abgelaufenen Jahrzehnts. Diese Berichte enthalten wertvolle Informationen zum Tagesgeschäft der Fakultät, von den personellen Mutationen im Lehrkörper über die Studierenden bis zu dem Dauerbrenner der Studienreform. Die Berichte legen nicht nur öffentlich Rechenschaft ab über die Arbeit der Prüfungskommission als Ganzes, sondern enthalten auch immer wieder Erhellendes aus dem Innenleben der Fakultät, das die Fakultätsprotokolle in willkommener Weise ergänzt.

So werden zum Beispiel die Mutationen in der Kommission im Lauf der Berichtsperiode referiert, was dem jeweiligen Berichterstatter Gelegenheit gibt, abtretende oder verstorbene Kollegen mit einigen Worten der Erinnerung zu ehren. Diese Würdigungen sind oft berührende Preziosen kollegialer Verbundenheit wie der Nachruf des Präsidenten Max Haller am Schluss des Jahrzehntberichts über die Jahre 1930–1940 zum Tode von Hermann Lüdemann 1933: Die Kommission «ehrte damit nicht nur den Mitarbeiter, der während 46 Jahren in geistvoller Art die Prüfungen in Philosophie und Dogmatik zu einem Genuss für die Mitglieder der Kommission zu gestalten gewusst hatte, sondern ebensosehr den Lehrer, zu dessen Füssen alle Mitglieder der Kommission bis auf zwei gesessen hatten und dessen Schulung Wesentliches zu verdanken sie alle sich bewusst waren».[647]

Hallers Nachfolger als Berichterstatter der Prüfungskommission, Pfarrer Paul Marti, gedenkt seines Vorgängers mit folgenden Worten: «Auf das Frühjahr 1949 bereitete der Kommissionspräsident, Prof. Dr. Max Haller, umsichtig seinen Rücktritt vor. Er freute sich, in Prof. Dr. J. J. Stamm einen Nachfolger für seine alttestamentlichen Fächer und für die Religionsgeschichte begrüssen zu können und sei-

647 K. v. Greyerz, Jahrzehntbericht 1941, S. 371–72. Auf S. 371 auch eine Würdigung des kurz vor Ablauf der Berichtsperiode verstorbenen Sekretärs der Kommission, Pfarrer Dr. Peter Barth, Pfarrer in Madiswil, Bruder von Karl und befreundet mit der Berner Theologin und Hebraistin Dora Scheuner. Wie Bruder Karl Barth über dieses Verhältnis dachte, wird in einem Brief an Charlotte von Kirschbaum vom 17.9.1932 deutlich, verfasst eine halbe Stunde vor der Begegnung Barths mit Martin Werner im Dählhölzli. Erler, Barth–Kirschbaum, S. 236.

nem Kollegen Prof. Guggisberg die Leitung der Prüfungskommission zu übergeben. In kleinem Kreise hatte man die sich beinahe zufällig sich bietende Gelegenheit genützt, Prof. Haller seine Arbeit zu verdanken. Aber man wollte diesen geistvollen Examinator, originellen Zensor von Katechesen und Predigten und gewissenhaften Geschäftsführer nicht ziehen lassen, ohne ihm eines Tages bei einem festlichen Anlass zu zeigen, wie lieb er seinen Mitarbeitern geworden war, wenn sie sein oft rätselhaftes und stacheliges, äusserlich zuweilen herbes und zurückhaltendes Wesen durchschaut hatten. Es darf in diesem Bericht wohl an jenen Morgen erinnert werden, da Präsident Haller zur Abnahme alttestamentlicher Prüfungen erschien und durchhielt, ohne Examinanden und Prüfungskommission merken zu lassen, dass er vom Totenbett einer geliebten Tochter herkam und dass ihm innerlich Ströme von Herzeleid und hinter der schwarzen Brille Tränen flossen. In solchen Augenblicken erinnert sich auch eine staatliche Prüfungskommission deutlicher als sonst, dass es Examina gibt, in denen wir alle nur mit Aufbietung letzter Kräfte bestehen. Bevor Prof. Haller in einer würdigen Abschiedsfeier gezeigt werden konnte, wie sehr die Kommission durch gemeinsame Arbeit und Sorgen mit ihm verbunden worden war, wurden wir im Januar 1949 durch die Nachricht von seinem plötzlichen Sterben überrascht.»[648] Auch der Kirchenhistoriker Heinrich Hoffmann erhält nach seiner Emeritierung seine verdiente Würdigung: «Während mehr als dreissig Jahren hat er als gelehrter und freundlicher Lehrer von Berner Theologen gewirkt, die immer dankbar empfanden, wie gründlich er sich in die schweizerischen Verhältnisse vertiefte und mit wie viel Liebe er sich besonders auch der bernischen Kirchengeschichte zugewandt hatte. Die Kommission hatte diesem väterlichen Kollegen oft die Besprechung persönlicher Angelegenheiten mit Studenten übertragen, wenn gewünscht wurde, dass bei allem Ernst das Wohlwollen und die Güte nicht vermisst würden.»[649] Knapper und nüchterner würdigt Pfarrer Werner Bieri 1960 die Arbeit seiner Kommission, die unter dem Präsidium von Professor Kurt Guggisberg ihres Amtes waltete. Als einzigen personellen Wechsel hat er den Rücktritt von Professor Martin Werner mitzuteilen, was er kommentarlos tut. Dafür windet er der Arbeit des Präsidenten ein besonderes Kränzchen: «Man stellt sich kaum richtig vor, was alles zu überlegen und anzuordnen und an Aktenmaterial zu studieren ist, was man der Korrespondenz mit auswärtigen Bewerbern und hiesigen Studenten als Präsident alles zu raten und zu beantworten hat, bis nur ein einziges Examensprogramm fertig erstellt werden kann. Und diese Arbeit wiederholt sich jährlich zweimal. Es dürfte dafür von der Kirche aus nicht an einem Dankeswort fehlen, und der Schreibende meint denn, es hier für sie sagen zu dürfen.»[650]

---

648 Dumermuth, Jahrzehntbericht 1951, S. 379/380.

649 Dumermuth, Jahrzehntbericht 1951, S. 379.

650 Leuenberger, Jahrzehntbericht 1962, S. 267.

Mit guten Gründen hielt die Kommission auch daran fest, alle Examinanden durch die ganze Kommission öffentlich zu prüfen. So schreibt Pfarrer Marti in seinem Bericht: «Immer wieder fanden sich zu den öffentlichen Prüfungen eine stattliche Anzahl von Gästen ein. Denn nicht bloss für die zunächst Beteiligten konnten die Examen zu wertvollen Repetitorien gestaltet werden. Gegen das Bedenken, sie beanspruchten zuweilen auch noch eine halbe Woche Zeit auf Kosten des Semesterbeginns, darf füglich geantwortet werden, dass gerade die Studenten dem Gespräch zwischen Examinator und Kandidaten mit grossem Gewinn folgen können, und zwar nicht allein in Hinblick auf ihre eigenen bevorstehenden Examen.»[651]

2.2 Reglementarisches

In seinem Bericht zu den Jahren 1930–1940 konstatiert Berichterstatter Max Haller etwas pathetisch: «Die Magna Charta der Kommission ist ihr Reglement, das seinerseits wieder auf dem Kirchengesetz von 1874 basiert.»[652] Er attestiert diesem Gesetz und dem darauf aufbauenden Reglement, die nötige Elastizität zu besitzen, um auch neuen Anforderungen gerecht werden zu können. Dies habe sich im Jahre 1933 gezeigt, als infolge des Kirchenkampfes in Deutschland viele deutsche Pfarrer in die Schweiz und insbesondere in den Kanton Bern drängten, wo anders als in den meisten anderen Kantonen keine Bestimmungen über die Staatszugehörigkeit von Pfarrern existierten. In Absprache mit Synodalrat und Kirchendirektion wurde beschlossen, von bereits amtierenden Pfarrern eine Probepredigt zu verlangen. Es hätten sich daraufhin «eine ganze Reihe zum Teil namhafter deutscher Theologen und Kirchenmänner sich der Prüfungskommission vorgestellt», doch seien schliesslich nur drei von ihnen in einer bernischen Kirchgemeinde untergekommen. Es zeige sich darin, «wie sehr unser bernisches Kirchenvolk Wert darauf legt, dass seine Seelsorger aus seinem Boden erwachsen seien und seine Sprache sprechen; eine Freizügigkeit, wie sie das Konkordat kennt, würde von ihm durchaus nicht begrüsst werden.» Haller benutzt dann die Gelegenheit, um nochmals auf die Auslegung der Konkordatsbestimmungen zu sprechen zu kommen. Diese würden die Aufnahme von Bewerbern aus den westschweizerischen Kirchen oder «frisch in des Ministerium eines Konkordatskantons eingetretene Bewerber im Auge haben». Nicht selten aber hätten sich nun in letzter Zeit ältere Bewerber um eine Stelle im Bernbiet beworben, die nach dem Wortlaut des Reglements ebenfalls gezwungen worden seien, das vorgeschriebene Kolloquium zu bestehen. Die in dieser Bestimmung liegende, von den Konkordatskantonen monierte Härte – es gab offenbar ein sich darauf beziehendes Schreiben des Kirchenrates von Zürich an den bernischen Syno-

651 Dumermuth, Jahrzehntbericht 1951, S. 378.

652 K. v. Greyerz, Jahrzehntbericht 1941, S. 373–374. Dort auch die folgenden Zitate.

dalrat – wird von Haller verteidigt: In dieser Bestimmung und in ihrer konsequenten Anwendung liege die einzige Waffe, «die der Prüfungskommission gegeben ist, um unerwünschte Bewerber fernzuhalten und ganz allgemein eine Überschwemmung des Kantonsgebiets mit kantonsfremden Pfarrern zu verhindern». Dies gebiete auch die Verantwortung, die die Prüfungskommission gegenüber dem eigenen theologischen Nachwuchs zu tragen habe. «Wer in Bern seine Studien und Examina absolviert hat, darf beanspruchen, bei Bewerbungen um eine Pfarrstelle in erster Linie berücksichtigt zu werden.» Von dieser konsequenten Haltung habe sich die Prüfungskommission auch in den «mageren Jahren» Anfang der Dreissigerjahre leiten lassen und entgegen dem Drängen verschiedener Kirchgemeinden daran festgehalten, dass Bewerber nur dann berücksichtigt werden konnten, wenn sie ein vollständiges Studium absolviert hätten. Alle Gesuchsteller seien zur Probepredigt nach Paragraf 19 aufgeboten worden. Besagter Paragraf 19 – er umschrieb die Modalitäten einer abgekürzten Prüfung – wurde mit Ausführungsbestimmungen für das Kolloquium präzisiert. So wurde von den Bewerbern a) die Abfassung einer wissenschaftlichen Abhandlung verlangt, b) ihnen vier Monate zum Voraus zwei Fächer, davon ein biblisches, genannt, in denen sie geprüft werden sollten. Dazu kamen in jedem Fall eine Probepredigt und eine Prüfung in Praktischer Theologie. Dies habe sich bewährt, meint der Berichterstatter abschliessend.[653]

Lizenziat, Ehrendoktorat, Doktorat, Habilitation

Erstaunlicherweise dauerte es nach der Gründung der Hochschule fast ein Jahrhundert, bis sich die Evangelisch-theologische Fakultät dazu entschliessen konnte, den akademischen Studienabschluss eines Doktors der Theologie einzuführen, obwohl die neue Anstalt das Recht erhalten hatte, den Titel eines Doktors zu verleihen.[654] Die christkatholische Schwester war ihr darin längst vorangegangen.[655]

Der Entwurf des «Reglements über die Erteilung der Doktorwürde an der Evangelisch-theologischen Fakultät» enthält fünf Artikel. Artikel 1 statuiert: «Die Fakultät erteilt den Grad eines Doktors der Theologie, der rite erworben oder honoris causa verliehen werden kann.» Artikel 2 regelt technische Einzelheiten wie Curriculum Vitae und ein Zeugnis über gute Sitten, soweit der Kandidat der Fakultät nicht persönlich bekannt ist, ein Zeugnis über erfolgreich absolvierte Studien und eine Dissertation aus dem Gesamtgebiet der Theologie. Artikel 3 legt die Notengebung mit summa, magna und cum laude fest, und Artikel 4 den Wortlaut

653 Das Dokument «Bestimmungen über das Kolloquium» findet sich in maschinenschriftlicher Fassung eingeklebt im FP 1931, S. 112.

654 Der Grosse Rat des Kantons Bern hatte der Erteilung von Doktordiplomen in der Sitzung vom 12.3.1834 zugestimmt (Tagblatt des Grossen Rates 1834, S. 62); ferner Junker, Geschichte II, S. 86.

655 FP 6.12.1929, S. 89–90. Dort auch die weiteren hier zitierten Artikel.

des Gelübdes, welches die Bewerber nach erfolgreicher Promotion durch Handschlag abzulegen haben: «Ich gelobe, der akademischen Würde, die mir heute verliehen worden ist, stets Ehre zu machen; ich verspreche, so viel ich vermag, der Wissenschaft zu dienen und ihre Würde aufrecht zu erhalten; ich gelobe, die wissenschaftliche Erforschung der Wahrheit stets als eine ernste und hohe Aufgabe zu betrachten.»Nach Artikel 5 kann durch einstimmigen Beschluss der Fakultät die Würde eines Doctor honoris causa verliehen werden. Mit einigen geringfügigen Modifikationen wurde das Reglement angenommen. Etwas verkürzt könnte man sagen, man habe das alte Lizenziatsreglement zum Doktoratsreglement aufgewertet.

Zehn Tage später wurde noch ein Habilitationsreglement verabschiedet, welches dasjenige vom 28. Februar 1896 ersetzte.[656] Demnach musste der Bewerber ein Gesuch an die Unterrichtsdirektion stellen unter Beilegung eines Lizenziats- oder Doktordiploms und einer Habilitationsschrift, die nur dann als Habilitationsschrift anerkannt werden konnte, wenn sie mindestens die Note magna cum laude erhalten hatte. Eine Probevorlesung vor der Fakultät und ein Colloquium schlossen das Prozedere ab. Am 27. Dezember 1929 genehmigte die Regierung das Reglement.

Diese späte Angleichung an den an anderen Fakultäten längst etablierten Usus bedarf einer Erklärung, die nicht so einfach zu finden ist, wie auf den ersten Blick zu erwarten. Dazu ist zu beachten, dass von der Frage nach dem «normalen» Doktorat diejenige nach dem Ehrendoktorat nicht zu trennen ist, auch wenn die Unterscheidung der beiden im heutigen Gebrauch klar zu sein scheint. Es ist deshalb von den zeitlichen Prioritäten her angebracht, zuerst mit den Ehrenpromotionen zu beginnen.

Das Fakultätsprotokoll vom 12. November 1835 referiert den Beschluss mehrerer Fakultäten, das Stiftungsfest der Hochschule «durch Ehrenpromotionen zu feyern». Die Theologische Fakultät wird angefragt, ob sie sich daran auch beteiligen möchte, spricht sich aber mit einer Gegenstimme dagegen aus. Man finde diese Feierlichkeit überhaupt nicht gut und gedenke «in keinem Fall selbst thätig daran Theil zu nehmen, einmal weil die Zeit zu kurz sei um sich nach Promovenden umzusehen, deren Annahme vorher gewiss seyn müsste; sodann weil es der Fakultät übelstehen würde, von der durch die kürzliche Graduierung zweier ihrer Mitglieder von Basel aus erst erhaltenen Facultas promovendi schon Gebrauch zu machen».[657] Von dieser Haltung rückte man ein geschlagenes Vierteljahrhundert nicht ab.[658] Zur Feier des

656 FP 17.12.1929, S. 93.

657 FP 12.11.1835, S. 242. Am ersten Stiftungsfest im November 1835 wurden insgesamt 13 Ehrendoktoren ausgezeichnet. Junker, Geschichte II, S. 90.

658 Die in Kommission Hochschulgeschichte, Dozenten, erwähnten Ehrendoktorate für Matthias Schneckenburger (1835) und für Karl Bernhard Wyss (1862) lassen sich aus dem Fakultätsprotokoll nicht nachweisen.

25-jährigen Bestehens der Universität Bern 1859 klopft die Erziehungsdirektion erneut an mit der Frage, ob man nicht zur Feier Ehrenpromotionen oder sonstige Ehrungen vorzunehmen gedenke. Erneut ist die Antwort der Fakultät negativ, obwohl man den legalistischen Unterton der ersten Ablehnung etwas abschwächt: «Ungeachtet geäusserter Zweifel darüber, ob wir nach deutscher Universitätsregel dazu befugt wären, da kein Mitglied der Fakultät den theologischen Doktorgrad besitzt, sondern nur einige von ihnen theils den von Doktoren der Philosophie, theils den von Licentiaten der Theologie; wurde angenommen, die Fakultät hätte nach dem hiesigen Hochschulreglement entschieden das Recht, selbst die Doktorwürde zu ertheilen. – Gleichwohl wurde erkannt: von diesem Rechte für diessmahl keinen Gebrauch zu machen, also auch auf das Jubiläum keine Ehrenpromotionen vorzunehmen.»[659] Nach heutigem Wissensstand ist der schon an der Akademie lehrende Karl Bernhard Wyss 1862 der erste aktenkundige Doctor honoris causa der Theologie der Universität Bern.[660] Ihm folgten zwei Jahre später die Herren Alois Emanuel Biedermann und Felix Bungener auf Anregung der Theologischen Fakultät Zürich, die dafür Rudolf Rüetschi den Status eines Ehrendoktors verlieh, sowie Gottlieb Studer als weiteres Fakultätsmitglied.

Diese fakultäre Selbstermächtigung scheint den nächsten protokollführenden Sekretär übrigens derart beeindruckt zu haben, dass er ab 1863 in eigener Kompetenz gleich alle anwesenden Professoren zu Doktoren beförderte.[661]

Einer zweifelsfreien Auflistung der Ehrenpromovierten der Evangelisch-theologischen Fakultät stehen vorwiegend Quellenprobleme im Wege. Es existieren zwar Listen von Ehrenpromovierten unterschiedlicher Provenienz ohne Angabe von Entstehungszeit und Autorschaft und von zweifelhafter Zuverlässigkeit – dies gilt auch für die Angaben im Ergänzungsband zur Hochschulgeschichte –, doch die in dieser Beziehung eigentlich massgebliche Quelle, das Fakultätsprotokoll, ist sehr wortkarg – nicht ohne Grund, wie ein Hinweis aus späterer Zeit verdeutlicht. Im Protokoll vom 1. Dezember 1904 meldet sich aus Anlass einer Diskussion um die Einführung des «normalen» Doktorates Fritz Barth zu Wort mit der Bemerkung, dass «die Erteilung oder Nichterteilung des Dr. theol. honoris causa vielfach zum Anlass geworden sei, den bestehenden Differenzen der theologischen Richtungen eine persönliche Spitze zu geben, welche diese Differenzen oft unnötig verschärft hat».[662] Das Fehlen der Protokollierung jeglicher Diskussion zu Ehrenpromotionen bedeutet, so ist zu vermuten, nichts anderes, als dass man diese Diskussionen «off

659 FP 3.11.1859, S. 484.

660 Seine Promovierung wird wie gesagt in den Fakultätsprotokollen nirgends erwähnt, sondern nur erkennbar in einem Vermerk seines Kollegen Albert Immer in seinem Personaldossier StAB, BB IIIb 525. Zu Wyss: Dellsperger, Bernhard Karl Wyss.

661 So ab S. 50 des Fakultätsprotokolls.

662 FP 1.12.1904, S. 167.

the record» führen wollte, nicht zuletzt auch, damit die Öffentlichkeit nicht intervenierte. Wie angebracht diese Vorsichtsmassnahme war, zeigt der Entrüstungssturm, als ruchbar wurde, dass Professor Biedermann aus Zürich und Pfarrer Bungener aus Genf auf Vorschlag der Theologischen Fakultät Zürich aus Anlass des Calvin-Jahres 1864 von der Fakultät einstimmig zu Ehrendoktoren gekürt worden waren.[663] Angesichts der quellenkritischen Vorbehalte ist besondere Sorgfalt bei der Registrierung von Ehrendoktoratsverleihungen geboten, weshalb die der vorliegenden Arbeit beigegebene Liste der Ehrenpromotionen der Evangelisch-theologischen Fakultät Bern für die Zeit vor dem Ersten Weltkrieg nur die Namen derjenigen enthält, deren Dank für ihre Promotion im Protokoll ausdrücklich vermerkt ist.[664]

Wie Fritz Barths Bemerkung andeutet, fiel es der Fakultät nicht immer leicht, sich auf die Verleihung eines Ehrendoktorats zu einigen, da dafür Einstimmigkeit vonnöten war. So erstaunt es nicht, dass in den 74 Jahren zwischen 1862 und 1936 nur 41 Ehrenpromotionen vorgenommen wurden. Von 1936 bis 1952 kam für ganze 16 Jahre niemand in den Genuss dieser Auszeichnung, bis mit Paul Marti der Bann gebrochen wurde. Seither steigt die Kadenz deutlich, so dass bis 2014 insgesamt 59 Ehrendoktorate verliehen wurden.

Der Zwang zur Einstimmigkeit war sicher einer der Gründe dafür, dass in den Jahrzehnten, in denen die richtungsbestimmten Gegensätze prägend waren, wenig Einigkeit zu erzielen war. Gelegentlich bedurfte es aber gar nicht der Theologie, sondern es genügte persönliche Verstimmung, um den Ernennungsprozess zu blockieren. Da die Diskussionen im Schosse der Fakultät blieben, konnten die Kandidatinnen oder Kandidaten ja ohne stichhaltige Begründung aus der Wahl gekippt werden. Dies zeigt sich exemplarisch im Falle von Gertrud Kurz. Die «Flüchtlingsmutter» war zweifellos nach dem Weltkrieg *die* Anwärterin auf eine solche Ehrung schlechthin.[665] An der Fakultätssitzung vom 9. Juli 1947 beantragte Albert Schädelin, sie mit der Verleihung der Doktorwürde für ihren Einsatz zugunsten der Flüchtlinge während des Krieges und auch danach zu ehren. Ausgerechnet der in

---

663 FP 19.5.1864, S. 509, und FP 15.6.1864, S. 510. Dazu Guggisberg, Kirchengeschichte, S. 679–680.

664 In Publikationen gelegentlich auftauchende Berner theologische Ehrendoktoren wie Adolf Schlatter, Rudolf Rüetschi oder Moritz Lauterburg fehlen aus den genannten Gründen. Rüetschi und die beiden Langhans-Brüder waren Zürcher Ehrendoktoren (1864 resp. 1877 und 1883, vgl. Schmid, Theologische Fakultät Zürich, S. 231). 1864 verdanken Biedermann, Bungener und Studer ihr Ehrendoktorat, nicht aber Rüetschi. Erschwert wird die Suche auch durch die fehlende Registerführung im ersten Fakultätsprotokollband, der sich auch sonst nicht durch besondere inhaltliche und formale Qualität hervortut. Bezeichnend ist, dass der Übergang von der Akademie zur neuen, modernen, liberalen Hochschule mit keinem Wort erwähnt und durch kein äusseres Abgrenzungsmerkmal sichtbar gemacht wird.

665 Zu Kurz: Ludi, Gertrud Kurz-Hohl.

Richtungsfragen sonst mit Schädelin verbundene Max Haller torpedierte den Antrag mit der Bemerkung, er habe 1941 und 1944 vergeblich Ehrendoktoren vorgeschlagen und sei beide Male unterlegen. Deshalb habe er «den bestimmten Vorsatz gefasst», keiner Ehrenpromotion mehr zuzustimmen.[666] Der Synodalrat immerhin teilte der Fakultät gegen Jahresende mit, er gedenke, Frau Kurz eine Dankesurkunde und ein Geschenk zu überreichen.[667]

1954 nahmen die Herren Stamm und de Quervain einen neuen Anlauf zur Promovierung von Frau Kurz. Sie würdigten ihre auch theologisch bedeutsamen vielfältigen Verdienste, nicht nur um die Flüchtlinge, und betonten, es handle sich dabei nicht um eine richtungsbestimmte Ehrung. Dies war das Stichwort für Martin Werner, der zu Protokoll gab, er habe 1947 einer Promotion von Frau Kurz noch zugestimmt, könne dies aber jetzt nicht mehr, «da die anerkannt wertvolle Tätigkeit von Frau Kurz irgendwie einen politischen Akzent bekommen habe, was er bedauert».[668] Gertrud Kurz pflegte ohne Berührungsängste seit 1954 «Kontakte zu kirchlichen Kreisen und offiziellen Stellen der DDR», was in der Zeit des beginnenden Kalten Krieges und in den Nachwehen des Berner Kirchenstreites genügte, um aus Abschied und Traktanden zu fallen.[669] Ein richtungsmässig mit Werner verbundener Kollege assistierte mit dem Argument, er sähe lieber eine Ehrung von Frau Kurz durch eine ausländische Fakultät. Überwältigt von der Wucht dieser Argumente brachen auch die Befürworter zusammen, so dass die Schlussabstimmung mit vier Gegenstimmen und vier Enthaltungen den Vorschlag von Stamm und de Quervain bachab schickte. Die Theologische Fakultät der Universität Zürich bewies zwei Jahre später die Grösse und politische Unabhängigkeit, die ihrer Berner Schwester damals abging, indem sie Gertrud Kurz 1956 die verdiente Ehrung zukommen liess. Zwei Wochen später gelang es immerhin, die Scharte ein wenig auszuwetzen, indem man die Pionierfrau der Fakultät, Dora Scheuner, zur Ehrendoktorin vorschlug. Dabei wurden speziell ihre jahrelangen Verdienste um die Einführung der Studierenden in die hebräische Sprache und ihre fünfbändige Calvin-Ausgabe gewürdigt.[670] Mit Dora Scheuner kam erstmals eine Frau in den Genuss eines Dr. theol. honoris causa der Evangelisch-theologischen Fakultät der Universität Bern, so wie sie auch schon seit 1950 die erste fest angestellte Lektorin und kurze Zeit später die erste Frau war, die sich mit dem Titel einer (Honorar-) Professorin dieser Fakultät schmücken durfte. Das Protokoll vermerkt, die Idee zu

---

666 FP 9.7.1947, S. 365. Haller wiederholte seine Weigerung drei Monate später und betonte, sie richte sich keineswegs gegen Frau Kurz persönlich (FP 30.10.1947, S. 369).

667 FP 19.12.1947, S. 374.

668 FP 3.11.1954, S. 138. An derselben Sitzung verlieh die Fakultät die Hallermedaille an Ulrich Neuenschwander.

669 FP 3.11.1954, S. 138–139.

670 FP 17.11.1954, S. 139–140.

Dora Scheuner

dieser Ehrenpromotion sei beim Nachhausespazieren nach einer Fakultätssitzung entstanden!

Gegen Ende des 19. Jahrhunderts wurde auch die Frage der Einführung eines regulären wissenschaftlichen Doktorats aktuell. Die Erziehungsdirektion legte den Entwurf eines fakultätsübergreifenden Doktoratsreglements vor, zu dem die Fakultät Stellung zu nehmen hatte. Sie tat es in ablehnendem Sinn mit der Begründung, das Reglement lasse die Möglichkeit einer Promotion in absentia offen, begünstige inländische Beamte, die eine Staatsprüfung bestanden hätten, verschweige die Spezialreglemente der einzelnen Fakultäten und übergehe das bestehende Lizenziatsverfahren. Die Angelegenheit solle an den Senat weitergeleitet und Dekan Lüdemann, ein erklärter Gegner des theologischen Doktorats, beauftragt werden, sich dort für die Beibehaltung des bisherigen Reglements einzusetzen.[671]

Anfang des neuen Jahrhunderts erreichte die Evangelisch-theologische Fakultät ein Schreiben der Theologischen Fakultät Heidelberg, «ob es nicht an der Zeit waere, der veralteten Einrichtung des Licentiatengrads fallen zu lassen und in der Theologie das Doctorexamen einzuführen, wie es die andern Fakultäten längst besitzen; neben demselben könnten Doktorierungen honoris causa immerhin fortbestehen».[672] Die jüngeren Mitglieder der Fakultät wie Marti oder Barth plädierten für eine positive Antwort, auch Steck schloss sich ihnen an. Befürworter wie Marti

671 FP 17.11.1887, S. 50, und FP 10.12.1887, S. 50.
672 FP 21.7.1904, S. 165.

begründeten ihre Haltung unter anderem damit, dass der Lizenziatentitel vom Publikum nicht mehr verstanden werde, dass ältere Theologen, die den Ehrendoktortitel wünschten, diesen an der Philosophischen Fakultät suchen müssten und dass die Christkatholische Fakultät in Bern bereits die Möglichkeit des Erwerbs eines Doktorgrades durch Examen kenne. Auch Steck erwähnte das Vorhandensein theologischer Doktoratsexamen anderer Universitäten, während Barth meinte, die Beibehaltung des Lizenziatsreglements benachteilige die akademischen Theologen. Als Einziger war Lüdemann gegen diesen überfälligen Modernisierungsschritt, mit dem etwas wolkigen Argument, es sei «eine schöne alte Sitte, die Würde eines Dr. theol. nur älteren Theologen zu verleihen, welche persönliche Reife und Erfahrung besitzen, dagegen für Anfänger im akademischen Lehramt den Licentiatengrad zu fordern», was Steck zur bissigen Replik veranlasste, anderenorts gingen Ehrendoktorate an Persönlichkeiten, die mit wissenschaftlicher Theologie wenig zu tun hätten. Man beschloss, Heidelberg anzufragen, wie man sich das zukünftige Examen denn vorstelle, ob analog zu den anderen Fakultäten «oder um eine Stufe hoeher».[673] Die Sache verlief aber offenbar im Sande, auch in Heidelberg und anderswo, die Angelegenheit brannte niemandem auf den Nägeln – und schliesslich war man die älteste Fakultät der Universität, mit Wurzeln in der Reformation.

Angesichts dieser aus heutiger Sicht seltsam wirkenden Weigerung soll hier versucht werden, die Zurückhaltung in Sachen Doktorat in einen etwas grösseren Rahmen zu stellen.

Trotz der auf umfassende philosophische Bildung ausgerichteten Ideen unter den Universitätsgründern war das Studienverständnis stark auf die Ausbildung zum Pfarrerberuf ausgerichtet. Diese Ausbildung war, unabhängig von den Inhalten, in einem Mass kanonisiert, wie es sonst in keiner anderen Studienrichtung der Fall war. Diese Tatsache liess also die Frage nach der Erteilung akademischer Würden als wenig dringend erscheinen, nicht nur in Bern. Zudem hatte man mit dem vorgeschriebenen Zugang über die kantonale Maturität auch die Forderung nach Allgemeinbildung als Studienvoraussetzung besser gelöst als die anderen Fakultäten. Es eilte also nicht mit der Erstellung eines akademischen Cursus honorum, zu welchem sich Fakultäten mit geringerem Prestige zur Selbstlegitimation genötigt sahen.[674] Erst nach fast einem halben Jahrhundert hatte die Fakultät die Lehrbefähigung durch die Schaffung eines Lizenziats- und Habilitationsreglements in eine dem allgemeinen akademischen Usus entsprechende Form gebracht, die Einführung des regulären Doktorats ein weiteres halbes Jahrhundert später vollendete nun diesen gemächlichen Angleichungs- und Normalisierungsprozess.

---

673 FP 1.12.1904, S. 104.

674 So gab sich die Philosophische Fakultät, die ihren Platz in der neuen Universität noch finden musste, bereits 1836 ein Doktoratsreglement.

Die wenigsten Professoren der alten Hochschule und der Akademie hatten übrigens einen Doktortitel, und wenn, dann hatten sie ihn an einer ausländischen Universität erworben, da die vorliberale Berner Hochschule keinen solchen verlieh.

Von den vor dem Ende des Zweiten Weltkrieges von der bernischen Regierung zu Ordinarien ernannten evangelischen Theologen hatten nur die Professoren Schneckenburger, Zeller, Studer, Nippold, Hoffmann und Guggisberg ein Doktorat, davon Studer als einziger Schweizer vor der Einführung des theologischen Doktoratsreglements. Sämtliche dieser Doktoren (ausser Guggisberg) waren aber Doctores philosophiae, kein einziger Dr. theol., also auch unter den Deutschen nicht! Von den ausserordentlichen Professoren brachten Albert Schaffter und Fritz Lienhard einen Dr. phil. mit ins Amt, und unter den Privatdozenten verfügte im 19. Jahrhundert Eduard von Muralt über einen Dr. phil der Universität Jena, Fritz Buri über einen 1934 an der Universität Bern erworbenen Dr. theol. Von Muralt wirkte später als Professor in Lausanne, Buri als Professor in Basel.[675]

Bei den Christkatholiken war die Situation insofern anders, als sie früher als ihre evangelischen Kollegen über einen reglementarischen Weg zum Doktorat verfügten. Aber auch hier war mit Eugène Michaud lange Zeit nur ein Ordinarius mit einem Dr. theol. geschmückt, Philipp Woker und Adolf Thürlings brachten einen auswärts erworbenen Dr. phil. mit, Jakob Kunz sogar einen für eine theologische Karriere unüblichen Dr. phil. nat. Arnold Gilg erwarb seinen Dr. theol. als erster Berner Ordinarius für Theologie im Jahre 1914, der spätere zweite Bischof Adolf Küry den seinen im Jahr darauf.[676] An der Christkatholischen Fakultät war man von Anfang an darauf erpicht, sich nicht nur theologisch, sondern auch bei den wissenschaftlichen Qualifikationen von der römisch-katholischen Welt abzusetzen, so galt das Tragen eines römischen Doktortitels als nicht genehm, wie Ernst Goergens erfahren musste. Ihm verbot die Fakultät auf Antrag seines Kollegen Franz Hirschwälder das Führen eines entsprechenden Titels.[677]

Brachte ein Kandidat einen auswärts erworbenen Doktortitel mit, nahm man dies zur Kenntnis, ohne es aber als Kriterium besonders zu gewichten. Weder Barth (Vater und Sohn) noch Eymann oder Werner hatten einen Doktortitel, ohne dass dies eine Rolle gespielt hätte bei ihren Berufungsverhandlungen. Das war an deutschen Universitäten nicht grundsätzlich anders, auch dort wurden Doktorate honoris causa nach Bedarf nachgeliefert, wie wir bei der Berufung Schlatters nach Greifswald gesehen haben, wo die Theologische Fakultät ihre bernische Schwester vergeblich darum ersucht hatte, Schlatter die gewünschte Qualifikation zu verlei-

---

675 Das in Kommission Hochschulgeschichte, Dozenten, S. 51, fälschlich Albert Schädelin zugeschriebene Berner Doktorat war ein Dr. h. c. der Universität Zürich. Schmid, Theologische Fakultät Zürich, S. 232.

676 Alle Angaben nach Kommission Hochschulgeschichte, Dozenten, S. 45–46.

677 FP c-kath 20.6.1876.

hen. Die zur Erreichung des Lizenziats vorgeschriebene schriftliche Arbeit wurde ja schon «Dissertation» genannt, ohne dass sie aber immer den Charakter einer ausführlicheren wissenschaftlichen Publikation angenommen haben musste, wie ebenfalls am Beispiel Adolf Schlatters zu sehen war.

Grosse Koryphäen von Lehre und Forschung wie Hermann Lüdemann und Karl Marti behaupteten ihren Platz in der Scientific Community ohne einen solchen Titel, gleich wie Karl Barth.

Die Einführung des «normalen» Doktorats bedeutete eine nachgeholte Gleichstellung mit den anderen Fakultäten an der hiesigen Hochschule, vor allem der juristischen und medizinischen, die auch in ausgeprägtem Mass auf konkrete Berufsfelder hin angelegte Studiengänge boten. Diese Angleichung war wohl auch der Einsicht geschuldet, dass man im Konzert der Fakultäten längst die einstige unbestrittene Vorrangstellung eingebüsst hatte und nun Gefahr lief, mangels Promotion in Sachen akademischen Ansehens ins Hintertreffen zu geraten. Das Doktorat in Theologie betonte das Akademische an der Pfarrerausbildung, nachdem es ja nach dem Ersten Weltkrieg Stimmen gegeben hatte, die diese an eine Art Predigerseminar oder Fachhochschule hatten auslagern wollen.

Innert weniger Jahre hatte sich überdies der Lehrkörper der Fakultät von Grund auf erneuert: Karl Marti, Wilhelm Hadorn, Eduard Bähler und Moritz Lauterburg waren verstorben, Fakultätsdoyen Hermann Lüdemann zurückgetreten, so dass Heinrich Hoffmann als einziger noch vor dem Ersten Weltkrieg ins Amt gewählter Professor übrig blieb. Neben dem bereits 1921 zum ausserordentlichen und 1925 zum ordentlichen Professor beförderten Max Haller zog eine Reihe von Homines novi in die Fakultät ein: Martin Werner als Ordinarius, Friedrich Lienhard, Albert Schädelin und Friedrich Eymann als Extraordinarien, dazu als Honorarprofessor Ernst Graf für Kirchenmusik, als Privatdozent Eymanns Freund Otto Erich Strasser und als Lektor für Pädagogik Werner Kasser, allesamt im Jahre 1928, das mit dieser Erneuerung des Kollegiums zu einem Epochenjahr der kleinen Fakultät wurde, zunächst mit zwei, nach der Wahl des Neutestamentlers Michaelis 1930 wieder mit drei Ordinarien.[678] Für dieses verjüngte Kollegium mochte die Angleichung der universitären Titulaturen an internationale Gepflogenheiten eine längst fällige Modernisierung und vor allem Gleichstellung mit der internationalen Konkurrenz bedeuten.

Die Berufung Martin Werners (und ein Jahr später von Wilhelm Michaelis) am Willen der Fakultät vorbei war eine deutliche und vielleicht sogar als kränkend empfundene Machtdemonstration der Berner Kantonsregierung, der kirchenpolitische Überlegungen bei der Professorenwahl gelegentlich gewichtiger erschienen als

---

678 Angaben wie immer nach Kommission Hochschulgeschichte, Dozenten, S. 48 ff., sowie Guggisberg, Kirchenkunde, S. 311–320: «Die Dozenten der Evangelisch-theologischen Fakultät» mit knappen, aber informativen Porträts der Dozenten.

die rein wissenschaftliche Eignung eines Kandidaten.[679] Die innerkirchliche Ruhe lag ihr mehr am Herzen als das Renommee im internationalen Universitätswettstreit. Dies zeigt sich überdeutlich beim schon fast krampfhaft zu nennenden Bemühen, Barth und die Dialektische Theologie von Bern fernzuhalten, was zwar bei der Besetzung der Lehrstühle gelang, nicht aber verhindern konnte, dass viele junge Theologen gerade durch Barth für ihr Berufsleben geprägt wurden, ob durch die Lektüre seiner Schriften oder ein auswärtiges Semester in Basel. Es lässt sich nur vermuten, dass die Fakultät hoffte, mit der Etablierung eines normativen Weges zur wissenschaftlichen Karriere über Doktorat und Habilitation im internationalen Kontext ihre Autonomie gegenüber einer allzu häufig nach politischer Opportunität statt wissenschaftlicher Qualifikation entscheidenden Regierung zu stärken.

Entscheidend war aber, dass die Frage auch anderenorts auf der Traktandenliste nach oben rückte. So vermeldet das Fakultätsprotokoll vom 7. Februar 1924, die Universität Heidelberg habe Bestimmungen eingeführt, «nach denen in Zukunft an ihr der theologische Doktor durch Examen erworben werden kann». Die Berner Fakultät, damals noch in alter Zusammensetzung, nahm ihr Bedauern über diesen Entscheid ins Protokoll auf.[680] Ein Jahr später musste man einen gleichen Entscheid der Theologischen Fakultät in Jena zur Kenntnis nehmen. Erst als die starken Figuren Lüdemann, Marti und Hadorn abgetreten waren und Lösungsbedarf auch vonseiten der Deutschschweizer Schwesterfakultäten signalisiert wurde, kam eine Regelung zustande. Ein Ausschuss traf sich in Olten – Bern war durch Dekan Haller in diesem theologischen Oltener Komitee vertreten – und einigte sich darauf, «nach Überwindung eines teilweisen Sträubens von Zürich […] statt des Lic. theol. den Dr. theol. als zu erwerbenden Grad einzuführen. Die Anforderungen an die Bewerber sollen hohe sein.»[681] Gegen Ende des darauf folgenden Jahres vermerkt das Protokoll den Eingang des Reglements von Basel, Anfang 1931 desjenigen von Zürich, gefolgt von der Mitteilung, der Regierungsrat von Basel habe das Basler Doktoratsreglement abgelehnt.[682]

Mit der Neuordnung der akademischen Titulaturen und den damit definierten akademischen Karrieresprossen hatten die evangelisch-theologischen Fakultäten des deutschen Sprachraumes innerhalb eines Jahrzehnts einen ersten Schritt in die universitäre Moderne vollzogen.

Fast ebenso komplex wie die Thematik des Doktorats ist diejenige der Habilitation. Nach heutigem Verständnis ist es so, dass nach dem Doktorat der Anwärter

679 Damit soll weder Werners noch Michaelis' wissenschaftliche Kompetenz infrage gestellt, sondern nur daran erinnert werden, dass weder Werner noch Michaelis auf der Wunschliste der Fakultät zuoberst standen.

680 FP 7.2.1924, S. 11.

681 FP 17.12.1929, S. 92.

682 FP 15.11.1930, S. 103, resp. FP 11.2.1931, S. 106.

oder die Anwärterin auf eine Universitätsprofessur sich habilitiert, indem er oder sie eine Habilitationsschrift verfasst, die von der Fakultät genehmigt werden muss. Nun ist hier aber zu unterscheiden zwischen dem von der Regierung auf Antrag der Fakultät zu vollziehenden Akt der Habilitation, dem – nicht zwingend, aber in der Regel – die Erteilung der Lehrerlaubnis, die sogenannte Venia Legendi, folgt. Es wäre nun ein Irrtum zu glauben, nach dem Erlass des Habilitationsreglements im Jahr 1929 hätten alle zu Privatdozenten, ausserordentlichen oder ordentlichen Professoren Ernannten eine Habilitationsschrift vorgelegt, im Gegenteil, dies blieb bis weit in die zweite Hälfte des 20. Jahrhunderts die Ausnahme.[683] In aller Regel wurde die Doktorarbeit, wenn sie mindestens mit magna cum laude bewertet worden war, als Habilitationsschrift anerkannt, was durchaus reglementskonform war.[684]

Der Reformdiskurs nach dem Krieg

Dass die Frage der Studienreform gerade auch die Prüfungskommission immer wieder beschäftigte, erstaunt nicht.[685] Der Berichterstatter, Pfarrer Paul Marti, brachte es auf den Punkt: «Die Erschütterungen durch den Krieg und das verstärkte Bewusstwerden der Fragwürdigkeit so mancher menschlicher Einrichtungen liessen natürlicherweise die Probleme der Ausbildung der Pfarrer sowohl bei den Studenten wie bei kirchlichen Behörden neu aufbrechen. Es ist nicht verwunderlich, dass die Kritik des gegenwärtigen Studiengangs und die neuen Vorschläge ähnlich lauteten wie in den Jahren des Ersten Weltkrieges und der ihnen unmittelbar folgenden Zeit. Man darf vielleicht die Forderungen abermals zusammenfassen in das Schlagwort: Weniger Theorie, dafür bessere Vorbereitung auf die Praxis!»[686] Die Kritik an der Theorie, so Marti weiter, meine natürlich eine Theologie mit zu starker historischer Ausrichtung, die «im Gegensatz zum wirklichen Leben stehe und die Anliegen des heutigen Menschen übersehe».[687] Während man sich aufseiten der Kritiker im Negativen einig sei, gingen die Vorschläge darüber, was zu tun sei, stark auseinander.

Summiert man aus der Rückschau die sicher gut gemeinten Reformideen, wären die zukünftigen Pfarrer zu einer Art akademischem Schweizer Taschenmesser geformt worden, mit den Klingen Psychiatrie, Pädagogik, Soziologie, Volkswirtschaftslehre, juristische Propädeutik, Anstaltspraxis, Arbeit in Werkstätten und bei Bauern.[688]

---

683 Liste der an den theologischen Fakultäten eingereichten Habilitationsschriften im Anhang, S. 450 und 456.

684 Als Erster habilitierte sich Hans Bietenhard mit einer besonderen Habilitationsschrift in Bern, nachdem er an der Universität Basel doktoriert hatte.

685 Zum Thema Studium und Reformen vgl. Guggisberg, Kirchenkunde, S. 293–302.

686 Dumermuth, Jahrzehntbericht 1951, S. 375.

687 Dumermuth, Jahrzehntbericht 1951, S. 376. Dort auch zum Folgenden.

688 Zu den Reformvorschlägen auch Guggisberg, Kirchenkunde, S. 298–299.

Die Prüfungskommission und eine vom Synodalrat eingesetzte Spezialkommission befassten sich eingehend mit der Reformagenda, blieben aus guten Gründen aber zurückhaltend. In ihrer Antwort setzten sie sich mit Nachdruck mit dem Vorwurf des mangelnden Praxisbezuges des Theologiestudiums auseinander. Drei Gesichtspunkte hielt man den Kritikern entgegen: 1. Auch wenn viele Studierende aus dem Mittelstand kämen, würden nicht wenige die oft bedrückende Lebenswirklichkeit schon kennen und bräuchten nicht durch spezielle Semester auf sie vorbereitet zu werden. 2. Man täusche sich, wenn man meine, das Zurechtfinden in der Lebenspraxis könne auf andere Weise erfolgen «als durch allmähliches Reiferwerden in der Praxis selber».[689] 3. Man verkenne beide, wenn man Praxis und Theorie gegeneinander ausspiele. Wie es keine befriedigende Praxis ohne richtige Theorie gebe, so wachse auch die Theorie immer wieder aus der Praxis. Die eigentliche Theologie könne nie als Hemmung für die Praxis angesehen werden. «Ungeschicklichkeit oder Verkehrtheit im praktischen Verhalten rühren weit mehr als die Kritiker meinen, aus einem Mangel an theoretischer und theologischer Einsicht; aber es gibt hier niemals ein Zuviel. Die Heilung kann nicht von aussen kommen. Eher müssen derartige Versuche als Versuchungen angesehen werden, vom eigentlichen Wesen der Sache wegzuführen.»[690]

Kurt Guggisberg, der in seiner «Bernischen Kirchenkunde» den studentischen Forderungen durchaus Raum gibt, hält als Vertreter des akademischen Lehrkörpers mit seiner Skepsis gegenüber allen Abbauplänen im Bereich der Theologie nicht hinter dem Berg. Sein Fazit: Im Rahmen des Möglichen seien die meisten Postulate erfüllt worden. So seien zwei kirchengeschichtliche Seminare, je zwei alt- und neutestamentliche Proseminare und Seminare, zwei systematische und je drei homiletische und katechetische Seminare festgelegt worden.[691] Im Prüfungsreglement von 1957 wurde auch ein Beschluss von 1955 aufgenommen, wonach im praktischen Examen auch «Pädagogik in Verbindung mit Psychologie» zu prüfen sei.[692] Aus diesem Reglement fielen auch alle Sonderbestimmungen für weibliche Studierende, die inzwischen ihren männlichen Kommilitonen gleichgestellt worden waren. Das Lernvikariat wurde 1959 ergänzt durch einen praktisch-theologischen Kurs, als dessen Leiter ab 1962 Pfarrer Max Ulrich Balsiger amtierte. Er dauerte fünf bis sechs Wochen und bot Übungen im Religionsunterricht für die Volksschulstufe, sprechtechnische Übungen und Kolloquien über die pfarramtliche Praxis.

Im Zeichen des Pfarrermangels musste man auch die Rekrutierungsbasis für zukünftige Pfarrerinnen und Pfarrer erweitern. So wurde zum Beispiel der Maturitätslehrgang an der Kirchlich-Theologischen Schule Basel 1961 anerkannt. Ein

---

689 Dumermuth, Jahrzehntbericht 1951, S. 376.
690 Dumermuth, Jahrzehntbericht 1951, S. 377.
691 Guggisberg, Kirchenkunde, S. 298.
692 Guggisberg, Kirchenkunde, S. 299.

knappes Jahrzehnt später wurde auch in Bern ein solcher eingeführt. In einem Brief an die Evangelisch-theologische Fakultät Bern forderte Professor Dr. Robert Morgenthaler, Direktor der Neuen Mädchenschule Bern, die Zulassung der Primarlehrerinnen und Primarlehrer zum Pfarramt als dringendes Desiderat, da die Durchführung des Sonderkurses den Pfarrermangel nicht hatte beheben können. Drei Jahre später erfüllte die Prüfungskommission diese Forderung.[693]

Zu den bis Ende des Zweiten Weltkrieges nur angedachten, aber nicht vollzogenen Reformen gehörte die Einführung eines Lehrauftrages für Hebräisch. Es wurde an der Fakultätssitzung vom 15. November 1932 von Dekan Max Haller erstmals auf die Traktandenliste gehievt mit der Begründung, ungefähr die Hälfte der Vorpropädeutiker habe das Hebraicum noch nicht und sei deshalb gezwungen, bei Dora Scheuner Privatunterricht zu nehmen. Diese käme dann auch als Lektorin infrage. Haller, als Alttestamentler ohnehin direkt betroffen, nahm dazu gleich auch Stellung, und zwar in ablehnendem Sinn. Gegen die Einrichtung eines Lektorates für Hebräisch spreche, dass die Gymnasien sich dann von ihrem gymnasialen Hebräischunterricht verabschieden würden, dass ferner die Gymnasiasten diesen Unterricht meiden würden, da man ihn ja an der Universität nachholen könne, wo er dann das vorpropädeutische Studium zusätzlich belasten würde.[694] In einer vertiefenden Aussprache wurde das Thema einen guten Monat später nochmals eingehend erörtert, mit dem Ergebnis, aus den erwähnten Gründen auf die Einführung eines universitären Lehrganges zu verzichten. Dabei blieb es auch bei zwei weiteren Anläufen in den Jahren 1934 und 1936, in denen nun Haller selbst ein Hebräisch-Lektorat für Dora Scheuner befürwortete. Wer nun gedacht hätte, die Einrichtung eines solchen Lektorates sei eine reine Formsache, musste sich wundern. Zwar genoss die tüchtige Theologin Dora Scheuner die uneingeschränkte Unterstützung der Fakultät – sie hatte bereits über 100 Studierende erfolgreich durchs Hebraicum gebracht –, aber da war noch Gottfried Widmer, der an der Philosophisch-historischen Fakultät semitische Sprachen unterrichtete. Er hegte selbst Ambitionen auf den Lehrauftrag an der Evangelisch-theologischen Fakultät, die er auch direkt bei der Erziehungsdirektion platzierte, da er wohl wusste, dass die Fakultät Scheuner favorisierte. Verschiedentlich musste das Traktandum «Hebräisch-Lektorat» während des Sommers 1949 ausführlich besprochen werden. Der Alttestamentler Johann Jakob Stamm setzte sich besonders für Scheuner ein, die ihm sein verstorbener Vorgänger Haller ans Herz gelegt hatte.[695] Stamm betonte, man dürfe die Wahl nicht allein der Regierung anheimstellen, und so beschloss die Fakultät einstimmig, Dora Scheuner vorzuschlagen. Dennoch zog sich die Sache hin. Stamm musste bei der Erziehungsdirektion erfahren, Widmer werde von der Finanzdirek-

---

693 FP 14. 11. 1962, S. 36–37; Guggisberg, Kirchenkunde, S. 299.
694 FP 15.11.1932, S. 128; FP 19.12.1932, S. 136.
695 FP 18.5.1949, S. 5–7.

tion favorisiert, da er billiger komme. Erziehungsdirektor Feldmann liess aber Stamm wissen, dass ein einstimmiges Festhalten der Fakultät an Scheuner die Angelegenheit bis Mitte November im Sinne der Fakultät entscheiden könne.[696] Dies scheint den Ausschlag gegeben zu haben, so dass Dora Scheuners Wahl zur Lektorin und damit zum ersten weiblichen Mitglied des Lehrkörpers der Evangelisch-theologischen Fakultät nichts mehr im Wege stand. Obwohl es nicht um ein Ordinariat ging, zeigt der Weg zum Hebräisch-Lektorat doch, was die Fakultät erreichen konnte, wenn sie sich einig war und jemanden hatte, der dies gegenüber der Regierung auch vertreten konnte. Stamm kam von der renommierten altehrwürdigen Basler Universität und war damit nicht von den Berner Richtungsstreitigkeiten kontaminiert. Sein wissenschaftlicher Leistungsausweis und sein gediegenes Auftreten mochten der Berner Regierung einen Hauch davon vermitteln, dass Universität möglicherweise doch mehr sein könnte als eine höhere Berufsfachschule für angehende Anwälte, Hausärzte und Pfarrer. Solche Professoren lehrten übrigens auch an den anderen Fakultäten.

Weniger klar zu deuten ist das Verhalten des Erziehungsdirektors Feldmann. Zweifellos war er der starke Mann der Regierung, der ja schon eine – allerdings gescheiterte –Bundesratskandidatur hinter sich und eine erfolgreiche vor sich hatte. Warum das Spielchen mit der Finanzdirektion? Wollte er der Fakultät eine Lehre erteilen, um ihr vor Augen zu führen, wie sehr ihr ihre jahrzehntelange Zerstrittenheit geschadet hatte und wie nützlich in Berufungsfragen ein geeinigtes Auftreten sein konnte?[697] Wie dem auch sei, im zweiten Anlauf scheint die Finanzdirektion keinen Widerstand mehr geleistet zu haben.

2.3 Die Studierenden, nicht nur aus der Sicht der Prüfungskommission

Noch befand man sich in den Kriegs- und Nachkriegsjahren an der Berner Universität in einer zahlenmässig überschaubaren Institution; wer im sogenannten Hauptgebäude an der Hochschulstrasse 4 studierte, kannte wohl die meisten derjenigen, die dort den Vorlesungsbetrieb besuchten. Trotzdem waren die Studierenden damals noch nicht automatisch per Du miteinander, dieses beschränkte sich auf die Kommilitoninnen und Kommilitonen, die man vom Gymnasium, von einem Sportverein oder von der Studentenverbindung her kannte, «die angehenden Theologen erkannte man am dunklen Anzug». «Der Zugang zu den Professoren

696 FP 28.10.1949, S. 19.

697 Wie erinnerlich scheiterte allerdings der letzte einstimmige Berufungsvorschlag der Fakultät (Nachfolge Hadorn, gegen Liechtenhan) 1930 am Widerstand des damaligen Erziehungsdirektors Rudolf. Feldmanns Tagebücher geben darüber auch keinen Aufschluss.

war leicht gemacht, obschon man zu Recht zu den Ordinarien hoch aufblickte und manche von ihnen als geistiges und charakterliches Vorbild galten.»[698]

Interessanterweise erwähnt Ulrich Im Hof die Schaffung eines Hochschulpfarramtes als akademischen Ausdruck des nach dem Ersten Weltkrieg intensiver gewordenen theologischen und religiösen Denkens, den er an den Begriffen Dialektische Theologie und Moralische Aufrüstung festmacht.

Der Berichterstatter der Prüfungskommission jenes Jahrzehnts, Professor Dr. Max Haller, äussert sich in seiner Rechenschaftsablage auch über statistische Aspekte des Pfarrernachwuchses.[699]

Er stellt zunächst eine nicht unwesentliche Verschiebung bezüglich der sozialen Herkunft der Pfarramtskandidaten fest. So hätten in der Berichtsperiode 1911–1920 die Pfarrerssöhne 18,5 %, in derjenigen von 1921–1930 sogar 23 % ausgemacht, im folgenden Jahrzehnt aber sei ihr Anteil auf die Hälfte, nämlich 13,8 %, gesunken. Korrelierend dazu habe sich die Zahl der Kandidaten, die sich aus einem anderen Studium oder Beruf der Theologie zuwandten oder sich gar erst in späteren Jahren für den Pfarrerberuf entschlossen, von zwei über vier auf 17 oder 21 % erhöht. Ähnlich sei auch das Bild bei den übrigen Studierenden. Hier stelle mit 16 Vertretern «der Lehrerstand» das stärkste Kontingent, indem entweder der Vater oder der Kandidat selbst diesem angehörte, gefolgt von den 14 Mann der landwirtschaftlichen Berufe wie Käser, Müller usw., und erst dann kämen die Pfarrerssöhne. Nur fünf Söhne anderer akademischer Berufe hätten in der Berichtsperiode den Weg ins Theologiestudium gefunden, seltener als solche aus dem Handels- und Beamtenstand mit neun respektive sieben Vertretern. Handwerk (1) und Arbeiterschaft (4) stehen am Ende der Rangliste. Dies führt Haller zu folgender Bilanz: «So lässt sich zusammenfassend feststellen, dass, wie in der bernischen Kirche überhaupt, Bauernstand und ländliche Lehrerschaft das Hauptkontingent des theologischen Nachwuchses stellen, dass dagegen sowohl die Bildungsschicht, wie das Proletariat, sich fern halten. Dies ist einerseits erfreulich, weil es zeigt, dass die Kirche und der Kirchendienst ihre feste Wurzel im Volk haben; andrerseits ist eine feste pastorale Tradition in den Kirchen der Reformation im Unterschied zur katholischen immer als ein wertvolles Erbstück betrachtet worden.»[700]

Dass der Pfarrerberuf angesichts der oft prekären wirtschaftlichen Verhältnisse den Angehörigen freier Berufe wenig verlockend erscheine, sei bedauerlich, aber verständlich.

Da nun immer mehr Studierende aus pfarrhausfernem Milieu stammten, ordnete der Synodalrat im Jahr 1935 an, ein von der Synode gewähltes Mitglied der

---

698 Als anonymer Bericht über das Studentenleben in den Vierzigerjahren zitiert bei Im Hof, Hohe Schule, S. 87 und 427, dort auch Quellenangabe Schweizer Monatshefte 2, 1983.

699 K. v. Greyerz, Jahrzehntbericht 1941, S. 380–381.

700 K. v. Greyerz, Jahrzehntbericht 1941, S. 381.

Prüfungskommission damit zu betrauen, im Anschluss an die bestandene Propädeutikumsprüfung die Studierenden «in einer freundschaftlichen Aussprache über die innerkirchlichen Erfordernisse, die an einen Diener des göttlichen Worts gestellt werden, zu orientieren».[701] Die Angesprochenen erhielten auch Gelegenheit, sich zu äussern, und der Berichterstatter konnte befriedigt feststellen, «dass diese Neuerung bei den Studierenden Anklang gefunden, sich bewährt hat und nicht mehr aufgegeben werden sollte».[702]

Ganz zum Schluss erwähnt Haller die vier Theologinnen Dora Nydegger, Salome Sulser, Alice Lüscher und Dora Ringgenberg, die in der Berichtsperiode die erforderlichen Examina bestanden hätten, wovon eine in der Diaspora arbeite, wo sie auch ordiniert worden sei, was bei einer Rückkehr ins bernische Kirchengebiet Schwierigkeiten verursachen dürfte, da die bernische Kirche eine Ordination von Theologinnen nicht kenne. Er verstarb bekanntlich, bevor er die Einführung derselben erleben musste.

Der Kommissionsbericht über das nächste Jahrzehnt hatte naturgemäss zunächst den Blick auf die kriegsbedingten Erschwernisse für die jungen Theologen zu richten. Die Prüfungskommission hatte abzuwägen, wie viel an Erleichterungen den Examinanden zuzugestehen waren, besonders da «der Ernst der Zeit ja von allen ohne Ausnahme besondere Leistungen forderte».[703] Sie hielt deshalb an den Ansprüchen für Klausurarbeiten und mündliche Prüfungen fest und gestattete bloss Erleichterungen bei den Akzessarbeiten. Mit einem aus heutiger Sicht eher befremdenden Bedauern stellt der Berichterstatter fest, dass die beiden biblischen Sprachen immer häufiger an der Fakultät und nicht mehr am Gymnasium erlernt werden, und spricht hierbei sogar von einem «Notstand», übertroffen an Schrecklichkeit nur noch, «wenn dem an der Theologischen Fakultät Immatrikulierten sogar der Maturitätsausweis für Latein fehlt».[704]

Den Berichterstatter erfreute der Zuwachs an Bewerbern für den Kirchendienst von 137 im Jahrzehnt davor auf nun 176, nicht eingerechnet die fünf Theologinnen, welche die Examina bestanden. Dieser Zuwachs jedoch erregte die Besorgnis, ob die Kirche denn auch allen Absolventen eine Arbeitsgelegenheit bieten könne, eine Sorge allerdings, die zukünftige Pfarrer mit vielen anderen Berufsgattungen teilten. Angesichts dieses Andrangs stellte sich natürlich die Frage, wie man mit Bewerbern umzugehen habe, die aus dem Konkordatsgebiet oder aus dem Ausland in den bernischen Kirchendienst drängten.[705] Dabei stellte man fest, dass man an

701 K. v. Greyerz, Jahrzehntbericht 1941, S. 381.

702 K. v. Greyerz, Jahrzehntbericht 1941, S. 382.

703 Dumermuth, Jahrzehntbericht 1951, S. 372. Dort auch zum Folgenden.

704 Dumermuth, Jahrzehntbericht 1951, S. 373.

705 Der Begriff Konkordatsgebiet bezieht sich auf das «Konkordat betreffend gegenseitige Zulassung evangelisch-reformierter Geistlicher in den Kirchendienst» vom 19.2.1862 zwi-

die Bewerber aus dem französischsprachigen Berner Jura, die an welschen Fakultäten studiert und mit der Note «genügend» abgeschlossen hatten, strengere Massstäbe angelegt hatte als bei den eigenen, indem man von ihnen wie bei den Kandidaten aus dem Konkordatsgebiet eine Akzessarbeit verlangte. Die Kommission änderte dies und pries sich glücklich, diesen jungen Anwärtern dank Professor Alfred de Quervain auch französische Vorlesungen anbieten zu können.[706]

Die Euphorie war aber schon ein Jahrzehnt später verflogen, als der Berichterstatter der Prüfungskommission, Pfarrer Werner Bieri aus Burgdorf, den Pfarrermangel als auffälligstes Merkmal des vergangenen Jahrzehnts bezeichnete.[707] Statt 176 wie im Jahrzehnt davor wurden 1951 bis 1960 nur 137 Personen in den Kirchendienst aufgenommen. Was ihm noch bedenklicher schien, war der Umstand, dass nur mehr 78 Personen als VDM aus der Berner Fakultät hervorgingen (darunter auch einige jüngere Missionare mit abgekürztem Studium), während die restlichen entweder aus dem Konkordatsgebiet (33), aus der Welschschweiz (19) oder aus dem Ausland stammten. Dies führte natürlich zu einer erhöhten Frequenz von Reformvorschlägen aller Art für Studium und Prüfungen. In bewährter schweizerischer Manier reagierte man mit der Einberufung von Kommissionen wie zum Beispiel derjenigen von 1956, die vom Schweizerischen Evangelischen Kirchenbund bestellt worden war und an der die drei deutschschweizerischen Prüfungskommissionen mit je einem Mitglied vertreten waren. Auch die Berner Prüfungskommission hatte sich mit allerlei Reformideen zu befassen, die hier nicht im Detail zu referieren sind.

Zur soziologischen Herkunft der Studierenden stellt Guggisberg in seiner Kirchenkunde fest, es habe sich in dem von ihm behandelten Zeitraum nicht viel verändert.[708] Drei Viertel der Studierenden rekrutiere sich aus den oberen vier Einkommensschichten und nur 3,7 % aus Arbeiterkreisen, was sich nun aber ändere, denn der Anteil der Studierenden, die Stipendien bezögen, sei sehr hoch, höher als bei anderen Fakultäten. Am stärksten seien die Lehrerssöhne und -töchter vertreten, gefolgt von Kindern von Landwirten und Handwerkern, aus dem Handels- und Beamtenstand. «Angestiegen ist die Zahl der Söhne von Predigern und Evangelisten, für die der Pfarrerberuf einen sozialen Aufstieg bedeutet.»[709] Seine Bemerkung,

---

schen den Kantonen AG, AR, GL, SH, TG und ZH, ab 1870 auch BS und BL. Nach diesem Konkordat bilden die Konkordatskantone eine gemeinsame Prüfungsbehörde für die zukünftigen Pfarrer und Pfarrerinnen. Vgl. eLexikon, Konkordatskarte, www.peterhug.ch/lexikon/45_0114 (29.3.2020). Ferner Guggisberg, Kirchenkunde, S. 300–301 und 308.

706 Dumermuth, Jahrzehntbericht 1951, S. 274.

707 Leuenberger, Jahrzehntbericht 1962, S. 258–272.

708 Guggisberg, Kirchenkunde, S. 302. Er zitiert Hans Frutiger aus den Verhandlungen der Kirchensynode von 1960.

709 Guggisberg, Kirchenkunde, S. 302.

neben den Lehramtsfächern biete «das Theologiestudium wohl am meisten Aufstiegsmöglichkeiten ins öffentliche Leben», ist hingegen wohl schon zu der Zeit, als sie verfasst wurde, eher Wunsch gewesen als Realität.

Zu den nützlichen und erwünschten Traditionen im Leben der Studierenden gehört sicher der Aufenthalt an einer anderen Universität, am besten im Ausland. Auf dieses Thema wurde bereits im ersten Hauptteil dieser Arbeit hingewiesen.[710] Für die hier interessierende Epoche wurden nach den Matrikelbüchern untersucht, wie viele Studierende an welchen Universitäten ein oder mehrere auswärtige Semester zubrachten.[711] Erfasst wurden die Zahlen für die Jahre nach dem Ende des Ersten Weltkrieges bis 1962, das Jahr der Emeritierung Karl Barths. Dieses letzte Datum war der Ausgangspunkt der Frage, denn es sollte untersucht werden, ob es einen «Karl-Barth-Sog» an der Berner Evangelisch-theologischen Fakultät gab. Es lässt sich ohne Mühe feststellen, dass anders als vor dem Ersten Weltkrieg die Mehrzahl (175 Nennungen) der auswärts Studierenden nach Basel gingen, gefolgt vom Zürich Emil Brunners mit 101 Nennungen. Nun muss einschränkend dazu gesagt werden, dass ein wesentlicher Teil des untersuchten Zeitraumes in die Krisen- und Kriegsjahre fällt, so dass der Besuch der schweizerischen Schwesterfakultäten notgedrungen denjenigen einer deutschen Fakultät ersetzen musste. Dennoch lässt sich mit der gebotenen Vorsicht ein «Barth-Effekt» konstatieren. Während in den Jahren vor Barths Berufung nach Basel bloss ein gutes halbes Dutzend Studierende den Weg nach Basel fanden, steigen die Zahlen nach 1935 deutlich an. Auch wenn man nur die Nachkriegszeit in Betracht zieht, als die deutschen Universitäten wieder zugänglich waren, dominiert der Zulauf nach Basel die anderen Studienorte deutlich. Dies fällt auch im langfristigen Vergleich auf, wo Basel in der Ära der Dominanz der liberalen Theologie kaum eine Rolle als Studienort für Berner spielte. Von der kriegsbedingten Einschränkung konnten auch die welschen Fakultäten der Universitäten Lausanne, Genf und Neuenburg in einem allerdings bescheidenen Ausmass profitieren, doch spätestens ab den Fünfzigerjahren des letzten Jahrhunderts wurden die traditionellen theologischen Zugvogelrouten nach Heidelberg, Berlin, Tübingen, Marburg und Göttingen wieder aktiviert.[712]

---

710 Siehe oben Teil I, Kap. 6.

711 StAB, BB IIIbb 1168 Band XII–1173 Band XVII. Die Tabelle mit den Zahlen dazu findet sich im Anhang, S. 510–514.

712 Als Albert Schädelin als Münsterpfarrer pensioniert und sein Sohn nicht zu seinem Nachfolger gewählt wurde, vermerkte Markus Feldmann am 27.1.1952 triumphierend in seinem Tagebuch: «Heute hat die Bartherei am Berner Münster mit der Wahl von Pfarrer Müller/Wabern gegen Schädelin junior, Adelboden […] eine vernichtende Niederlage erlitten. Es hat doch endlich ‹Luft› gegeben. Zum Abschied von der Kirchendirektion ein hübsches Präsent, das auch der ‹Theologischen Arbeitsgemeinschaft› gut tun möge. […] Wo die Demokratie in der Kirche sich wirklich auswirken kann, kommt es recht heraus.» (Feldmann, Tagebuch 4, S. 219) Selten hat sich Feldmann so geirrt wie mit dieser Ein-

2.4 Die Erneuerung des Lehrkörpers im Zeichen des abflauenden Richtungsstreites[713]

Das Ende des Krieges in Europa und einige Monate später auch in Ostasien führte vorerst keineswegs zu einer friedlicheren Stimmung innerhalb der Fakultät, wie bereits beim zähen Ringen um die Beförderung de Quervains zum Ordinarius zu sehen war. Seit zwei Jahrzehnten wurde bei jeder Neubesetzung einer Professorenstelle der tiefe Graben, der die Fakultät teilte, wieder sichtbar, so auch, als es um die Nachfolge des Praktologen Albert Schädelin ging, der 1950 emeritiert wurde.

Auf die Nachfolge aspirierte Johannes Dürr, der 1946 an der Berner Fakultät promoviert hatte und seit 1947 als Privatdozent für Praktische Theologie mit besonderer Berücksichtigung der Missionswissenschaften lehrte. Stamm, Schädelin, Michaelis und de Quervain unterstützten die Kandidatur Dürr, die liberale Seite Werner Kasser, obwohl Martin Werner anlässlich von dessen Beförderung noch versichert hatte, dieser werde sich nicht um Schädelins Nachfolge bewerben.[714] Dürrs Nachteil: Er war nicht Pfarrer, was prompt gegen ihn vorgebracht wurde; Kassers Nachteil: Er war 12 Jahre älter als Dürr und wissenschaftlich weniger ausgewiesen als dieser. Die ganze Angelegenheit zog sich weit über ein Jahr hin, bis die Erziehungsdirektion schliesslich der Fakultät mitteilte, man habe dem Regierungsrat den Vorschlag der Fakultätsmehrheit (Dürr) beliebt zu machen versucht, sei aber gescheitert. Die Regierung habe an ihrer Sitzung vom 13. April 1951 entschieden, den Lehrauftrag für Praktische Theologie allein Herrn Kasser zu übertragen.[715] Offenbar gelang es aber, innerhalb der Regierung zu einem Kompromiss zu gelangen, des Inhaltes, Dürr ein Extraordinariat für Praktische Theologie mit den Fächern Homiletik, Liturgik, Kasualien und Missionswissenschaft zu übertragen und Kasser mit einer ausserordentlichen Professur für Praktische Theologie mit den Fächern Katechetik, Pastoraltheologie, Pädagogik, Schulkunde und kirchliche Liebestätigkeit zu betrauen. Dieser Kompromiss würde aber nur in Kraft treten, wenn die Fakultät ihn einstimmig annehme, was diese mangels Alternative auch tat.[716] Ein Nachspiel hatte diese Begebenheit ein Jahr später, als die Regierung, ohne von der Fakultät darum gebeten worden zu sein, vorschlug, Privatdozent Friedrich

---

schätzung: 1. Die Wahl Müllers ging nicht gegen Barth, sondern sollte eher einer «Dynastie Schädelin» vorbeugen. Müller war zudem alles andere als antibarthianisch. 2. Was Feldmann hätte voraussehen können: Die «Bartherei» ging jetzt erst richtig los!

713 Zu den Dozenten der Evangelisch-theologischen Fakultät und ihrer wissenschaftlichen Bedeutung vgl. Guggisberg, Kirchenkunde, S. 311–320. Statistisches Material zur Professorenschaft ab 1834 in extenso in Kommission Hochschulgeschichte, Dozenten, S. 215–255.

714 FP 16.11.1949, S. 20; FP 14.12.1949, S. 14.

715 FP 18.4.1951, S. 44–45.

716 FP 18.4.1951, S. 45.

Schär einen zusätzlichen Lehrauftrag für Psychologie zu erteilen bei gleichzeitiger Beförderung zum Extraordinarius.[717] Dürr beklagte sich bitter darüber, dass die Regierung für so etwas Geld habe, er aber mit Professur und Lohn bei der Basler Mission nicht einmal auf das Gehalt eines Stadtberner Primarlehrers komme. Während Werner triumphierte, kritisierten Michaelis und de Quervain die regierungsamtliche Bevorteilung der liberalen Seite und monierten, die Beförderung Schärs sei ein Affront gegen Wolfgang Senn, den Kirchenmusiker von Weltrang, Lektor seit 1938, und Otto Erich Strasser. Im Katalog der Gegenargumente tauchte auch das Argument der Überforderung der Studierenden auf, wenn ein weiteres Prüfungsfach im Angebot auftauche.

Gab gerade keine Berufung Anlass zu Auseinandersetzungen, so konnte sich Streit auch an anderen Themen entzünden, wie sich bei der Promotion des Werner-Schülers Ulrich Neuenschwander zeigen sollte. Michaelis und de Quervain lehnten sie in der Form, in der sie eingereicht worden war, ab mit der Begründung: «In einer Dissertation dürfe man nicht derartig hämische, abschätzige und boshafte Urteile fällen, wie das Herr N. getan habe.»[718] In der Sache wurde ebenfalls deutlich Kritik geübt, was zur Folge hatte, dass Ulrich Neuenschwander seine Doktorarbeit überarbeiten und entschärfen musste, trotz des liberalen Sukkurses der Herren Guggisberg und Werner. Neuenschwander revanchierte sich 1948 mit einem glänzenden Doktorexamen und trat im darauf folgenden Jahr seine Laufbahn als akademischer Lehrer an, die ihn ins Ordinariat führte und gekrönt wurde durch die Wahl zum Rektor für das Jahr 1977/78. Das Amt blieb ihm jedoch wegen seines zu frühen Todes 1977 versagt und fiel an seinen Kollegen Hermann Ringeling.

Bemerkenswert ist, dass die richtungsbedingten Gegensätze sich an den verschiedensten Themen und Gelegenheiten entzünden konnten, wobei dem rückschauenden Betrachter weniger die sachliche Differenz als die hohe Emotionalität auffällt, die die Auseinandersetzungen annehmen konnten. Dies zeigt exemplarisch die Behandlung einer Anfrage des Synodalrates, ihre Beantwortung durch die Fakultät und die Ausweitung in die theologische Öffentlichkeit durch die theologische Richtungspresse. Es ging um vier Fragen, die der Synodalrat Ende des Jahres 1951 den Bezirkspfarrvereinen und der Evangelisch-theologischen Fakultät zum Thema der christlichen Auffahrtsfeier vorlegte:[719]

---

717 FP 10.12.1952, S. 86–87. Offenbar war dies ein Wunsch des abgetretenen Erziehungsdirektors Feldmann an seinen Nachfolger Virgile Moine gewesen.

718 FP 30.10.1947, S. 370.

719 FP 14.12.1951, S. 56–58. Es handelte sich um eine vom Synodalen Pfarrer Charles Brütsch, Bern, eingereichte Motion vom 5.6.1951 mit dem Wortlaut: «Um die Bedeutung der christlichen Himmelfahrtsfeier mehr hervorzuheben, wird der Synodalrat eingeladen, die Möglichkeit der Feier des heiligen Abendmahls in den Kirchen des Kantons am Auf-

Der Synodalrat fragte erstens, ob der Auffahrtsgottesdienst in seiner üblichen Form in besonderer Weise an innerer Uneinheitlichkeit leide, die auch durch die dem einzelnen Prediger zuzugestehende Freiheit nicht zu rechtfertigen sei, und zweitens, ob sie nicht im Widerspruch zur Himmelfahrtsbotschaft der Bibel und zu den entsprechenden Liedern des Kirchengesangbuches stehe. Er sei drittens nicht der Meinung, die relative Bedeutungslosigkeit der Auffahrtsgottesdienste lasse sich durch die Einführung der Abendmahlsfeier allein überwinden, «sondern einzig durch eine dem Sinn dieses Feiertages entsprechende Verkündigung». Daraus folgte nun viertens der eigentliche Auftrag an die Fakultät: «Welches ist der wesentliche Inhalt der Himmelfahrtsbotschaft, die unsere Kirche aufgrund von Konsekrationsgelübde und Kirchenverfassung zu verkündigen hat?»[720]

In der nun folgenden Aussprache im Schosse der Fakultät wurde rasch klar, dass zur zentralen Frage vier keine Übereinstimmung zu erzielen sei. So einigte man sich darauf, zwei verschiedene Antworten auszuarbeiten. Je ein Vorschlag Martin Werners und des Dekans de Quervain sollten in der Fakultätssitzung von Ende Januar 1952 besprochen werden, nachdem sie bei den Kollegen in Umlauf gesetzt worden waren.[721]

Der Neutestamentler Wilhelm Michaelis nahm das Thema nun zum Anlass, sich im «Kirchenblatt für die reformierte Schweiz» vom 13. und 27. März und vom 10. April 1952 eingehender mit der Thematik rund um Christi Himmelfahrt zu beschäftigen. Seine in wissenschaftlicher Gründlichkeit vorgetragene These ist hier nicht inhaltlich zu würdigen. Im vorliegenden Zusammenhang interessiert nur, dass Michaelis explizit und ausführlich die wissenschaftliche Beurteilung des Auffahrtsgeschehens durch die «konsequente Eschatologie», wie sie sein Kollege Martin Werner vertrat, aufs Korn nimmt und zurückweist. Er setzt sich ausführlich mit Äusserungen Werners in früheren Artikeln zum Thema auseinander, polemisch, aber im Rahmen des sachlich Vertretbaren. Dass ihn dabei gelegentlich der Hafer sticht, wird an verschiedenen Stellen deutlich, zitiert sei nur die Bemerkung: «Es wird ohnehin deutlich geworden sein, dass in dem exegetischen Stall der konsequenten Eschatologie reichlich viele Rösser stehen, die am Schwanz aufgezäumt sind.»[722]

Solches konnte ein allzeit kampfbereiter Martin Werner nicht auf sich sitzen lassen. Er replizierte im Juli 1952 in einem Artikel mit dem Titel «Exegetisches zur Himmelfahrtspredigt» in der «Schweizerischen Theologischen Umschau».[723]Auch

---

fahrtstag zu untersuchen und darüber in einer der nächsten Synoden Bericht zu erstatten.» Zit. nach Kirchenblatt für die reformierte Schweiz, 108/6 (1952), S. 82.

720 Beide Zitate FP 14.12.1951, S. 56.

721 FP 14.12.1951, S. 58.

722 Michaelis, Exegetisches zur Himmelfahrtspredigt, in: Kirchenblatt für die reformierte Schweiz, 108/8 (1952), S. 116.

723 Werner, Himmelfahrtspredigt, S. 83–91.

seine Argumentation, insofern sie sich mit Michaelis' wissenschaftlich begründeten Einwänden gegen die konsequente Eschatologie auseinandersetzt, ist hier nicht darzustellen. Den Boden der sachlichen, wenn auch durchaus polemischen Argumentation verlässt Werner erst am Ende seiner Entgegnung. Nicht nur, dass er Michaelis unterstellt, Religion verführe in seiner «wissenschaftlichen» Argumentation «dermassen zu täuschendem Missbrauch von Methode und Sachwissen, d. h. zur Sophistik», dass der theologische Betrieb die Grenze erreiche, wo er aufhöre, vertrauenswürdig zu sein. «Was würde aus unsern gesellschaftlichen Zuständen, wenn die öffentliche Rechtspflege in der Gesetzesauslegung ebenso verfahren würde, wie hier mit dem Bibeltext verfahren wird?»[724]

Dann wird Werner persönlich. Er fragt rhetorisch, ob Michaelis wirklich immer nur von rein religiösen Motiven geleitet worden sei bei seinen Angriffen gegen die konsequente Eschatologie, so zum Beispiel, als er 1942 im «Kirchenfreund» gedroht habe, der Kampf gegen die konsequente Eschatologie richte sich gegen einen Koloss mit tönernen Füssen, dessen Sturz allerlei zu Boden reissen werde. «In solcher Drohung führte doch wohl damals – im Kriegsjahr 1942! – weniger der Theologe als vielmehr der deutsche Nationalsozialist Wilhelm Michaelis das Wort. Und offenbar nicht ihm, sondern den Ereignissen des Jahres 1945 haben wir es zu verdanken, dass die Drohung nicht in Erfüllung ging.»[725] Das war nun eindeutig auf den Mann gespielt und zielte auf Michaelis' Achillesferse, der ja, wie erinnerlich, noch immer nur im halbjährlichen Provisorium angestellt war.

Der Schlussabschnitt von Werners Replik enthielt nach Auffassung seines Kontrahenten einen so schweren menschlichen Vorwurf, dass Dekan Johann Jakob Stamm die beiden Streithähne zu klärenden Gesprächen einladen musste, die Ende Oktober 1952 im Dekanat stattfanden. Nachdem Michaelis betont hatte, seine Aussage sei in keiner Weise politisch gemeint gewesen, erwiderte Werner: «Ich nehme die Erklärung des Herrn Michaelis, dass das keine politische Drohung gewesen sei, zur Kenntnis und erkläre, dass ich auf meinem Vorwurf in keiner Weise mehr insistiere.»[726] Er sicherte ferner zu, dass er jeden Versuch, den Vorwurf aufzunehmen und gegen Michaelis zu verwenden, «abbiegen würde». Darauf erklärten beide Professoren die Angelegenheit in der Weise für erledigt, «dass sie einem kollegialen Verhältnis in rechtlichem Sinne nicht mehr hinderlich im Wege sei».[727] Ein Jahr vor dessen Emeritierung geriet auch Stamm noch ins Feuer des wernerschen Furors, als es um die Zulassung eines Habilitationsgesuches für das Fach Religionsgeschichte ging, das Stamm mit dem Hinweis auf vernichtende Gutachten aus Basel

724 Werner, Himmelfahrtspredigt, S. 90.
725 Werner, Himmelfahrtspredigt, S. 91.
726 FP 5.11.1952, S. 81.
727 FP 5.11.1952, S. 81.

zurückwies, worauf er sich von Werner vorwerfen lassen musste, er sei halt doch mit den bernischen Bräuchen zu wenig vertraut.[728]

Noch einmal flammte der Streit auf, als es 1957 um die Nachfolge von Martin Werner ging. Öl ins Feuer goss wohl die der Fakultät hinterbrachte Mitteilung, dass 133 Synodale und 212 amtierende Pfarrer eine Eingabe an die Regierung gerichtet hätten, den Lehrstuhl für Systematische Theologie einem Vertreter der kirchlichen Rechten zu übertragen.[729]

Das Fakultätsprotokoll vom 27. November 1957, das wohlweislich auf die früher übliche detaillierte Wiedergabe der Voten verzichtet, erwähnt dann namentlich acht Bewerbungen, darunter diejenigen der Privatdozenten Ulrich Neuenschwander, Gottfried Locher und der Basler Barth-Schüler Heinrich Ott, der später Barths Nachfolger in Basel wurde, und Eduard Buess und natürlich des Berner Extraordinarius Hans Schär, der von der liberalen «Fraktion» portiert wurde mit der Begründung, es gebe keinen Grund, ihm einen auswärtigen Kandidaten vorzuziehen. Schär war seit 1942 als Privatdozent an der Fakultät tätig, wo er 1953 zum ausserordentlichen Professor aufstieg. Daneben amtierte er als Pfarrer und Religionslehrer im Kanton Solothurn und ab 1947 an der Berner Petruskirche.

Man einigte sich auf folgendes Vorgehen: Die Liberalen votierten mit drei Stimmen für Schär primo und Neuenschwander secundo loco, die Positiven für Locher an erster und Buess an zweiter Stelle. Werner und de Quervain übernahmen die Aufgabe, die jeweiligen Gutachten zuhanden der Regierung zu verfassen.[730]

Die Regierung folgte dem Mehrheitsantrag und ernannte Gottfried Locher zum Nachfolger Werners. Diese Berufung bedeutete eine historische Zäsur in dem Sinne, dass erstmals seit der Gründung der Evangelisch-theologischen Fakultät im Jahre 1834 nicht ein Liberaler zum «Cheftheologen» der Fakultät berufen wurde. Die liberale Minderheit musste darauf reagieren, indem sie durch Werner Kasser eine Erklärung ins Protokoll aufnehmen liess des Inhalts: «Die liberale Fakultätsminderheit kann und wird sich mit der Überlassung der beiden Lehrstühle für Systematische Theologie an die kirchliche Rechte nicht zufrieden geben und behält sich vor, bei sich bietender Gelegenheit einen Ausgleich zu verlangen.»[731]

Angesichts des erneut drohenden Streites waren also ein Kolumbus und ein Ei gefragt. Jener, in Person des Alttestamentlers Johann Jakob Stamm, war bereits seit fast zehn Jahren Mitglied der Fakultät, das Ei würde sich bald finden. Stamm hatte Anfang der Fünfzigerjahre einen Ruf nach Göttingen ausgeschlagen und dafür die Beförderung zum Ordinarius erlangt. Im Jahr 1956 erreichte ihn ein weiterer Ruf,

728 FP 23.1.1956, S. 161–165; FP 8.2.1956, S. 167–169.
729 FP 3.7.1957, S. 189.
730 FP 27.11.1957, S. 192.
731 FP 29.1.1958, S. 195.

diesmal nach Heidelberg, der «führenden Theologischen Fakultät Deutschlands» (de Quervain), wo Gerhard von Rad persönlich ihn als Kollegen wünschte, wie das Protokoll ehrfürchtig vermerkt, den er aber nach dreimonatiger Bedenkzeit ausschlug.[732] Zwei Jahre später widerstand er auch der Versuchung einer Berufung in sein heimatliches Basel, wofür er sich mit der Einrichtung einer Assistentenstelle – notabene der ersten an der Evangelisch-theologischen Fakultät – und einem Bibliothekskredit für die von ihm mitbetreute Religionsgeschichte honorieren liess, der sich auf damals unerhörte 1000 Franken belief.[733] Stamm selbst aspirierte auf eine Übernahme der altorientalischen Sprachen, die seit 1928 von Gottfried Widmer an der Philosophisch-historischen Fakultät betreut worden waren, wofür Stamm mit seinem Leipziger Doktorat in Assyriologie in besonderer Weise qualifiziert war.[734] Sein Vorschlag ging nun dahin, den Lehrauftrag für schweizerische Kirchengeschichte neu zu verwenden. Da für die Kirchengeschichte immer wieder auch deutsche Professoren zuständig waren, Fakultät und Kirche aber der Ansicht waren, der schweizerischen Kirchengeschichte gehöre besonderes Augenmerk, erhielten Schweizer Dozenten besondere Lehraufträge für dieses Gebiet, so Eduard Bähler, Wilhelm Hadorn und zuletzt Otto Erich Strasser, Pfarrer in Bern und ausserordentlicher Professor an der Universität Neuenburg. Durch die Emeritierung Strassers waren nun wieder Mittel frei zur Neuverwendung. Stamm beantragte, sie der Religionsgeschichte zur Verfügung zu stellen, die er abzugeben wünschte, da er sonst nicht in der Lage sei, die Altorientalia zu übernehmen. Gleichzeitig schlug er vor, die entsprechenden Lehrveranstaltungen an Johann Friedrich Schär zu übertragen bei gleichzeitiger Beförderung desselben zum Ordinarius. Das Protokoll hält fest: «Er bezweckt damit auch eine Verminderung der kirchenpolitischen Spannungen an unserer Fakultät.»[735] Im Protokoll sind die Glücksgefühle der Beteiligten über diesen Vorschlag deutlich spürbar, und beinahe euphorisch beschliesst man auch noch gerade, den Privatdozenten Robert Morgenthaler und Ulrich Neuenschwander je einen zweistündigen Lehrauftrag für Neues Testament respektive für ein philosophisches Proseminar zu übertragen. Alles ging als einstimmig beschlossener Antrag an die Erziehungsdirektion, und Schär erhielt 1960 sein Ordinariat für Religionsgeschichte, schweizerische Kirchengeschichte, Systematische Theologie, Reli-

732 FP 16.4.1956, S. 179; FP 4.7.1956, S. 181.

733 FP 2.7.1958, S. 198. Martin Klopfenstein wurde 1961 erster Assistent der Evangelisch-theologischen Fakultät Bern. 1976 folgte er seinem Lehrer Johann Jakob Stamm auf den Lehrstuhl für Altes Testament. Diese Stelle war auch in einer Motion an der Synode gefordert worden (ebd. S. 199).

734 Auch Widmer war ein «Leipziger» (Doktorat 1914) und kompetenter Altorientalist an der Philosophisch-historischen Fakultät mit Schwerpunkt Arabistik, dazu 1918–1956 Pfarrer in Bätterkinden. Kommission Hochschulgeschichte, Dozenten, S. 152, Nr. 6.2.027.

735 FP 19.11.1958, S. 205.

gions- und allgemeine Psychologie, von dem er aber bereits sieben Jahre später durch einen frühen Tod im Alter von 56 Jahren abberufen wurde.

Diese salomonische Lösung setzte zwar die Richtungsdebatte nicht ausser Kraft, entspannte aber die Situation nachhaltig, wie die Protokolle der folgenden Jahre unschwer erkennen lassen. Spielte der Richtungsaspekt eine Rolle, bemühte man sich, der Gegenseite wann immer möglich eine Kompensation anzubieten. So einigte man sich rasch darauf, nach dem Rücktritt Kassers Dürr zum vollamtlichen Extraordinarius für Praktische Theologie zu befördern und dafür die Pastoraltheologie Schär zu übertragen sowie den liberalen Pfarrer Max Ulrich Balsiger zum Lektor für Praktische Theologie und zum Leiter des praktisch-theologischen Kurses zu ernennen.

Zweifellos mochten die Rücktritte der beiden Protagonisten Werner und Barth vom Professorenamt und ihr bald darauf erfolgter Tod 1964 (Werner) respektive 1968 (Barth) sowie die Emeritierung ihrer Berner Weggefährten und Gegner im gleichen Dezennium das ihre zur Beruhigung der Lage beigetragen haben; es harrten am Horizont neue und politisch brisantere Herausforderungen auf die Universitätslehrerinnen und -lehrer, die die theologischen Richtungskämpfe bald einmal antiquiert erscheinen liessen.[736]

2.5 Karrieren: Der akademische Nachwuchs zwischen Opfer und Förderung

Nach heutigem Verständnis beginnen akademische Karrieren in der Regel mit einer Anstellung als Assistentin oder Assistent.[737] Im Verlauf dieser ersten akademischen Stellung sollte auch die erste wissenschaftliche Qualifikation in Gestalt eines Doktorats erworben werden. Entweder direkt daran anschliessend oder über den Umweg einer beruflichen Anstellung ausserhalb der Universität erfolgt dann berufsbegleitend oder während einer Oberassistenz die Habilitation, die für die Bewerbung um einen Lehrstuhl qualifiziert.

Wie also wurden Theologen Professoren? Wie im ersten Hauptteil bereits gezeigt, ging der Weg zur Professur über das Pfarrhaus, zumindest was die Professoren schweizerischer Herkunft betrifft. Sie bewarben sich bei der Fakultät um eine Höherqualifizierung in Form eines Lizenziates, das durch ein entsprechendes Reglement strukturiert war und gleichzeitig, erforderliche Noten vorausgesetzt, als Habilitation galt. Erst 1929 wurde dieses Verfahren an der Evangelisch-theologischen

---

736 Es starben: Martin Werner 1964, Wilhelm Michaelis 1965 (im Amt), Alfred de Quervain 1968 (em. 1966), Johann Schär 1967 (im Amt), Albert Schädelin 1961.

737 Dazu grundlegend: Die Geschichte der Assistenten, in: Kommission Hochschulgeschichte, Hochschulgeschichte, S. 561–583.

Fakultät durch die Einführung des Doktorats und die Trennung von Doktorat und Habilitation neu geordnet. Noch gab es aber, wie die im Anhang zu dieser Arbeit aufgelisteten Dissertationen zeigen, nur wenige Doktoranden der Theologie. In den Sechzigerjahren des letzten Jahrhunderts verfügte dann die Mehrheit der ordentlichen und ausserordentlichen Professoren über ein «normales» Doktorat (Guggisberg, Stamm, Dürr, Schär, Neuenschwander, Maurer, Bietenhard, Morgenthaler), bei ihren Vorgängern dagegen war noch das Ehrendoktorat de rigueur (Haller, Werner, Kasser, Schädelin, de Quervain, Michaelis, Ausnahme Hoffmann mit einem deutschen Dr. phil.).

Vereinfachend lässt sich festhalten, dass bis weit in die Sechzigerjahre des letzten Jahrhunderts der akademische Nachwuchs wie zuvor aus dem Pfarramt herauswuchs und sich, teilweise unter erheblichen Opfern, um die wissenschaftlichen Qualifikationen bemühen musste. Hatte ein Nachwuchswissenschaftler schliesslich eine Venia erlangt, konnte es immer noch passieren, dass die Regierung beim Ausbleiben von Studierenden kurzerhand den Lohn kürzte, wie es zum Beispiel in den Jahren 1959 und 1960 geschah. Die Fakultät wies vorerst vergeblich darauf hin, dass die Entlöhnung der Privatdozenten nicht nur ihre Lehrtätigkeit, sondern auch ihre Forschung alimentierte. Um gegenüber der regierungsrätlichen Sparsamkeit wirksamer auftreten zu können, beschloss sie klugerweise, die stärksten Kohorten zu bemühen, und gelangte via Senatsausschuss an den Rektor, den renommierten Staatsrechtler Hans Huber, in der richtigen Annahme, dass sein Gutachten bei den Juristen in Regierung und Verwaltung den nötigen Nachhilfe-Effekt auslösen würde, was seine Wirkung nicht verfehlte.[738] Der in der Rolle des Finanzdirektors eingebaute Sparreflex liess sich dadurch aber nicht auf Dauer ausschalten, denn als es darum ging, Lehrstuhlvertretungen während Freisemestern abzugelten, teilte die Regierung mit, solche hätten kostenneutral zu erfolgen.

Die Autorinnen und Autoren der Prosopografie der Universität Bern haben errechnet, dass sich das Durchschnittsalter bei der Habilitation zwischen 1834 und 1980 nur um knapp zwei Jahre von 35,1 auf 37,4 Jahre erhöhte.[739] Das Habilitationsalter war damit, so die Autorinnen und Autoren der Studie, bei den Theologen immer schon recht hoch, es lag aber im letzten Viertel des 20. Jahrhunderts im Rahmen der anderen Fakultäten, obwohl die Gründe dafür nicht dieselben waren wie im 19. und in der ersten Hälfte des 20. Jahrhunderts.[740] Während im 19. und in der ersten Hälfte des 20. Jahrhunderts, wie eben erwähnt, «die Bewährung in der Praxis» die Karriere vor der Privatdozentur dominierte – die Autorinnen sprechen hier von einem in der Schweiz vorherrschenden «akademischen Milizsystem» –, änderte sich dies je nach Fakultät unterschiedlich rasch nach dem Zweiten

738 FP 12.8.1959, S. 223; FP 6.7.1960, S. 247; FP 1.2.1961, S. 260.

739 Kommission Hochschulgeschichte, Dozenten, S. 207–255.

740 Kommission Hochschulgeschichte, Dozenten, S. 236 mit Tabelle.

Gebäude mit Räumen für die Christkatholische Fakultät an der Erlachstrasse 17, erbaut von Professor Michaud für seine Familie, später in Staatsbesitz übergegangen

Weltkrieg. Mit der Einführung und Verbreitung der Assistenz verlagerten sich die idealen Startbedingungen für eine akademische Karriere immer mehr an die Universität selber.[741]

2.6 Die Einführung des Assistentenstatus an der Evangelisch-theologischen Fakultät

Der eingangs dieses Kapitels umrissene moderne akademische «Normallebenslauf» etablierte sich an den theologischen Fakultäten, nicht nur der Universität Bern, relativ spät. Die Pionierrolle in der Frage der Assistenten kommt zweifellos der Medizinischen Fakultät zu, an der Assistenten schon zur Zeit der Hochschulgründung ein Thema waren.[742] Ab 1860 tauchten Assistenten auch an der naturwissenschaftlichen Abteilung der Philosophischen Fakultät auf. In diesen Wissenschaftsbereichen wurden dann auch die grundsätzlichen Fragen des Assistentenstatus diskutiert und durchgekämpft, im Besonderen natürlich die Lohnfrage. War die Assistenz eine unbezahlte Ehre oder bezahlter Beruf? Das war nicht zuletzt auch eine existenzielle Frage für die vielen, die nicht aus vermögendem Elternhaus stammten. Die Assistenten wussten sich zu wehren, stellten konkrete Lohnforderungen, drohten mit Streik und gründeten schliesslich zu diesem Zweck einen Verband bernischer Assistenzärzte als Sektion des Verbandes schweizerischer Assistenzärzte. Die Regierung musste angesichts der Streikdrohung nachgeben – der Landesstreik lag erst ein knappes Jahr zurück – und den Assistenten 1919 eine angemessene Besol-

741 Kommission Hochschulgeschichte, Dozenten, S. 237.

742 Kommission Hochschulgeschichte, Hochschulgeschichte, S. 569–570.

dung zugestehen. Anfang der Zwanzigerjahre arbeiteten im medizinischen Bereich (Spitäler und Institute) rund 40 Assistenten – ihre Zahl wuchs bis zum Vorabend des Zweiten Weltkrieges auf rund 70 – und an der Philosophischen Fakultät der naturwissenschaftlichen Richtung ein gutes Dutzend.

Nach dem Zweiten Weltkrieg wuchs der Druck, die Nachwuchsförderung an den Hochschulen energischer an die Hand zu nehmen, damit die Schweiz konkurrenzfähig blieb. Das Thema erhielt zusätzlichen Schub durch den Umstand, dass die deutschen Universitäten mit ihren «fast unerschöpflichen Reservoiren an akademischen Lehrern» nach dem Zweiten Weltkrieg als Nachwuchslieferanten ausfielen.[743] Parlament und Regierung erkannten die Zeichen der Zeit und schufen in Besoldung und Arbeitsgestaltung in den späten Vierzigerjahren des letzten Jahrhunderts erste Grundlagen einer moderneren Nachwuchsförderung. Dass damit innerhalb der Universität für den nun entstehenden «Mittelbau» noch nicht alles gewonnen war, zeigt der Kampf der Assistentinnen und Assistenten um die Mitbestimmung des Mittelbaus, der parallel zu den entsprechenden Vorstössen der Studierenden von den Sechzigerjahren an geführt wurde.[744]

Diese Entwicklungen können natürlich nicht losgelöst von den quantitativen Veränderungen jener Jahrzehnte betrachtet werden. Allein zwischen 1955 und 1965 stiegen die Assistentenzahlen um 45 %, die Studentenzahlen hatten sich seit dem Ende des Ersten Weltkrieges mehr als verdoppelt. Den Löwenanteil an Assistentenstellen beanspruchten 1965 nach wie vor die Mediziner mit 62 % und die Naturwissenschaften mit 25 %. Die Juristische Fakultät mit 6 %, die Philosophisch-historische Fakultät mit 3 % und die Evangelisch-theologische Fakultät mit 0,5 % aller Assistentenstellen waren bescheidener dotiert.

In dieses historische Umfeld sind nun die Bemühungen um die Errichtung von Assistentenstellen an der Evangelisch-theologischen Fakultät einzuordnen. Es fällt auf, dass die Fakultät in dieser Frage eher zögerlich agierte, dabei handelte es sich um einen institutionellen Modernisierungsschritt, der sich eigentlich zwingend aus der Einführung des Doktorats- und des Habilitationsreglements hätte ergeben müssen.

Im Jahre 1958 verlangte eine Motion der Synode an den Synodalrat, der Erziehungsdirektion die Einrichtung einer Assistentenstelle zu beantragen.[745] Johann Jakob Stamm bemerkte dazu, die Einrichtung einer Assistentenstelle «sei eine der drei Bedingungen für sein weiteres Verbleiben in Bern gewesen». Die Diskussionen der folgenden Fakultätssitzungen drehten sich vor allem um Fragen, wie lange Assistenten denn beschäftigt werden sollten, welches ein geeigneter Arbeitsbereich sei, wie die Präsenzzeit zu bestimmen und ob die Assistenz mit kirchlichem Dienst

743 Kommission Hochschulgeschichte, Hochschulgeschichte, S. 574.
744 Kommission Hochschulgeschichte, Hochschulgeschichte, S. 578.
745 FP 2.7.1958, S. 198. Dort auch das folgende Zitat.

zu verbinden sei oder nicht. Die Fakultät schlug der Erziehungsdirektion vor, den Assistenten mit einer Präsenzzeit von 44 Stunden in der Woche anzustellen, wobei seine Hauptaufgabe in der Betreuung der Seminarbibliothek bestehen solle und er nur die halbe Zeit insgesamt der Fakultät und den Dozenten zur Verfügung zu stehen habe. Die restliche Zeit solle er wissenschaftlich arbeiten. Anfang des Jahres 1959 genehmigte der Regierungsrat das Projekt und bewilligte eine Assistentenstelle für drei Jahre, wobei die Fakultät nach zwei Jahren der Regierung Bericht zu erstatten habe. In der Folge wurde Martin Klopfenstein zum ersten Assistenten der Evangelisch-theologische Fakultät der Universität Bern ernannt.

Erneut Bewegung kam in die Angelegenheit, als der Systematiker Gottfried Wilhelm Locher 1962 einen Ruf nach Bonn erhielt und er seine Ablehnung mit dem Wunsch nach einer weiteren Assistentenstelle verband. Direktionssekretär Max Keller von der Erziehungsdirektion liess die Fakultät wissen, dass die Fakultät grosszügiger ausgebaut werden müsse: «Die Vermehrung der Assistentenstellen sei ein Postulat, für welches durchaus Verständnis vorhanden sei.»[746] Zunächst einmal erhielt Locher eine Assistentenstelle ad personam, während die erste zwar den Inhaber wechselte, aber intern als gesamtfakultäre Assistenz zählte, obwohl wiederum ein Alttestamentler sie besetzte. Alles schien in Sachen Assistenz auf guten Wegen, als im Frühjahr 1964 ruchbar wurde, «dass offenbar die Kirchendirektion in dieser Sache bei der Erziehungsdirektion interveniert hat, der Assistent würde beim herrschenden Pfarrermangel nützlicher in einer Gemeinde eingesetzt».[747] Als Quelle dieser «liebenswürdigen Intervention» verortete die Fakultät den Synodalrat oder den Kirchenschreiber, die via Kirchendirektion diese Meinung der Erziehungsdirektion souffliert hätten.[748] Begreiflicherweise zeigte sich die Fakultät hier ungehalten über diesen Übergriff in ihren Kompetenzbereich. Drei Jahre später war man in der Fakultät schliesslich so weit, den Aufbau des Assistentenkaders systematischer an die Hand nehmen zu können, was zunächst in die praktische Forderung mündete, einen zweiten Fakultätsassistenten anzustellen und die Zahl der Assistenten zu erhöhen, «um die Willkür in der Gewährung persönlicher Assistenten in ihrer Auswirkung zu kompensieren».[749] Gegen Ende der Sechzigerjahre postulierte man als Fernziel die Zuordnung je eines Assistenten pro Ordinariat, was dann Anfang der Achtzigerjahre erreicht war: 1982 umfasste die Evangelisch-theologische Fakultät acht Ordinariate, zwei vollamtliche Extraordinariate, zwei nebenamtliche Extraordinariate, zehn Assistentenstellen, davon zwei Oberassistenten, sowie vier Verwaltungsangestellte beziehungsweise Bibliothekarinnen.[750]

---

746 FP 9.10.1962, S. 26.

747 FP 13.4.1964, S. 84.

748 FP 29.4.1964, S. 87.

749 FP 8.11.1967.

750 Kommission Hochschulgeschichte, Hochschulgeschichte, S. 593.

3. Das Pfarramt – auch für Frauen?

Ebenso wenig neu wie andere politische Forderungen war diejenige nach Einführung des Frauenstimm- und -wahlrechts.[751] Um 1950 standen 1,4 Millionen berufstätigen Schweizer Männern bereits fast 550 000 berufstätige Schweizerinnen gegenüber, die als Steuerzahlerinnen ihren fiskalischen Anteil ans Staatswohl beitrugen.[752] Es konnte schon aus dieser Perspektive, erst recht unter dem Aspekt der Gerechtigkeit, niemanden wundern, wenn die Frauen bei dieser Frage nicht locker liessen, sie war der Türöffner auf dem langen Weg zur Gleichberechtigung. Es brauchte nach 1848 rund 70 Abstimmungen in Gemeinden, Kantonen und Bund, bis die älteste moderne Demokratie Europas den Frauen die politische Gleichberechtigung zugestand.[753] «Frauenstimmrecht bedeutet für das männliche souveräne Volk Teilung der Macht. Zu allen Zeiten war diese eines der letzten Dinge, zu dem sich ein Souverän entschliessen konnte.»[754] Den männlichen Schweizer Souverän kümmerte es nach dem Krieg wenig, dass man in Europa zum Exoten wurde; dass man der Charta der neu gegründeten UNO widersprach, brauchte den Schweizer Durchschnittsbürger nicht zu kümmern, die UNO wollte ja die Schweiz nicht und die Schweiz die UNO nicht.

Nach Brigitte Studer zeigt gerade das Beispiel der Schweiz, «wie nachhaltig Staatsbürgerschaft in der Moderne geschlechtsspezifisch geprägt war». Dieser Prägung lag eine seit ihren Anfängen erstaunlich konstante Argumentation zugrunde, die «sich um die Definition der sozialen Geschlechterordnung und der biologischen Geschlechterdifferenz mit ihren dahinter stehenden Repräsentationen des Staates und ihren Konkretisierungen im politischen und gesellschaftlichen Alltag» drehte, also um die «Natur» von Mann und Frau. Nach Studer wurden «beachtliche intellektuelle Anstrengungen zur Untermauerung dieses Konstrukts auf der einen Seite und zu seinem Abbau respektive Umbau auf der anderen» unternommen. An diesem Diskurs seien nicht nur Politiker, sondern auch die Wissenschaft, die Presse, allerlei Interessengruppen und «der Stammtisch» beteiligt gewesen.

---

751 Mesmer, Staatsbürgerinnen. Sehr lesenswert S. 261–269 zur Situation nach dem Krieg und zu den ebenso peinlichen wie auffälligen Parallelen zur Nachkriegszeit nach dem Ersten Weltkrieg. Knapper der Essay von Studer, Geschichte.

752 Zahlen (ohne Teilzeitbeschäftigte) nach: Ritzmann-Blickenstorfer, Historische Statistik, S. 398.

753 Studer, Geschichte, S. 545, auch zum Folgenden.

754 Die Nation, Nr. 26–27, zit. nach Studer, Geschichte, S. 546.

Kirche, Theologinnen und Theologen stellten in diesem Diskurs selbstverständlich nur eine, wenn auch damals noch wichtige Teilmenge dar. Da man im «Kirchenspeak» nicht rein biologisch argumentieren konnte, bemühte man die (natürliche) Schöpfungsordnung, obwohl bei genauer Lektüre der biblischen Schöpfungstexte nichts dazu herauszulesen war, oder man bemühte die passenden Paulusworte und filterte die unpassenden heraus. Die gleichsam säkularisierte Variante des Rückbezuges auf den Apostel Paulus lieferte der Schwyzer Nationalrat Josef Schuler, der – ungeachtet der Tatsache, dass sogar Papst Pius XII. im Oktober 1945 vor italienischen Frauenverbänden erklärte, «es sei nun eine Pflicht der Frauen, am öffentlichen Leben teilzunehmen und den Stimmzettel im Sinne der Familie und des Friedens zu nutzen» – in der Nationalratsdebatte vom 12. Dezember 1945 seine Kollegen mit der stupenden Einsicht beglückte, anno 1291 seien auf dem Rütli nur Männer gewesen. Da habe man keine Frauen gesehen.[755]

Mit der krachenden Ablehnung der ersten gesamteidgenössischen Frauenstimmrechtsvorlage 1959 hatte sich die Schweiz dann endgültig als staatsbürgerliches Ballenberg Europas lächerlich gemacht.[756]

Über die Arbeit und die Anstrengungen, denen sich die Frauenstimmrechtsverbände unterziehen mussten, ist hier nicht zu berichten. Es ist klar, dass die Theologinnen, die die Gleichberechtigung von Frauen im Pfarramt anstrebten, davon dankbar profitierten. Was sie jedoch, anders als ihre Geschlechtsgenossinnen auf politischer Ebene, anstrebten, war eine theologische Auseinandersetzung.[757]

Um die Haltung von Evangelisch-theologischer Fakultät und Reformierter Landeskirche zur Thematik der Frau im Pfarramt ins Gesichtsfeld zu bekommen, empfiehlt sich zunächst ein Blick auf die Jahrzehntberichte im Auftrag des Synodalrates für die Zeit zwischen 1930 und 1960. Diese drei Berichte gehen in Gewichtung und Enthusiasmus durchaus unterschiedlich auf das Thema ein. Schon erwähnt wurde, dass der Berichterstatter über das Jahrzehnt 1930–1940, Pfarrer Karl von Greyerz, als religiös-sozialer Pfarrer Frauen in kirchlichen Ämtern vorbehaltlos empfahl, wobei er keinen Unterschied zwischen Kirchgemeinderätinnen und Pfarrerinnen machte. Der in seinem Bericht am Schluss über das Geschehen in der

755 Beide Zitate nach Mesmer, Staatsbürgerinnen, S. 262. Der Schriftsteller Felix Moeschlin, auch Mitglied des Nationalrates (Landesring der Unabhängigen), erwiderte, er – Schuler – sei ja auf dem Rütli auch nicht dabei gewesen und habe trotzdem die Aktivbürgerrechte (ebd., S. 263).

756 Die Deutlichkeit des ablehnenden Votums mochte verstärkt worden sein durch den Umstand, dass der zuständige Bundesrat Markus Feldmann, ein vehementer Befürworter des Frauenstimmrechts, 1958, einige Monate vor der Abstimmung, überraschend gestorben war. Mesmer, Staatsbürgerinnen, S. 298.

757 Lindt-Loosli, Hülfsarbeiterin, S. 68, zur Argumentation der Theologin Dora Scheuner.

Prüfungskommission referierende Alttestamentler Max Haller war wie bereits erwähnt gegen das Pfarramt für Frauen. «Welche Veränderungen, vielleicht grundstürzender Art, die Umwälzungen aller menschlichen Ordnungen, in der wir mitteninne stehen, und denen auch unser Land und unser Volk sich nicht wird entziehen können, für unsere bernische Landeskirche und damit für jeden einzelnen Diener derselben mit sich bringen wird, vermag heute noch keine menschliche Voraussicht abzusehen.»[758] Obwohl zweifellos nicht auf die Theologinnenfrage bezogen, könnte man diesen Satz im Schlussabschnitt seines Berichtes über die Tätigkeit der Prüfungskommission auch kontrafaktisch zur zukünftigen Stellung der Frau im Pfarramt lesen.

Der darauf folgende Bericht über die Jahre 1941–1950, verfasst von Pfarrer Gotthold Dumermuth und Pfarrer Paul Marti, steht ganz im Zeichen des Pfarrerüberflusses, so dass die beiden Berichterstatter zumindest von der Seite des Bedarfs her kaum veranlasst waren, der Frauenfrage besondere Aufmerksamkeit zu gewähren. Immerhin lässt der Abschnitt über die Theologin in Dumermuths Bericht durch die Auswahl seiner das volle Pfarramt für Frauen vertretenden Zitate seine Sympathie für ihr Anliegen durchscheinen. Marti als Vertreter der Prüfungskommission vertröstet die Theologinnen auf die absehbare Gesamtrevision des Prüfungsreglements.

Interessanter für die vorliegende Thematik ist nun aber der dritte Jahrzehntbericht über die Jahre 1951–1960, verfasst von Pfarrer Fritz Leuenberger für den allgemeinen Teil und Pfarrer Werner Bieri für den Tätigkeitsbereich der Prüfungskommission. Beide Texte werden inhaltlich geprägt vom recht unvermittelt auftretenden Pfarrermangel jener Jahre. Die Berichte rezitieren einen vielstimmigen Chor von Vorschlägen zur Behebung des Mangels. Sie lassen sich vergröbernd in zwei Gruppen von Massnahmen ordnen. Da sind auf der einen Seite die beharrlich erneuerten Forderungen nach intellektueller Entfrachtung des Studiums, worunter meist der Abbau philologischer und historischer Anforderungen verstanden wurde, der durch den Ausbau moderner Wissensgebiete zu ersetzen sei. Auf der anderen Seite kamen, auch nicht ganz neu, die Forderungen nach Ausweitung der Rekrutierungsbasis auf Angehörige anderer Berufe wie Missionare und Lehrer. Die Fakultät wehrte sich, wie bereits gezeigt, gegen den Kahlschlag im intellektuellen Bereich, verschloss sich aber auch nicht zeitgemässen Neuerungen im Fächerangebot. Die ganze Diskussion gipfelte schliesslich in der Einführung eines theologischen Sonderkurses, der, basierend auf einer Motion des Synodalen Pfarrer Dr. Robert Morgenthaler, von der Synode am 1. Dezember 1959 bewilligt wurde.

Erstaunlich aus heutiger Sicht ist nun nicht, was alles an Reformvorschlägen zur Behebung des Pfarrermangels vorgebracht wurde – sie wiederholten meist

758 K. v. Greyerz, Jahrzehntbericht 1941, S. 382.

Bekanntes –, sondern vielmehr, was offenbar nur am Rand in der ganzen Debatte aufschien. Zwar wurde den Frauen, wie noch zu zeigen sein wird, in jenem Jahrzehnt der Zugang zum vollen Pfarramt endlich gewährt, aber offenbar dachten die Granden der bernischen Kirche zuallerletzt daran, dass man dem Pfarrermangel mit einer gezielten Propaganda bei den theologisch interessierten Frauen zu Leibe rücken könnte.[759] Auch die Fakultät hätte ein Interesse daran haben können, hätte doch ein Zustrom von lernwilligen Studentinnen die Konkurrenz für die Männer erhöht und damit die intellektuellen Abwrackpläne ins Leere laufen lassen. So wirkt es fast rührend, wenn Berichterstatter Bieri schüchtern feststellt, die Kommission habe 1955 noch gezweifelt, «ob eigentlich Frauen nach ihrem Schlussexamen zur Aufnahme ins Ministerium von uns empfohlen werden sollten und könnten».[760] Kirchendirektion und Synodalrat sahen keinen Hinderungsgrund mehr, worauf die Kommission «den Bescheid mit rechter Dankbarkeit zur Kenntnis» nahm, «denn sie hatte eben gerade schon eine Theologin zur Aufnahme ins Ministerium empfohlen. Nun darf es mit gutem Gewissen auch künftig geschehen, und es wären damit auch die Rechte der Theologin etwas vervollständigt worden.»[761]

Die uneingeschränkte Zulassung der Frauen zum Pfarramt war an sich eine Thematik, die von den Mitgliedern der Evangelisch-theologischen Fakultät noch so gerne der Kirchenpolitik, das heisst den Instanzen Kirchendirektion, Synode und Synodalrat, überlassen wurde. Diese hätten auf der anderen Seite gerade in Sachen Frauenordination wohl nicht ungern ein klärendes Wort vonseiten der Universitätstheologie vernommen, wurden aber enttäuscht. Die Fakultät, schwach und in Richtungskämpfen sich aufreibend, konnte sich zumindest bis Ende der Vierzigerjahre in kaum einer inhaltlichen Frage zu einem einigermassen kohärenten Vorgehen zusammenraufen. Während Martin Werner von Beginn an klar für die Gleichstellung der Frau votierte, Albert Schädelin sich etwas zögerlich dazu durchrang, bekämpfte Max Haller diese zumindest in kirchlicher Hinsicht erbittert.[762]

Die Theologinnen aber liessen nicht locker und brachten schon gegen Ende des Zweiten Weltkrieges wieder Schwung in die Thematik Frau und Kirche.[763] Im Jahrzehnt zwischen 1941 und 1950 hatten zehn Frauen ein Theologiestudium in Angriff genommen und fünf hatten es mit Erfolg abgeschlossen, allerdings mit dem herabstufenden Titel einer Gemeindehelferin oder, ab 1948, einer Pfarrhelferin.

---

759 Zur gelegentlichen Erwähnung des vollen Frauenpfarramtes zur Behebung des Pfarrermangels vgl. Lindt-Loosli, Hülfsarbeiterin, S. 107.

760 Leuenberger, Jahrzehntbericht 1962, S. 267.

761 Alle Zitate Leuenberger, Jahrzehntbericht 1962, S. 267. Noch 1939 gab es im Synodalrat Befürchtungen, «bei Pfarrermangel und Theologinnenüberfluss könnten diese ‹Pfarrerinnen› werden und nicht mehr ‹Gehilfinnen› bleiben!». Lindt-Loosli, Hülfsarbeiterin, S. 58.

762 Lindt-Loosli, Hülfsarbeiterin, S. 75.

763 Das Folgende nach Lindt-Loosli, Hülfsarbeiterin, S. 65–76.

Die Theologinnen hofften nun mit einigem Recht, dass die längst fällige Neufassung des Kirchengesetzes von 1874 sie auf dem Weg zur Gleichberechtigung voranbringen würde. Zwar enthielt der von Kirchendirektor Hugo Dürrenmatt vorgelegte Gesetzesentwurf von 1943 noch den Artikel 26 Absatz 2, der da lautete: «Frauen sind als Pfarrer an öffentlichen Kirchgemeinden nicht wählbar», doch immerhin entbrannte bei den Vorbereitungen im Synodalrat und später noch engagierter im Grossen Rat die Debatte. Dort engagierten sich, nicht überraschend, vor allem Vertreter der Linken für die Gleichstellung der Frauen im Pfarramt, aber auch deren Hinweise auf die Gleichheit der Prüfungsanforderungen bei Juristen und Medizinern fruchteten nichts, die Gegner stellten ihr Gehör auf Durchzug oder bemühten nochmals Fundstücke aus der Brockenstube des Geschlechterdiskurses wie jener prominente Votant, der seinen Zuhörern folgendes Argument zumutete: «Wir sehen in dieser verschiedenen Behandlung einen Ausfluss der Verschiedenheit der Geschlechter, also kein Unrecht, sondern eine natürliche Erscheinung.»[764] Angesichts des anhaltenden Widerstandes auch des federführenden Regierungsrates Hugo Dürrenmatt wundert es nicht, dass das damals noch ausschliesslich männliche Berner Stimmvolk das Kirchengesetz am 6. Mai 1945 nur knapp annahm.

Aufgrund von Artikel 67 des neuen Kirchengesetzes durfte nun die Kirchensynode zur Ordnung der inneren kirchlichen Angelegenheiten eine neue Kirchenverfassung ausarbeiten. Diese ordnete den Frauen weiterhin nur den Status einer Pfarrhelferin zu (Artikel 34), was von Synode und stimmberechtigtem Kirchenvolk 1946 diskussionslos genehmigt wurde.[765] In der vorberatenden Kommission hatten auch Professoren verschiedener Richtungen mitgewirkt, ohne dass dies den Frauen etwas gebracht hätte.

Es brauchte nun den Widerstand von Theologinnen, aufgeschlossenen Pfarrern und Kirchgemeinderäten, um die Unhaltbarkeit der durch das revidierte Kirchengesetz geschaffenen Lage zu entlarven. Dieser Widerstand erforderte lediglich ein kalkulierbares Mass an Zivilcourage, entpuppte sich doch der Gegner, der Synodalrat, als Papiertiger, dessen Zähnefletschen sich im Aussprechen von schriftlichen oder mündlichen Verweisen erschöpfte. Fortschrittlich denkende Kirchgemeindevertreter konnten ihn zudem mit ihren wiederholten Forderungen, den Pfarrhelferinnen die Kanzelpredigt zu erlauben, gezielt in Nöte bringen, weil ja in anderen Kantonen bereits frauenfreundlichere Regelungen galten. Wie dies in der Praxis etwa aussehen konnte, mögen einige Beispiele illustrieren.[766] So verlangte der Kirch-

764 Burgerratspräsident Fritz von Fischer, zit. nach Lindt-Loosli, Hülfsarbeiterin, S. 71.

765 Lindt-Loosli, Hülfsarbeiterin, S. 72. Dort im Wortlaut zitiert der Art. 34: «Frauen, die das reglementarische Studium abgeschlossen haben, können der Kirchgemeinde als Pfarrhelferinnen mit besonderen Aufgaben betraut werden. Die Bedingungen der Wählbarkeit und der Aufgabenkreis werden in der Kirchenordnung umschrieben.»

766 Die Beispiele nach Lindt-Loosli, Hülfsarbeiterin, S. 73–74.

gemeinderat von Bremgarten wiederholt, die neu gewählte, von der Aargauer Kirche ordinierte Pfarrhelferin Hanna Wüest nach dem Vorbild von Zuchwil alle in Artikel 63 aufgeführten Amtshandlungen ausführen zu lassen. Für unseren Zusammenhang ist nun nicht der absehbare Widerstand des Synodalrates von Interesse, sondern die Hilfestellung der Fakultät dazu. Da die Pfarrhelferinnen Marie Speiser und Hanna Wüest kein bernisches Examen abgelegt hatten, lehnte der Synodalrat Bremgartens Ansinnen ab. Männliche Bewerber ohne bernisches Examen mussten vor der Prüfungskommission ein Kolloquium bestehen, was für Theologinnen nicht vorgesehen war. Mit Schlaumeiereien dieser Art leistete die auch in dieser Frage uneinige Fakultät, und allen voran Prüfungskommissionspräsident Max Haller, dem Synodalrat Schützenhilfe in seinen Rückzugsgefechten.[767]

Wie Pfarrer die Verbote unterlaufen konnten, lässt sich am Beispiel des Lauperswiler Pfarrers Robert Wälchli und des Frutiger Pfarrers Hans von Rütte zeigen. Letzterer wurde hier bereits vorgestellt als Erzähler seiner Studienjahre in Bern und Tübingen vor und während des Ersten Weltkrieges.

Der Kirchgemeinderat von Lauperswil, der vergeblich beim Synodalrat um eine Stellungnahme dazu angefragt hatte, erlaubte der Vikarin Gertrud Wälchli (mit dem gleichnamigen Pfarrer nicht verwandt) im November 1948, die Predigt zu halten und Stellvertretungen des Bezirkshelfers zu übernehmen. Als dies ruchbar wurde, musste Frau Wälchli bei der Prüfungskommission antraben und sich dort von Präsident Haller abkanzeln lassen. Der Synodalrat versuchte die Wogen zu glätten und beauftragte den Konsekrator Hans von Rütte, im Konsekrationsgottesdienst «auch Getrud Wälchlis zu gedenken».[768] Von Rütte tat noch mehr: Er bat Frau Wälchli, im Chor des Münsters bei ihren Kommilitonen Platz zu nehmen, und erwähnte ausdrücklich, dass sie trotz gleicher Leistungen nach Gesetz leider nicht konsekriert werden dürfe, dass er sie aber in alle Gebete einschliesse.[769] Die Rüge des Prüfungskommissionspräsidenten dürfte ihm, der als kühner Alpinist weit grösseren Gefahren ins Auge geblickt hatte, kaum eine schlaflose Nacht beschert haben. Auch der Synodalrat ging klugerweise nicht darauf ein, sondern suchte mit Kurt Guggisberg, dem Nachfolger Hallers als Prüfungskommissionspräsident, Wege aus der verfahrenen Lage. Er ermannte sich zur Feststellung, «das Prüfungsreglement habe sich nach dem Kirchendienst und dessen Notwendigkeit zu richten und nicht umgekehrt, und es müsse dafür gesorgt werden, dass in der zukünftigen Kirchenordnung eine anständige und gerechte Berücksichtigung des Dienstes der

767 Zu Hallers widersprüchlicher Haltung gegenüber den Theologinnen – er kämpfte während Jahren für eine Anstellung Dora Scheuners als Hebräisch-Dozentin an der Evangelisch-theologischen Fakultät – vgl. Lindt-Loosli, Hülfsarbeiterin, S. 141–142.

768 Lindt-Loosli, Hülfsarbeiterin, S. 75.

769 Lindt-Loosli, Hülfsarbeiterin, S. 166.

Hanni Lindt-Loosli

Frau erfolge».[770] So wurden 1950 die nächsten Kandidatinnen für ein Lernvikariat, Käthi Steiner und Hanna Loosli, offensichtlich bewusst den Frauenförderern Wälchli und von Rütte zugewiesen. Nach dem Motto «Einen Schritt vorwärts, zwei Schritte zurück» legte der Synodalrat aber fest, «die Vikarin dürfe nur abends und nur unter der Kanzel predigen, Taufe und Abendmahl seien nicht erlaubt».[771] Als Looslis Vikariat in Frutigen dem Ende zuging, durfte sie auch am Morgen auf der Kanzel predigen, mit der Begründung des Lehrpfarrers, man verstehe sie von dort oben besser. Zur Austeilung des Abendmahls schickte er sie in die protestantischen Diasporagemeinden nach Brig und Visp, die nicht der bernischen Landeskirche unterstanden.[772] Aus der Sicht ihres Lehrpfarrers Hans von Rütte stellte sich das Lernvikariat Loosli so dar:

> «War ich schliesslich recht froh, als die beiden letzten Vikariate zu Ende gingen, so erging es mir beim letzten Lehrvikariat gerade entgegengesetzt. Es betraf dies Hanni Loosli, als eine Lernvikarin, heute kinderreiche Arztfrau in Herzogenbuchsee. Die hatte nun das nötige Rüstzeug für Theologie und Pfarramt tatsächlich in sich und ohne weiteres liess ich sie von der Kanzel predigen, obwohl der Synodalrat davon abgeraten hatte. Und niemand in Frutigen hat daran Anstoss genommen. Sie predigte mit sehr sympathischer Stimme, ihre Verkündigung war gut durchdacht. Auch

770 Zit. nach Lindt-Loosli, Hülfsarbeiterin, S. 78 (Protokoll des Synodalrates vom 22.11.1948).

771 Lindt-Loosli, Hülfsarbeiterin, S. 78 und 143.

772 Sie wurden betreut vom Oberländischen Kirchlichen Hilfsverein, dessen Mitglied Hans von Rütte seit 1926 war, zuletzt 25 Jahre lang als dessen Präsident. Episode auch erwähnt bei Lindt-Loosli, Hülfsarbeiterin, S. 76.

> hatte sie seelsorgerlich ohne weiteres Zutritt in allen Häusern. Daneben hatte sie viel Sinn für Humor und war eine frohmütige Christin. An ihr erkannte ich die volle Berechtigung der Frau zum Pfarramt, welche manchenorts namentlich zu Frauen seelsorgerlich Zutritt hat, wo dem Pfarrer aus natürlicher Scheu oder Scham die Herzen verschlossen bleiben.»[773]

Als erste Theologin wurde dann Katharina Frey 1955 in den bernischen Kirchendienst aufgenommen und von den Kirchgemeinderäten von Frutigen und Adelboden in ihre gemeinsame Vikariatsstelle Engstligental gewählt. Sie wirkte 1955–1961 als Vikarin und 1961–1963 als Hilfspfarrerin in Frutigen/Adelboden, bevor sie dann 1963 als Pfarrerin nach Kirchberg wechselte.[774]

Die weiteren Schritte auf dem immer noch steinigen Weg der Theologinnen zur Gleichberechtigung im Pfarramt sind hier nicht im Detail nachzuzeichnen. Als wichtige Vorleistung dazu entfernte die Prüfungskommission auf Vorschlag der Rechtskommission des Synodalrates alle sich nur auf die Theologinnen beziehenden Bestimmungen. Somit waren im neuen, vom Regierungsrat auf den 1. Oktober 1957 in Kraft gesetzten Reglement die Studierenden beider Geschlechter einander gleichgestellt.[775] Nach weiteren sieben Jahren, einigen Rechtsgutachten und verschiedenen Rückzugsgefechten derjenigen, denen die wörtliche Bibelauslegung vor allem in Geschlechterfragen besonders am Herzen lag, gelang es endlich, den Frauen zur vollen Gleichberechtigung im Pfarrerberuf zu verhelfen.[776] Das reformierte Kirchenvolk genehmigte die Neufassung des Artikels 34 der Kirchenverfas-

---

773 von Rütte, Biographische Aufzeichnungen, S. 23–24.

774 Biografische Angaben nach Lindt-Loosli, Hülfsarbeiterin, S. 167, ferner S. 86–87. Hans von Rütte widmet der Erinnerung an sie folgende Zeilen: «Im August 1957 haben wir, wie ihr ja wisst, von Frutigen Abschied genommen, nachdem wir noch die Genugtuung erlebt haben, dass wir in Frl. Käthi Frey eine treue, eifrige Mitarbeiterin in der pfarramtlichen Mitarbeit empfangen hatten. Zuerst Vikariat und später Hilfspfarramt. Käthi hat mir die Arbeit in den Spissen abgenommen, worüber ich froh war.» von Rütte, Biographische Aufzeichnungen, S. 20. Seinen guten Erfahrungen mit Vikarinnen gab der Frutiger Pfarrer an der Synode vom 4.6.1957 Ausdruck, als er die Versammlung bat, «mehr Eile als Weile walten zu lassen, die Theologinnen dürften nicht länger nur als Magd des Pfarrers gelten». Zit. nach Lindt-Loosli, Hülfsarbeiterin, S. 90.

775 Lindt-Loosli, Hülfsarbeiterin, S. 90–91.

776 Dass die Diskussion nicht stets dem Links-rechts-Schema folgen musste, zeigt die Tatsache, dass die sozialistische «Seeländer Volkszeitung» im Februar 1963 Gleichberechtigung und Gleichstellung von Frauen unterschieden haben wollte, mit anderen Worten «frauliche Eigenart» und Institution des Pfarramtes für unvereinbar hielt, während der Emmentaler Bauer Fritz Moser, «ein Mann der Basis, alter Tradition gemäss im Halbleinen», vor der Synode meinte, es müsse nicht immer so bleiben, dass die Kirche den Mann bevorzuge, und den Antrag stellte, «die Theologin als voll wählbar zu erklären». (Er unterstützte damit die Motion von Lindt-Loosli und 35 Mitunterzeichnern für die Synode vom 5.12.1961.) Lindt-Loosli, Hülfsarbeiterin, S. 104 resp. S. 99.

Katharina Frey

sung im März 1963 mit rund 12 000 Ja zu 1000 Nein, worauf das kantonale, damals noch rein männliche Stimmvolk im Februar 1965 die zur Validierung der Kirchenverfassung notwendige Revision des Kirchengesetzes mit rund 93 000 Ja gegen 39 000 Nein guthiess, genau in der Mitte zwischen der letzten Ablehnung des Frauenstimmrechts auf eidgenössischer Ebene im Jahre 1959 und der endlichen Annahme desselben im Jahre 1971. Die Kirchgemeindeversammlung von Schlosswil hatte damit freie Bahn zur Wahl von Edith Meier als erster Pfarrerin in ein volles bernisches Einzelpfarramt, am 13. Juni 1965.[777] Hanni Lindt-Loosli selbst krönte ihren lebenslangen Einsatz für die Gleichstellung der Frauen in der bernischen Kirche mit der Wahl zur ersten bernischen Synodalrätin (1977–1988).

Bei den Christkatholiken dauert es eine Generation länger, bis den Frauen die Gleichstellung gewährt wurde. An den Diskussionen über die Ordination von Frauen ins Diakonat und ins Priesteramt beteiligten sich gerade auch die Professoren der Christkatholisch-theologischen Fakultät. Die erste Diakonin wurde 1987, die erste christkatholische Priesterin im Jahr 2000 geweiht.

777 Lindt-Loosli, Hülfsarbeiterin, S. 110–111.

4. Fakultät-Regierungsrat-Synodalrat: Eine Dreiecksbeziehung zwischen Konsens und Dissens

Die Tatsache, dass der Regierungsrat des Kantons Bern als Exekutive die Professoren ernannte, brachte es naturgemäss mit sich, dass die Berufungen gelegentlich mehr nach politischen denn nach rein wissenschaftlichen Kriterien erfolgten. Dies musste gerade auch die Evangelisch-theologische Fakultät in den ersten hundertfünfzig Jahren des Bestehens der bernischen Hochschule mehr als einmal erfahren.[778]

Als vom Volk gewählte Behörde war der Regierungsrat auch äusseren Einflüssen ausgesetzt, denen zu widerstehen nicht immer ganz einfach war, besonders wenn sie über das Parlament, den Grossen Rat, oder über mächtige Gremien mit Verfassungsrang erfolgten, wie im vorliegenden Fall über den Synodalrat. Dieses Leitungsorgan der bernischen Landeskirche bestand seit dem neuen Kirchengesetz von 1874, mit dem Staat und Kirche ihr Verhältnis in einem demokratischen Sinne neu geregelt hatten.[779] In der Synode, dem Kirchenparlament, waren die massgeblichen theologischen Richtungen der Landeskirche repräsentiert, sie prägten, neben anderem, auch die Zusammensetzung des Synodalrates.

Über die politische Schiene konnte der Synodalrat bei Gelegenheit immer auch Einfluss nehmen auf Entscheidungen, die streng genommen in die Kompetenz der Fakultät fielen. Dies soll ohne Anspruch auf Vollständigkeit an einigen Beispielen gezeigt werden. Dabei ist unbedingt festzuhalten, dass sich die Beziehungen in der Regel reibungslos gestalteten und Konflikte meist gütlich geregelt wurden, was auch damit zusammenhing, dass Mitglieder der Fakultät lange Zeit auch dem Synodalrat angehörten. Dass die folgende Darstellung dem Dissens mehr Raum gewährt, hat den Grund einzig darin, dass auf diese Weise gezeigt werden kann, an welchen Themen sich Konflikte überhaupt entzünden konnten.

---

778 Im Hof, Hohe Schule, S. 70, spricht für die ersten Jahrzehnte der Hochschule von «der freisinnigen Berufungspolitik an der Evangelisch-theologischen Fakultät, die erst unter Erziehungsdirektor Bitzius etwas gedämpft wurde».

779 Dazu Guggisberg, Kirchengeschichte, S. 687–691, zum Synodalrat besonders S. 691: «Alle Erlasse und Anordnungen der kirchlichen Oberbehörden unterliegen der Genehmigung des Staates.»

4.1 Die Pfarrerinnen

Wie bereits gezeigt, wurde den Theologinnen kein volles Theologiestudium zugestanden. Dieses dauerte für sie nur sechs statt acht Semester, es wurde keine wissenschaftliche Arbeit, kein Examen in Exegese und Dogmatik und keine Examenspredigt verlangt.[780] Obwohl die Vereinigung bernischer Akademikerinnen 1929 bei der Unterrichtsdirektion einen Vorstoss zur Gleichbehandlung der Theologiestudentinnen mit ihren männlichen Kommilitonen unternahm – ein Anliegen, das von der Prüfungskommission unterstützt wurde –, stellte sich der Synodalrat quer mit dem Argument, Examensgleichheit bedeute Zulassung zum Pfarramt, und das widerspreche dem Kirchengesetz. Als die Kirchendirektion sich dem synodalrätlichen Argument angeschlossen hatte, wies die Unterrichtsdirektion das Gesuch ab.[781] Die Fakultät schien darüber alles andere als konsterniert zu sein. Als Fakultätsvertreter war auch Wilhelm Hadorn Mitglied des Synodalrates, was der Fakultät erschwerte, eine von der Kirchenleitung unabhängige Position zu vertreten, wie auch das nächste Beispiel zeigen wird.

4.2 Der Fall Eymann

Im schon früher thematisierten Fall Eymann, der von Markus Nägeli in vorbildlicher Weise aufgearbeitet worden ist, wurde deutlich, wie Kirchenleitung und Regierungsrat in Sachen Anthroposophie in recht enger Übereinstimmung handelten.[782] Die Evangelisch-theologische Fakultät war in diesen Streit involviert, einmal, weil eines ihrer Mitglieder, Eymann, das primäre Ziel des Kampfes gegen die Anthroposophie war, zum anderen, weil ein anderes Mitglied, Albert Schädelin, als ausserordentlicher Professor, Münsterpfarrer und Synodalrat eine der mächtigsten Figuren der Berner Kirche, vom Förderer Eymanns zu dessen Kritiker geworden war. Zuerst wurde Friedrich Eymann, neben seinem Extraordinariat an der Evangelisch-theologischen Fakultät auch Seminarlehrer für Religion in Hofwil, von seinem dortigen Lehramt entfernt, dann traf die geballte Macht von Kirche und Staat den jungen Pfarrer Karl Bäschlin von Schangnau, der dort regelrecht aus dem Amt gemobbt wurde. Eine wichtige Rolle spielte auch der Systematiker Martin Werner, der sich seit Anfang der Dreissigerjahre mit der Anthroposophie auseinandersetzte und 1939 im Auftrag des Synodalrates eine Schrift zum Thema Christentum und Anthroposophie publizierte.[783] Er und sein Gegenspieler Karl Barth waren, wie erinner-

780 Kommission Hochschulgeschichte, Hochschulgeschichte, S. 513.
781 Kommission Hochschulgeschichte, Hochschulgeschichte, S. 513.
782 Das Folgende nach Nägeli, Kirche und Anthroposophen, passim.
783 Werner, Anthroposophisches Christentum.

lich, an jener berüchtigten Jahresversammlung des bernischen Pfarrvereins vom 21. September 1932 im Restaurant Innere Enge anwesend, als Eymann sein Referat hielt. Martin Werner, Fritz Lienhard und Otto Erich Strasser von der Fakultät meldeten sich zu Wort, das «Schlusswort» sprach Karl Barth, der apodiktisch meinte:[784] «Die Anthroposophie ist etwas, mit dem die Kirche sich nicht befassen kann. Sie hat nichts mit dem geoffenbarten Christentum zu tun.»[785] Begreiflich, dass Eymann sehr ungehalten reagierte und von «Versumpfung» und «Vermoorung unserer Kirche» sprach.[786]

Die in dieser Versammlung sichtbar gewordene unheilige Allianz zwischen Vertretern der liberalen und der Dialektischen Theologie setzte sich konsequenterweise auch im Synodalrat fort, als es darum ging, den jungen Schangnauer Pfarrer Karl Bäschlin aus dem Pfarramt wegzubekommen. Hier spielten der liberale Synodalratspräsident Pfarrer Paul Tenger und sein barthianischer Kollege Albert Schädelin die tragenden Rollen, wobei sie wie seinerzeit Werner und Barth das Kunststück zustande brachten, gleichzeitig gegeneinander zu sprechen und nebeneinander die Anthroposophen zu bekämpfen.[787]

4.3 Besetzung von Lehrstühlen

Für die Fakultät heikel wurde das Verhältnis zum Synodalrat gelegentlich bei Berufungen, nicht zuletzt dann, wenn auswärtige Bewerber einheimischen gegenüberstanden. Bereits bei der Debatte um das neue Kirchengesetz im Jahre 1944 stand die Frage im Raum, inwiefern dem Synodalrat ein Mitspracherecht bei Berufungen an die Evangelisch-theologische Fakultät zustehe.[788] In einem ausführlichen Votum nahm der damalige Kirchendirektor Hugo Dürrenmatt Stellung zum Wunsch der Kirchensynode, dem Synodalrat ein solches Mitspracherecht zu gewähren. Trotz des verständlichen Interesses der kirchlichen Oberbehörde an den Professorenwahlen seien Regierungsrat und vorbereitende Kommission der Meinung, diese Forderung ablehnen zu müssen, antwortete der Kirchendirektor. Dem Regierungsrat allein stehe nach Hochschulgesetz – es galt nach wie vor dasjenige von 1834 – die Wahl der Professoren zu, «ohne an irgendwelche Vorschläge von anderer Seite ver-

784 Zu Strassers Haltung zur Anthroposophie seines Freundes Eymann siehe Nägeli, Kirche und Anthroposophen, S. 249.

785 Zit. nach Nägeli, Kirche und Anthroposophen, S. 157.

786 Nägeli, Kirche und Anthroposophen, S. 157.

787 Nägeli, Kirche und Anthroposophen, S. 166–168, Voten Tengers und Schädelins an der Sitzung des Synodalrates in Merligen, 21.8.1933.

788 Tagblatt des Grossen Rates, 20.9.1944, S. 808. Siehe dazu auch Müller-Graf, Neuordnung, S. 69–84.

bindlich gebunden zu sein». Schon in seinem ausführlichen Votum in der Eintretensdebatte hatte Dürrenmatt das besondere Verhältnis von Staat und Kirche seit der Reformation hervorgehoben, indem er erwähnte, wie das ausgesprochene Staatskirchentum nach der Reformation gleichsam organisch in die Staatskirchenhoheit des 19. Jahrhunderts übergegangen sei, die immer noch gelte. Damit war die Grenze gezogen. Der Kirchendirektor öffnete dem Synodalrat immerhin ein kleines Türchen: «Dagegen steht dem Synodalrat das Recht zu, seine Wünsche, Anregungen und Auffassungen dem Regierungsrat zur Kenntnis zu bringen.» Dieses Recht brauche im Gesetz nicht besonders erwähnt zu werden, es sei aber durchaus zu begrüssen, «wenn der Synodalrat von diesem Recht bei Gelegenheit etwa Gebrauch macht».[789] Die Regierung konnte nicht anders entscheiden, denn sonst wäre im Vergleich zu anderen Fakultäten bei Berufungen ein rechtliches Ungleichgewicht entstanden. Berufsständische Interessengruppen gab es auch anderswo. Neben diesem eher auf das Verhältnis der staatlichen Behörden zu ihrer höchsten Bildungseinrichtung gemünzte Argument kam noch etwas anderes. Das dem Synodalrat zugestandene Recht, seine Wünsche anzubringen, signalisierte diesem, wo sich die Adresse befand, an welche diese Wünsche zu richten seien, auch wenn formal natürlich der Gesamtregierungsrat über die Berufungen zu befinden hatte.

Wenn die Fakultät der Meinung gewesen sein sollte, der Synodalrat sei nun in die Schranken verwiesen worden, hatte sie sich getäuscht. Sie musste auch in Zukunft synodalrätliche Einflussversuche gewärtigen. 1964 zum Beispiel stellt das Fakultätsprotokoll – es ging um die Anstellung eines Assistenten – beunruhigt fest, dass «die kirchliche Oberbehörde» offensichtlich in Fakultätsangelegenheiten mehr zu sagen haben möchte, «was uns mahnt, hier aufzupassen, dass die Kompetenzen sauber geschieden werden».[790] Einen Monat später wird der Fakultät hinterbracht, der Synodalrat habe bei der Regierung abzuklären versucht, ob er nicht doch bei der Besetzung von Lehrstühlen ein Mitspracherecht habe.[791] Die Fakultät nimmt durch ihren Fachmann in solchen Fragen, den Kirchenhistoriker Kurt Guggisberg, klar Stellung und beruft sich dabei auf das Gutachten der Justizdirektion, dass der Synodalrat bei der Dozentenwahl kein Antragsrecht besitze, sondern nur das Recht, seine Wünsche, Anregungen und Auffassungen der Regierung zur Kenntnis zu bringen.[792] Aus Anlass der anstehenden Regelung der Nachfolge des 1967 überraschend verstorbenen Hans Schär durch Fakultät und Regierung im Jahre 1968 erfolgte der nächste Stoss, in welchem der Synodalrat am 17. Oktober brieflich sein Befremden und seine Bedenken gegen die Wahl der Professoren generell äusserte

789 Tagblatt des Grossen Rates 1944, S. 808. Im Hochschulgesetz von 1834 waren dies die Artikel 40 und 46.

790 FP 29.4.1964, S. 87.

791 FP 3.6.1964, S. 95.

792 FP 9.12.1964, S. 119–120.

und besonders die Regelung der Nachfolge Schär ohne Anhörung des Synodalrates «als Brüskierung der kirchlichen Oberbehörden» apostrophierte.[793] Der Regierungsrat beschloss darauf, Vertreter der Erziehungsdirektion, der Kirchendirektion, des Synodalrates und der Fakultät zu einer gemeinsamen Sitzung einzuberufen, die am 14. November 1968 stattfand. Die Fakultät delegierte, angesichts des Gewichts der zu besprechenden Thematik, Dekan Neuenschwander sowie die Professoren Guggisberg, Dürr, Maurer und Slenczka.

Der Regierungsrat reagierte erstaunlich defensiv. Er rekapitulierte, der Synodalrat sei in den letzten Jahren stets über alle Vorschläge der Fakultät orientiert worden und habe auch stets reagiert, ausser im Fall der Nachfolge Schär, woraus der Regierungsrat auf stillschweigende Zustimmung geschlossen habe. Die Regierung habe keine Brüskierung des Synodalrates beabsichtigt, sondern alle Vorschriften des Kirchengesetzes «für alle Teile loyal eingehalten».[794] Er rief dann in Erinnerung, dass erstens die Besprechung vom 14. November 1968 bloss informativen Charakter habe und dass zweitens die Wahl der Professoren nach Hochschulgesetz abschliessend so geregelt sei, dass die Regierung die Professoren wähle und dass sie dabei verbindlich an keine Vorschläge von anderer Seite gebunden sei.[795] Der Regierungsrat bekräftigte sein Interesse an einer gedeihlichen Zusammenarbeit und versprach, für die Zukunft ein eindeutiges und klares Verfahren vorzuschlagen.

Der neue Lehrstuhl für Homiletik[796]

Bereits Anfang der Siebzigerjahre sollte sich aber zeigen, dass es bei Berufungen weiterhin zu Konflikten kommen konnte, nicht zuletzt, da jeweils zwei wichtige Institutionen und zwei Regierungsdepartemente involviert waren. Als auf Herbst 1972 die Emeritierung von Professor Dr. Johannes Dürr näher rückte, ging die Fakultät daran, den durch die Schaffung des Ordinariates für Katechetik im selben Jahr begonnenen Ausbau der Praktischen Theologie durch einen Lehrstuhl für Homiletik zu ergänzen. Sie nahm damit ein altes Anliegen des Synodalrates auf, dem sich auch die Regierung nicht verschloss. Damit waren aber die damals erreichbaren Gemeinsamkeiten erschöpft, denn nun begann ein mehr als zwei Jahre dauerndes Ringen um die Person, die dieses für die Pfarrerausbildung so wichtige Ordinariat besetzen sollte. Älteren Zeitgenossen mochten dabei Erinnerungen an die Berufungsgeschichte Barth ein knappes halbes Jahrhundert davor aufgestiegen sein, da die Ereignisse ähnlich wie damals rasch eine politische Dimension erhielten. Verschiedene Faktoren politischer, personeller und institutioneller Art spielten hinein,

793 Anhang zum FP 20.11.1968, S. 19.

794 FP 20.11.1968, S. 20.

795 FP 20.11.1968, S. 20.

796 Die Darstellung folgt hier den Protokollen der Evangelisch-theologischen Fakultät und des Synodalrates der Jahre 1972–1975.

die akzentuiert wurden von den neuen gesellschaftlichen Bewegungen, die seit einigen Jahren die Universitäten der westlichen Welt in Aufruhr versetzten und deren Ausläufer, wenngleich in abgemilderter Form, auch die Universitas Bernensis erreicht hatten. Ein marxistischer Philosoph sollte habilitiert werden, «Terroristen» tauchten auf, die Vorlesungen mit Megafonen heimsuchten, und andere Schrecklichkeiten, die die bernische Beschaulichkeit störten. Das Jahrzehnt zwischen 1969 und 1979 mit seinen Unruhen und einer zunehmend polarisierten Universität gemahnte in vielem auch an die aufgeregten Vierzigerjahre des 19. Jahrhunderts.[797] In dieser aufgeheizten Stimmung konnte die an sich ausseruniversitär wenig spektakuläre Besetzung eines Lehrstuhls zum Politikum werden.

Die Ereignisse:
Im Januar 1972 beschloss die Fakultät einstimmig, für das Sommersemester einen zunächst auf ein Semester befristeten Lehrauftrag für Homiletik an den damals schon bekannten Nydegg-Pfarrer und Schriftsteller Kurt Marti zu erteilen. Marti war dazu bereit, sofern er in seiner pfarramtlichen Tätigkeit entlastet werde. Der Synodalrat bekam Wind von der Sache und opponierte bei der Regierung, worauf die Fakultät ihren Entscheid nochmals bekräftigte mit der Begründung, sie brauche jetzt einen Homileten und andere seien kurzfristig nicht verfügbar. Hierauf gewährte der Synodalrat Zustimmung, da er momentan Pfarrer Marti keinen überzeugenden Gegenkandidaten gegenüberstellen könne, doch Anfang Mai lehnte der Regierungsrat den Antrag der Fakultät ab. Nun war die Frist für die Besetzung des Provisoriums längst abgelaufen, so dass man sich mit Notmassnahmen behelfen musste.[798]

Da der Abschied Dürrs kurz bevorstand, ging es nun nicht mehr nur um ein Provisorium, sondern um die definitive Besetzung des Lehrstuhls. Auf Anraten der Berufungskommission erstellte die Fakultät einen Dreiervorschlag mit drei deutschen Kandidaten, der aber vom Synodalrat zurückgewiesen wurde mit der Begründung, es seien erstens die drei deutschen Kandidaten keine genuinen Homileten und, was wohl wichtiger war, es sei kein Schweizer dabei. Die Fakultät zog die Liste zurück, ergänzte sie durch den Namen Marti primo loco und reichte ihn erneut bei der Regierung ein, wobei sie zugunsten Martis dem Antrag noch ein empfehlendes Gutachten des Zürcher Theologieprofessors Robert Leuenberger beifügte.[799] Sie forderte die Regierung auf, zu ihrem Vorschlag endlich Stellung zu

797 Dazu Kommission Hochschulgeschichte, Hochschulgeschichte, S. 101–105, und Kommission Hochschulgeschichte, Hochschulgeschichte, S. 474–485; dort auch zum Fall Marti. Zum «Fall Holz» neuerdings Kästli, Forum Politicum.

798 Unter anderem fragte man Professor Kurt Stalder von der Christkatholischen Schwesterfakultät an, der in seinem Lehrauftrag auch Homiletik führte.

799 Kurzfassung dieser Empfehlung Leuenbergers vgl. Synodalrats-Protokoll 14.3.1973, S. 112.

Dekanatsgebäude der Evangelisch-theologischen Fakultät an der Gesellschaftsstrasse bis zum Umzug in die Unitobler

nehmen, worauf die Regierung diesen ablehnte mit der Begründung, alle Nominierten seien schon einmal abgewiesen worden. Zwischenzeitlich hatte die Angelegenheit die politische Ebene erreicht durch die im November 1972 von Landesring-Grossrat Sergius Golowin eingereichte schriftliche Anfrage an die Regierung, die vom zuständigen Erziehungsdirektor Simon Kohler im Februar des folgenden Jahres beantwortet wurde.

Der Fakultät blieb also nichts anderes übrig, als die Forderung nach einer rein schweizerischen Lösung umzusetzen, um die schmerzhafte Vakanz endlich zu beheben. Drei Schweizer Kandidaten wurden in die engere Auswahl gezogen, die von Dekan Hermann Ringeling persönlich in Augenschein genommen wurden. Als neuen Wunschkandidaten präsentierte man im August 1973 der Regierung den gebürtigen Grindelwaldner Rudolf Bohren, der damals an der kirchlichen Hochschule Berlin lehrte. Nachdem man mit dem Synodalrat Rücksprache genommen hatte, berief die Regierung Bohren Ende Oktober 1973 zum Ordinarius für Homiletik auf Anfang Sommersemester 1974. Als Wunschkandidat Bohren den Ruf aber ablehnte, war der Weg frei für Dr. Theophil Müller, den Leiter der Schule für Sozialarbeit im Gwatt (Thun), den die Fakultät hinter Bohren auf den zweiten Platz gesetzt hatte. Die Wahl Müllers zum neuen Ordinarius für Homiletik erfolgte am 29. Mai 1974 mit Amtsantritt auf den 1. April 1975. Müller erhielt eine Assistentenstelle, einen Einrichtungskredit von 30 000 Franken auf drei Jahre und einen jährlichen Kredit von 5000 Franken für die Anwerbung von Spezialisten, Abgabe von Skripten und für die praktische Betreuung der Studierenden, ferner einen Büroraum von circa 25 Quadratmetern mit einem Einrichtungskredit von 6000 Franken.[800]

Die Parteien:
Die Fakultät: Die Evangelisch-theologische Fakultät, die in der damaligen Besetzung mit den neuen studentischen Forderungen gut umgehen konnte, war sich offensichtlich zu wenig bewusst, dass ihr Vorschlag, den bekannten Theologen und Schriftsteller Kurt Marti, Pfarrer an der Nydeggkirche, mit der Durchführung eines homiletischen Seminars im Sommersemester 1972 zu betrauen, heftigen Widerstand auslösen könnte. Dies hatte wohl auch seinen Grund darin, dass in jenen Jahren einige personelle Wechsel zu verzeichnen waren, mit dem in solchen Momenten unvermeidlichen Verlust an politischer Erfahrung. Der Kirchenhistoriker Kurt Guggisberg, amtsältester Ordinarius und besonders bedacht auf die sorgfältige Trennung der Kompetenzen von Synodalrat und Fakultät, starb überraschend im Dezember 1972, kurz vor Erreichen des Pensionsalters, gleich wie Johannes Dürr, der seine Emeritierung im Herbst 1972 ebenfalls nur kurze Zeit überlebte. Doyen war nun der Alttestamentler Johann Jakob Stamm, nach ihm der nur wenig jüngere Systematiker Gottfried Wilhelm Locher, der Neutestamentler Christian Maurer und der Systematiker und Philosophiehistoriker Ulrich Neuenschwander, alles hervorragende Gelehrte, aber mit den staatspolitischen Gegebenheiten weniger vertraut als ihre in Schule, Kirche und Politik gut vernetzten Kontrahenten des Synodalrates. Ergänzt wurde das Kollegium durch zwei deutsche Homines novi, den Ethiker Hermann Ringeling, der im Jahr zuvor den nach kurzem Berner Gastspiel nach Heidelberg berufenen Reinhard Slenczka ersetzt hatte, und Klaus Wegenast auf dem neu geschaffenen Lehrstuhl für Katechetik. Ringeling musste bereits im Jahr nach seiner Berufung die Causa Marti durchfechten. Er tat dies mit ganzem Einsatz, hatte aber gegen die Politprofis des Gegners kaum eine Chance. Wichtig war der Fakultät – und hier lag der Hauptstreitpunkt mit dem Synodalrat –, dass sie bei der Zusammenstellung der Kandidatenliste bei Berufungen freie Hand hatte. Dies beinhaltete auch, wie man dem Synodalrat deutlich zu machen suchte, dass bei den Probevorlesungen der Prätendenten Assistenten und Studierende teilnehmen und sich so ein Bild machen konnten. Deshalb sei ihre Mitarbeit in den Berufungskommissionen nützlich und die Zusammenarbeit gestalte sich sehr erfreulich, wie man gegenüber der kirchlichen Oberbehörde betonte. Dass es der Fakultät offenbar nicht leichtfiel, die Situation richtig einzuschätzen, zeigt die Tatsache, dass man nach der ersten Zurückweisung Martis zweimal eine Liste mit drei Deutschen einreichte, einmal ohne und einmal mit Marti. Im Gespräch mit Dekan Ringeling teilte Synodalratspräsident Max Wyttenbach mit, Kir-

800 RR-Protokoll Nr. 1241, 20.3.1974.

chendirektor Fritz Moser werde für die Homiletik einem nicht schweizerischen Kandidaten und auch einer Kandidatur Marti nie zustimmen.[801]

Kurt Marti: Er hatte sich nicht nur als Kanzelredner, sondern auch als kritischer Intellektueller bemerkbar gemacht, dem als konsequentem Barth-Schüler eine Neigung zur Dissidenz quasi in die theologische Wiege gelegt worden war. Mit seinem Engagement gegen Atomwaffen, Atomkraftwerke und die US-Intervention in Vietnam und mit seiner damals jüngsten Veröffentlichung «Zum Beispiel: Bern 1972. Ein politisches Tagebuch» hatte er besorgte Bürger gegen sich aufgebracht, vor allem auch als ruchbar wurde, dass er sich mit dem damaligen politischen Gottseibeiuns, dem Marxisten Konrad Farner, zum Gespräch zusammengesetzt hatte.[802]

Der Synodalrat als landeskirchliche Exekutive bestand aus neun Mitgliedern (wie damals auch der Regierungsrat).[803] In der damaligen Besetzung gehörten ihm nur Männer an, vier Pfarrer, Präsident Max Wyttenbach, Jacques de Roulet, Ulrich Müller und Fritz Tschanz, zwei Regierungsstatthalter, Dr. Werner Kohli und Hans Zuber, und drei Schuldirektoren, Dr. Erich Studer (Gymnasium Thun), Professor Dr. Robert Morgenthaler (Neue Mädchenschule Bern) und Werner Gerig (Sekundarschulvorsteher Biel). Es waren durchaus machtgewohnte und machtbewusste Herren, die damals in der bernischen Landeskirche den Ton angaben, nicht zuletzt natürlich die Schulrektoren, die weitgehend unangefochten ihre Kollegien und Schülerschaften regierten, sich aber auch tatkräftig für die Interessen der Kirche einsetzten, wie zum Beispiel ihr Einsatz für die Gründung der Kirchlich-Theologischen Schule Bern beweist. Sie im Verein mit den beiden Regierungsstatthaltern wussten auch sehr gut, dass sich zwischen dem strengen Wortlaut des Gesetzes und dem politisch Erwünschten gelegentlich Lücken auftun, die man nutzen konnte, ohne den Rahmen des Erlaubten zu sprengen. Für den Synodalrat vorteilhaft war, dass mit Morgenthaler ein Theologe Mitglied war, der die Fakultät sehr gut kannte und dort auch sehr angesehen war, während anders als zu den Zeiten der Münsterpfarrer Hadorn und Schädelin kein Fakultätsmitglied mehr Mitglied des Synodalrates war.

Der Synodalrat war in seiner damaligen Zusammensetzung unzweifelhaft konservativer als die Fakultät, was sich zum Beispiel darin manifestierte, dass er sich wiederholt darüber entrüstete, dass bei den Vorbereitungen einer Berufung Vertreter von Studierenden und Assistierenden von Anfang an mitreden durften, während er selbst erst zu einem späteren Zeitpunkt ins Spiel kam. Die Fakultät musste sich deshalb energisch zur Wehr setzen gegen die synodalrätliche Insinua-

801 Synodalrats-Protokoll 13.6.1973, S. 266.

802 Gütersloh, 1973. Zu Marti: Benz H.R. Schär: Kurt Marti, https://hls-dhs-dss.ch/articles/010749/2017–05–08 (8.5.2017).

803 Dazu umfassend Guggisberg, Kirchenkunde, S. 68–73.

tion, sie lasse sich durch das Mitspracherecht der Assistenten und Studenten zu sehr unter Druck setzen.[804]

Das Hauptanliegen des Synodalrates war also, in Berufungsangelegenheiten früher einbezogen zu werden. Daran hielt er auch fest, wenn die Fakultät zum wiederholten Male den normativen Weg von der Fakultät zur Erziehungsdirektion und von dort zur weiteren Stellungnahme an interessierte Kreise betonte. Zwar anerkannte der Synodalrat notgedrungen diesen Ablauf, insistierte aber darauf, «dass es im Interesse der Sache liegt und der Förderung des Wahlgeschäfts nur dienlich sein kann, wenn vor dem Schriftwechsel zwischen Fakultät, Erziehungsdirektion und Synodalrat, zwischen der Fakultät und dem Synodalrat rechtzeitig mündliche Kontakte aufgenommen werden».[805] Im Weitern setzte sich der Synodalrat in der Regel ein für die Berufung von schweizerischen Theologen. Im Oktober 1972 machte er Dekan Ringeling darauf aufmerksam, «dass wir grundsätzlich durchaus damit einverstanden sind, dass auch ausländische Dozenten an unserer Universität Bern wirken. Wir könnten uns aber auf keinen Fall damit einverstanden erklären, dass auf dem homiletischen Lehrstuhl ein Dozent ausländischer Nationalität (ein Deutscher) berufen würde.»[806] Ende Januar 1973 stellte der Synodalrat besorgt fest, «dass sich eine Germanisierung unserer evangelisch-theologischen Fakultäten in der deutschen Schweiz anbahnt. Es muss jedenfalls vermieden werden, dass sich die verworrenen Fragestellungen, die gegenwärtig in den deutschen Fakultäten festzustellen sind, auch auf unsere Fakultäten übertragen.»[807] Zumindest im Fall Marti zog aber das Ausländer-Argument nicht, hier ging es um die politische Haltung des Kandidaten.

Der Regierungsrat: Was die Lage für die Fakultät unübersichtlich machte, war die Komplexität des Berufungsverfahrens. Zwar war es unbestritten, dass die Vorschläge bei Berufungen als Fakultätsbeschlüsse an die Erziehungsdirektion gingen. Allerdings war die Berufung formell Sache des Gesamtregierungsrates, was bedeutete, dass andere Direktionen hier Interessen anmelden konnten. In der Regel war es dann so, dass der Erziehungsdirektor das Berufungsdossier an den Kirchendirektor weiterreichte, der nun den Synodalrat zur Stellungnahme einlud. Dies verschaffte diesem eine Art von Vetorecht, das er dazu nutzte, die Fakultät dazu zu zwingen, ihn bereits zu Beginn in ein Berufungsverfahren einzubeziehen. Die Kirchendirektion wiederum war in der Regel nicht das einzige Departement eines Regierungsmitglieds, sondern meist gekoppelt an ein anderes, bedeutenderes. Die damit verbundene Kombination liess erkennen, wie die regierungsinterne Machtverteilung in etwa aussah. Kirchendirektor war damals Fritz Moser (BGB), der

---

804 FP 8.11.1972, S. 213.

805 Synodalrats-Protokoll 29.11.1972, S. 491.

806 Synodalrats-Protokoll 11.10.1972, S. 393; dort auch zur Priorisierung der Assistenten und Studierenden.

807 Synodalrats-Protokoll 31.1.1973, S. 55.

zugleich als Finanzdirektor des Kantons das Schlüsseldepartement leitete.[808] Er war Jurist (Notar) und hatte eine lange, erfolgreiche Politkarriere hinter sich. Sein Kollege Simon Kohler von der Erziehungsdirektion war, wie üblich in diesem Amt, ein Freisinniger, den eine lange gemeinsame Laufbahn zuerst im Grossen Rat, dann im Regierungsrat mit Moser verband.[809] Dies lässt den Schluss zu, dass Kohler keinesfalls gewillt sein konnte, Marti am Widerstand des Synodalrates und seines Kollegen Moser vorbei als Ordinarius vorzuschlagen. Dies zeigte sich, als die Berufung Martis die parlamentarische Ebene erreichte.[810]

Die Politik: Im bernischen Grossen Rat fragte Sergius Golowin Anfang November 1972 den Erziehungsdirektor, ob es denn wahr sei, dass der Regierungsrat den einstimmig erfolgten Vorschlag der Theologischen Fakultät, Marti einen auf ein Semester befristeten Lehrauftrag in Homiletik zu erteilen, abgelehnt habe. Brisanter war die Anschlussfrage, ob es wahr sei, dass bei einer anschliessenden Aussprache die Vertreter der Fakultät gefragt hätten, ob bei der regierungsrätlichen Ablehnung auch politische Aspekte eine Rolle gespielt hätten, und dass darauf Regierungsvertreter gesagt hätten, hier zu keiner Auskunft verpflichtet zu sein.

Regierungsrat Simon Kohler antwortete im Februar 1973 schriftlich.[811] Zunächst stellte er klar, dass der Regierungsrat an die Vorschläge der Fakultäten nicht gebunden sei. Er könne einen anderen als den auf der Liste vorgeschlagenen Kandidaten ernennen oder eigene Experten einsetzen. Im Falle von Berufungen in der Evangelisch-theologischen Fakultät gebe es aber die Besonderheit, dass bei der Nomination der Synodalrat das Recht habe, angehört zu werden, wenn es um die Ausbildung der Geistlichen gehe, da dies direkt die Interessen der Kirche berühre. Der Regierungsrat habe festgestellt, dass Fakultät und Synodalrat bezüglich Homiletik zu keinem Einverständnis gekommen seien. Nachdem der Synodalrat zunächst

808 Am Beispiel der langen Berufungsgeschichte von Karl Barth 1927 liess sich zeigen, dass der Berufungsentscheid der Unterrichtsdirektion durch den Kirchendirektor hintertrieben werden konnte.

809 Bis dato waren alle Erziehungs- oder Unterrichtsdirektoren mit Ausnahme von Markus Feldmann Liberale respektive Freisinnige. Auch Kohlers Vorgänger im Amt des Erziehungsdirektors, Virgile Moine, war ein freisinniger, römisch-katholischer Nordjurassier. Kohler hatte das Handicap, dass er als einziger bernischer Erziehungsdirektor seit 1846 kein Akademiker war. Er war zudem als letzter Nordjurassier in der bernischen Regierung in die Endphase des Jurakonflikts involviert, was ihm 1975, nach seinem Präsidialjahr, die Abwahl aus dem Nationalrat bescherte, dem er 16 Jahre lang angehört hatte (Stettler, Simon Kohler). Zur sonst geübten «Politik der Nichtintervention» seitens der Erziehungsdirektion vgl. Kommission Hochschulgeschichte, Hochschulgeschichte, S. 104.

810 Das Folgende nach Tagblatt des Grossen Rates 6.11.1972, S. 1029. Über Regierungsrat Mosers Njet zur Kandidatur Marti und seiner Ablehnung einer nicht schweizerischen Kandidatur siehe Synodalrats-Protokoll 13.6.1973, S. 266.

811 Tagblatt des Grossen Rates 5.2.1973, S. 14–15.

Sergius Golowin

Martis Berufung abgelehnt habe, sei das Geschäft an die Fakultät zurückgegangen. Die Fakultät habe an ihrem Standpunkt festgehalten, worauf der Synodalrat in einer zweiten Stellungnahme einen «préavis favorable» erteilt habe. Da dieser Meinungswechsel des Synodalrates aber ungenügend begründet worden sei, habe er den Regierungsrat nicht überzeugt. In einer anschliessenden Aussprache je einer Delegation des Regierungsrates und der Fakultät habe erstere betont, die Ablehnung eines Kandidaten nicht begründen zu müssen. «Il n'avait donc pas à se prononcer, au cours de cet entretien, sur l'aspect politique que des milieux étrangers à l'université et à l'administration avaient conféré à l'affaire. La Faculté a demandé de manière précise si le gouvernement s'opposait à ce que M. Kurt Marti soit porté sur une liste de professeurs à nommer par voie d'appel, le gouvernement a répondu nettement par la négative. La Faculté est libre de présenter ses propositions, et le gouvernement est tout aussi libre dans ses décisions.»[812]

Sollte der Erziehungsdirektor geglaubt haben, seine nach dem Grundsatz «Roma locuta, causa finita» ergangene Antwort habe den Interpellanten zum Schweigen gebracht, sah er sich getäuscht. Golowin erklärte sich nicht befriedigt von der Antwort, und sein damaliger Parteikollege, Grossrat Luzius Theiler, beantragte eine Diskussion, die vom nur spärlich anwesenden Rat gutgeheissen wurde. Theiler stellte den Fall Marti in einen Zusammenhang mit anderen Vorkommnissen an der Universität wie dem Fall Hans Heinz Holz.[813] Theiler warf dem Erziehungsdirektor

812 Tagblatt des Grossen Rates 1973, S. 15.

813 Zum Fall des marxistischen Philosophen Holz vgl. Kommission Hochschulgeschichte, Hochschulgeschichte, S. 102, und Mesmer, Die Berner und ihre Universität, S. 164.

Luzius Theiler

Opportunismus vor, da er bei der Frage der Erteilung eines Lehrauftrages für Holz zwei Jahre zuvor die negative Entscheidung der Fakultät gestützt habe mit dem Hinweis auf die alleinige Zuständigkeit derselben. Jetzt, da Synodalrat und Evangelisch-theologische Fakultät – diese einstimmig – sich für Marti ausgesprochen hätten, müsse man zum Schluss kommen, dass man in Bern nicht bereit sei, Leute, die sich in politischen Diskussionen fortschrittlich engagierten, an die Universität zu berufen.

Regierungsrat Kohler beharrte auf seinem Entscheid. Er wies nochmals darauf hin, dass der Meinungsumschwung des Synodalrates nur durch Mehrheitsentscheid zustande gekommen sei. «Les discussions et les antagonismes sont demeurés et les démarches dans un sens comme dans un autre ont continué, si bien que devant ces tergiversations, le gouvernement ne pouvait pas adopter une attitude autre que celle qui a été la sienne.»[814]

Bei seiner Antwort scheint ihm entgangen zu sein, dass er in der vorangegangenen schriftlichen Antwort auf die Interpellation Golowin explizit auf das Recht der Regierung hingewiesen hatte, zum Professor zu ernennen, wen sie wollte, während er sich jetzt hinter nebulösen «discussions» und «tergiversations» versteckte, um die politischen Motive hinter seiner Entscheidung nicht offenlegen zu müssen. Die Fakultät spürte dies und bedauerte, dass die Regierung ihre wahren Beweggründe nicht nannte.

Fazit: Es ist unzweifelhaft, dass die Fakultät die Brisanz der Personalie Kurt Marti und im Besonderen die Bereitschaft des Synodalrates, Marti zu verhindern,

814 Tagblatt des Grossen Rates 1973, S. 16.

unterschätzte. Wenig Einsicht bewies sie auch, als sie drei deutsche Kandidaten zu Probevorlesungen einlud, die Berufungsliste mit den dreien zuerst der Erziehungsdirektion einreichte, dann wieder zurückzog, um sie später erneut der Erziehungsdirektion vorzulegen, wieder mit Marti an erster Stelle. Sosehr sie formell im Recht war mit dem Beharren auf ihrer Autonomie beim Aufstellen der Berufungslisten, so sehr unterschätzte sie die Vetomacht von Synodalrat und Kirchendirektion. Es scheint ein Ziel der Fakultät gewesen zu sein, die Regierung dazu zu zwingen, ihren Entscheid gegen Marti als politisch begründet offenzulegen.

Die Lage war für die Erziehungsdirektion heikel. Anders als der Synodalrat konnte sie aus verständlichen Gründen nicht einfach die schweizerische Karte spielen. Um die drei deutschen Bewerber aus dem Spiel zu nehmen, welche die Fakultät zuerst ohne, dann mit Marti vorgeschlagen hatte, griff sie zu dem höchst seltsamen Argument, diese seien alle in Deutschland schon einmal abgewiesen worden. Diese im akademischen Diskurs noch unverbrauchte Begründung liess sogar die sonst eloquente Fakultät sprachlos. Dass die an der kompromisslosen Haltung der Regierung abgeprallten deutschen Bewerber später auf Lehrstühle an renommierten deutschen Fakultäten in Hamburg, Göttingen und Wuppertal berufen wurden, brauchte die Regierung nicht weiter zu kümmern. Ebenso wenig konnte sie offen zugeben, dass die Ablehnung Martis politisch motiviert war, was aber spätestens nach der Debatte im Grossen Rat allen Interessierten klar wurde. Eigentümlich mutet nur die Tatsache an, dass zumindest nach Aussage der konsultierten Quellen das Fehlen der akademischen Qualifikationen von Doktorat und Habilitation bei Marti bei keiner der involvierten Instanzen eine ausschlaggebende Rolle gespielt zu haben scheint.[815]

Als Sieger dieser Auseinandersetzung konnte sich der Synodalrat fühlen, er hatte mithilfe des Kirchendirektors den normativen Weg des Berufungsvorganges wirksam gebrochen. Mit der Fakultät war man einig darin, ein Institut für Praktische Theologie mit mindestens zwei Ordinariaten zu schaffen, uneins war man in Personalfragen. Längerfristig konnte aber auch der Synodalrat die sich anbahnenden, notwendigen Veränderungen der Universitätslandschaft nicht aufhalten. Dazu gehörte, die Mitwirkung von Assistierenden und Studierenden bei Berufungen hinzunehmen, da es Sache der Fakultät war, wer unter dem Begriff Fakultät die Berufungsvorschläge formulierte; damit war auch jede Forderung nach Priorisierung des Synodalrates zu Beginn eines Berufungsverfahrens gegenstandslos geworden.[816] Um

815 Der Synodalrat erwähnt die Wünschbarkeit einer Verbindung dieser formalen Qualifikationen mit der schweizerischen Nationalität (Synodalrats-Protokoll 28.3.1973, S. 137). Eine solche Kombination hatte nur Rudolf Bohren vorzuweisen.

816 Die Fakultät betont in ihrem Schreiben an den Synodalrat, das Mitspracherecht sei sowohl in der Kommission für den Ausbau der Fakultät als auch in der Fakultätssitzung vom Regierungsrat genehmigt worden. Als Folge davon ziehe die Fakultät keine Kandidaten in

zu dieser Einsicht vorzudringen, brauchte es nicht zuletzt aber personelle Veränderungen im Synodalrat wie beispielsweise die Wahl von Frauen wie Hanni Lindt-Loosli im Jahr 1977. Fakultät und Synodalrat mussten sich überdies die Frage gefallen lassen, warum man nicht früher auf durchaus vorhandene valable Schweizer Kandidaten wie Hans Rudolf Weber, Rudolf Bohren oder Theo Müller gekommen war. Mit der Berufung Müllers gewann die Fakultät einen sehr angesehenen Homileten, der mit seinen Kollegen Klaus Wegenast und Victor Hasler die Praktische Theologie zu einem gewichtigen Institut innerhalb der Fakultät ausbaute. Die Politik der Regierung folgte den alten Mustern des bernischen Autoritarismus.[817] Neu war nur, dass dieser nun immer häufiger von kritischen Legislativmitgliedern herausgefordert wurde, bis er Mitte der Neunzigerjahre des 20. Jahrhunderts nach dem bernischen Finanzskandal entsorgt werden musste.

Opfer des ganzen Handels war auf den ersten Blick natürlich Kurt Marti, doch seinem Ruf als Pfarrer und Schriftsteller konnte das Geschehene kaum ernsten Schaden zufügen. Dass sein Freund Bohren die Berufung kurzfristig und kommentarlos ausschlug, mochte ihm, dem sicher nicht Rachsüchtigen, Genugtuung bereiten. Die Fakultät hielt ihm die Treue und freute sich mit ihm bei der Verleihung der Ehrendoktorwürde im Jahr 1977, die definitiv allein in die Kompetenz der Fakultät fiel.[818]

Die meisten Berufungen jener Jahre jedoch gaben kaum Anlass zu Konflikten. So wurde Andreas Lindt ohne Probleme zum Nachfolger Guggisbergs auf den Lehrstuhl für Kirchengeschichte berufen, Martin Klopfenstein, der Gründungsrektor der Kirchlich-Theologischen Schule Bern, stieg 1974 auf zum nebenamtlichen Extraordinarius für Altes Testament und wurde zwei Jahre später Nachfolger Stamms in diesem Fach, und als Alfred Schindlers Wechsel von Heidelberg auf den neu geschaffenen Lehrstuhl für alte Kirchen- und Dogmengeschichte Ende der Siebzigerjahre durch den Wechsel im Amt des Erziehungsdirektors verzögert wurde, half der Synodalrat Druck zu machen, um auch diese Berufung zum Erfolg zu führen.

Erwägung, die sich nicht in einer Gastvorlesung vorgestellt hätten. So könnten die Studierenden sich ein Bild machen und der Fakultät zur Kenntnis bringen. FP 15.11.1972, S. 463.

817 Obwohl nur gelegentlich in den Protokollen auftauchend, ist doch der Einfluss der Ersten Direktionssekretäre – Max Keller in der Erziehungsdirektion, Notar Gygax in der Kirchendirektion – nicht zu unterschätzen. Keller war Mitglied der Studentenverbindung Carolingia Zürich, die mit den positiv-kirchlichen «Zähringern» im «Falkensteinerbund» zusammengeschlossen waren. Er kandidierte später für ein Regierungsamt, unterlag aber seinem BGB-Parteikollegen Bernhard Müller.

818 Zu seinem 80. Geburtstag am 31.1.2002 richtete die Fakultät Kurt Marti eine Feier aus. FP 31.10.2001, S. 4.

Dennoch blieben die Beziehungen zwischen Fakultät und Synodalrat nicht gänzlich frei von gelegentlichen Unstimmigkeiten. Dies zeigte sich nach der Jahrtausendwende am Dissens über die Frage nach der Vereinigung der beiden theologischen Fakultäten, bei der sich der Synodalrat zum Verdruss beider Fakultäten zunächst den gouvernementalen Vereinigungsbefürwortern anschloss. Das Fakultätsprotokoll vom 5. April 2000 notiert die «Irritation und Enttäuschung über das Vorgehen des Synodalrates. Die Fakultät hätte zumindest erwartet, dass die Kirche sich […] vor Abgabe einer Stellungnahme mit dem Dekan in Verbindung setzen würde».[819] Um Solches in Zukunft möglichst zu vermeiden, musste man im Gespräch bleiben respektive dasselbe immer wieder neu suchen. Wie man vonseiten der Fakultät vorzugehen gedachte, zeigte sich in den Resultaten einer Aussprache vom 14. Juni 2000, wo folgende Beschlüsse für eine künftige Zusammenarbeit gefasst wurden:

- Zukunft der Fakultät und Ort in der Universität diskutieren.
- Bei gewichtigen Fragen Austausch der Stellungnahmen und zweite Lesung, bevor sie an die Öffentlichkeit gehen.
- Das Forum für gemeinsame Gespräche neu gestalten. Dafür sorgen, dass wichtige Themen besprochen werden.
- Autonomie der Universität gemäss Universitätsgesetz von 1996.
- Konzept für Aus- und Weiterbildung entwickeln.
- Bildungspolitik besprechen.
- Bei Schnittstellen den Dissens klar herausarbeiten.

Im Hinblick auf eine gemeinsame Sitzung zum Thema «Fakultät und Kirche: Ihr Ort und ihre Beziehung in der zukünftigen politischen Landschaft», die am 9. Mai 2001 stattfinden sollte, wollte man nichts dem Zufall überlassen. Die Institute sollten Vorschläge zur Sitzungsgestaltung vorbereiten und Delegierte in eine vorbereitende Arbeitsgruppe entsenden.[820]

Die Aufgabe, möglichen Dissens rechtzeitig zu erkennen und durch geeignete Formen der Zusammenarbeit zu bewältigen, bleibt aber für beide Seiten dauernd anspruchsvoll.

819 FP 5.4.2000.
820 FP 1.11.2000.

IV. Die theologischen Fakultäten vor neuen Herausforderungen

1. Von der kleinen zur grossen Universität

Ende der Neunzigerjahre des letzten Jahrhunderts konnte der neue «Hauptsitz» verschiedener geisteswissenschaftlicher Disziplinen – das umgebaute Gebäude der ehemaligen Schokoladenfabrik der Firma Tobler – im Länggassquartier bezogen werden. Zusammen mit weiteren grosszügig gestalteten Bauten machte sich die Vergrösserung der Universität auch physisch bemerkbar. Für die theologischen Fakultäten, die dort ihre neue Heimat fanden, brachte dies mehrere Vorteile: Erstens und am wichtigsten war, dass nun endlich alle Institute unter einem Dach vereinigt und damit gut erreichbar waren. Zweitens waren auch andere geisteswissenschaftliche Universitätsinstitute trockenen Fusses in unmittelbarer Nachbarschaft erreichbar, und drittens sorgte eine für alle dort Arbeitenden gemeinsame Mensa für Kontaktmöglichkeiten bei Speis und Trank. Das nunmehr hundertjährige Universitätshauptgebäude bietet zwar weiterhin Vorlesungsräume, fungiert aber je länger, desto mehr vor allem als Verwaltungszentrum der gross gewordenen Alma Mater.

In einer kleinen Festschrift zum hundertjährigen Jubiläum der Einweihung des Universitätshauptgebäudes auf der Grossen Schanze im Jahre 1903 illustriert die Universitätsarchivarin Franziska Rogger anhand einiger Zahlenvergleiche den quantitativen Wandel der Berner Alma Mater im 20. Jahrhundert.[821]

In diesem letzten Jahrhundert wuchs die Berner Bevölkerung um 50 % von 596 833 auf 947 079 Personen, während sich die Zahl der an der Universität Studierenden von 1292 im Jahre 1902 auf 11 640 verneunfachte. Im Bewusstsein, dass Preisvergleiche über einen längeren Zeitraum nicht unproblematisch sind, wagt die Historikerin dennoch einige Vergleichszahlen, um das finanzielle Opfer der Berner Bevölkerung für ihre Uni damals und heute sichtbar zu machen. Kaufkraftbereinigt kostete die Uni kurz nach der vorletzten Jahrhundertwende rund 44 Millionen Franken, hundert Jahre später rund eine Viertelmilliarde. Pro Kopf der Bevölkerung machte dies um 1900 rund 75 Franken aus, bis 2002 wuchs dieser Betrag auf rund 264 Franken, dennoch kostet ein Student oder eine Studentin die Berner heute mit 21 507 Franken weniger als hundert Jahre früher mit 34 464 Franken. Dank der gewachsenen Gesamtbevölkerung geben heute Bernerinnen und Berner pro Kopf jedem einzelnen in Bern Studierenden 2,3 Rappen, während es 1902 noch 5,7 Rappen waren!

Während im Jahr 1902/03 69 ordentliche und ausserordentliche Professoren unterrichteten, stieg ihre Zahl innert eines Jahrhunderts auf 276. Unschwer ist fest-

821 Rogger, Statistik, S. 24. Die Zahlen sind kaufkraft- und indexbereinigt.

Die Theologische Fakultät an der Unitobler

zustellen, dass das Zahlenverhältnis der Studierenden zu den Professoren sich zuungunsten der Letzteren verändert hat: 1902/03 kamen 19 Studierende auf einen Professor (ordentliche und ausserordentliche Professoren), 2002/03 waren es deren 42. «Die Lehre kann nur dank rund 700 Dozentenstellen (oberer Mittelbau) bewältigt werden. In einzelnen Fächern konnte und kann das Betreuungsverhältnis sehr viel schlechter und in andern sehr viel günstiger sein.»[822]

Kurz nach der Wende zum 21. Jahrhundert studierten in Bern bloss noch 7 % Ausländerinnen (4 %) und Ausländer (3 %), während sie ein Jahrhundert früher rund die Hälfte waren, dies nicht zuletzt wegen der vielen Russinnen, die etwa 30 % der gesamten Studierendenzahl ausmachten! Sie bescherten der Alma Mater Bernensis auch einen rekordverdächtigen Frauenanteil, hinter dem die 3 % Schweizerinnen völlig verschwanden. Signifikant grösser war der Ausländeranteil in der Professorenschaft mit 22 von 69, also 32 % (15 Deutsche und 7 andere), während der Ausländeranteil an der Professorenschaft hundert Jahre später auf 106 von 276, also 38 % anstieg (26 % Deutsche, 12 % Übrige).

822 Rogger, Statistik, S. 24. Zur Problematik der zahlenmässigen Erfassung der Studierenden siehe Anhang, S. 509.

Nun war es ja nicht so, dass sich der Anstieg der Studierendenzahl gleichmässig auf das 20. Jahrhundert verteilt hätte. Bereits Ende der Fünfzigerjahre geriet Bewegung in die schweizerische Hochschullandschaft, die Zahl der an die Uni drängenden Studierenden – noch waren es vorwiegend Schweizerinnen und Schweizer – wuchs, wenn auch aus heutiger Sicht in noch bescheidenem Ausmass.[823] Wichtige Anstösse kamen nicht zuletzt aus der Privatwirtschaft, die über einen wachsenden Mangel an Nachwuchskräften klagte. Es war klar, dass die Kantone allein diesen Herausforderungen nicht gewachsen sein würden, sondern dass der Bund in der Pflicht stand. «Die wohl bedeutendste Leistung der unmittelbaren Nachkriegszeit auf dem Gebiet wissenschaftlicher Organisation ist die Schaffung des ‹Schweizerischen Nationalfonds zur Förderung der wissenschaftlichen Forschung›, jener Stiftung, die – aus Bundesmitteln finanziert – 1952 ihre Tätigkeit aufnehmen konnte.»[824] Das Eidgenössische Departement des Innern unter dem Sozialdemokraten Hans Peter Tschudi ergriff die Initiative, zügig wurden Expertenkommissionen ins Leben gerufen, die den Ist-Zustand auf breiter Grundlage erfassten und Lösungen umrissen. Diese umfassten auf administrativer Ebene die Schaffung von zwei neuen Bundesorganen, des Schweizerischen Wissenschaftsrates (1965) und der Schweizerischen Hochschulkonferenz (1969). Sie ergänzten die älteren Organe der Hochschulrektorenkonferenz und der Konferenz der Kantonalen Erziehungsdirektoren. Damit «sollte die Isolation des traditionellen Föderalismus in Universitätsdingen überwunden und eine Zusammenarbeit in den ungeheuer komplexen Wechselbeziehungen zwischen Universität, Kantonen und Bund erreicht werden».[825]

Entscheidend war im Weiteren, dass 1968 der Bund durch das Hochschulförderungsgesetz ermächtigt wurde, sich an den kantonalen Hochschulen finanziell zu beteiligen. Ein Jahrzehnt später gelang es auf dem bewährten Weg eines Konkordates, dass auch die Nichthochschulkantone ihren Teil an die Kosten beitrugen. Diese Massnahmen waren dringend nötig, da auch die Professorenlöhne angepasst werden mussten, sollte Bern gegenüber den anderen Hochschulkantonen nicht ins Hintertreffen geraten. Ebenso wichtig wie diese Gehaltsanpassung waren Massnahmen eher struktureller Natur wie die Abschaffung der Kolleggelder und ihre Ersetzung durch eine Pauschale, die Regelung der Pflichtstundenzahl durch die Universität selbst und die Gewährung von regelmässigen Urlaubssemestern.[826] Diese Anpassungen bildeten die Voraussetzung für die Erweiterung der Universität, die in immer schnellerem Rhythmus vonstatten ging.

823 Dazu ausführlich Im Hof, Hohe Schule, S. 88–100.
824 Im Hof, Hohe Schule, S. 90.
825 Im Hof, Hohe Schule, S. 95.
826 Im Hof, Hohe Schule, S. 96–97.

2. Die Neuordnung des Theologiestudiums an der Universität Bern

2.1 Das neue Universitätsgesetz von 1996 und seine Auswirkungen

Kurz nach Mitte der Neunzigerjahre des vergangenen Jahrhunderts erliess der Grosse Rat des Kantons Bern am 5. September 1996 ein neues Universitätsgesetz, welches seit dem 1. September 1997 in Kraft ist.[827] Gemäss dem Universitätsstatut vom 17. Dezember 1997 «gehören die wissenschaftliche Ausbildung der Studierenden» und ihre «Vorbereitung auf die akademische berufliche Tätigkeit» zu den Kernaufgaben der Universität Bern, was andererseits bedeutet, dass die eigentliche Berufsbildung nicht mehr dazugehört. Konnte man früher die meisten Studienrichtungen entweder durch ein auf die zukünftige Berufsausübung gerichtetes Staatsexamen, ein Lizenziat oder ein Doktorat abschliessen, die man auch nacheinander absolvieren konnte, so müssen seit dem neuen Universitätsgesetz alle Studien durch akademische Examina abgeschlossen werden. Die solcherart Ausgebildeten tragen den Titel eines Lizenziaten (heute Master), der die Voraussetzung bildet für die an die Universitätsstudien anschliessende berufliche Qualifikation, sei es zum Anwalt, zum Pfarrer, zum Gymnasiallehrer usw.[828] Während früher also das Lizenziat eher ein Abschluss neben anderen war – im Falle der evangelischen Theologie war es anfänglich, wie gezeigt, die Bewerbungsgrundlage zum Lehramt –, rückte es durch diese «Akademisierung» der Fachausbildungen ins Zentrum des Geschehens. Für die zukünftigen Pfarrerinnen und Pfarrer bedeutet dies, dass das Lizenziat respektive der Masterabschluss lediglich einen Zwischenschritt auf dem Weg zum Studienziel eines Verbi Divini Minister (VDM) darstellt.

Ein Vergleich mit der Situation davor zeigt, wie grundlegend diese Änderung war. Nach Thomas Müller-Graf war der eigentliche Ausgangspunkt der Pfarrerausbildung nicht das Universitätsgesetz, sondern das Kirchengesetz vom 6. Mai 1945, wonach der Kanton «für die Ausbildung der Geistlichen der Evangelisch-reformierten Landeskirche eine Evangelisch-theologische Fakultät unterhalten» soll, die dafür sorgt, dass genügend reformierte Pfarrerinnen und Pfarrer ausgebildet würden.

Dieser in der Geschichte der Berner Hochschule seit 1834 zweifellos markanteste Systemwechsel hatte zumindest zwei Gründe: Erstens ging es darum, die Stu-

827 Die Darstellung in diesem Abschnitt folgt dem höchst informativen Beitrag von Müller-Graf, Neuordnung. Die in diesem Abschnitt zitierten Passagen sind ihm entnommen.

828 Der Mastertitel ersetzt den 1997 noch in dieser Funktion definierten Begriff des Lizenziats. Der Studiengang zum Master dauert zehn (mit den alten Sprachen zwölf) Semester und führt zwingend über den Bachelor-Abschluss nach sechs Semestern.

diendauer durch eine zeitliche Straffung zu beschränken, nicht zuletzt auch aus finanziellen Gründen. Zweitens wollte der Gesetzgeber das Studium durch die Beschränkung auf das akademische Kerngeschäft der Beeinflussung durch berufsständische Verbände entziehen, was durchaus auch den Interessen der Universität entsprach.

Folgenreicher jedoch war die rechtliche Verselbstständigung der Universität, die ihr eine bisher unbekannte Autonomie verlieh. Nach dem Universitätsgesetz von 1954 war die Alma Mater Bernensis «organisationsrechtlich eine rechtlich unselbständige kantonale, dem Amt für Hochschulen der Erziehungsdirektion angegliederte Anstalt». Neu war die Universität nun rechtlich selbstständig, mithin aufgefordert, ihre Binnen- und Aussenbeziehungen neu zu überdenken. Dies führt Müller-Graf zur Aussage: «Die Symbiose zwischen dem Kanton und seiner Universität und damit die bis anhin kaum hinterfragte, enge Zusammenarbeit zwischen diesen und der Kirche auf dem Gebiet der Pfarrerausbildung war, jedenfalls organisationsrechtlich, aufgebrochen.» Müller-Graf weist auch darauf hin, dass die theologische Ausbildung hier keinen Sonderfall darstelle, da auch das Verhältnis der Universität zu den Spitälern in der Ausbildung der Ärzte und zur bernischen Justiz für diejenige der Anwälte auf neue rechtliche Grundlagen zu stellen waren.

Müller-Graf spricht von einem «tripolaren Verhältnis Fakultät/Kirche/Staat», welches durch die Autonomisierung der Universität neu justiert werden musste. Es stehen sich die Landeskirche(n) als selbstständige Körperschaften des öffentlichen Rechts und die Universität als «autonome öffentlich-rechtliche Anstalt mit eigener Rechtspersönlichkeit» gegenüber. Beide legen grossen Wert auf die «eigenständige Regelung ihrer inneren Angelegenheiten». Aus diesen Gründen sei ein «kirchliches Mitbestimmungs- oder gar Letztbestimmungsrecht» zum Beispiel in Bezug auf die Ernennung von Professorinnen und Professoren ausgeschlossen. Diese rechtliche Ausschliesslichkeit steht natürlich in einer gewissen Spannung zum evidenten «Interesse der Landeskirche an einer gewissen Einflussnahme auf die universitäre theologische Ausbildung», die auch nach neuem Recht Grundlage und Voraussetzung für den Pfarrerberuf bildet.

Die Universität respektive in unserem Fall die Fakultät hat «in prinzipieller Eigenständigkeit» sowohl die Ernennungsgeschäfte des Lehrpersonals vorzubereiten wie auch das Studienrecht zu gestalten. Als Trost werde die kirchliche Einflussnahme auf die Theologische Fakultät «mithin auf den gelegentlich etwas schummrigen, für die Beteiligten nicht immer ganz risikofreien Weg der informellen Zusammenarbeit verwiesen». Müller-Graf hält aber unmissverständlich fest: «Ein eigentliches Vernehmlassungsrecht des Synodalrates mit Bezug auf konkrete Bewerbungsdossiers ist jedenfalls mangels einer gesetzlichen Grundlage schon aus Gründen des Daten- und Persönlichkeitsschutzes der Bewerberinnen und Bewerber ausgeschlossen.»

An einer Besonderheit der theologischen Ausbildung beleuchtet Müller-Graf die Komplexität des Verhältnisses von Universität und Kirche, nämlich am Beispiel des Praktischen Semesters. Dieses soll in einem frühen Stadium des Theologiestudiums den angehenden Pfarrerinnen und Pfarrern die Möglichkeit geben, ihr zukünftiges Arbeitsfeld in der Praxis kennenzulernen.[829] Dieses Praktische Semester wird von der Kirche angeboten, damit es aber Teil des Lizenziats- respektive Masterstudienganges sein kann, seien zwei Voraussetzungen zu erfüllen:

1. Die Verantwortung dafür kann nicht ausschliesslich der Kirche übertragen werden, die Fakultät steht mit in der Verantwortung, da sie wie die Universität generell ihre Kernaufgaben in Forschung und Lehre nicht an Dritte auslagern darf.
2. Der Lizenziats- respektive Masterstudiengang muss auch für «kirchlich Ungebundene, also Agnostiker, Angehörige anderer Religionen und Konfessionen sowie Studierende, die der Kirche aus anderen Gründen nicht zu nahe kommen möchten», ohne Beeinträchtigung ihrer Religionsfreiheit gewährt sein.[830]

Fakultät, Kirche und Kanton regeln die Modalitäten der Durchführung des Praktischen Semesters und der dabei anfallenden Kosten durch einen öffentlich-rechtlichen Vertrag.[831]

Ein gemischter fakultär-kirchlicher Ausschuss begleitet das Praktische Semester, hat aber nicht die Befugnis, verbindliche Anordnungen zu treffen oder Ausführungsrecht zu erlassen. Er dient den beiden Vertragsparteien als Konsultativorgan und kann der für das Praktische Semester verantwortlichen Fakultät Anträge und Berichte zugehen lassen. Als unmittelbar vollziehende Stelle wird eine «Koordinationsstelle für praktikumbezogene theologische Ausbildung» (KOPTA) eingesetzt, die teilweise aus Drittmitteln der Kirche und des Kantons finanziert wird.

2.2 Veränderungen im Aufbau der theologischen Fakultäten

Obschon die theologischen Fakultäten gegen Ende des 20. Jahrhunderts zu den kleineren gehörten, konnte zumindest die evangelisch-theologische am allgemeinen Ausbau des universitären Lehrkörpers partizipieren. Lehrstühle konnten nun zum

829 Artikel 43 des Reglements über das Studium und die Prüfungen am Departement für Evangelische Theologie der Christkatholischen und Evangelischen Fakultät vom 14. September 1999 (RSP), zitiert nach Müller-Graf, Neuordnung, S. 83: Alinea 1: «Das Praktische Semester dient der theologischen Reflexion kirchlicher und gesellschaftlicher Erfahrungsfelder im Blick auf ein praxisrelevantes Verständnis der theologischen Disziplinen.»

830 Artikel 43, Alinea 3: «Die Fakultät sorgt dafür, dass das Praktische Semester auf Begehren der oder des Studierenden in Form der teilnehmenden Beobachtung und ohne Verpflichtung auf weltanschaulich nicht neutrale Handlungen absolviert werden kann.»

831 @@@LEER@@@

Teil doppelt besetzt werden, was den Studierenden mehr Wahlmöglichkeiten bot und den fachlichen Austausch unter den Dozierenden förderte. Die damit verbundene Vermehrung der Assistentenstellen liess einen akademischen Mittelbau entstehen, so dass, wie an anderen Fakultäten bereits geschehen, auch in der Theologie eine akademische Normalkarriere innerhalb der Fakultäten stattfinden konnte. Nach dem Abgang der Vorkriegsgeneration bis Ende der Sechzigerjahre des 20. Jahrhunderts lässt sich die Entwicklung der Fachbereiche der Fakultäten an den folgenden Personen festmachen:

Im Fach Altes Testament folgte auf Johann Jakob Stamm Martin Klopfenstein (ordentlicher Professor 1976–1996). Ihm zur Seite trat 1986 Walter Dietrich (ordentlicher Professor bis 2009). Nachfolgerin Klopfensteins als Ordinaria wurde ab 1997 die römisch-katholische Theologin Silvia Schroer, auf Dietrich folgte Andreas Wagner. Seit 1997 wirkt dort auch Ernst Axel Knauf als Professor für Altes Testament und biblische Umwelt.

An der Christkatholischen Fakultät wirkte Albert Rüthy als Alttestamentler (ausserordentlicher Professor 1940, ordentlicher Professor 1951–1971).

Im Fach Neues Testament übernahm Christian Maurer (ordentlicher Professor 1966–1978) die Nachfolge von Wilhelm Michaelis. Maurers Nachfolger wurde 1980 Ulrich Luz (ordentlicher Professor bis 2003). Neben ihm lehrte Victor Hasler als Extraordinarius (1973–1989) und von 1989 bis 2000 Samuel Vollenweider, der dann an die Theologische Fakultät der Universität Zürich wechselte. 2003 übernahm Matthias Konradt den neutestamentlichen Lehrstuhl, den er bis zu seinem Wechsel nach Heidelberg im Jahre 2009 innehatte. Ihm folgte 2011 Rainer Hirsch-Luipold.

An der Christkatholischen Fakultät lehrte als Neutestamentler Ernst Gaugler (ausserordentlicher Professor 1924, ordentlicher Professor 1933–1960). Auf ihn folgten Kurt Stalder (ausserordentlicher Professor 1960, ordentlicher Professor 1962–1982) und Urs von Arx (ordentlicher Professor 1986–2008, ab den Neunzigerjahren auch für Homiletik und Geschichte des Alt-Katholizismus). Als erste christkatholische Ordinaria amtiert jetzt Angela Berlis (seit 2009) für Geschichte des Alt-Katholizismus und allgemeine Kirchengeschichte.

Im Fach Kirchengeschichte brachte das Jahr 1978 eine wichtige Änderung: Es wurde geteilt in die Bereiche Ältere und Neuere Kirchengeschichte. Nachfolger Kurt Guggisbergs (ordentlicher Professor 1944–1972) wurde Andreas Lindt (ordentlicher Professor 1974–1985), ihm folgte Rudolf Dellsperger (ordentlicher Professor für Neuere Kirchengeschichte, Konfessionskunde und Theologiegeschichte 1986–2007), während Alfred Schindler (ordentlicher Professor 1976–1990) aus Heidelberg auf den neu geschaffenen Lehrstuhl für Ältere Kirchen- und Dogmengeschichte in Bern berufen wurde, den er zugunsten eines Rufs an die Theologische Fakultät Zürich wieder verliess. Seinen Lehrstuhl übernahm 1991 Martin George (ordentlicher Professor bis 2014), Dellspergers Nachfolger wurde 2007 Martin Sallmann, auf George folgte Katharina Heyden (seit 2014).

Bei den Christkatholiken wirkte der von Barth geschätzte Arnold Gilg für Kirchen- und Dogmengeschichte (ordentlicher Professor 1921–1957, neben ihm bekleidete auch der zweite Bischof, Adolf Küry, bis 1940 ein Ordinariat, unter anderem für Kirchengeschichte). Auf Gilg folgte Walter Frei für Kirchen- und Dogmengeschichte und Seelsorge (nebenamtlicher ausserordentlicher Professor 1957–1992, daneben mit vielseitiger Tätigkeit als Musiker, Maler, Schriftsteller und Psychotherapeut).[832]

In der Fächergruppe der Systematischen Theologie löste Gottfried Wilhelm Locher Martin Werner als Ordinarius ab. Locher bekleidete das Ordinariat von 1958 bis1978. Neben ihm wirkte kurzzeitig Reinhard Slenczka (ordentlicher Professor 1968/69), bevor er nach Heidelberg ging. Slenczka hatte auch Ethik im Angebot. Auch Johann Friedrich Schär (ordentlicher Professor 1960–1967) hatte in seinem Lehrauftrag Systematische Theologie, ebenso Ulrich Neuenschwander. Die Nachfolge Lochers trat 1979 Christian Link an. Er wirkte bis 1993 als Ordinarius – auch Philosophiegeschichte gehörte zu seinem Lehrdeputat – und wechselte dann nach Bochum. Eine Premiere brachte seine Nachfolge: Mit Christine Janowski bekleidete erstmals eine Frau ein theologisches Ordinariat in Bern. Ihr Auftrag umfasste ebenfalls Dogmatik und Philosophiegeschichte. 2010 wurde sie emeritiert. Als Nachfolgerin wirkt seit 2011 Magdalene L. Frettlöh.

Zur genannten Fächergruppe gehört auch die Ethik. Nach Alfred de Quervain, der 1966 emeritiert wurde, bestieg Hermann Ringeling 1971 den Lehrstuhl für theologische Ethik und Anthropologie (ordentlicher Professor 1971–1991). Von 1971 an wirkte neben ihm Hans Ruh als Extraordinarius für ausgewählte Gebiete der Sozialethik, bis er 1983 schliesslich ein Ordinariat an der Universität Zürich erhielt. Nachfolger Ringelings wurde Wolfgang Lienemann. Er lehrte als ordentlicher Professor für Ethik zwischen 1992 und 2010. Seine Frau, Christine Lienemann-Perrin, unterrichtete zur gleichen Zeit als Professorin für Ökumene, Mission und interkulturelle Gegenwartsfragen an der Universität Basel. Sie übernahm dabei auch einen Lehrauftrag für Ökumenische Theologie an der Universität Bern. Ihr Vorgänger als ausserordentlicher Professor für Ökumenische Theologie war der international renommierte, mit fünf Ehrendoktoraten ausgezeichnete Lukas Vischer (ausserordentlicher Professor 1980–1992).

Aufseiten der Christkatholisch-theologischen Fakultät wirkte Urs Küry ab 1941 als Extraordinarius für Systematische Theologie. 1955 wurde er für das gleiche Fach Ordinarius und gleichzeitig dritter Bischof der Christkatholischen Kirche der Schweiz (ordentlicher Professor bis 1971). Seine Nachfolge trat 1971 der Österreicher Herwig Aldenhoven an, zuerst als Extraordinarius, ab 1975 dann als ordentlicher Professor bis im Jahr 2000. Ihm folgten Martien Parmentier (bis 2010) und Assistenzprofessor Andreas Krebs.

832 von Arx, Walter Frei.

Der Fachbereich der Praktischen Theologie wurde wohl als erster zu einem institutsähnlichen Gebilde ausgebaut. Dies erklärt sich nicht zuletzt daraus, dass in allen Studienreformbewegungen seit spätestens dem Ende des Ersten Weltkriegs ein Ausbau der praktischen, auf das Pfarramt ausgerichteten Ausbildung verlangt worden war. Die Finanzknappheit des Kantons und der absehbare Widerstand der theoretischen Fächer gegen einen Abbau ihres Angebots durch Erweiterung der Praxis verzögerten diese Pläne bis in die Siebzigerjahre des letzten Jahrhunderts. Jetzt konnten die Lehraufträge, die bis anhin bestenfalls als Extraordinariate oder Lektorate besorgt worden waren, endlich als eigenständige Wissenschaftsbereiche den Händen von Ordinarien anvertraut und damit professionalisiert werden. Dieselbe Entwicklung einer Professionalisierung der Praxisausbildung beschränkte sich übrigens nicht auf die Theologie, sondern lässt sich mit entsprechenden fachspezifischen Merkmalen auch an den anderen Fakultäten beobachten.

1972 bestieg mit Klaus Wegenast der erste Ordinarius den neu geschaffenen Lehrstuhl für Katechetik (ordentlicher Professor 1972–1996). Zuvor war die Katechetik ein Teilgebiet im Portfolio von Extraordinariaten, so zum Beispiel bei Werner Kasser (1928 Lektor für Pädagogik, 1948–1962 ausserordentlicher Professor für Praktische Theologie mit Katechetik, Pastoraltheologie, Pädagogik, Jugendkunde, kirchliche Liebestätigkeit). Ihm folgte Maurice Baumann für Religionspädagogik und Katechetik (ordentlicher Professor 1996–2010).

Nach den Wirren um die Berufung Kurt Martis wurde schliesslich Theophil Müller 1975 auf den Lehrstuhl für Homiletik berufen. Auf Theophil Müller folgte mit Christoph Müller der dritte Theologe mit Namen Müller auf einem Lehrstuhl in der Geschichte der Evangelisch-theologischen Fakultät. Er lehrte bis 2009 als ordentlicher Professor für Homiletik, Liturgik und Kommunikationswissenschaften.

Krisenzeiten sind Reformzeiten: Diese etwas banal klingende Feststellung gilt auch für die Ausbildung der Pfarrer, wo zumindest eine Einführung in die Psychologie zu den Standardforderungen auf der Reformagenda gehörte. Das neu geschaffene Ordinariat für Seelsorge und Pastoralpsychologie wurde Christoph Morgenthaler anvertraut, der sowohl in Theologie als auch in Psychologie promoviert hatte (ausserordentlicher Professor 1985, ordentlicher Professor 1990–2012). Ihm folgte Isabelle Noth für Seelsorge, Religionspsychologie und Religionspädagogik.

Die Praktische Theologie erfuhr neben der wissenschaftlichen Aufwertung ihrer Fächer auch eine Verbreiterung und Verstärkung auf der Ebene der beruflichen Begleitung der zu Pfarrerinnen und Pfarrern auszubildenden Studierenden. Diesem Zweck dient die Koordinationsstelle für praktikumbezogene theologische Ausbildung (KOPTA). Sie organisiert, leitet und evaluiert das Ausbildungsangebot im Praktischen Semester und im Lernvikariat und wird getragen von Universität und Kanton Bern sowie von den reformierten Kirchen Bern-Jura-Solothurn. Sie arbeitet mit dem Ausbildungskonkordat der anderen deutschschweizerischen reformierten Landeskirchen und der Christkatholischen Kirche der Schweiz zusammen. Im Rahmen der Fakultät bildet sie eine eigenständige Organisationseinheit.

Ebenfalls einen eigenständigen Bereich, aber ohne universitätsübergreifende Trägerschaft, bildet das Kompetenzzentrum Liturgik. Es fördert und koordiniert Forschung, Lehre und Dienstleistungen in den Bereichen Liturgik, Homiletik, Hymnologie und Kirchenästhetik.

Zu den neueren Akquisitionen gehört das Institut für Judaistik. Zwar hatte die Judaistik schon in den Sechzigerjahren eine vollamtliche Professur, doch erst um die Jahrtausendwende bekam sie einen Lehrstuhl, der nicht nur ad personam gedacht ist.[833]

Seit langem gehörte auch Religionsgeschichte beziehungsweise Religionswissenschaft zu den Lehraufträgen verschiedener Ordinariate, in der Regel aber nicht in Form eines eigenen Lehrstuhls. Die Alttestamentler Max Haller und sein Nachfolger, Johann Jakob Stamm, hatten es im Angebot. Max Haller hatte sich in seiner Rektoratsrede energisch für die Religionswissenschaft eingesetzt. Als Stamm die altorientalischen Sprachen übernahm, übergab die Fakultät Johann Friedrich Schär die Religionsgeschichte bei gleichzeitiger Beförderung zum Ordinarius (ordentlicher Professor 1960–1967). Zu seinem Lehrauftrag gehörten noch andere Teilgebiete der Theologie und das Ordinariat war, wie gezeigt, eher als Friedensangebot an die Liberalen denn als Aufwertung der Religionsgeschichte gedacht.[834] So wirkte Schärs Nachfolger Ernst Zbinden neben seinem Pfarramt ab 1968 stets als Extraordinarius. Nach seiner Emeritierung entstand Anfang der Neunzigerjahre kurzzeitig ein Institut für Religionswissenschaft. 1992 wurde ein Lizenziatsstudiengang eingerichtet und eine Professur geschaffen, die Axel Michaels übernahm (ordentlicher Professor 1992–1996, dann ordentlicher Professor Heidelberg). Nach einer dreijährigen Vakanz wurde Karenina Kollmar-Paulenz auf den Lehrstuhl berufen. Da weder sie noch ihr Vorgänger Theologen waren, war es wohl nur eine Frage der Zeit, bis die Religionswissenschaft an die Philosophische-historische Fakultät wechselte, was in zwei Schritten 2003 und 2007 vollzogen wurde.

Die Theologische Fakultät der Universität Bern umfasst momentan insgesamt acht Institute und zwei institutsähnliche Bereiche: Altes Testament, Neues Testament, Judaistik, Historische Theologie, Systematische Theologie, Praktische Theologie, Empirische Religionsforschung, Christkatholische Theologie, Kompetenzzentrum Liturgik und KOPTA.

Die hier geschilderten Entwicklungen waren aber nicht bloss solche quantitativer Natur. Wie bereits erwähnt, wurden nach vierzigjähriger Karenz wieder ausländische, das heisst vor allem deutsche Professoren an die Evangelisch-theologische Fakultät berufen. Mit ihnen kamen auswärtige Assistentinnen und Assistenten und

833 Weiteres siehe Kapitel 7.
834 Teil III, Kapitel 2.4.

Studierende, welche die veränderten Strukturen mit frischem Leben versorgten. Berns theologische Fakultäten wurden, was sie lange Jahrzehnte nicht mehr waren, wieder begehrte Studienorte, mit Lehrstühlen, die man nicht mehr nur als Sprungbrett im akademischen Cursus honorum benutzte. Nicht unwichtig, wenn auch hier nur am Rande erwähnt, konkretisierte sich die neue Offenheit im Aufbau internationaler Beziehungen. Als Beispiel sei hier genannt das Kooperationsabkommen mit der Theologischen Fakultät Halle (DDR) in den Achtzigerjahren des letzten Jahrhunderts oder Abkommen mit den Universitäten von Richmond (USA) oder Oxford. Befragt man ehemalige Mitglieder der Fakultät, die diese Umbruchsphase miterlebt haben, dann fällt immer wieder der Name des damaligen Kirchenhistorikers Andreas Lindt als Architekt dieser renovierten Evangelisch-theologischen Fakultät. Die Christkatholisch-theologische Fakultät pflegte seit langem gute Beziehungen zu den orthodoxen Fakultäten in Osteuropa.

3. Frauen als Dozentinnen an den theologischen Fakultäten und als Thema des theologischen Diskurses

Nach langem Bemühen hatten die Frauen bis Mitte der Sechzigerjahre des letzten Jahrhunderts endlich in den reformierten Kirchen den Zugang zum vollen Pfarramt erlangt. Als sie einige Jahre später auch die politische Gleichberechtigung erhielten, konnten sie zusammen mit fortschrittlichen Männern darangehen, weitere Bastionen männlicher Vorherrschaft zu schleifen. Solche gab es nicht zuletzt auch an den Universitäten und damit auch an den theologischen Fakultäten. Es galt dabei für die Frauen nicht nur, generellen männlichen Widerstand gegen weiblichen Aufstieg in leitende Positionen zu überwinden, sondern auch darum, Wege zu öffnen, damit weibliche Karrieren vereinbar wurden mit einer Familiengründung.[835] Offenbar waren diese Schwierigkeiten im politischen Bereich leichter zu bewältigen als im akademischen, wo die Karriere in abnehmendem Mass aus der Praxis und in zunehmendem auf der Grundlage eines Cursus honorum über Dissertation und Habilitationsschrift stattzufinden hatte. Die Schwierigkeiten begannen aber weit früher: Die in den Sechzigerjahren begonnene Öffnung der Gymnasien sollte nicht nur männlichen akademischen Nachwuchs aus eher bildungsferneren Schichten der Bevölkerung an die Hochschulen bringen, sondern auch weiblichen. Aus den Pionierinnen in Hausarztpraxen, Gymnasien und Pfarrämtern sollte nicht nur eine neue Normalität entstehen, sondern es sollte auch selbstverständlich werden, Frauen in Ordinariate zu befördern. Der nicht nur, aber auch durch den wachsenden Zustrom von Frauen erzeugte Anstieg der Studierendenzahlen erforderte die kräftige Erweiterung des Mittelbaus im Bereich von Assistenzen, Oberassistenzen und den damit verbundenen Lehraufträgen. Hier konnten erste Stufen in den akademischen Lehrbetrieb erklommen und gleichzeitig Dissertationsprojekte in Angriff genommen werden. Mitte der Sechzigerjahre waren die Krösusse in Bezug auf den Assistentenbestand die Medizinische und die Philosophisch-naturwissenschaftliche Fakultät mit fast 88 % aller Assistentenstellen, während die evangelisch-theologische mit zwei Stellen (0,5 %) recht bescheiden wirkte.[836] Dies änderte sich in den Achtzigerjahren, als die Zahl der Assistentenstellen auch an der Evangelisch-

835 Die Verfasser und Verfasserinnen der Universitätsstatistik ziehen noch Anfang der Achtzigerjahre des letzten Jahrhunderts das ernüchternde Fazit, dass von den 1495 1834–1980 im Lehrkörper vertretenen Privatdozenten und Professoren nur 24 Frauen waren. «Der prozentuale Anteil von weiblichen Dozenten ist in der neuesten Zeit kaum merklich gewachsen.» Kommission Hochschulgeschichte, Dozenten, S. 230–231.

836 Zahlen nach Kommission Hochschulgeschichte, Hochschulgeschichte, S. 576.

Christine Reents

theologischen Fakultät rasch anwuchs und nun auch die ersten Frauen als Assistentinnen erschienen.

Die Frauenthematik beschäftigte die Evangelisch-theologische Fakultät seit den späten Siebzigerjahren des 20. Jahrhunderts in zunehmendem Mass. Die Theologische Fakultät der Universität Zürich berief 1990 eine erste Frau, Susanne Heine, auf den Lehrstuhl für Praktische Theologie.[837] Sechs Jahre zuvor war erstmals eine Frau – die Freisinnige Elisabeth Kopp – in den Bundesrat gewählt worden, 1993 folgte ihr die Sozialdemokratin Ruth Dreifuss.

In den Protokollen der Siebzigerjahre tauchen verschiedentlich die Namen von Frauen auf, die als Assistentinnen angestellt oder mit Lehraufträgen und Lehrstuhlvertretungen betraut wurden. Stellvertretend für sie sei hier Hannah Liron Frey erwähnt, die Iwrit unterrichtete und Vorlesungen über neuere hebräische Literatur anbot, die im Rahmen des seit der Emeritierung von Hans Bietenhard verwaisten Lehrdeputats der Judaistik stattfanden.[838] Als erste Frau hatte sich übrigens die deutsche Theologin Christine Reents in Bern habilitiert; sie erhielt folglich auch als erste Frau an der Evangelisch-theologischen Fakultät die Venia als Privatdozentin für Religionspädagogik. Etwas schwerer tat man sich indes mit der Anstellung einer ersten Ordinaria. Seit den frühen Achtzigerjahren des 20. Jahrhunderts wurde die Frage der angemessenen Vertretung der Frauen im Lehrkörper der Fakultät an den Fakultätssitzungen regelmässig traktandiert. Am 1. Februar 1995 vermeldet das Fakultätsprotokoll, Frau J. Christine Janowski werde am 1. April ihr Amt als

837 Drei Jahre zuvor wurde sie für ein Extraordinariat in Bern angefragt, lehnte aber ab (FP 4.11.1987). An anderen Fakultäten tauchen erste Ordinariae schon in den Sechziger- und Siebzigerjahren des 20. Jahrhunderts auf.

838 FP 13.5.1981.

ordentliche Professorin für Systematik antreten. Sie hatte bereits 1993 eine Lehrstuhlvertretung für dieses Fach versehen und die Fakultät konnte sie im Jahr darauf der Regierung zur Wahl vorschlagen.

Nun erschöpfte sich das Thema Frauen und Theologie nicht in ihrem Aufstieg in die akademischen Ränge. Wie schon erwähnt, wollten auch die Pionierinnen des Frauenpfarramtes in den Fünfzigerjahren des letzten Jahrhunderts nicht bloss im Windschatten der allgemeinen Gleichberechtigungsforderungen zum vollen Pfarramt zugelassen werden, sondern sie wollten eine eigenständige theologische Begründung ihrer Gleichstellung in der Kirche. Die weitgehend noch männlich dominierte 68er-Bewegung hatte den Feminismus grosszügig ignoriert, so dass die Frauen sich selbst helfen mussten. Die Grundlagen dafür lagen bereit. Als Beispiel sei hier der Themenschwerpunkt «Frauen an der Fakultät» vom Dezember 1986 erwähnt. Es waren auch Vertreterinnen der Frauengruppe anwesend. Diskutiert wurden Forderungen nach einem Seminarfeedback und die Analyse von Kommunikationsstrukturen, männliches Sprachverhalten der Dozenten, die Forderung nach einem ständigen Lehrauftrag für feministische Theologie, eine Fakultätsretraite zum Thema Frau-Mann sowie Gespräche mit im Pfarramt tätigen Frauen. Die Fakultät zeigte sich aufgeschlossen und versuchte diese Wünsche zu realisieren.[839] Bereits im Wintersemester 1984/ 85 begann eine Reihe von Lehraufträgen zum Thema feministische Theologie, zum Teil durchgeführt von Dozenten der Fakultät, zum Teil von externen Referentinnen.[840]

---

839 FP 17.12.1986.

840 Liste dieser Lehraufträge siehe Anhang, S. 457–468.

4. Die studentische Mitsprache

Zu den zentralen Themen der Sechzigerjahre gehörte zweifellos die Forderung nach studentischer Mitbestimmung.[841] Sie wurde regelmässig im «Berner Student» thematisiert und spielte auch in den Diskussionen der Ausserparlamentarischen Expertenkommission für ein neues Universitätsgesetz (NUGAPEK) eine wichtige Rolle. Zwar wurde die Forderung an sich kaum bestritten, doch bei der Frage der angemessenen zahlenmässigen Vertretung gab es Widerstand, insbesondere da die Studierenden eine Drittelparität zwischen Professoren, Mittelbau und Studierenden forderten und, was konservative Professoren mehr aufbrachte, Mitbestimmung auch bei der Besetzung von Lehrstühlen. Die Universität tat den ersten Schritt, indem sie versuchsweise 1968 Vertreter und Vertreterinnen der Studentenschaft bei allen Geschäften des Senatsausschusses, welche die Studierenden betrafen, zur Vernehmlassung zuliess. Rektor war in diesem Jahr der Physiker Pascal Mercier, als Rektor designatus stand ihm der Theologe Gottfried W. Locher zur Seite, der sich ein Jahr später zum Ende seines Rektorates, wie noch zu sehen sein wird, vehement für die studentische Mitsprache starkmachte.[842] Über den Umfang dieser Mitsprache liess sich bis Anfang der Achtzigerjahre des letzten Jahrhunderts keine Einigung erzielen, so dass Versuche, das Universitätsgesetz wenigstens zum Teil in Richtung einer Mitbestimmung zu ändern, auch vor dem Souverän scheiterten.

Das bedeutete nun aber keineswegs Stillstand auf allen Ebenen, denn die Fakultäten führten seit Ende der Sechzigerjahre Formen der Mitbestimmung ein, die sich durchaus bewährten.

In der Christkatholischen Fakultät gab es seit einigen Jahren bereits ein faktisches Mitspracherecht der Studierenden. Im April 1969 fand die Christkatholische Fakultät, diese Mitsprache sei zu institutionalisieren und nach dem Modell der Philosophisch-historischen Fakultät zu gestalten. Dieses sah Sitzungen mit und solche ohne Beteiligung der Studierenden vor.[843] Am 7. Mai 1969 setzten sich unter dem Vorsitz des Dekans Urs Küry die Professoren Rüthy und Stalder mit vier Studenten zur Besprechung des einzigen Traktandums «Organisation des studentischen Mitspracherechts an unserer Fakultät» zusammen.[844] Das studentische Interesse an der Institutionalisierung ihres Mitspracherechts war unbestritten, und auch über die anderen Punkte konnte man sich rasch einigen. Anders als in anderen Fakultäten

841 Siehe dazu Kommission Hochschulgeschichte, Hochschulgeschichte, S. 478.
842 Kommission Hochschulgeschichte, Hochschulgeschichte, S. 478–479.
843 FP c-kath 24.4.1969, Traktandum 4.2.
844 Maschinenschriftliche Beilage zum FP c-kath 7.5.1969, S. 15.

sind die Studierenden dieser kleinsten Fakultät einverstanden damit, dass «Fragen der Zulassung zu Licentiats- und Doktorexamen und zu Habilitationen und Fragen der Beförderung im Lehrkörper allein von der Fakultät im bisherigen Sinn behandelt werden».[845] Auch bei Stipendienfragen sollen die Studierenden aus Datenschutzgründen aussen vor bleiben, aber doch ein Rekursrecht besitzen. Diese Bestimmungen wurden unverändert in der Fakultätssitzung vom 23. Februar 1970 als Fakultätsstatut beschlossen und auch von den Studenten vor Ende des Semesters bestätigt, was wenig überrascht, entsprach doch die vorbereitende Kommission personell weitestgehend dem beschliessenden Fakultätsplenum.

Die Einführung der studentischen Mitsprache bedeutete einen Schritt hin zu einer demokratischer verfassten Universität, einer Institution also, die ähnlich der Armee und der römisch-katholischen Kirche einer festen Rangfolge ihrer Mitglieder verpflichtet ist. Diese Enthierarchisierung konnte sich auch in von aussen kaum wahrnehmbarer Weise ausdrücken. Als Johann Jakob Stamm emeritiert wurde, folgte ihm Martin Alfred Klopfenstein auf den Lehrstuhl für Altes Testament. Bereits zu Beginn seiner Amtszeit «beförderte» er den Hebräisch-Lektor zum Mitprüfenden bei den Hebraicumsexamina, was seiner Vorgängerin Dora Scheuner trotz Honorardoktorat und -professur nie vergönnt gewesen war. Auch im täglichen Umgang lässt sich spätestens seit Ende der Siebzigerjahre des letzten Jahrhunderts, wohl als Folge der 68er-Bewegung, eine Tendenz zum symbolischen Abbau von Hierarchien beobachten, die sich zum Beispiel darin äussert, dass Ordinarii und Ordinariae im Umgang untereinander und mit ihren Untergebenen rascher als früher vom Sie zum Du übergehen. Waren in den Zeiten der «kleinen Universität» sogar Professoren, die sich seit Kinderzeiten kannten, als Erwachsene per Sie, so, als ob die unvermeidbare Nähe in einer kleinen Institution eine zumindest formelle Distanziertheit geradezu erzwänge, so scheint in der Unübersichtlichkeit der modernen Grossinstitution Universität eher ein Bedürfnis zu herrschen, wenigstens auf diesem Wege eine gewisse Vertrautheit und Nähe zu formalisieren. Nicht zu vergessen allerdings ist dabei, dass dieser Enthierarchisierungsschub einen viel umfassenderen gesellschaftlichen Trend darstellt, der in der Schweiz vielleicht noch deutlicher ausgeprägt ist als in den umliegenden Ländern.

845 Maschinenschriftliche Beilage zum FP c-kath 7.5.1969, S. 16.

5. Der Zusammenschluss der beiden theologischen Fakultäten

5.1 Die Debatte im Grossen Rat

Gegenüber dem ersten Hochschulgesetz von 1834 hatte das Universitätsgesetz von 1954 die Stellung der Fakultäten gegenüber Regierung und Parlament zumindest dem Buchstaben nach eher gestärkt. Die Schaffung oder Aufhebung von Fakultäten wurde auf Gesetzesstufe geregelt und dadurch dem Referendum unterstellt. Mit dem neuen Universitätsgesetz vom 5. September 1996 wurde diese Kompetenz auf Dekretsebene heruntergestuft, was dem Grossen Rat des Kantons Bern ermöglichte, abschliessend über die Schaffung und Aufhebung von Fakultäten zu befinden. Dies sollte nach dem Willen der Regierung den Kanton befähigen, rascher auf Veränderungen im Bildungsbereich zu reagieren. Für die theologischen Fakultäten hiess das, dass der Passus im Kirchengesetz von 1945 obsolet geworden war, welcher festhielt, dass es für die beiden Landeskirchen je eine Fakultät an der Universität gebe, was insbesondere für die kleine Christkatholische Fakultät eine gewisse Existenzgarantie dargestellt hatte. Auf Antrag der Regierung bestimmte der Grosse Rat insgesamt sieben Fakultäten, fünf grosse (Medizin, Recht, Wirtschafts- und Sozialwissenschaft, Philosophisch-historische und Philosophisch-naturwissenschaftliche) und zwei kleine, Theologie und Veterinärmedizin, und setzte die Neuordnung auf Beginn des Studienjahres 2001/02 in Kraft.[846]

Das ganze Geschäft war nicht unumstritten, besonders die Zusammenlegung der beiden theologischen Fakultäten gab zu reden, war doch darin die Aufhebung der Christkatholisch-theologischen Fakultät impliziert, die einzige ihrer Art weltweit, die vor kurzem noch ihr 125-Jahr-Jubiläum gefeiert hatte.[847] Die Debatte vom 6. September 2000 wurde nötig, weil Grossrat Otto Mosimann (EVP) eine Motion gegen die Zwangsfusion eingereicht hatte.

Die Zusammenlegung war von der Regierung vorgeschlagen worden; federführend war der damalige Erziehungsdirektor Mario Annoni, wie seine Vorgänger Virgile Moine und Simon Kohler römisch-katholischer Freisinniger aus dem Jura, und wurde im Parlament durch eine Kommission unter dem Präsidium von Jürg Schärer (SP) vertreten.

---

846 Die Darstellung folgt der Debatte im Grossen Rat nach dem Tagblatt des Grossen Rates 2000, S. 807–814, und von Arx, Ende der Fakultät, S. 225, 236, 240. Die grossen Fakultäten delegierten je zwei Vertreter in den Senat.

847 Gegen die neu verfügte Trennung der Rechts- und Wirtschaftswissenschaftlichen Fakultät gab es zunächst auch Widerstand, der aber rasch aufgegeben wurde.

Die Debatte wurde auch deshalb zumindest von den Fusionsgegnern engagiert geführt, weil sich namhafte Institutionen und Persönlichkeiten gegen eine Zusammenlegung aussprachen, so natürlich die beiden betroffenen Fakultäten. Diese hatten eine zuvor vom Regierungsrat in Auftrag gegebene «Portfolioanalyse» durchgeführt, in deren Rahmen auch eine mögliche Zusammenlegung geprüft worden war. Professor Urs von Arx, der aufseiten der Christkatholiken sich am leidenschaftlichsten für den Erhalt seiner Fakultät eingesetzt hatte, fasste das Ergebnis jener Analyse aus der Sicht der Fakultäten wie folgt zusammen: «Sie war zum Schluss gekommen, die Einzigartigkeit der Christkatholisch-theologischen Fakultät, und anderes mehr, spreche für den Erhalt ihrer Eigenständigkeit. Die beiden Fakultäten argumentierten in ihrer Stellungnahme, der Ökumene werde nicht gedient, wenn eine kleine Minderheit praktisch unsichtbar gemacht werde; schliesslich verliere die Altkatholische Kirche ihre weltweit einzige universitäre Fakultät und damit der Standort Bern eine Institution mit einer doch bemerkenswerten internationalen Ausstrahlung, wenn auch mit kleinen Studentenzahlen.»[848]

Einig waren sich Befürworter und Gegner einer Zusammenlegung darin, dass durch die Fusion kein Spareffekt erzielt würde. Die Befürworterinnen und Befürworter betonten auch, dass einzig organisatorische Gründe für die Zusammenlegung sprächen und dass diese keinesfalls dazu führen dürfe, dass Mittel für Lehre und Forschung der christkatholischen Fachrichtung abgebaut würden. Wie in solchen Fällen üblich, wurde auch mit dem grösseren akademischen Potenzial und den administrativen und sachlichen Synergien argumentiert, die eine Zusammenlegung herbeiführen würde. Über der kleinen Christkatholischen Fakultät schwebe stets das Damoklesschwert der Schliessung, da nicht in jedem Jahr Studierende ein Studium in Angriff nähmen. Als Trost gemeint war das Argument eines sozialdemokratischen Vertreters, eine gemeinsame Fakultät könne sich auf dem schweizerischen Universitätsmarkt insbesondere gegen Basel und Zürich besser profilieren. Der politische Diskurs jener Jahre wurde ohnehin zunehmend geprägt durch das vielseitig verwendbare Arsenal der ökonomischen Begriffsfolklore wie zum Beispiel «Portfolioanalyse», Fakultäten als «Führungsinstrumente» des Grossen Rates, oder «Synergien», mit denen sich vor allem die Befürworterinnen und Befürworter der Fakultätsfusion wappneten.

Die Gegnerinnen und Gegner der Zusammenlegung gingen mit den Argumenten der Fusionsanhänger hart ins Gericht, denen sie jegliche Stringenz absprachen. Stellvertretend sei hier auf das Votum der Sozialdemokratin Hanni Winkenbach-Rahn, ihres Zeichens diplomierte Naturwissenschaftlerin ETH, eingegangen, die sich damit auch gegen die Mehrheit ihrer Fraktion stellte. Sie forderte ihre Ratskolleginnen und -kollegen auf, ihr drei Gründe zu nennen, die für eine Fusion sprächen. Sie zumindest kenne keine. Gegen die Fusion hingegen spreche, dass die Christkatholische Fakultät seit 125 Jahren bestehe und in Forschung und Lehre

848 von Arx, Ende der Fakultät, S. 236.

ihre Eigenständigkeit auch als Alternative zur römisch-katholischen Theologie bewiesen habe. Die Fakultät sei in ihrer Form weltweit einzigartig und es sei Sache des Rates, die kulturelle Vielfalt zu erhalten und die Minderheiten zu schützen. Durch ihre Forschung und Lehre habe sie eine grosse Ausstrahlung in den Osten, namentlich zu den orthodoxen Kirchen, weshalb ihr auch die Ökumene ein wichtiges Anliegen sei. Ihr sekundierte die junge Ratskollegin Simone Reichenau, welche die Einzigartigkeit und die internationale Bedeutung der Christkatholischen Fakultät hervorhob. Ihre internationale Ausstrahlung sei grösser als eigenständige Fakultät denn als Institut eines grösseren Ganzen. Was die Gegner der Zusammenlegung jedoch an Argumenten für die Beibehaltung der Selbstständigkeit auch vortrugen, es nützte nichts, die Phalanx der grossen Fraktionen hielt und schmetterte den Antrag Mosimann/Reichenau mit 92 zu 57 Stimmen bei neun Enthaltungen ab. Als Trostpflästerchen gestand man den Fusionsgegnern zu, dass der Name der neuen Fakultät nicht nur Theologische Fakultät, sondern «Christkatholische und Evangelische Theologische Fakultät» lauten sollte.

Fazit: Drei Tage nachdem Papst Johannes Paul II. seinen Vorgänger Pius IX., der seinerzeit mit seinen Dogmen den Anlass zur Gründung der Christkatholischen Fakultät an der Universität Bern gegeben hatte, seliggesprochen hatte, beendete also der Grosse Rat des Kantons Bern die Selbstständigkeit der kleinsten Fakultät, gegen den Willen von Universität und beteiligten Kirchen,[849] frei nach Schillers Motto: «Der Mohr hat seine Schuldigkeit getan, der Mohr kann gehen.»[850] Bei der Durchsicht der Protokolle des Grossen Rates wird man den Eindruck nicht los, dass die Mehrheit der sozialdemokratischen Partei (SP), der Schweizerischen Volkspartei (SVP) und der Freisinnig-Demokratischen Partei (FDP) die Tragweite des Geschäfts wohl unterschätzte und darum bereit war, der Kommissionsmehrheit zu folgen; dementsprechend lau war die Stimmung im Rat. Es waren nicht zuletzt quantitative Argumente, welche die Haltung der Mehrheit bestimmten: Die Zahl der Studienanfänger und Absolventen des normalen Studiums war in jenen Jahren auf einen betrüblichen Tiefststand gesunken, das konnte auch die Gegenseite nicht abstreiten. Dennoch war man ja bereit, das Angebot in Lehre und Forschung zu erhalten, schliesslich ging es um eine offiziell als solche anerkannte Landeskirche. Weniger Gewicht erhielt dabei aber die symbolische Wirkung der Christkatholischen Fakultät als eigenständige Institution. Man beerdigte eine universitäre Fakul-

849 Nur der Synodalrat der Evangelisch-reformierten Kirche hatte, zum Ärger der Evangelisch-theologischen Fakultät, zuerst einer Zusammenlegung zugestimmt, wie so häufig in politisch vorauseilendem Gehorsam gegenüber dem Staat, konnte dann aber durch eine «Sonderbehandlung» doch noch in die Phalanx der Gegner eingereiht werden.

850 Friedrich Schiller, Die Verschwörung des Fiesko zu Genua, 3. Aufzug, 4. Szene; im Original: «Der Mohr hat seine Arbeit getan, der Mohr kann gehen.»

tät mit weltweiter ökumenischer Ausstrahlung, die der gleiche Grosse Rat 126 Jahre zuvor ins Leben gerufen hatte. Von den 418 bis dato an der Fakultät immatrikulierten Studierenden stammte die Hälfte aus dem Ausland, 97 kamen aus anderen alt-katholischen Kirchen und ebenfalls 97 aus orthodoxen Kirchen.[851] Von ihnen bekleideten 11 alt-katholische und 43 orthodoxe Absolventen später eine Stellung als Bischof oder Dozent an einer theologischen Lehranstalt.

Es zeigte sich nun, dass die Einstellung der Behörden gegenüber der kleinsten Fakultät von Beginn an vorwiegend politisch geprägt war, mit Ausnahme vielleicht in den Regierungsjahren der christkatholischen Unterrichtsdirektoren Merz und Rudolf. Bezeichnenderweise wird dieser Befund bestätigt durch dissidente Voten aus den Mehrheitsfraktionen, die gerade aus politischen Gründen gegen die Schliessung argumentierten (Voten Christoph Müller von der SP und Therese Bernhard-Kirchhofer von der SVP). Die Sprecherin der FDP-Fraktion beispielsweise tönte an, wenn die Fusion jetzt nicht gelinge, könne sie sich gut vorstellen, dass ihre Fraktion in einigen Jahren die Aufhebung der Fakultät beschliesse, mit anderen Worten, der Ratsbeschluss zur Zusammenlegung sollte den Grossen Rat vor sich selbst schützen. Die Freisinnigen, deren radikale Vorgänger die Gründung der Fakultät entscheidend vorangetrieben hatten, halfen jetzt tatkräftig mit, diese zu Grabe zu tragen, während die Evangelische Volkspartei (EVP), deren politische Vorfahren seinerzeit wenig Sympathien für die Kulturkampf-Gründung hegten, sich jetzt gegen ihre Aufhebung ins Zeug legten, wie Urs von Arx nicht ohne bittere Ironie bemerkt.[852]

Seit dem 1. September 2001 existiert an der Universität Bern nur noch eine theologische Fakultät. Der Fusion komme, so Thomas Müller-Graf, Signalcharakter zu, «da auf lange Sicht wohl kaum eine theologische Fakultät ohne vertragliche oder institutionelle Kooperationsprojekte über die Grenzen der eigenen Universität hinweg auskommen wird».[853]

5.2 Das Verhältnis der beiden Fakultäten zueinander

Geht man die Protokolle beider Fakultäten der Reihe nach durch, so finden sich überraschend wenige Bemerkungen, die sich auf die theologische Nachbarin beziehen, was aber nur auf den ersten Blick erstaunt. Man war nahe beieinander, man kannte sich, vieles liess sich im Gespräch informell erledigen, ohne dass darüber ein Sitzungstraktandum eröffnet werden musste. Gelegentlich findet sich ein Hinweis, dass man sich zum Hinschied eines Fakultätskollegen das Beileid ausspricht oder dass man bei einem Freisemester eines Professors den Studierenden den Besuch der Ver-

851 Zahlen nach von Arx, Ende der Fakultät, S. 240.

852 von Arx, Ende der Fakultät, S. 240.

853 Müller-Graf, Neuordnung, S. 69–84.

anstaltung des Fachkollegen der Schwesterfakultät empfiehlt. Das Protokoll der Christkatholischen Fakultät vom 16. Februar 1965 hält fest, dass die Alttestamentler Rüthy und Stamm in den Jahren 1964/65 und 1965 je ein Freisemester beziehen und für den Kollegen der anderen Fakultät jeweils Vorlesungen und Prüfungen übernehmen. Im Mai desselben Jahres wird den Vorpropädeutikern der Christkatholischen Fakultät empfohlen, die philosophiegeschichtliche Vorlesung von Professor Ulrich Neuenschwander an der Schwesterfakultät zu besuchen. Auf das Jahr 1917 verzichtete die Christkatholische Fakultät wegen des in jenem Jahr zu begehenden Reformationsjubiläums zugunsten der evangelischen Kollegen auf das Rektorat, was diese dankbar entgegennahmen. Zur Dichte der informellen Kontakte gibt unter anderem der Briefwechsel Karl Barths mit Charlotte von Kirschbaum einige Hinweise. So wird allein in den Briefen der Jahre 1925–1935 ein gutes Dutzend Mal ein freundschaftliches Beisammensein mit den christkatholischen Kollegen Arnold Gilg und Ernst Gaugler erwähnt; dort meist dabei auch Albert Schädelin und Ernst Hubacher sowie Barths Schwager Karl Lindt. Barth besuchte einmal auch einen christkatholischen Gottesdienst, bei dem Gilg die Messe und Gaugler die Predigt hielt. Hier ist natürlich Barth der Kristallisationspunkt und es ist unklar, ob solche informellen Kontakte auch mit den liberalen Kollegen der Evangelisch-theologischen Fakultät stattfanden, denen die theologische Nähe Gilgs und Gauglers zu Barth spätestens seit Gilgs Rektoratsansprache von 1928 nicht verborgen geblieben sein konnte.

In der zweiten Hälfte der Sechzigerjahre liessen verschiedene Fragen das Bedürfnis nach einer gefestigten Form der Zusammenarbeit der beiden theologischen Fakultäten dringlicher werden. Nicht zuletzt ging es auch um Planungsfragen im Hinblick auf die notwendig gewordene bauliche Erweiterung der Universität.[854] Im christkatholischen Fakultätsprotokoll vom 9. März 1967 wurde der Beziehung zur Evangelisch-theologischen Fakultät erstmals ein besonderes Traktandum gewidmet, da die gewachsene Zahl von strukturellen Fragen wie gemeinsame Bibliotheksbenützung, Anschaffungen für die Stadt- und Universitätsbibliothek, die Koordination der Vorlesungen ein institutionalisiertes Vorgehen nahelegte. Dekan Rüthy schlug vor, «pro Jahr eine gemeinsame Sitzung zur Erörterung solcher Probleme mit anschliessendem Mittagessen zu halten. Der Vorschlag findet Zustimmung und soll weiter verfolgt werden.»[855]

Ein Vierteljahr später tauchte das Traktandum erneut auf, inzwischen hatte man auch erfahren, dass die Evangelisch-theologische Fakultät die Initiative begrüsste. Dekan Stalder hielt es für «wünschenswert, wenn einmal die Initiative von uns aus ginge und bestehende, z.T. unumgängliche Beziehungen durch gemeinsame Sitzungen entprivatisiert würden».[856] Man beschloss einen schriftlichen Antrag

854 Dazu Im Hof, Hohe Schule, S. 105–108.
855 FP c-kath 9.3.1967, S. 295.
856 FP c-kath 8.6.1967, S. 298.

an die Evangelisch-theologische Fakultät. Die beiden Dekane sollten eine Traktandenliste erstellen und die Sitzungen abwechselnd vom einen und anderen Dekan präsidiert werden.

Im Protokoll vom 24. April 1969 schliesslich wurde es konkret: Die seit langem geplante Sitzung mit der Schwesterfakultät sollte endlich stattfinden, die Evangelisch-theologische Fakultät sollte dazu einladen. Vorgeschlagen wurden folgende Themen:

1. Beide Fakultäten sollen gemeinsam durch einen Repräsentanten in den verschiedenen Senatskommissionen vertreten werden (und davon gab es immer mehr in jener planungsintensiven Epoche).
2. Gemeinsame Planung von Gastvorlesungen.
3. Koordination der Vorlesungen und Seminare.
4. Gemeinsame Planung der Bücherbeschaffung.

Stalder als Dekanatssekretär sollte in Vertretung des auch als Bischof amtierenden Dekans Küry mit Dekan Neuenschwander die Sitzung vorbereiten.[857]

Die Sitzung fand wie geplant schliesslich am 20. Mai 1969 im Restaurant Innere Enge statt, wobei unter der Leitung von Ulrich Neuenschwander die Herren Küry, Rüthy und Stalder von der Christkatholischen-theologischen und die Herren Guggisberg, Stamm, Locher, Dürr, Maurer, Slenczka, Hasler und Zbinden von der Evangelisch-theologischen Fakultät teilnahmen. Die in Punkt 1 und 2 vorgeschlagenen Lösungen wurden bejaht, in Bibliotheksfragen sollte eine gemeinsame Liste der in Bern vorhandenen Zeitschriftenreihen angelegt und für die Zukunft eine gemeinsame Kartei in Aussicht genommen werden.[858] Über die Koordination der Veranstaltungen schweigt das Protokoll, hingegen wurde beschlossen, die auf den 1. Januar 1970 anzustellende gemeinsame Dekanatssekretärin auch für die Neuordnung der Bibliotheken einzusetzen.[859]

Dass die grosse Mehrzahl von Begegnungen privater oder informeller Natur natürlich nicht Eingang ins offizielle Schrifttum fand, wurde bereits erwähnt, immerhin wirft ein sprachlich und gedanklich überaus eindrückliches Glückwunschschreiben des Dekans Stalder an die Hebräisch-Professorin Dora Scheuner zu ihrem 70. Geburtstag ein Licht auf diesen mangels Quellen verborgenen Aspekt des Themas.[860]

---

857 FP c-kath 24.4.1979, S. 14 und 15.

858 FP c-kath 20.5.1969, S. 16b.

859 Bereits ein gutes Jahr vorher hatte Dekan Dürr den christkatholischen Kollegen mitgeteilt, seine Fakultät beantrage der Regierung die Anstellung einer Dekanatssekretärin, die auch ihnen zur Verfügung stehen sollte. FP c-kath 29.2.1968, S. 6.

860 Beilage zum FP c-kath vom Februar 1974, o. S.

6. Die Frage der Philosophiegeschichte

Das christkatholische Fakultätsprotokoll vom 6. Mai 1959 erwähnt eine Anfrage des Philosophen Hermann Gauss, ob ihm nicht der Unterricht in Philosophiegeschichte für die Theologen übertragen werden könne und ob es nicht ein Misstrauen ihm gegenüber bedeute, wenn neben seinem Lehrauftrag an der Evangelisch-theologischen Fakultät ein eigener Lehrauftrag für Philosophiegeschichte bestehe. Dekan Urs Küry entgegnete, er würde es begrüssen, wenn Herr Professor Gauss eine Vorlesung in Philosophiegeschichte im Abriss lesen würde. Er habe darüber mit Dekan Stamm von der Evangelisch-theologischen Fakultät gesprochen, der ihm erklärt habe, «ein Misstrauen bestehe keineswegs, die derzeitige Einrichtung beruhe auf einer alten Tradition und an dieser werde vorläufig aus richtungspolitischen Gründen festgehalten».[861]

Die Frage: Wohin mit der Philosophie?, war damit aber noch nicht erledigt. Im Januar 1962 wurde bekannt, dass Gottfried Wilhelm Locher einen Ruf nach Wien erhalten habe.[862] Da die Fakultät Locher unbedingt in Bern halten wollte, konnte er nun einige Bedingungen stellen, wie das in solchen Fällen üblich ist. Er wünschte sich insbesondere von der Philosophiegeschichte zu entlasten, die seinem Lehrstuhl, der ursprünglich Dogmatik und Theologiegeschichte seit der Reformation beinhaltet habe, seit der Ära Lüdemann angehängt sei. Locher wies darauf hin, dass die Verbindung mit der gesamten Philosophiegeschichte seit Lüdemann sowie diejenige mit der alten und mittelalterlichen Dogmengeschichte seit Werner sich aus den speziellen Forschungsgebieten jener Kollegen erklären lasse. Neben der Entlastung von der Philosophiegeschichte wünschte sich Locher eine Assistentenstelle in zwei Jahren, einen Bibliotheksonderkredit von 2000 Franken und ein Freisemester. Die Fakultät unterstützte Lochers Wünsche an die Regierung. Nun stellte sich die Frage, wie es mit der Philosophie weitergehen sollte, mit neuer Dringlichkeit. Entweder man lagerte sie an die Philosophisch-historische Fakultät aus, wo die Studierenden die vierstündige Einführungsvorlesung von Gauss hätten besuchen können, wie dies Locher selbst, Stamm und de Quervain befürworteten, oder man beförderte Privatdozent Ulrich Neuenschwander zum Extraordinarius mit Sitz und Stimme in der Fakultät, damit er auch in der Prüfungskommission Einsitz nehmen konnte. Dies hatte aber zur Folge, dass man die beiden Neutestamentler Bietenhard und Morgenthaler ebenfalls zu ausserordentlichen Professoren befördern musste,

861 FP c-kath 6.5.1959, S. 227.
862 FP 17.–19.1.1962, S. 287.

«allerdings extra facultatem», wie es im Protokoll heisst.[863] Die Frage beschäftigte die Fakultät weiter, besonders nach der Emeritierung Kassers. Bei den Debatten des Sommers 1962 fällt auf, dass der Richtungsgraben zwar immer noch bestand, dass man aber betont friedfertig miteinander umging. Die Gründe dafür sind weiter oben dargestellt worden. Die Fakultät beantragte der Regierung die Beförderungen Neuenschwanders, Bietenhards und Morgenthalers und verzichtete damit auf die Auslagerung der Philosophie. Diese ging kombiniert mit Systematik unter anderem an Neuenschwander, der 1967 dann zum Ordinarius befördert wurde. Als Fach Philosophiegeschichte gehörte die Philosophie in der Folge in der Regel zum Lehrstuhl für Systematik, wo es bis 1993 von Professor Christian Link und danach von Professorin Christine Janowski betreut wurde.

863 FP 17.1.1962, S. 288.

7. Die Judaistik

In einem knappen Überblick skizziert der Judaist René Bloch die Entwicklung der Judaistik an der Universität Bern.[864] Seit dem Wintersemester 1834/35, also bereits im Gründungsjahr der neuen Hochschule, gab es Angebote und Publikationen zu judaistischen Themen von Theologen der Berner Hochschule. Erwähnt seien hier Adolf Schlatter und Max Haller, dessen Rektoratsrede sich ja wie erwähnt auch mit Aspekten des Judentums beschäftigte. Haller hatte sich bereits 1914 mit einem Buch zum Thema geäussert, das 1925 in einer überarbeiteten Fassung erschien.[865] Aufseiten der Christkatholischen Fakultät ist Ernst Gaugler zu erwähnen, der im Winter 1940/ 41 im Rahmen der kulturhistorischen Vorlesungen zum Thema Spätjudentum sprach.[866] Nach dem Zweiten Weltkrieg habe sich das judaistische Interessenspektrum allmählich geöffnet, so René Bloch weiter. Er erwähnt Hebräisch-Lektüren des Semitisten Gottfried Widmer zu Jehuda Halevi und Raschi und wendet sich dann Alfred de Quervain zu, den er als «wichtige Stimme für einen Richtungswechsel der christlichen Theologie im Umgang mit dem Judentum» bezeichnet.[867] De Quervain habe «jede Kategorisierung der Juden, den Antisemitismus genauso wie den Philosemitismus», verurteilt und dafür plädiert, dass «Christen die vielfältigen jüdischen Stimmen der Gegenwart wahrnehmen und mit den Juden in Dialog treten».[868]

Als erster vollamtlicher Professor für Judaistik, genauer als Extraordinarius für «Intertestamentarisches und Spätjudentum und deren Verbindung zum Neuen Testament», amtierte von 1969 bis 1986 Hans Bietenhard.[869] Bietenhard hatte in Bern, Zürich und Basel studiert und 1944 bei Karl Luwig Schmidt in Basel doktoriert.[870] 1948 habilitierte er sich in Bern mit einer Arbeit über «Die himmlische Welt im Urchristentum und Spätjudentum».[871] Bietenhard war theologisch entscheidend von Karl Barth geprägt worden und war darum zusammen mit Münsterpfarrer Albert Schädelin, Pfarrer Emil Blaser und Seminardirektor Alfred Fankhauser in Feldmanns ausführlichem Schreiben an Barth vom 5. Februar 1951 anlässlich des

864 Bloch, Ein langer Weg.

865 Max Haller, Das Judentum, nach Bloch, Ein langer Weg, S. 497.

866 Bloch, Ein langer Weg, S. 496, Anm. 4.

867 Bloch, Ein langer Weg, S. 491.

868 Bloch, Ein langer Weg, S. 491.

869 Bloch, Ein langer Weg, S. 493–494.

870 Bietenhard, Das tausendjährige Reich.

871 Bietenhard, Die himmlische Welt.

Berner Kirchenstreits als dessen Anhänger genannt worden. Ihre Argumente habe er vor sich gehabt, als er vor dem Grossen Rat zu Barth habe Stellung nehmen müssen.[872] Zusammen mit seinem Freund und Neutestamentlerkollegen Robert Morgenthaler durchlief er die Ochsentour einer schlecht bezahlten Privatdozentur, beide zwar energisch gefördert von ihrem Lehrer Wilhelm Michaelis, aber doch ohne Chance auf die Nachfolge desselben. 1962 werden beide auf einstimmigen Antrag der Fakultät zu nebenamtlichen Extraordinarien befördert. Morgenthaler schlug dann eine vollamtliche ausserordentliche Professur für Neues Testament aus, er zog die Leitung der Neuen Mädchenschule (heute Neue Mittelschule NMS) und die Mitgliedschaft im Synodalrat vor. Bietenhard erhielt 1969 schliesslich eine vom Eidgenössischen Forschungsrat errichtete Forschungsprofessur für Judaistik und wurde vom Regierungsrat zum vollamtlichen Extraordinarius ernannt. 1971 beschloss die Evangelisch-theologische Fakultät einstimmig, Bietenhard zum Ordinarius zu befördern, ein Karrierehöhepunkt, den ihm die Regierung wegen der bernischen Finanzknappheit aber verwehrte, obschon seine Stelle zur Hälfte vom Nationalfonds finanziert war.[873]

Neben und nach Bietenhard lehrte an der Evangelisch-theologischen Fakultät eine ganze Reihe von jüdischen Wissenschaftlern, so zum Beispiel der Berner Gemeinderabbiner Dr. Roland Gradwohl, sein Nachfolger Marcel Marcus und – über Berns Grenzen hinaus bekannt – Dr. Ernst Ludwig Ehrlich, der ab 1980 mit Unterbrüchen an der Universität Bern lehrte und 1989 von der Regierung zum Honorarprofessor für neuere jüdische Geschichte und Kultur an der Evangelisch-theologischen Fakultät Bern ernannt wurde.[874] Der höchst lesenswerte Beitrag von René Bloch soll hier nicht weiter exzerpiert werden, als einziger Hinweis sei die Ringvorlesung zum Thema «Antijudaismus – christliche Erblast» von 1989 erwähnt, wo sich die Herausgeber Walter Dietrich (Altes Testament), Martin George (Ältere Kirchengeschichte) und Ulrich Luz (Neues Testament) – allesamt Ordinarien der Evangelisch-theologischen Fakultät – die Aufgabe stellten, den christlich-theologischen Antijudaismus aufzuarbeiten.[875]

Um die Jahrtausendwende schliesslich konkretisierte sich «die Ansicht, dass nur eine feste Professur eine kontinuierliche judaistische Forschung sichern würde».[876] Diese hat nun seit 2008 René Bloch inne.

---

872 Feldmanns Brief ist abgedruckt in Koch, Offene Briefe 1945–1968, S. 231–270.

873 Bietenhard amtierte auch bis zu seiner Emeritierung als Präsident der Prüfungskommission.

874 Angaben zu Gradwohl, Marcus und Ehrlich nach Bloch, Ein langer Weg, S. 492. Weitere Lehraufträge ebd., S. 494–495.

875 Dietrich/George/Luz, Antijudaismus.

876 Bloch, Ein langer Weg, S. 496.

8. Statistisches zur Geschichte der theologischen Fakultäten der Universität Bern

Dieses Kapitel kann sich auf die umfassenden Analysen im Ergänzungsband zur Universitätsgeschichte von 1984 stützen. Die dort erhobenen Daten und Auswertungen werden durch eigene Berechnungen ergänzt und wo möglich bis in die jüngste Zeit weitergeführt.[877] Im Anhang zu dieser Arbeit finden sich die statistischen Grundlagen in Form eines umfassenden Verzeichnisses aller Personen, die je an einer der beiden theologischen Fakultäten Berns unterrichtet haben. Hinzuweisen ist auf den Umstand, dass gemäss Hochschulgesetz von 1834 nur drei Kategorien im Lehrkörper unterschieden werden: Dozenten, ausserordentliche und ordentliche Professoren. Nach Paragraf 50 dieses Gesetzes legte der Regierungsrat fest, der Medizin (zu der bekanntlich auch die im Kanton Bern so wichtige Tiermedizin gehörte) vier, der Theologie, der Jurisprudenz und den Naturwissenschaften inklusive Mathematik je drei Ordinariate zuzuteilen, wobei diese Zuteilung als vorläufig bezeichnet wird und auf Vorschlag der Erziehungsdirektion geändert werden kann.

Das Universitätsgesetz von 1954 unterscheidet bereits ordentliche, vollamtliche und nebenamtliche ausserordentliche Professoren, Honorarprofessoren, Privatdozenten und Lektoren. Dazu ist zu bemerken, dass die Differenzierung schon längst stattgefunden hatte, erst jetzt aber ins Gesetz gefasst wurde. Die durch die Eile seiner Entstehung erklärbare Offenheit des Gesetzes von 1834 hatte diesem eine enorme Elastizität und damit eine unverhofft lange Lebensdauer beschieden.

Seither wurde die professorale Fauna ergänzt durch die Würden des Titular- und des Assistenzprofessors.

8.1 Grösse und Wachstum des Kollegiums

Keine grosse Überraschung bedeutet die Zunahme des Lehrkörpers zwischen 1834 und heute. Allein in den zwanzig Jahren 1961 bis 1980 traten mehr Personen in den Lehrkörper der Universität ein als im ganzen 19. Jahrhundert, wie die Autorinnen und Autoren der Universitätsgeschichte von 1984 konstatieren. Die beiden theologischen und die Veterinär-medizinische Fakultät gelten dabei als kleine Fakultäten, an der Spitze der grossen steht natürlich die medizinische.

An der Evangelisch-theologischen Fakultät wirkten in den ersten anderthalb Jahrhunderten 42 Ordinarien, 15 Extraordinarien, sieben Honorarprofessoren, 16

877 Wo nichts anders vermerkt, stützen sich die hier dargestellten Sachverhalte auf die Angaben im Begleitband zur Hochschulgeschichte.

Privatdozenten und 10 Lektoren/ Lehrbeauftragte. Ohne die letzte Kategorie ergibt dies 80 Personen, denen auf medizinischer Seite 507, aufseiten der Juristen 232, auf derjenigen der Philosophisch-historischen Fakultät 288 und auf derjenigen der Philosophisch-naturwissenschaftlichen Fakultät 303 Universitätslehrerinnen und -lehrer gegenüberstehen.

Die Autorinnen und Autoren der prosopografischen Analyse stellen fest, dass sich das Wachstum des Lehrkörpers seit dem Ende der Sechzigerjahre des 20. Jahrhunderts stark akzentuierte, wobei vor allem die Kategorien der ausserordentlichen Professorinnen und Professoren sowie der Lektorinnen und Lektoren stark anwuchsen. Dies lasse sich nicht nur rein quantitativ erklären, sondern sei auch auf den Ein- und Ausbau neuer Lehrfunktionen zu begründen. Während der Lehrkörper der Christkatholisch-theologischen Fakultät fast konstant blieb, verzeichnet die Evangelisch-theologische Fakultät eine relativ kontinuierliche Zunahme. Zu betonen ist, dass nicht nur die Studentenzahlen in den letzten Jahrzehnten sprunghaft zugenommen haben, sondern dass sich mit der Entwicklung der Wissenschaften auch die Spezialisierung innerhalb derselben gewaltig verstärkt hat. Wo früher ein Professor sein Fach regierte, handelt heute ein ganzes Team.

8.2 Das Wachstum des Kollegiums im Vergleich zu den Studentenzahlen

Anfang der Achtzigerjahre des letzten Jahrhunderts stellen die Autorinnen und Autoren des Ergänzungsbands zur Hochschulgeschichte fest: «Ein Vergleich des Wachstums des Lehrkörpers mit demjenigen der Studentenschaft kann nur sehr relativ sein, weil sich einerseits der Aufgabenkreis der Dozenten in Lehre und Forschung beträchtlich erweitert hat; andererseits haben sie durch den Ausbau der universitären Infrastruktur (Verwaltungsangestellte, wissenschaftliche Assistenten) eine gewisse Entlastung erfahren.»[878]

Zur Personalstatistik stellen sie aber insgesamt fest, im Laufe des 20. Jahrhunderts habe sich das zahlenmässige Verhältnis von den Professoren zu den Studierenden zuungunsten der Ersteren verschoben. Noch im 19. Jahrhundert kamen auf einen Professor vier bis sechs Studenten, um 1900 dann waren es zehn Studierende auf einen Professor. Im 20. Jahrhundert pendelte sich das Verhältnis auf 20 zu 1 ein. Durch den verstärkten Ausbau der Mittelbaustellen mit Lehrfunktion versuchte man, der Problematik zu begegnen. Betont wird von den Autorinnen und Autoren jedoch, dass das Bild je nach Fakultät anders aussehe.

In der Evangelisch-theologischen Fakultät verfünffachte sich in den 150 Jahren zwischen 1834 und 1984 die Studierendenzahl, während sich die Zahl der Ordina-

878 Kommission Hochschulgeschichte, Dozenten, S. 222.

rien respektive Extraordinarien nur verdoppelte. In der Christkatholischen Fakultät blieben die jeweiligen Zahlen konstant.[879]

8.3 Die Struktur des Kollegiums

Herkunft

Wie bereits erwähnt war der Anteil ausländischer Professoren an der Universität Bern gerade im 19. Jahrhundert gross. Dabei dominierten die deutschen Professoren das Ausländerkontingent mit 73 % über die ganzen 150 Jahre (1834–1984) deutlich. Die Gründe sind hier nicht zu debattieren, sie sind, insoweit es die theologischen Fakultäten betrifft, bereits dargestellt worden.

Die Autorinnen und Autoren der universitären Statistik in der Hochschulgeschichte erfassen die Ausländeranteile auch nach Fakultäten, wobei die kleinen Zahlen bei den theologischen Fakultäten das Gewicht der Prozentzahlen etwas relativieren. Dies gilt natürlich besonders für den Lehrkörper der Christkatholisch-theologischen Fakultät, wo der Ausländeranteil in den ersten vierzig Jahren ihres Bestehens 80–100 % betrug. Dennoch fällt auf, dass die Anteile ausländischer Dozenten an der Evangelisch-theologischen Fakultät in der Regel unter denjenigen anderer Fakultäten lagen, was sich erst nach dem Ersten Weltkrieg etwas änderte.[880]

In einem weiteren Kapitel werden die Studienorte, also die akademische Herkunft der Dozentenschaft behandelt. Nicht überraschend nimmt der Anteil der Absolventen der Berner Hochschule ab dem ausgehenden 19. und beginnenden 20. Jahrhundert deutlich zu auf 65 %, worauf er gegen Ende des 20. Jahrhunderts wieder auf 50 % wie um 1900 zurückgeht. Nach Fakultäten geordnet zeigt sich, dass die Evangelisch-theologische Fakultät «stets auf eine überdurchschnittliche Zahl von ehemaligen Studenten bauen» konnte.[881] Dies erklärt sich unschwer daraus, dass einzig die Theologen schon in den Anfängen von 1834 an auf Hochschulniveau ausgebildetes Personal zurückgreifen konnten, die deutschen Theologen von 1834 wurden aus politischen Gründen geholt. Nach den schwierigen Anfängen, wo aus verständlichen Gründen keine Selbstrekrutierung möglich war, konnte die Christkatholisch-theologische Fakultät praktisch ihren gesamten Lehrköper aus ehemaligen Studierenden gewinnen.

Nicht erstaunlich ist, dass die Autoren der Statistik in der evangelisch-theologischen, rechts- und wirtschaftswissenschaftlichen, der medizinischen und der veterinärmedizinischen Fakultät eine Korrelation zwischen der Wissenschaftsrichtung

879 Zu den Ursachen und Konsequenzen dieses Befundes vgl. Kommission Hochschulgeschichte, Dozenten, S. 223–224.

880 Kommission Hochschulgeschichte, Dozenten, Tabelle 12, S. 227.

881 Kommission Hochschulgeschichte, Dozenten, Tabelle 13, S. 229. Das Zitat S. 228.

der betreffenden Dozenten und derjenigen der Väter gefunden haben. Für die Theologie bedeutet dies, dass im Durchschnitt 32% der Dozenten aus einer Pfarrfamilie stammten.

Karriere

Das Habilitationsalter: Nach heutigem Verständnis beginnt eine Laufbahn zum Ordinariat mit Doktorat und Habilitation. Wie bereits ausführlich dargestellt, folgte die Evangelisch-theologische Fakultät in Bezug auf diese beiden Karriereschritte eigenen Regeln. Erst 1929 bequemte man sich zur Erstellung eines Doktorats- und Habilitationsreglements. Folgt man der Statistik im Ergänzungsband zur Hochschulgeschichte, so war das Durchschnittsalter bei der Habilitation bei den evangelischen Theologen in der Periode von 1834 bis 1900 mit 35,1 Jahren am höchsten.[882] Es stieg dann allerdings bis ins letzte Viertel des 20. Jahrhunderts bloss auf 37,4 Jahre, also geringer als bei den anderen Fakultäten, die in der Periode 1941–1980 aufholten und vergleichbare Durchschnitte erreichten. Erstaunlich konstant blieb auch mit rund zehn bis elf Jahren die Differenz zwischen dem Alter beim Staatsexamen und demjenigen bei der Habilitation. Im Allgemeinen stellen die Autorinnen und Autoren aber in allen Fakultäten einen Anstieg des Habilitationsalters fest, was sie mit den gestiegenen Anforderungen an eine Habilitation begründen. Eindeutig auch die Tatsache, dass zwischen 1834 und 1980 der überwiegende Teil der Privatdozenten im Fach Theologie einer ausseruniversitären Tätigkeit nachging, bis 1940 zu 100%, danach zu 87%. War dies anfänglich noch die Norm – es gab ja ausserhalb der Medizin den Assistentenstatus lange nicht, so ist doch das Beharrungsvermögen bei den Theologen bemerkenswert. Eine Angleichung an die Gepflogenheiten der anderen Fakultäten erfolgte also erst gegen Ende des 20. und zu Beginn des 21. Jahrhunderts.[883] Allerdings weisen die Autorinnen und Autoren der statistischen Erhebungen auch auf die schweizerische Eigenheit hin, den akademischen Nachwuchs erst recht spät aus der eigenen universitären Infrastruktur zu rekrutieren, während sie lange Zeit eine Art «akademisches Milizsystem» pflegten, das heisst, dass der Privatdozent zunächst als Arzt, Anwalt, Beamter oder Mittelschullehrer wirkte.[884] Die Statistik hält auch fest, dass dieses Muster mit der Habilitation aus der Praxis (das heisst aus dem Pfarramt) für die Evangelisch-theologische Fakultät bis in die neueste Zeit Geltung hatte und damit das traditionell hohe Habilitationsalter erkläre. Der statistische Teil des Anhangs zur

882 Kommission Hochschulgeschichte, Dozenten, Tabelle 18, S. 236.

883 Kommission Hochschulgeschichte, Dozenten, Tabelle 20, S. 237.

884 Kommission Hochschulgeschichte, Dozenten, S. 237. Dies im Gegensatz zum deutschen «hungernden Privatdozenten», der nur für die Wissenschaft lebte und auf eine Berufung zum Professor wartete (ebd.).

vorliegenden Studie bietet weitere Präzisierungen zu den Themen Anstellungsbeginn, Tätigkeitsdauer sowie Tätigkeit vor und nach der Professur.

So waren Professoren, die vor Ende des Ersten Weltkrieges berufen wurden, nicht überraschend, mit einem Durchschnittsalter von knapp 38 Jahren am jüngsten. Das Alter stieg dann bei den vor 1970 ins Amt gelangten Professoren auf knapp 40 und bei den nach 1970 berufenen auf etwas über 43 Jahre. Obwohl diese Werte für die evangelisch-theologischen Professoren errechnet wurden, gelten sie summa summarum auch unter Einbezug der Christkatholiken, nur dass das Alter bei Anstellungsbeginn im Durchschnitt etwas sinkt und die Dauer der Berufsausübung leicht steigt. Dies hängt damit zusammen, dass die christkatholischen Professoren gleich nach dem Doktorat in ihre Professur berufen werden. Mit der angesichts der zum Teil kleinen Anzahl von Beispielen gebotenen Vorsicht lassen sich auch gewisse Unterschiede bezüglich des Anstellungsbeginns nach Fächergruppen beobachten: So sind die Vertreter der Neueren Kirchengeschichte und der Judaistik die Jüngsten, die Vertreter der Praktischen Theologie, die sich ja im Pfarramt bewähren mussten, die Ältesten bei Amtsbeginn, die Differenz beträgt acht Jahre (Alter: 36 respektive 44 Jahre).Im Durchschnitt beträgt die gesamte Anstellungsdauer knapp 21 Jahre.

Tätigkeit vor und nach der Professur

Von den insgesamt 81 Professoren der Evangelisch-theologischen Fakultät waren 55 oder 68 % in einem Pfarramt und 48 oder 59 % bereits vor der Anstellung in Bern in Forschung und/oder Lehre beschäftigt. Auch hier ist nach Perioden zu differenzieren: Zwischen 1918 und 1970 wirkten sogar 85 % aller Professoren als Pfarrer, nach 1970 trifft dies nur noch auf knapp 60 % zu. Umgekehrt natürlich das Verhältnis in Bezug auf die Forschungstätigkeit: 94 % aller nach 1970 in Bern tätigen Professoren waren zuvor in der Forschung tätig, in der Periode davor (1918 bis 1970) waren es nur 30 %, in der Zeit vor dem Ersten Weltkrieg 41 %. Dieser Befund überrascht nicht, da in der Zwischen- und unmittelbaren Nachkriegszeit der beiden Weltkriege bei den Theologen keine Assistentenstellen existierten und auch kaum deutsche Kollegen gewählt wurden, die im Ausland eventuell eine solche hätten innehaben können. Bei den christkatholischen Professoren amtierten 80 % als Pfarrer, bevor sie Professor wurden.

Von den in der Statistik erfassten Professorinnen und Professoren beider Konfessionen beendeten ihre Lehrtätigkeit an der Universität Bern 44 % mit der Emeritierung. 23 % verstarben im Amt und 18 % setzten ihre Tätigkeit an einer anderen Fakultät oder Universität fort. Drei Personen wandten sich einer anderen, nichtuniversitären Tätigkeit zu und die verbleibende Gruppe umfasst grossmehrheitlich die noch in Lehre und Forschung tätigen Professorinnen und Professoren der Fakultät.

Nach Epochen gegliedert: Von den vor dem Ersten Weltkrieg angestellten Professoren beider Konfessionen stirbt fast die Hälfte (47 %) im Amt, was angesichts der geringeren Lebenserwartung und dem Fehlen eines gesetzlichen Rentenalters nicht verwundert. 25 % lassen sich pensionieren und 20 % wechseln an eine andere Universität. Von den zwischen 1918 und 1970 angestellten Professoren beenden 70 % ihre Lehrtätigkeit durch den Ruhestand – es gibt jetzt eine Pensionskasse – und nur noch jeder fünfte stirbt im Amt. Nach 1970 wechseln 18 % an eine andere Universität, die überwiegende Mehrzahl allerdings setzt sich zur Ruhe.

Alle in diesem Kapitel erhobenen Daten liessen sich auch nach Instituten aufschlüsseln, doch kamen Autor und Autorin dieser Arbeit zum Schluss, dass die dadurch errechneten Werte aus statistischen Gründen nicht sehr aussagekräftig sind.

9. Musik und alte Sprachen

Zum Unterricht an den theologischen Fakultäten gehören auch Gebiete, die von Fachleuten vertreten werden, die ihren beruflichen Schwerpunkt ausserhalb der Universität haben, deren Sachkompetenz aber unverzichtbar ist. Dazu gehört der Unterricht im weitläufigen Gebiet der Kirchenmusik, in den biblischen Sprachen Hebräisch und Griechisch sowie im für die Kirchengeschichte wichtigen Latein.

Gerade im Bereich der Kirchenmusik waren im 19. Jahrhundert immer wieder hervorragende Musiker am Unterricht an der Fakultät beteiligt.[885] Als erster zu erwähnen ist Johann Jakob Mendel, ein eingebürgerter Deutscher, der 1830–1881 als Münsterorganist wirkte. Er hatte ab 1859 einen Lehrauftrag an der Philosophischen Fakultät und wurde von ihr mit Ehrendoktorat und Honorarprofessur ausgezeichnet. Er prägte als städtischer Musikdirektor das bernische Musikleben im 19. Jahrhundert nachhaltig.[886] Zusammen mit dem Theologen Johann Jakob Schädelin besorgte er auch die Herausgabe des neuen Kirchengesangbuches von 1853 («Berner Gesangbuch, Psalmen, Lieder und Festlieder. Auf Veranstalten der Synode»).[887]

Auch sein Nachfolger als Münsterorganist, Karl Hess, wirkte als Privatdozent und Titularprofessor an der Philosophischen Fakultät (1882–1912).

1912 wurde das Lektorat, das bisher entweder vom Münsterorganisten oder vom Direktor der städtischen Musikgesellschaft ausgeübt worden war, aufgeteilt in ein Lektorat für Kirchenmusik an der Evangelisch-theologischen Fakultät und eines für Musiktheorie an der Philosophischen Fakultät.[888] In der Person von Ernst Graf, dem Nachfolger Hess' als Münsterorganist, taucht 1913 erstmals eine zentrale Institution des Berner Musiklebens als Lektor und später (1928) als Honorarprofessor für Kirchenmusik an der Evangelisch-theologischen Fakultät auf: «Besonders Ernst Graf setzte in Gottesdienst und Kirchenkonzert neue Massstäbe, die bis in die Mitte des 20. Jahrhunderts prägend blieben. An die Stelle der auf Fremde und Touristen ausgerichteten Orgelkonzerte mit dem unvermeidlichen ‹Gewitter› traten jetzt die Abendmusiken. Das Hauptgewicht lag hier bei Johann Sebastian Bach und den

885 de Capitani, Musik; Guggisberg, Kirchenkunde, S. 349–355.

886 Zu Mendel: de Capitani, Johann Jakob Mendel; Feller, Universität Bern, S. 200: «Auf Wunsch der Kirchensynode erhielt Johann Jakob Mendel von Darmstadt 1859 die Venia für Kirchenmusik.»

887 Guggisberg, Kirchengeschichte, S. 660.

888 www.musik.unibe.ch (29.3.2020).

vorklassischen Meistern, nicht zur Freude aller Kirchgemeinderäte.»[889] Zu erwähnen ist hier auch der christkatholische Theologieprofessor Adolf Thürlings, der von François de Capitani und Gerhard Aeschbacher als «bedeutender Musikhistoriker und einer der ersten Vertreter dieser Fachrichtung in Bern» gewürdigt wird.[890]

Grafs Nachfolge als Münsterorganist und Dozent an der Evangelisch-theologischen Fakultät trat Kurt Wolfgang Senn an (Lektor für theoretische und praktische Kirchenmusik ab 1938, ab 1957 Honorarprofessor), von Kurt Guggisberg charakterisiert als «Musiker von sicherem liturgischem Urteil, der seine Auffassungen auch literarisch vertreten hat».[891] Seine rigorose Auffassung von der theologischen Funktion der Orgelmusik in der Kirche traf sich mit derjenigen des Münsterpfarrers und Professors für Praktische Theologie, Albert Schädelin. Senn führte Grafs Abendmusiken weiter. Nach Senns frühem Tod folgten ihm Heinrich Gurtner als Münsterorganist und Gerhard Aeschbacher als Dozent für Kirchenmusik (1966 Lektorat und 1972 Honorarprofessur).

Auf Aeschbacher folgte der promovierte Theologe Andreas Marti, der als Kirchenmusiker (Organist, Cembalist, Chorleiter) und Spezialist für Hymnologie ein enorm breites Tätigkeitsfeld beackert. Er wurde 1983 zum Lektor und 1993 zum Titularprofessor an der Evangelisch-theologischen Fakultät ernannt und amtete in den Jahren 1977–1989 auch als Rektor der Kirchlich-Theologischen Schule (KTS), wo er den zum Ordinarius beförderten Alttestamentler Martin Klopfenstein ablöste.

Lehraufträge in den alten Sprachen Hebräisch, Griechisch und Latein wurden nötig, als an den Gymnasien Maturitätstypen ohne diese eingeführt wurden. Bis zur Mitte des vergangenen Jahrhunderts stellten sich die theologischen Fakultäten auf den Standpunkt, wer zu Studienbeginn eine oder mehrere dieser Sprachen nicht auf Maturitätsniveau vorweisen konnte, sei verpflichtet, deren Beherrschung im Selbststudium zu erlangen. Man verliess sich darauf, dass die Gymnasien die Sprachen Hebräisch, Griechisch und Latein selbstverständlich im Angebot hätten und der zukünftige Pfarrer sich gefälligst spätestens ab Beginn seiner Gymnasiumszeit dem Maturtypus A zu widmen habe.

Es war das Hebräische, wo diese Selbstverständlichkeit zuerst zu wanken begann. Die Fakultät hatte früh darauf reagiert und in den Jahren 1934 und 1938 zweimal vergeblich um die Schaffung eines Hebräisch-Lektorates gebeten. Als aber die Erziehungsdirektion nach dem Zweiten Weltkrieg zum Schluss kam, Gymnasien seien nicht verpflichtet, Hebräisch als Maturitätsfach anzubieten, musste sie konsequenterweise zur Schaffung eines entsprechenden Lehrangebotes Hand bieten, was 1950 zur Errichtung des Hebräisch-Lektorates für Dora Scheuner führte.

889 de Capitani, Musik, S. 140. Zu Grafs Auffassung vom Organisten als Diener am göttlichen Wort: Guggisberg, Kirchenkunde, S. 350–351.

890 de Capitani, Musik, S. 141.

891 Guggisberg, Kirchenkunde, S. 351. Zu Senn ferner: Renggli, Kurt Wolfgang Senn.

Da aber einerseits in den Zeiten des beginnenden Pfarrermangels auch Leute mit Primarlehrerpatent zum Studium zugelassen wurden, andererseits immer mehr Gymnasiastinnen und Gymnasiasten Maturitätslehrgänge ohne alte Sprachen wählten, musste man für den Unterricht in den Sprachen Griechisch und Latein ebenfalls ein fakultätseigenes Lektorat schaffen. 1966 konnte dafür Hermann Buchs vom Gymnasium Thun gewonnen werden. Als dieser zum Nachfolger von Erich Studer als Rektor des Gymnasiums Thun gewählt wurde, behielt er das Griechisch und gab das Latein ab an Dr. Kurt Anliker, Lehrer am Gymnasium Neufeld. Buchs wirkte auch in jahrzehntelanger, selbstloser Tätigkeit als Konservator des Schlosses Thun. Auch er wurde mit einer Honorarprofessur geehrt. Auf Buchs und Anliker folgten die beiden Gymnasiallehrer für alte Sprachen, Hans Peter Trauffer aus Langenthal für Griechisch und Andreas Hänni vom Freien Gymnasium für Latein. Benedikt Bietenhard, promovierter Historiker und Lehrer für Geschichte am Freien Gymnasium, folgte 1975 auf die legendäre Dora Scheuner für Hebräisch. Er wurde 1990 zum Titularprofessor ernannt

10. Theologieprofessoren als Rektoren im Licht der akademischen Öffentlichkeit

Wie die Vertreter anderer Fakultäten bekleideten auch Theologen turnusgemäss das Amt des Rektors der Universität. Als Rektoren oblag ihnen bei Amtsantritt die Pflicht einer akademischen Rede anlässlich der jährlich Ende November, Anfang Dezember stattfindenden Stiftungsfeier der Alma Mater Bernensis. Die verfügbaren Sammlungen dieser Ansprachen weisen aber besonders für das 19. Jahrhundert grosse Lücken auf, wobei nicht sicher ist, ob die Reden zu diesen Feiern nicht gehalten oder nicht gedruckt respektive nicht archiviert worden sind.[892]

Es bürgerte sich ein, dass der sein Amt antretende Rektor ein Thema aus seinem Fachgebiet in möglichst allgemein verständlicher Weise vorstellte, wobei es seiner Kunstfertigkeit überlassen war, seine wissenschaftlichen Ausführungen mit einer die akademische Gegenwart bedrängenden Thematik zu verknüpfen. An einigen Beispielen soll dies etwas ausführlicher gezeigt werden. Dieser subjektiv gesetzte Schwerpunkt soll dabei auf den Reden liegen, die nicht nur eine Fachthematik im engeren Sinn behandeln, sondern die einen darüber hinausgehenden Bezug zur politischen Aktualität im Auge haben. Autor und Autorin dieser Studie interessierte, wie Theologen als Rektoren ihre Zeitgenossenschaft wahrnahmen und in einer sozusagen «säkularen Predigt» einem akademischen Publikum zu Gehör brachten.

Der erste Theologe, der sich dieser ehrenvollen Pflicht zu unterziehen hatte, war *Matthias Schneckenburger* mit einer unbetitelten Rede über Bildung am 15. November 1838. Ihm folgte drei Jahre später sein Kollege *Karl Bernhard Hundeshagen* zum Thema «Ueber den Einfluss des Calvinismus auf die Ideen von Staat und staatsbürgerlicher Freiheit».

Aus aktuellem Anlass behandelte *Albert Immer* 1852 die Frage «Haben wir eine eidgenössische Hochschule zu wünschen?». Immer liess seine Zuhörerschaft nicht im Unklaren darüber, «dass die Errichtung einer eidgenössischen Hochschule weder in wissenschaftlicher, noch in nationaler und vaterländischer Beziehung wünschenswerth sei».[893] Der Kanton Bern habe einen besonderen Grund, seine wissenschaftliche Anstalt in Ehren zu halten. Berns wirtschaftliche Basis seien Ackerbau und Viehzucht, was der Grund sei für seinen Wohlstand und seine Solidität, aber

892 StAB, P.B 301 enthält verschiedene Archivschachteln mit den noch vorhandenen Rektoratsreden und zwei gebundene Sammelbände desselben Inhalts. Die Liste der Rektorate von Theologen und die in gedruckter Form erhaltenen Rektoratsreden im Anhang, S. 515–516.

893 StAB, P.B 301, Rektoratsrede Immer 1852, S. 26. Zu Immer vgl. Guggisberg, Kirchengeschichte, S. 673–674.

auch die Ursache eines vorherrschenden Materialismus. «Bildung und Kenntnisse werden hier weniger gewürdigt als anderswo [...] und wo aber die wahre Bildung als solche weniger geschätzt wird, da gibt es auch verhältnismässig weniger höher Gebildete, und unvermeidlich leidet ein solcher Staat an einem Mangel tüchtiger Staatsmänner und gebildeter Beamten und Volksrepräsentanten.»[894] Fehlten solche, so drohe der Kanton Bern trotz seiner Grösse «zur politischen Unbedeutsamkeit herabzusinken, weil es ihm an tüchtig gebildeten Repräsentanten fehlt in den Bundesbehörden».[895] Immer beklagt als politisches Grundübel das Vorhandensein einer Masse von Halbgebildeten, die den grössten Einfluss auf Staats- und Volksleben hätten, und von Ungebildeten, die nach politischem Einfluss und nach Staatsstellen strebten. Dies war eine deutliche Kritik an den ursprünglichen Absichten der liberalen Hochschulgründer-Generation, die ja einen möglichst freien Zugang des Volkes zu den akademischen Krippen vorsah. In einer Anmerkung, die Immer wohl erst der Druckfassung seiner Rede beifügte, lobt er Basel, «dessen durch wissenschaftliches Leben sich auszeichnende Universität kaum 70 Studenten zählt, – das kaufmännische Basel weiss wohl, warum es seine unverhältnismässige Opfer erfordernde Universität nicht fallen lässt. – Es begreift, dass das Uebergewicht des Handelsgeistes eines Gegengewichtes wissenschaftlicher Interessen bedarf, um nicht in Geld- und Krämergeist zu verfallen.»[896]

Immer sieht das verderbliche Vorherrschen des «Partheiwesens» auch im religiösen Bereich am Werk. Zwar werde es politische und religiöse Gegensätze immer geben, das sei an sich nicht zu beklagen, weil zum Leben gehörend. Stets werde es solche geben, die dem Alten mit Pietät zugetan seien, als auch solche, die im Alten nur die Gewohnheit und das Missbräuchliche sähen, und es sei eitel zu hoffen, die eine Richtung könne die andere besiegen. Es gehe nun darum, dem Gegensatz das Schädliche auszutreiben, das heisst, «die eine Richtung von ihrer egoistischen und blinden Bornirtheit , und die andere von ihrer wüsten und brütalen Art und Weise zu befreien, oder mit andern Worten: beide Richtungen durch eine gediegene Bildung wenigstens in den künftigen politischen, religiösen und intellectuellen Führern des Volkes zu veredeln».[897]

Im Jahr zuvor hatte sein Kollege *Ernst Friedrich Gelpke* zur «Geschichte der Bernischen Kirchenverfassung» gesprochen. Die liberalen Theologen wussten sehr wohl, was ihr Arbeitgeber von ihnen erwartete.

Eduard Müller bekannte sich 1868 zu seinen theologischen Wurzeln, als er seine Zuhörerschaft über «Schleiermacher in seiner Bedeutung für das religiöse,

894 StAB, P.B 301, Rektoratsrede Immer 1852, S. 27.
895 StAB, P.B 301, Rektoratsrede Immer 1852, S. 27.
896 StAB, P.B 301, Rektoratsrede Immer 1852, S. 27.
897 StAB, P.B 301, Rektoratsrede Immer 1852, S. 38.

kirchliche und sittliche Leben» ins Bild setzte.[898] Acht Jahre später sprach er in gleicher Funktion zum Thema «Die nationale Bedeutung der Hochschulen». Das Bildungsschiff des Staates Bern befand sich mittlerweile auf Kurs und auch auf seinen verschiedenen Decks wurde eifrig am Fortschritt gearbeitet, so dass Rektor Müller weit positiver tönt als noch sein Kollege Immer ein Vierteljahrhundert zuvor. In seiner vom rhetorischen Überschwang des deutschen Idealismus geprägten Rede erinnert er seine Zuhörerschaft daran, «dass die Stiftung unserer Hochschule die schöpferische That des aus unerträglich gewordener Bevormundung sich losringenden, des sich zum Volksstaate selbständig organisierenden Volksgeiste war».[899] Zwar sei die Wissenschaft international und die Schätze ihrer Erkenntnis «Gemeingut aller gebildeten Völker», doch so, wie der Trieb nach Erkenntnis und Wahrheit jedem gesunden Menschen angeboren sei, «so gehört auch zu den edeln und unentbehrlichen Organen jeder nationalen Volksgemeinschaft die wissenschaftliche Anlage, den Trieb nach Erkenntniss und Wahrheit, das Ringen nach der Herrschaft des Geistes über die rohe finstere Naturgewalt, das Bewusstsein, nur durch eine bleibende Heimat im Reiche des Geistes wirklich ein Volk zu sein».[900] Die Hochschule müsse sich bewusst sein, dass sie nur auf der Grundlage einer nach richtigen pädagogischen Grundsätzen organisierten Volksschule gedeihen könne. Er ist überzeugt, dass die Hochschule im Volk das Interesse an der Wissenschaft wecken könne. «Ja, es erscheint als ein Gesetz der geistigen Entwicklung der Völker, dass der zündende Geistesfunke am intensivsten gerade in die Massen fällt, welche noch auf der Stufe der Naturroheit zu stehen scheinen, und hier schöpferische Ideen und Persönlichkeiten erzeugt, welche dem Reich der Wahrheit neue Bahnen brechen. Wie aus dem Haupte Jupiters Minerva mit Schild und Lanze gerüstet hervorspringt, so entspringt dem oft träumenden, oft über schweren und dunklen Gedanken brütenden Haupt des Volkes die Göttin der Weisheit und verscheucht die finstern […] Dämonen der Nacht und bringt Licht und Gestalt, Ordnung und Geist in das gährende Chaos.»[901] Sein Kollege Immer, der 1852 die schöpferischen Fähigkeiten des Volkes weit kritischer beurteilt hatte, dürfte es mit Genugtuung vernommen haben. Anders als Immer bedauert Müller auch, dass es nicht zur Gründung einer

---

898 Erstaunlicherweise gibt es weder im «Historischen Lexikon der Schweiz» noch in Wikipedia (Stand 28.4.2017) einen Artikel über diesen Theologen, der zu den liberalen Protagonisten der Theologischen Fakultät Bern gehörte und zweimal das Amt des Rektors der Universität Bern bekleidete. Über seinen gleichnamigen Sohn Eduard Müller, der Emma Vogt, die Tochter Adolf Vogts, geheiratet hatte, war Eduard Müller senior mit der deutschen Einwandererfamilie Vogt verbunden, die in seinem Medizinerkollegen Friedrich Wilhelm Vogt und dessen Söhnen Carl, Adolf, Emil und Gustav gewichtige Beiträge zum politischen und akademischen Leben des jungen Bundesstaates leisteten.

899 Alle Zitate StAB, P.B 301, Rektoratsrede Müller 1876, S. 3.

900 StAB, P.B 301, Rektoratsrede Müller 1876, S. 5.

901 StAB, P.B 301, Rektoratsrede Müller 1876, S. 7–8.

Nationaluniversität kam, freut sich aber immerhin über die Gründung einer polytechnischen Hochschule. Trotz Mängeln sieht Müller das bernische Schulwesen auf guten Wegen. Er rühmt die Kantonsschule, deren Rektor er gewesen war, und attestiert ihr, dass durch die Verpflichtung zur Maturitätsprüfung auch für Mediziner und Juristen das Hochschulniveau gehoben worden sei. Für die nationale Bedeutung der Hochschule hält er es für zentral, dass sie eine Universitas Litterarum sei. So wie die Universität die Gesamtheit der Wissenschaften und ihrer Träger umfasse, «so umschlingt auch ein gemeinsames Band sämmtliche Universitäten und Träger des wissenschaftlichen Geistes».[902] Er beschwört das Bild einer «grossartigen internationalen Republik, deren Bürger zusammengehören, zusammen arbeiten, zusammen und auch oft gegeneinander kämpfen, – in dem Einen grossen Interesse der Menschheit und der Völker: der Erforschung und der Verbreitung der Wahrheit».[903] Kunstvoll gelingt ihm der Brückenschlag zurück zum Nationalen, indem er auf die Notwendigkeit des geistigen Austausches mit den fremden, in Bern Studierenden hinweist und an die Bedeutung von Studienaufenthalten an ausländischen Universitäten für unsere zukünftigen Akademiker erinnert. Dieser Austausch wirke reinigend und bereichernd zurück auf unser ganzes Volksleben, er läutere unsere nationale Eigenart von schlechtem Partikularismus und kräftige ihn durch neue Bildungselemente. Er schliesst seine hochgemuten Ausführungen mit dem Fazit: Die hohe nationale Bedeutung der Hochschule liege «in dem frischen idealen Sinn, in der Begeisterung für das Schöne, Wahre und Gute und insbesondere auch in dem lebendigen vaterländischen Geist der akademischen Jugend».[904] Zur Wahrung der Unabhängigkeit bedürfe jedes Volk zwar der physischen Waffen, noch mehr aber bedürfe es «der geistigen Waffenrüstung».[905] Sein Optimismus und sein Elan qualifizierten Müller natürlicherweise als Autor der ersten Hochschulfestschrift, die er aus Anlass des 50-Jahr-Jubiläums im Auftrag von Erziehungsdirektion und Senat zu verfassen hatte.[906] Im gleichen Jahr 1884 wurde übrigens sein gleichnamiger Sohn in den Nationalrat und vier Jahre später zum Berner Stadtpräsidenten gewählt, bevor er schliesslich als Nachfolger Carl Schenks, eines ehemaligen Pfarrers, in den Bundesrat einzog. Schenk und Eduard Müller senior hatten nacheinander ihr Vikariat in der Gemeinde Schüpfen verbracht und blieben sich lebenslang freundschaftlich verbunden.[907]

1880 erläuterte der wortgewaltige Kulturkämpfer *Friedrich Nippold* seinem Auditorium «Die Theorie der Trennung von Kirche und Staat geschichtlich beleuch-

---

902 StAB, P.B 301, Rektoratsrede Müller 1876, S. 13.
903 StAB, P.B 301, Rektoratsrede Müller 1876, S. 13.
904 StAB, P.B 301, Rektoratsrede Müller 1876, S. 15.
905 StAB, P.B 301, Rektoratsrede Müller 1876, S. 16–17.
906 Müller, Hochschule.
907 Zu Eduard Müller (Sohn) vgl. Martig/Müller, Bundesräte, S. 269–274.

tet», die er «in erweiterter Gestalt sowie mit einem literarischen Anhang dem Druck» übergab.[908] Nippold warnt am Beispiel der USA vor einer Trennung von Kirche und Staat, die er ersetzen möchte durch eine Trennung von Politik und Theologie. In seinem weit gefächerten Tour d'Horizon kommt er auch auf das Beispiel des Judentums zu sprechen und fragt, woher ausgerechnet das so lange verfolgte und gerade in jüngster Zeit wieder so leidenschaftlich angegriffene Judentum seine Kraft ziehe. «Seit der Trennung beider Religionen geht die Entwicklung der jüdischen der christlichen zur Seite, und wer die Art der gegenseitigen Berührungen von Jahrhundert zu Jahrhundert verfolgt, kann sich als Christ nur in tiefster Seele beschämt fühlen.» Das Resultat all der Unterdrückung sei, «dass sich heute eine grosse Mehrheit vor der geistigen Kraft einer kleinen Minderheit so sehr fürchtet, dass man es bereits wiederum mit der Aufhetzung der Pöbelmassen versucht und die rohe Gewalt zu Hülfe ruft».[909] (Es sei hier daran erinnert, dass sieben Jahre zuvor Wilhelm Marr den Begriff des Antisemitismus eingeführt und damit den alten, christlich geprägten Antijudaismus mit einem Schmuddelkind der Aufklärung, dem Rassismus, verbunden hatte.)[910] Nach Nippold hat «der Gottesglauben des Mosaismus […], den gerade Jesus in seiner vollsten Tiefe erfasst hatte und darum zur Weltreligion machen konnte, […] auch auf seinem engern Volksgebiet, in Familienleben und Gemeindebildung, vor allem in der theologischen Wissenschaft Früchte getragen, durch welche die einander zerfleischenden christlichen Theologenschulen tief gedemütigt werden».[911] Biblisch schloss Rektor Nippold seine Ausführungen mit der Mahnung: «Ihr wisset, dass die Regenten der Völker herrschen und die Grossen Gewalt über sie ausüben. So soll es nicht sein unter euch, sondern wer unter euch gross werden will, der sei euer Diener. Und wer unter euch der erste sein will, der sei euer Knecht. Gleich wie der Menschensohn nicht gekommen ist, sich dienen zu lassen, sondern zu dienen.»[912]

---

908 Nippold ging kurze Zeit später als Kirchenhistoriker nach Jena, wo er noch zwei weitere Male als Rektor amtierte.

909 StAB, P.B 301, Rektoratsrede Nippold, S. 42.

910 Zum Antisemitismus: Knoch-Mund/Picard, Antisemitismus; zum Zusammenhang von Aufklärung und Rassismus: Mosse, Geschichte des Rassismus. Mosse schreibt (S. 27): «Europäischer Rassismus wurzelte in jenen intellektuellen Strömungen, die im 18. Jahrhundert sowohl in West- als auch in Mitteleuropa ihre Spuren hinterliessen: in den neuen Wissenschaften der Aufklärung und in der pietistischen Wiedererweckung des Christentums. Rassismus war eine Weltanschauung, eine Synthese aus Altem und Neuem – eine weltliche Religion, die es unternahm, alles zu vereinnahmen, nach dem die Menschheit strebte.»

911 StAB, P.B 301, Rektoratsrede Nippold, S. 44.

912 StAB, P.B 301, Rektoratsrede Nippold, S. 60 (Mt 20,25 f.). Wie so mancher aufrechte deutsche Liberale fiel auch Nippold gegen Ende seines Lebens dem Nationalchauvinismus des Wilhelminischen Zeitalters anheim, der ihn dazu führte, die «Erklärung der Hoch-

Als erster Vertreter der neu gegründeten Christkatholischen Fakultät kam natürlich in seinem Rektoratsjahr Bischof *Eduard Herzog* zu Wort. Er sprach «Ueber Religionsfreiheit in der helvetischen Republik mit besonderer Berücksichtigung der kirchlichen Verhältnisse in den deutschen Kantonen».[913]

Als zweite bedeutende Figur der jungen Fakultät hielt *Eugène Michaud* 1892 seine Rektoratsrede, als Erster seines Amtes in französischer Sprache, zum Thema «La Théologie et le Temps présent». Apodiktisch verkündet Michaud: «La théologie est une science: donc il est tout naturel de conclure qu'elle doit être scientifique.»[914] Warum das so sei, erläutert er seinem Auditorium wie folgt: «A notre époque c'est une nessecité indispensable pour la théologie de recourir aux sciences. Notre siècle est le siècle de la science; peut-être les théories de nos savants seront – elles dépassées et délaissées au vingtième siècle, c'est même probable; mais toujours est – il que l'esprit de notre époque est un esprit essenciellement scientifique, que nous ne jurons que par la science, que nous dédaignons tout ce qui n'a pas un cachet scientifique, que nous sommes fiers d'avoir opéré la révolution scientifique, qui est plus radicale et plus féconde encore que celle de la fin du XVIIIe siècle, et qui ne se borne pas à transformer le monde materiel, mais qui, selon la remarque de M. Jules Simon, transforme profondément l'humanité même. Dans un tel état de choses, il est manifestement impossible que la théologie pénètre dans les esprits, si elle n'est pas elle – même scientifique.» Dies bedeute ex negativo, dass Theologie sich nicht in geheimen, geschlossenen Seminaren gelehrt werden dürfe. Theologen sollen sich auch in anderen Wissenschaften umschauen und nicht auf irgendwelche Autoritäten schwören, hiessen sie auch Platon, Thomas von Aquin oder Descartes. Theologie dürfe sich nicht als göttliche Wahrheit ausgeben, müsse hohle Phrasen und leere Formeln vermeiden.Die Theologie müsse objektiv sein: «J'entends par là qu'elle doit s'attacher aux objets, aux choses, aux réalités.» Sie soll exakt sein: «Elle doit pratiquer la méthode d'observation et de constatation.» Ferner fordert er von ihr, rational zu sein: «En ce sens que, la raison étant une lumière qui nous a été donnée

---

schullehrer des Deutschen Reiches» vom 16.10.1914 zu unterzeichnen, die an Schändlichkeit dem «Aufruf an die Kulturwelt» vom September desselben Jahres in nichts nachstand. Darin stand u.a. der Satz: «Unser Glaube ist, dass für die ganze Kultur Europas das Heil an dem Sieg hängt, den der deutsche ‹Militarismus› erkämpfen wird, die Manneszucht, die Treue, der Opfermut des einträchtigen freien deutschen Volkes.» https://de.wikisource.org/wiki/Erkl%C3%A4rung_der_Hochschullehrer_des_Deutschen_Reiches (20.3.2018).

913 Davon erhalten sind «Studien zur Rektoratsrede anlässlich des Stiftungsfestes der Berner Hochschule den 15.11.1884 von Dr. Eduard Herzog d. Z. Rektor der Hochschule, Bern 1884».

914 StAB, P.B 301, Rektoratsrede Michaud, S. 14.

par le Créateur pour nous guider», was zwingend zur Folge habe, dass sie profitieren müsse von den wirklichen Fortschritten der Wissenschaften.[915]

Zuvor hatte der liberale Heisssporn *Eduard Langhans* 1889 «Die Götter Griechenlands im Zusammenhang der allgemeinen Religionsgeschichte» dem Publikum näherzubringen versucht, in einer Zeit, da der erbittert geführte Streit zwischen Erziehungsdirektor Albert Gobat und dem Rektor des Gymnasiums, Georg Finsler, um die Stellung der alten Sprachen im gymnasialen Unterricht ausgetragen wurde.[916] Seine Zurücksetzung des «semitischen» Elementes zugunsten des griechischen für die Konstituierung des Christentums war mehr zeittypischer Mode als tieferer Einsicht geschuldet, da war sein Kollege Nippold ihm ein grosses Stück voraus.

Nach *Hermann Lüdemann* im Jahr 1900 zu «Individualität und Persönlichkeit» kam als dritter Christkatholik 1904 *Philipp Woker* zu Wort mit dem Thema «Der nationale Charakter und die internationale Bedeutung unserer Hochschule». Obwohl er hier als Historiker und damit als Vertreter der Philosophischen Fakultät sprach, hatte dies sehr wohl auch mit der Christkatholischen Fakultät zu tun, die nach dem Scheitern der Hoffnungen auf eine breite Reformbewegung innerhalb des schweizerischen Katholizismus auf der Suche nach Partnerschaften auch ausserhalb der Landesgrenzen war. Die Rede ist aber vor allem im Kontext der um die Jahrhundertwende wieder aufflammenden Ausländerfeindlichkeit zu sehen.[917] Die Wogen gingen hoch, als der Deutschschweizer Germanist Ferdinand Vetter 1902 in Nürnberg die Schweiz zur deutschen Provinz in «geistiger Beziehung» erklärt hatte, was in die «Schlacht am Aargauerstalden» mündete.[918] Der Ausländeranteil an der Schweizer Bevölkerung hatte um die Jahrhundertwende einen ersten Höchststand erreicht, wobei die Deutschen die grösste Gruppe stellten und obendrein in den intellektuellen Berufen besonders prominent vertreten waren. Dazu kamen die zahlreichen Italiener in der Bauwirtschaft sowie auf akademischer Ebene der Zustrom von Studierwilligen aus Osteuropa. Woker sprach also in einer sehr bewegten Phase in der Geschichte der Berner Universität, dementsprechend vorsichtig, ja geradezu defensiv ist seine Argumentationsweise.

Woker nennt gleich zu Beginn seiner Ausführungen das grundlegende Dilemma: Trotz Neubau und Reform des Zulassungswesens sei die Schwierigkeit geblieben, «einen Ausgleich zu schaffen zwischen dem einheimischen und dem fremden Element, zwischen dem Anrecht der Landeskinder und dem Gastrecht der Ausländer an unserer Hochschule; die Schwierigkeit, dem nationalen Charakter unserer

915 StAB, P.B 301, Rektoratsrede Michaud, S. 31–32.

916 Junker, Geschichte III, S. 188–190.

917 Dazu Im Hof, Hohe Schule, S. 78–79; Mesmer, Die Berner und ihre Universität, S. 145–145; Junker, Geschichte III, S. 124–130.

918 Junker, Geschichte III, S. 125–126.

Universität und zugleich ihrer internationalen Aufgabe als Universität gerecht zu werden».[919] Woker nimmt seine Zuhörerschaft dann mit auf einen Exkurs zur nationalen Eigenschaft des Universitätswesens seit dem Mittelalter und zu den Plänen einer eidgenössischen Universität seit dem 18. Jahrhundert. Als bedeutendstes Erbe der Helvetik nennt er in Bezug auf die Universität die leider damals nicht realisierbare Forderung nach völliger Lehr- und Lernfreiheit, die erst die Hochschule von 1833/34 verwirklichen konnte. Geschickt und wohl auch dem aufgewühlten Zeitgeist und seiner Herkunft als eingebürgerter Deutscher geschuldet, stellt er seine Ansprache in den Rahmen einer weitläufigen Captatio Benevolentiae. Er lobt ausdrücklich den nationalen Charakter der bernischen Hochschule und ihre Leistungen in den vergangenen siebzig Jahren durch die Heranbildung von Generationen von Juristen, Ärzten und Lehrern, dankt im Namen der Hochschule dem Volk, den Behörden und im Besonderen dem Erziehungsdirektor. Unter den Zuhörern befand sich wohl auch die vielleicht dominanteste Figur in diesem Amt, Albert Gobat, der sich energisch ausländerfeindlichen Tendenzen entgegenstellte und dabei mannigfache Anfeindungen in Kauf nahm. Unsere Hochschule, so Woker weiter, betreibe kein Geschäft der Erziehung zum Patriotismus, könne das auch gar nicht, da sie es ja nicht mit Unmündigen zu tun habe; dennoch beschwört er ihren nationalen Geist als Stätte, wo politische Einsicht, Verständnis für die Aufgaben des Volkes und die Anhänglichkeit und Liebe zu ihm verstärkt werde. Dieser Geist jedoch dürfe «nie ausarten zu jenem bösen Nationalismus, der das Gefühl für menschliche Werte vernichtet». Von denen, die zu uns kommen, «verlangen wir Achtung vor unserer Eigenart, vor unseren vaterländischen Sitten und Bräuchen».[920] Dann aber stellt er am Beispiel der deutschen Universitäten des Spätmittelalters unmissverständlich fest: «Diese Zeiten der territorialen Abschliessung der Universitäten waren zugleich die Zeiten ihrer tiefsten materiellen und geistigen Dekadenz.»[921] Die moderne Universität habe sich aus dem Verfall erhoben, indem sie zur alten Internationalität zurückkehrte mit einer neuen Grundlage, «der Grundlage des freien Wissenschaftsbetriebs».[922] Das Nationale mit dem Internationalen verbindend, erklärt er: «So war und ist denn tatsächlich unsere Hochschule der nationale Tribut, den unser Volk beiträgt zu dem internationalen Werk der Wissenschaftspflege, sie ist wie die einzelstaatliche Beitragsquote zu einem geistig bestehenden Weltwissenschaftsverein.»[923] Das schweizerische Gemeinwesen geniesse besonderes Ansehen in seiner Zusammensetzung aus drei Nationalitäten, die zur Einheit zusammenzufügen, sei gleichsam eine internationale Aufgabe an der eige-

919 StAB, P.B 301, Rektoratsrede Woker, S. 4.
920 StAB, P.B 301, Rektoratsrede Woker, S. 24.
921 StAB, P.B 301, Rektoratsrede Woker, S. 30.
922 StAB, P.B 301, Rektoratsrede Woker, S. 30.
923 StAB, P.B 301, Rektoratsrede Woker, S. 31.

nen Nation, womit es durch diese Zusammensetzung «den aus dem Ausland zu uns Kommenden das Mittel leichter Verständigung und bequemer Aneignung fremder Sprache und Wissenschaft» biete.[924]

«Durch die lange Übung seiner politischen Selbsterziehung und Selbstregierung» habe das Schweizer Volk die Reife und die Selbstsicherheit erlangt, die es in den Stand setzten, andere zu verstehen, Fremdes gerecht zu würdigen und nationalistische Unarten zu vermeiden.[925] Diese ideale Schweiz, die Woker im buchstäblichen Sinn des Wortes beschwört, findet ihre Bestimmung im Bild des Asyls für die geistig Bedrängten und Verkürzten aus fremden Ländern. Als Sitz so vieler internationaler Veranstaltungen sei sie die natürliche Hochburg des kontinentalen Europas, «mit weiter, freier Ausschau und Niederschau auf die Lande ringsum».[926] Woker beschliesst seinen leidenschaftlichen Appell mit der Feststellung, Wissenschaft sei kein Sondergut, sondern menschliches Gemeingut.[927]

Wie sehr Rektor Woker bemüht war, Fettnäpfen aller Art auszuweichen, zeigt sich nicht nur in dem, was und wie er es sagte, sondern auch in dem, was er nicht erwähnte. So fehlt in seiner Rede jeder Hinweis auf die unbestreitbare Tatsache, dass es weder in Zürich 1833 noch in Bern ein Jahr später möglich gewesen wäre, eine Universität ohne massiven Zuzug von deutschem Personal zu eröffnen, ebenso wenig wie die Gründung der Christkatholischen Fakultät, an der ausser Eduard Herzog alle Professoren Deutsche und einer Franzose waren. Dem Bestreben des nationalstaatlichen Denkens, seinen Anspruch in möglichst fernen historischen Räumen zu verankern, setzt er eine Erzählung entgegen, die – *contradictio in adjecto* – eine Art Nation des Universellen als historisch erfolgreiches Modell zu etablieren versucht. Klugerweise vermeidet er allzu deutliche Hinweise darauf, was ausländische Dozenten und Studierende der Universität bringen; dass sie da sind, da sein müssen, handelt er unter dem Kapitel Gastfreundschaft ab oder verklausuliert unter der Rubrik Internationalität. Andererseits entrichtet er dem Nationalen seinen Tribut, wobei er geschickt darüber hinweggeht, dass im Bereich des Hochschulwesens das Nationale lange Zeit eher dem Kanton als der Eidgenossenschaft zugerechnet wurde. Zu frisch war die Erinnerung daran, dass das Projekt einer eidgenössischen Nationaluniversität am hinhaltenden Widerstand der Kantone gescheitert war und sich dann bloss in der Form einer die kantonale Universitätshoheit nicht gefährdenden polytechnischen Hochschule materialisierte.

Drei Jahre danach war die Christkatholische Fakultät mit *Adolf Thürlings* Antworten auf die Frage «Wie entstehen Kirchengesänge?» wieder an der Reihe. Seine

---

924 StAB, P.B 301, Rektoratsrede Woker, S. 33.

925 StAB, P.B 301, Rektoratsrede Woker, S. 33.

926 StAB, P.B 301, Rektoratsrede Woker, S. 34.

927 Zur historischen Einordnung dieses Diskurses vgl. Rexroth, Universität, S. 460–472, bes. S. 470–471.

Rede wurde als einzige Berner Rektoratsrede ausserhalb Berns in Druck gegeben beim renommierten Verlag Breitkopf und Härtel in Leipzig.

1911 referierte der hoch angesehene Alttestamentler und Semitist *Karl Marti* über «Stand und Aufgabe der alttestamentlichen Wissenschaft in der Gegenwart». Als 1917 die Schwesterfakultät wieder an der Reihe war, verzichtete sie wegen des Reformationsjubiläums grosszügig zugunsten der Reformierten auf das Rektorat, so dass *Moritz Lauterburg* mit dem Thema «Recht und Sittlichkeit» zu Worte kam. Nachdem der Kirchenhistoriker *Heinrich Hoffmann* 1922 auf «Die Antike in der Geschichte des Christentums» zurückgeschaut hatte, sprach der Christkatholik *Arnold Gilg* sechs Jahre später zum drängenderen Thema «Der Sinn der Theologie». Seine Rede stellte in ihrer Gelehrsamkeit hohe Ansprüche ans Festpublikum und wohl nur den anwesenden Theologen mochte beim Zuhören klar geworden sein, dass da einer über die Konfessionsgrenze hinweg den Weg zur Theologie des frühen Karl Barth gefunden hatte.

Aus heutiger Sicht höchst brisant war das Thema «Religion und Rasse», das der Alttestamentler *Max Haller* sich und seiner Zuhörerschaft zumutete.[928] Haller sprach hier allerdings aus der Sicht der Religionsgeschichte, war er doch 1921 zunächst als ausserordentlicher Professor für Religionsgeschichte an die Fakultät berufen worden. Schon zu Beginn seiner Ausführungen spricht er Begriffen wie Rasse, Geschichte, Kultur, Recht und Sprache das Alleinbestimmungsrecht für Religion ab. Rassen seien nicht statisch, sondern dynamisch, der Vergänglichkeit unterworfen wie alles Irdische. Mit der abenteuerlich wirkenden Behauptung, auch Religion könne «rassebildend» wirken, zerschneidet er jede Verbindung zu einem naturwissenschaftlich begründeten Rassebegriff, sollte es denn je einen solchen gegeben haben. Von den verheerenden Folgen der nationalsozialistischen Rassenideologie war 1934 natürlich höchstens in Ansätzen etwas zu ahnen. Am Beispiel der Namen von Joseph Arthur de Gobineau und Houston Stewart Chamberlain kritisiert er zudem die «Wertgebundenheit» der Begriffe «Rasse» und «Religion» und die Verwendung der sogenannten Völkertafel Genesis 10 als Grundlage neuzeitlicher Rassentheorien. Hallers eigentliches Anliegen war nun aber ein engagiertes Plädoyer für eine moderne Religionswissenschaft. Diese sei, so bemerkt er zunächst kritisch, als junge Wissenschaft «lange Zeit hindurch vom Rassegedanken eigentlich fasciniert gewesen».[929] In einem gross angelegten Tour d'Horizon durchmisst er die Weltreligionen, ihre Entstehung und ihre Bindungen an ethnische, soziale und andere Gegebenheiten, seine Zuhörerschaft stets warnend vor generalisierenden Zuordnungen. Die Religionswissenschaft habe trotz Abhängigkeiten von Sprach-

928 Zu Hallers Haltung zum Judentum vgl. Bloch, Judaistik, S. 488–489. In Anm. 10, S. 497 Hinweis auf Hallers Werk Das Judentum.

929 StAB, P.B 301, Rektoratsrede Haller 1934, S. 13, gleichermassen auch S. 17.

wissenschaft, Volkskunde, Archäologie, Psychologie ihre eigene Methode und ihren besonderen Gegenstand. Dieser, die Religion, führe ein Eigenleben zwischen und über den Mächten, folge eigenen Gesetzen, «wird, wächst, wirkt und zerfällt, um anderen Formen Platz zu machen».[930] Hallers Fazit: «So liefert die Religionswissenschaft den Beweis, dass neben und über den Mächten von Blut und Art Mächte des Geistes einhergehen, die im tiefsten Wesen des Menschen verankert, die Grenzen überschneiden, die durch jene geschaffen sind.»[931] Das Publikum empfing als Trost die Zusicherung des ehemaligen Pfarrers von Herzogenbuchsee, «dass also die Religion letztlich nicht trennend, sondern überbrückend wirkt, und dass alle Religionen, wenn auch auf dunkle und verworrene Weise und auf manchem Umwege, an ihrem Teile mithelfen, die Menschheit dem Ziele entgegenzuführen, das allen Weltreligionen als letztes vorschwebt, einer Communio sanctorum».[932] Es war eine Rede, die gleichermassen bemerkenswert ist durch ihre Haltung zur Begrifflichkeit einer gefährlichen Ideologie wie durch ihre Widersprüchlichkeit, Religionswissenschaft als neutrale und wertfreie Wissenschaft zu verbinden mit dem Appellcharakter eines Religionsbegriffs als gemeinschaftsbildende Kraft.

Während des Krieges entführte *Martin Werner* sein Publikum im Jahre 1943 in die philosophischen Höhen einer Auseinandersetzung mit dem «Religiösen Gehalt der Existenzphilosophie», die er vor allem am Beispiel der Ideen von Karl Jaspers führte.[933] Geschichtliche und theologische Fragestellungen verband 1954 der Kirchenhistoriker *Kurt Guggisberg* in seinem Vortrag «Über christliche Geschichtsdeutung».

Da im 20. Jahrhundert die Zahl der Fakultäten gestiegen war, sank naturgemäss die Kadenz der von Theologen bekleideten Rektorate. Dreissig Jahre nach Arnold Gilg war mit dem Alttestamentler *Albert Rüthy* erstmals wieder ein Christkatholik an der Reihe. Er sprach 1958 als letzter Rektor aus dieser kleinsten Berner Fakultät zum Thema «Probleme der Bibelübersetzung». Der Nachfolger Martin Werners, *Gottfried W. Locher,* nahm sich 1968 als Systematiker des Themas «Das Problem der Autorität der Zehn Gebote» an. Vor Locher hatten Michaelis und Stamm auf das Rektorat verzichtet, Stamm aus gesundheitlichen Gründen.[934] Durch die Turbulenzen, die damals die Universität Bern zu erschüttern begannen, wurde Locher als abtretender Rektor, dem sonst die Vorlesung des drögen Rechenschaftsberichts oblag, von anderen nochmals ans Rednerpult gedrängt.

930 StAB, P.B 301, Rektoratsrede Haller 1934, S. 22.

931 StAB, P.B 301, Rektoratsrede Haller 1934, S. 22.

932 StAB, P.B 301, Rektoratsrede Haller, S. 22–23.

933 Zum freundschaftlichen Briefwechsel Werner–Jaspers vgl. Sciuto, Weg und Werk, S. 30–33, in der Schilderung Kurt Guggisbergs.

934 FP 11.7.1962, S. 26.

Lochers Rede, nach derjenigen des neuen Rektors Walter Müller, beschäftigte sich mit der hochaktuellen Thematik «Die Universität in der Gesellschaft. Erfahrungen und Einsichten des zurücktretenden Rektors, Prof. Dr. G.W. Locher. Rede zum Dies academicus, Freitag 21. November 1969». Diese Rede gehört zweifellos zum Eindringlichsten, was von den Rostra der Stiftungsfeiern der Alma Mater Bernensis während über anderthalb Jahrhunderten zu vernehmen war und verdient schon nur deshalb eine besondere Würdigung.[935]

Locher bezeichnet seinen Auftrag als «Strafarbeit», er hätte lieber einfach zum Thema «Die Beziehung zwischen Dozenten und Studenten» gesprochen. Von den vielerlei möglichen Bezügen greift er die folgenden drei heraus: 1. die Gesellschaft und die Universität, 2. die Universität und die Gesellschaft und 3. Was ist zu tun?

1. Locher konstatiert zunächst einen «hohen Grad von fruchtbarer Zusammenarbeit der Universität mit einzelnen Behörden». Davon zu unterscheiden sei das «zurückhaltende, immer etwas scheue, abwartende Wohlwollen des Volkes», das in Bern besonders ausgeprägt sei. Man brauche die Uni und sei bereit, ihr grosse Mittel zur Verfügung zu stellen, um dafür entsprechende Gegenleistungen zu beziehen. Unter dieser «obersten Bewusstseinsschicht» aber motte ein «wachsendes feindseliges Misstrauen gegen alles akademische Fachwissen und seine Vertreter», das von gewissen Medien und Politikern ausgenützt werde. Nach Locher besitze Bern zwar eine Universität, sei aber keine Universitätsstadt, zu wenig werde getan für die Studierenden, für die Bern schlicht zu teuer sei. Der akademische Konkurrenzkampf sei heute scharf. «Er wird nicht nur mit Intelligenz ausgetragen, sondern auch mit helfenden Kräften, Räumen, Büchern und Apparaturen.» Im Gegensatz zum Ruhebedürfnis der Gesellschaft sei die Universität in schwer begreiflicher Weise unruhig geworden. Die beiden Generationen, die gegenwärtig für eine stetige und gedeihliche Entwicklung einträten, hätten Ende der Zwanziger- und seit Mitte der Dreissigerjahre durch gewaltsame Neuordnungen eine fundamentale Gefährdung ihrer Existenz und nach dem Zweiten Weltkrieg die Auseinandersetzung zwischen den verschiedenen Ideologien durchlebt und empfänden diese Erfahrung als ihre grösste Lebensleistung. Aus diesen Erfahrungen heraus sei ihr Bedürfnis nach Bewahrung eines Systems von Freiheitlichkeit und Rechtssicherheit, und sei es noch so verbesserungsfähig, und ihr Misstrauen gegen Theorie und Praxis einer gewaltsamen Weltverbesserung verständlich und nicht mit Besitzangst und Trägheit gleichzusetzen. Er anerkennt aber durchaus, dass die drängenden Probleme der Gegenwart es

935 In der Hochschulgeschichte wird nur die zwei Jahre später gehaltene Rektoratsansprache des Linguisten Georges Redard über «L'université à l'heure de la contestation – reflexions d'un mandarin» zum Thema Studentenunruhen erwähnt, die aber in ihrer analytischen Schärfe nicht an die Ausführungen Lochers heranreicht. Vgl. Kommission Hochschulgeschichte, Hochschulgeschichte S. 102. Alle Zitate der Rede Lochers aus: Jahresberichte der Universität Bern.

schwer machen, diese Fixierung der Älteren auf die Errungenschaften vor zwanzig Jahren zu verstehen und zu würdigen.

2. Locher stellt nun die Frage, weshalb die Studenten unruhig seien. Die Gründe der studentischen Bewegtheit seien allesamt gesellschaftlicher Natur, dazu gehören neben dem Generationenkonflikt die räumliche Überfüllung, menschlich unbefriedigende Spezialisierung, mangelnder wissenschaftlicher und persönlicher Kontakt mit den Professoren. Viele Probleme aber seien letztlich Strukturprobleme und damit lösbar, im Zentrum aber stehe etwas anderes, das er im Paradox als die «unbewusste Bewusstseinskrise der Universität» bezeichnet. In der klassischen Überzeugung bedeute Fortschritt der Wissenschaft Fortschritt der Humanität. Dieser Glaube sei uns gründlich vergangen, und damit seien «Begriff, Methode, Ziel und Rang der Wissenschaft selbst in eine Krise auf Leben und Tod geraten». Wenn die technischen Umsetzungen genialer Denker Verderben bewirken, wenn mit grosser Hingabe entwickelte Heilmittel den Hunger in der Welt vermehren, wenn die historische Bearbeitung der biblischen Quellen den Glauben zersetzt, «wozu treiben wir dann noch Wissenschaft?». Locher wagt die Behauptung, die Entgötterung der Wissenschaft und ihre Begriffskrise habe die «latente Bewusstseinskrise der Dozenten und die manifeste Bewusstseinskrise der Studenten als Wissenschaftler verursacht». Dies sei die Mitte und vielleicht überhaupt die Ursache der Universitätskrise. Alle übrigen Problemzusammenhänge wie die Frage des Verhältnisses von Lehrer und Schüler oder die Frage, ob man Wissenschaftspolitik treiben solle, berührten dieses Zentrum.

In einem kurzen, brillanten Überblick zeigt der abtretende Rektor, wie im Lauf der Geschichte die europäische Universität mit ihrem Selbstverständnis ihren Angehörigen und der Gesellschaft ihre Rechtfertigung und den beide umfassenden Rahmen geliefert und damit ihre Arbeit mit der Gesellschaft verklammert habe. Noch die so individualistische Universität des 19. Jahrhunderts habe sich als Stätte voraussetzungsloser und zweckfreier, reiner Wahrheitsforschung verstanden, gleichsam als Gehirn der ganzen Gesellschaft.

Diese Selbstgenügsamkeit und Ruhe seien längst dahin, die lehrende Universität schwebe in einer radikalen Krise des Verständnisses ihrer selbst. Diese Krise sei von fundamentalem gesellschaftlichem Belang, denn die neue Generation bringe die «Erfahrung einer innerlich unsicheren Gesellschaft, in nationaler wie in internationaler Dimension erschüttert und dauernd gefährdet durch wissenschaftlich, technisch und finanziell hochgerüstete Potenzen» mit an die Hochschule. Als Konsequenz daraus sieht Locher zwingend die «Einrichtung sinngemässer Mitarbeit, Mitverantwortung, Mitsprache und Mitbestimmung, und zwar nicht als Postulat, sondern als ihr struktureller Niederschlag». Zu den prägenden Erfahrungen in seiner Rektoratszeit gehöre das Erlebnis der «persönlich-existentiellen Dimension im universitären Betrieb». Sie trete an die Seite des strengen Ideals der selbstvergessenen Objektivität, das sie nie ersetzen könne und dürfe, denn ohne dieses gebe es keine Wahrheitserkenntnis, doch dieses Ideal dürfe den Mitmenschen nicht verschlingen, Sachlichkeit dürfe nicht zur Rücksichtslosigkeit erstarren. Er ist überzeugt, dass ein «mit Sinnhaftigkeit und Zweckmässigkeit bekleideter, schlicht funktioneller Wissenschaftsbegriff als ein Instrumentarium zwischenmenschlichen Verhaltens» gegen innen und aussen manche Probleme entschärfen werde und imstande sei, die Universität als Gesellschaft und die Gesellschaft draussen kritisch zu erneuern. Allerdings werde es dann in Zukunft «weniger begeisternd-mitreissende Meister und weniger ergebene Jünger geben; dafür wohl mehr gemeinsam fragende Vorarbeiter und Mitarbeiter».

Damit liege das Ziel der universitären Arbeit nicht mehr nur in ihren wissenschaftlichen Ergebnissen, sondern bei lebendigen Menschen, die mit diesen Produkten leben sollen, was wiederum sich methodisch niederschlage im besonderen Gewicht und der besonderen Würde des Dialogs in allen Fakultäten. Mit ernsthaften Versuchen in dieser Richtung habe er im vergangenen Jahr gute Erfahrungen gemacht, auch dort, wo nicht alle Gespräche reibungslos verlaufen seien, «sondern begleitet waren von allerlei Lärm, Zusammenrottung, Triumphgeheul, Hohngelächter […], auch mit Zorn und Empörung und wohl auch einigen Seufzern».

Aus diesen Erfahrungen ergeben sich für Locher folgende Feststellungen, zunächst an die Adresse der Kollegen:

- Studenten gehören zur Universität, sie sind nicht Kunden, Gäste oder Bittsteller.
- Die Universität ist nicht öffentlicher Dienst, sondern eine *universitas professorum ac studiosorum*, die nicht mit Reglementen, sondern mit Argumenten in Gang gehalten wird.
- Den Dialog (Austausch von Erfahrungen) vorbehaltlos führen, gerade in heiklen Momenten suchen und nicht nur sich widerwillig dazu bereit erklären.

An die Adresse der Studierenden:

- Konservative Professoren sind keine Schurken, die sich krampfhaft bemühten, überholte Privilegien zu sichern, sondern sehr oft einem hohen Ideal wissenschaftlicher Sachlichkeit verpflichtet.
- Fakultätssitzungen beraten nicht über neue Möglichkeiten tückischer Repression, sondern über beste Arbeitsmöglichkeiten für Studierende und Dozierende.
- «Der Tag ist nahe, da die Dozenten die Mitverantwortung der Studenten in vielen Dingen nicht nur gestatten, sondern wünschen werden.»

3. Was also ist zu tun?, fragt der abtretende Rektor zum Schluss. Gegen innen müssen die Universität und die in ihr Arbeitenden sich «der gesellschaftlichen Relevanz ihrer Arbeit bewusst» werden, das heisse zum Beispiel, dass Historiker, Juristen, Philosophen und Theologen von den Forschungen der Naturwissenschaften und

der Medizin endlich Kenntnis nehmen, nur so werde man zu einer Ethik für Wissenschaft und Wissenschaftspolitik gelangen. Die Universität lebe geistig von zwei unveräusserlichen Grundsätzen, ihrer unbeirrbaren Ausrichtung auf die Wahrheitserkenntnis und ihrem unaufhörlichen Drängen auf Revision ihrer Wissenschaft und ihrer selbst. Dadurch bringe sie durch ihre Absolventen und ihre Leistungen von selbst die gesellschaftlichen Beziehungen und Strukturen in Bewegung. Durchaus im Jargon jener aufgewühlten Jahre zögert er nicht, die Universität als offenen oder heimlichen Herd revolutionärer Tendenzen zu bezeichnen, was sie als Warnung wie auch als Forderung schon seit jeher gewesen sei. «Der Geist kennt keine Grenzen; auch Bern liegt nicht fern von Paris und Berlin, Rom, Heidelberg, Madrid, Berkeley, Tokio, Genf und Fribourg [...].» Solche Worte gingen wohl einem Theologen leichter von den Lippen als einem Angehörigen anderer Fakultäten. Nach einer eindringlichen Aufzählung der Missstände, die Studierende zum Aufbegehren zwingen, schliesst er mit lutherschem Pathos: «Nein – keine Beruhigung. Mir ist ein Thema gestellt, ich muss berichten: an der Universität stellt man solche Fragen und der abtretende Rektor hat die Narrenfreiheit, sie auszusprechen. Sind das revolutionäre Tendenzen? Wahrscheinlich in einem vertieften Sinne, obwohl hier nicht zur Gewalt, sondern gegen die Gewalt aufgerufen wird. Sind sie neu? Ja, immer neu, denn sie sind uralt. Der Theologe verschweigt nicht, in welchem Licht er seine Einsichten und Erfahrungen zu verstehen sucht. Er hat ein altes Buch, in dem ein ebenso ermutigendes wie verpflichtendes Dictum aufgezeichnet steht, gesprochen aus massgeblichem Munde: [in griechischer Schrift] he aletheia eleutherosei hymas (Joh. 8,32) – ‹Die Wahrheit wird euch frei machen.› Die Wahrheit! Frei machen!»

Die Rede ist zum einen bemerkenswert durch ihre analytische Schärfe und die Bereitschaft zur schonungslosen Kritik, bei einem Anlass notabene, bei dem sich Universität und Behörden in festlicher Stimmung gegenseitig ihres Wohlwollens versichern; zum anderen ist es aussergewöhnlich, mit welcher Leidenschaft ein Professor im damals schon nicht mehr ganz jugendlichen Forscheralter von 59 Jahren sich den Anliegen der jungen Angehörigen seiner Universität öffnet, sich mit ihnen solidarisiert und sich für ihre Anliegen engagiert. Es konnte niemanden sehr überraschen, dass der abtretende Rektor Locher in seinem Rechenschaftsbericht, nachdem er nun ganz im Modus seiner Vorgänger den Behörden und seinen Kollegen für die Zusammenarbeit gedankt hatte, festhielt: «Als das wichtigste und eigenartigste Element seines Amtsjahres hat der Rektor das Gespräch mit den Studenten erfahren. Wir haben dieses Gespräch nicht abgewartet, sondern gesucht. Es fand statt in allen möglichen offiziellen Gremien und behandelte alle erdenklichen grundsätzlichen und praktischen Fragen [...]. Wir empfingen im Lauf des Jahres oder suchten auf fast alle in Fachschaften oder Instituten irgendwie mit Verantwortung Betrauten oder Delegierten und sonst noch viele, die in Fragen der Studiengestaltung oder Universitätsreform Gedanken, Zeit, Kraft und persönliche Einsatz aufwenden [...]. Ich habe für unsäglich viel und ergreifendes Vertrauen zu danken.»

Diese Töne von dieser Position waren neu, und auch wenn es noch ein Jahrzehnt dauern sollte, bis die Unruhe sich produktiv in neuen Formen des Verhältnisses von Lehrenden und Lernenden verwirklichen würde, war die Bresche offen und nicht mehr zu schliessen. Vom hier spürbaren Geist mitgetragen schienen auch die Fakultätskollegen Lochers, wo man sich an die Ausgestaltung einer institutionalisierten Mitwirkung von Studierenden und Mittelbau machte. Es mochte dem einen oder anderen in der Fakultät fast vorkommen, als würde nun auch in Bern der Geist wehen, wo er will, bis dann drei Jahre später in der Causa Marti die Behörden von Staat und Landeskirche entschieden, wo er zu wollen hatte.

11. Ein Blick zurück

Die vorliegende Darstellung umfasst Ereignisse eines Zeitraums von zwei Jahrhunderten. Welche Entwicklungen haben sich aus der Sicht der Autoren in der Geschichte der beiden theologischen Fakultäten der Akademie und der Universität Bern als besonders bedeutsam erwiesen? Vorauszuschicken ist dabei, dass die theologischen Fakultäten als Mitglieder der Universität Teil eines grösseren Ganzen waren und sind, dessen Wandlungen auf die einzelnen Fakultäten zurückwirken, wie die Alma Mater Bernensis ihrerseits Teil der internationalen akademischen Landschaft ist und von den Veränderungen dort nicht unberührt bleiben kann. Dies vorausgesetzt, scheinen uns folgende Punkte wichtig:

1. Die Evangelisch-theologische Fakultät der Hochschule Bern ist das Bindeglied, das die alte, reformatorische, vorrevolutionäre Hochschule mit der Akademie der Restaurationszeit und der neuen liberalen Universität nach 1834 verbindet. Bis über dieses dritte Gründungsdatum hinaus sicherte dies der Fakultät einen Prestigevorsprung, der erst im letzten Drittel des 19. Jahrhunderts langsam schwand. Diese hervorgehobene Stellung als erste unter den Fakultäten mag erklären, warum die liberalen Regierungen des 19. Jahrhunderts gerade bei ihr ansetzten, um ihr Modernisierungsprojekt zum Erfolg zu führen. In diesen Zusammenhang gehört dann auch folgerichtig die Gründung einer christkatholischen Fakultät, die nichts Geringeres zum Ziel hatte als den römischen Katholizismus von Bern aus im gleichen Geiste zu modernisieren wie sein reformiertes Gegenüber.

2. Die sogenannte liberale Theologie setzte sich in der Evangelisch-theologischen Fakultät als vorherrschendes wissenschaftliches Paradigma durch, dessen Merkmale unter anderem in der konsequenten Historisierung der biblischen Schriften und ihrer textkritischen Bearbeitung und Auslegung bestehen. Die damit gesetzten Standards waren trotz des wütenden Protests pietistisch-fundamentalistischer Kreise unverzichtbar für den Verbleib der theologischen Fakultäten in der akademischen Gemeinschaft. Die den sogenannten Positiven oder den Vermittlern zugerechneten Theologen, die im letzten Viertel des 19. Jahrhunderts in den beiden theologischen Fakultäten Einsitz nahmen, stellten diese Methoden nicht mehr infrage.

3. Die deutschsprachige liberale Theologie des 19. Jahrhunderts befand sich bereits vor dem Ersten Weltkrieg in einer Krise, die nach dem Kriegsausbruch durch die höchst fragwürdige Parteinahme deutscher Theologen zugunsten ihrer Kriegspartei manifest wurde. Aus der Rückschau erscheint es sogar so, dass die liberale Theologie bereits durch die Gründung des zweiten Deutschen Reiches von 1871 derart geschwächt worden ist, dass ihr Umfallen im Weltkrieg fast folgerichtig

anmutet. Davon betroffen war zwangsläufig auch die liberale Theologie in der neutralen Schweiz. Ihr setzte weniger eine Parteinahme im Weltkrieg als ihre enge Symbiose mit dem liberal dominierten Staat zu, die als Gegenbewegung die religiös-soziale Bewegung hervorrief, bis dann während des Krieges eine grundsätzliche theologische Neubesinnung einsetzte. Als deren Frucht etablierte sich die sogenannte Dialektische Theologie als neues theologisches Paradigma. In Bezug auf das Verhältnis zum Staat musste dies zwangsläufig zu einer grundsätzlichen theologischen Neubewertung führen, was die in landesväterlich-autoritären Denkmustern regierenden Erziehungsdirektoren – mit Ausnahme vielleicht von Leo Merz – lange nicht verkraften konnten.

4. Es lässt sich kaum bestreiten, dass die Evangelisch-theologische Fakultät Bern seit den Zwanzigerjahren des letzten Jahrhunderts an Ausstrahlung und Prestige einbüsste. Die Koryphäen des Faches lehrten anderswo. Einige Gründe, die zu dieser Entwicklung beitrugen, sollen hier zur Sprache kommen.

Da ist einmal der Systematiker *Hermann Lüdemann* zu nennen, universitätspolitisch seit Jahrzehnten zweifellos die dominante Figur der Fakultät. Er amtierte viermal als Dekan, war im Studienjahr 1900/1901 Rektor gewesen und hatte zwei Ehrendoktorate in seinem Palmares. 1842 geboren, war er 1884 als Ordinarius nach Bern berufen worden. 1907 erreichte er das heute übliche Emeritierungsalter, blieb aber noch zwei weitere Jahrzehnte im Amt, bevor er 1927 endlich seinen Lehrstuhl räumte. Sein letztes Bemühen zielte darauf, eine Berufung Karl Barths nach Bern zu verhindern. Seine Autorität in der Fakultät hatte er unter anderem dadurch bewiesen, dass er fähig war, längst fällige Neuerungen wie die Einführung eines zeitgemässen Promotions- und Habilitationsreglements ohne stichhaltige Argumente zu blockieren. Trotz seiner 1924/1926 veröffentlichten zweibändigen «Christlichen Dogmatik» galt seine Theologie als überholt. Den Versuch seines Schülers Martin Werner, den er als möglichen Nachfolger nur an dritter Stelle erwähnte, der liberalen Theologie durch den Bezug zu Albert Schweitzer eine modernere Grundlage zu verschaffen, scheint er ignoriert zu haben.

Karl Barth war in der zweiten Hälfte der Zwanzigerjahre auf dem Weg zur dominanten Gestalt der deutschsprachigen Theologie. Seine Theologie des Wortes, bekannt geworden unter dem Namen Dialektische Theologie, begann seit der Mitte der Zwanzigerjahre den theologischen Diskurs zu beherrschen. Sie liess alles, wofür Lüdemann gestanden hatte, obsolet erscheinen, kein Wunder also, dass dieser sich mit letzter Kraft gegen Barths Berufung wehrte. Es mochte ihn wohl noch zusätzlich geschmerzt haben, dass, als Barth sich die Granden der deutschsprachigen Theologie vornahm, er Lüdemann kaum einer Erwähnung für würdig hielt. Einen Barth zu berufen, bedeutete ein Wagnis, eine Herausforderung. Die in kurzer Zeit erfolgten Berufungen an deutsche Universitäten und das Buhlen um Barth in Zürich und Genf bewies aber, dass die dortigen Erziehungsbehörden eine Anstellung Barths eher als Investition in den Ruf ihrer Universität denn als Gefahr betrachteten.

Anders in Bern. Hier galt Barth je nach Standpunkt bei seinen Gegnern als geldgierig oder Störer des kirchlichen Friedens, den man durch die Wahl theologisch liberaler Kollegen möglichst rasch zu neutralisieren hatte, wenn man ihn überhaupt nach Bern holen wollte. Dass Barth selbst Bern verschmähte, schien die von ihm ausgehende Gefahr zu bannen. Dies änderte sich auch 1934 nicht wesentlich, als die Fakultät sich nochmals eher halbherzig über die Causa Barth beugte.

Rudolf Liechtenhan. Die Berufung des bestens ausgewiesenen, von der Fakultät einhellig als Wunschkandidaten angesehenen Neutestamentlers Liechtenhan fiel ausser Abschied und Traktanden, weil er Pazifist war. Nun wäre dieser Makel, als Argument von der Regierung gegen seine Berufung ins Spiel gebracht, zwar sehr ärgerlich, aber von der in dieser Beziehung leidgeprüften Fakultät hinnehmbar gewesen. Aus heutiger Sicht unverständlich ist aber, dass diese fachfremde, rein politische Begründung aus dem Schosse der Fakultät selbst kam. Hier manifestiert sich eine Haltung von ängstlicher Unterwürfigkeit, die mit der selbstherrlichen Art und Weise, in der die bernischen Erziehungsbehörden jener Jahre Berufungsfragen handhabten, bestens korrespondierte. Dass in den Nichtberufungen Barths und Liechtenhans auch die Ängstlichkeit der Regierung selbst zum Ausdruck kam, sei nur nebenbei erwähnt. Weder Barths Berufung nach Basel 1934 noch diejenige Liechtenhans dorthin im Jahr darauf gefährdeten den kirchlichen Frieden in Basel oder die Wehrbereitschaft der dortigen Bevölkerung.

Die Evangelisch-theologische Fakultät erwies sich in der Folge als schwach und, angesichts der Auseinandersetzung zwischen Liberalen und Dialektikern um die Grundlagen der Theologie, als heillos zerstritten. Die Zerstrittenheit beschränkte sich nicht nur auf das Fachliche, sondern äusserte sich auch in persönlichen Animositäten wie denjenigen zwischen Martin Werner und Wilhelm Michaelis und sie verhinderte ein geeintes Auftreten der Fakultät gegen eine Regierung, welche die Schwäche ihres Gegenübers zu nutzen wusste.

5. Die Dialektische Theologie dominierte den theologischen Diskurs von Mitte der Zwanzigerjahre des 20. Jahrhunderts für gut fünf Dezennien. Dass Karl Barth von Bern ferngehalten werden konnte, ändert an diesem Befund gar nichts, im Gegenteil: Keine theologische Einzelperson prägte die theologische Landschaft nicht nur der Schweiz und damit gerade auch diejenige Berns so nachhaltig wie er. Dass die bernischen Theologiestudentinnen und -studenten in Scharen nach Basel zu Barth und nach Zürich zu Brunner strömten, liess sich durch politische Massnahmen nicht verhindern, im Gegenteil. Das Beispiel Martin Werners zeigt auch: Je mehr sich seine Gegner an Barth abarbeiteten, desto stärker wurde sein Einfluss. Ob es eine nachbarthsche Epoche der Theologie gibt, dies zu beurteilen liegt nicht in der Kompetenz von Autor und Autorin dieser Studie.

6. Im Verhältnis von Evangelisch-theologischer Fakultät und bernischem Staat sind zwei Ereignisse im Abstand von anderthalb Jahrzehnten aus heutiger Sicht als Zäsur zu bezeichnen:

6. 1. Mit der Wahl Gottfried Wilhelm Lochers zum Ordinarius für Systematische Theologie und Dogmengeschichte im Jahre 1958 verlor die liberale Theologie ihr Monopol auf diesen richtungsmässig zentralen Lehrstuhl.

6. 2. Im Kampf um die Besetzung des Lehrstuhls für Homiletik 1972 stellte sich die Fakultät erstmals geschlossen gegen die Regierung. Deren rein politisch motivierte Weigerung, den Kandidaten der Fakultät auf den Lehrstuhl zu heben, entpuppte sich als Pyrrhussieg. Es war das letzte Mal, dass eine bernische Regierung direkt in das Berufungsprozedere eines theologischen Lehrstuhles eingriff. Die neuen Formen der inneruniversitären Demokratisierung, die Finanzaffäre von 1984 und der Einsitz von Frauen in die bernische Regierung verhalfen dieser, sich von den überkommenen autoritären Handlungsmustern zu verabschieden.

7. Bei der Diskussion um die Beziehungen von Evangelisch-theologischer Fakultät und Kantonsregierung darf eine Institution nicht vergessen werden: Synode und Synodalrat als Legislative und Exekutive der Landeskirche. Hier bündelten sich die verschiedenen Interessen der kirchenpolitischen Richtungen, die fast zwangsläufig dahin drängten, auf die Berufung von Theologieprofessoren Einfluss zu nehmen, auch wenn aus guten Gründen weder die kirchliche noch die universitäre Gesetzgebung dazu eine Handhabe boten. In aller Regel gestalteten sich die Beziehungen zur Fakultät – von Ausnahmen abgesehen – konfliktfrei oder so, dass Gegensätzliches durch rechtzeitigen Dialog geklärt werden konnte, aber die Fakultät war und ist gut beraten, dieser Beziehung die nötige Aufmerksamkeit nicht vorzuenthalten.

8. Als epochenübergreifend ist das Thema Frauen in Kirche und theologischen Fakultäten anzusehen. Es ist zum einen Teil der allgemeinen Emanzipationsbewegung der Frauen, zum anderen aber ging es den Theologinnen um eine spezifisch biblisch-theologische Neubewertung der Stellung der Frau in Politik, Wissenschaft und Gesellschaft. Obwohl eigentlich zwingende Konsequenz aus dem Diskurs der Aufklärung, wurden die Anliegen der Frauen sowohl von den Aufklärern als auch von ihren liberalen Nachfolgern meist vergessen oder unterdrückt. Auch die liberale Bibelwissenschaft des 19. und frühen 20. Jahrhunderts glänzte nicht durch kritische Relecture der biblischen Schriften im Hinblick auf die Geschlechterfrage. Sieht man von den russischen Medizinerinnen ab, die man ja nach ihrem Studienende sofort wieder loswurde, zeichneten sich weder die Alma Mater Bernensis noch ihre theologischen Fakultäten durch besonders frauenförderndes Verhalten aus, diesbezüglich wacker sekundiert von den landeskirchlichen Autoritäten.

9. Einen beachtenswerten Weg legte die Christkatholisch-theologische Fakultät zurück. Hochgemut gestartet, musste sie sich bald damit abfinden, dass die sie tragende Kirche nicht in der Lage war, den römischen Katholizismus aus den Angeln zu heben. Es gelang ihr aber dank hervorragender Persönlichkeiten in Fakultät und Kirche wie Bischof Eduard Herzog, sich nicht nur sachte aus der allzu innigen Umarmung durch den liberalen Staat zu lösen, sondern auch unter Wahrung ihrer

in die Spätantike reichenden Wurzeln eine theologische Neuorientierung zustande zu bringen. Gleichzeitig vermochte sie sich als Zentrum einer von ihr tatkräftig geförderten ökumenischen Bewegung romfreier Kirchen zu etablieren und damit eine Bedeutung zu erlangen, die weit über ihre zahlenmässige Beschränktheit in der Schweiz hinausreicht. Dass dies im politischen Kontext nicht erkannt wurde, ist zu bedauern.

Bibliografie

Algner, Caren (Hg.): Karl Barth – Eduard Thurneysen. Briefwechsel, Bd. III: 1930–1935, einschliesslich des Briefwechsels zwischen Charlotte von Kirschbaum und Eduard Thurneysen (Karl Barth Gesamtausgabe, Bd. 34), Zürich 2000.

Altermatt, Urs (Hg.): Die Schweizer Bundesräte. Ein biographisches Lexikon, Zürich 1991.

Arber, Catherine: Frontismus und Nationalsozialismus in der Stadt Bern. Viel Lärm, aber wenig Erfolg, in: Berner Zeitschrift für Geschichte und Heimatkunde 65/1 (2003), S. 3–62.

Arx, Urs von: Berns kleinste Fakultät feiert, in: Unipress Bern 103 (1999), S. 27–29.

— : Das Ende der Fakultät als ihre Rettung?, in: Christkatholisches Kirchenblatt 123 (2000), S. 225, 236, 240.

— : Ein Porträt der christkatholischen Lehranstalt der Universität Bern, in: Günter Esser / Matthias Ring (Hg.): Zwischen Freiheit und Gebundenheit. Festschrift zum 100jährigen Bestehen des Alt-Katholischen Seminars der Universität Bonn (1902–2002) (Geschichte und Theologie des Alt-Katholizismus, Reihe B: Darstellungen und Studien, Bd. 1), Bonn 2002, S. 209–237.

— : Bischof Nikolaj Velimirović (1880–1956) und seine Berner Zeit im Rahmen der christkatholisch-serbisch-orthodoxen Beziehungen, in: Internationale kirchliche Zeitschrift 95 (2005), S. 1–33.

— : Walter Frei, in: HLS 4 (2005), S. 713.

— : Arnold Gilg, in: HLS 5 (2006), S. 406.

— : Otto Gilg, in: HLS 5 (2006), S. 406.

— : Eugène Michaud, in: HLS 8 (2009), S. 560.

Bächtiger, Franz / Holl, Hanns Peter: Zwei Karikaturen aus dem Jahre 1850, in: Hanns Peter Holl / J. Harald Wäber (Hg.): «… zu schreien in die Zeit hinein …». Beiträge zu Jeremias Gotthelf / Albert Bitzius (1797–1854) (Schriften der Burgerbibliothek Bern), Bern 1997, S. 61–80.

Baeriswyl, Armand: Das ehemalige Franziskanerkloster als Ort der höheren Bildung, in: André Holenstein u. a. (Hg.): Berns mächtige Zeit. Das 16. und 17. Jahrhundert neu entdeckt (Berner Zeiten, Bd. 3), Bern 2006, S. 277–280.

Balsiger, Max Ulrich: Martin Werner, in: HLS 13 (2014), S. 411.

Barth, Heinrich / Barth, Karl / Bietenhard, Hans (Hg.): «Das Wort sie sollen lassen stahn». Festschrift für D. Albert Schädelin, Bern 1950.

Barth, Karl: Gegenrede betreffend Militärflugzeuge, in: Der freie Schweizer Arbeiter. Wochenblatt für Sozialgesinnte aller Stände 24/6 (1913), S. 1–2.

— : Der Christ in der Gesellschaft, in: Karl Barth: Das Wort Gottes und die Theologie, Würzburg 1920, S. 57–58.

— : Autobiographische Skizzen, aus den Fakultätsalben der Ev.-Theol. Fakultät in Münster (1927) und der Ev.-Theol. Fakultät in Bonn (1935 und 1946), in: Bernd Jaspert (Hg.): Karl Barth – Rudolf Bultmann. Briefwechsel 1922–1966 (Karl Barth Gesamtausgabe, Bd. 1), Zürich 1971, S. 301–310.

— : Die kirchlichen Zustände in der Schweiz, 1922, in: Holger Finze (Hg.): Vorträge und kleinere Arbeiten 1922–1925 (Karl Barth Gesamtausgabe, Bd. 19), Zürich 1990, S. 14–38.

— : Sunt certi denique fines. Eine Mitteilung, 1924, in: Holger Finze (Hg.): Vorträge und kleinere Arbeiten 1922–1925 (Karl Barth Gesamtausgabe, Bd. 19), Zürich 1990, S. 490–499.

Bärtschi, Christian: Friedrich Fritz Eymann, biographien.kulturimpuls.org/detail.php?&id=427 (29.3.2020).

Bärtschi, Christian / Müller, Otto: Menschenbild und Menschenbildung. Friedrich Eymann. Bahnbrecher der anthroposophischen Pädagogik in der Staatsschule, Bern 1987.

Beintker, Michael: Karl Barth, in: Gregor Maria Hoff / Ulrich H. J. Körtner (Hg.): Arbeitsbuch Theologiegeschichte. Diskurse. Akteure. Wissensformen, Bd. 2: 16. Jahrhundert bis zur Gegenwart, Stuttgart 2013, S. 249–265.

Berlis, Angela: «Wir wollen das Gute für unser Geschlecht». Luise Lenz-Heymann und ihr verborgenes Engagement für den ADF, in: Stadt Leipzig, Referat für Gleichstellung von Frau und Mann (Hg.): Frauenaufbruch in die Moderne, Leipzig 2006, 56–67.

Berlis, Angela / Leimgruber, Stephan / Sallmann, Martin (Hg.): Aufbruch und Widerspruch. Schweizer Theologinnen und Theologen im 20. und 21. Jahrhundert, Zürich 2019.

Bierbrauer, Peter: Freiheit und Gemeinde im Berner Oberland 1300–1700 (Archiv des Historischen Vereins des Kantons Bern, Bd. 74), Bern 1991.

Bietenhard, Hans: Das tausendjährige Reich. Eine biblisch-theologische Studie, Bern 1944 ([2]1955).

— : Die himmlische Welt im Urchristentum und Spätjudentum, Tübingen 1951.

Bietenhard, Benedikt / Grädel, Christoph (Hg.): 150 Jahre Freies Gymnasium Bern. Das Jubiläumsbuch, Bern 2009.

Bischof, Franz Xaver: Josef Anton Henne, in: HLS 6 (2007), S. 279–280.

— : Kulturkampf, in: HLS, Version vom 6.11.2008.

Blaser, Klauspeter: Karl Barth, in: HLS 1 (2002), S. 734–735.

Bloch, René: Ein langer Weg. Die Geschichte der Judaistik an der Universität Bern, in: René Bloch / Jacques Picard (Hg.): Wie über Wolken. Jüdische Lebens- und Denkwelten in Stadt und Region Bern. 1200–2000 (Beiträge zur Geschichte und Kultur der Juden in der Schweiz, Bd. 16), Zürich 2014, S. 487–498.

Blösch, Emil: Studer, Gottlieb Ludwig, in: Allgemeine Deutsche Biographie, Bd. 36 (1893), S. 734–735.

Braun-Bucher, Barbara: Die Hohen Schulen, in: André Holenstein u. a. (Hg.): Berns mächtige Zeit. Das 16. und 17. Jahrhundert neu entdeckt (Berner Zeiten, Bd. 3), Bern 2006, S. 274–280.

— : Die Lateinischen und Hohen Schulen, in: André Holenstein u. a. (Hg.): Berns goldene Zeit. Das 18. Jahrhundert neu entdeckt (Berner Zeiten, Bd. 4), Bern 2008, S. 272–276.

Bundesamt für Statistik (Hg.): Statistisches Jahrbuch der Schweiz, Zürich seit 1891.

Busch, Eberhard (Hg.): Karl Barth – Emil Brunner. Briefwechsel 1916–1966 (Karl Barth Gesamtausgabe, Bd. 33), Zürich 2000.

— : Karl Barths Lebenslauf. Nach seinen Briefen und autobiografischen Texten, Zürich 2005.

— : Meine Zeit mit Karl Barth. Tagebuch 1965–1968, Göttingen 2011.

Busch, Eberhard / Schenk, Barbara (Hg.): Die Akte Karl Barth. Zensur und Überwachung im Namen der Schweizer Neutralität 1938–1945, Zürich 2008.

Capitani, François de: Musik in Bern. Musik, Musiker, Musikerinnen und Publikum in der Stadt Bern vom Mittelalter bis heute (Archiv des Historischen Vereins des Kantons Bern, Bd. 76), Bern 1993.

— : Johann Jakob Mendel, in: HLS 8 (2009), S. 451.

Christophersen, Alf: Siegfried, Theodor, in: Neue Deutsche Biographie, Bd. 24 (2010), S. 352–353, www.deutsche-biographie.de/pnd117364363.html#ndbcontent (29.3.2020).

Comité pour une nouvelle Histoire de la Suisse (Hg.): Geschichte der Schweiz und der Schweizer, Basel/Frankfurt a. M. 1983.

Cooper, James F.: Lederstrumpf, Teil 5: Die Prärie, Wien 1971.

Coreth, Emerich: Die Theologische Fakultät Innsbruck. Ihre Geschichte und wissenschaftliche Arbeit von den Anfängen bis zur Gegenwart (Veröffentlichungen der Universität Innsbruck, Bd. 212), Innsbruck 1995.

Dellsperger, Rudolf: Berns Evangelische Gesellschaft und die akademische Theologie. Beobachtungen zu einem Stück unbewältigter Vergangenheit, in: Rudolf Dellsperger / Markus Nägeli / Rudolf Ramser: Auf Dein Wort. Beiträge zur Geschichte und Theologie der Evangelischen Gesellschaft des Kantons Bern im 19. Jahrhundert, Bern 1982, S. 155–221.

— : Staat, Kirche und Politik im Kanton Bern von der Reformation bis in die Mitte des 20. Jahrhunderts, in: Felix Hafner u. a. (Hg.): Kirche – Gewissen des Staates? Gesamtbericht einer von der Direktion des Kirchenwesens des Kantons Bern beauftragten Expertengruppe über das Verhältnis von Kirche und Politik, Bern 1991, S. 117–183.

— : Emil Blösch, in: HLS 2 (2003), S. 500–501.

— : Religion, Kirche und Staat, in: Peter Martig u. a. (Hg.): Berns moderne Zeit. Das 19. und 20. Jahrhundert neu entdeckt, Bern 2011, S. 456–463. Dort S. 458–460 zum Kulturkampf.

— : Bernhard Karl Wyss, in: HLS 13 (2014), S. 615.

Dietrich, Walter / George, Martin / Luz, Ulrich (Hg.): Antijudaismus – christliche Erblast, Stuttgart 1999.

Ducommun, Elie: Albert Schaffter et la Société de Géographie de Berne, in: Jahresbericht der Geographischen Gesellschaft von Bern, Bd. 16 (1897), Bern 1898, S. 59–63.

Dumermuth, Gotthold: Dein Reich komme. Jahrzehntbericht über die Evangelisch-Reformierte Kirche des Kantons Bern 1941–1950, Bern 1951.

Dürrenmatt, Friedrich: Stoffe I–III, Zürich [2]1983.

Eidgenössisches Justiz- und Polizeidepartement EJPD (Hg.): Fürsorgerische Zwangsmassnahmen und Fremdplatzierungen in der Schweiz vor 1981, www.fuersorgerischezwangsmassnahmen.ch/pdf/RT_Bericht_Vorschlaege_de.pdf (29.3.2020).

Elliger, Walter: 150 Jahre Theologische Fakultät Berlin. Eine Darstellung ihrer Geschichte von 1810 bis 1960 als Beitrag zu ihrem Jubiläum, Berlin 1960.

Erler, Rolf-Joachim (Hg.): Karl Barth – Charlotte von Kirschbaum. Briefwechsel, Bd. I: 1925–1935 (Karl Barth Gesamtausgabe, Bd. 45), Zürich 2008.

Fasel, Urs: Walther Munzinger, in: HLS 8 (2009), S. 869.

Feldmann, Markus: Tagebuch 1923–1958. Bearbeitet von Peter Moser, Bd. 1–6, hg. von der Schweizerischen Gesellschaft für Geschichte, Basel 2001–2002.

Feller, Richard: Die Universität Bern 1834–1934. Dargestellt im Auftrag der Unterrichtsdirektion des Kantons Bern und des Senats der Universität Bern, Bern/Leipzig 1935.

— : Geschichte Berns, Bd. II: Von der Reformation bis zum Bauernkrieg 1516 bis 1653, Bern/Frankfurt a. M. [2]1974.

Fenner, Martin: Politische Entwicklungslinien seit dem Ersten Weltkrieg, in: Peter Martig u. a. (Hg.): Berns moderne Zeit. Das 19. und 20. Jahrhundert neu entdeckt (Berner Zeiten, Bd. 5), Bern 2011, S. 45–50.

Ficker Stähelin, Daniel: Karl Barth und Markus Feldmann im Berner Kirchenstreit 1949–1951, Zürich 2006.

Fischer, Hermann: Protestantische Theologie im 20. Jahrhundert, Stuttgart 2002.

Galle, Sara / Meier, Thomas: Von Menschen und Akten. Die Aktion «Kinder der Landstrasse» der Stiftung Pro Juventute, Zürich 2009.

Gebhard, Rudolf: Umstrittene Bekenntnisfreiheit. Der Apostolikumsstreit in den Reformierten Kirchen der Deutschschweiz im 19. Jahrhundert, Zürich 2003.

Geiser, Karl: Die Bestrebungen zur Gründung einer eidgenössischen Hochschule 1758–1874, Bern 1890.

Gerson, Daniel: Nach 1848 – Traditionen und Erneuerungen, in: René Bloch / Jacques Picard (Hg.): Wie über Wolken. Jüdische Lebens- und Denkwelten in Stadt und Region Bern, 1200–2000 (Beiträge zur Geschichte und Kultur der Juden in der Schweiz, Bd. 16), Zürich 2014, S. 419–456.

Ghibellini, Rosino: Handbuch der Theologie im 20. Jahrhundert (Orig.: La teologia del XX secolo, Brescia 1992), übersetzt von Peter-Felix Ruelius, Regensburg 1995.

Gilg, Otto: Einiges aus der Geschichte unserer Christkatholisch-theologischen Fakultät, in: Christkatholisches Kirchenblatt 85 (1962), S. 26–27.

Gilg, Peter / Hablützel, Peter: Beschleunigter Wandel und neue Krisen seit 1945, in: Comité pour une nouvelle Histoire de la Suisse (Hg.): Geschichte der Schweiz und der Schweizer, Basel/Frankfurt a. M. 1983.

Göbell, Walter: Geschichte der Theologischen Fakultät der Christian-Albrechts-Universität zu Kiel (Geschichte der Christian-Albrechts-Universität Kiel 1665–1965, Bd. 2), Kiel 1988.

Gössner, Andreas: Die Theologische Fakultät der Universität Leipzig. Personen, Profile und Perspektiven aus sechs Jahrhunderten Fakultätsgeschichte (Beiträge zur Leipziger Universitäts- und Wissenschaftsgeschichte, Bd. 2), Leipzig 2005.

Graf, Christoph: Rechtskonservatismus und rechtsextreme Erneuerungsbewegungen, in: Peter Martig u. a. (Hg.): Berns moderne Zeit. Das 19. und 20. Jahrhundert neu entdeckt (Berner Zeiten, Bd. 5), Bern 2011, S. 33–39.

Graf, Fritz: 100 Jahre Freies Gymnasium 1859–1959, Bern 1959.

Graf Kielmansegg, Peter: Das geteilte Land. Deutschland 1945–1990 (Siedler Deutsche Geschichte, Bd. 4), München 2004.

Greyerz, O. von: Geschichte der Akademie in Bern, in: Gottfried Ludwig (Hg.): Berner Taschenbuch auf das Jahr 1871, 20. Jg., Bern 1871, S. 3–56.

Greyerz, Hans von: Nation und Geschichte im bernischen Denken. Vom Beitrag Berns zum schweizerischen Geschichts- und Nationalbewusstsein. Festschrift zur Gedenkfeier des 600. Jahrestages des Eintritts Berns in den ewigen Bund des Eidgenossen, Bern 1953.

—: Der Bundesstaat seit 1848, in: Hanno Helbling (Hg.), Handbuch der Schweizer Geschichte, Bd. 2, Zürich 1977, S. 1019–1246.

Greyerz, Karl von: Die bernische Landeskirche im Lichte des Evangeliums. Jahrzehntbericht über die Evangelisch-reformierte Kirche des Kantons Bern 1930–1940, Bern 1941.

Guggisberg, Kurt: Bernische Kirchengeschichte, Bern 1958.

—: Bernische Kirchenkunde, Bern 1968.

— : Martin Werners Werk im Spiegel seines Briefwechsels, in: Francesco Sciuto (Hg.): Weg und Werk Martin Werners. Studien und Erinnerungen, Bern/Stuttgart 1968, S. 9–14.

Haag, Friedrich: Die Sturm- und Drang-Periode der Bernischen Hochschule 1834–1854, Bern 1914.

Haller, Max: Das Judentum. Geschichtsschreibung, Prophetie und Gesetzgebung nach dem Exil (Prophetismus und Gesetzgebung des Alten Testaments im Zusammenhange der Geschichte Israels, Bd. 3), Göttingen [2]1925.

Hensmann-Esser, Anne (Hg.): «Abenteuer in Rom». Texte aus dem Nachlass Werner Küppers im Alt-Katholischen Seminar der Universität Bonn (Geschichte und Theologie des Alt-Katholizismus, Reihe A: Quellen, Bd. 3), Bonn 2017.

Herzog, Eduard: Ueber Religionsfreiheit in der helvetischen Republik mit besonderer Berücksichtigung der kirchlichen Verhältnisse in den deutschen Kantonen. Studien zur Rektoratsrede anlässlich des Stiftungsfestes der Berner Hochschule den 15. November 1884 (Berner Rektoratsreden), Bern 1884.

Herzog, Walter: Die katholisch-theologische Fakultät an der Universität Bern, in: Internationale Kirchliche Zeitschrift 4 (1919), S. 295–333.

Historisch-Biographisches Lexikon der Schweiz (HBLS), Bd. 1–8, hg. von Heinrich Türler / Victor Attinger / Marcel Godet, Neuenburg 1921–1934.

Holenstein, André u. a. (Hg.): Berns goldene Zeit. Das 18. Jahrhundert neu entdeckt (Berner Zeiten, Bd. 4), Bern 2008.

Humbel, Werner: Der Kirchenkonflikt oder «Kulturkampf» im Berner Jura 1873–1878 unter besonderer Berücksichtigung des Verhältnisses zwischen Staat und Kirche seit der Vereinigungsurkunde von 1815 (Zürcher Beiträge zur Geisteswissenschaft, Arbeiten aus dem Zürcher Seminar der Universität Zürich, Bd. 59), Bern 1981.

Hurni, Peter: Der lange Weg zur Einweihung in: Stelle für Öffentlichkeitsarbeit der Universität Bern (Hsg): Hundert Jahre Hauptgebäude der Universität Bern, Bern 2003, S. 9–12.

Im Hof, Ulrich: Hohe Schule – Akademie – Universität. 1528 – 1805 – 1834 – 1984, in: Kommission für bernische Hochschulgeschichte (Hg.): Hochschulgeschichte Berns 1528–1984. Zur 150-Jahr-Feier der Universität Bern 1984, Bern 1984, S. 23–127.

Junker, Beat: 1834. Bern zur Zeit der Universitätsgründung. Ereignisse und Gestalten, in: Hermann Ringeling / Maja Svilar: Die Universität Bern – Geschichte und Entwicklung. Referate einer Vorlesungsreihe des Collegium generale der Universität Bern 1984 (Berner Universitätsschriften, Bd. 32), Bern 1984, S. 41–52.

— Geschichte des Kantons Bern seit 1798, Bd. 1–3, Bern 1982–1996.

Kanton Bern (Hg.), Sammlung der staatlichen Gesetze, Dekrete und Verordnungen betreffend das Kirchenwesen im Kanton Bern, Bern 1877.

Kasser, Werner: Erinnerungen an Martin Werner, in: Francesco Sciuto (Hg.): Weg und Werk Martin Werners. Studien und Erinnerungen, Bern/Stuttgart 1968, S. 87–92.

Kästli, Tobias: Das Forum Politicum und die Affäre Holz. Ein Beitrag zur Geschichte der 68er Bewegung an der Universität Bern, in: Berner Zeitschrift für Geschichte 2/2016, S. 3–42.

Keller, Gottfried: Die Leute von Seldwyla / Gedichte (Ausgewählte Werke in vier Bänden, Bd. 1), Stuttgart/München 1990.

Kessler, Ewald: Werner Küppers, in: HLS 7 (2008), S. 516–517.

Knoch-Mund, Gaby / Picard, Jacques: Antisemitismus, in: HLS 1 (2002), S. 369–372.

Koch, Dieter (Hg.): Offene Briefe 1945–1968 (Karl Barth Gesamtausgabe, Bd. 15), Zürich 1984.

— : Offene Briefe 1909–1935 (Karl Barth Gesamtausgabe, Bd. 35), Zürich 2001.

Kocher, Hermann: Die Briefe des jungen Kutter an Adolf Schlatter (1883–1893), in: Zwingliana 17 (1988), S. 401–432, www.zwingliana.ch/index.php/zwa/article/view/594 (29.3.2020).

Kommission für bernische Hochschulgeschichte (Hg.): Hochschulgeschichte Berns 1528–1984. Zur 150-Jahr-Feier der Universität Bern 1984, Bern 1984.

— : Die Dozenten der bernischen Hochschule, Ergänzungsband zu: Hochschulgeschichte Berns 1528–1984, Bern 1984.

Kreis, Georg (Hg.): Die Geschichte der Schweiz, Basel 2014.

— : Viel Zukunft – erodierende Gemeinsamkeit. Die Entwicklung nach 1943, in: Georg Kreis (Hg.): Die Geschichte der Schweiz, Basel 2014, S. 549–605.

Kuhn, Thomas K.: Der junge Alois Emanuel Biedermann. Lebensweg und theologische Entwicklung bis zur «Freien Theologie» 1819–1844 (Beiträge zur Historischen Theologie, Bd. 98), Tübingen 1997.

— : Rudolf Liechtenhan, in: HLS 7 (2008), S. 830.

Küppers, Werner: Döllinger, Ignaz von, in: Neue Deutsche Biographie 4 (1959), S. 21–25, www.deutsche-biographie.de/sfz11503.html (15.4.2020).

Lang, Josef / Meier, Pirmin: Kulturkampf. Die Schweiz des 19. Jahrhunderts im Spiegel von heute, Baden 2016.

Leuenberger, Fritz: Die sieben Leuchter. Jahrzehntbericht über die Evangelisch-Reformierte Kirche des Kantons Bern 1951–1960, Bern 1962.

Lindt, Andreas: Karl Bernhard Hundeshagen und Bern. Ein deutscher Theologe in der Frühzeit der Berner Universität, in: Kommission für bernische Hochschulgeschichte (Hg.): Hochschulgeschichte Berns 1528–1984. Zur 150-Jahr-Feier der Universität Bern 1984, Bern 1984, S. 169–186.

Lindt-Loosli, Hanni: Von der «Hülfsarbeiterin» zur Pfarrerin. Die bernischen Theologinnen auf dem steinigen Weg zur beruflichen Gleichberechtigung (Schriftenreihe des Synodalrats des Evangelisch-reformierten Synodalverbandes Bern-Jura, Bd. 18), Bern/Stuttgart/Wien 2000.

Luck, Rätus: Josef Viktor Widmann, in: HLS 13 (2014), S. 442.

Ludi, Regula: Gertrud Kurz-Hohl, in: HLS 7 (2008), S. 520.

Ludwig, Gottfried: Die Theologische Arbeitsgemeinschaft des Kantons Bern, in: Heinrich Barth / Karl Barth / Hans Bietenhard (Hg.): «Das Wort sie sollen lassen stahn». Festschrift für D. Albert Schädelin, Bern 1950.

Lüthi, Urs: Der Mythos von der Weltverschwörung. Die Hetze der Schweizer Frontisten gegen Juden und Freimaurer – am Beispiel des Berner Prozesses um die «Protokolle der Weisen von Zion», Basel/Frankfurt a. M. 1992.

Maissen, Thomas: Geschichte der Schweiz, Baden 2010.

Marti, Kurt: Ein Topf voll Zeit 1928–1948, München 2008.

Marti, Paul: Das Leben Martin Werners, in: Francesco Sciuto (Hg.), Weg und Werk Martin Werners. Studien und Erinnerungen, Bern/Stuttgart 1968, S. 138–160.

Martig, Peter: Eduard Müller, in: Urs Altermatt (Hg.): Die Schweizer Bundesräte. Ein biographisches Lexikon, Zürich 1991, S. 269–274.

— : Nationalsozialistische Umtriebe, in: Peter Martig u. a. (Hg.): Berns moderne Zeit. Das 19. und 20. Jahrhundert neu entdeckt (Berner Zeiten, Bd. 5), Bern 2011, S. 37–39.

Mathys, Hans-Peter: Karl Marti (1855–1925), in: Theologische Zeitschrift 48 (1992), S. 356–368.

Mesmer, Beatrix: Die Berner und ihre Universität, in: Kommission für bernische Hochschulgeschichte (Hg.): Hochschulgeschichte Berns 1528–1984. Zur 150-Jahr-Feier der Universität Bern 1984, Bern 1984, S. 129–168.

— : Ausgeklammert – Eingeklammert. Frauen und Frauenorganisationen in der Schweiz des 19. Jahrhunderts, Basel 1988.

— : Staatsbürgerinnen ohne Stimmrecht. Die Politik der schweizerischen Frauenverbände 1914–1971, Zürich 2007.

Michaelis, Wilhelm: Adolf Schlatter und die evang.-theol. Fakultät Bern, in: Robert Friedli u. a. (Hg.), Aus Adolf Schlatters Berner Zeit. Zu seinem hundertsten Geburtstag, 16. August 1952, Bern 1952, S. 11–48.

— : Exegetisches zur Himmelfahrtspredigt. Zum Verhältnis von Ostern und Himmelfahrt, in: Kirchenblatt für die reformierte Schweiz 108 (1952), Nr. 6 (13. März), S. 82–85; Nr. 7 (27. März), S. 98–101; Nr. 8 (10. April), S. 114–119.

Mosse, George L.: Die Geschichte des Rassismus in Europa (Orig.: Toward the Final Solution. A History of European Racism, 1978), übersetzt von Elfriede Burau und Hans Günter Holl, Frankfurt 1990.

Müller, Eduard: Die Hochschule Bern in den Jahren 1834–1884. Festschrift zur fünfzigsten Jahresfeier ihrer Stiftung im Auftrage der hohen Erziehungsdirektion und des akademischen Senats, Bern 1884.

Müller-Graf, Thomas: Neuordnung des Theologiestudiums an der Universität Bern, in: Schweizerisches Jahrbuch für Kirchenrecht / Annuaire suisse de droit ecclésial 7 (2002), S. 69–84.

Münger, Hans Heinrich: Christian Maurer. 1913–1992. Zur Erinnerung, Bern 1992.

Nägeli, Markus: Kirche und Anthroposophen. Konflikt oder Dialog?, Bern/Stuttgart/Wien 2003.

Noirjean, François: Xavier Kohler (Übersetzung: Ernst Grell), in: HLS 7 (2008), S. 325.

Pfister, Rudolf: Kirchengeschichte der Schweiz, Bd. 1–3, Zürich 1964–1984.

Prahl, Hans-Werner: Sozialgeschichte des Hochschulwesens, München 1978.

Renggli, Hanspeter: Kurt Wolfgang Senn, in: HLS 11 (2012), S. 439.

Rexroth, Frank: Die Universität, in: Johannes Fried / Olaf Bader (Hg.), Die Welt des Mittelalters. Erinnerungsorte eines Jahrtausends, München 2011, S. 460–472.

Rieder, Katrin: Netzwerke des Konservatismus. Berner Burgergemeinde und Patriziat im 19. und 20. Jahrhundert, Zürich 2008.

Ring, Matthias: Eine neue Periode. Ein Beitrag zur Geschichte des Alt-Katholischen Seminars der Universität Bonn, in: Günter Esser / Matthias Ring (Hg.): Zwischen Freiheit und Gebundenheit. Festschrift zum 100jährigen Bestehen des Alt-Katholischen Seminars der Universität Bonn (1902–2002) (Geschichte und Theologie des Alt-Katholizismus, Reihe B: Darstellungen und Studien, Bd. 1), Bonn 2002, S. 112–177.

— : «Katholisch und deutsch». Die alt-katholische Kirche Deutschlands und der Nationalsozialismus (Geschichte und Theologie des Alt-Katholizismus, Reihe B: Darstellungen und Studien, Bd. 3), Bonn 2008.

Ritzmann-Blickenstorfer, Heiner (Hg.): Historische Statistik der Schweiz. Unter der Leitung von Hansjörg Siegenthaler, Zürich 1996.

Rogger, Franziska: Der Doktorhut im Besenschrank. Das abenteuerliche Leben der ersten Studentinnen – am Beispiel der Universität Bern, Bern (1999) ²2002.

—: Feministische Euphorie, Skandale und Nobelpreise, in: Stelle für Öffentlichkeitsarbeit der Universität Bern (Hg.): 100 Jahre Hauptgebäude Universität Bern, Bern 2003, S. 18–22.

—: Eine Statistik. Das Opfer der Bernerinnen und Berner für ihre Hochschule von 1903, in: Stelle für Öffentlichkeitsarbeit der Universität Bern (Hg.): 100 Jahre Hauptgebäude Universität Bern, Bern 2003, S. 23–25.

—: Die Berner Hochschule in ihrer Internationalität, in: Peter Martig u. a. (Hg.): Berns moderne Zeit. Das 19. und 20. Jahrhundert neu entdeckt (Berner Zeiten, Bd. 5), Bern 2011, S. 447–455.

—: Jüdische Lernende und Lehrende an der Berner Hochschule, 1848–1945, in: René Bloch / Jacques Picard (Hg.), Wie über Wolken. Jüdische Lebens- und Denkwelten in Stadt und Region Bern, 1200–2000 (Beiträge zur Geschichte und Kultur der Juden in der Schweiz, Bd. 16), Zürich 2014, S. 295–335.

Sallmann, Martin: Umstrittene Erweckung. Die Oxfordgruppe in der Schweiz (1932–1938), in: Theologische Zeitschrift 65/1 (2009), S. 1–21.

—: Die Oxfordgruppe beim Bundesrat und im Parlament in Bern (1935). Konvergenzen religiöser und politischer Überzeugungen bei Bundesrat Rudolf Minger und der Oxfordgruppe, in: Ulrich Gäbler / Martin Sallmann / Hans Schneider (Hg.): Schweizer Kirchengeschichte neu reflektiert. Festschrift für Rudolf Dellsperger zum 65. Geburtstag (Basler und Berner Studien zur historischen und systematischen Theologie, Bd. 73), Bern 2011, S. 307–338.

Schmid, Konrad: Die Theologische Fakultät der Universität Zürich. Ihre Geschichte von 1833 bis 2015 (Gelehrte Gesellschaft, Neujahrsblatt, Bd. 179), Zürich 2015.

Schmidt, Heinrich Richard: Niedere Schulen, in: André Holenstein u. a. (Hg.): Berns goldene Zeit. Das 18. Jahrhundert neu entdeckt (Berner Zeiten, Bd. 4), Bern 2008, S. 266–269.

Schwarz, Stephan: Nationalsozialistische Dozenten an Schweizer Universitäten (1933–1945), in: Schweizerische Zeitschrift für Geschichte 68/3 (2018), S. 502–525.

Schwinges, Rainer C.: Fremde Schlingel – Brave Leute. Deutsche Flüchtlinge im Bern des 19. Jahrhunderts, in: Peter Martig u. a. (Hg.): Berns moderne Zeit. Das 19. und 20. Jahrhundert neu entdeckt (Berner Zeiten, Bd. 5), Bern 2011, S. 54–57.

Selinger, Suzanne: Charlotte von Kirschbaum und Karl Barth. Eine biographische und theologiegeschichtliche Studie (Orig.: Charlotte von Kirschbaum and Karl Barth. A Study in Biografy and the History of Theology, Pennsylvania 1998), übersetzt von Reinhard Brenneke, Zürich 2004.

Staatskanzlei (Hg.): Kirche und Staat im Kanton Bern. Dokumente zur Orientierung des Grossen Rates als Beitrag zur Diskussion, Bern 1951.

Stadler, Judith Hélène: Marie Anneler-Beck und Hedwig Anneler, in: René Bloch / Jacques Picard (Hg.): Wie über Wolken. Jüdische Lebens- und Denkwelten in Stadt und Region Bern, 1200–2000 (Beiträge zur Geschichte und Kultur der Juden in der Schweiz, Bd. 16), Zürich 2014, S. 193–200.

Stadler, Peter: Der Kulturkampf in der Schweiz. Eidgenossenschaft und Katholische Kirche im europäischen Umkreis 1848–1888, Zürich 1996.

Stalder, Kurt: Die christkatholisch-theologische Fakultät. Ihr Selbstverständnis, in: Kommission für bernische Hochschulgeschichte (Hg.): Hochschulgeschichte Berns 1528–1984. Zur 150-Jahr-Feier der Universität Bern 1984, Bern 1984, S. 187–200.

Staubli, Thomas / Kaufmann, Yehezkel: Die Berner Jahre eines Genies, in: René Bloch / Jacques Picard (Hg.): Wie über Wolken. Jüdische Lebens- und Denkwelten in Stadt und Region Bern, 1200–2000 (Beiträge zur Geschichte und Kultur der Juden in der Schweiz, Bd. 16), Zürich 2014, S. 241–256.

Stelle für Öffentlichkeitsarbeit der Universität Bern: Prof. Dr. Annemarie Etter, Dr. Franziska Rogger (Hg.): Hundert Jahre Hauptgebäude Universität Bern, Bern 2003. Darin S. 9–12: Peter Hurni, Der lange Weg zur Einweihung.

Stettler, Peter: Albert Bitzius, in: HLS 2 (2003), S. 470.

— : Casimir Folletête, in: HLS 4 (2005), S. 594.

— : Albert Gobat, in: HLS 5 (2006), S. 505–506.

— : Simon Kohler, in: HLS 7 (2008), S. 324–325.

Strohmann, Dirk: Josef Victor Widmann, in: Andreas Kotte (Hg.): Theaterlexikon der Schweiz, Bd. 3, Zürich 2005, S. 2092–2093, http://tls.theaterwissenschaft.ch/wiki/Josef_Victor_Widmann (29.3.2020).

Stuber, Christine: Die Theologie zwischen Orthodoxie und Aufklärung, in: André Holenstein u. a. (Hg.): Berns goldene Zeit. Das 18. Jahrhundert neu entdeckt (Berner Zeiten, Bd. 4), Bern 2008, S. 247–251.

Studer, Brigitte: Die Geschichte des Frauenstimm- und -wahlrechts: Ein Misserfolgsnarrativ, in: Georg Kreis (Hg.): Die Geschichte der Schweiz, Basel 2014, S. 545–547.

Tanner, Jakob: Geschichte der Schweiz im 20. Jahrhundert, München 2015.

Thurneysen, Eduard (Hg.): Karl Barth – Eduard Thurneysen. Briefwechsel, Bd. II: 1921–1930 (Karl Barth Gesamtausgabe, Bd. 4), Zürich 1974.

Totti, Armida Luciana: Die Universität Bern 1930–1940, unter besonderer Berücksichtigung der Philosophisch-historischen Fakultät, Bern 1980.

Türler, Heinrich (Hg.): Neues Berner Taschenbuch auf das Jahr 1929, 34. Jg., Bern 1928.

Vischer, Lukas / Schenker, Lukas / Dellsperger, Rudolf: Ökumenische Kirchengeschichte der Schweiz, Freiburg/Basel 1994.

Werner, Martin: Anthroposophisches Christentum? Verfasst im Auftrag des Evangelisch-reformierten Synodalrates des Kantons Bern, Bern/Leipzig 1939.

— : Exegetisches zur Himmelfahrtspredigt, in: Schweizerische Theologische Umschau 22/4 (1952), S. 83–91.

Widmer, Max: Friedrich Eymann 1887–1954. Ein Leben im Geisteskampf des 20. Jahrhunderts, Ittigen (Selbstverlag) 1992.

Woker, Philipp: Promemoria über die Katholisch-theologische Fakultät in Bern, in: Protokoll über die Zehnte Session der National-Synode der Christkatholischen Kirche der Schweiz. Sitzung vom 5. Juni 1884, Basel 1884, S. 43–53.

Wolf, Walter: Heinrich Eugen Wechlin, in: HLS 13 (2014), S. 311.

Wolfes, Matthias: Paulus, Rudolf, in: Neue Deutsche Biographie, Bd. 20 (2001), S. 136, www.deutsche-biographie.de/pnd140119558.html#ndbcontent (29.3.2020).

Wyss, Ulrich: Helmut de Boor, in: Christoph König u. a. (Hg.): Wissenschaftsgeschichte der Germanistik in Porträts, Berlin/New York 2000, S. 180–189.

Zahnd, Urs Martin: Die Bildungsverhältnisse in den bernischen Ratsgeschlechtern im ausgehenden Mittelalter. Verbreitung, Charakter und Funktion der Bildung in der politischen Führungsschicht einer spätmittelalterlichen Stadt (Schriften der Burgerbibliothek Bern, Bd. 14), Bern 1979.

Zala, Sacha: Krisen, Konfrontation, Konsens, in: Georg Kreis (Hg.): Die Geschichte der Schweiz, Basel 2014, S. 491–539.

Zürcher, Christoph: Carl Schenk, in: HLS 11 (2012), S. 33–34.

Quellen

Staatsarchiv des Kantons Bern (StAB)

Tagblatt des Grossen Rates (1832–): AD.BE 18
Fakultätsprotokolle (FP) der Evangelisch-Theologischen Fakultät: BB 8.2.136 (1805–1923); BB 8.2.137 (1923–1962); BB 8.2.138 (1962–1975); BB 8.2.139 (1976–1978); BB 8.2.511 (1978–1982); BB 8.2.512 (1982–1986)
Rektoratsreden: P.B 301
Dozenten der Evangelisch-theologischen Fakultät: BB IIIb 525 Professoren und Dozenten A–L (1835–1935); BB IIIb 526 Professoren und Dozenten M–Z. Bewerbungen und Rückweiser (1836–1938)
Christkatholisch-theologische Fakultät: BB IIIb 530: Sammelbehälter
Evangelisch-theologische Fakultät: BB IIIb 524, 525, 526, 528: Sammelbehälter
Studenten: BB IIIb 1168 Band XII–1173 Band XVII
Protokolle des Regierungsrates: A II 1508 Band 1927; A II 1514 Band 1930; A II 1523 Band 1934; A II 1524 Band 1934; A II 1528 Band 1936; A II 1646 Band 1953; A 01.1.3 Band 1974
Protokolle des Synodalrats der Evangelisch-reformierten Kirche Bern-Jura-Solothurn: E 0 116; E 0 117
Vorlesungsverzeichnisse der Universität Bern: P.A 388–390
Jahresberichte der Universität Bern: P.B 301
Doktoranden: BB IIIb 1197–1200; BB 8.2.403–408; BB 05.10.2227, 2228, 2240, 2241
Ehrenpromotionen: BB IIIb 1015; BB 8.2.522; BB 05.10.2130
Unilink: P.C 405
Immatrikulierte Studenten: BB IIIb 1168 Band XII–1173 Band XVII

Archiv der Theologischen Fakultät Bern

Fakultätsprotokolle (FP c-kath) der Christkatholisch-theologischen Fakultät

Zeitungen

Der Bund, 12.11.1874, Schweizerische Nationalbibliothek, FRg 416, 9.1.1967
Intelligenzblatt für die Stadt Bern 1834–1922, http://intelligenzblatt.unibe.ch/olive/APA/Intelligenzblatt/#panel=home

Unpubliziert

Rütte, Andreas von: Ich schaue zurück. Erinnerungen aus meinem Leben. Geschrieben für meine Kinder, Typoskript, o. J., wahrscheinlich verfasst um 2006.

Rütte, Hans von: Es Hämpfeli Erinnerungen aus meinem Leben. Für meine Nachkommen, maschinenschriftliche Fassung von Sohn Andreas von Rütte, 2009.

Rütte, Hans von: 1892–1974. Biographische Aufzeichnungen 1921–1957. Aufgeschrieben um 1970 in Oberhofen und als Fortsetzung von «Es Hämpfeli Erinnerungen aus meinem Leben», vom Manuskript abgeschrieben von Andreas von Rütte, April 2009.

Bundesarchiv Deutschland

Angaben gemäss Auskunft des Bundesarchivs Berlin-Lichterfelde (Ines Müller) vom 4.7.2017 (Gesch.–Z.: R 3 2016/ A-283). Küppers hatte die Mitgliedsnummer 2666702 der NSDAP und die Nummer 331 354 des NSLB.

Bild- und Textnachweis

Bildnachweis

S. 18: Hohe Schule Ostflügel: Uniarchiv.
S. 20: Lateinschule: Uniarchiv.
S. 28: Johann Peter Romang: http://portraitarchiv.genealogie-zentral.ch/h_freedetail.php?sprache=en&hid=268095 (22.5.2020).
S. 41: Jeremias Gotthelf: https://de.wikipedia.org/wiki/Jeremias_Gotthelf#/media/Datei:JeremiasGotthelf.jpg (22.5.2020).
S. 55: Walther Munzinger: INTERFOTO/Alamy Stock Photo.
S. 57: Casimir Folletête: https://de.wikipedia.org/wiki/Casimir_Follet%C3%AAte#/media/Datei:2015 Le Noirmont-Folletete.jpg (22.5.2020).
S. 86: Nikolaj Velimirović: https://de.wikipedia.org/wiki/Nikolaj_Velimirovi%C4%87#/media/Datei:St._Nikolaj_Velimirovi%C4%87_as_a_student.jpg (22.5.2020).
S. 88: Hauptgebäude: www.unibe.ch/universitaet/portraet/geschichte/geschichte_und_architektur/hauptgebaeude_hochschulstrasse_4/index_ger.html (23.5.2020).
S. 113: Theologischer Hörsaal: Marti, Hugo: Die Universität Bern, Küssnacht am Rigi 1932.
S. 118: Hans von Rütte: Privatbesitz.
S. 129: Anna Bachmann: Lindt-Loosli, Hanni: Von der «Hülfsarbeiterin» zur Pfarrerin. Die bernischen Theologinnen auf dem steinigen Weg zur beruflichen Gleichberechtigung (Schriftenreihe des Synodalrats des Evangelisch-reformierten Synodalverbandes Bern-Jura, Bd. 18), Bern/Stuttgart/Wien 2000, S. 18.
S. 155: Otto Gilg: www.polskokatolicki.pl/Ludzie_Kosciola/Szwajcaria/GilgO1a.jpg (22.5.2020).
S. 159: Karl Barth: Karl Barth-Archiv, Basel (KBA 9027.97).
S. 219: Kurt Marti: Kurt Marti-Stiftung, Bern.
S. 221: Andreas von Rütte: Privatbesitz.
S. 242: Dora Scheuner: Uniarchiv.
S. 263: Gebäude an der Erlachstrasse: Arx, Urs von: Die Fakultät wird 125 Jahre alt. Standorte der Christkatholisch-theologischen Fakultät. Die Professoren der Fakultät (Bilder), in: Christkatholisches Kirchenblatt 122 (1999), S. 334–339.
S. 272: Hanni Lindt-Loosli: Lindt-Loosli, Hanni: Von der «Hülfsarbeiterin» zur Pfarrerin. Die bernischen Theologinnen auf dem steinigen Weg zur beruflichen Gleichberechtigung (Schriftenreihe des Synodalrats des Evangelisch-reformierten Synodalverbandes Bern-Jura, Bd. 18), Bern/Stuttgart/Wien 2000, S. 96.
S. 274: Katharina Frey: Lindt-Loosli, Hanni: Von der «Hülfsarbeiterin» zur Pfarrerin. Die bernischen Theologinnen auf dem steinigen Weg zur beruflichen Gleichberechtigung (Schriftenreihe des Synodalrats des Evangelisch-reformierten Synodalverbandes Bern-Jura, Bd. 18), Bern/Stuttgart/Wien 2000, S. 87.
S. 281: Gesellschaftsstrasse: Uniarchiv.

S. 286: Sergius Golowin: https://lucys-magazin.com/sergius-golowin-der-magier-im-aaretal/#image (22.5.2020).

S. 287: Luzius Theiler: www.langenthalertagblatt.ch/region/bern/nachtraegliche-beschwerde gegen-formel-e-rennen-in-bern/story/31923182 (22.5.2020).

S. 294: Unitobler: www.unibe.ch/universitaet/portraet/geschichte/geschichte_und_architektur/unitobler/index_ger.html (23.5.2020).

S. 305: Christine Reents: www.nwzonline.de/sonntagswort/kinderbibeln-im-vergleich_a_1,0,2668478567.html (22.5.2020).

Textnachweis

S. 218–228: Die ausführlichen Textpassagen sind zitiert aus:

Kurt Marti, Ein Topf voll Zeit 1928–1948, München 2008, aus: Werkauswahl in fünf Bänden © 1998 Nagel & Kimche in der MG Medien-Verlags GmbH, Haar.

Andreas von Rütte: Ich schaue zurück. Erinnerungen aus meinem Leben. Geschrieben für meine Kinder, Typoskript, o. J., wahrscheinlich verfasst um 2006.

Personenregister

Anhang

Inhaltsverzeichnis

1. Die Professorinnen und Professoren der Evangelisch-theologischen Fakultät (Teil 1)

Sofern keine anderen Angaben gemacht werden, stützt sich diese Darstellung der Biografien der Professorinnen und Professoren auf das HLS sowie auf den Ergänzungsband «Die Dozenten der bernischen Hochschule» zur Hochschulgeschichte Bern 1528–1984. Generell übernimmt diese Darstellung die Angaben aus dem Ergänzungsband, Abweichungen zum HLS werden aber kenntlich gemacht.

Bei Professuren ab 1980 stammen die Informationen von den Websites der einzelnen Institute der Theologischen Fakultät Bern (vgl. www.unibe.ch/fakultaeteninstitute/index_ger.html, 17.4.2020).

Die Prosopografie umfasst die Professorenschaft der Jahre 1834–2017. Der Aufbau der Prosopografie orientiert sich an den drei von den Autoren gewählten Zeitabschnitten 1834–1913, 1918–1970 und nach 1970 (dies erklärt die kleiner werdende Zahl der Einträge zum Ende jedes Zeitabschnitts). Der wissenschaftliche Fortschritt hat – in allen Wissenschaften – zur Folge, dass sich Forschung und Lehre ständig ausdifferenzieren. Was vor 100 Jahren von einem Professor zu unterrichten war, wird heute unter Umständen auf mehrere Lehrstühle verteilt. Dies führt dazu, dass die vorliegende Prosopografie von einer zeitgenössischen Organisation der Lehrstühle auszugehen hat. Dementsprechend ist es nicht zu vermeiden, dass in den früheren Phasen der Fakultätsentwicklung dieselbe Professorengestalt verschiedenen Lehrbereichen zuzuordnen ist.

Aus Gründen der Übersichtlichkeit wurde die Darstellung der Biografien der Professorinnen und Professoren der Evangelisch-theologischen Fakultät in zwei Teile unterteilt.

Altes Testament	Neues Testament	Praktische Theologie	Neuere Kirchengeschichte/ Theologiegeschichte	Systematische Theologie (Dogmatik) und Philosophiegeschichte
 [1]		 [2]	 [3]	
Johann Ludwig Samuel Lutz (2.10.1785–21.9.1844)	Johann Ludwig Samuel Lutz (2.10.1785–21.9.1844)	August(e) Schaffter (getauft 20.7.1788–14.8.1861)	Matthias Schneckenburger (17.1.1804–13.6.1848) Deutscher	Matthias Schneckenburger (17.1.1804–13.6.1848) Deutscher
1833 oP (Akademie) Bibelexegese 1834–1844 oP Exegese des Alten und Neuen Testaments	1833 oP (Akademie) Bibelexegese 1834–1844 oP Exegese des Alten und Neuen Testaments	1819–1834 Dozent (Akademie) Theologie in französischer Sprache 1834–1859 aoP Praktische Theologie in französischer Sprache	1833–1834 oP (Akademie) Didaktische Theologie 1834–1848 oP Systematische Theologie, Kirchengeschichte, Dogmatik, Symbolik, Neutestamentliche Exegese, kirchliche Statistik, Zeitgeschichte des Neuen Testaments, Religionsphilosophie, Apologetik, Patristik	1833–1834 oP (Akademie) Didaktische Theologie 1834–1848 oP Systematische Theologie, Kirchengeschichte, Dogmatik, Symbolik, Neutestamentliche Exegese, kirchliche Statistik, Zeitgeschichte des Neuen Testaments, Religionsphilosophie, Apologetik, Patristik
1835 Dr. h. c. Basel 1834–1838 Dekan	1835 Dr. h. c. Basel 1834–1838 Dekan	Vater von oP Albert Schaffter	Dr. phil. Tübingen 1838–1842 Dekan 1838/39 Rektor	Dr. phil. Tübingen 1838–1842 Dekan 1838/39 Rektor
1818 entgegen dem Wunsch der Studenten nicht zum Professor gewählt	1818 entgegen dem Wunsch der Studenten nicht zum Professor gewählt			

Altes Testament	Neues Testament	Praktische Theologie	Neuere Kirchengeschichte/ Theologiegeschichte	Systematische Theologie (Dogmatik) und Philosophiegeschichte
 4	 5	 6		 7
Gottlieb Studer (18.1.1801–11.10.1889) (Todestag laut HLS: 12.10.1889)	Karl Bernhard Hundeshagen (30.1.1810–2.6.1872) Deutscher	Ferdinand Friedrich Zyro (24.10.1802–4.5.1874) (Todestag laut HLS: 10.5.1874)	Karl Bernhard Hundeshagen (30.1.1810–2.6.1872) Deutscher	Ernst Friedrich Gelpke (8.4.1807–1.9.1871) Deutscher (1837 eingebürgert)
1829–1834 oP (Akademie) Altertumskunde 1835–1850 PD Alttestamenta- rische Exegese 1850–1856 aoP 1856–1878 oP	1834–1845 aoP Exegese und Kirchengeschichte 1845–1847 oP Ab1847 oP in Heidelberg	1834 aoP Praktische Theologie, Katechetik, Homiletik 1835–1844 oP 1844–1847 Prov. Lehrauftrag 1867–1872 PD	1834–1845 aoP Exegese und Kirchengeschichte 1845–1847 oP Ab1847 oP in Heidelberg	1834–1847 aoP Systematische Theologie, Neues Testament, Kirchengeschichte 1847–1871 oP Kirchen- geschichte
1844 Dr. phil. Bern 1864 Dr. theol. h. c. Bern 1878 HonP i. R. 1854–1858, 1866–1869 Dekan 1854/55, 1864/65 Rektor	1842–1846 Dekan 1841/42 Rektor		1842–1846 Dekan 1841/42 Rektor	Dr. theol. h. c. Zürich 1846–1850, 1863–1866 Dekan 1851/52, 1860/61 Rektor
1834 bei der Neubesetzung der theologischen Fakultät nicht mehr zum Professor gewählt Schwiegervater von Emil Blösch				

Altes Testament	Neues Testament	Praktische Theologie	Neuere Kirchengeschichte/ Theologiegeschichte	Systematische Theologie (Dogmatik) und Philosophiegeschichte
 [8]		 [9]		 [10]
Samuel Oettli (29.7.1846–23.9.1911)	Ernst Friedrich Gelpke (8.4.1807–1.9.1871) Deutscher (1837 eingebürgert)	Bernhard Karl Wyss (3.11.1793–5.7.1870)	Ernst Friedrich Gelpke (8.4.1807–1.9.1871) Deutscher (1837 eingebürgert)	Heinrich Albert Immer (10.8.1804–23.3.1884) (Vornamen laut HLS: Albert Heinrich)
1878–1880 aoP Alttestamentliche Exegese 1880–1895 oP Altes Testament Ab 1895 oP in Greifswald	1834–1847 aoP Systematische Theologie, Neues Testament, Kirchengeschichte 1847–1871 oP Kirchengeschichte	1827–1834 oP (Akademie) Praktische Theologie 1847–1863 oP Praktische Theologie	1834–1847 aoP Systematische Theologie, Neues Testament, Kirchengeschichte 1847–1871 oP Kirchengeschichte	1850–1855 aoP Systematische Theologie und Neutestamentliche Exegese 1855–1881 oP
1890 Dr. theol. h. c. Greifswald 1880–1883, 1890–1891 Dekan	Dr. theol. h. c. Zürich 1846–1850, 1863–1866 Dekan 1851/52, 1860/61 Rektor	1850–1854 Dekan 1848/49 Rektor	Dr. theol. h. c. Zürich 1846–1850, 1863–1866 Dekan 1851/52, 1860/61 Rektor	1860 Dr. theol. h. c. Basel, Dr. phil. h. c. Bern 1858–1863, 1878–1880 Dekan 1852/53 Rektor
		1834 Rücktritt aus politischen Gründen (Laut HLS wurde Wyss 1834 übergangen)		Vermittlungstheologe
		1847 anlässlich des Zellerhandels zum oP ernannt (Vertreter der positiven Richtung)		

Altes Testament	Neues Testament	Praktische Theologie	Neuere Kirchengeschichte/ Theologiegeschichte	Systematische Theologie (Dogmatik) und Philosophiegeschichte
11	12	13	14	15
Karl Marti (25.4.1855–22.4.1925)	Eduard Zeller (22.1.1814–19.3.1908) Deutscher	Albert Schaffter (1823–1897)	Friedrich Wilhelm Franz Nippold (15.9.1838–3.8.1918) Deutscher	Friedrich Ernst Langhans (2.5.1829–17.4.1879) (Todesjahr laut HLS: 1880)
1895–1925 oP Altes Testament (dazu: ab 1901 oP an der Phil.-hist. Fakultät für Semitische Sprachen)	1847–1849 aoP Neutestamentliche Exegese 1849 oP Ab 1849 oP in Marburg	1863–1865 aoP Theologie in französischer Sprache, französische Sprache und Literatur 1865–1873 aoP für französische Sprache und Literatur an der Phil.-hist. Fakultät 1873–1875 oP Romanische Sprachen und Literatur	1871–1884 oP Kirchengeschichte Ab 1884 oP in Jena	1865–1867 PD Systematische Theologie 1871 PD Dogmatik 1871–1876 aoP Religions- und Dogmengeschichte 1876–1879 oP Systematische Theologie und Dogmengeschichte
1925 Dr. phil. h. c. Bern, Dr. theol. h. c. Basel 1896–1898, 1904–1906, 1914–1916, 1920–1922 Dekan 1911/12 Dekan Phil.-hist. Fakultät 1911/12 Rektor	1836 Dr. phil. Tübingen	1849 Dr. phil. Bern 1875 HonP i. R.	1860 Dr. phil. Tübingen 1870 Dr. theol. h. c. Leiden 1874–1876 Dekan 1880/81 Rektor	Dr. theol. h. c. 1876–1878 Dekan
		Sohn von August(e) Schaffter	(Quelle: de.wikipedia.org, 17.4.2020)	Vorkämpfer der liberalen Theologie Bruder von oP Eduard Langhans

Altes Testament	Neues Testament	Praktische Theologie	Neuere Kirchengeschichte/ Theologiegeschichte	Systematische Theologie (Dogmatik) und Philosophiegeschichte
 [16]		 [17]	 [18]	 [19]
Max Haller (6.3.1879–10.1.1949)	Heinrich Albert Immer (10.8.1804–23.3.1884)	Eduard Müller (29.6.1820–25.1.1900)	Hermann Lüdemann (15.9.1842–12.10.1933) Deutscher	Eduard Langhans (20.4.1832–9.2.1891) (Todestag laut HLS: 9.1.1891)
1906–1921 PD Altes Testament 1921–1925 aoP Vergleichende Religionswissenschaft 1925–1949 oP Altes Testament	1850–1855 aoP Systematische Theologie und Neutestamentliche Exegese 1855–1881 oP	1859–1863 PD Praktische Theologie 1863–1900 oP	1884–1927 oP Kirchengeschichte, Systematische Theologie, Geschichte der Philosophie	1877–1880 PD Ethik und Pädagogik 1880–1891 oP Systematische Theologie
1918 Dr. theol. h. c. Giessen 1928–1930, 1936–1938, 1944–1946 Dekan 1934/35 Rektor	1860 Dr. theol. h. c. Basel, Dr. phil. h. c. Bern 1858–1863, 1878–1880 Dekan 1852/53 Rektor	1872 Dr. theol. h. c. Bern 1870–1872, 1889/90 Dekan 1868/69, 1876/77 Rektor	Dr. phil. h. c. Dr. theol. h. c. 1887–1889, 1894–1896, 1902–1904, 1912–1914 Dekan 1900/01 Rektor	1883 Dr. theol. h. c. Zürich 1883–1885 Dekan 1888/89 Rektor

Altes Testament	Neues Testament	Praktische Theologie	Neuere Kirchengeschichte/ Theologiegeschichte	Systematische Theologie (Dogmatik) und Philosophiegeschichte
	 20	21	 22	
	Karl Holsten (31.3.1825–26.1.1897) Deutscher	Gottlieb Joss (21.11.1845–29.7.1905)	Emil Blösch (11.1.1838–11.3.1900)	Hermann Lüdemann (15.9.1842–12.10.1933) Deutscher
	1869–1871 aoP Neutestamentliche Exegese und Zeitgeschichte 1871–1876 oP Ab 1876 oP in Heidelberg	1900–1905 oP Praktische Theologie	1885–1891 PD Schweizerische Kirchengeschichte und Reformationsgeschichte 1891–1900 aoP	1884–1927 oP Kirchengeschichte, Systematische Theologie, Geschichte der Philosophie
	1872–1874 Dekan 1872/73 Rektor		1875 Dr. phil. h. c. Zürich 1900 Dr. theol. h. c. Lausanne	Dr. phil. h. c. Dr. theol. h. c. 1887–1889, 1894–1896, 1902–1904, 1912–1914 Dekan 1900/01 Rektor
			Schwiegersohn von oP Gottlieb Studer	

Altes Testament	Neues Testament	Praktische Theologie	Neuere Kirchengeschichte/ Theologiegeschichte	Systematische Theologie (Dogmatik) und Philosophiegeschichte
	 [23]	 [24]	 [25]	
	Johann Rudolf Julius Steck (18.1.1842–30.11.1924)	Moritz Lauterburg (5.12.1862–31.8.1927)	Fritz Barth (25.10.1856–25.2.1912)	
	1881–1921 oP Neutestamentliche Exegese, Allgemeine und Vergleichende Religionsgeschichte	1898–1905 PD Praktische Theologie 1905–1927 oP	1889–1891 PD Neutestamentliche Exegese und Dogmengeschichte, Ältere und Mittlere Kirchengeschichte 1891–1895 aoP 1895–1912 oP (ab 1900 auch für Allgemeine Kirchengeschichte)	
		1909 Dr. theol. h. c. Genf	1903 Dr. theol. h. c. Halle	
	1885–1887, 1892–1894, 1900–1902, 1910–1912 Dekan 1896/97 Rektor	1908–1910, 1916–1918, 1922–1924 Dekan 1917/18 Rektor	1898–1900, 1906–1908 Dekan	
			Vater von Karl Barth	

Altes Testament	Neues Testament	Praktische Theologie	Neuere Kirchengeschichte/ Theologiegeschichte	Systematische Theologie (Dogmatik) und Philosophiegeschichte
	 [26]		 [27]	
	Adolf Schlatter (16.8.1852–19.5.1938) 1880–1888 PD Neutestamentliche Exegese und Dogmengeschichte 1888 aoP Ab 1888 oP in Greifswald 1932 Dr. phil. h. c. Berlin		Eduard Bähler (14.6.1870–26.5.1925) 1910–1912 PD Kirchengeschichte 1912–1925 aoP 1909 Dr. h. c. Lausanne (Ernennung laut HLS: 1911)	

Altes Testament	Neues Testament	Praktische Theologie	Neuere Kirchengeschichte/ Theologiegeschichte	Systematische Theologie (Dogmatik) und Philosophiegeschichte
	 28		 29	
	Friedrich Wilhelm Hadorn (28.1.1869–17.11.1929)		Heinrich Hoffmann (7.5.1874–12.10.1951) Deutscher	
	1900–1913 PD Neues Testament und Schweizerische Kirchen-geschichte 1913–1922 aoP 1922–1929 oP		1912–1944 oP Allgmeine Kirchengeschichte (ab 1926 zudem Dogmen-geschichte)	
	1909 Dr. h. c. Genf 1926–1928 Dekan		1903 Dr. phil. Leipzig Dr. theol. h. c. 1918–1920, 1924–1926, 1930–1932, 1938–1940 Dekan 1922/23 Rektor	
	1903–1922 Münsterpfarrer			

Altes Testament	Neues Testament	Praktische Theologie	Neuere Kirchengeschichte/ Theologiegeschichte	Systematische Theologie (Dogmatik) und Philosophiegeschichte
 [30]	 [31]	 [32]	 [33]	 [34]
Johann Jakob Stamm (11.9.1910–3.11.1993)	Karl Wilhelm Heinrich Michaelis (26.1.1896–19.2.1965) Deutscher	Karl Albert Schädelin (6.12.1879–18.12.1961)	Kurt Viktor Guggisberg (24.1.1907–20.12.1972)	Johannes Martin Werner (17.11.1887–23.3.1964)
1949–1950 aoP Alttestamentliche Wissenschaft und Religionsgeschichte 1950–1976 oP Alttestamentliche Wissenschaft und altorientalische Sprachen (dazu: 1960–1980 Lehrauftrag für altorientalische Sprachen an der Phil-hist. Fak.)	1930–1965 oP Neutestamentliche Wissenschaft	1928–1950 aoP Praktische Theologie 1931 Dr. theol. h. c. Zürich 1911–1952 Pfarrer im Berner Münster Vertreter der Dialektischen Theologie	1934–1944 PD Allgemeine und Schweizerische Kirchengeschichte 1944–1945 aoP Allgmeine Kirchengeschichte und Konfessionskunde 1945–1972 oP	1921–1928 PD Neutestamentliche Wissenschaft 1928–1958 oP Systematische Theologie (Dogmatik, Symbolik, Geschichte der protestantischen Theologie, Geschichte der Philosophie)
1939 Dr. phil. Leipzig 1940 Dr. theol. Basel 1952–1954, 1958–1960 Dekan	Dr. theol. h. c. Berlin 1934–1936, 1942–1944, 1954–1956, 1960–1962 Dekan		1934 Dr. theol. Bern 1960 Dr. theol. h. c. Basel 1948–1950, 1956–1958 Dekan 1954/55 Rektor	1945 Dr. theol. h. c. Chicago 1932–1934, 1940–1942, 1946–1948 Dekan 1943/44 Rektor

Altes Testament	Neues Testament	Praktische Theologie	Neuere Kirchengeschichte/ Theologiegeschichte	Systematische Theologie (Dogmatik) und Philosophiegeschichte
	 35	 36	 37	 38
	Robert Morgenthaler (11.3.1918–22.4.2010)	Theodor Werner Kasser (5.4.1892–20.9.1975)	Andreas Lindt (2.7.1920–9.10.1985)	Fritz Lienhard (7.10.1871–20.10.1945)
	1949–1962 PD Neues Testament 1962–1971 aoP	1928–1948 Lektor Pädagogik 1948–1962 aoP Praktische Theologie (Katechetik, Pastoraltheologie, Pädagogik, Jugendkunde, kirchliche Liebestätigkeit)	1963–1971 PD Kirchengeschichte der Reformation und der Neuze t 1971–1974 oP in Münster 1974–1985 oP Neuere Kirchengeschichte, Konfessionskunde, Theologiegeschichte	1923–1928 PD Systematische Theologie und Religionsphilosophie 1928–1941 aoP (ab 1930 zudem Kirchen- und Sektenkunde)
	1945 Dr. theol. Bern	1963 Dr. theol. h. c. Bern	1956 Dr. theol. Basel 1978–1980 Dekan	1919 Dr. phil. Bern

Altes Testament	Neues Testament	Praktische Theologie	Neuere Kirchengeschichte/ Theologiegeschichte	Systematische Theologie (Dogmatik) und Philosophiegeschichte
	 39	 40		 41
	Christian Heinrich Maurer (30.4.1913–15.4.1992) 1966–1978 oP Neutestamentliche Wissenschaft 1941 Dr. theol. Zürich 1970–1972 Dekan	Johannes Dürr (10.6.1904–14.10.1972) 1947–1951 PD Praktische Theologie mit besonderer Berücksichtigung der Missionswissenschaften 1951–1965 aoP 1965–1972 oP 1946 Dr. theol. Bern 1966–1968 Dekan		Gottfried Wilhelm Locher (29.4.1911–11.1.1996) 1958–1978 oP Systematische Theologie, Dogmengeschichte und Geschichte der Philosophie 1952 Dr. theol. Zürich Dr. theol. h. c. Basel und Debrecen 1964–1966 Dekan 1968/69 Rektor

Altes Testament	Neues Testament	Praktische Theologie	Neuere Kirchengeschichte/ Theologiegeschichte	Systematische Theologie (Dogmatik) und Philosophiegeschichte
				[42]
	Victor Hasler (2.8.1920–21.7.2003)	Victor Hasler (2.8.1920–21.7.2003)		Johann Friedrich Schär (6.7.1910–2.1.1967)
	1967–1968 PD Neutestamentliche Wissenschaft 1968–1989 aoP Pastoraltheologie, Neutestamentliche Wissenschaft und bibeltheologische Einführung	1967–1968 PD Neutestamentliche Wissenschaft 1968–1989 aoP Pastoraltheologie, Neutestamentliche Wissenschaft und bibeltheologische Einführung		1942–1953 PD Systematische Theologie mit besonderer Berücksichtigung der Religionspsychologie 1953–1960 aoP 1960–1967 oP Religionsgeschichte, Systematische Theologie, Pastoraltheologie, Psychologie und schweizerische Kirchengeschichte
	1952 Dr. theol. Zürich 1976/77 Dekan	1952 Dr. theol. Zürich 1976/77 Dekan		1940 Dr. theol. Bern 1962–1964 Dekan

Altes Testament	Neues Testament	Praktische Theologie	Neuere Kirchengeschichte/ Theologiegeschichte	Systematische Theologie (Dogmatik) und Philosophiegeschichte
				 [43] Ulrich Ernst Neuenschwander (4.7.1922–26.6.1977) 1949–1962 PD Systematische Theologie und Geschichte der Theologie 1962–1967 aoP 1967–1977 oP 1948 Dr. theol. Bern 1968–1969 Dekan Designierter Rektor 1977/78, stirbt vor Amtsantritt

Altes Testament	Neues Testament	Praktische Theologie	Neuere Kirchengeschichte/ Theologiegeschichte	Systematische Theologie (Dogmatik) und Philosophiegeschichte
 [44]	 [45]	 [46]	 [47]	 [48]
Martin Alfred Klopfenstein (20.8.1931–24.12.2016)	Ulrich Luz (23.2.1938–13.10.2019)	Klaus Albert Wegenast (8.12.1929–29.11.2006) Deutscher	Rudolf Dellsperger (30.9.1943–)	Christian Link (12.7.1938–) Deutscher
1971–1974 PD Alttestamentliche Wissenschaft 1974–1976 aoP 1976–1996 oP	1980–2003 oP Neues Testament	1972–1996 oP Katechetik	1969–1974 Assistent 1974–1986 Oberassistent-Lektor 1986–2007 oP Neuere Kirchengeschichte, Konfessionskunde und Theologiegeschichte	1979–1993 oP Systematische Theologie (Dogmatik) und Philosophiegeschichte Ab 1993 oP in Bochum
1962 Dr. theol. Bern 1980–1982 Dekan	1967 Dr. theol. Zürich Dr. theol. h. c.: Leipzig, Budapest, Sibiu, Lausanne, Prag, Nishinomiya, Uppsala, Cluj-Napoca, Fribourg, Debrecen und Träger der Burkitt Medal for Biblical Studies oft he British Academy 1986–1988 Dekan	1960 Dr. theol. Heidelberg 1974–1976 Dekan	1973 Dr. theol. Bern 1988–1990 Dekan	1970 Dr. theol. Heidelberg 1984–1986 Dekan
			1980–1984 Pfarrer in Burgdorf	(Quelle: www.theologie-naturwissenschaften.de/wir-ueber-uns/kooperationspartner/gespraechskreis-kiho-wuppertalbethel/christian-link.html (17.4.2020))

Altes Testament	Neues Testament	Praktische Theologie	Neuere Kirchengeschichte/ Theologiegeschichte	Systematische Theologie (Dogmatik) und Philosophiegeschichte
 49	 50	 51	 52	 53
Walter Dietrich (15.1.1944–) Deutscher	Samuel Vollenweider (15.9.1953–)	Theophil Erwin Müller (12.6.1929–12.12.2006)	Martin Sallmann (10.12.1963–)	Wolfgang Lienemann (8.11.1944–) Deutscher
1986–2009 oP Altes Testament 1971 Dr. theol. Münster 1998 Dr. theol. h. c. Klausenburg 2005 Dr. theol. h.c Helsinki 2009 Senator h. c. Sibiu 1990–1992 Dekan	1989–2000 oP Neues Testament Ab 2000 oP in Zürich 1983 Dr. theol. Zürich 1994–1996 Dekan (Quelle: www.theologie.uzh.ch/de/faecher/neues-testament/Lehrstuhl-Schwerpunkt-urchristliche-Literatur/Personen/Emeriti/Vollenweider.html, 17.4.2020)	1975–1994 oP Homiletik 1959 Dr. theol. Bern 1977/78 Dekan	2007–2014 aoP für Neuere Kirchengeschichte 2014– oP Neuere Geschichte des Christentums und Konfessionskunde 1997 Dr. theol. Basel 2012–2014 Dekan	1992–2010 oP für Ethik 1981 Dr. theol. Heidelberg 1996–1998 Dekan (Quelle: www.lienemann-perrin.ch/lienemann_wolfgang.html, 21.3.16)

Altes Testament	Neues Testament	Praktische Theologie	Neuere Kirchengeschichte/ Theologiegeschichte	Systematische Theologie (Dogmatik) und Philosophiegeschichte
 [54]	 [55]	 [56]		 [57]
Silvia Schroer (29.12.1958–) Röm.-kath. Theologin 1997– oP für Altes Testament und Biblische Umwelt 1986 Dr. theol. Fribourg 2010–2012 Dekanin Gründerin und Herausgeberin der ersten Internet-Zeitschrift für Feministische Exegese in Europa (lectio difficilior)	Matthias Konradt (4.7.1967–) Deutscher 2003–2009 oP Neues Testament Ab 2009 oP in Heidelberg 1996 Dr. theol. Heidelberg (Quelle: de.wikipedia.org, 22.4.2016)	Christoph Morgenthaler (23.12.1946–) 1972–1975 Assistent für Praktische Theologie bei Prof. Wegenast 1985–1990 aoP Seelsorge und Pastoralpsychologie 1990–2012 oP 1975 Dr. theol. Bern 1979 Dr. phil. Bern (Psychologie) 1992–1994 Dekan 1978–1985 Pfarrer Burgdorf		Johanna Christine Janowski (geb. Bärmann) (28.5.1945–) Deutsche 1994–2010 oP Systematische Theologie (Dogmatik und Philosophiegeschichte)

Altes Testament	Neues Testament	Praktische Theologie	Neuere Kirchengeschichte/ Theologiegeschichte	Systematische Theologie (Dogmatik) und Philosophiegeschichte
 58	 59	 60		 61
Andreas Wagner (1.7.1963–) Deutscher	Rainer Hirsch-Luipold (21.6.1967–) Deutscher	Christoph Müller (1944–)		Torsten Meireis (8.5.1964–) Deutscher
2009–2017 aoP Altes Testament 2017– oP	2011– oP Neues Testament	1995–2010 oP Homiletik, Liturgik und Kommunikationswissenschaften		2009–2016 aoP für Systematische Theologie/Ethik
1995 Dr. theol. Mainz	2001 Dr. theol. Heidelberg	1975 Dr. theol. 2000–2002 Dekan		1994 Dr. theol. Heidelberg
2016–2018 Dekan		1978–1988 Pfarrer in Thun 1988– Mentor der Radioprediger/-innen		(Quelle: www.theologie.hu-berlin.de/de/professuren/professuren/ethik/ueber-uns/lehrstuhl-ethik/torsten-meireis, 17.4.2020)

Altes Testament	Neues Testament	Praktische Theologie	Neuere Kirchengeschichte/ Theologiegeschichte	Systematische Theologie (Dogmatik) und Philosophiegeschichte
	 [62]	 [63]		 [64]
	Benjamin Schliesser (31.5.1977–) Deutscher 2016– aoP Neues Testament 2006 Dr. theol. Pasadena/ USA	Maurice Baumann (1947–) 1996–2012 oP Praktische Theologie mit den Schwerpunkten: Religionspädagogik, Katechetik und Bibelwissenschaften 1993 Dr. theol. Neuchâtel 2002–2004 Dekan 1977–1986 Pfarrer in St.-Imier (Quelle: www.philosophietage.ch/archiv/2013/teilnehmer, 17.4.2020)		Magdalene Frettlöh (11.11.1959–) Deutsche 1992–1995 Wissenschaftliche Assistentin am Lehrstuhl für Systematische Theologie/ Dogmatik 2011– oP Dogmatik 1997 Dr. theol. Bochum 1987–1992 Vikarin und Pastorin in Bielefeld

Altes Testament	Neues Testament	Praktische Theologie	Neuere Kirchengeschichte/ Theologiegeschichte	Systematische Theologie (Dogmatik) und Philosophiegeschichte
		 65 David Plüss (14.8.1964–) 2010– oP Homiletik, Liturgik und Kirchentheorie 2000 Dr. theol. Basel		

Altes Testament	Neues Testament	Praktische Theologie	Neuere Kirchengeschichte/ Theologiegeschichte	Systematische Theologie (Dogmatik) und Philosophiegeschichte
		 66 Stefan Huber (23.2.1960–) Deutscher 2012– aoP für Empirische Religionsforschung und Theorie der interreligiösen Kommunikation 2002 Dr. phil. Fribourg (Religionspsychologie)		

Altes Testament	Neues Testament	Praktische Theologie	Neuere Kirchengeschichte/ Theologiegeschichte	Systematische Theologie (Dogmatik) und Philosophiegeschichte
		 67 Isabelle Noth (1967–) 1999–2005 Assistentin am Lehrstuhl für Neuere Kirchengeschichte, Konfessionskunde und Neuere Theologiegeschichte 2012– aoP Seelsorge, Religionspsychologie und Religionspädagogik 2003 Dr. theol. Bern 1994–1998 Pfarrerin in Worb		

Bildnachweis:

1 Kommission Hochschulgeschichte, Dozenten, S. 37.
2 Original in Theol. Fakultät.
3 Kommission Hochschulgeschichte, Dozenten, S. 37.
4 Kommission Hochschulgeschichte, Dozenten, S. 37. S. 46.
5 Kommission Hochschulgeschichte, Hochschulgeschichte, S. 171.
6 Kommission Hochschulgeschichte, Hochschulgeschichte, S. 173.
7 Uniarchiv.
8 www.bibelarchiv-vegelahn.de/bibel_o.html#Oettli_Samuel (17.4.2020).
9 Uniarchiv.
10 Uniarchiv.
11 https://personenlexikon.bl.ch/Karl_Marti (17.4.2020)
12 Kommission Hochschulgeschichte, Hochschulgeschichte, S. 183.
13 www.e-periodica.ch/digbib/view?pid=jgb-002:1897:16#5 (17.4.2020).
14 https://de.wikipedia.org/wiki/Friedrich_Wilhelm_Franz_Nippold#/media/File: Friedrich-Nippold.jpg (17.4.2020).
15 Kommission Hochschulgeschichte, Dozenten, S. 46.
16 www.bibelarchiv-vegelahn.de/bibel_h.html#Haller_Max (17.4.2020)
17 Originalfoto in der Theol. Fakultät.
18 Kommission Hochschulgeschichte, Dozenten, S. 47.
19 Kommission Hochschulgeschichte, Dozenten, S. 47.
20 Uniarchiv.
21 Originalfoto in Theol. Fakultät.
22 http://katalog.burgerbib.ch/bild.aspx?VEID=229978&DEID=10&SQNZNR=1 (17.4.2020).
23 Uniarchiv.
24 Uniarchiv.
25 Karl Barth-Archiv Basel, Signatur: KBA 9158.2.
26 Kommission Hochschulgeschichte, Dozenten, S. 51.
27 www.e-periodica.ch/digbib/view?pid=btb-002:1925:31#218 (17.4.2020).
28 www.bibelarchiv-vegelahn.de/bibel/Hadorn_Wilhelm.jpg (17.4.2020)
29 Uniarchiv.
30 Privatarchiv.
31 www.bibelarchiv-vegelahn.de/bibel_m.html#Michaelis_Wilhelm (17.4.2020)
32 https://biblio.unibe.ch/digibern/jahrbuch_oberaargau/jahrbuch_oberaargau_2006.pdf#page=171 (17.4.2020)
33 Kommission Hochschulgeschichte, Dozenten, S. 48.
34 Kommission Hochschulgeschichte, Dozenten, S. 48.
35 Geissbühler, Nachruf Morgenthaler.
36 Originalfoto in Theol. Fakultät.
37 https://personenlexikon.bl.ch/Andreas_Lindt (17.4.2020)
38 Originalfoto in der Theol. Fakultät.
39 Münger, Christian Maurer.
40 Artikel in «Der Bund» vom 20.10.1972.
41 Uniarchiv.
42 Artikel in «Der Bund» vom 9.1.1967.
43 www.vandenhoeck-ruprecht-verlage.com/themen-entdecken/theologie-und-religion/systematische-theologie-religionsphilosophie/4726/gott-denken-angesichts-des-atheismus
44 file:///C:/Users/cm_bl/Downloads/Gemeindeseiten,%202004-02%20Februar%20(3).pdf (17.4.2020).
45 Privatarchiv.
46 Uniarchiv.
47 www.histtheol.unibe.ch/ueber_uns/personen/prof_em_dr_dellsperger_rudolf/index_ger.html (17.4.2020).
48 www.mensch-welt-gott.de/link-unsichtbarkeit-2194.php (17.4.2020).
49 www.altestestament.unibe.ch/ueber_uns/personen/prof_em_dr_dietrich_walter/index_ger.html (17.4.2020).
50 www.theologie.uzh.ch/de/faecher/neues-testament/Lehrstuhl-Schwerpunkt-urchristliche-Literatur/Personen/Emeriti/Vollenweider.html (17.4.2020).
51 Uniarchiv.
52 www.histtheol.unibe.ch/ueber_uns/personen/prof_dr_sallmann_martin/index_ger.html (17.4.2020)

53 www.systematischetheologie.unibe.ch/ueber_uns/emeriti/prof_em_dr_lienemann_wolfgang/index_ger.html (17.4.2020).

54 www.altestestament.unibe.ch/ueber_uns/personen/prof_dr_schroer_silvia/index_ger.html (17.4.2020).

55 bibelhaus-frankfurt.de/ausstellung/fremdeheimatbibel/sola-scriptura/4c21f7d426c18a3bb-d91ca455c16efd4.html?tx_ttnews%5BbackPid%5D=23&tx_ttnews%5BcalendarYear%5D=2019&tx_ttnews%5BcalendarMonth%5D=2 (22.4.16).

56 www.praktischetheologie.unibe.ch/ueber_uns/personen/prof_em_dr_morgenthaler_christoph/index_ger.html (17.4.2020).

57 www.systematischetheologie.unibe.ch/ueber_uns/emeriti/prof_em_dr_janowski_j_christine/index_ger.html (17.4.2020).

58 www.altestestament.unibe.ch/ueber_uns/personen/prof_dr_wagner_ma_andreas/index_ger.html (17.4.2020).

59 www.neuestestament.unibe.ch/ueber_uns/personen/prof_dr_hirsch_luipold_rainer/index_ger.html (17.4.2020).

60 www.praktischetheologie.unibe.ch/ueber_uns/personen/prof_em_dr_mueller_christoph/index_ger.html (17.4.2020).

61 www.theologie.hu-berlin.de/de/professuren/professuren/ethik/ueber-uns/lehrstuhl-ethik/torsten-meireis (17.4.2020).

62 www.neuestestament.unibe.ch/ueber_uns/personen/prof_dr_schliesser_benjamin/index_ger.html (17.4.2020).

63 www.buero-dlb.ch/de/archiv/koerper-geist-seele/theologe-maurice-baumann-und-die-weihnachts-braeuche (17.4.2020).

64 www.systematischetheologie.unibe.ch/ueber_uns/personen/prof_dr_frettloeh_magdalene_l/index_ger.html (17.4.2020).

65 www.praktischetheologie.unibe.ch/ueber_uns/personen/prof_dr_pluess_david/index_ger.html (17.4.2020).

66 www.praktischetheologie.unibe.ch/ueber_uns/personen/prof_dr_huber_stefan/index_ger.html (17.4.2020).

67 www.praktischetheologie.unibe.ch/ueber_uns/personen/prof_dr_noth_isabelle/index_ger.html (17.4.2020).

2. Die Professorinnen und Professoren der Evangelisch-theologischen Fakultät (Teil 2)

Bei Professuren ab 1980 stammen die Informationen von den Websites der einzelnen Institute der Theologischen Fakultät Bern (vgl. www.unibe.ch/fakultaeteninstitute/index_ger.html, 17.4.2020).

Ab 1992 wird die Religionsgeschichte durch die Religionswissenschaft ersetzt.

Ökumenische Theologie	Judaica	Ethik	Religionsgeschichte/ Religionswissenschaft	Ältere Kirchen- und Dogmengeschichte
	 [1]	 [2]		
	Hans Bietenhard (31.5.1916–5.9.2008)	Fritz Eymann (13.12.1887–2.9.1954)	Johann Friedrich Schär (6.7.1910–2.1.1967)	
	1947–1962 PD Neues Testament, Spätjudentum 1962–1986 aoP Intertestamentarisches und Spätjudentum und deren Verbindung zum Neuen Testament	1928–1944 aoP Ethik Verfechter der Anthroposophie 1946 Gründer der ersten Rudolf-Steiner-Schule in Bern	1942–1953 PD Systematische Theologie mit besonderer Berücksichtigung der Religionspsychologie 1953–1960 aoP 1960–1967 oP Religionsgeschichte, Systematische Theologie, Pastoraltheologie, Psychologie und schweizerische Kirchengeschichte	
	1944 Dr. theol. Basel		1940 Dr. theol. Bern 1962–1964 Dekan	

Ökumenische Theologie	Judaica	Ethik	Religionsgeschichte/ Religionswissenschaft	Ältere Kirchen- und Dogmengeschichte
		 3 Alfred de Quervain (28.9.1896–30.10.1968) 1944–1948 aoP Ethik 1948–1966 oP Ethik, Soziologie, Praktische Exegese, französische Theologie 1947 Dr. theol. h. c. Basel 1950/51 Dekan	 4 Ernst Zbinden (23.10.1923–15.4.2003) (Geburtstag laut www2.unil.ch/elitessuisses 28.10.1923) 1968–1991 aoP Religionsgeschichte 1953 Dr. theol. Zürich 1961 Dr. phil. Fribourg 1988 Dr. theol. h. c. Steigerhubel 1965–1988 Pfarrer der Friedenskirchgemeinde Bern (Quelle: www.frieden.refbern.ch/fileadmin/frieden/pdfs/Chronik/Teil_4_definitiv_Schlusskorrektur.pdf, 17.4.2020)	

Ökumenische Theologie	Judaica	Ethik	Religionsgeschichte/ Religionswissenschaft	Ältere Kirchen- und Dogmengeschichte
		 [5] Reinhard Friedrich Slenczka (16.2.1931–) Deutscher 1968–1969 oP Systematische Theologie (Ethik, Theologie der Ostkirche, Enzyklopädie und Praktische Exegese) Ab 1969 oP in Heidelberg 1960 Dr. theol. Heidelberg		

Ökumenische Theologie	Judaica	Ethik	Religionsgeschichte/ Religionswissenschaft	Ältere Kirchen- und Dogmengeschichte
 [6]	 [7]	 [8]	 [9]	 [10]
Lukas Vischer (23.11.1926–11.3.2008) 1980–1992 aoP 1953 Dr. theol. Basel Ehrendoktorate: 1969 Karls-Universität Prag 1977 Universität Fribourg 1995 Reformierte Theologische Universität Debrecen 2000 Reformierte Gáspár-Károli-Universität Budapest 2007 Universität Genf u. a. 1968 Mitbegründer der Erklärung von Bern; 1982–1989 Vorsitzender der Theologischen Abteilung des Reformierten Weltbundes in Genf (Quelle: www.lukasvischer.unibe.ch, 17.4.2020)	René Bloch (23.7.1969–) 2006/7 Assistent 2008 Oberassistent 2008–2015 aoP Judaistik mit Schwerpunkt Antikes und Mittelalterliches Judentum (dazu: Seit 2010 aoP Klassische Philologie an der Phil.-hist. Fakultät) 2015– oP 1999 Dr. phil. Basel (Lateinische Philologie) 2014–2016 Dekan	Hans Ruh (26.4.1933–) 1970–1971 PD Systematische Theologie, besonders Sozialethik 1971–1983 aoP Ausgewählte Gebiete der Sozialethik Ab 1983 oP in Zürich 1963 Dr. theol. Basel	Axel Michaels (26.5.1949–) Deutscher 1992–1996 oP Religionswissenschaft Ab 1996 oP in Heidelberg 1978 Dr. Hamburg Direktor des Exzellenzclusters «Asien und Europa im globalen Kontext» an der Uni Heidelberg 2015 Lautenschläger-Forschungspreis (Quelle: www.sai.uni-heidelberg.de/abt/IND/mitarbeiter/michaels/michaels.php, 17.4.2020)	Max Eugen Alfred Schindler (31.12.1934–19.11.2012) 1979–1990 oP Ab 1990 oP in Zürich 1963 Dr. theol. Zürich 1982–1984 Dekan

Ökumenische Theologie	Judaica	Ethik	Religionsgeschichte/ Religionswissenschaft	Ältere Kirchen- und Dogmengeschichte
		11	12	13
		Hermann Ernst Hinrich Ringeling (12.1.1928– Deutscher 1971–1991 oP Theologische Ethik und Anthropologie 1959 Dr. theol. Hamburg 1972–1974 Dekan 1977/78 Rektor	Karenina Kollmar-Paulenz (22.12.1958–) Deutsche 1999–2002/3 oP für Allgemeine und Vergleichende Religionsgeschichte (Theol. Fakultät und Phil.-hist. Fakultät), dann Wechsel des Instituts an die Phil.-hist. Fakultät 1991 Dr. theol. 2007–2010 Dekanin Phil.-hist. Fakultät Interfakultäres Institut für Religionsgeschichte 1991 gegründet. 1992 wurde dieser Studiengang durch die Religionswissenschaft ersetzt. 2002/03 wurde das Institut in die Phil.-hist. Fakultät eingegliedert, in welche es 2007 vollständig überführt wurde. (Quelle: www.relwi.unibe.ch/ueber_uns/personen/prof_dr_kollmar_paulenz_karrina/index_ger.html#pane172416, 14.9.2016)	Martin George (18.11.1948–) Deutscher 1991–2014 oP Ältere Kirchen- und Dogmengeschichte 1983 Dr. theol. Regensburg 1998–2000, 2006–2010 Dekan

Ökumenische Theologie	Judaica	Ethik	Religionsgeschichte/ Religionswissenschaft	Ältere Kirchen- und Dogmengeschichte
				 14 Katharina Heyden (30.4.1977–) Deutsche 2013– aoP für Ältere Kirchen- und Dogmengeschichte sowie die Geschichte interreligiöser Begegnungen 2008 Dr. theol. Jena

Bildnachweis:

1 Privatarchiv.

2 Kommission Hochschulgeschichte, Dozenten, S. 51.

3 Uniarchiv.

4 https://frieden.refbern.ch/admin/data/hosts/frieden/files/section_file/file/62/teil_4.pdf?lm=1495095807 (17.4.2020).

5 www.medrum.de/content/zum-beschluss-ueber-gleichgeschlechtliche-partnerschaften-bayerischen-pfarrhaeusern-der-evangelischen-kirche (11.2.2016).

6 www.lukasvischer.unibe.ch/; (17.4.2020).

7 www.judaistik.unibe.ch/ueber_uns/personen/prof_dr_bloch_ren/index_ger.html (17.4.2020).

8 www.ethik-forum-luzern.ch/CMS/images/content/Interview%20mit%20Prof.%20Dr.%20theol.%20Hans%20Ruh.pdf (11.2.2016).

9 www.sai.uni-heidelberg.de/abt/IND/mitarbeiter/michaels/michaels.php (17.4.2020).

10 Uniarchiv.

11 Privatarchiv.

12 www.relwi.unibe.ch/ueber_uns/personen/prof_dr_kollmar_paulenz_karnina/index_ger.html#pane172416 (14.9.2016).

13 www.histtheol.unibe.ch/ueber_uns/personen/prof_em_dr_george_martin/index_ger.html (17.4.2020).

14 www.histtheol.unibe.ch/ueber_uns/personen/prof_dr_heyden_katharina/index_ger.html (17.4.2020).

3. Die Professorinnen und Professoren der Christkatholisch-theologischen Fakultät

Bei Professuren ab 1986 stammen die Informationen, wo nicht anders ausgewiesen, von der Website des Instituts für Christkatholische Theologie der Theologischen Fakultät Bern (www.christkath.unibe.ch/index_ger.html, 17.4.2020).

Neues Testament	Altes Testament	Kirchengeschichte	Systematische Theologie	Kirchenrecht	Praktische Theologie	Geschichte des Altkatholizismus und/ oder Ökumene
1	2	3		4	5	
Eduard Herzog (1.8.1841–26.3.1924) 1874/75–1923/24 oP Neutestamentliche Exegese 1876 Dr. theol. h. c. Bern 1875–1878, 1892–1894, 1902–1903, 1914–1916, 1921–1923 Dekan 1884/85 Rektor 1872 Abschied von der Römisch-katholischen Kirche 1876–1924 Bischof der Christkatholischen Kirche der Schweiz 1876–1884 Pfarrer von Bern	Ernst Peter Goergens (1842–?) 1874/75–1880/81 oP Alttestamentliche Exegese. Dazu: Dogmatik und Neutestamentliche Exegese in französischer Sprache Die Fakultät verbietet Goergens 1876, den 1869 an der päpstlichen Bildungsanstalt Sapienza erworbenen Doktortitel zu führen, er darf den Titel «gewesener Professor» führen (Ark, Porträt, S. 227).	Johann Friedrich (5.5.1836–19.8.1917) Deutscher 1874–1875 oP Kirchengeschichte Ab 1875 oP in München 1861 Dr. theol. München 1874–1875 Dekan 1870 Unterzeichner der Nürnberger Erklärung gegen die Papstdogmen 1871 kirchliche Exkommunikation 1874 Erster Dekan der Christkatholischen Fakultät in Bern (Quelle: www.kaththeol.uni-muenchen.de/ueber_die_fak/gesch_fakultaet/profs_1826_2013/friedrich/index.html, 17.4.2020)	Ernst Peter Goergens (1842–?) 1874/75–1880/81 oP Alttestamentliche Exegese. Dazu: Dogmatik und Neutestamentliche Exegese in französischer Sprache Die Fakultät verbietet Goergens 1876, den 1869 an der päpstlichen Bildungsanstalt Sapienza erworbenen Doktortitel zu führen, er darf den Titel «gewesener Professor» führen.	Karl Heinrich Franz Gareis (24.4.1844–15.1.1923) Deutscher 1874–1875 oP Kirchenrecht Dazu: 1873–1875 oP an der Rechts- und Wirtschaftswissenschaftlichen Fakultät Ab 1875 oP in Giessen 1868 Dr. jur. Würzburg Ab 1874 Christkatholik 1878–1881 als Abgeordneter der Nationalliberalen Partei Mitglied des Deutschen Reichstags	Franz Hirschwälder (7.9.1843–4.2.1886) Deutscher 1874/75–1885/86 oP Praktische Theologie, ab 1875/76 Systematische Theologie 1884 Dr. theol. h. c. Bern 1878–1880, 1884–1886 Dekan 1872 Exkommunikation	

Neues Testament	Altes Testament	Kirchengeschichte	Systematische Theologie	Kirchenrecht	Praktische Theologie	Geschichte des Altkatholizismus und/ oder Ökumene
		[6]	[7]			
	Eduard Herzog (1.8.1841–26.3.1924)	Philipp Woker (21.8.1848–15.9.1924) Deutscher, 1895 eingebürgert	Franz Hirschwälder (7.9.1843–4.2.1886) Deutscher		Anatole Martin Hurtault (21.10.1836–) Franzose	
	1874/75–1923/24 oP Neutestamentliche Exegese	1875/76–1924 oP Kirchengeschichte Dazu: Ab 1888 oP für Allgemeine Geschichte an der Phil.-hist. Fak.	1874/75–1885/86 oP Praktische Theologie, ab 1875/76 Systematische Theologie		1876/77–1832 oP Pastoral- und Moraltheologie in französischer Sprache (Hurtault wurde 1882 entlassen, das Gehalt erhielt er bis 1883)	
	1876 Dr. theol. h. c. Bern 1875–1878, 1892–1894, 1902–1903, 1914–1916, 1921–1923 Dekan 1884/85 Rektor	1872 Dr. phil. Bonn 1880–1882, 1886–1888, 1896–1898, 1903/4, 1910–1912, 1919–1921 Dekan 1894–1896 Dekan Phil.-hist. Fak. 1904/5 Rektor	1884 Dr. theol. h. c. Bern 1878–1880, 1884–1886 Dekan		1874 auf acht Jahre ernannt, aber der Amtsantritt erfolgte erst zwei Jahre später	
	1872 Abschied von der Römisch-katholischen Kirche 1876–1924 Bischof der Christkatholischen Kirche der Schweiz 1876–1884 Pfarrer von Bern		1872 Exkommunikation			

Neues Testament	Altes Testament	Kirchengeschichte	Systematische Theologie	Kirchenrecht	Praktische Theologie	Geschichte des Altkatholizismus und/ oder Ökumene
	 [8]	 [9]				
	Jakob Kunz (25.7.1861–26.12.1932)	Eugène Michaud (13.3.1839–3.12.1917) Franzose, 1879 eingebürgert	Eugène Michaud (13.3.1839–3.12.1917) Franzose, 1879 eingebürgert		Adolf Thürlings (1.7.1844–21.2.1915) Deutscher	
	1903–1914/15 aoP Alttestamentliche Exegese und Praktische Theologie 1915–1932/33 oP	1876–1915 oP Dogmatische Theologie und Kirchengeschichte (auch in französischer Sprache). Dazu: Ab 1889 oP für Französische Sprache und Literatur an der Phil.-hist. Fak.	1876–1915 oP Dogmatische Theologie und Kirchengeschichte (auch in französischer Sprache). Dazu: Ab 1889 oP für Französische Sprache und Literatur an der Phil.-hist. Fak.		1887–1914/15 oP Systematische Theologie Er lehrte auch Liturgie und Kirchenmusik	
	1888 Dr. phil.-nat. Bern 1916–1919, 1927–1929 Dekan 1894–1903 Pfarrer von Bern	1867 Dr. theol. München 1882–1884, 1890–1892, 1898/99, 1900–1902, 1906–1908, 1912–1914 Dekan 1899/1900 Dekan Phil.-hist. Fak. 1892/93 Rektor	1867 Dr. theol. München 1882–1884, 1890–1892, 1898/99, 1900–1902, 1906–1908, 1912–1914 Dekan 1899/1900 Dekan Phil.-hist. Fak. 1892/93 Rektor		1877 Dr. phil. München 1908 Dr. theol. h. c. Bern 1888–1890, 1894–1896, 1899/00, 1904–1906, 1908–1910 Dekan 1906/7 Rektor	
		Trennung von der Katholischen Kirche 1872 nach dem 1. Vatikanischen Konzil und den Papstdogmen	Trennung von der Katholischen Kirche 1872 nach dem 1. Vatikanischen Konzil und den Papstdogmen		1870 Suspension und Exkommunikation durch den Kölner Erzbischof	

Neues Testament	Altes Testament	Kirchengeschichte	Systematische Theologie	Kirchenrecht	Praktische Theologie	Geschichte des Altkatholizismus und/ oder Ökumene
			 [10]			
			Adolf Thürlings (1.7.1844–21.2.1915) Deutscher 1887–1914/15 oP Systematische Theologie Er lehrte auch Liturgie und Kirchenmusik 1877 Dr. phil. München 1908 Dr. theol. h. c. Bern 1888–1890, 1894–1896, 1899/00, 1904–1906, 1908–1910 Dekan 1906/7 Rektor 1870 Suspension und Exkommunikation durch den Kölner Erzbischof.		Jakob Kunz (25.7.1861–26.12.1932) 1903–1914/15 aoP Alttestamentliche Exegese und Praktische Theologie 1915–1932/33 oP 1888 Dr. phil.-nat. Bern 1916–1919, 1927–1929 Dekan 1894–1908 Pfarrer von Bern	

Neues Testament	Altes Testament	Kirchengeschichte	Systematische Theologie	Kirchenrecht	Praktische Theologie	Geschichte des Altkatholizismus und/ oder Ökumene
			 [11] Arnold Gilg (27.1.1887–21.7.1967) 1915 PD 1915/16–1921/22 aoP Systematische Theologie 1922–1956/57 oP (ab 1933 Theorie der Seelsorge, ab 1941 für Kirchen- und Dogmengeschichte) 1914 Dr. theol. Bern 1961 Dr. theol. h. c. Basel 1923–1925, 1931–1933, 1937–1939, 1941–1943, 1945–1947, 1949–1951, 1953–1955 Dekan 1928/29 Rektor			

Neues Testament	Altes Testament	Kirchengeschichte	Systematische Theologie	Kirchenrecht	Praktische Theologie	Geschichte des Altkatholizismus und/ oder Ökumene
 12	 13	 14	 15			
Ernst Albert Gaugler (31.5.1891–20.1.1963) 1924–1932/33 aoP Neutestamentliche Wissenschaft, Homiletik, Katechetik 1933–1960 oP 1924 Dr. theol. Bern 1933–1935, 1939–1941, 1943–1945, 1947–1949 Dekan	Werner Küppers (1.11.1905–22.6.1980) Deutscher 1933–1938 aoP Alttestamentliche Wissenschaft Ab 1938 Dozent am bischöflichen Seminar in Bonn und ab 1939 an der Universität Bonn 1932 Dr. theol. Bern Mitglied der NSDAP; nach dem Sonderausschuss für die Entnazifizierung der Geistlichen 1948 wieder Anstellung an der Uni Bonn (Quelle: www.alt-katholisch.de/fileadmin/red_ak/CH-Archiv/07_3_4.html, 11.2.2016)	Adolf Küry (21.7.1870–26.11.1956) 1924/25–1940 oP Kirchengeschichte, Kirchenrecht und Liturgik 1915 Dr. theol. Bern 1925–1927, 1929–1931, 1935–1937 Dekan 1924–1955 Bischof der Christkatholischen Kirche der Schweiz Vater von Urs Küry	Urs Küry (6.5.1901–3.11.1976) 1941/42–1955 aoP Systematische Theologie 1955/56–1971 oP Systematische Theologie und Lehre von der Seelsorge 1929 Dr. phil. Basel 1957–1960, 1962–1964, 1968–1971 Dekan 1955–1972 Bischof der Christkatholischen Kirche der Schweiz Sohn von Adolf Küry		Ernst Albert Gaugler (31.5.1891–20.1.1963) 1924–1932/33 aoP Neutestamentliche Wissenschaft, Homiletik, Katechetik 1933–1960 oP 1924 Dr. theol. Bern 1933–1935, 1939–1941, 1943–1945, 1947–1949 Dekan	

Neues Testament	Altes Testament	Kirchengeschichte	Systematische Theologie	Kirchenrecht	Praktische Theologie	Geschichte des Altkatholizismus und/ oder Ökumene
 [16]	 [17]					
Kurt Stalder (24.7.1912–27.12.1996)	Albert Emil Rüthy (6.7.1901–19.10.1980)	Arnold Gilg (27.1.1887–21.7.1967)			Adolf Küry (21.7.1870–26.11.1956)	
1960/61–1962 aoP Neutestamentliche Wissenschaft, Homiletik, Katechetik 1962/63–1982 oP	1940–1950/51 aoP Alttestamentliche Wissenschaft und Liturgik 1951–1971 oP	1915 PD 1915/16–1921/22 aoP Systematische Theologie 1922–1956/57 oP (ab 1922 Systematische Theologie, zusätzlich ab 1933 Theorie der Seelsorge, ab 1941 Kirchen- und Dogmengeschichte und Theorie der Seelsorge)			1924/25–1940 oP Kirchengeschichte, Kirchenrecht und Liturgik	
1959 Dr. theol. Bern 1975 Dr. theol. h. c. Neuenburg 1993 Dr. theol. h. c. Warschau 1964–1966, 1971–1976 Dekan	1940 Dr. phil. Basel 1951–1953, 1955–1957, 1960–1962, 1966–1968 Dekan 1958/59 Rektor	1914 Dr. theol. Bern 1961 Dr. theol. h. c. Basel 1923–1925, 1931–1933, 1937–1939, 1941–1943, 1945–1947, 1949–1951, 1953–1955 Dekan 1928/29 Rektor			1915 Dr. theol. Bern 1925–1927, 1929–1931, 1935–1937 Dekan	
1950–1962 Pfarrer von Bern	1941–1951 2. Pfarrer von Bern				1924–1955 Bischof der Christkatholischen Kirche der Schweiz Vater von Urs Küry	

Neues Testament	Altes Testament	Kirchengeschichte	Systematische Theologie	Kirchenrecht	Praktische Theologie	Geschichte des Altkatholizismus und/ oder Ökumene
		18				
		Walter Frei (17.3.1927–)			Arnold Gilg (27.1.1887–21.7.1967)	
		1957–1991/92 na.aoP Kirchen- und Dogmengeschichte, Lehre von der Seelsorge			1915 PD 1915/16–1921/22 aoP Systematische Theologie	
		1955 Dr. theol. Bern 1966–1993 Lehrer für Musikgeschichte am Konservatorium Biel Künsterische Tätigkeit als Musiker, Maler und Schriftsteller			1922–1956/57 oP (ab 1922 Systematische Theologie, zusätzlich ab 1933 Theorie der Seelsorge, ab 1941 Kirchen- und Dogmengeschichte und Theorie der Seelsorge) 1914 Dr. theol. Bern 1961 Dr. theol. h. c. Basel 1923–1925, 1931–1933, 1937–1939, 1941–1943, 1945–1947, 1949–1951, 1953–1955 Dekan 1928/9 Rektor	

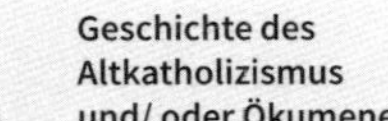
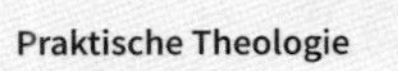

Neues Testament	Altes Testament	Kirchengeschichte	Systematische Theologie	Kirchenrecht	Praktische Theologie	Geschichte des Altkatholizismus und/ oder Ökumene
					 Albert Emil Rüthy (6.7.1901–19.10.1980) 1940–1950/51 aoP Alttestamentliche Wissenschaft und Liturgik 1951–1971 oP 1940 Dr. phil. Basel 1951–1953, 1955–1957, 1960–1962, 1966–1968 Dekan 1958/9 Rektor 1941–1951 2. Pfarrer von Bern	

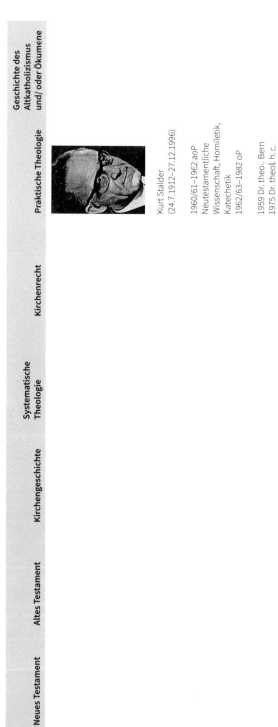

Neues Testament	Altes Testament	Kirchengeschichte	Systematische Theologie	Kirchenrecht	Praktische Theologie	Geschichte des Altkatholizismus und/ oder Ökumene
					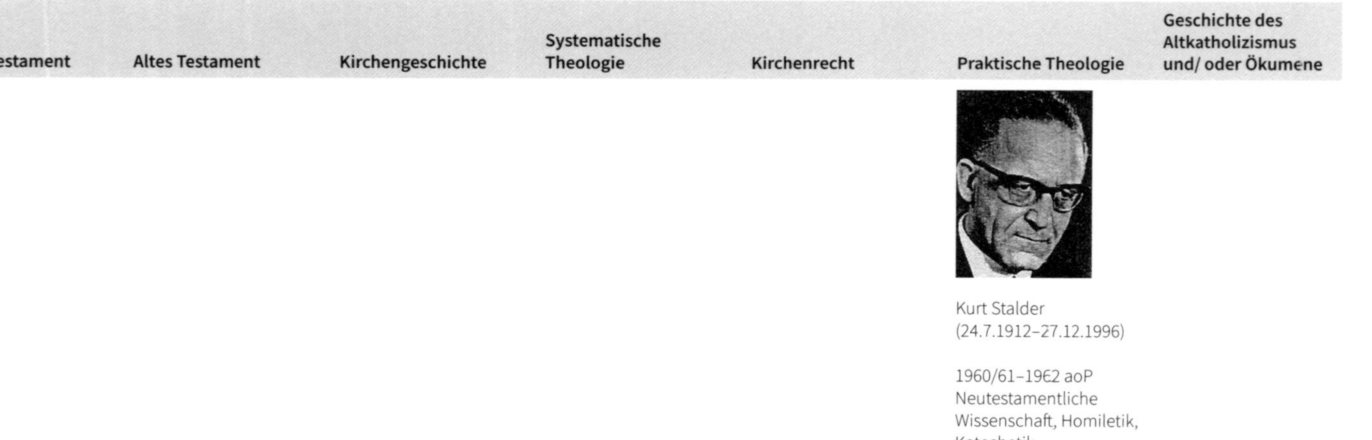 Kurt Stalder (24.7.1912–27.12.1996) 1960/61–1962 aoP Neutestamentliche Wissenschaft, Homiletik, Katechetik 1962/63–1982 oP 1959 Dr. theol. Bern 1975 Dr. theol. h. c. Neuenburg 1993 Dr. theol. h. c. Warschau 1964–1966, 1971–1976 Dekan 1950–1962 Pfarrer von Bern	

Neues Testament	Altes Testament	Kirchengeschichte	Systematische Theologie	Kirchenrecht	Praktische Theologie	Geschichte des Altkatholizismus und/ oder Ökumene
					 Walter Frei (17.3.1927–) 1957–1991/92 na.aoP Kirchen- und Dogmengeschichte, Lehre von der Seelsorge 1955 Dr. theol. Bern 1966–1993 Lehrer für Musikgeschichte am Konservatorium Biel Künsterische Tätigkeit als Musiker, Maler und Schriftsteller	

Neues Testament	Altes Testament	Kirchengeschichte	Systematische Theologie	Kirchenrecht	Praktische Theologie	Geschichte des Altkatholizismus und/ oder Ökumene
[19]			[20]			[21]
Urs von Arx (7.2.1943–) 1986–1993 aoP Neues Testament und Homiletik 1993/94–2008 oP (ab 1994 auch für Geschichte des Altkatholizismus) 1985 Dr. theol. Bern 1996 Dr. theol. h. c. Warschau 2008 Dr. of Divinity h. c. New York 2014 Dr. theol. h. c. Sibiu 1993–1996, 1999–2001 Dekan 2001–2002, 2008 Departementsvorsteher		Urs von Arx (7.2.1943–) 1986–1993 aoP Neues Testament und Homiletik 1993/94–2008 oP (ab 1994 auch für Geschichte des Altkatholizismus) 1985 Dr. theol. Bern 1996 Dr. theol. h. c. Warschau 2008 Dr. of Divinity h. c. New York 2014 Dr. theol. h. c. Sibiu 1993–1996, 1999–2001 Dekan 2001–2002, 2008 Departementsvorsteher	Herwig Günter Otto Aldenhoven (7.9.1933–29.10.2002) Österreicher 1971/72–1974 aoP Systematische Theologie und Liturgik 1974/75–1999/00 oP 1971 Dr. theol. Bern 1998 Dr. theol. h. c. Schumen (Bulgarien) 1976–1993, 1996–1999 Dekan (Quelle: www.nzz.ch/article8HZ0I-1.436210, 11.2.2016)		Herwig Günter Otto Aldenhoven (7.9.1933–29.10.2002) Österreicher 1971/72–1974 aoP Systematische Theologie und Liturgik 1974/75–1999/00 oP 1971 Dr. theol. Bern 1998 Dr. theol. h. c. Schumen (Bulgarien) 1976–1993, 1996–1999 Dekan	Peter Amiet (20.6.1936–17.10.2013) 1973/74–1988/89 acP Wesen und Geschichte katholischer Einheit, bes. des Altkatholizismus, der östlichen Orthodoxie und der ökumenischen Bewegung 1973 Dr. theol. Bern Kunstmaler 2006 Austritt aus Christkatholischer Kirche und Klerus 2008 Aufnahme als Laie in die orthodoxe Kirche (Arx, Porträt, S. 233) (Quelle: www.kunstbreite.ch/Kuenstlerwerdegaenge_aargau_amiet_peter.htm, 11.2.2016).

Neues Testament	Altes Testament	Kirchengeschichte	Systematische Theologie	Kirchenrecht	Praktische Theologie	Geschichte des Altkatholizismus und/ oder Ökumene
		[22]	[23]			
		Christoph Führer (13.8.1954–) Deutscher	Martien Parmentier (7.5.1947–) Niederländer		Urs von Arx (7.2.1943–)	
		1992–2005 na.aoP für Kirchen-und Theologiegeschichte unter besonderer Berücksichtigung der christlichen Spiritualität	2000/01–2010 oP für Systematische Theologie und Ökumenische Theologie DPhil. 1974 Oxford		1986–1993 aoP Neues Testament und Homiletik 1993/94–2008 oP (ab 1994 auch für Geschichte des Altkatholizismus)	
		1986 Dr. theol. Leipzig Studierte zuerst Evangelische Theologie	2002–2006 Departementsvorsteher 2004–2006 Dekan der Christkath. und Evang.-theol. Fakultät		1985 Dr. theol. Bern 1996 Dr. theol. h. c. Warschau 2008 Dr. of Divinity h. c. New York 2014 Dr. theol. h. c. Sibiu	
					1993–1996, 1999–2001 Dekan 2001–2002, 2008 Departementsvorsteher	

Neues Testament	Altes Testament	Kirchengeschichte	Systematische Theologie	Kirchenrecht	Praktische Theologie	Geschichte des Altkatholizismus und/ oder Ökumene
		 [24] Angela Berlis (3.7.1962–) Deutsche 2009–2011 aoP für Geschichte des Altkatholizismus und Allgemeine Kirchengeschichte 2012– oP 1996 Priesterweihe 1998 Dr. theol. Nijmegen 2009–2017 Departementsvorsteherin 2017– Institutsvorsteherin 2018–2020 Dekanin 2006–2009 aoP in Utrecht				

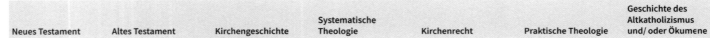

Bildnachweis:

1 Kommission Hochschulgeschichte, Hochschulgeschichte, S. 192.

2 von Arx, Porträt, S. 227.

3 www.kaththeol.uni-muenchen.de/ueber_die_fak/gesch_fakultaet/profs_1826_2013/friedrich/index.html (17.4.2020).

4 https://de.wikipedia.org/wiki/Karl_von_Gareis (29.2.2016).

5 von Arx, Porträt, S. 226.

6 Uniarchiv.

7 von Arx, Porträt, S. 226.

8 von Arx, Porträt, S. 226.

9 Kommission Hochschulgeschichte, Dozenten, S. 55.

10 Uniarchiv.

11 www.polskokatolicki.pl/Ludzie_Kosciola/Szwajcaria/gilg_arnold.htm (11.2.2016).

12 www.bibelarchiv-vegelahn.de/bibel/Gaugler_Ernst.jpg (11.2.16).

13 http://kultnews-kulturnews.blogspot.ch/2013_06_01_archive.html (17.4.2020).

14 christkatholisch.ch/bistum-bischoefe/bischof-adolf-kuery (17.4.2010).

15 Kommission Hochschulgeschichte, Dozenten, S. 56.

16 von Arx, Porträt, S. 232.

17 Uniarchiv.

18 von Arx, Porträt, S. 232.

19 www.christkath.unibe.ch/ueber_uns/personen/prof_em_dr_von_arx_urs/index_ger.html (17.4.2020).

20 www.polskokatolicki.pl/Ludzie_Kosciola/Szwajcaria/aldenhoven_herwig.htm (11.2.2016).

21 sokultur.ch/html/kulturschaffende/detail.html?q=&qs=1&qs2=1&artist_id=1134 (11.2.2016).

22 www.christkath.unibe.ch/ueber_uns/personen/prof_em_dr_fuehrer_christoph/index_ger.html (17.4.2020).

23 www.christkath.unibe.ch/ueber_uns/personen/prof_em_dr_parmentier_martien/index_ger.html (17.4.2020).

24 www.christkath.unibe.ch/ueber_uns/personen/prof_dr_berlis_angela/index_ger.html (18.4.2020).

4. Liste der evangelisch-theologischen Assistentinnen und Assistenten

Die vorliegende Liste beruft sich auf das gedruckte Vorlesungsverzeichnis, welches bis 2009/10 existiert (StAB, P.A 383–390). Die Assistentinnen und Assistenten nach 2010 entstammen der Website der Theologischen Fakultät. Die Institutsbezeichnungen und -zugehörigkeiten (im ganzen Anhang) wurden dem gedruckten Vorlesungsverzeichnis entnommen. Lücken bedeuten, dass Assistentinnen- und Assistentenstellen entweder (noch) nicht vorgesehen waren oder noch kein eigenständiger Lehrstuhl bestand oder Angaben dazu fehlen. Oberassistenzstellen werden «OA» abgekürzt.

	Neues Testament	Altes Testament	Fakultäts-assistent	Ethik	Systematische Theologie	Philosophie	Praktische Theologie	Kirchenge-schichte	Alte Kirchen-geschichte	Neue Kirchen-geschichte	Religions-wissenschaft	Judaistik[1]
1968/9	Müller		Schmocker									
1969	Müller			Stähli	Schmocker							
1969/70	Müller		Dellsperger		Stähli	Schär	Meyer					
1970			Dellsperger	Stähli		Schär	Meyer					
1970/1	Etter		Dellsperger	Stähli		Schär	Meyer					
1971	Müller		Dellsperger	Stähli	Lutz	Schär	Meyer					
1971/2	Müller		Dellsperger	Stähli	Lutz	Schär	Meyer					
1972	Müller		Leibundgut	Stähli	Lutz	Schär		Dellsperger				
1972/73	Müller		Zürcher	Fuhrer	Leibundgut	Zürcher	Morgen-thaler	Dellsperger				
1973	Müller	Bärtschi	Zürcher	Fuhrer	Leibundgut	Zürcher	Morgen-thaler	Dellsperger				
1973/4	Müller	Bärtschi	Zürcher	Fuhrer	Leibundgut	Zürcher	Morgen-thaler	Dellsperger				

	Neues Testament	Altes Testament	Fakultäts-assistent	Ethik	Systematische Theologie	Philosophie	Praktische Theologie	Kirchenge-schichte	Alte Kirchen-geschichte	Neue Kirchen-geschichte	Religions-wissenschaft	Judaistik[1]
1974	Müller	Bärtschi	Zürcher		Leibundgut	Zürcher	Morgen-thaler	Dellsperger				
1974/5	Müller	Bärtschi	Zürcher	Leibundgut	Lavater	Zürcher	Morgen-thaler	Dellsperger (OA)				
1975	Zimmer-mann	Bärtschi		Leibundgut	Lavater	Zürcher	Müller Morgen-thaler	Dellsperger (OA)				
1975/6	Zimmer-mann	Bärtschi	J. Morgen-thaler	Leibundgut	Lavater	Zürcher	Müller Kohler	Dellsperger (OA)				
1976	Zimmer-mann	Bärtschi	J. Morgen-thaler	Leibundgut	Lavater	Zürcher	Müller Kohler	Dellsperger (OA)				
1976/7	Zimmer-mann	Bärtschi	J. Morgen-thaler	Leibundgut	Lavater	Zürcher	Müller Kohler	Dellsperger (OA)				
1977	Zimmer-mann	Mathys	J. Morgen-thaler	Leibundgut	Lavater	Zürcher	Müller Kohler	Dellsperger (OA)				
1977/8	Zimmer-mann	Mathys		Leibundgut	Hänni	Zürcher	Müller Kohler	Dellsperger (OA)				
1978[2]	Zimmer-mann	Mathys	Branger	Leibundgut	Zürcher		Etter Kohler			Dellsperger (OA) Gerber		
1978/9	Zimmer-mann	Mathys	Branger	Kaiser	Zürcher		Etter Kohler			Dellsperger (OA)		
1979	Trippi	Mathys	Branger	Kaiser	Zürcher		Etter Kohler		Kuert	Dellsperger (OA)		

	Neues Testament	Altes Testament	Fakultätsassistent	Ethik	Systematische Theologie	Philosophie	Praktische Theologie	Kirchengeschichte	Alte Kirchengeschichte	Neue Kirchengeschichte	Religionswissenschaft	Judaistik[1]
1979/80	Trippi	Mathys	Branger	Kaiser	Lichten- berger		Etter Kohler		Kuert	Dellsperger (OA)		
1980	Trippi	Mathys	Branger	Kaiser	Lichten- berger		Etter Kohler		Koschorke (OA)			
1980/1		Mathys	Branger	Kaiser	Lichten- berger		Etter Kohler		Koschorke (OA)	Kuert		
1981	Lampe	Mathys	Branger	Kaiser	Lichten- berger		Etter Kohler Schori		Koschorke (OA)	Kuert		
1981/2	Lampe	Mathys	Branger	Kaiser	Lichten- berger		Etter Schori			Kuert		
1982	Lampe	Mathys	Bieler	Kaiser	Lichten- berger Bieler		Etter Grünewald (OA) Schori		Koschorke	Kuert		
1982/3	Lampe	Mathys	Bieler	Kaiser	Lichten- berger Bieler		Etter Grünewald (OA) Schori		Koschorke	Kocher		
1983	Lampe	Mathys	Bieler	Kaiser	Lichten- berger Bieler		Etter Grünewald (OA) Schori		Koschorke	Kocher		

	Neues Testament	Altes Testament	Fakultäts-assistent	Ethik	Systematische Theologie	Philosophie	Praktische Theologie	Kirchenge-schichte	Alte Kirchen-geschichte	Neue Kirchen-geschichte	Religions-wissenschaft	Judaistik[1]
1983/4	Lampe	Stoll	Bieler	Kaiser	Lichten-berger Bieler		Etter Grünewald (OA) Schori		Koschorke (OA)	Kocher		
1984	Lampe	Mathys	Bieler	Kaiser	Lichten-berger Bieler		Etter Grünewald (OA) Schori		Koschorke (OA)	Kocher		
1984/5	Lampe	Rüegger	Bieler	Germann	Lichten-berger Bieler		Etter Grünewald (OA) Schori		Koschorke (OA)	Kocher		
1985	Lampe	Rüegger	Bieler	Germann	Lichen-berger Bieler		Waldburger Grünewald (OA) Schori		Koschorke (OA)	Kocher		
1985/6	Lampe	Rüegger	Bieler	Germann	Lichten-berger Bieler		Waldburger Grünewald (OA) Schori		Koschorke (OA)	Kocher		
1986	Lampe		Bieler	Germann	Lichten-berger Bieler		Waldburger Grünewald (OA) Schori		Koschorke (OA) Stoll	Kocher		

	Neues Testament	Altes Testament	Fakultätsassistent	Ethik	Systematische Theologie	Philosophie	Praktische Theologie	Kirchengeschichte	Alte Kirchengeschichte	Neue Kirchengeschichte	Religionswissenschaft	Judaistik[1]
1986/7	Lampe		Bieler	Germann	Lichtenberger Bieler		Waldburger Grünewald (OA) Schori		Koschorke (OA) Stoll	Kocher		
1987	Lampe		Bieler	Germann	Lichtenberger (OA) Bieler		Waldburger Grünewald (OA) Schori		Koschorke (OA) Stoll	Kocher		
1987/8	Lampe	Aerni	Bieler	Germann	Lichtenberger (OA) Bieler		Waldburger Grünewald (OA) Schori		Stoll	Kocher		
1988	Riniker	Aerni de Groot	Bieler	Germann	Lichtenberger (OA) Bieler		Waldburger, Grünewald (OA) Schori		Stoll	Kocher		
1988/9	Riniker	Aerni de Groot	Bieler	Germann	Lichtenberger (OA) Bieler		Waldburger Grünewald (OA) Wegenast		Stoll	Kocher		
1989	Riniker	Aerni de Groot	Bieler	Germann	Lichtenberger (OA) Bieler		Waldburger Grünewald (OA) Wegenast		Stoll	Kocher		

	Neues Testament	Altes Testament	Fakultäts-assistent	Ethik	Systematische Theologie	Philosophie	Praktische Theologie	Kirchenge-schichte	Alte Kirchen-geschichte	Neue Kirchen-geschichte	Religions-wissenschaft	Judaistik[1]
1989/90	Riniker	Aerni Naumann	Bieler	Neuen-schwander	Lichten-berger (OA) Bieler		Waldburger Grünewald (OA) Wegenast		Stoll	Kocher		
1990	Riniker	Aerni Naumann	Bieler	Neuen-schwander	Lichten-berger (OA) Bieler		Waldburger Grünewald (OA) Wegenast		Stoll	Kocher		
1990/1	Riniker	Aerni Nau-mann		Neuen-schwander	Lichten-berger (OA)		Waldburger Grünewald (OA) Wegenast					
1991	Riniker	Aerni Naumann		Neuen-schwander	Lichten-berger (OA)		Bianca Grünewald (OA) Wegenast			van Wijnkoop		
1991/2	Riniker	Aerni Naumann		Neuen-schwander	Lichten-berger (OA)		Bianca Grünewald (OA) Wegenast			van Wijnkoop		
1992	Riniker	Aerni Naumann	Bühler	Neuen-schwander	Lichten-berger (OA) Frettlöh		Bianca Grünewald (OA) Wegenast			van Wijnkoop		

	Neues Testament	Altes Testament	Fakultätsassistent	Ethik	Systematische Theologie	Philosophie	Praktische Theologie	Kirchengeschichte	Alte Kirchengeschichte	Neue Kirchengeschichte	Religionswissenschaft	Judaistik[1]
1992/3	Riniker	Aerni Naumann	Bühler	Ficker	Lichtenberger (OA) Frettlöh		Bianca Grünewald (OA) Wegenast		Stephan	van Wijnkoop		
1993	Riniker	Aerni Naumann	Bühler	Ficker	Lichtenberger (OA) Frettlöh		Bianca Grünewald (OA) Wegenast		Stephan	van Wijnkoop		
1993/4	Riniker	Aerni Naumann	Bühler	Ficker	Lichtenberger (OA) Frettlöh		Bianca Grünewald (OA) Wegenast		Stephan	van Wijnkoop		
1994	Riniker	Aerni Naumann	Bühler	Ficker	Lichtenberger (OA) Frettlöh		Bianca Grünewald (OA) Wegenast		Stephan	van Wijnkoop		
1994/5	Riniker	Wälchli Naumann	Bühler	Ficker	Frettlöh		Bianca Grünewald (OA) Wegenast		Stephan	van Wijnkoop		
1995	Riniker	Wälchli Naumann	Bühler	Ficker	Zeindler		Bianca Grünewald (OA) Wegenast		Stephan	van Wijnkoop	Wilke	

	Neues Testament	Altes Testament	Fakultäts-assistent	Ethik	Systematische Theologie	Philosophie	Praktische Theologie	Kirchenge-schichte	Alte Kirchen-geschichte	Neue Kirchen-geschichte	Religions-wissenschaft	Judaistik[1]
1995/6	Riniker	Wälchli Hunziker	Bühler	Ficker	Zeindler		Bianca Grünewald (OA) Wegenast		Stephan	van Wijnkoop		
1996		Wälchli Hunziker	Bühler		Zeindler		Grünewald (OA) Wegenast		Stephan	van Wijnkoop	Wilke	
1996/7[3]												
1997	Mayor- domo Wassmuth	Tanner Hunziker	Bühler	Graf	Zeindler		Bornhauser Grünewald (OA)		Stephan	van Wijnkoop	Wilke	
1997/8	Mayor- domo Wassmuth	Tanner Hunziker Müller- Clemm	Bühler	Graf	Zeindler		Bornhauser Grünewald (OA) Probst Tobler		Stephan	van Wijnkoop	Wilke	
1998/9	Mayor- domo Wassmuth	Tanner Müller- Clemm Hunziker	Bühler Rottler	Graf	Zeindler		Bornhauser Probst Tobler		Stephan	van Wijnkoop	Wilke	
1999/2000	Mayor- domo Wassmuth	Müller- Clemm Hunziker	Bühler Rottler Meyer Hegglin	Graf Mathwig	Zeindler Hillebold		Bornhauser Probst Tobler		Stephan	van Wijnkoop	Krügel Peter	
2000/1	Mayordomo (OA) Rusterholz	Müller- Clemm Hunziker	Meyer Hegglin	Graf Mathwig	Hillebold Wüthrich		Bornhauser Probst Tobler		Stephan	Noth	Peter Krügel	

	Neues Testament	Altes Testament	Fakultäts-assistent	Ethik	Systematische Theologie	Philosophie	Praktische Theologie	Kirchenge-schichte	Alte Kirchen-geschichte	Neue Kirchen-geschichte	Religions-wissenschaft	Judaistik[1]
2001/2	Mayordomo (OA) Rusterholz	Müller-Clemm Bosshard-Nepustil Hunziker	Meyer Hegglin	Mathwig Graf	Wüthrich		Bornhauser Probst Tobler		Stephan	Noth	Peter Krügel Bretfeld	
2002/3[4]	Mayordomo (OA) Rusterholz	Müller-Clemm Bosshard-Nepustil Hunziker	Meyer Hegglin	Mathwig	Wüthrich		Graf Probst Tobler		Münch	Noth	Bretfeld Krügel Ris-Eberle	
2003/4	Mayordomo (OA) Smit	Müller-Clemm Dubach Hunziker Hutzli Münger	Meyer-Hegglin Sara Zwahlen	Mathwig	Wüthrich Kohli-Reichen-bach		Graf Tobler		Münch	Noth		
2004/5	Smit Hess Mayordomo (OA)	Dubach Hutzli Münger	Meyer Hegglin	Mathwig	Wüthrich		Graf Hauri Kramer-Abebe		Münch	Noth		
2005/6	Mayordomo (OA) Smit Hess	Dubach Hutzli Münger Sals			Wüthrich Hess		Graf Hauri Kramer-Abebe		Münch	Noth		

	Neues Testament	Altes Testament	Fakultäts-assistent	Ethik	Systematische Theologie	Philosophie	Praktische Theologie	Kirchenge-schichte	Alte Kirchen-geschichte	Neue Kirchen-geschichte	Religions-wissenschaft	Judaistik[1]
2006/7	Hess Wenger	Dubach Hutzli Münger Sals		Hofheinz	Hess		Graf Hauri Kramer-Abebe Boeck		Münch	Gross		
2007/8	Allemann Müller Wenger Hess	Dubach Hutzli Münger Sals		Hofheinz	Hess		Graf Hauri Kramer-Abebe Boeck		Münch	Gross		
2008/09–2009/10	Wenger Meister	Dubach Hutzli Sals Martin Klein		Hofheinz	Hess Hofstetter		Boeck Hauri Kramer-Abebe Peng Zehnder Brodbeck		Lauber (ab 2009)	Gross Köppli Schifferle		Häberli Al-Suadi
10	Boeck Meister	Martin Klein		Hofheinz	Hofstetter Hess		Brodbeck Hauri Walti		Lauber	Gross Köppli		Wyssmann Al-Suadi Häberli
FS 11	Boeck Kindschi Meister	Kauz Martin Klein		Juillerat	Hofstetter		Brodbeck Walti		Lauber	Gross Köppli		Wyssmann
HS 11	Boeck Kindschi Meister	Kauz Martin Klein		Juillerat	Jütte Hofstetter		Brodbeck Walti		Lauber	Gross		Wysmann

	Neues Testament	Altes Testament	Fakultäts-assistent	Ethik	Systematische Theologie	Philosophie	Praktische Theologie	Kirchenge-schichte	Alte Kirchen-geschichte	Neue Kirchen-geschichte	Religions-wissenschaft	Judaistik[1]
FS 12	Kindschi Al-Suadi Meister	Kauz Martin		Juillerat	Jütte Hofstetter		Brodbeck Walti		Lauber	Gross		Tyrell
HS 12	Al-Suadi Kindschi- Garsky Meister	Kauz Martin		Juillerat	Jütte Hofstetter Betz		Walti Michel		Lauber	Gross		Tyrell
FS 13	Al-Suadi Kindschi- Garsky Oefele Meister	Kauz Martin		Juillerat	Jütte Hofstetter Betz		Walti Martens Mytytjuk- Hitz Michel		Alexo- poulos	Gross		Wyssmann OA Barbu
HS 13	Al-Suadi Kindschi- Garsky Oefele Meister	Kauz Müller		Werren	Jütte Hofstetter Betz		Walti Mykytjuk- Hitz Michel		Alexo- poulos	Csukas		Wyssmann OA Barbu
FS 14	Al-Suadi Oefele	Rahn Schneider Müller		Werren	Jütte Hofstetter Betz		Walti Mykytjuk- Hitz Michel		Lissek Heimlicher- Infanger Alexo- poulos	Csukas		Wyssmann OA Barbu Tyrell

	Neues Testament	Altes Testament	Fakultäts-assistent	Ethik	Systematische Theologie	Philosophie	Praktische Theologie	Kirchenge-schichte	Alte Kirchen-geschichte	Neue Kirchen-geschichte	Religions-wissenschaft	Judaistik[1]
HS 14	Al-Suadi Oefele	Rahn Müller		Werren	Jütte Hofstetter		Walti Jäger Mykytjuk-Hitz Michel		Lissek Heimlicher-Infanger Alexo-poulos	Csukas		OA Barbu Tyrell
FS 15	Al-Suadi Oefele	Rahn Müller		Werren	OA Jütte Hofstetter		Jäger Mykytjuk-Hitz		Lissek Heimlicher-Infanger	Csukas		OA Barbu Tyrell
HS 15	Harker Oefele Al-Suadi	Rahn Müller		Werren	OA Jütte Hofstetter		Jäger Mykytjuk-Hitz		Lissek Heimlicher-Infanger	Csukas		OA Barbu Lissek Tyrell
FS 16	Harker Kim Oefele Al-Suadi	Rahn Müller Zernecke		Werren	OA Jütte Hofstetter Von Allmen		Jäger Mykytjuk-Hitz		Lissek Heimlicher-Infanger	Csukas		OA Barbu Tyrell
HS 16	Jost Harker	Rahn Müller Zernecke		Werren	Von Allmen Hofstetter		Jäger Mykytjuk-Hitz Ackert		Caflisch	Csukas		Tyrell
FS 17	Jost Harker	Rahn Müller Zernecke		Werren	Von Allmen Hofstetter		Jäger Mykytjuk-Hitz Givens Kime Ackert		Caflisch	Csukas		Tyrell

Anmerkungen:

1 Es ist zu betonen, dass es am Institut für Judaistik keine Assistierende einer bestimmten Fakultät gibt. Der Einfachheit halber sind die Assistierenden in diese Liste integriert worden. Dasselbe gilt für die Professur für Judaistik.

2 1978 spaltete sich die Kirchengeschichte auf in Alte und Neue Kirchengeschichte. Die Disziplin Philosophie verlor ihr Ordinariat.

3 Dieses Semester fehlt bei den Vorlesungsverzeichnissen.

4 2002/03 wurde die Religionswissenschaft in die Phil.-hist. Fakultät eingegliedert, in welche sie 2007 vollständig überführt wurde.

5. Liste der christkatholisch-theologischen Assistentinnen und Assistenten

Die Informationen entstammen der Website des Christkatholischen Instituts.

Franz Dodel	1995–2001 1997–2001	Bibliothek Fakultätsassistent
Adrian Suter	2003–2007 Wissenschaftlicher Mitarbeiter 2008–2015 Assistent 2015–2019 Oberassistent	Systematische Theologie
Stefanos Athanasiou	2012–2018 Assistent	Systematische und Ökumenische Theologie
Theodoros Alexopoulos	2013–2014 Assistent	Ältere Geschichte des Christentums und der interreligiösen Begegnungen
Thomas Zellmeyer	2014–2018 Assistent	Liturgiewissenschaft
Martin Bürgin	2014–2016 Assistent SNF	Kirchengeschichte
Mariam Kartashyan	2017– Assistentin	Kirchengeschichte
Rebecca Giselbrecht	2018– Assistentin	Allgemein
Miriam Schneider	2018– Assistentin	Allgemein
Mathias Kissel	2018– Assistent	Liturgiewissenschaft
Milan Kostresevic	2018– Assistent	

6. Die Doktorandinnen und Doktoranden an der Evangelisch-theologischen Fakultät

Gemäss StAB, BB IIIb 1197–1200; BB 8.2. 403–408; BB 05.10.2227,2228,2240,2241.

1929	Huber Hugo Helmuth	Die Lehre vom Abendmahl im NT nach der Auffassung der neuen Theologie
1933/34	Guggisberg Kurt	Das Zwinglibild des Protestantismus im Wandel der Zeiten
1934	Buri Paul Friedrich	Die Bedeutung der neutestam. Eschatologie für die neuere protest. Theologie (Zugleich Habilitationsschrift)
1939/40	Schär Johann	Das Problem der Apologetik in der Theologie Martin Kählers
1944/45	Morgenthaler Robert	Die Kunst des Lukas
1946	Dürr Johannes	Sendende und werdende Kirche in der Missionstheologie Gustav Warnecks
1948	Neuenschwander Ulrich	Die protestantische Dogmatik der Gegenwart und das Problem der biblischen Mythologie
1956/57	Huntemann Georg H.	Dialekt. Theologie und spekulativer Idealismus
1959	Müller Theophil	Das Heilsgeschehen im Johannesevangelium
1962/63	Klopfenstein Martin	Die Lüge im Alten Testament
1963/64	Bühler Andreas	Kirche und Staat bei Rudolph Sohm
1965/66	Scholl Hans	Das Gebet bei Johannes Calvin
1972	Meyer Urs	Der reformierte Religionsunterricht in der deutschsprachigen Primarschule des Kantons Bern seit 1831
1973	Grosch Heinz	Alternativen ohne Alternative? Theologisch-pädagogische Erwägungen zur gegenwärtigen Diskussion um den Religionsunterricht in der Bundesrepublik Deutschland
1973/74	Dellsperger Rudolf	Johann Peter Romang (1802–1875)
1974	Stähli Martin Johann	Reich Gottes und Revolution
1975	Kerp Eberhard	Emanzipation – Wovon? Wozu? Eine kritische Anfrage an die neuere Religionspädagogik
1975	Müller Christoph	Die Erfahrung der Wirklichkeit. Hermeneutisch-exegetische Versuche mit besonderer Berücksichtigung alttestam. und paulinischer Theologie
1975/76	Morgenthaler Christoph	Sozialisation und Religion

1976/77	Stähli Hans-Peter	«Knabe-Jüngling-Knecht» Untersuchungen zum Begriff … (Na'ar) im AT
1977	Schär Hans-Rudolf	Christliche Sokratik. Kierkegaard über den Gebrauch der Reflexion in der Christenheit
1977/78	Meier Klaus-Jürgen	Christoph Blumhardts Aufnahme des Konkreten in die Theologie. Gottes Reich für Christen und Sozialisten
1979	Looser Gabriel	Homotropie in sittlicher Verantwortung? Eine Anfrage an die normative Ethik
1979/80	Marti Andreas	«… die Lehre des Lebens zu hören». Eine Analyse der drei Kantaten zum 17. Sonntag nach Trinitatis von Johann Sebastian Bach unter musikalisch-rhetorischen und theologischen Gesichtspunkten
1980	Nöthiger-Strahm Christine	Der Schweizerische Protestantismus und der Landesstreik von 1918
1981/82	Zimmermann Alfred	Die urchristlichen Lehrer
1983	Mathys Hans-Peter	«Liebe Deinen Nächsten wie Dich selbst». Untersuchungen zum alttestamentlichen Gebot der Nächstenliebe
1983	Streiff Patrick	Jean Guillaume de la Fléchère 1729–1785
1983/84	Meyer Walter E.	Zwinglis eschatologischer Ansatz
1983/84	Lampe Peter	Die stadtrömischen Christen in den ersten beiden Jahrhunderten. Untersuchungen zur Sozialgeschichte
1984	Gärtner Michael	Die Familienerziehung in der Alten Kirche. Eine Untersuchung für die ersten vier Jahrhunderte des Christentums mit einer Übersetzung und einem Kommentar der Schrift des Johannes Chrysostomos über Geltungssucht und Kindererziehung
1984	Handke Kurt	Konfirmandenunterricht zwischen religionspädagogischer Theorie und kirchlicher Praxis. Zum Konfirmandenunterricht in der Schweiz.
1984	Kaiser Helmut	Das sozialethische Leitbild der Berggebietsförderung des Bundes. Funktional –ethische Ideologieplanung als Grundlage für ein rationales politisches und kirchliches Handeln
1985	Sato Migaku	Q und Prophetie. Studien zur Gattungs- und Traditionsgeschichte der Quelle Q
1985	Mauerhofer Armin	Die Lebensgeschichte von Karl von Rodt. Die Entwicklung der Freien Evangelischen Gemeinden in der Schweiz
1985	Schneiter Rudolf	Sakta-Sadhana und integrale Erfahrung. Eine religionshistorische Untersuchung zur Beziehung von Tradition und Erfahrung bei Sri Ramakrishna Paramahamsa
1986	Etter Urs	Sinnvolle Verständigung
1986	Kato Zenji	Die Völkermission im Markusevangelium. Eine redaktionsgeschichtliche Untersuchung
1986	Hauzenberger Hans	Einheit auf evangelischer Grundlage. Vom Werden und Wesen der Evangelischen Allianz

1986	Jones Elias	In search of Zion
1986	Köhler Wolf-Dietrich	Die Rezeption des Matthäusevangeliums in der Zeit vor Irenäus
1986	Stoll Brigitta	De virtute in virtutem. Zur Auslegungs- und Wirkungsgeschichte der Bergpredigt in Kommentaren, Predigten und hagiografischer Literatur zwischen 800 und 1200
1987	Strahm Herbert	Die Bischöfliche Methodistenkirche im Dritten Reich (1933–45)
1987	Lichtenberger Hans Peter	Das Absolute im Endlichen. Zur Begründung und systematischen Stellung der Religion in Hegels «Phänomenologie des Geistes»
1988	Pernet Martin	Das Christentum im Leben des jungen Nietzsche
1988	Prabhakar Samson	Towards an indian-christian religious education
1988	Rothen Bernhard	Die Klarheit der Schrift
1989	Korn Manfred	Die vergangene Geschichte Jesu als Grundlage und Norm der Zeugen- und Kirchengeschichte nach Lukas
1989	Schori Kurt	Das theologische Problem der Tradition. Eine Untersuchung zum Traditionsproblem mit Hilfe linguistischer Kriterien anhand der Abendmahlsperikope 1 Kor 11,17–34
1990	Germann Hans Ulrich	Der soziale Auftrag der Kirchgemeinde. Eine sozialethisch-kirchensoziologische Untersuchung in einer Kirchgemeinde der evangelisch-reformierten Landeskirche des Kt. Bern
1990	Ennulat Andreas	Die «Minor Agreements» – eine Diskussionsbeitrag zur Erklärung einer offenen Frage des synoptischen Problems
1990	Bieler Martin	Freiheit als Gabe. Zur Konstitution und Grundgestalt menschlicher Freiheit im schöpfungstheologischen Kontext
1991	Lutz Samuel	«Ergib Dich ihm ganz». Huldrych Zwinglis Gebet als Ausdruck seiner Frömmigkeit und Theologie
1991	Zeindler Matthias	Gott und das Schöne. Studien zur Theologie der Schönheit
1992	Riniker Christian	Die Gerichtsverkündigung Jesu
1993	Sutter Christoph	Das religiöse Kinderlied im 19. Jahrhundert im deutschsprachigen reformierten Raum der Schweiz
1994	Opitz Peter	Calvins theologische Hermeneutik
1994	Breitmaier Isa	Das Thema der Schöpfung in der ökumenischen Bewegung 1948 bis 1988
1995	Wider David	Theozentrik und Bekenntnis. Untersuchungen zur Theologie des Redens Gottes im Hebräerbrief

1995	Kessler Hildrun	Bibliodrama und Leiblichkeit. Eine leibhafte Textauslegung im philosophischen, therapeutischen und theologischen Diskurs
1995	Karrer Andreas	Auf dem Weg zur Gemeinschaft im Bekenntnis. Eine Untersuchung über die Auseinandersetzung der ökumenischen Bewegung mit dem Bekenntnis in ihrer Anfangsphase
1995	Tsuji Manabu	Glaube zwischen Vollkommenheit und Verweltlichung. Eine Untersuchung zur literarischen Gestalt und zur inhaltlichen Kohärenz des Jakobusbriefes
1995	Finze Holger	Von Graubünden an die Wolga. Pfarrer Johannes Baptista Cattaneo (1745–1831)
1995	Kocher Hermann	Schweizerischer Protestantismus im Spannungsfeld von Flüchtlingsnot und offizieller Flüchtlingspolitik der Schweiz 1933–1948
1995	Wijnkoop Marc van	«La secte – c'est l'autre?» Rückblicke und Vorschläge zum Sektenbegriff
1996	Neuenschwander Bernhard	Mystik im Johannesevangelium
1996	Stricker Hans	Darstellung und Deutung religiöser Erfahrungen in spontan gemalten Bildern. Pastoralpsychologische Erkundungsstudie zur Korrelation von Symboltheorie und Maltherapie
1996	Wälchli Stefan	Der weise König Salomo- Eine Studie zu den Erzählungen von der Weisheit Salomos in 1. Kön. 3–11
1997	Bietenhard Sophia	Des Königs General. Die Heerführertraditionen in vorstaatlicher und staatlicher Zeit und die Joabgestalt in 2 Sam 2–20; 1 Kön 1–2
1997	Boomgaarden Jürgen	Das Wirklichkeitsverständnis Dietrich Bonhoeffers. Ein systematischer Kommentar zu «Akt und Sein»
1997	Mayordomo-Marín Moisés	Den Anfang Hören: Matthäus 1–2 im Horizont rezeptionskritischer Fragestellungen
1998	Müller Barbara	Der Weg des Weinens. Eine Studie zur Tradition des Penthos in den Apophthegmata Patrum
1998	Zeller Andreas	Der lukanische Heilige Geist in evangelikal-charismatischer Erfahrung und theologischer Reflexion. Die Rezeption der lukanischen Pneumakonzeption in der jüngsten Geistbewegung im Vergleich mit der wissenschaftlich- exegetischen Sicht
1998	Schibler Gina	Kreativ-emanzipierende Seelsorge. Konzepte der intermedialen Kunsttherapien und der feministischen Hermeneutik als Herausforderung für die kirchliche Praxis
1998	Ryter Bernhard	Überforderung – Widerstand – Resignation in der Kirche und ihrem Umfeld. Dargestellt an Amtsträgern und einzelnen Gemeindegliedern der kleinen Kirchgemeinde Frauenkappelen im 17. Und 18. Jahrhundert
1998	Brodbeck Doris	«Steine für Brod». Helene von Mülinen (1850–1924). Philosophische und theologische Grundlagen für die schweizerische Frauenbewegung

1999	Bornhauser Thomas	Vielfalt ohne Beliebigkeit in der Kirchlichen Erwachsenenbildung. Ein Konzept auf der Grundlage des Denkens in Komplementarität, ausgeführt anhand der Gottesfrage
1999	Bollag Esther	Mit Spürbewusstsein Theologie betreiben – zur Relevanz körperzentrierter Methoden für Exegese und diakonische Theologie
1999	Stuber Christine	Die Berner Erweckungsbewegung von 1816 bis 1831
1999	Park Seong-Won	Worship in the Presbyterian Church in Korea – its History and Implications
2001	Mineshige Kiyoshi	Besitzverzicht und Almosengeben. Wesen und Forderung des lukanischen Vermögensethos
2001	Hunziker Regine	Hirt und Herde. Ein Aspekt alttestamentlichen Gottesverständnisses
2001	Klein Johannes	Vergleich zwischen Saul und David. Ein Element des Erzählsystems der Samuelbücher und dessen literaturgeschichtliche Einordnung
2001	Hauenstein Hans Ulrich	Gebetsvorgang und Gebetskonzept. Eine Untersuchung zu Gegenstand, Methode und Ergebnissen empirischer Gebets-forschung
2002	Hug Walter	Johann Jacob Rambach (1693–1735) – Religionspädagoge zwischen den Zeiten
(archiviert 2004)	Kappeler Marianne	Die Soteriologie des Jakobusbriefes
2002	Aerne Peter	«An ihren Früchten sollt ihr sie erkennen» – die Kirchenpolitik der Religiös-Sozialen von 1920 bis 1950 am Beispiel der Zürcher Kantonalkirche sowie der Vereinigung der antimilitaristischen Pfarrer der Schweiz
2002	Nägeli Markus	Die reformierte «Bernerkirche» und die Anthroposophen
2002	Zaugg-Ott Kurt	Die Entwicklungsdiskussion im Ökumenischen Rat der Kirchen zwischen 1968 und 1991
2003	Tobler Sybille	Lösungsorientierte Kurzberatung im Arbeitslosenprojekt unter Perspektiven der Hoffnung
2003	Tanner Hans Andreas	Amalek. Der Feind Israels und der Feind Jahwes
2003	Noth Isabelle	Radikalpietistischer Separatismus. Die Inspirationsgemeinden im 18. Jahrhundert und ihre «Prophetin» Ursula Meyer (1682–1743)
2004	Gerber Ulrich	Zwingli und seine radikalen Schüler in der Frühzeit der Zürcher Reformation. Die Jahre der Entscheidung dargestellt an den historischen Ereignissen, am Briefwechsel, am radikalen Personenkreis und am Glaubensverständnis
2005	Hutzli Jürg	Textkritische und literarische Analyse von 1. Samuel 1–2

2006	Wüthrich Matthias	Gott und das Nichtige. Eine Untersuchung zur Rede vom Nichtigen ausgehend von § 50 der Kirchlichen Dogmatik Karl Barths
2006	Kurz Alex	Kirche, Glaube und Theologie in der Postmoderne. Vorgedanken zu einer postmodernen kirchlichen Erwachsenenbildung
2006	Fopp Simone	Die Trauung- Spannungsfelder und Segensräume. Ein Ritual im Übergang. Eine empirisch-theologische Studie anhand von Interviews mit Traupaaren
2007	Hofheinz Marco	«Gezeugt, nicht gemacht». Zur theologischen Wahrnehmung der in-vitro-Fertilisation im Rahmen einer Ethik der Geschöpflichkeit
2007	Baumann Dieter	Militärethik – Eine theoretische Grundlegung in theologischer, menschenrechtlicher und militärischer Perspektive
2007	Graf Claudia	«Gotte und Götti» – Eine empirisch-theologische Untersuchung zur Taufpatenschaft
2007	Wuillemin Roland	Entwicklung und Stagnation in der Kirche. Eine empirische Studie über Religiosität in reformierten Gemeinden in der Region Bern
2008	Wassmuth Olaf	Sibyllinische Orakel 1–2. Ein apokalyptisches Dokument des kleinasiatischen Judentums und seine christliche Adaption. Studien und Kommentar
2008	Dubach Manuel	In vino varietas. Untersuchungen zur Trunkenheit im Alten Testament und seiner Umwelt
2008	Siller Annelore Johanne	Kirche für die Welt. Karl Barths Lehre vom prophetischen Amt Jesus Christi in ihrer Bedeutung für das Verhältnis von Kirche und Welt unter den Bedingungen der Moderne
2009	Wenger Stefan	Der wesenhaft gute Kyrios. Eine exegetische Studie über das Gottesbild im Jakobusbrief
2010	Luczki Reka Agota	La Confirmation? Une recherche de théologie empirique sur le sens que les familles donnent à cette cérémonie
2010	Ghantous Hadi	Hazael, King of Damascus, in History and Tradition
2010	Münch Christian	In Christo närrisches Russland. Zur Deutung und Bedeutung des «jurodstvo» im kulturellen und sozialen Kontext des Zarenreiches. Erster Teil: Byzantinisches Erbe und altrussische Tradition
2010	Allemann Andreas	Der dreieine Gott und die Religionen- Plädoyer für einen lernoffenen Inklusivismus
2010	Seidel Hans-Joachim	Nabots Weinberg. Ahabs Haus. Israels Thron
2011	Münger Stefan	Studien zur Frühen Eisenzeit in Israel/Palästina
2011	Köppli Marcel	Protestantische Unternehmer in der Schweiz des 19. Jahrhunderts. Eine Untersuchung über den schweizerischen Ausschuss für die Bestrebungen der Bonner Konferenz

2011	Tschanz Karin	Hoffnungsorientierte systemische Seelsorgepraxis. Die Familientherapie Virginia Satirs in der Seelsorgepraxis
2013	Troi-Boeck Nadja	Konflikt und soziale Identität. Eine interdisziplinäre Studie zur Konstruktion sozialer Identitäten unter Einfluss eines Trennungskonflikts
2013	Lienau Detlef	Eine empirische Studie zur religiösen Erfahrung von Pilgern
2013	Kipfer Sara	Der bedrohte David. Eine exegetische und rezeptionsgeschichtliche Studie zu 1 Sam 16–1 Kön 2
2014	Bianca Andrea Marco	Scheidungsrituale- Eine global ausgerichtete Bestandsaufnahme mit einer empirischen Studie in den USA und grundsätzlichen Überlegungen für eine kirchliche Praxis
2014	Wyssmann Patrick	Vielfältig geprägt. Das spätperserzeitliche Samaria und seine Münzbilder
2015	Meister Daniel Johannes	Jesus und seine Gegner nach dem Matthäusevangelium. Eine intertextuelle Analyse ihrer Darstellung mit besonderer Berücksichtigung des Propheten Jeremia
2015	Hoyer Arend	«Was Musik andächtig macht.» Eine liturgietheoretische Untersuchung der Kantaten Johann Sebastian Bachs im Leipziger Gottesdienst seiner Zeit
2015	Walti Christian	Gottesdienst als Interaktionsritual. Eine videobasierte Studie zum agendenfreien Gottesdienst im Gespräch mit der Mikrosoziologie und der Liturgischen Theologie
2015	Jütte Stephan	Glaube in der hermeneutischen Freiheit nachmetaphysischen Denkens. Eine epistemisch-hermeneutische Selbstreflexion evangelischer Theologie auf den inneren Zusammenhang von Glaubensgrund, Glaubensinhalt und Glaubensweise in Auseinandersetzung mit Jürgen Habermas
2016	Hostetter Simon	Das Unsichtbare sichtbar machen. Pflegende Angehörige von Betagten als Herausforderung für den diakonischen Auftrag der Kirchen
2016	Dällenbach Ulrich	Schlaf und Schlaflosigkeit im Alten Testament und seinen Nachbarkulturen
2017	Lauber Peter	Allusiones pro illusionibus. Philostorgii Borisseni Historia ecclesiastica: Text, Übersetzung und Kommentar

7. Die Doktorandinnen und Doktoranden an der Christkatholisch-theologischen Fakultät

Gemäss StAB, BB IIIb 1197–1200; BB 8.2. 403–408; BB 05.10.2227,2228,2240,2241.

1903	Richterich Johann	Papst Nikolaus I. (24. April 858–13. November 867). Eine Monographie
1904	Archatzikaki Jacques	Étude sur les principales fêtes chrétiennes dans l'ancienne église d'orient
1904	Marjanović Čecomir	Utilitarismus und Christentum
1904	McDonald Herbert	The Protestant Episcopal Church of America. As seen in the Journals of her Conventions 1785 to 1880
1907	Radovanović Svetozar	Die Familien-Patronfeste bei den Serben
1908	Velimirović Nikolaj	Der Glaube an die Auferstehung Christi als Grunddogma der apostolischen Kirche
1914	Moog Ernst	Antoine Arnaulds Stellung zu den kirchlichen Verfassungsfragen im Kampf mit den Jesuiten
1914/15	Gilg Arnold	Idee und Geschichte in der Theologie Franz Anton Staudenmaiers
1914/15	Küry Adolf	Die Durchführung der kirchlichen Verordnungen des Konstanzer Generalvikars J. H. von Wessenberg in der Schweiz
1921	Ilić Jordan	Die Bogomilen in ihrer geschichtlichen Entwicklung (Paulicianer, Bogomilen und die bosnische christliche Kirche
1921/22	Djordjević Nikola	Die Selbständigkeit der serbischen Kirche
1922	Riel Cornelis Gerardus van	Beitrag zur Geschichte der Congregationes de Auxiliis
1924	Gaugler Ernst	Die Bedeutung der Kirche in den johanneischen Schriften
1930	Stojanow Manjo	Die kirchenpolitische Tätigkeit des Metropoliten Kliment von Tyrnovo
1933	Küppers Werner	Das Messiasbild der spätjüdischen Apokalyptik
1937/38	Dimitroff Stojan	Der Sinn der Forderungen Jesu in der Bergpredigt
1938	Djukanović Savo	Heiligkeit und Heiligung bei Paulus
1941/42	Maan Petrus Johann	Der Episkopat des Cornelis Johannes Barchman Wuytiers. Erzbischof von Utrecht 1725–1733
1956	Frei Walter	Gnostische Lehre und johanneische Verkündigung
1959/60	Stalder Kurt	Das Werk des Geistes in der Heiligung bei Paulus

1965/66	Visser Jan	Rovenius und seine Werke. Beiträge zur Geschichte der nordniederländischen katholischen Frömmigkeit in der ersten Hälfte des 17. Jahrhunderts
1970/71	Aldenhoven Herwig	Darbringung und Epiklese im Eucharistiegebet. Eine Studie über die Struktur des Eucharistiegebetes in den altkatholischen Liturgien im Lichte der Liturgiegeschichte
1973	Amiet Peter	Systematische Überlegungen zur Amtsgnade
1973	Frei Hans Alfred	Metanoia im Hirten des Hermas
1975	Fer Nicolae	Titel unbekannt
1976	Kraft Sigisbert	Der deutsche Gemeindegesang in der alt-katholischen Kirche: Kirchenlied – Messgesang. Ein Beitrag zur Gesangbuchforschung – eine Hilfe für die Praxis von heute
1978	Retzlaff Georg	Die äussere Erscheinung des Geistlichen im Alltag (Eine Untersuchung zur Frage des «habitus clericalis» im Spiegel synodaler Entscheidungen von 398–1565)
1983/84	Thériault Serge-André	Entre Babylone et le Royaume. Vie et oeuvre de Dominique-Marie Varlet, grand vicaire de l'évêque de Québec et père de l' épiscopat vieux catholique d'Utrecht (1678–1742)
1983/84	Meghesan Dumitru	Die Bedeutung der Auferstehung Christi für das christliche Leben und den christlichen Dienst im eschatologischen Kontext
1985	von Arx Urs	Studien zur Geschichte des alttestamentlichen Zwölfersymbolismus. Band I: Fragen im Horizont der Amphiktyoniethese von Martin Noth
1985	Markezinis Basilios	L'adoration et le culte en esprit et en vérité chez S. Cyrille d'Alexandrie
1990	Keefer John S.	The Mystery of the Seven Golden Lampstands
1994	Peepa Constantina	Die Töchter der Kirche Christi und die frohe Botschaft des Sohnes Gottes. Eine Studie über die aktive Präsenz der Frauen und ihre besonderen Dienste im Frühchristentum und in Gemeinden der ungeteilten Alten Kirche
1995	Dodel Franz	Das Sitzen der Wüstenväter. Eine Untersuchung anhand der Apophthegmata Patrum
1996	Garitsis Philotheos Konstantinos	Metadosis theanthropou somatos. Die Dynamik der trinitarischen Vergöttlichung des Menschen im Rahmen der Gegenseitigkeit von Christologie und Pneumatologie bei Gregor Palamas
1997	Klein Wassilios Wolfgang	Die Legende von Barlaam und Ioasaph als Programmschrift des Mönches Agapios Lancos. Einleitung – Edition – Übersetzung
2005	Wloemer Klaus	Geschichte der Christkatholischen Kirchenmusik der Schweiz

2005	Smit Peter-Ben	Food and Fellowship in the Kingdom. Studies in the Eschatological Meal and Scenes of Utopian Nutritional Abundance in the New Testament
2006	Ring Matthias	«Katholisch und deutsch». Die alt-katholische Kirche Deutschlands und der Nationalsozialismus
2008	Suter Adrian	Hierarchie der Wahrheiten und das Selbstverständnis der Theologie. Deutung und Kritik einer wesentlichen Konzilsaussage im Licht der theologischen Ansätze von Wolfhart Pannenberg, Karl Rahner und George Lindbeck
2012	Knoepffler Nikolaus Johannes	Ehrfurcht vor der menschlichen Würde. Die Frage nach dem Beginn der menschlichen Person und eine Bewertung damit verbundener bioethischer Konfliktfälle im Dialog mit der Glaubenskongregation «Dignitas Personae»
2013	Kirscht Ralph	Der Emmaus-Weg. Neuwerdung in der Emmauserzählung (Lk 24, 13–35) und das Modell eines spirituellen Ansatzes von Traumfolgen-Therapie. Eine transdisziplinäre Untersuchung
2014	Scheibler Thomas	Jüdisch-christliche Hoffnung im Abschied von antijüdischer Apathie. Eine Studie zu Ernst Gauglers Auslegung der Israelkapitel im Römerbrief
2014	Daniel Joseph	Historic Praxis of Ecumenism in the Malankara Mar Thoma Syrian Church
2016	Kartashyan Mariam	Das armenische Schisma, seine transnationalen Auswirkungen und seine Rolle für die Beziehungen zwischen Armeniern, Altkatholiken und Anglikanern in den 1870er Jahren

8. Ehrenpromotionen der Evangelisch-theologischen Fakultät

Gemäss StAB, BBIIIb 1015, BB 8.2.522, BB 05.10.2130.

Jahr	Name
1862	Karl Bernhard Wyss
1864	Felix Bungener
1864	Gottlieb Studer
1864	Alois Biedermann
1872	Eduard Müller
1875	Heinrich Steiner
1884	August Bouvier Heinrich Kesselring Johann Jakob Kneuker
1891	Henri Vuilleumier
1895	Rudolf Steck
1899	Carlo Perrochet
1903	Adolf Bolliger August Bernus Friedrich Meili Paul Metzger Fritz Trechsel J. Ammann
1907	Lucien Gauthier
1909	Eduard Bähler Henrico Schlosser
1911	Moritz Lauterburg (nicht nachweisbar!) Emil Schiller
1916	Eduard Güder
1917	Amato Chavan Arnold Ruegg Emil Ryser
1924	Andreas Friedrich Karl Habicht
1925	Albert Haller
1926	Allen Bartholomew
1927	Ludwig Koehler
1928	Alois Fornerod Emil Perrenoud Max Ruetschi Ernst Staehelin
1934	Wilhelm Burckhardt Karl Borgeaud Kurt Galling Otto Lauterburg
1936	Karl Lüthi
1952	Paul Marti
1954	Dora Scheuner
1958	Willy Brändly Willy Meyer
1959	Heinrich Barth
1960	Leonhard von Muralt
1963	Walter Hutzli Werner Kasser

1964	Theodorus Vriezen Paul Wieser
1965	Pierre Bonnard Grete Mecenseffy Jacques Rossel
1967	Charles Brütsch
1968	Hermann Baur Hendrik Berkhof
1970	Paul Heinrich Huber Fritz Indermühle
1972	Willy Fries
1973	Werner Kägi
1974	Fritz Tschirch
1976	Hans Stock
1977	Kurt Marti
1979	Heinrich Stirnimann
1980	Hans Gugger
1981	René Vuilleumier
1982	Albrecht Dihle
1983	Paul Abrecht
1984	Heino Falcke
1985	Paul Berger
1986	Hinrich Stoevesandt
1987	Milan Machovec
1988	Hans Fischer
1989	Helmut Reichel
1990	Stefan Heym
1991	Christof Ziemer
1992	Eva Renate Schmidt
1993	Ruth Bietenhard
1994	Julia Esquivel
1995	Johann Zürcher
1996	Manuel Rohner
1997	Wolfram Kistner
1998	Jochen Gabriel Bunge
2000	Justin S. Ukpong Seiichi Yagi
2001	Christine Burckhardt-Seebass
2002	Claude Lagarde
2005	Iren Meier
2006	Daniel Glaus
2007	Tamara Grdzelidze
2008	Hans Rudolf Lavater
2009	Susan Ashbrook Harvey
2010	Rifaat Lenzin
2011	Rudolf H. Strahm Hannah M. Cotton
2012	Willi Nafzger
2013	Kathrin Utz Tremp
2014	Bernadette J. Brooten

9. Ehrenpromotionen der Christkatholisch-theologischen Fakultät

Gemäss StAB, BBIIIb 1015, BB 8.2.522, BB 05.10.2130.

1876	Eduard Herzog
1878	Jakob Buchmann
1884	Franz Hirschwälder Karl Schröter Johannes Rieks
1892	Nikephoros Kalogeras, John Wordsworth
1896	Fritz Lanchert
1899	Alphonse Chrétien Leopold Karl Goetz
1903	Jacob Johann van Thiel
1904	Friedrich Mülhaupt
1908	Georg Moog Adolf Thürlings
1910	Franz Xaver Fischer Wilhelm Cajetan Schirmer

1938	Andreas Rinkel
1951	Otto Gilg
1960	Bastiaan A. van Kleef
1962	Bertold Spuler
1974	Ioannis Karmiris
1987	Damaskinos Papandreou Erich Kemp
1996	Vitalij Borovoj
1999	Wiktor Wysoczanski
2000	J. Robert Wright Rolf Bloch
2004	Jan Visser

10. Habilitationen an der Evangelisch-theologischen Fakultät in Bern

Gemäss Jahresberichte StAB, P.B 301; Protokolle der Evangelisch-theologischen Fakultät: BB 8.2.137 (1923–1962); BB 8.2.138 (1962–1975); BB 8.2.139 (1976–1978); BB 8.2.511 (1978–1982); BB 8.2.512 (1982–1986).

Jahr	Name	Institut	Titel
1947	Hans Bietenhard	Neues Testament	Die himmlische Welt im Urchristentum und Spätjudentum
1959	Kurt Lüthi	Systematische Theologie	Gott und das Böse. Eine biblisch-theologische und systematische These zur Lehre vom Bösen, entworfen in Auseinandersetzung mit Schelling und Karl Barth
1963	Andreas Lindt	Kirchengeschichte	Protestanten – Katholiken – Kulturkampf: Studien zur Kirchen- und Geistesgeschichte des neunzehnten Jahrhunderts
1967	Victor Hasler	Neues Testament	Amen. Redaktionsgeschichtliche Untersuchung zur Einführungsformel der Herrenworte «Wahrlich ich sage euch»
1967	Hans Werner Debrunner		A Church between colonial powers. A study of the Church in Togo
1970	Hans Ruh	Ethik	Sozialethischer Auftrag und Gestalt der Kirche. Ekklesiologische Konsequenzen der sozialethischen Forschung der letzten drei Jahrzehnte in Theologie und Ökumene
1970/71	Martin A. Klopfenstein	Altes Testament	Scham und Schande im Alten Testament. Eine begriffsgeschichtliche Untersuchung zu den hebräischen Wurzeln bos, klm und hpr
1972/73	Klauspeter Blaser	Systematische Theologie	Wenn Gott schwarz wäre. Das Problem des Rassismus in Theologie und christlicher Praxis
1973	Hans Scholl	Systematische Theologie	Calvinus catholicus. Die katholische Calvinforschung im 20. Jahrhundert
1977	Johannes Lähnemann	Praktische Theologie/ Religionspädagogik	Nichtchristliche Religionen im Unterricht. Beiträge zu einer theologischen Didaktik der Weltreligionen, Schwerpunkt Islam
1977	Ernst Saxer	Systematische Theologie	Vorsehung und Verheissung Gottes. Vier theologische Modelle (Calvin, Schleiermacher, Barth, Sölle) und ein systematischer Versuch
1978	Johannes Heinrich Schmid	Systematische Theologie	Erkenntnis des geschichtlichen Christus bei Martin Kähler und bei Adolf Schlatter
1981	Rudolf Dellsperger	Neuere Kirchengeschichte	Die Anfänge des Pietismus in Bern. Quellenstudien

Jahr	Name	Institut	Titel
1982/83	Christine Reents	Praktische Theologie	Die Bibel als Schul- und Hausbuch für Kinder. Werkanalyse und Wirkungsgeschichte einer frühen Schul- und Kinderbibel im evangelischen Raum: Johann Hübner, Zweymal zwey und funffzig Auserlesene Biblische Historien, der Jugend zum Besten abgefasset …, Leipzig 1714 bis Leipzig 1874 und Schwelm 1902
1986	Manfred Kwiran	Praktische Theologie	Religionsunterricht in USA, ein Vergleich. Edukative und methodische Perspektiven amerikanischer Religionspädagogik, ein pragmatischer Ansatz
1988	Christoph Müller	Praktische Theologie	Exegese und Wirklichkeit. Vorarbeiten zu einer ganzheitlicheren Hermeneutik
1988	Iréna Backus	Kirchengeschichte	Lectures humanistes de Basile de Césarée: Traductions latines (1439–1618)
1989	Peter Lampe	Neues Testament	Ad ecclesiae unitatem. Eine exegetisch-theologische und sozialpsychologische Paulusstudie
1989/90	Hans-Peter Mathys	Altes Testament	Dichter und Beter. Theologen aus spätalttestamentlicher Zeit
1990	Klaus Koschorke	Ältere Kirchengeschichte	Spuren der alten Liebe. Studien zum Kirchenbegriff des Basilius von Caesarea
1991/92	Urs Meyer		Europäische Rezeption indischer Philosophie und Religion, dargestellt am Beispiel von Arthur Schopenhauer
1991	Thomas Willi	Systematische Theologie	Juda-Jehud-Israel. Studien zum Selbstverständnis des Judentums in persischer Zeit
1992	Hans Peter Lichtenberger	Systematische Theologie	Wie kommt der Christus in die Philosophie? Gotteslehre und Christologie bei Immanuel Kant
1995	Martin Bieler	Systematische Theologie	Befreiung der Freiheit. Zur Theologie der stellvertretenden Sühne
1996	Kurt Schori	Praktische Theologie	Religiöse Erziehung im Alter von 4 bis 8 Jahren. Eine Studie zur Theorie und Praxis des religiösen Lernens und Erziehens auf empirischer Grundlage.
1997	Thomas Naumann	Altes Testament	Ismael. Theologische und erzählanalytische Studien zu einem biblischen Konzept der Selbstwahrnehmung Israels im Kreis der Völker aus der Nachkommenschaft Abrahams
1999	Marc van Wijnkoop	Kirchengeschichte	Musculiana
1999	Reinhard Bodenmann	Kirchengeschichte	Wolfgang Musculus (1497–1563). Destin d'un Autodidacte lorrain au siècle des Réformes: etude basée sur la biographie établie par son fils, la correspondance personnelle et de nombreux autres documents d'époque

Jahr	Name	Institut	Titel
2000	Matthias Zeindler	Systematische Theologie	Gotteserfahrung in der christlichen Gemeinde – Eine dogmatische Untersuchung zur sozialen Dimension der Erfahrung des Dreieinigen
2003	Erich Bosshard-Nepustil	Altes Testament	Die Fluterzählung Genesis 6–9
2003	Isabelle Graesslé	Praktische Theologie	Pour une théologie du passage. Repérages en Eglise
2004	Moisés Mayordomo-Marin	Neues Testament	Argumentiert Paulus logisch? Eine Analyse auf dem Hintergrund antiker Logik
2005	Regine Hunziker	Altes Testament	König Saul und die Geister. Zur Entwicklung des Saulbildes in der Bibel und in der Geschichte ihrer Rezeption
2006	Brigitte Enzner-Probst	Praktische Theologie	Frauenliturgien als Performance. Die Bedeutung von Corporealität in der liturgischen Praxis von Frauen
2007	Stefan H. Wälchli	Altes Testament	Gottes Zorn in den Psalmen. Eine Studie zur Rede vom Zorn Gottes in den Psalmen im Kontext des Alten Testaments und des Alten Orients
2009	Philippe Guillaume	Altes Testament und Biblische Umwelt	Crises in crisis. land and credit in Persian Yehud
2009	Eduard von Sinner	Systematische Theologie	The churches and democracy in Brazil. Towards a public theology focused on citizenship
2010	Marco Hofheinz	Systematische Theologie	«Er ist unser Friede». Karl Barths christologische Grundlegung der Friedensethik im Gespräch mit John Howard Yoder
2010	Christian Münch	Historische Theologie	In Christo närrisches Russland. Zur Deutung und Bedeutung des jurodstvo im kulturellen und sozialen Kontext des Zarenreiches. Zweiter Teil: Neuzeit
2010	Johannes Klein	Altes Testament	Zwischen Gottesurteil und Gebetsbeschwörung: Der Schwur im Alten Testament
2011	Bernhard Joss-Dubach	Praktische Theologie mit Schwerpunkt Seelsorge und Religionspädagogik	Gegen die Behinderung des Andersseins. Ein Theologisches Plädoyer für die Vielfalt des Lebens von Menschen mit einer geistigen Behinderung
2013	Christoph Sigrist	Diakoniewissenschaft	Kirchen Diakonie Raum. Untersuchungen zu einer diakonischen Nutzung von Kirchenräumen
2014	Soham Al-Suadi	Neues Testament	Inspiration und Auslegung. Synchron-literarische Motivinterpretation vom Geist inspirierter Rede im Lukasevangelium
2014	Luca Di Blasi	Systematische Theologie	«Verwerfungen der Säkularisierung». Studien zur Fortwirkung des Religiösen in der kontinentalen Philosophie des 20. Jahrhunderts

11. Habilitationen von Professorinnen und Professoren der Evangelisch-theologischen Fakultät in Bern

Jahr der venia docendi in Bern	Name	Institut	Titel	Ort und Jahr der Habilitationsschrift
1944	Alfred de Quervain		Die theologischen Voraussetzungen der Politik. Grundlinien einer politischen Theologie	Basel 1930
1958	Gottfried Wilhelm Locher	Systematische Theologie	Der Eigentumsbegriff als Problem evangelischer Theologie	Zürich 1954
1966	Christian Maurer		Ignatius von Antiochien und das Johannesevangelium	Zürich 1946
1968	Reinhard Friedrich Slenczka	Ethik	Geschichtlichkeit und Personsein Jesu Christi. Studien zur christologischen Problematik der historischen Jesusfrage	Heidelberg 1966
1971	Hermann Ringeling	Ethik	Theologie und Sexualität. Das private Verhalten als Thema der Sozialethik	Münster 1968
1979	Christian Link	Systematische Theologie	Die Welt als Gleichnis. Studien zum Problem der natürlichen Theologie	Heidelberg 1976
1980	Ulrich Luz	Neues Testament	Das Geschichtsverständnis des Paulus	Zürich 1968
1980	Lukas Vischer	Neues Testament	Die Auslegungsgeschichte von 1. Kor. 6,1–11. Rechtsverzicht und Schlichtung	Basel 1955
1986	Walter Dietrich	Altes Testament	Jesaja und die Politik	Göttingen 1975
1989	Samuel Vollenweider	Testament	Freiheit als neue Schöpfung. Eine Untersuchung zur Eleutheria bei Paulus und in seiner Umwelt	Zürich 1987
1991	Martin George	Ältere Kirchengeschichte	Die Ehe in der Antike. Die Entwicklung der philosophischen Ethik und ihre Konfrontation mit dem christlichen Vollkommenheitsideal bei Johannes Chrysostomos auf dem Hintergrund der asketischen Theologie des vierten Jahrhunderts	Erlangen 1989

Jahr der venia docendi in Bern	Name	Institut	Titel	Ort und Jahr der Habilitationsschrift
1992	Axel Michaels	Religionswissenschaft	Der nepalische Pasupatinatha-Tempel und sein rituelles Umfeld	Kiel 1991
1992	Wolfgang Lienemann	Ethik	Kernwaffen und die Frage des gerechten Krieges als Problem ökumenischer Friedensethik seit 1945, besonders im Blick auf den Protestantismus in Deutschland	Heidelberg 1983
1994	Christine Janowski	Systematische Theologie	Apokatastasis panton – Allerlösung. Annäherungen an eine entdualisierte Eschatologie	Tübingen 1992
1997	Silvia Schroer	Altes Testament	Die Göttin auf den Stempelsiegeln aus Palästina/Israel	Fribourg 1989
1999	Karenina Kollmar-Paulenz	Religionswissenschaft	Erdeni tunumal neretü sudur. Die Biographie des Altan qayan der Tümed-Mongolen: ein Beitrag zur Geschichte der religionspolitischen Beziehungen zwischen der Mongolei und Tibet im ausgehenden 16. Jahrhundert	Bonn 1999
2003	Matthias Konradt	Neues Testament	Gericht und Gemeinde. Eine Studie zur Bedeutung und Funktion von Gerichtsaussagen im Rahmen der paulinischen Ekklesiologie und Ethik im 1 Thess und 1 Kor	Bonn 2002
2007	Martin Sallmann	Neuere Kirchengeschichte	Predigten in Basel 1580 bis 1650. Städtische Gesellschaft und reformierte Konfessionskultur	Basel 2003
2008	René Bloch	Klassische Philologie/ Judaistik	Moses und der Mythos. Die Auseinandersetzung mit der griechischen Mythologie bei jüdisch-hellenistischen Autoren	Basel 2008
2009	Andreas Wagner	Altes Testament	Prophetie als Theologie. Die «so spricht Jahwe» – Formeln und das Grundverständnis alttestamentlicher Prophetie	Mainz 2002
2009	David Plüss	Praktische Theologie	Gottesdienst als Textinszenierung. Perspektiven einer performativen Ästhetik des Gottesdienstes	Basel 2005

Jahr der venia docendi in Bern	Name	Institut	Titel	Ort und Jahr der Habilitationsschrift
2010	Torsten Meireis	Systematische Theologie	Tätigkeit und Erfüllung. Protestantische Ethik im Umbruch der Arbeitsgesellschaft	Münster 2007
2011	Magdalene Frettlöh	Systematische Theologie	Gott Gewicht geben. Bausteine einer geschlechtergerechten Gotteslehre	Bochum 2004
2011	Rainer Hirsch-Luipold	Neues Testament	Gott wahrnehmen. Die Sinne im Johannesevangelium	Göttingen 2010
2012	Stefan Huber	Religionswissenschaft	Religiöse Konstrukträume. Theorie, Methodik und erste Ergebnisse eines interdisziplinären Forschungsprogramms	Bochum 2008
2012	Isabelle Noth	Praktische Theologie	Freuds bleibende Aktualität. Psychoanalyserezeption in der Pastoral- und Religionspsychologie im deutschen Sprachraum und in den USA	Zürich 2010
2014	Katharina Heyden	Ältere Kirchengeschichte	Orientierung. Die westliche Christenheit und das Heilige Land in der Antike	Göttingen 2013
2016	Benjamin Schliesser	Neues Testament	Phänomen des Zweifels im frühen Christentum	Zürich

12. Evangelisch-theologische Fakultät: Habilitiert aufgrund weiterer wissenschaftlicher Kriterien (zum Beispiel Dissertationen in zwei Wissenschaftsbereichen)

Johann Jakob Stamm
Johannes Dürr
Kurt Guggisberg
Johann Friedrich Schär
Robert Morgenthaler
Ulrich Ernst Neuenschwander
Klaus Wegenast
Theophil Erwin Müller
Maurice Baumann
Ernst Zbinden
Christoph Morgenthaler

13. Habilitationen an der Christkatholisch-theologischen Fakultät in Bern

Quelle: Angaben nach von Arx.

Jahr	Name	Institut	Titel
1891	Friedrich Lauchert	Patristik	Über den Gottesstaat des heiligen Augustinus (de civitate Die)
1915	Arnold Gilg	Systematische Theologie	Zur Frage nach der Christlichkeit der Mystik
1972	Christian Oeyen		Die Entstehung der Bonner Unionskonferenzen im Jahre 1874
1975	Theodor Nikolaou		Die Ansichten des G. Plethon Gemistos über Staat und Recht
1997	Günter Esser	Mittlere und neuere Kirchengeschichte	Politik und Glaube. Ein Beitrag zu Entstehungsgeschichte der altkatholischen Kirche in Baden
2007	Michael Bangert	Allgemeine Kirchengeschichte	Bild und Glaube. Ästhetik und Spiritualität bei Ignaz Heinrich von Wessenberg, einem «Kirchenvater» des Christkatholizismus
2009	Peter-Ben Smit	Allgemeine Kirchengeschichte und Geschichte des Altkatholizismus	The (Re) Discovery of the Local Church. A Comparative Study of the Historical Development of the Ecclesiological Self- Understanding of the Iglesia Filipina Indepediente and the Old-Catholic Churches of the Union of Utrecht with Special Attention to their Self-Understanding as Communions of Local Churches
2009	Harald Rein		Ist Kirche machbar? Einführung in die kybernetische Theologie
2015	Andreas Krebs	Christkatholische Theologie in den Fächern Systematische Theologie und Ökumenische Theologie	Entdeckungen Gottes. Theologische Ontologie im Säkularen Zeitalter

14. Habilitationen von Professoren der Christkatholischen-theologischen Fakultät in Bern

Jahr der venia docendi in Bern	Name	Institut	Titel	Ort und Jahr der Habilitationsschrift
1992	Christoph Führer	Kirchengeschichte	Aspekte eines «Christentums der Zukunft». Zur Theologie und Spiritualität Friedrich Rittelmeyers (1872–1938)	Warschau 1996

15. Christkatholisch-theologische Fakultät: Habilitiert aufgrund weiterer wissenschaftlicher Kriterien (zum Beispiel: Dissertationen in zwei Wissenschaftsbereichen)

Peter Amiet Martien Parmentier	Angela Berlis: Zölibatsdiskussion und Klerikerehe in den altkatholischen Kirchen in Deutschland und den Niederlanden. Postdocprojekt in (moderner) Kirchengeschichte, Tilburg (Niederlande) 2003–2007

16. Dozentinnen und Dozenten der Evangelisch-theologischen Fakultät[1]

Quellen: Unilink StAB, P.C 405; Vorlesungsverzeichnis P.A 389/390; Jahresberichte P.B 301; Personalverwaltung der Universität Bern; www.christkath.unibe.ch/unibe/portal/fak_theologie/dep_chrkth/content/e40200/e223483/e379445/Lehrauftraege_oekum_HS2009-FS2016_Kurzuebersicht_ger.pdf (30.1.2019); Protokolle: BB 8.2.137 (1923–1962); BB 8.2.138 (1962–1975); BB 8.2.139 (1976–1978); BB 8.2.511 (1978–1982); BB 8.2.512 (1982–1986).

Honorarprofessur

Name	Tätigkeit an der Evang.-theol. Fakultät
Albrecht Rudolf Rüetschi	1845/46–1848 PD; 1879–1890 HonP
Friedrich Gustav Eduard Güder	1859–1864/65 PD; 1879–1881/82 HonP
Ernst Graf	1913/14–1928 Lektor; 1928/29–1937/38 HonP
Kurt Wolfgang Senn	1938/39–1957 Lektor; 1957/58–1965/66 HonP
Dora Scheuner	1951–1963/64 Lektorin; 1964–1974 HonP
Gerhard Aeschbacher	1966/67–1972 Lektor; 1972/73–1983 HonP
Hermann Buchs	1966/67–1972 Lektor; 1972/73–1987 HonP
Kurt Anliker	1978–1983/84 Lektor; 1984–1991 HonP
Johannes Heinrich Schmid	1979–1983/84 PD; 1983/84–1992/3 HonP
Ernst Richard Saxer	1978/79–1983/84 PD; 1983/84–2001 HonP
Ernst Ludwig Ehrlich	1981–1988 Lektor; 1986, 1988/89–1989/90, 1991/92 Lehrauftrag; 1990–1999 HonP
Hans-Balz Peter	1984/85–1989 Lehrauftrag; 1989–2008, HonP
Urs Meyer	1992–1999/2000 PD; 2000–2001 HonP
Peter Winzeler	1992/93–2004 PD; 2005–2014 HonP
Annemarie Etter	1991–2000 PD; 2000–2004 HonP

Titular-Professur

Name	Tätigkeit an der Evang.-theol. Fakultät
Benedikt Bietenhard	1975/76–1990 Lektor; 1990–2013 Tit. Prof
Manfred Kwiran	1986/87–1993/94 PD; 1994–2007/08 Tit. Prof.
Andreas Marti	1983/84–1991/92 Lektor; 1992–2015 Tit. Prof
Frank Mathwig	2007–2011 Lehrauftrag; 2011– Tit. Professor
Matthias Zeindler	2000/01–2011 PD; 2011– Tit. Prof.
Hans-Rudolf Benz Schär	1983– Lehrauftrag; 1991/92 Lehrstuhlvertretung; 1991–2008 Tit. Prof.

Privatdozentin und Privatdozent

Name	Tätigkeit an der Evang.-theol. Fakultät
M. Delhorbe	1859–1862
Johann Jakob Mendel	1859–1875
Eduard von Muralt	1865–1869
Ferdinand Zyro	1867–1872
Rudolf Rüetschi	1882–1887
Otto Erich Strasser	1928/29–1959/60
Helmut Hugo Huber	1935–1948/49

Name	Tätigkeit an der Evang.-theol. Fakultät
Fritz Buri	1935/36–1957
Kurt Lüthi	1960–1963/64
Hans Debrunner	1968/69–1972/73
Hans Scholl	1974–1986/87
Johannes Lähnemann	1978/79
Christine Reents	1983–1984/85
Hans-Peter Mathys	1990
Peter Lampe	1987 (Habil., Antrittsvorlesung)
Klaus Koschorke	1991–1993
Thomas Willi	1992–1994
Hans Peter Lichtenberger	1994–2013
Martin Bieler	1990–1993 Forschungsprojekt; 1995–2012 PD
Kurt Schori	1997–
Christoph Sigrist	1999–2008 Lehrauftrag; 2009–2014 Dozent; 2014– PD
Reinhard Bodenmann	2001–2010
Erich Bosshard-Nepustil	2003–2008
Isabelle Graessle	1995/96 Lehrauftrag; 2004–2011 PD
Regine Hunziker-Rodewald	2006–2008
Brigitte Enzner-Probst	2006–2012
Stefan Wälchli	2007–
Rudolf von Sinner	1998, 2002/03, 2003 Lehrauftrag; 2010–2013 PD
Marco Hofheinz	2010–2011
Christian Münch	2008–2010 wiss. Mitarbeiter; 2010– PD
Johannes Klein	2009–2011 Forschungsstipendium; 2011– PD
Philippe Guillaume	2011–
Bernhard Joss-Dubach	2012–2018 Alle 2 Semester 1 Veranstaltung
Soham Al-Suadi	2015–2016

Dozentin und Dozent

Name	Tätigkeit an der Evang.-theol. Fakultät
Almut Bruckstein	2001/02
Gaby Mund-Knoch	2001–2003
Hans-Peter Schmidt	2006–2008/09
Andreas Kessler	2008–2016
Barbara Rieder Howald	2007 Lehrstuhlvertretung; 2008; 2008/09 Dozentin
Johannes Stückelberger	2010–
Kurt Keller	2012–
Peter Schwagmeier	2010/11, 2013–
Stefanie Lorenzen	2016–
Katrin Kusmierz	2010– wiss. Mitarbeiterin; 2011– Wiss. Geschäftsführerin des Kompetenzzentrums Liturgik; 2018– Dozentin

Gastprofessur

Name	Tätigkeit an der Evang.-theol. Fakultät
Bettina Bäumer	1997– 1999
Lauren Pfister	2007/08

KOPTA

Name	Tätigkeit an der Evang.-theol. Fakultät
Marc van Wijnkoop	2002–2008 PD; 2003–2008 Lehrbeauftragter; 2011–2013 Leiter Lernvikariat und Leiter KOPTA
Eduard Fuhrer	1984/85–1991 Praxisberater
Walter Hug	1994–2013 Leiter des praktischen Semesters; 2013– Leitung Lernvikariat, KOPTA
Kurt Handke	2002/03–2011 Ist als Dozent angestellt. Leiter Lernvikariat und KOPTA
Andreas Köhler-Andereggen	2014– Leiter des praktischen Semesters
Manuela Liechti-Genge	2011– Studienleiterin CAS Ausbildungspfarrer/in

Assoziierter Professor

Name	Tätigkeit an der Evang.-theol. Fakultät
Ernst Axel Knauf	1997/8– Dozent; 2011–2018 Assoziierter Professor
Moisés Mayordomo Marin	2006–2012 Dozent; 2012–2014 Assoziierter Professor; 2015/16 Lehrauftrag
Stefan Münger	2005–2008 Studienfachberater; 2008–2017 zusätzlich Studienkoordinator (seit 2005 auch immer Lehraufträge); 2017– zuerst Dozent, dann Assoziierter Professor
Luca Daniele Di Blasi	2014–2015 Dozent; 2015–2018 PD; 2018– Assoziierter Professor

Lektorin und Lektor

Name	Tätigkeit an der Evang.-theol. Fakultät
Max Balsiger	1962/63–1973/74
Roland Gradwohl	1973–1979
Friedhelm Matthias Grünewald	1980–2011
Rosa Grädel-Schweyer	1994–2007

Wissenschaftliche Mitarbeiterinnen und Mitarbeiter

Name	Tätigkeit an der Evang.-theol. Fakultät
Irène Schwyn	2000
Patrick Wyssmann	2006–2010; 2015–2017
Rebekka Schifferle	2007–2009
Eva Funk	2007–2012
Sara Kipfer	2007–2012; 2013–2015
Barbara Hufft	2009–2014
Petr Jan Vins	2010–2011
Daniel Gerson	2011– Lehrauftrag und wiss. Mitarbeiter
Beatrice Wyss	2011–2014
Susanne Rutishauser	2015–2016
Anna-Konstanze Schröder	2012–2017
Sonja Froese-Brockmann	2012–2013
Theodoros Alexopoulos	2012–2013 Lehrauftrag Christkath.; 2015– Wiss. Mitarbeiter

Name	Tätigkeit an der Evang.-theol. Fakultät
Silvia Martens	2012 Lehrauftrag; 2015–2018
Carsten Ramsel	2012–2015
Sonja Friedrich-Killinger	2014–
Zbynek Kindschi Garsky	2014–2017
Katarzyna Langenegger	2014, 2015–2017
Renate Burri	2015–
Emmanuel Schweizer	2014–
Cristina Betz	2016–2018
Monika Kneubühler	2016–2019
Athanasios Despotis	2019
Peter Lötscher	2018–
Jan Rüggemeier	2017–

Lehrbeauftragte

Name	Tätigkeit an der Evang.-theol. Fakultät
Paul Marti	1966/67
Pierre Barthel	1968/69–1986/87
Hans Max Walther	1974/75
Heinrich Stirnimann	1977/78
Jan Milic Lochman	1978/79
Otfried Höffe	1978/79
Gerhard Ebeling	1978/79
Roman Bannwart	1977/78, 1978/79, 1979/80
Hans Joachim Stoebe	1979/80
Alex Carmel	1979/80, 1984/85, 1993/94, 1994/95, 1995–1995/6
Charles Chappuis	1980/81, 1981, 1985, 1988, 1991, 1999/00
Wolfgang Böker	1981/82, 1983/84, 1986/87
Hermann Levin Goldschmidt	1981/82–1982
Hannah Liron-Frei	1981/82–2008
Andreas Haller	1981/82, 1982
Michael Wyschogrod	1982/83
Andreas Bühler	1982/83
Peter Kuster	1983
Pinchas Lapide	1983, 1991
Zalman Schachter-Chalomi	1983/84
Walter Neidhart	1983/84
Hans-Peter Mathys	1983/84, 1984, 1988–1989, 1990/91, 1991
René Vuilleumier	1984–1986/87
Dölf Rindlisbacher	1984/85
Josef Bommer	1985
Alois Haas	1985
Adrian Schenker	1985
Elisabeth Tobler-Stämpfli	1985/86
Manfred Weitlauff	1985/86

Name	Tätigkeit an der Evang.-theol. Fakultät
Doris Strahm	1985/86; 2008/09, 2009
Leon Feldman	1985/86
Lore Gautschi	1985/86, 1986
Marcel Marcus	1985, 1992/93, 1993, 1995/96, 1996/97
Paul Berger	1986, 1988/89, 1989
Hayim Goren Perelmuter	1986/87
Urs Altermatt	1987
Ralph Weingarten	1987
Akiva Deutsch	1987/88
Kuno Füssel	1987/88
Christian Dauwalder	1987/88
Helga Weippert	1987/88
Verena Stähli	1987/88, 1990
Annette Geissbühler	1987/88, 1990/91, 1993/94, 1997/98
Hanspeter Trauffer	1987/88–2012
Gerhard Wallis	1988
Christoph Rauh	1988–1988/89
Esther Starobinski Safran	1988–1989/90, 1994, 1998/99
Odil Steck	1988
Dorothee Sölle	1988/89, 1993
Willi Nafzger	1988–2006
Walter Hollenweger	1990, 1991, 1991/92
Haim Beinart	1989/90

Name	Tätigkeit an der Evang.-theol. Fakultät
Regula Strobel	1990
Carl-Albert Keller	1989/90
Tedy Hubschmid	1989/90, 1992/93, 1996
Ines Buhofer	1989/90
Ernst Tremp	1989/90–1991
Philipp Wegenast	1989/90–1991/92
Johann Zürcher	1990, 1992/93, 1998
Ina Praetorius	1990/91
Kurt Hruby	1990/91
Victor Conzemius	1985/86 Lehrstuhlvertretung; 1991–1991/92 Lehrauftrag
Shmuel Safrai	1991/92
Vreni Schneider	1991/92
Andreas Hänni	1991/92–
Heinz Herzig	1992
Silvia Schroer	1992, 1993, 1994
Michael Graetz	1992/93, 1996/97
Beatrice Acklin Zimmermann	1992/93, 1996/97, 2001
Charles Buri	1993
Joshua Blau	1993/94
Helen Schüngel-Straumann	1993/94
Hans Geisser	1993/94
Jan Veenhof	1993/94, 1994

Name	Tätigkeit an der Evang.-theol. Fakultät
Eva Renate Schmidt	1994
Monika Fander	1993/94
Christine Lienemann	1992/93–2012
Moshe David Herr	1994/95
Christine Nöthiger-Strahm	1994/95
Werner Reiser	1994/95
Pierre Bühler	1994/95
Milton Schwantes	1994/95
Monika Leisch-Kiesl	1995
Martina Wehrli-Johns	1994/95
Eveline Goodman-Thau	1996
Thomas Naumann	1993/94, 1995–1997
Mascha Madörin	1996
Aharon Oppenheimer	1996/97
Esther Wildbolz Quarroz	1997–1999
Kosen Nishiyama Roshi	1997
Christoph Uehlinger	1997, 1998, 1999
Heinz-Güther Nesselrath	1997, 1997/98, 1998, 1998/99, 1999
Barbara Hallensleben	1997, 2002
Guido Vergauwen	1997, 2002
Hans-Rudolf Wicker	1997, 1999
Alex Leukart	1997, 2003, 2004

Name	Tätigkeit an der Evang.-theol. Fakultät
Jean Zumstein	1997 Lehrstuhlvertretung; 1998/99 Lehrauftrag
Leo Karrer	1997, 2001, 2005
Jonah Fraenkel	1997/98
Stephane Moses	1997/98, 1998
Klaus Berger	1997/98
Peter Blickle	1997/98
Norberto Gramaccini	1997/98
Anselm Gerhard	1997/98
Peter Rusterholz	1997/98
Jacobus Waardenburg	1997/8–1999
Hanns Peter Holl	1998
Robert Barth	1998
Stephan Moser	1998
Iso Kern	1998, 1998/99, 1999, 2000
Jürg Zürcher	1998–1999
Wolfgang Marschall	1998/99, 1999
Andreas Bächli	1998/99
Iwar Werlen	1998/99, 1999
René Lanszweert	1998/99
Ursula Wegmüller	1998/99
Michael Graf	1998/99
Yoshichika Miyatani	1999

Name	Tätigkeit an der Evang.-theol. Fakultät
Niklaus Peter	1999 2000, 2000/01
Marianna Kropf	1999, 1999/00, 2000/01
Anne-Marie Müller	1999
Sigi Feigel	1999
Michael Braune-Krickau	1999
Matthias Berger	1999
Michael Mach	1999/00, 2000, 2000/01
René Pahud de Mortanges	1999/00, 2001, 2002/03, 2003, 2003/04, 2014
Pierre-Luigi Dubied	1999/00
Daniel de Roche	1999/00
Michel Bollag	1999, 2001, 2004/05, 2006/07
Rolf Bloch	2000/01
Gottfried Hammann	2000–2001
Martin Leiner	2000–2002
Jörg Paul Müller	2001
Karl-Heinz Golzio	2001
Samuel Vollenweider	2001, 2010
Susanne Ris-Eberle	2001, 2001/02
Joseph Kalamba	2002
Michael Goldberger	2002/03, 2005
Anna Luchsinger	2002/03, 2004/05
Thomas Karl Philipp	2002/2003

Name	Tätigkeit an der Evang.-theol. Fakultät
Dieter Baumann	2003
Gisburg Kottke	2003
Jacques Picard	2003, 2012
Gabrielle Oberhänsli-Widmer	2003/2004
Werner Vexier	2004
Barbara Müller	2004, 2004/05
Michael Hagemeister	2004/05
Claudia Kohli-Reichenbach	2005, 2012–; ab 2014 Studienleitung CAS-Lehrgang, Geschäftsleitung AWS
Andreas Kley	2005
Antonio Valsangiacomo	2005
René Bloch	2005
Christel Ellegast	2005–2014
Leonhard Suter	2005–2014
Klaus Oschema	2005/06
Vera Meyer Laurin	2005/2006, 2006, 2007
Michael Leipziger	2006
Hermann Goltz	2006
Christiane Tietz	2006
Monica Rüthers	2006
Ulrich Luz	2006/07
Simone Häberli	2006, 2006/07, 2007, 2008
Kurt Lüscher	2006/07

Name	Tätigkeit an der Evang.-theol. Fakultät
Susanne Leuenberger	2006/07, 2007, 2008
Monica Corrado	2006/07, 2007
Reinhold Bernhardt	2006/07, 2008, 2011, 2015/16
Tovia Ben-Chorin	2007
Pia Moser	2007
Mariano Delgado	2007, 2014
Sabine Jaggi	2007–2007/08
Ralph Kunz	2007, 2009
Irene Richheimer	2007, 2008, 2009
Thomas Kleinhenz	2007, 2009
Christoph Schumann	2008
Julia Läderach	2008
Stephan Schranz	2008
Daniel Meister	2009, 2010, 2011, 2012
Martin Wallraff	2009
Karin Scheiber	2009, 2010
Matthias Schmidt	2009, 2011
Umar Ryad	2010
Gregor Emmenegger	2010/2011
Jörg Frey	2010/2011
Darrell Guder	2010/2011
Stefan Huber	2011/12

Name	Tätigkeit an der Evang.-theol. Fakultät
Florian Lippke	2011–2013 wiss. Mitarbeiter; 2012–2015 Lehrauftrag
Thomas Herzog	2012
Sophia Bietenhard	2012
Ruth Hess	2012
Hanspeter Jecker	2012–2014 wiss. Mitarbeiter; 2016 Lehrauftrag
Hannelore Liss	2012–2013
Maria Sokolskaya	2012–2016 wiss. Mitarbeiterin; 2017 Lehrauftrag
Nadja Troi-Boeck	2011–2012 wiss. Mitarbeiterin; 2013–2014; Frauenmentoringprogramm 2013–2015
Andreas Heuser	2013
Joachim von Soosten	2013
Simon Peng-Keller	2013
Thomas Staubli	2013–2017
Thomas Schlag	2013, 2015, 2016
Elke Pahud de Mortanges	2014
Regine Munz	2014
Martin Hirzel	2015
Filip Karfik	2015
Rifa'at Lenzin	2015/16
Christine Oefele	2016
Gabriele Rippl	2016
Stephan Jütte	2016

Name	Tätigkeit an der Evang.-theol. Fakultät
Friedrich Christian Heinrich	2016/17
Elham Manea	2016/17
Wolfgang Lienemann	2017

Lehrstuhlvertretung

Name	Tätigkeit an der Evang.-theol. Fakultät
Hans van der Geest	1982/83
Reinhard Leuze	1983
John Mbiti	1983–2003 Lehrauftrag; 1996/97 Lehrstuhlvertretung
Othmar Keel	1983/84, 1996
Herbert Haag	1984/85 Lehrauftrag; 1989/90 Lehrstuhlvertretung
Hans Heinrich Schmid	1985
Albert de Pury	1985/86 Lehrauftrag; 1995 Lehrstuhlvertretung
Hans-Jürgen Goertz	1986
Peter Eicher	1986/87
Manfred Josuttis	1987
Hubertus Halbfas	1987/88
Klaus Koschorke	1988/89
Traugott Holtz	1989, 1992/93, 1993/94
Christoph Kähler	1989
Luise Schottroff	1989, 1996/97 Lehrstuhlvertretung
Raphael Judah Zwi Werblowsky	1989
Thomas Willi	1989/90 siehe Liste mit PD
Manfried Dietrich	1989/90, 1994/95
Ulrich Gäbler	1990
Alberto Bondolfi	1982 Lehrauftrag; 1984/85, 1991/92 Lehrstuhlvertretung
Rupert Moser	1990/91–1991, 1991/92 Lehrstuhlvertretung
Jean-Claude Wolf	1991
Monika Wolgensinger	1991
Klauspeter Blaser	1991/92
Hartmut Raguse	1991/92–1992 Lehrauftrag; 1991/92 Lehrstuhlvertretung
Ina Willi	1992/93
Christine Janowski	1994
Lisbeth Zogg	1995
Marie-Theres Wacker	1995/96
Brigitta Stoll	1995/96
Susanne Heine	1995/96, 2002/03
Hubert Knoblauch	1996/97
Eveline Masilamani	1996/97, 1997, 1997/98
Georg Schmid	1997
Franz Xaver Bischof	1997/98, 1998
Christoph Auffarth	1998/99, 1999

Name	Tätigkeit an der Evang.-theol. Fakultät
Cornelia Vogelsanger	1998/99, 1999
Max Küchler	2002
Franz Mali	2010/2011
Daniel Stöckl Ben Ezra	2013
Dörte Gebhard	2013
Hannah Liss	2013
Nils Neumann	2014–2016
Alexander Heit	2016

Anmerkungen:

Die Liste wurde nach dem Vorlesungsverzeichnis (welches in gedruckter Form bis 2009/10 vorhanden ist), den Jahresberichten (von 1937/38 bis 1997/98), dem Unilink, den Daten der Personalverwaltung, einer Zusammenstellung von Lehraufträgen bei der Christkatholischen Fakultät, den Websites der Dozentinnen und Dozenten, den Vorlesungsverzeichnissen aus dem Uniarchiv (Mitte der Neunzigerjahre bis heute), der Liste von Lehrbeauftragten (inklusive Gastvorträgen), den Fakultätsprotokollen und den Angaben der Personen selbst gemacht. Fehlende oder unkorrekte Daten sind auf die Unvollständigkeit oder Fehlerhaftigkeit der Quellen zurückzuführen. Die vorliegende Liste enthält die Angaben bis 2016/2017 (die 2011 an der Universität Bern eingeführte Funktion des Adjunct Researchers wurde nicht mehr berücksichtigt).

Unklar sind:

Privatdozentin

Name	
Irena Backus	1989–1999, 1999/00, 2000, 2000/01, 2001, 2001/02, 2003/04

Lehrbeauftragte

Name	
H. Keller	1984, 1987, 1990, 1993
J. Posen	1984
D. Jenny	1985/86
U. Stuker	1991/92, 1994/95
H. R. Winkelmann	1995
D. Probst	1997
R. Schibler	1997, 1997/98, 1998, 1998/99
H. Schmid	1997/98, 1998, 1998/99, 1999, 1999/00, 2000, 2000/01, 2001, 2001/02
S. Das	1997/98, 1998
Ch. Morgen	1998/99
Michael Leiner	2000
Hans-Peter Schmidt	2006/07, 2008
M. Gerny	2009
Karl Schmidt	2009/2010, 2011

Lehrstuhlvertretung

H. Hodel	1989/90, 1995/96
M. Schmidt	2009/2010

17. Dozentinnen und Dozenten der Christkatholisch-theologischen Fakultät

Quellen: Unilink StAB, P.C 405; Vorlesungsverzeichnis P.A 389/390; Jahresberichte P.B 301; Personalverwaltung der Universität Bern.

PD	Friedrich Lauchert	1891–1893
Lehrauftrag	Jakob Kunz	1902/03
Lehrauftrag	Arnold Gilg	1915
Lehrauftrag	Adolf Küry	1924, 1940–1942
Lehrauftrag	Albert Emil Rüthy	1938–1940
Lehrauftrag	Peter Moll	1987–1989, 1993–1994
Lehrauftrag	Peter Amiet	1989
Lehrauftrag	Christoph Führer	1991/92
Lehrstuhlvertretung	Martien Parmentier	1993/94, 1997/98
Lehrstuhlvertretung	Thaddäus Schnitker	1993/94
Gastprofessor Lehrauftrag	Anastasios Kallis	1994–1999 1989/90, 2000
Lehrstuhlvertretung	Ioannis Petrou	1997/98
Lehrstuhlvertretung	Jan Lasek	1997/98
Lehrauftrag Dozent II PD	Harald Rein	1999/00, 2004, 2009 2000–2002 2009–
Lehrauftrag	Herwig Aldenhoven	2000
Lehrauftrag Dozent II Lehrstuhlvertretung	Koenraad Ouwens	2001/02 2002–2011 2004–2005
Lehrstuhlvertretung	Viorel Ionita	2003/04
Lehrstuhlvertretung	Christos Karakolis	2003/04
Erasmus-Austausch-Dozent	Emil Traicev	2004
Lehrauftrag Lehrstuhlvertretung PD	Michael Bangert	2005–2009 2004 2009–2018
Lehrstuhlvertretung	Georgios Martzelos	2009, 2011
Lehrstuhlvertretung	Günter Esser	2007, 2008
Lehrauftrag	Urs von Arx	2009, 2010/11
Lehrauftrag Lehrstuhlvertretung	Zosim Dorin Oancea	2009 2010
Lehrauftrag	Paul Avis	2009
Lehrauftrag	David R. Holeton	2010
Lehrstuhlvertretung Lehrauftrag	George Douglas Pratt	2010 2011, 2016, 2017
Lehrstuhlvertretung	Ioannis Kourempeles	2010; 2015
Lehrauftrag	Mark David Chapman	2011
Lehrauftrag	Konstantinos Delikostantis	2011
Lehrauftrag	Jan Hallebeek	2011
Assistenzprofessor	Andreas Krebs	2011–2015
Lehrauftrag	Jeremy Morris	2012

Lehrauftrag	Theodoros Alexopoulos	2012
Lehrauftrag	Mattijs Ploeger	2013; 2016
Lehrauftrag	Linda Woodhead	2013
Lehrstuhlvertretung	Charlotte Methuen	2014
Lehrauftrag	Tamara Grdzelidze	2015
Lehrauftrag	Stefanos Athanasiou	2017, 2018
Lehrauftrag	Franz Segbers	2017
Lehrauftrag	George Pothen Karackattil	2018
Lehrauftrag	Daniel Buda	2018, 2019

Anmerkungen:

Die Liste wurde nach dem Vorlesungsverzeichnis (welches in gedruckter Form bis 2009/10 vorhanden ist), den Jahresberichten (von 1937/38 bis 1997/98), dem Unilink, den Daten der Personalverwaltung, einer Zusammenstellung von Lehraufträgen bei der Christkatholischen Fakultät, den Websites der Dozentinnen und Dozenten, den Vorlesungsverzeichnissen aus dem Uniarchiv (Mitte der Neunzigerjahre bis heute), der Liste von Lehrbeauftragten (inklusive Gastvorträgen), den Fakultätsprotokollen und den Angaben der Personen selbst gemacht. Fehlende oder unkorrekte Daten sind auf die Unvollständigkeit oder Fehlerhaftigkeit der Quellen zurückzuführen. Die vorliegende Liste enthält die Angaben bis 2016/2017 (die 2011 an der Universität Bern eingeführte Funktion des Adjunct Researchers wurde nicht mehr berücksichtigt).

18. Statistik der ordentlichen und ausserordentlichen Professorinnen und Professoren der Evangelisch-theologischen Fakultät

A)

Die *kursiv gesetzten Daten* zeigen den arithmetischen Mittelwert der jeweiligen Spalte des jeweiligen Instituts. Die **fett gesetzten Daten** am Ende der Tabelle zeigen den arithmetischen Mittelwert der jeweiligen Spalte aller Institute zusammengenommen. Die *kursiv gesetzten Namen* zeigen, dass die entsprechenden Professorinnen und Professoren bereits in einem früheren Institut aufgelistet worden sind. Ihre Daten werden nur für das jeweilige Institut eingerechnet, nicht aber für die Berechnung des arithmetischen Mittelwerts aller Institute. «k. A.» bedeutet, dass hier noch keine Angaben vorliegen, da die jeweiligen Professorinnen und Professoren noch an der Theologischen Fakultät arbeiten. Demzufolge wird nur ihr Alter bei Anstellungsbeginn in den arithmetischen Mittelwert mit einfliessen.

	Tätigkeit vor der Anstellung an der Uni Bern	Alter bei Anstellung-beginn (PD, aoP, oP) an der Uni Bern	Dauer der gesamten Anstellung in Jahren	Grund für die Beendigung der Anstellung	Alter bei Anstellungs-beginn als oP	Dauer der Anstellung als oP in Jahren	Alter bei Anstellungs-beginn als aoP	Dauer der Anstellung als aoP in Jahren
Altes Testament								
Samuel Lutz	Professor am Gymnasium, Pfarramtliche Tätigkeit, oP an Akademie	49	10	Tod	49	10		
Gottlieb Studer	Lehrer Gymnasium, oP an Akademie	34	43	Ruhestand	55	22		
Samuel Oettli	Pfarramtliche Tätigkeit	32	17	oP in Greifswald	34	15		
Karl Marti	PD, aoP in Basel	40	30	Tod	40	30		
Max Haller	Pfarramtliche Tätigkeit	27	43	Tod	45	24		
Johann Stamm	Lektor, PD in Basel	39	27	Ruhestand	40	26		
Martin Klopfenstein	Assistent, Pfarramtliche Tätigkeit, Rektor KTS	40	25	Ruhestand	45	20		

	Tätigkeit vor der Anstellung an der Uni Bern	Alter bei Anstellung-beginn (PD, aoP, oP) an der Uni Bern	Dauer der gesamten Anstellung in Jahren	Grund für die Beendigung der Anstellung	Alter bei Anstellungs-beginn als oP	Dauer der Anstellung als oP in Jahren	Alter bei Anstellungs-beginn als aoP	Dauer der Anstellung als aoP in Jahren
Walter Dietrich	Assistent, PD in Göttingen, Pfarramtliche Tätigkeit, oP in Oldenburg	42	23	Ruhestand	42	23		
Silvia Schroer	Assistentin, Schweizerisches Katholisches Bibelwerk, Forschung, Lehraufträge	39	k. A.	k. A.	39	k. A.		
Andreas Wagner	Wiss. Mitarbeiter und Assistent, PD in Mainz, Lehraufträge, Forschung, PD in Heidelberg, Lehrstuhlvertretung, Projekt-leiter Darmstadt	46	k. A.	k. A.	54	k. A.		
Mittelwert pro Institut		*38.8*	*27.3*		*44.4*	*21.3*	–	–
Neues Testament								
Samuel Lutz	Professor am Gymnasium, Pfarramtliche Tätigkeit, oP an Akademie	49	10	Tod	49	10		
Karl Hundeshagen	PD in Giessen	24	13	oP in Heidelberg	35	2		
Ernst Gelpke	PD in Bonn	27	37	Tod	40	24		
Eduard Zeller	PD in Tübingen	33	2	oP in Marburg	35	1		
Albert Immer	Pfarramtliche Tätigkeit	46	31	Ruhestand	51	26		
Karl Holsten	Gymnasiallehrer	44	7	oP Heidelberg	46	5		
Rudolf Steck	Pfarramtliche Tätigkeit	39	40	Ruhestand	39	40		
Adolf Schlatter	Pfarramtliche Tätigkeit, Lehrer an Lerberschule in Bern	28	8	oP Greifswald			36	0.5
Wilhelm Hadorn	Pfarramtliche Tätigkeit	31	29	Tod	53	7		

	Tätigkeit vor der Anstellung an der Uni Bern	Alter bei Anstellung-beginn (PD, aoP, oP) an der Uni Bern	Dauer der gesamten Anstellung in Jahren	Grund für die Beendigung der Anstellung	Alter bei Anstellungs-beginn als oP	Dauer der Anstellung als oP in Jahren	Alter bei Anstellungs-beginn als aoP	Dauer der Anstellung als aoP in Jahren
Wilhelm Michaelis	PD in Berlin, Stv. Prof. in Jena	34	35	Tod	34	35		
Robert Morgenthaler	Pfarramtliche Tätigkeit	31	22	Direktor Neue Mädchenschule Bern			44	9
Christian Maurer	Pfarramtliche Tätigkeit, PD in Zürich, Prof. Kirchliche Hochschule Bethel	53	12	Ruhestand	53	12		
Victor Hasler	Pfarramtliche Tätigkeit	47	22	Ruhestand			48	21
Ulrich Luz	PD in Zürich, Dozent in Tokio, oP in Göttingen	42	23	Ruhestand	42	23		
Samuel Vollenweider	Assistent in Zürich, Gastdozent in Japan	36	11	oP in Zürich	35	11		
Matthias Konradt	Wissenschaftlicher Mitarbeiter in Heidelberg, Pfarramtliche Tätigkeit, wiss. Mitarbeiter in Bonn	36	6	oP in Heidelberg	36	6		
Rainer Hirsch-Luipold	Wiss. Mitarbeiter in Bayreuth, Pfarramtliche Tätigkeit, Wiss. Assistent in Göttingen, Leiter Forschernachwuchs-gruppe, Assoz. Fellow am Lichtenberg-Kolleg	44	k. A.	k. A.	44	k. A.		
Benjamin Schliesser	Pfarramtliche Tätigkeit, Studienassistent am Pfarrseminar in Stuttgart, Oberassistent in Zürich	39	k. A.	k. A.			39	k. A.
Mittelwert pro Institut		*37.9*	*19.3*		*42.4*	*15.5*	*41.75*	**10.2**

	Tätigkeit vor der Anstellung an der Uni Bern	Alter bei Anstellung-beginn (PD, aoP, oP) an der Uni Bern	Dauer der gesamten Anstellung in Jahren	Grund für die Beendigung der Anstellung	Alter bei Anstellungs-beginn als oP	Dauer der Anstellung als oP in Jahren	Alter bei Anstellungs-beginn als aoP	Dauer der Anstellung als aoP in Jahren
Praktische Theol.								
August(e) Schaffter	Pfarramtliche Tätigkeit, Dozent an der Akademie	46	25	Ruhestand			46	25
Ferdinand Zyro	Pfarramtliche Tätigkeit	32	10	Lehrauftrag, Pfarramtliche Tätigkeit, PD	33	9		
Karl Wyss	Pfarramtliche Tätigkeit, Prof. an der Akademie, Pfarramtliche Tätigkeit	54	16	Ruhestand	54	16		
Albert Schaffter	Pfarramtliche Tätigkeit	40	2	aoP und oP in Phil.-hist. Fak.			40	2
Eduard Müller	Pfarramtliche Tätigkeit	39	41	Tod	43	37		
Gottlieb Joss	Pfarramtliche Tätigkeit	55	5	Tod	55	5		
Moritz Lauterburg	Pfarramtliche Tätigkeit	36	29	Tod	43	22		
Albert Schädelin	Pfarramtliche Tätigkeit	49	22	Ruhestand			49	22
Werner Kasser	Pfarramtliche Tätigkeit	36	34	Ruhestand			56	14
Johannes Dürr	Reiseprediger Basler Mission	43	25	Ruhestand	61	7		
Victor Hasler	Pfarramtliche Tätigkeit	47	22	Ruhestand			48	21
Klaus Wegenast	Pfarramtliche Tätigkeit, Gymnasiallehrer, oP in Lüneburg	43	24	Ruhestand	43	24		
Theophil Müller	Pfarramtliche Tätigkeit, Rektor Schule für Sozialarbeit	46	19	Ruhestand	46	19		

	Tätigkeit vor der Anstellung an der Uni Bern	Alter bei Anstellung-beginn (PD, aoP, oP) an der Uni Bern	Dauer der gesamten Anstellung in Jahren	Grund für die Beendigung der Anstellung	Alter bei Anstellungs-beginn als oP	Dauer der Anstellung als oP in Jahren	Alter bei Anstellungs-beginn als aoP	Dauer der Anstellung als aoP in Jahren
Christoph Morgenthaler	Assistent in Bern, Pfarramtliche Tätigkeit	35	31	Ruhestand	44	22		
Christoph Müller	Pfarramtliche Tätigkeit, Prof. in Basel	51	14	Ruhestand	51	14		
Maurice Baumann	Primarlehrer, Pfarramtliche Tätigkeit	49	16	Ruhestand	49	16		
David Plüss	Pfarramtliche Tätigkeit, Assistent in Basel, Assistenzprof. in Basel	46	k. A.	k. A.	46	k. A.		
Stefan Huber	Assistent in Fribourg, Leitung Forschungsprojekt, wiss. Mitarbeiter in Mainz, PD in Bochum	52	k. A.	k. A.			52	k. A.
Isabelle Noth	Pfarramtliche Tätigkeit, Assistentin in Bern, Pfarramtliche Tätigkeit, Forschung und Projektleiterin, Pfarramtliche Tätigkeit	45	k. A.	k. A.			45	k. A.
Mittelwert pro Institut		*44.4*	*20.9*		*47.3*	*17.4*	*48*	**16.8**
Ältere Kirchengeschichte								
Alfred Schindler	Lehrbeauftragter, PD und aoP in Zürich, oP in Heidelberg	45	11	oP Zürich	45	11		
Martin George	Pfarramtliche Tätigkeit, wiss. Assistent und PD in Erlangen	43	23	Ruhestand	43	23		

	Tätigkeit vor der Anstellung an der Uni Bern	Alter bei Anstellung-beginn (PD, aoP, oP) an der Uni Bern	Dauer der gesamten Anstellung in Jahren	Grund für die Beendigung der Anstellung	Alter bei Anstellungs-beginn als oP	Dauer der Anstellung als oP in Jahren	Alter bei Anstellungs-beginn als aoP	Dauer der Anstellung als aoP in Jahren
Katharina Heyden	Wiss. Mitarbeiterin in Jena und Göttingen, Betreuendes Mitglied der Graduiertenschule für Geisteswissenschaften in Göttingen	37	k. A.	k. A.			37	k. A.
Mittelwert pro Institut		*41.7*	*17*		*44*	*17*	*37*	–
Neuere Kirchengeschichte								
Matthias Schneckenburger	Pfarramtliche Tätigkeit, Prof. an der Akademie	30	14	Tod	30	14		
Karl Hundeshagen	PD in Giessen	24	13	oP in Heidelberg	35	2		
Ernst Gelpke	PD in Bonn	27	37	Tod	40	24		
Friedrich Nippold	PD und aoP in Heidelberg	33	13	oP in Jena	33	13		
Hermann Lüdemann	PD und aoP in Kiel	42	43	Ruhestand	42	43		
Emil Blösch	Oberbibliothekar in Bern	47	15	Tod			53	9
Fritz Barth	Pfarramtliche Tätigkeit und Lehrer an der Predigerschule in Basel	33	23	Tod	39	17		
Eduard Bähler	Pfarramtliche Tätigkeit	40	15	Tod			42	13
Heinrich Hoffmann	PD in Leipzig	38	32	Ruhestand	38	32		
Kurt Guggisberg	Pfarramtliche Tätigkeit	27	38	Tod	38	27		
Andreas Lindt	Pfarramtliche Tätigkeit	43	22	Tod	54	11		

	Tätigkeit vor der Anstellung an der Uni Bern	Alter bei Anstellung-beginn (PD, aoP, oP) an der Uni Bern	Dauer der gesamten Anstellung in Jahren	Grund für die Beendigung der Anstellung	Alter bei Anstellungs-beginn als oP	Dauer der Anstellung als oP in Jahren	Alter bei Anstellungs-beginn als aoP	Dauer der Anstellung als aoP in Jahren
Rudolf Dellsperger	Assistent in Bern, Pfarramtliche Tätigkeit	43	21	Ruhestand	43	21		
Martin Sallmann	Religionsunterricht, Assistent in Basel, Forschungsprojekte	44	k. A.	k. A.	51	k. A.		
Mittelwert pro Institut		*36.2*	*23.8*		*40.3*	*20.4*	*47.5*	*11*
Systematische Theologie								
Matthias Schnecken-burger	Pfarramtliche Tätigkeit, Prof. an der Akademie	30	14	Tod	30	14		
Ernst Gelpke	PD in Bonn	27	37	Tod	40	24		
Albert Immer	Pfarramtliche Tätigkeit	46	31	Ruhestand	51	26		
Friedrich Langhans	Pfarramtliche Tätigkeit	36	14	Tod	47	3		
Eduard Langhans	Seminarlehrer, Pfarramtliche Tätigkeit	45	14	Tod	48	11		
Hermann Lüdemann	PD und aoP in Kiel	42	43	Ruhestand	42	43		
Martin Werner	Primarlehrer, Pfarramtliche Tätigkeit, Religionslehrer	34	37	Ruhestand	41	30		
Fritz Lienhard	Pfarramtliche Tätigkeit	52	18	Ruhestand			57	13
Gottfried Locher	Pfarramtliche Tätigkeit, PD in Zürich	43	24	Ruhestand	47	20		
Johann Schär	Pfarramtliche Tätigkeit, Religionslehrer	32	25	Tod	50	7		
Ulrich Neuenschwander	Pfarramtliche Tätigkeit	27	28	Tod	45	10		

	Tätigkeit vor der Anstellung an der Uni Bern	Alter bei Anstellungbeginn (PD, aoP, oP) an der Uni Bern	Dauer der gesamten Anstellung in Jahren	Grund für die Beendigung der Anstellung	Alter bei Anstellungsbeginn als oP	Dauer der Anstellung als oP in Jahren	Alter bei Anstellungsbeginn als aoP	Dauer der Anstellung als aoP in Jahren
Christian Link	Assistent und PD in Heidelberg	41	14	oP in Bochum	41	14		
Wolfgang Lienemann	Wiss. Mitarbeiter in Heidelberg, Pfarramtliche Tätigkeit, PD in Heidelberg, Prof. in Marburg	48	18	Ruhestand	48	18		
Christine Janowski	Wiss. Assistentin in Tübingen, Pfarramtliche Tätigkeit, Lehraufträge, Lehrstuhlvertretung in Bern	49	16	Ruhestand	49	16		
Torsten Meireis	Lehrauftrag, Pfarramtliche Tätigkeit, Wiss. Assistent, PD in Münster, Dozent in Darmstadt	46	6	oP in Berlin			46	6
Magdalene Frettlöh	Pfarramtliche Tätigkeit, Assistentin in Bern, Wiss. Mitarbeiterin, Assistentin und PD in Bochum	52	k. A.	k. A.	52	k. A		
Mittelwert pro Institut		*40.6*	*22.6*		*45.1*	*18.2*	*51.5*	*9.5*
Judaica								
Hans Bietenhard	Pfarramtliche Tätigkeit	31	39	Ruhestand			46	24
René Bloch	Wiss. Assistent in Basel, Research Associate und Visiting Assistant Prof. in den USA, Premier Assistant in Lausanne, Lehrbeauftragter und Assistent in Bern	39	k. A.	k. A.	46	k. A.		
Mittelwert pro Institut		*35*	*39*		*46*	*-*	*46*	*24*

	Tätigkeit vor der Anstellung an der Uni Bern	Alter bei Anstellung-beginn (PD, aoP, oP) an der Uni Bern	Dauer der gesamten Anstellung in Jahren	Grund für die Beendigung der Anstellung	Alter bei Anstellungs-beginn als oP	Dauer der Anstellung als oP in Jahren	Alter bei Anstellungs-beginn als aoP	Dauer der Anstellung als aoP in Jahren
Ethik								
Fritz Eymann	Pfarramtliche Tätigkeit, Religionslehrer	41	16	Ruhestand			41	16
Alfred de Quervain	Pfarramtliche Tätigkeit, PD in Basel, Dozent in Elberfeld	48	22	Ruhestand	52	18		
Reinhard Slenczka	PD in Heidelberg	37	1	oP in Heidelberg	37	1		
Hans Ruh	Leiter des Instituts für Sozialethik des SEK	37	13	oP in Zürich			38	12
Hermann Ringeling	Pfarramtliche Tätigkeit, wiss. Assistent in Münster	43	20	Ruhestand	43	20		
Mittelwert pro Institut		*41.2*	*14.4*		*44*	*13*	*39.5*	*14*
Religionsgeschichte/Religionswissenschaft								
Johann Schär	Pfarramtliche Tätigkeit, Religionslehrer	32	25	Tod	50	7		
Ernst Zbinden	Pfarramtliche Tätigkeit	45	23	Ruhestand			45	23
Axel Michaels	Assistent in Münster und Kiel, Direktor des Nepal Research Centre, Oberassistent in Kiel	43	4	oP in Heidelberg	43	4		
Karenina Kollmar-Paulenz	Feldforschung in Nepal und Nordindien, Lehrtätigkeit in Bonn, Marburg und Moskau	41	8	oP in Phil.-hist. Fak.	41	8		
Mittelwert pro Institut		*40.3*	*15*		*44.7*	*6.3*	*45*	*23*
Mittelwert aller Institute		**40.4**	**20.8**		**44.2**	**17.2**	**45.3**	**14**

B)

Nachfolgend werden die oben berechneten arithmetischen Mittelwerte auf einen Blick dargestellt:

	Alle Institute	AT	NT	PT	ÄKG	NKG	ST	J	E	RG/RW
Alter des Anstellungsbeginns (PD, aoP, oP) an der Uni Bern	40.4	38.8	37.9	44.4	41.7	36.2	40.6	35	41.2	40.3
Dauer der gesamten Anstellung in Jahren	20.8	27.3	19.3	20.9	17	23.8	22.6	39	14.4	15
Alter des Anstellungsbeginns als oP	44.2	44.4	42.4	47.3	44	40.3	45.1	46	44	44.7
Dauer der Anstellung als oP in Jahren	17.2	21.3	15.5	17.4	17	20.4	18.2		13	6.3
Alter des Anstellungsbeginns als aoP	45.3		41.75	48	37	47.5	51.5	46	39.5	45
Dauer der Anstellung als aoP in Jahren	14		10.2	16.8		11	9.5	24	14	23

C)

Nachfolgend werden die arithmetischen Mittelwerte aller Institute nach Zeitabschnitten dargestellt, jedoch mit der Einschränkung, dass die Professorinnen und Professoren zusätzlich nach der Jahreszahl ihres Anstellungsbeginns an der Uni Bern einem Zeitabschnitt zugerechnet werden. Der Zeitabschnitt bezieht sich auf die *erste* Anstellung an der Uni Bern (sei es als PD, aoP oder oP). Personen, die als oP oder aoP zeitlich in einen anderen Abschnitt fallen sollten als ihre erste Anstellung an der Uni Bern, werden trotzdem dem Zeitabschnitt ihrer ersten Anstellung an der Uni Bern zugerechnet. Wiederum werden Personen, die in mehreren Instituten angestellt sind, nur einmal gezählt.

	Vor dem Ende des Ersten Weltkrieges	Nach dem Ende des Ersten Weltkrieges bis 1970	Nach 1970
Alter des Anstellungsbeginns (PD, aoP, oP) an der Uni Bern	37.9	39.6	43.2
Dauer der gesamten Anstellung	21.4	24.6	16.5
Alter des Anstellungsbeginns als oP	42.8	46	44.7
Dauer der Anstellung als oP	17.8	17	16.5
Alter des Anstellungsbeginns als aoP	43.4	48.25	42.8
Dauer der Anstellung als aoP	9.9	17.75	9

Nachfolgend werden die arithmetischen Mittelwerte aller Institute *beider Fakultäten* nach Zeitabschnitten dargestellt, jedoch mit der Einschränkung, dass die Professorinnen und Professoren zusätzlich nach der Jahreszahl ihres Anstellungsbeginns an der Uni Bern einem Zeitabschnitt zugerechnet werden. Der Zeitabschnitt bezieht sich auf die *erste* Anstellung an der Uni Bern (sei es als PD, aoP oder oP). Personen, die als oP oder aoP zeitlich in einen anderen Abschnitt fallen sollten als ihre erste Anstellung an der Uni Bern, werden trotzdem dem Zeitabschnitt ihrer ersten Anstellung an der Uni Bern zugerechnet. Wiederum werden Personen, die in mehreren Instituten angestellt sind, nur einmal gezählt.

	Vor dem Ende des Ersten WK	Nach dem Ende des Ersten WK bis 1970	Nach 1970
Alter des Anstellungsbeginns (PD, aoP, oP) an der Uni Bern	37	39.4	43.1
Dauer der gesamten Anstellung	22.2	24.7	16.8

	Vor dem Ende des Ersten WK	Nach dem Ende des Ersten WK bis 1970	Nach 1970
Alter des Anstellungsbeginns als oP	41.2	47.2	45.2
Dauer der Anstellung als oP	19.3	17.8	16.5
Alter des Anstellungsbeginns als aoP	43.4	44.4	41.5
Dauer der Anstellung als aoP	9.9	18.1	11.75

D)

Tätigkeit vor der Anstellung an der Uni (Achtung: Mehrfachnennungen, da viele Professorinnen und Professoren mehrere Tätigkeiten ausübten); Personen, die in mehreren Instituten arbeiteten, werden wiederum nur einmal gezählt. Die Ergebnisse werden sowohl in absoluten Zahlen wie auch in Prozenten angegeben.

	Pfarramtliche Tätigkeit	Pfarramtliche Tätigkeit in Prozent	Forschung/ Lehre (Akademie oder Uni)	Forschung/ Lehre in Prozent	Andere (Lehrer, Rektoren, Bibliothekar …)	Andere in Prozent
Von 81 Dozenten sind …	55	68 %	48	59 %	17	21 %
Von den 29 Dozenten vor dem Ende des Ersten Weltkrieges sind …	19	66 %	12	41 %	7	24 %
Von den 20 Dozenten zwischen dem Ende des Ersten Weltkrieges und 1970 sind …	17	85 %	6	30 %	3	15 %
Von den 32 Dozenten und Dozentinnen nach 1970 sind …	19	59 %	30	94 %	7	22 %

E)

Nachfolgend werden die Tätigkeiten der Professorinnen und Professoren *beider Fakultäten* nach der Anstellung an der Uni Bern untersucht. Wiederum werden Personen, die in mehreren Instituten angestellt sind, nur einmal gezählt. Die Ergebnisse werden prozentual in einem Kuchendiagramm dargestellt. Wiederum werden, nach der Gesamtdarstellung der Tätigkeiten aller Professorinnen und Professoren nach der Anstellung an der Uni Bern, die Tätigkeiten der Professorinnen und Professoren nach Zeitabschnitten unterteilt:

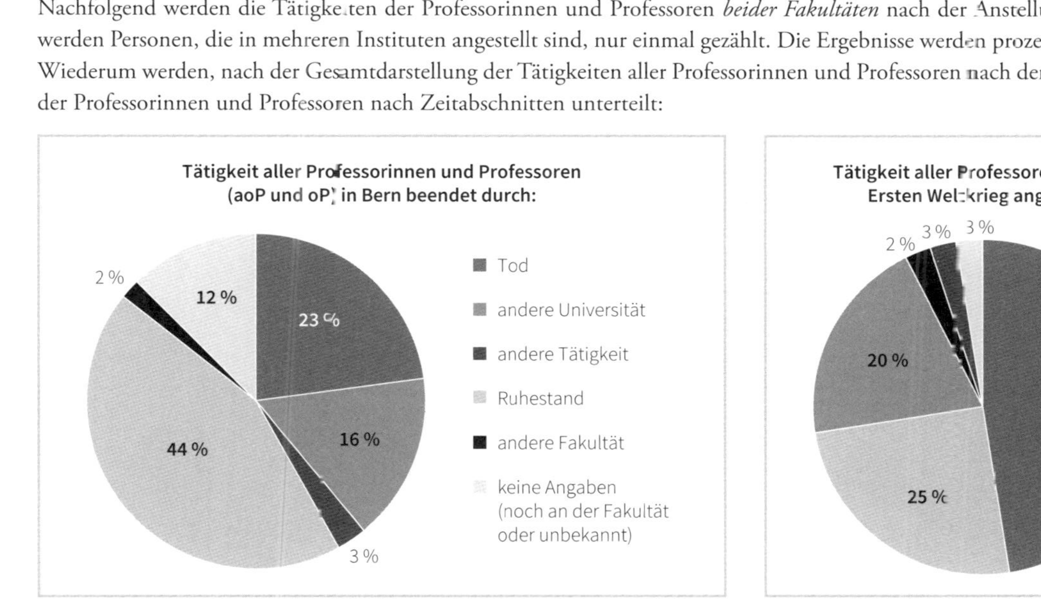

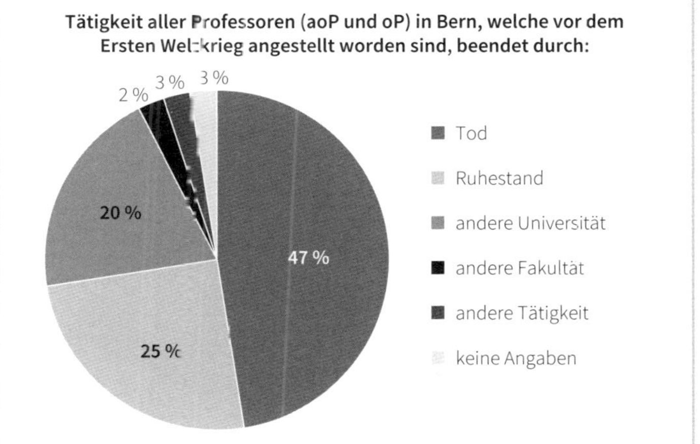

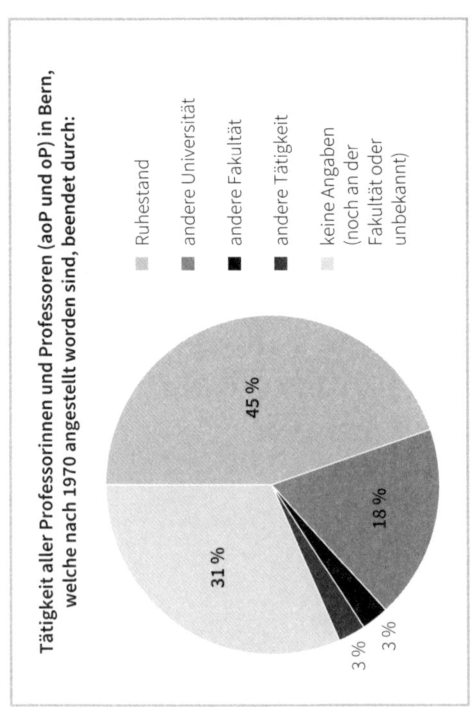
Tätigkeit aller Professorinnen und Professoren (aoP und oP) in Bern, welche nach 1970 angestellt worden sind, beendet durch:
45 %
18 %
31 %
3 %
3 %
Ruhestand
andere Universität
andere Fakultät
andere Tätigkeit
keine Angaben (noch an der Fakultät oder unbekannt)

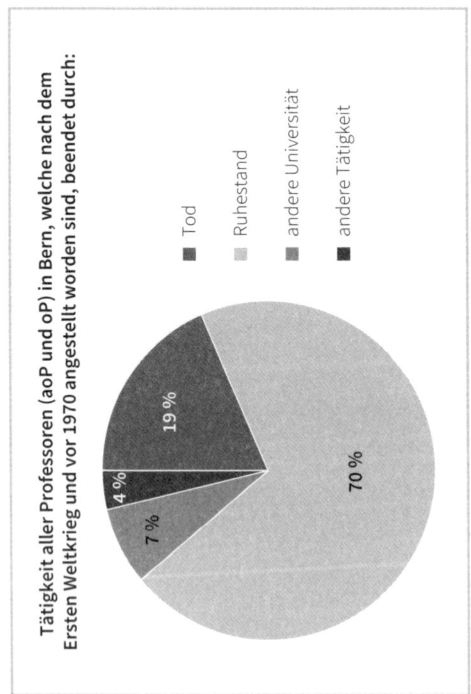
Tätigkeit aller Professoren (aoP und oP) in Bern, welche nach dem Ersten Weltkrieg und vor 1970 angestellt worden sind, beendet durch:
19 %
4 %
7 %
70 %
Tod
Ruhestand
andere Universität
andere Tätigkeit

19. Statistik der ordentlichen und ausserordentlichen Professorinnen und Professoren der Christkatholisch-theologischen Fakultät

A)

Die *kursiv gesetzten Daten* zeigen den arithmetischen Mittelwert der jeweiligen Spalte des jeweiligen Instituts. Die **fett gesetzten Daten** am Ende der Tabelle zeigen den arithmetischen Mittelwert der jeweiligen Spalte aller Institute zusammengenommen. Die *kursiv gesetzten Namen* zeigen, dass die entsprechenden Professorinnen und Professoren bereits in einem früheren Institut aufgelistet worden sind. Ihre Daten werden nur für das jeweilige Institut eingerechnet, nicht aber für die Berechnung des arithmetischen Mittelwerts aller Institute. «k. A.» bedeutet, dass hier noch keine Angaben vorliegen, da die jeweiligen Professorinnen und Professoren noch an der Theologischen Fakultät arbeiten oder (nur im Fall von Anatole Hurtault) dass keine Angaben dazu bestehen. Demzufolge wird nur ihr Alter bei Anstellungsbeginn in den arithmetischen Mittelwert mit einfliessen.

	Tätigkeit vor der Anstellung an der Uni Bern	Alter bei Anstellungs-beginn (PD, aoP, oP) an der Uni Bern	Dauer der gesamten Anstellung in Jahren	Grund für die Beendigung der Anstellung	Alter bei Anstellungs-beginn als oP	Dauer der Anstellung als oP in Jahren	Alter bei Anstellungs-beginn als aoP	Dauer der Anstellung als aoP in Jahren
Neues Testament								
Eduard Herzog	Prof. in Luzern, Pfarramtliche Tätigkeit	33	50	Tod	33	50		
Ernst Gaugler	Pfarramtliche Tätigkeit	33	36	Ruhestand	42	27		
Kurt Stalder	Pfarramtliche Tätigkeit	48	22	Ruhestand	50	20		
Urs von Arx	Pfarramtliche Tätigkeit	43	22	Ruhestand	50	15		
Mittelwert pro Institut		*39.25*	*32.5*		*43.75*	*28*		
Altes Testament								
Ernst Görgens	Oberlehrer in Metz	32	6	Resignation	32	6		
Eduard Herzog	Prof. in Luzern, Pfarramtliche Tätigkeit	33	50	Tod	33	50		

	Tätigkeit vor der Anstellung an der Uni Bern	Alter bei Anstellungsbeginn (PD, aoP, oP) an der Uni Bern	Dauer der gesamten Anstellung in Jahren	Grund für die Beendigung der Anstellung	Alter bei Anstellungsbeginn als oP	Dauer der Anstellung als oP in Jahren	Alter bei Anstellungsbeginn als aoP	Dauer der Anstellung als aoP in Jahren
Jakob Kunz	Pfarramtliche Tätigkeit	42	29	Tod	54	17		
Werner Küppers	Pfarramtliche Tätigkeit	28	5	Prof. in Bonn			28	5
Albert Rüthy	Pfarramtliche Tätigkeit	39	31	Ruhestand	50	20		
Mittelwert pro Institut		*34.8*	*24.2*		*42.25*	*23.25*	*28*	*5*
Kirchengeschichte								
Johann Friedrich	oP in München	38	1	oP in München	38	1		
Philipp Woker	Wiss. Sekretär in München	27	49	Tod	27	49		
Eugène Michaud	Pfarramtliche Tätigkeit	37	39	Ruhestand	37	39		
Adolf Küry	Pfarramtliche Tätigkeit	54	16	Ruhestand	54	16		
Arnold Gilg	Pfarramtliche Tätigkeit	28	42	Ruhestand	34	36		
Walter Frei	Pfarramtliche Tätigkeit	30	34	Ruhestand			30	34
Urs von Arx	Pfarramtliche Tätigkeit	43	22	Ruhestand	50	15		
Christoph Führer	Pfarramtliche Tätigkeit	38	13	Ruhestand			38	13
Angela Berlis	Pfarramtliche Tätigkeit, Wiss. Mitarbeiterin in Bonn, Direktorin des Bischöflichen Seminarkonvikts Bonn, aoP in Utrecht	47	k. A.	k. A.	50	k. A.		
Mittelwert pro Institut		*38*	*27*		*41.4*	*26*	*34*	*23.5*

	Tätigkeit vor der Anstellung an der Uni Bern	Alter bei Anstellungsbeginn (PD, aoP, oP) an der Uni Bern	Dauer der gesamten Anstellung in Jahren	Grund für die Beendigung der Anstellung	Alter bei Anstellungsbeginn als oP	Dauer der Anstellung als oP in Jahren	Alter bei Anstellungsbeginn als aoP	Dauer der Anstellung als aoP in Jahren
Systematische Theologie								
Ernst Görgens	Oberlehrer in Metz	32	6	Resignation	32	6		
Franz Hirschwälder	Redaktor des Münchner «Merkur»	31	12	Tod	31	12		
Eugène Michaud	Pfarramtliche Tätigkeit	37	39	Ruhestand	37	39		
Adolf Thürlings	Pfarramtliche Tätigkeit	43	28	Tod	43	28		
Arnold Gilg	Pfarramtliche Tätigkeit	28	42	Ruhestand	34	36		
Urs Küry	Pfarramtliche Tätigkeit	40	30	Ruhestand	54	16		
Herwig Aldenhoven	Pfarramtliche Tätigkeit	38	29	Ruhestand	42	25		
Martien Parmentier	Pfarramtliche Tätigkeit, Dozent in Utrecht, Dozent und aoP. in Amsterdam	53	10	Ruhestand	53	10		
Mittelwert pro Institut		*37.75*	*24.5*		*40.75*	*21.5*		
Kirchenrecht								
Karl Gareis	PD in Würzburg, aoP und oP Rechts- und wirtschaftswiss. Fak.	30	1	oP in Giessen	30	1		
Mittelwert pro Institut		*30*	*1*		*30*	*1*		

	Tätigkeit vor der Anstellung an der Uni Bern	Alter bei Anstellungsbeginn (PD, aoP, oP) an der Uni Bern	Dauer der gesamten Anstellung in Jahren	Grund für die Beendigung der Anstellung	Alter bei Anstellungsbeginn als oP	Dauer der Anstellung als oP in Jahren	Alter bei Anstellungsbeginn als aoP	Dauer der Anstellung als aoP in Jahren
Praktische Theologie								
Franz Hirschwälder	Redaktor des Münchner «Merkur»	31	12	Tod	31	12		
Anatole Hurtault	Pfarramtliche Tätigkeit, Prof. in Genf	38	8	k. A.	38	8		
Adolf Thürlings	Pfarramtliche Tätigkeit	43	28	Tod	43	28		
Jakob Kunz	Pfarramtliche Tätigkeit	42	29	Tod	54	17		
Ernst Gaugler	Pfarramtliche Tätigkeit	33	36	Ruhestand	42	27		
Adolf Küry	Pfarramtliche Tätigkeit	54	16	Ruhestand	54	16		
Arnold Gilg	Pfarramtliche Tätigkeit	28	42	Ruhestand	34	36		
Albert Rüthy	Pfarramtliche Tätigkeit	39	31	Ruhestand	50	20		
Kurt Stalder	Pfarramtliche Tätigkeit	48	22	Ruhestand	50	20		
Walter Frei	Pfarramtliche Tätigkeit	30	34	Ruhestand			30	34
Herwig Aldenhoven	Pfarramtliche Tätigkeit	38	29	Ruhestand	42	25		
Urs von Arx	Pfarramtliche Tätigkeit	43	22	Ruhestand	50	15		
Mittelwert pro Institut		*38.9*	*25.75*		*44.4*	*20.4*	*30*	*34*
Altkatholizismus und Ökumene								
Peter Amiet	Pfarramtliche Tätigkeit	37	16	Pfarramtliche Tätigkeit			37	16
Mittelwert pro Institut		*37*	*16*				*37*	*16*
Mittelwert aller Institute		**37.8**	**23**		**42.1**	**20.8**	**33.25**	**17**

B)

Nachfolgend werden die oben berechneten arithmetischen Mittelwerte auf einen Blick dargestellt:

	Alle Institute	NT	AT	KG	ST	Kirchenrecht	PT	Altkath. / Ökumene
Alter des Anstellungsbeginns (PD, aoP, oP) an der Uni Bern	37.8	39.25	34.8	38	37.75	30	38.9	37
Dauer der gesamten Anstellung in Jahren	23	32.5	24.2	27	24.5	1	25.75	16
Alter des Anstellungsbeginns als oP	42.1	43.75	42.25	41.4	40.75	30	44.4	
Dauer der Anstellung als oP in Jahren	20.8	28	23.25	26	21.5	1	20.4	
Alter des Anstellungsbeginns als aoP	33.25		28	34			30	37
Dauer der Anstellung als aoP in Jahren	17		5	23.5			34	16

C)

Nachfolgend werden die arithmetischen Mittelwerte aller Institute nach Zeitabschnitten dargestellt, jedoch mit der Einschränkung, dass die Professorinnen und Professoren zusätzlich nach der Jahreszahl ihres Anstellungsbeginns an der Uni Bern einem Zeitabschnitt zugerechnet werden. Der Zeitabschnitt bezieht sich auf die *erste* Anstellung an der Uni Bern (sei es als PD, aoP oder oP). Personen, die als oP oder aoP zeitlich in einen anderen Abschnitt fallen sollten als ihre erste Anstellung an der Uni Bern, werden trotzdem dem Zeitabschnitt ihrer ersten Anstellung an der Uni Bern zugerechnet. Wiederum werden Personen, die in mehreren Instituten angestellt sind, nur einmal gezählt.

	Vor dem Ende des Ersten Weltkrieges	Nach dem Ende des Ersten Weltkrieges bis 1970	Nach 1970
Alter des Anstellungsbeginns (PD, aoP, oP) an der Uni Bern	34.5	38.9	42.7
Dauer der gesamten Anstellung	24.1	24.9	18
Alter des Anstellungsbeginns als oP	36.1	50	48.75
Dauer der Anstellung als oP	22.5	19.8	16.7
Alter des Anstellungsbeginns als aoP	–	29	37.5
Dauer der Anstellung als aoP	–	19.5	14.5

D)

Tätigkeit vor der Anstellung an der Uni Bern (Achtung: Mehrfachnennungen möglich!); Personen, die in mehreren Instituten arbeiteten, werden wiederum nur einmal gezählt. Die Ergebnisse werden sowohl in absoluten Zahlen wie auch in Prozenten angegeben.

	Pfarramtliche Tätigkeit	Pfarramtliche Tätigkeit in Prozent	Forschung/Lehre (Uni)	Forschung/Lehre (Uni) in Prozent	Andere (Lehrer, Redaktor, Direktorin Seminarkonvikt)	Andere in Prozent
Von 24 Dozenten und Dozentinnen sind …	19	79.2 %	8	33.3 %	3	12.5 %

E)

Nachfolgend werden die Tätigkeiten nach der Anstellung an der Uni Bern untersucht. Die Ergebnisse werden prozentual in einem Kuchendiagramm dargestellt. «keine Angaben» bedeutet, dass entweder Unklarheit herrscht über das Nachfolgende oder die Person noch an der Fakultät angestellt ist.

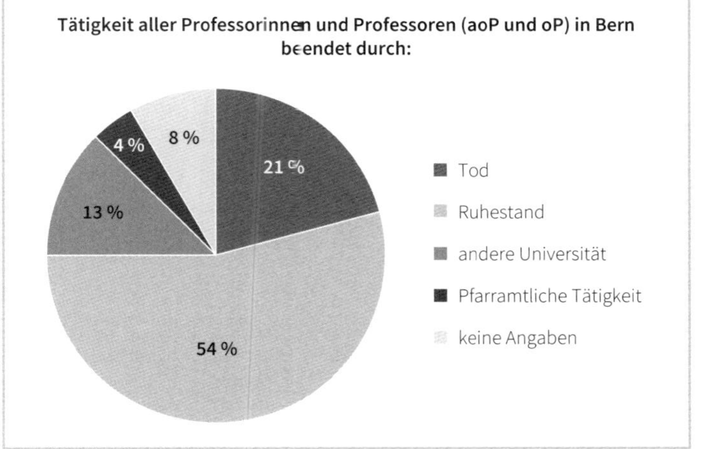

20. Übersicht über die Studentenzahlen der Universität Bern, mit besonderem Blick auf die der theologischen Fakultäten

Quellen: Jahresberichte der Universität Bern P.B 301; Statistisches Jahrbuch der Schweiz, hg. vom Bundesamt für Statistik, Zürich 1891–; Historische Statistik der Schweiz. Unter der Leitung von Hansjörg Siegenthaler, hg. von Heiner Ritzmann-Blickenstorfer, Zürich 1996; Angaben nach von Arx.
Zu den Studentenzahlen (gesamt) gehören Schweizer, Ausländer und Frauen (Schweizerinnen und Ausländerinnen). Der Frauenanteil (Schweizerinnen und Ausländerinnen) wird separat nochmals aufgeführt. Dasselbe gilt bei den Zahlen der Evangelisch-theologischen und Christkatholisch-theologischen Fakultät. Die Zahlen der beiden Fakultäten werden bis zur Fusion getrennt aufgeführt, nach der Fusion werden auch die Zahlen der beiden Fakultäten neu zusammengezählt.

	Studentenzahlen (gesamt) der Uni Bern	Frauenanteil an der Uni Bern	Studentenzahlen (gesamt) der Evang.-theol. Fakultät	Frauenanteil an der Evang.-theol. Fakultät	Auskultanten an der Evang.-theol. Fak.	Auskultantinnen an der Evang.-theol. Fak.	Studentenzahlen (gesamt) der Christkath.-theol. Fakultät	Frauenanteil an der Christkath.-theol. Fakultät	Auskultanten an der Christkath.-theol. Fakultät	Auskultantinnen an der Christkath.-theol. Fak.
1837/38	190									
1838/39	180		21							
1839/40	180		23							
1840/41	181		19							
1841/42	164		21							
1842/43	205		27							
1843/44	191		27							
1844/45	191		24							
1845/46	185		31							
1846/47	165		28							
1847/48	123		28							
1848/49	176		31							

	Studentenzahlen (gesamt) der Uni Bern	Frauenanteil an der Uni Bern	Studentenzahlen (gesamt) der Evang.-theol. Fakultät	Frauenanteil an der Evang.-theol. Fakultät	Auskultanten an der Evang.-theol. Fak.	Auskultantinnen an der Evang.-theol. Fak.	Studentenzahlen (gesamt) der Christkath.-theol. Fakultät	Frauenanteil an der Christkath.-theol. Fakultät	Auskultanten an der Christkath.-theol. Fakultät	Auskultantinnen an der Christkath.-theol. Fak.
1849/50	185		27							
1850/51	136		23							
1851/52	141		25							
1852/53	105		24							
1853/54	133		29							
1854/55	142		30							
1855/56	128		32							
1856/57	125		29							
1857/58	140		27							
1858/59	188		25							
1859/60	189		26							
1860/61	185		27							
1861/62	149		26							
1862/63	158		29							
1863/64	182		17							
1864/65	180		21							
1865/66	202		24							
1866/67	220		28							
1867/68	242		23							
1868/69	234		22							
1869/70	261		24							

	Studentenzahlen (gesamt) der Uni Bern	Frauenanteil an der Uni Bern	Studentenzahlen (gesamt) der Evang.-theol. Fakultät	Frauenanteil an der Evang.-theol. Fakultät	Auskultanten an der Evang.-theol. Fak.	Auskultantinnen an der Evang.-theol. Fak.	Studentenzahlen (gesamt) der Christkath.-theol. Fakultät	Frauenanteil an der Christkath.-theol. Fakultät	Auskultanten an der Christkath.-theol. Fakultät	Auskultantinnen an der Christkath.-theol. Fak.
1870/71	268		26							
1871/72	264		24							
1872/73	243		15							
1873/74	292	26	20							
1874/75	304	32	21				9			
1875			27				10			
1875/76	299	30	19				11			
1876			26				11			
1876/77	330	30	18				15			
1877			26				13			
1877/78	312	19	19				17			
1878			13				11			
1878/79	323	21	13				13			
1879			19				11			
1879/80	372	33	24				8			
1880			24				7			
1880/81	394	28	21				8			
1881			27				8			
1881/82	415	31	26				9			
1882			36				10			
1882/83	419	35	35				10			

	Studenten-zahlen (gesamt) der Uni Bern	Frauen-anteil an der Uni Bern	Studenten-zahlen (gesamt) der Evang.-theol. Fakultät	Frauenanteil an der Evang.-theol. Fakultät	Auskul-tanten an der Evang.-theol. Fak.	Auskul-tantinnen an der Evang.-theol. Fak.	Studenten-zahlen (gesamt) der Christkath.-theol. Fakultät	Frauenanteil an der Christ-kath.-theol. Fakultät	Auskultanten an der Christ-kath.-theol. Fakultät	Auskul-tantinnen an der Christkath.-theol. Fak.
1883			35				9			
1883/84	441	36	38				9			
1884			40				10			
1884/85	483	53					10			
1885							10			
1885/86	530	57					9			
1886							8			
1886/87	584	52					8			
1887	512	35	46				9			
1887/88	527	57	44				7			
1888	496	55	47				8			
1888/89	503	55	46				7			
1889	529	52	58				7			
1889/90	567	64	49				7			
1890	516	58	48				6			
1890/91	546	79	42				8			
1891	560	80	43				6 5			
1891/92	534	80	40				6			
1892	506	77	45				5			
1892/93	567	86	40				5			

	Studenten-zahlen (gesamt) der Uni Bern	Frauen-anteil an der Uni Bern	Studenten-zahlen (gesamt) der Evang.-theol. Fakultät	Frauenanteil an der Evang.-theol. Fakultät	Auskul-tanten an der Evang.-theol. Fak.	Auskul-tantinnen an der Evang.-theol. Fak.	Studenten-zahlen (gesamt) der Christkath.-theol. Fakultät	Frauenanteil an der Christ-kath.-theol. Fakultät	Auskultanten an der Christ-kath.-theol. Fakultät	Auskul-tantinnen an der Christkath.-theol. Fak.
1893	533	73	38				7			
1893/94	566	76	35				7			
1894	564	80	30				6			
1894/95	630	82	34				7			
1895	605	81	25				5			
1895/96	625	76	24				7			
1896	588	65	20				7			
1896/97	668	84	24				6			
1897	649	84	23				6 5			
1897/98	677	85	26				5			
1898	661	84	26				7			
1898/99	776	117	30				7			
1899	817	132	32				8			
1899/00	893	179	30				8			
1900	962	193	29				6			
1900/01	1111	303	25				8			
1901	1054	276	24				6 7			
1901/02	1164	364	24				7			
1902	1151	339	24				8 9			

	Studentenzahlen (gesamt) der Uni Bern	Frauenanteil an der Uni Bern	Studentenzahlen (gesamt) der Evang.-theol. Fakultät	Frauenanteil an der Evang.-theol. Fakultät	Auskultanten an der Evang.-theol. Fak.	Auskultantinnen an der Evang.-theol. Fak.	Studentenzahlen (gesamt) der Christkath.-theol. Fakultät	Frauenanteil an der Christkath.-theol. Fakultät	Auskultanten an der Christkath.-theol. Fakultät	Auskultantinnen an der Christkath.-theol. Fak.
1902/03	1228	410	24				7			
1903	1202	359	21				10			
1903/04	1357	479	19				9			
1904	1343	440	17				10			
1904/05	1503	513	18				11			
1905	1452	485	15				9			
1905/06	1434	437	24				10			
1906	1471	445	25				9			
1906/07	1626	506	27				11			
1907	1661	515	22				11			
1907/08	1712	519	23				11			
1908	1658	476	22				10			
1908/09	1619	420	30				12			
1909	1567	389	29				11			
1909/10	1626	345	36				12			
1910	1540	326	30				9			
1910/11	1477	290	33				14			
1911	1460	271	35				8			
1911/12	1519	252	31				10			
1912	1493	230	29				7			
1912/13	1612	203	36				11			

	Studentenzahlen (gesamt) der Uni Bern	Frauenanteil an der Uni Bern	Studentenzahlen (gesamt) der Evang.-theol. Fakultät	Frauenanteil an der Evang.-theol. Fakultät	Auskultanten an der Evang.-theol. Fak.	Auskultantinnen an der Evang.-theol. Fak.	Studentenzahlen (gesamt) der Christkath.-theol. Fakultät	Frauenanteil an der Christkath.-theol. Fakultät	Auskultanten an der Christkath.-theol. Fakultät	Auskultantinnen an der Christkath.-theol. Fak.
1913	1606	190	32				13			
1913/4	1784	192	43				14			
1914	1859	191	37				11			
1914/15	1944	189	41				10			
1915	1942	169	40				8			
1915/16	1447	126	44				6			
1916	1558	146	42				7			
1916/17	1945	171	52		1		9 8			
1917	1987	166	45		3	1	11 10			
1917/18	2109	187	49	1	1		10 9			
1918	1830	185	47	1	1	1	9			
1918/19	1870	185	46	2			9			
1919	1838	192	44	2	3		7			
1919/20	1787	189	45	2	2		5			
1920	1743	183	43	3			7			
1920/21	1773	179	47	5		9	10			
1921	1655	165	36	2	1	2	9			
1921/22	1642	167	37	3	2	1	10			

	Studentenzahlen (gesamt) der Uni Bern	Frauenanteil an der Uni Bern	Studentenzahlen (gesamt) der Evang.-theol. Fakultät	Frauenanteil an der Evang.-theol. Fakultät	Auskultanten an der Evang.-theol. Fak.	Auskultantinnen an der Evang.-theol. Fak.	Studentenzahlen (gesamt) der Christkath.-theol. Fakultät	Frauenanteil an der Christkath.-theol. Fakultät	Auskultanten an der Christkath.-theol. Fakultät	Auskultantinnen an der Christkath.-theol. Fak.
1922	1567	151	32	2	1	3	10			
1922/23	1525	154	40	4	5	4	10			
1923	1462	149	37	3	2		10			
1923/24	1517	151	44	3	1	6	9			
1924	1461	154	40	2	1		8			
1924/25	1435	153	34	2	3		13 12			
1925	1359	134	34	1	2		10 9			
1925/26	1469	143	33	1	3	1	13 11			
1926	1341	132	27	1	4	2	10 9			
1926/27	1404	135	28	1	2		9 8			
1927	1321	132	27		4		12 11			
1927/28	1384	144	26	1	1		11 10			
1928	1364	137	28	1	3	3	13 12			
1928/29	1430	159	30	1	5	2	10			

	Studentenzahlen (gesamt) der Uni Bern	Frauenanteil an der Uni Bern	Studentenzahlen (gesamt) der Evang.-theol. Fakultät	Frauenanteil an der Evang.-theol. Fakultät	Auskultanten an der Evang.-theol. Fak.	Auskultantinnen an der Evang.-theol. Fak.	Studentenzahlen (gesamt) der Christkath.-theol. Fakultät	Frauenanteil an der Christkath.-theol. Fakultät	Auskultanten an der Christkath.-theol. Fakultät	Auskultantinnen an der Christkath.-theol. Fak.
1929	1299	135	28	1	4		11 9			
1929/30	1365	143	32	1	4	2	10			
1930	1297	132	32	2	8	5	9			
1930/31	1407	147	33	1	9	5	12			
1931	1354	149	32	2	2		11			
1931/32	1540	180	27	1	3		16 15			
1932	1475	181	23	1	3	1	13			
1932/33	1679	215	36	2	9	5	12			
1933	1735	225	34	4	4	4	10			
1933/34	1900	243 224	48	5	4	2	12			
1934	1908	242	43	5	4	2	13			
1934/35	1970	260	49	5	14	7	11			
1935	1873	242	56	4	9	7	10			
1935/36	2026	253	62	4	5	3	10			
1936	1939	260	52	3	5	3	11			
1936/37	2073 2073	266 267	80	4	2		11			
1937	1992 1992	246 247	69	3	1		10			

	Studenten-zahlen (gesamt) der Uni Bern	Frauen-anteil an der Uni Bern	Studenten-zahlen (gesamt) der Evang.-theol. Fakultät	Frauenanteil an der Evang.-theol. Fakultät	Auskul-tanten an der Evang.-theol. Fak.	Auskul-tantinnen an der Evang.-theol. Fak.	Studenten-zahlen (gesamt) der Christkath.-theol. Fakultät	Frauenanteil an der Christ-kath.-theol. Fakultät	Auskultanten an der Christ-kath.-theol. Fakultät	Auskul-tantinnen an der Christkath.-theol. Fak.
1937/38	2130	267	76	2	2	1	10			
1938	1956	242 243	68	2 2	1		9			
1938/39	2058	252	81	3	12	5	8			
1939	1936	230 231	74 77	3	7	3	8			
1939/40	2062	227	92	4	1		9			
1940	1968	217	76	3	5	1	10			
1940/41	2073	244	87	3	11	7	6			
1941	2031	227 228	81	3	2	2	7			
1941/42	2225	240	84	4	14	8	9			
1942	2162	218	85	4	5	4	8			
1942/43	2264	229	89	4	5	4	5			
1943	2240	208					6			
1943/44	2406	246	96 96	5	10	6	6			
1944	2390	238					7			
1944/45	2513	254	95	4	12	7	8 9			
1945	2541		94				8 9			
1945/46	2575	266	89	3	11	8	9			

	Studenten-zahlen (gesamt) der Uni Bern	Frauen-anteil an der Uni Bern	Studenten-zahlen (gesamt) der Evang.-theol. Fakultät	Frauenanteil an der Evang.-theol. Fakultät	Auskul-tanten an der Evang.-theol. Fak.	Auskul-tantinnen an der Evang.-theol. Fak.	Studenten-zahlen (gesamt) der Christkath.-theol. Fakultät	Frauenanteil an der Christ-kath.-theol. Fakultät	Auskultanten an der Christ-kath.-theol. Fakultät	Auskul-tantinnen an der Christkath.-theol. Fak.
1946	2519	252					10			
1946/47	2600	265	63	4	6	3	9			
1947	2466	256					10			
1947/48	2640	272	70 70	3	11	9	13			
1948	2505	251					12			
1948/49	2593	264	63	4	13	11	13			
1949	2450	236					15			
1949/50	2510	234	55	2	20	16	16			
1950	2407	213	50	2			14			
1950/51	2576	246	48	3	10	6	16			
1951	2422	216					14			
1951/52	2475	252	44	2	9 14	4 8	14		5	4
1952	2328	238	48	3	4	4	10		3	2
1952/53	2395	256	47	2	5 17	3 11	12		12	8
1953	2292	238	46	2	1	1	13		7	6
1953/54	2318	267	50 50	1 1	8 18	5 14	13 13		10	9
1954	2185	245	41	1	11	6	9		4	4

	Studentenzahlen (gesamt) der Uni Bern	Frauenanteil an der Uni Bern	Studentenzahlen (gesamt) der Evang.-theol. Fakultät	Frauenanteil an der Evang.-theol. Fakultät	Auskultanten an der Evang.-theol. Fak.	Auskultantinnen an der Evang.-theol. Fak.	Studentenzahlen (gesamt) der Christkath.-theol. Fakultät	Frauenanteil an der Christkath.-theol. Fakultät	Auskultanten an der Christkath.-theol. Fakultät	Auskultantinnen an der Christkath.-theol. Fak.
1954/55	2238	250	45	2	14 24	14 20	9		10	6
1955	2112	231	39	2	7	6	7		6	5
1955/56	2152	248	50	2	14 21	11 15	6		7	4
1956	2052	219	46	2	13	10	5		10	7
1956/57	2122	241	59	3	19 26	12 17	5		7	5
1957	2077	245	57	4	9	7	6		5	3
1957/58	2170	256	60	2	25 31	17 21	7		6	4
1958	2142	267	55	2	17	10	7		4	
1958/59	2244	295	51	2	16 19	12 15	9		3	3
1959	2169	284	43	1	17	9	11		3	3
1959/60	2264	327	43	4	23 29	12 17	9		6	5
1960	2264	332	49	5	12	5	9		6	5
1960/61	2481	354	65	9	45	13	10			
1961	2478	378	73	10	43	9	10			
1961/62	2666	425	70	6	54	20	9			
1962	2681	419	85	4	13	7	8		1	

	Studenten-zahlen (gesamt) der Uni Bern	Frauen-anteil an der Uni Bern	Studenten-zahlen (gesamt) der Evang.-theol. Fakultät	Frauenanteil an der Evang.-theol. Fakultät	Auskul-tanten an der Evang.-theol. Fak.	Auskul-tantinnen an der Evang.-theol. Fak.	Studenten-zahlen (gesamt) der Christkath.-theol. Fakultät	Frauenanteil an der Christ-kath.-theol. Fakultät	Auskultanten an der Christ-kath.-theol. Fakultät	Auskul-tantinnen an der Christkath.-theol. Fak.
1962/63	2903	502	93	10	10	9	9			
1963	2983	508	82	10	8	7	9			
1963/64	3249	562	102	13	9 10	4	8		1	
1964	3276	563	99	12	11	9	9			
1964/65	3643	658	85	12	11	5	9			
1965	3737	667	75	10	10	4	9		2	1
1965/66	4137	788	80	10	10	6	9			
1966	4229	805	85	12	10	6	9			
1966/67	4078 3934 4079	786 771 790	83 77	9	11	3	9			
1967	3913	766	87	15	4		8			
1967/68	4464	867	97	20	8	3	9		16	1
1968	4236	804	91	18	12	5	8		1	1
1968/69	4826	950	84	15	12	6	8			
1969	4598	906	86	16	108	16	7		6	
1969/70	5226	1030	86	13	18	6	10			
1970	4984	984	82	12	90	11	7		3	
1970/71	5539	1107	91	14	13	5	9			
1971	5302	1080	99	16	34	4	10			
1971/72	5955	1259	106	21	24	7	12			

	Studentenzahlen (gesamt) der Uni Bern	Frauenanteil an der Uni Bern	Studentenzahlen (gesamt) der Evang.-theol. Fakultät	Frauenanteil an der Evang.-theol. Fakultät	Auskultanten an der Evang.-theol. Fak.	Auskultantinnen an der Evang.-theol. Fak.	Studentenzahlen (gesamt) der Christkath.-theol. Fakultät	Frauenanteil an der Christkath.-theol. Fakultät	Auskultanten an der Christkath.-theol. Fakultät	Auskultantinnen an der Christkath.-theol. Fak.
1972	5578	1217	99	20	18	2	6			
1972/73	6243	1396	106	19	7		8		1	
1973	5797	1288	91	14	7	3	7 8			
1973/74	6314	1432	95 101	14 16	12	2	7		1	
1974	5782	1335	88	13	11	2	9	1	1	
1974/75	6552	1584	92 91	19	5		10			
1975	5998	1440	89	24	7	1	9			
1975/76	6817	1647	112	29	17	5	9		2	
1976	6242	1512	109	28	19	7	9		1	
1976/77	6863 6879	1674	128	29			9			
1977	6317	1529	109	28			8			
1977/78	7015	1789 1785	121	36			6 5			
1978	6426	1633	119	35			6			
1978/79	7158	1886	141	41			6			
1979	6698	1747	124	36			7			
1979/80	7310	2001	151	48	24	7	7		1	
1980	6831 8590	1883	156 201	48	20	5	8		2	2
1980/81	7601	2187	202	58	12	8	8		3	2

	Studenten-zahlen (gesamt) der Uni Bern	Frauen-anteil an der Uni Bern	Studenten-zahlen (gesamt) der Evang.-theol. Fakultät	Frauenanteil an der Evang.-theol. Fakultät	Auskul-tanten an der Evang.-theol. Fak.	Auskul-tantinnen an der Evang.-theol. Fak.	Studenten-zahlen (gesamt) der Christkath.-theol. Fakultät	Frauenanteil an der Christ-kath.-theol. Fakultät	Auskultanten an der Christ-kath.-theol. Fakultät	Auskul-tantinnen an der Christkath.-theol. Fak.
1981	7047 8334	2013	189 205	55	15	7	8 12		3	3
1981/82	7758 7808 7763	2315 2326 2316	204	61	21	12	12	1	20	
1982	7260 8315	2158	202 222	58	22	12	11 12	1	2	2
1982/83	7767	2486	222	71	21	10	12	1		
1983	7225 8795	2293	214 260	71	21	12	10 11	1	1	
1983/84	8245	2752	257	106	32	13	12	1		
1984	7757 9198	2566	280 308	100	40	21	10 9	1		
1984/85	8588 8551 8544	2947 2938 2937	308	105	20	15	10	2		
1985	8038 9289	2740	295 324	101	31	15	10 14	2		
1985/86	8796 8810 8740	3030	338 340	125	45	22	14	4		
1986	8246 9451	2843	318 353	111	47	19	11 10	3		
1986/87	9004 9001 8952	3139 3138 3119	363 364	130	25	10	10	3	2	2

	Studenten-zahlen (gesamt) der Uni Bern	Frauen-anteil an der Uni Bern	Studenten-zahlen (gesamt) der Evang.-theol. Fakultät	Frauenanteil an der Evang.-theol. Fakultät	Auskul-tanten an der Evang.-theol. Fak.	Auskul-tantinnen an der Evang.-theol. Fak.	Studenten-zahlen (gesamt) der Christkath.-theol. Fakultät	Frauenanteil an der Christ-kath.-theol. Fakultät	Auskultanten an der Christ-kath.-theol. Fakultät	Auskul-tantinnen an der Christkath.-theol. Fak.
1987	8317 9603	2881	348 356	120	34	18	11 16	3	1	1
1987/88	9046 9059	3135 3179	365	131	19	7	16	4	2	
1988	8401 9824	2944	338 341	135	29	17	15 14 17	4		
1988/89	9244 9295	3353 3366	352	152	9	7	17 15	6		
1989	8673 10031	3143	326 317	141	25	15	16 14 15	5		
1989/90	9508	3516	335	146	38	20	15	4	16	4
1990	8969 10288	3305	323	144	23	11	17 16 19	5	3	2
1990/91	9744	3677	338	148	17	8	19	4	2	1
1991	9125 10484	3450	301 308	130	26	16	19 18 20	4	3	1
1991/92	9909	3859	323	151	39	25	20	4		
1992	9234 10498	3595	307 273	151	24	16	16 15	3		
1992/93	9928	3914	290	136	9	11	15	3		1

	Studenten-zahlen (gesamt) der Uni Bern	Frauen-anteil an der Uni Bern	Studenten-zahlen (gesamt) der Evang.-theol. Fakultät	Frauenanteil an der Evang.-theol. Fakultät	Auskul-tanten an der Evang.-theol. Fak.	Auskul-tantinnen an der Evang.-theol. Fak.	Studenten-zahlen (gesamt) der Christkath.-theol. Fakultät	Frauenanteil an der Christ-kath.-theol. Fakultät	Auskultanten an der Christ-kath.-theol. Fakultät	Auskul-tantinnen an der Christkath.-theol. Fak.
1993	9351 10832	3687	264 242	124	6	6	14	3	1	1
1993/94	10235	4132	253	131	39	19	14	3		
1994	9554 10697	3882	219 218	108	37	19	12 15	2		
1994/95	10090	4206	231	110	29	18	15	1	2	
1995	9288 10539	3903	198 186	93	16	10	15 11	1	29	5
1995/96	9923	4258	197	98	36	24	11	2	1	1
1996	9113 10376	3932	186 200	92	35	18	8 11	2		
1996/97	9864	4353	211	105			11	5		
1997	9179 10638	4062	193 194	97			10 11 13	5		
1997/98	10262	4590	204	99	13	14	13	5	2	1
1998	9560 10460	4315	185 202	89	13	10	13 10	6		
1998/99	10151	4695	213	101	20	15	10	3	3	2
1999	9435 10432	4384	205 189	99	17	10	10 12	3	2	2
1999/00	10135	4741	196	93			12	3		

	Studentenzahlen (gesamt) der Uni Bern	Frauenanteil an der Uni Bern	Studentenzahlen (gesamt) der Evang.-theol. Fakultät	Frauenanteil an der Evang.-theol. Fakultät	Auskultanten an der Evang.-theol. Fak.	Auskultantinnen an der Evang.-theol. Fak.	Studentenzahlen (gesamt) der Christkath.-theol. Fakultät	Frauenanteil an der Christkath.-theol. Fakultät	Auskultanten an der Christkath.-theol. Fakultät	Auskultantinnen an der Christkath.-theol. Fak.
2000	9314 10452	4361	178 171	78			14	4		
2000/01	10202	4916	179	84			14	4		
2001	9505 10844	4581	168 165	80			12 16	4		
2001/02	10749	5337	185	83						
2002	10012 11509	5027	177 186	83						
2002/03	11640	5951	190	91						
2003	10960 11911	5580	188 175	86						
2003/04	12570	6489	179	91						
2004	11963 12571	6212	175 181	86						
2005	12191 12174	6220	191	101						
HS 2005	12191	6220	191	101						
2005/06	12056 11857 12005	6144	191	101						
2006	12844		237							
2006/07	12555 12844	6455 6606	208 237	120 128						

	Studenten-zahlen (gesamt) der Uni Bern	Frauen-anteil an der Uni Bern	Studenten-zahlen (gesamt) der Evang.-theol. Fakultät	Frauenanteil an der Evang.-theol. Fakultät	Auskul-tanten an der Evang.-theol. Fak.	Auskul-tantinnen an der Evang.-theol. Fak.	Studenten-zahlen (gesamt) der Christkath.-theol. Fakultät	Frauenanteil an der Christ-kath.-theol. Fakultät	Auskultanten an der Christ-kath.-theol. Fakultät	Auskul-tantinnen an der Christkath.-theol. Fak.
2007	13322 12715	6907	252 170	125						
HS 2007	13312	6900	220	108						
2008	13710 13042	7249	262 173	137						
HS 2008	13710	7249	253	135						
2009	14291 13392	7615	313 202	164						
HS 2009	14290	7615	304	162						
2010	14926 13661	7975	382 203	199						
HS 2010	14926	7978	286	141						
2011	15413 14135	8365	374 171	195						
HS 2011	15413	8367	272	131						
2012	15976 14415	8706	366 155	191						
HS 2012	15976	8706	269	132						
2013	16989 14708	9344	345 151	186						
HS 2013	16989	9406	229	116						
2014	17428 14835	9760	446 147	254						

	Studentenzahlen (gesamt) der Uni Bern	Frauenanteil an der Uni Bern	Studentenzahlen (gesamt) der Evang.-theol. Fakultät	Frauenanteil an der Evang.-theol. Fakultät	Auskultanten an der Evang.-theol. Fak.	Auskultantinnen an der Evang.-theol. Fak.	Studentenzahlen (gesamt) der Christkath.-theol. Fakultät	Frauenanteil an der Christkath.-theol. Fakultät	Auskultanten an der Christkath.-theol. Fakultät	Auskultantinnen an der Christkath.-theol. Fak.
HS 2014	17428	9684	264	130						
2015	17430 14942	9761	381 153	206						
HS 2015	17430	9693	272	139						
2016	15046		150							
HS 2016	17514	9802	276	138						
HS 2017	17894	10078	286	136						

Anmerkungen:

Je nach Quelle unterscheiden sich die Zahlen stark. Auch die der Website der Uni Bern entnommenen Zahlen sind zum Teil selbst für dasselbe Jahr nicht dieselben!

Die Zahlen der Theologiestudentinnen und -studenten, die der Website der Uni Bern entnommen worden sind, werden ab HS 2005 (dann immer HS, ausser einmal WS 06/07) ohne die Zahlen der Religionswissenschaft aufgeführt.

Der Übersichtlichkeit halber werden einander widersprechende Angaben nach Möglichkeit vereinheitlicht. Das heisst, wenn zum Beispiel von drei Angaben zwei übereinstimmen, wird diese Zahl als massgeblich eingetragen.

Die Zahlen der Theologiestudentinnen und -studenten der ganzen Jahre (1980, 1981, 1982, …), die der Website der Uni Bern entnommen worden sind, werden nach der Evang.-theol. Fakultät und der Christkath.-theol. Fakultät aufgeteilt.

Nach 2001 werden die Zahlen der Website der Uni Bern der Studentinnen und Studenten der Christkath.-theol. und Evang.-theol. Fakultät zusammengezählt.

21. In Bern immatrikulierte Studentinnen und Studenten, die an anderen Universitäten studierten (1923–1962)

Gemäss BB IIIb 1168 Band XII–1173 Band XVII.
Diese Tabelle dient zur Klärung der Frage, in welchem Ausmass die Dialektische Theologie von Karl Barth und Emil Brunner Studentinnen und Studenten von Bern nach Basel und Zürich zog.

Zeitraum[1]	Keine Angabe zu einer anderen Universität[2]	Königsberg[3]	Freiburg	Paris	Münster	Göttingen	Greifswald	Heidelberg	Jena	Jerusalem	Berlin	Tübingen	Marburg	Cambridge	Mainz	Karlsruhe	Odessa	Montpellier	Neuenburg	Wuppertal	Rom	Bonn	Prag	Erlangen	Hamburg	Köln	Wien	Zürich	Genf	Lausanne	Basel[4]	Strassburg	Studenten Insgesamt
1923/24	2	1									1	3	2																				**9**
24	1										1	2							1					1				1	1				**6**
24/25	5											2							1								1	1					**10**
25	5										1		1																				**7**
25/26	8												1																				**9**
26	2																													1			**3**
26/27	3											1												1							1		**6**
27	1										2																	2			1		**6**
27/28	3											1	2															2			1	1	**9**
28	2										3																						**5**
28/29	5																		1												1		**7**
29	4				1																								1				**6**
29/30	4												1																				**5**

Zeit-raum[1]	Keine Angabe zu einer anderen Univer-sität[2]	Königsberg[3]	Freiburg	Paris	Münster	Göttingen	Greifswald	Heidelberg	Jena	Jerusalem	Berlin	Tübingen	Marburg	Cambridge	Mainz	Karlsruhe	Odessa	Montpellier	Neuenburg	Wuppertal	Rom	Bonn	Prag	Erlangen	Hamburg	Köln	Wien	Zürich	Genf	Lausanne	Basel[4]	Strassburg	Studenten Insgesamt
30											1								1												1		**3**
30/31	6		1				1				1											1						1					**11**
31	1										1											1								1			**4**
31/32	8											2					1											1					**11**
32	3										1															1					1		**5**
32/33	16																																**16**
33	3																											1					**4**
33/34	16							1			1											1						3					**22**
34	3										1																						**4**
34/35	11										1																			1			**13**
35	4							1			2											4						3		1			**15**
35/36	11	1									1																	1			1		**15**
36	1											1																1			3		**5**
36/37	20										1	1							2									1			6		**31**
37	2										1																	1			2		**6**
37/38	15																														3		**18**
38	1																												1		5		**6**
38/39	12											1	1															2		1	4		**20**
39	2																														7		**9**

Zeit-raum[1]	Keine Angabe zu einer anderen Univer-sität[2]	Königsberg[3]	Freiburg	Paris	Münster	Göttingen	Greifswald	Heidelberg	Jena	Jerusalem	Berlin	Tübingen	Marburg	Cambridge	Mainz	Karlsruhe	Odessa	Montpellier	Neuenburg	Wuppertal	Rom	Bonn	Prag	Erlangen	Hamburg	Köln	Wien	Zürich	Genf	Lausanne	Basel[4]	Strassburg	Studenten Insgesamt
39/40	14												1															2			5		**22**
40	1																		2												2		**5**
40/41	17																											2	1		2		**22**
41	1																											4			3		**8**
41/42	15																		1									2			3		**21**
42	3																											3	1		9		**15**
42/43	14																											5			5		**22**
43	3																		1									3			5		**11**
43/44	15																											2	1		1		**18**
44																												3			5		**8**
44/45	8																											3		2	2		**15**
45	1																											2			3		**6**
45/46	8																											3	1		4		**16**
46	6		1																									3	1		5		**15**
46/47	7			1																								1	1		2		**12**
47																												6			4		**10**
47/48	12																	1										4	1	1	3		**22**
48	5			1									1								1							1					**9**
48/49	9																											1	1				**11**

Zeitraum[1]	Keine Angabe zu einer anderen Universität[2]	Königsberg[3]	Freiburg	Paris	Münster	Göttingen	Greifswald	Heidelberg	Jena	Jerusalem	Berlin	Tübingen	Marburg	Cambridge	Mainz	Karlsruhe	Odessa	Montpellier	Neuenburg	Wuppertal	Rom	Bonn	Prag	Erlangen	Hamburg	Köln	Wien	Zürich	Genf	Lausanne	Basel[4]	Strassburg	Studenten Insgesamt
49	4							2											1												2		**9**
49/50	4					1																						3		1	4		**11**
50																												1			3		**3**
50/51	7												1					1										2			3		**12**
51					1																							2			2		**4**
51/52	13							1																				2			3		**18**
52	5							1										1										3			5		**12**
52/53	6							1										1										1			3		**10**
53	1							1			1	1		1																	1		**5**
53/54	10							1			1																	1					**13**
54	1					1		1										1										1			1		**4**
54/55	6																	1													1		**8**
55								1																							2		**2**
55/56	11					3		4													1	2						2			5		**22**
56	2							1																							1		**3**
56/57	10							4										2													2	1	**18**
57	1																											1			1		**3**
57/58	14							3																				1			3		**19**
58	3																					1									4		**7**

Zeitraum[1]	Keine Angabe zu einer anderen Universität[2]	Königsberg[3]	Freiburg	Paris	Münster	Göttingen	Greifswald	Heidelberg	Jena	Jerusalem	Berlin	Tübingen	Marburg	Cambridge	Mainz	Karlsruhe	Odessa	Montpellier	Neuenburg	Wuppertal	Rom	Bonn	Prag	Erlangen	Hamburg	Köln	Wien	Zürich	Genf	Lausanne	Basel[4]	Strassburg	Studenten Insgesamt
58/59	4							1					1															1	1		1		**6**
59	3																				1							1			4		**7**
59/60	9							1										1							1			2	1		3		**15**
60	3			1		4		1	1			1				1		1					1								6		**13**
60/61	17					3		1												1											5		**25**
61	1			1		3						1	3														1	4		1	3		**13**
61/62	7									1	1	2						1		1								2			4		**14**
62	21														1										1						3		**25**
	482	2	2	4	2	15	1	27	1	1	23	19	15	1	1	1	1	11	11	2	3	10	1	2	2	1	2	101	13	10	175	2	

Anmerkungen:

1 Darin werden die in diesem Zeitraum stattfindenden Immatrikulationen von Studentinnen und Studenten an der Universität Bern erfasst. Zu beachten gilt dabei, dass sich Studentinnen und Studenten im untersuchten Zeitraum oder zeitraumübergreifend mehrfach immatrikulierten. Die vorliegende Tabelle erfasst alle Immatrikulationen, die in Bern erfolgt sind, ohne Mehrfachgenannte auszuschliessen. Der Zeitraum umfasst ein Semester.

2 Keine Angaben zu einer anderen Universität bedeutet, dass nicht festgestellt werden konnte, ob die Studentinnen und Studenten tatsächlich nur in Bern studierten oder ob Gastsemester bei anderen Universitäten nicht erfasst wurden, aus welchen Gründen auch immer.

3 Die Angaben zu Gastsemestern an anderen Universitäten erfolgen in Bezug zur erfolgten Immatrikulation in Bern und nicht auf den tatsächlichen Zeitpunkt des Gastsemesters. Wichtig zu beachten ist, dass Mehrfachnennungen von Gastsemestern in die Tabelle übernommen werden, und somit die Gesamtzahl der Studentinnen und Studenten jedes Semesters unter der Summe der besuchten Gastsemester liegen kann.

4 Im Staatsarchiv Basel-Stadt wurde versucht, die aus dem Staatsarchiv Bern stammenden Daten zu verifizieren. Dies war nur sehr eingeschränkt möglich, da zwar die Immatrikulationsdaten in Basel schon in frühen Zeiten nach Fakultäten geordnet sind, jedoch im Unterschied zum Staatsarchiv in Bern, bei dem Im- und Exmatrikulationsjahr, Name, Heimatort, Aufenthalt an einer anderen Universität sowie Geburtsdatum angegeben werden, in Basel nur der Name (der zudem bisweilen anders geschrieben wurde!), Herkunftskanton und Wohnadresse gefragt worden sind.

22. Rektoratsreden von Theologen

Gemäss StAB, P.B 301.

15.11.1838	Rede bei der Feier des Jahrestages der Eröffnung der Hochschule in Bern, am 15. November 1838, gehalten von Dr. M. Schneckenburger, d. Z. Rektor der Hochschule Bern1838.
15.11.1841	Ueber den Einfluss des Calvinismus auf die Ideen von Staat und staatsbürgerlicher Freiheit. Rede zur Feier des Jahrestages der Eröffnung der Hochschule in Bern gehalten am 15. November 1841 von Dr. C. Hundeshagen. Bern 1842.
15.11.1851	Geschichte der Bernischen Kirchenverfassung. Rede bei der Feier des Jahrestages der Eröffnung der Hochschule in Bern den 15. November 1851 gehalten von Dr. E. F. Gelpke d. Z. Rector der Hochschule. Bern 1852.
15.11.1852	Haben wir eine eidgenössische Hochschule zu wünschen? Rectoratsrede von A. Immer, Prof. Theol, gehalten am Jahrestage der Stiftung der bernischen Hochschule, den 15. November. Bern 1852.
21.11.1868	Schleiermacher in seiner Bedeutung für das religiöse, kirchliche und sittliche Leben. Rektoratsrede gehalten bei der fünfunddreissigsten Stiftungsfeier der Berner Hochschule und der Säkularfeier des hundertjährigen Geburtstages Schleiermacher's [sic], den 21. November 1868 von Ed. Müller, Professor der Theologie. Bern 1868.
15.11.1876	Die nationale Bedeutung der Hochschulen. Rectoratsrede, gehalten am Stiftungsfeste der Hochschule Bern, den 15. November 1876, von Prof. Dr. Eduard Müller, d. Z. Rector.
15.11.1880	Die Theorie der Trennung von Kirche und Staat geschichtlich beleuchtet. Rektoratsrede gehalten am Stiftungsfeste der Universität Bern den 15. November 1880 und in erweiterter Gestalt sowie mit einem literarischen Anhang dem Druck übergeben von Dr. Friedrich Nippold d. Z. Rektor. Bern 1881.

Es fehlen die Reden der Rektorate Wyss 1848/49, 1854/55 und 1864/65 Studer, 1860 2. Rektorat Gelpke und 1872/73 Holsten.
In der Schachtel StAB, P.B 301 fehlen die Jg. der Rektoratsreden 1846–49, 1853–56, 1858, 1860–64, 1866, 1869–75, 1877, 1879.
Sie sind auch in anderen Bibliotheken nicht auffindbar. Es fehlen auch 1883, 1887/88, 1894, 1896, 1902/03, also auch Steck 1896/97.

15.11.1884	Ueber Religionsfreiheit in der helvetischen Republik mit besonderer Berücksichtigung der kirchlichen Verhältnisse in den deutschen Kantonen. Studien zur Rektoratsrede anlässlich des Stiftungsfestes der Berner Hochschule den 15,. November 1884 von Dr. Eduard Herzog d. Z. Rektor der Hochschule. Bern 1884.
1889	Die Götter Griechenlands im Zusammenhang der allgemeinen Religionsgeschichte. Rektoratsrede gehalten an der Hochschule in Bern von Ed. Langhans Prof. Dr. theol. Bern 1889.

26.11.1892	La Théologie et le Temps présent par E. Michaud Recteur de l'Université de Berne. Discours prononcé pour la fête de l'Université de Berne le 26 Novembre 1892. Berne 1893.
17.11.1900	Individualität und Persönlichkeit. Rektoratsrede gehalten am 66. Stiftungstage der Universität Bern den 17. November 1900 von D. Hermann Lüdemann ordentlichem Professor der Theologie. Bern 1900.
26.11.1904	Der nationale Charakter und die internationale Bedeutung unserer Hochschule. Rektoratsrede gehalten bei der 70. Gründungsfeier der Universität Bern am 26. November 1904 von Prof. Dr. P. Woker. Bern 1905. (Er sprach hier wohl als Vertreter der Hist.-phil. Fakultät.)
17.11.1906	Wie entstehen Kirchengesänge? Von Adolf Thürlings ord. Professor an der Universität Bern. Rektoratsrede gehalten am 73. Stiftungsfeste der Universität Bern den 17. November 1906. Leipzig 1907.
25.11.1911	Stand und Aufgabe der alttestamentlichen Wissenschaft in der Gegenwart. Rektoratsrede gehalten an der 77. Stiftungsfeier der Universität Bern am 25. November 1911 von Professor Dr. Karl Marti. Bern 1912.
24.11.1917	Recht und Sittlichkeit. Rektoratsrede gehalten an der 83. Stiftungsfeier der Universität Bern am 24. November 1917 von D. Moritz Lauterburg ord. Professor der Theologie. Bern 1918. (Die Christkatholiken waren an der Reihe, verzichteten aber wegen des Reformationsjubiläums zugunsten der Reformierten.)
25.11.1922	Die Antike in der Geschichte des Christentums. Rektoratsrede gehalten an der 88. Stiftungsfeier der Universität Bern den 25. November 1922 von Heinrich Hoffmann Dr. theol. et phil. Professor der Kirchengeschichte. Bern 1923.
24.11.1928	Der Sinn der Theologie. Rektoratsrede gehalten bei der 94. Stiftungsfeier der Universität Bern am 24. November 1928 von D. Arnold Gilg Professor der Theologie. Bern 1929.
17.11.1934	Religion und Rasse. Rektoratsrede gehalten an der 100. Stiftungsfeier der Universität Bern am 17. November 1934 von Max Haller. Bern 1935.
20.11.1943	Der religiöse Gehalt der Existenzphilosophie. Rektoratsrede von Prof. Martin Werner. Bern 1943.
20.11.1954	Über christliche Geschichtsdeutung. Rektoratsrede von Prof. Dr. Kurt Guggisberg. Bern 1955.
22.11.1958	Probleme der Bibelübersetzung. Rektoratsrede von Prof. A. E. Rüthy. Bern 1959.
30.11.1968	Das Problem der Autorität der Zehn Gebote. Rektoratsrede von Prof. Dr. Gottfried W. Locher. Bern o. J.
21./11.1969	Die Universität in der Gesellschaft. Rede des abtretenden Rektors Prof. Dr. Gottfried W. Locher.
2./3.12.1977	Die Verantwortung der Wissenschaft. Rektoratsrede von Prof. Dr. Hermann Ringeling.
5.12.1987	Jugend – Zukunft – Glaube. Bemerkungen zur Vermittlung christlicher Tradition in der Traditionskrise von Kirche und Gesellschaft. Rektoratsrede von Prof. Dr. Klaus Wegenast.